제8판

투자론

김건우

弘文社

제8판 머리말

개정 8판을 출간하며

투자론을 집필을 시작하여 22년 만에 개정 8판을 출간합니다. 아마 이번 제8판은 제가 경희대학교 재직하면서 마지막으로 개정하는 책일 것 같습니다. 교과서도 저자가 퇴직함에 따라 자연히 그 생명을 다하는 것을 많이 봐왔습니다. 그간 많은 교수, 강사님들이 이 책을 채택해 주셨고 또 많은 학생들이 이 책으로 공부하였습니다. 과연 교수님들과 학생들이 이 책을 이용하면서 많은 보람을 얻고 또 지식을 얻었을까 생각하면 당당함보다는 왠지 미안한 생각이 듭니다. 책을 더 잘 가꾸고 정성을 들일 수 있었을 텐데 하는 아쉬움 때문입니다. 그러다 보니 책이 계속 개정되어 오지 않았나 생각됩니다.

개정 제8판에서 중요한 변화는 다음과 같습니다.

첫째, 각 장의 뒷면에 있는 객관식 연습문제를 보강하고 정비하였습니다. 그리고 주관식 연습문제에서 해답이 주어지는 별(*)표 문제를 많이 바꾸었습니다.

둘째, 각 장의 뒷면에 있는 관련 웹(web)사이트 주소를 크게 바꾸었습니다. 시간이 지난 것은 삭제하고, 바뀐 주소는 바로 잡았습니다.

마지막으로 제7판에서 발견된 잘못된 내용, 틀리고 빠진 글자, 그리고 어색한 표현을 바꾸었습니다.

그간 이 책으로 강의하거나 공부한 교수님들과 학생들이 지적해 주신 것을 반영하여 많이 바꾸었습니다. 이 점 교수님들과 학생들에게 크게 감사드립니다.

위와 같은 개정작업에도 혹시나 잘못되거나 틀린 분분이 있을까 염려됩니다. 그러한 부분이 있다면 크게 질책을 받고 기회가 있으면 개정 보완하도록 하겠습니다.

끝으로 어려운 출판환경 속에서도 개정을 받아 주시고 출판해 주신 홍문사 임권규 사장님에게 감사드리고 또한 개정작업에 많은 노력을 해주신 편집부 직원들 그리고 이 책의 성공을 위해 애써주신 영업부 직원분들에게 고마움을 전합니다.

2018. 6.

김 건 우 드림

| 제7판 | 머리말

지난 6판에서와 달리 이번 7판에서 달라진 부분은 다음과 같다.

1 각 장 글머리에 있었던 신문기사를 모두 없앴다. 최근 저작권에 대한 인식이 달라지면서 신문사들이 기사에 대해 copyright 권리를 요구하여 그만큼 비용이 추가될 뿐만 아니라 인용한 기사들마다 허락을 받는 일이 쉽지 않았기 때문이다. 아쉽지만 이번 판부터 100% 전문인용은 하지 않기로 하였다.
2 각 장의 연습문제에서 복잡한 계산이 요구되는 어려운 객관식 문제에 대하여 해답에서 풀이과정을 추가하였다. 주관식 문제의 경우 각 장에서 2~5개 정도의 필수문제에 대하여 '★' 표시를 하여 이와 같은 표시가 된 문제에 대해서만 해답을 제시하였다. 학생들은 이러한 수준의 계산문제는 반드시 풀어보아야 한다.
3 구성면에서 독자들이 읽기 쉽고 논리적으로 이해가 쉽도록 각 장을 배열하였다. 5장의 증권시장지표 부분을 2장으로 옮긴 것이 대표적인 예이고 각 장에서도 그러한 방향으로 구성을 바꾸었다.
4 공인회계사 1차시험 재무관리·투자론 분야에서 실제로 출제되었던 문제와 유사한 문제를 각 장의 객관식문제에 많이 포함시켰다. 공인회계사 1차시험 재무관리·투자론 분야의 문제수준이 점점 어려워지고 종합적인 사고를 요구하므로 학생들이 이러한 문제를 접해 보면 교과서를 통해 생각을 다각적으로 깊게 할 것으로 판단했기 때문이다. 공인회계사 시험과 무관한 학생이라고 하더라도 이러한 문제를 풀어봄으로써 재무관리·투자론 분야를 더욱 분석적으로 이해할 수 있을 것이다.
5 투자론 분야의 범위가 점차 확대되어 가는 추세를 반영하여 각 장마다 새로운 주제와 내용을 가능한 한 많이 포함시켰다. 예를 들면 6장의 위험분야에서 VaR(Value at Risk)을 포함하였고 아비트리지 거래(차익거래)가 발생하는 경우인 18장의 풋콜패리티 불일치, 21장의 현물-선물패리티의 불일치 등을 수식예로써 자세히 설명하였다. 또한 해외증권투자가 늘어나는 추세를 감안하여 해외증권투자와 환율위험, 국제분산투자와 위험감소효과 등을 22장에 추가하였다.

책을 개정할 때마다 새롭게 추가할 내용은 많으나 투자론과목이 개론과목이고 한 학기 내에 마칠 수 있을 만큼의 분량이어야 한다는 점, 그리고 독자들이 쉽게 읽을 수 있어야 한다는 제약 때문에 아쉬움 속에 원고를 마감하게 된다. 그동안 격려를 아끼지 않은 교수·강사님들에게 감사드리고 특히 학생들에게도 고마움과 미안함을 동시에 느낀다.

보다 나은 투자론 교과서가 될 수 있도록 늘 최선을 다하겠노라고 약속드리며 어려운 출판환경 속에서도 변함 없이 7판 출간을 허락해 주신 홍문사 임권규 사장님과 편집부에 다시 한 번 감사의 인사를 드린다.

2012. 7.
김 건 우

| 초판 | 머 리 말

미국에서 학위를 받고 대학강단에 선 지 11년만에 처음으로 본격적인 대학교재를 집필하면서 다음과 같은 점을 가장 염두에 두고 원고를 정리하였다.

첫째, 가능한 내용을 쉽게 정리하고자 하였다. 따라서 어려운 이론이나 원리는 예제를 통하여 공식을 확인하고 결과를 이해할 수 있게 하였다. 또한 각 장의 연습문제 중 계산문제는 책 뒤의 부록에 해답을 제시하여 이 책이 연습용 책(work book)이 될 수 있게 하였다.

둘째, 각 장에서 가능한 중요한 것부터 먼저 설명하고 강조하였다. 예를 들면 각 내용을 평면적으로 나열하기보다는 중요한 것을 앞에 먼저 설명하거나 그 내용을 많게 하였다. 그 대표적인 예가 채권부분에서 회사채에 관한 내용을 집중적으로 설명하거나 선물(futures)에서는 주가지수선물(stock index futures)을 가장 많이 그리고 일관성 있게 설명하였다.

셋째, 가능한 우리나라의 현실을 이해하고 소개하고자 하였다. 예를 들면 우리나라의 주가지수선물의 제도적 측면을 별도의 장(chapter)이나 부록에 소개하거나 또는 우리나라의 증권시장 현황을 발행시장과 유통시장을 중심으로 별도의 장에 설명하였다.

막상 책을 내고 나니 여전히 현대투자론의 최신 이론을 제대로 잘 소화하지 못하고 충분히 전달하지 못한 것이 아닌가 하는 아쉬움이 남는다. 이 점은 차후 좀더 보완해야 할 점으로 생각된다. 끝으로 이 책의 오류와 개선할 점에 대해 여러 독자들의 지적과 관심을 기대하고, 이 책의 출판에 많은 도움과 노력을 아끼지 않은 홍문사 임권규 사장님께 감사드린다.

1996. 7.
저자 김 건 우

| 차 례 |

제3장 주식·채권·펀드

제4장 발행시장

제5장 유통시장

제 9장 CAPM의 확장과 검증

제 10장 차익거래가격결정이론

제11장 시장효율성

제12장 경제분석 및 산업분석

제 13장 주식평가와 기업가치평가

제 14장 기술적 분석

제 15장 채권가격과 수익률

제 16장 채권투자전략

제 17장 투자성과측정과 포트폴리오관리의 재조명

제 18장 우리나라의 옵션거래와 옵션투자전략

제19장 옵션평가와 옵션관련증권

제20장 우리나라의 선물거래

제 1 장

투자와 증권시장

01

투자의 의의

1 투자의 의의

1956년 우리나라 최초로 증권거래소(KSE)가 설립되어 증권투자가 시작되었으니, 우리나라 증권투자의 역사는 약 50여 년이 된 셈이다. 그동안 증권에 대한 일반인들의 관심과 국가경제의 발전으로 우리나라의 증권시장은 양적으로나 질적으로 많은 발전을 해왔다.

1996년 5월 주가지수 선물(stock index futures)시장과 1997년 7월 주가지수 옵션(stock index option)시장의 도입으로 증권시장은 새로운 단계에 접어들었다. 즉, 투자이익의 기회도 늘었지만, 투자에 따른 손해가능성 또한 크게 늘어남에 따라 증권투자도 이제는 좀 더 과학화되고 전문화된 기법을 요구하게 되었다. 또한 2005년 1월부터 서울의 증권거래소(KSE), 부산의 선물거래소(KOFEX) 그리고 KOSDAQ 증권시장이 통합된 한국거래소(Korea Exchange, 약어로 KRX)가 개설됨에 따라 고객의 증권투자의 편리성이 확대되고 증권회사 별로 중복투자가 감소되었다.

일반적으로 투자(investment)란 현재의 소비를 억제하고 미래의 더 큰 수익을 얻기 위한 경제행위이다. 현재 소비예정금액인 투자원금 또는 투자자금보다 더 큰 수익을 미래에 얻기 위해서는 적당한 투자대상이 선정되어야 한다. 어떤 투자자라도 투자자금을 운용할 때 가장 기본적인 자세는 무엇에 투자하더라도 투자기간 동안 적어도 은행금리만큼은 보상받아야 한다고 생각한다. 물론 은행이 도산하면 은행예금금리도 안전하지 못하지만, 그래도 우리나라에서는 아직도 은행금리가 저위험이라는 데는 어느 정도 의견이 일치한다고 본다. 그러나 은행금리는 위험이 낮은 만큼 기대수익률이 낮다. 반대로 주식투자는 투자위험이 큰 만큼 기대수익률 또한 높다. 이와 같이 투자행위는 항상 기대수익률과 위험에 대한 적절한 조화가 필요하다.[1]

1 일반적으로 위험이 없는 수익률 즉 risk free rate of return(=r_f)은 단기국채의 금리이다. 이와 유사한 금리 수준으로는 3개월만기 CD(양도성 예금증서 : Certificate of Deposit)금리가 있다. 미국

그림 1-1 **저축, 투자, 투기, 도박의 비교**

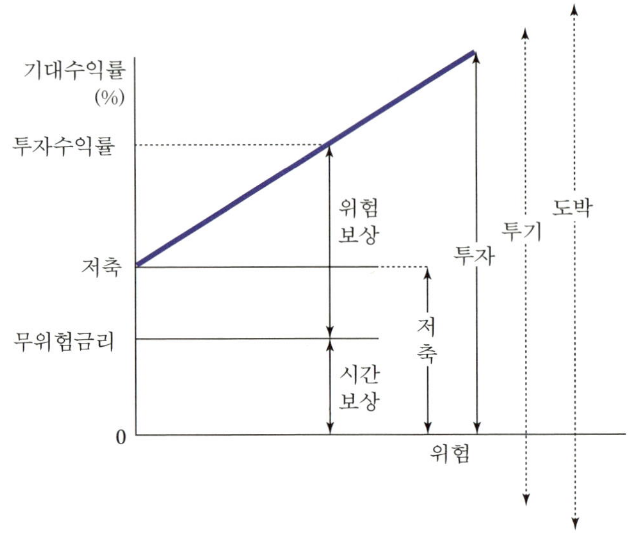

위에서 살펴보았듯이 투자에는 투자기간(time)과 위험(risk)의 두 가지 속성이 있다. 즉 투자는 투자기간에 대한 보상과 위험에 대한 적절한 보상이 부여된 경제행위이다. 이와 관련해 저축, 투기, 그리고 도박의 세 가지 유사 투자행위에 대한 구분이 가능하다. 저축(savings)은 시간에 대한 보상이 대부분을 차지하는 경제행위로서 투자위험이 낮고 예측가능하며 일정하다. 투기(speculation)는 위험보상에 대한 기대가 너무 높고 예측이 몹시 어려우며 일정치 않다. 도박(gambling)은 시간보상과 위험보상에 대한 개념이 없고 합리적인 경제행위라기보다는 모든 결과를 운에 맡기는 일탈적인 투자행위이다. 경마, 경륜, 그리고 복권매입 등은 도박행위이다. 도박은 실현수익률이 심지어 음(−: minus)이 될 수도 있다.

은행예금은 위험이 작고 기대수익도 낮으나 언제든지 현금화가 가능하다. 이에 반하여 부동산 투자는 위험이 크고 기대수익이 높으나 유동성(시장성)은 아주 떨어진다. 이와 같이 투자대상은 위험, 수익성, 그리고 유동성의 3요소를 가지고 있다. 물론 이 외에도 투자대상의 고려요인으로서 투자기간, 헷징(위험분산) 목적, 그리고 금융시장의 여건 등도 있겠으나 위의 세 가지 요인을 압도할 만큼 강력하지 않다.

에서는 90일만기 미국 재무성 채권(Treasury bill, 약어로 T-bill이라고 함)이 대표적인 무위험자산이다. 우리나라에서는 CD(91일물)금리가 대표적이다.

그림 1-2 투자의 요소

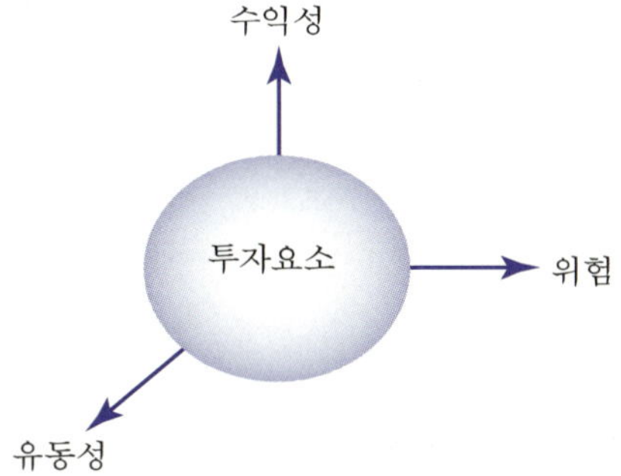

2 증권투자의 대상

증권(securities)이란 특정자산이나 미래수익에 대한 법적 청구권(claim)이다. 증권의 영어명칭인 securities는 원래 영어의 "secure(안전한)"란 형용사의 명사형으로서, 증권 자체가 종이(paper)에 불과하지만 법적으로 안전하다는 의미를 부여하면서 생긴 말이다. 투자론에서 말하는 증권은 주식·채권과 같은 유가증권이 가장 대표적이고, 그 외 선물(futures)이나 옵션(option)과 같은 파생증권(derivatives)도 있다.

유가증권을 앞에서 언급한 수익성, 위험, 그리고 시장성(유동성) 등 투자의 3요소로 구분해서 그 특성을 알아보자.

1) 국 채

국채(government bond)는 정부가 재정정책과 통화정책 수행의 수단으로서 발행한 유가증권이다. 만기는 1년 미만의 단기채권에서부터 20년 만기의 장기채권까지 다양하다. 국가가 원리금 지급의무를 지므로 채무불이행 위험이 없다. 그러나 장기국채의 경우 인플레이션 위험이나 이자율변화에 따르는 위험을 피할 수 없다. 특히 1년 만기 또는 6개월 만기의 단기국채를 무위험자산이라 하고, 이러한 단기국채의 금리를 무위험수익률(risk free rate)이라 한다. 여기서 국채는 지방채와 공채까지도 포함하는 광의의 개념이다.

그림 1-3 **유가증권의 종류와 특성**

유가증권	수익성	위험	유동성
선물 · 옵션	높음	높음	시장상황에 따라 다름
보통주			
우선주			
전환증권			
회사채			
국채 · 공채	낮음	낮음	

* 펀드(fund)는 위의 모든 유가증권에 분산투자함

2) 회사채(또는 사채)

회사채(corporate bond)는 기업이 장기자금조달을 위해 발행하는 채권으로서, 우리나라는 최장 만기가 3~5년밖에 안 되어 진실한 의미의 장기자본 조달수단이 못되고 있다. 미국에서는 20~30년 만기의 회사채가 많다. 이와 같이 만기가 짧은 회사채는 우리나라 증시의 특이한 환경의 산물이다.

우리나라에도 언젠가는 20~30년 만기의 장기회사채가 발행되겠지만 반드시 미국과 같은 장기회사채 발행만이 이상적인 것은 아니다. 왜냐하면 3년 만기의 회사채는 우리나라 금융기관의 경쟁력, 차주(기업)의 신용정도, 그리고 사회·경제적 여건의 산물이기 때문이다. 회사채는 국채에 비해 채무불이행 위험이 있고, 그 때문에 기대수익률이 높다. 우리나라의 회사채는 연 4회 이자를 지급하는 액면금리부 이표채이며, 액면가는 대개 10,000원이다.

3) 전환증권

전환증권(convertible securities)이란 일정한 조건 아래에서 다른 증권으로 전환이 가능한 증권이다. 여기에는 전환채권(convertible bonds)과 전환우선주(convertible preferred stocks)가 있는데, 처음에는 각각 채권과 우선주로 발행되었으나 일정한 조건아래에서 보통주로 전환이 가능하다.

전환권의 행사여부는 전적으로 투자자에게 달려 있다. 전환증권의 발행자는 일반증권에 비해 낮은 자본비용으로 자본을 조달할 수 있는 장점이 있다. 전환증권 투자자는 초기에는 비교적 낮은 금리 때문에 불리하지만 전환되었을 때 얻는 투자성과가 크다. 이와 같이 전환증권은 두 당사자 모두에게 인기가 높다.

4) 우 선 주

우선주(preferred stock)는 자기자본의 한 형태로서 배당을 우선적으로 지급받는 주식이다. 따라서 투자자는 이 특권 때문에 의결권을 행사할 수 없고 신주인수권도 제한받는다. 우선주주는 또한 회사 도산시 잔여재산에 대한 청구권이 보통주주보다 더 우선적으로 보장된다. 우선주를 발행하는 회사는 의결권을 확대하지도 않으면서 자본을 조달할 수 있고, 또한 우선배당금을 제때에 지급하지 못하더라도 부채와 같은 채무불이행처리가 되지 않는 장점을 갖는다. 한편 우선주 투자자는 마치 수입이자와 같은 확정적인 우선배당금을 지급받는 장점을 가진다.

우선주는 우선배당금을 받고도 보통주의 이익배분에 참가하는지의 여부에 따라 참가적·비참가적 우선주로 구분된다. 또한 당기에 우선배당금을 받지 못했을 때 다음기에 전기에 지급받지 못한 우선배당금을 누적하여 받을 수 있는지 여부에 따라 누적적·비누적적 우선주로 구분된다. 1996년 12월부터 발행이 허용된 신형우선주는 5%나 9% 등 최저배당률을 고시하고 있고 누적형이며 대부분 몇 년이 지난 뒤 보통주로 전환할 수 있는 기한부 우선주이다.

5) 보 통 주

보통주(common stock)는 가장 대표적인 투자대상 유가증권으로서 회사의 자기자본 조달수단이다. 보통주의 1주당 액면금액은 100원, 200원, 500원, 1,000원, 2,500원 그리고 5,000원 등 다양하다.[2] 보통주는 1주당 1의결권을 가지고 신주인수권도 갖는다.

보통주 투자의 매력은 기말에 받는 배당과 기업의 수익 및 성장과 함께 하는 가격상승에 있다. 보통주는 기업공개여부에 따라 상장주식과 비상장주식으로 구분된다.

6) 파생상품

파생상품(deriviatives, 데리브티브)은 실물상품 또는 앞에서 설명한 채권이나

---

2 우리나라에서 일반적으로 KOSPI 종목의 보통주 1주당 액면금액은 5,000원이고, KOSDAQ 종목은 500원이다.

보통주 같은 기초자산(underlying assets)의 가격변동과 결합 또는 연결하여 손익이 발생하도록 설계한 금융상품이다. 대표적인 파생상품으로는 선물과 옵션이 있다.

① 옵 션

옵션(option)은 미국에서 1973년 최초로 거래되어 금융상품의 역사가 불과 40년도 안되었지만 선물과 함께 가장 유망한 금융상품으로 자리잡아 가고 있다. 옵션과 선물에 대한 금융시장은 기존의 증권시장과 달리 투기시장(speculative market)이라는 별도의 이름을 가질만큼 독특한 가격결정요인과 모형을 가지고 있다. 고위험 고수익률의 투기시장이므로 전문가가 아니면 참여가 어려운 시장이다.

옵션은 어떤 주식을 미리 정한 가격에 사거나 팔 수 있는 권리를 말한다. 여기서 미리 정한 가격으로 살 수 있는 권리를 콜 옵션(call option)이라 하고, 반대로 팔 수 있는 권리를 풋 옵션(put option)이라 한다. 선물과 마찬가지로 옵션투자의 핵심은 적은 투자로 높은 수익을 올리지만, 반대로 손해는 일정하게 제한할 수 있는 장점이 있다. 이런 기능 때문에 옵션투자는 기관투자자의 헷징수단과 개인투자가의 투기수단으로 가장 많은 각광을 받고 있다.

우리나라에서는 1997년 주가지수옵션(stock index option)거래가 처음 개설되었다. 주가지수옵션은 KOSPI200이라는 주가지수를 미리 정한 가격에 사거나

표 1-1 우리나라 옵션거래 상품 명세

구 분	KOSPI 200	개별주식옵션	미국달러옵션	국채선물옵션
기초자산	KOSPI 200	상장 보통주 30개 종목	미국달러화	최종거래일이 가장 빠른 국채 선물 종목
거래단위	250,000원	100,000원	US$10,000	국채 선물 1계약
가격표시	포인트	원	계약당 원	백분율 (소숫점 둘째자리)
결제월	3, 9월 각 1개, 6월 2개, 12월 3개	3년이내 9개 결제월	분기월 중 2개와 그 밖의 월 중 2개	당월포함 연속 3개월+3, 6, 9, 12월
최종거래일	각 결재월의 두 번째 목요일	각 결재월의 두 번째 목요일	결제월 세 번째 월요일	결제원 세 번째 수요일
만기시 최종결제	현금결제	실물 인수도	실물 인수도	현금 결제

팔 수 있는 권리인데, 만기일에만 행사가 가능한 유럽형옵션이고 매매제도 및 결제제도의 상당부분이 주가지수선물거래와 비슷하다. 주가지수옵션거래의 거래단위는 250,000원이고 결제월은 당월포함 최근월 3개월과 3, 6, 9, 12월 중 3개 결제월이 상장되어 총 6개의 종목이 거래된다. 최종결제일은 결제월의 두번째 목요일이고 최종결제일은 현금결제가 이루어진다.

그 이외에도 우리나라 옵션시장에는 개별주식옵션, 미국달러(USD)옵션, 그리고 국채선물옵션이 개설되어 있다. 국채선물옵션은 국채선물을 기초자산으로 하는 옵션인데, 거래 만기일 이전에 언제든지 옵션을 행사 할 수 있는 미국형 옵션이다.

② 선 물

선물(futures)거래는 선물대상 자산을 일정가격에 일정기간 후에 인도하는 계약이다. 선물거래는 보통의 주식매매와 같은 현물거래와 달리 당장 매매대금을 수수받는 것이 아니라, 거래대금의 10~15%라는 증거금(margin)만으로 매매를 시작할 수 있는 장점을 가진다. 선물거래는 크게 상품선물과 금융선물로 나누어지는데, 금융선물에는 주가지수선물, 국채선물, 그리고 통화선물이 있다. 선물거래는 기관투자자의 헷징(hedging)수요와 전문투자자들의 투기(speculation)수요에 힘입어 급속히 발전하고 있다.

선물거래는 미래일정시점에 발생할 수 있는 계약불이행을 막기 위하여 선물거래에 참가하는 사람들이 매일 가격움직임에 따라 손익을 수수하는데 이를 일일정산(daily marking to market)이라 한다. 일일정산결과 이익발생시 이익금은 다음날 거래계좌에 입금된다. 만약 손실금이 커져 증거금이 유지증거금 수준 이하로 내려가면 고객은 다음날 12:00까지 추가증거금을 납부하여 증거금을 개시증거금수준까지 유지해야 한다.

1996년 우리나라에서는 최초로 주가지수선물(stock index futures)거래가 시작되었다. 주가지수선물거래는 KOSPI200이라는 선물지수를 사고 파는 것으로서, 거래단위가 500,000원이고 선물지수의 인도는 3월, 6월, 9월, 그리고 12월 등 1년에 4번 이루어진다. 최종거래일은 결제월 두 번째 목요일이고 만기시 최종결제는 현금결제(cash settlement)이다.

주가지수선물 다음으로 거래가 활발한 선물은 국채선물이다. 그 이외에도 미국달러선물과 금선물, 엔화선물과 유로환선물, 위안선물 시장이 개설되어 있다.

표 1-2 우리나라 주요 선물거래 상품명세

구 분	KOSPI200 주가지수선물	국채선물	미국달러선물
기초자산	KOSPI200	표면금리 연5% 6개월 이표지급 방식의 국고채권	미국 달러화
거래단위	250,000원	액면가 1억원	US$10,000
가격표시	포인트	액면가 100원 기준 (백분율 방식)	1달러당 원
결제월	3, 6, 9, 12월	6개월이내의 2개결제월	당월포함연속 3개월 + 3, 6, 9, 12월
최종 거래일	결제월 두 번째 목요일	결제월 세 번째 화요일	결제월 세 번째 월요일
만기시 최종결제	현금 결제	현금 결제	실물 인수도

7) 연계상품

연계상품(linked securities)은 개별주식종목이나 특정주가지수, 정기예금, 환율, 이자율, 환율 그리고 원자재 등을 기초자산으로 하여 연계한(linked 또는 연동한) 금융상품이다. 연계상품은 주식과 채권이외에 보다 다양한 금융 니즈를 필요로 하는 투자자들의 요구, 금융공학과 IT기술의 발달로 인한 금융기관의 신상품 개발능력, 그리고 금융위험의 증대와 함께 수익성과 안정성을 동시에 추구하려는 투자자들의 요구를 충족시키기 위해 개발되었다.

대표적인 연계상품으로 ELW, ELD, ELS, ELF 그리고 DLS가 있다. 각 연계상품에 대한 간략한 설명은 아래와 같다.

① ELS　ELS는 주로 개별주식의 가격이나 주가지수와 연계해 수익률을 결정하는 금융상품이다. 대부분 ELS는 일정조건을 만족하면 고정수익을 보장하는 식으로 설계되어 있다. 그러나 실제로 ELS는 상품내용이 대단히 복잡하다. ELS는 만기 전 조기상환 될 수 있고, 일부 ELS는 만기가 3년 정도로 긴 데다 중도환매 수수료도 비싸다.

대부분의 ELS는 가급적 원금을 지키면서 "+α"의 수익을 얻도록 설계되었다. 그러나 그 조건이 맞추어지지 않을 경우 원금손실을 볼 가능성도 높다.

② ETF　ETF는 기본적으로 펀드로서 인덱스펀드와 뮤추얼펀드의 특성을

표 1-3 ELS, ETF, ETN, ELW, DLS

상 품	ELS	ETF	ETN	ELW
이 름	• Equity Linked Securities (지수연계증권)	• Exchange Traded Funds	• Exchange Traded Notes	• Equity Linked Warrant (주식워런트증권)
투자대상 (기초자산)	• 개별주식이나 주가지수에 연계	• 주가지수연동형 • 특정산업섹터연동	• 개별주식이나 주가지수에 연계	• 개별주식에 연계
특 징	• 장기상품이고, 주식시장에 따라 손익확대가능성이 매우 크다. • 원금조기상환도 가능	• 거래소에서 주식처럼 자유롭게 매입·매도 • indexfunds와 비슷, 뮤추얼펀드	• 거래소에서 주식처럼 자유롭게 매입·매도 • ELS와 비슷, 그러나 자유롭게 사고 팔림	• 단기투자(잔존기간 6개월 미만이 대부분) 콜거래 및 풋거래 모두 가능
개발회사 판매처	• 증권회사	• 자산운용회사	• 증권회사	• 증권회사
투자형태	• 유가증권 매입	• 거래소 매입·매도	• 거래소 매입·매도	• 유가증권 매입

함께 갖추고 있고, 거래소에서 주식처럼 쉽게 사고 팔린다. ETF는 주가지수나 특정산업섹터지수에 연계되어 개발된 인덱스(index)펀드로서 기본적으로 여러 주식의 결합(pooling)으로 이루어진 포트폴리오이다. index펀드보다 수수료가 싸고, 쉽게 거래되는 장점을 가진다.

③ ETN　ETN은 ELS와 비슷하지만 거래소에서 주식처럼 쉽게 사고 팔리는 점에서 차이가 난다. ETN은 ELS와 마찬가지로 주가지수나 개별주식에 연계되어 일정조건을 만족하면 고정수익을 주고, 원금보장형과 원금보장이 되지 않는 형태도 있다.

④ ELW　ELW는 특정주식을 미리 정한 가격(행사가격: exercise price)으로 미래일정시점(=만기일)에 사거나 팔 수 있는 권리이다. 콜워런트(call warrant)는 미리 정한 가격으로 살 수 있는 권리, 반대로 풋워런트(put warrant)는 팔 수 있는 권리를 말한다. ELW는 한국거래소(KRX)에 상장되어 있어서 주식처럼 사고 팔 수 있다.

⑤ DLS　DLS는 ELS와 달리 기초자산이 주가나 주가지수 이외에 CD, 환율, 실물(원자재) 등으로 다양한 점이 가장 큰 차이점이다. 일반투자자들의 경우 주식이나 주가지수 등의 움직임은 정보가 많지만, CD나 환율, 원유가격 등에 대한

정보는 일단 익숙치 않아 이해하기 힘들다. 따라서 기초자산의 움직임을 잘 이해하지 못할 경우 투자 판단이 어렵다. DLS는 ELS처럼 조기상환 될 수 있고 원금손실도 가능하다.

예제 1-1 채권투자와 주식투자의 비교

투자자 金여사는 여유자금으로 주식과 회사채 중 어디에 투자할지 고민하고 있다. 현재 S회사에서 발행한 주식과 회사채 모두 상장되어 있으므로 증권시장에서 매입하기는 쉽다. S회사 회사채는 액면 10,000원, 액면금리 연 8%, 분기별 이자지급, 그리고 만기가 3년이다. 이 투자자가 회사채 투자시 얻게 되는 이점과 단점을 주식투자와 대비하여 설명하라.

풀이 회사채 투자의 특성은 먼저 액면금리만큼 1년에 4회, 3년 동안 모두 12번 확정이자소득을 얻을 수 있다는 점이다. 또한 만기인 3년째에 가서 원금을 받을 수 있으므로 정기예금처럼 안정적인 투자대상이다. 이에 비해 주식투자의 경우 연 1회 받는 배당이 불확실할 뿐 아니라 얼마 받을런지 확정되어 있지도 않다. 더구나 매입한 주식은 3년째 가서 매입한 가격보다 높지 않으면 팔기도 힘들다. 회사로부터 주식을 상환받는다는 것은 생각할 수 없다. 그러나 회사채 투자는 거래최소단위가 대개 억원을 넘기 때문에 개인이 하기에는 무리가 있으며 언제나 확정소득에 만족해야 하는데, 만약 S회사가 잘 되어 주가가 계속 올라갈 경우 이러한 성장혜택을 누릴 수 없다.

3 증권시장

증권시장(securities market)은 주식, 채권, 뮤추얼펀드, 수익증권, 선물, 그리고 옵션 등 유가증권이 거래되는 시장이다. 여기서 이미 발행된 증권이 단순히 유통되는 시장을 특히 유통시장(circulation market) 또는 2차적 시장(secondary market)이라 한다. 우리가 늘 신문이나 라디오에서 접하는 증권거래소식은 모두 유통시장에서 일어난 뉴스들이다. 유통시장은 기본적으로 여의도 한국거래소와 같은 공간적 장소를 가지고 있기 때문에 투자자들이 쉽게 접근할 수 있으며, 투자자들에게 유통시장이 곧 증권시장의 전부인 것 같은 생각을 갖게 한다.

한편 기업에서 발행하는 신규증권이 거래되는 시장을 발행시장(issuing market) 또는 1차적 시장(primary market)이라 한다. 발행시장은 공간적 장소 없이 주로 전신전화나 인터넷으로 거래가 이루어진다. 신주공모(IPO: Intial Public offer) 청약을 받기 위해 인터넷을 이용하거나 은행창구에서 길게 줄을 서본 경험이 있는 투자자라면 발행시장이 무엇인지 실감할 것이다.

증권시장을 자본시장(capital market)이라 할 때, 이는 거래되는 금융상품의 만기가 1년 이상인 주식과 채권시장을 의미한다. 증권시장의 일차적 기능을 산업자금의 안정적 조달이라고 볼 때, 일반적으로 증권시장은 자본시장을 의미한다. 그러나 엄밀한 의미에서 증권시장은 만기가 1년 미만인 단기금융상품이 거래되는 단기시장(money market 또는 cash market, 화폐시장이라고도 함)도 포함한다. 단기시장은 단기금융시장이라고도 하는데, 주로 기업의 운전자본(working capital)조달시장으로서 여유자금을 단기간 운용하려는 투자자를 위한 시장이다. 여기서는 CD, CP, MMF, CMA, 그리고 RP 등이 주로 거래된다. 단기금융상품에 대한 간략한 설명은 표에 나와 있다.

표 1-4 단기금융상품

상 품	이 름	금 리(연 %)	가입금액	특 징
CD	• Certificate of Deposit (양도성 예금증서)	• 4~5%	• 500만원 이상 실제로는 수천만원 이상	• 500만원 이상의 정기예금을 무기명으로 거래할 수 있도록 한 상품, 은행대출금리기준이 됨. 주로 3개월물이 유통됨
CP	• Commercial Paper (기업어음)	• 4~5%	• 1000만원 이상 실제로는 수억원 이상	• 우량 기업들이 단기자금을 조달할 목적으로 발행되는 어음
MMF	• Money Market Funds (단기시장펀드)	• 3~5%	• 제한없음	• CD나 CP 등에 운용하는 실적 배당형 펀드. 펀드이지만 환매수수료가 없어 은행의 보통예금처럼 자유롭게 입출금이 가능하다
CMA	• Cash Management Account (어음관리계좌, 또는 자산관리계좌)	• 4~6%	• 동양종금증권, 우리투자증권, 신한은행에서 가입	• CD, CP, 국공채, 펀드 등 다양한 금융상품에 투자, 은행이 제공하는 부가서비스를 제공하면서 보통예금보다 높은 금리제공, 5천만원까지 보호
RP	• Repurchase Agreement (환매조건부채권)	• 3~4% (가입기간에 따라 다름)	• 5,000만원 이상	• 증권사가 보유하고 있는 채권이 편입돼 있는 RP를 고객이 매입한 후 현금이 필요할 때 언제든 경과기간에 따라 재매입. 확정금리상품

02

증권투자과정

1 내재가치와 증권평가

증권투자의 기본원리는 한마디로 싸게 사서 비싸게 파는 것이다(buy cheap, sell dear). 그런데 어느 증권의 가격이 지금 싼지 비싼지를 어떻게 알 수 있는가? 이것을 알기 위해서는 이 증권의 공정한 시가(fair market value)가 어느 정도인지를 알아야 한다. 이러한 공정한 시가는 기업의 내재적 가치(intrinsic value 또는 true value)를 반영한 가격이다. 이와 같이 증권투자의 기본원리는 그 증권이 가져야 하는 공정한 가치 또는 내재가치를 발견하는 데 있다. 이를 증권의 평가(valuation)라 한다.

이러한 증권평가의 기본은 이 증권을 발행한 기업의 수익력과 위험정도를 고려할 때 예상되는 적정가격의 산정에 있다. 만약 현재시가가 적정가격보다 높으면 그 증권은 고평가되었으므로 처분해야 하고, 반대로 현재시가가 적정가격보다 낮다면 저평가되어 있으므로 매입해야 할 것이다. 이것을 수익률 개념으로 얘기하면 고평가된 증권은 적정수익률에 비해 기대수익률이 낮으므로 처분해야 하고, 반대로 저평가된 증권은 적정수익률에 비해 기대수익률이 높으므로

그림 1-4 증권평가: 적정가격과 적정수익률

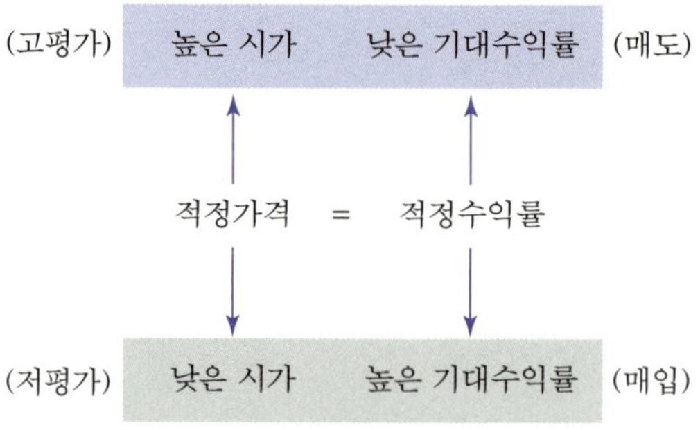

매입대상이 된다. 이를 그림으로 나타내면 [그림 1-4]와 같다.

이는 대단히 간단한 증권투자 원리지만 이것을 현실적으로 적용하거나 응용하는 것은 쉬운 일이 아니다. 따라서 수많은 학자들이 주식과 채권의 평가에 대해 연구해 왔다.

채권은 기간별 이자가 확정되어 있고 원금상환이 되며 만기가 있을 뿐 아니라 현재 이자율에 따라 가격이 변하므로 평가가 비교적 쉽다. 그러나 주식은 우선 수익(배당금)이 확정되어 있지 않고 만기가 없으므로 평가에 많은 어려움이 있다. 그런데 적정가격은 그 증권의 수익력보다는 오히려 위험요인에 더 큰 영향을 받으므로 증권평가이론은 증권투자에 따르는 위험의 실체파악과 그 크기의 측정에 더 많은 비중을 둔다.

더구나 개별주식에 대한 집중적 투자보다는 여러 주식에 대한 분산투자가 일반화된 현대사회에서는 개별주식의 위험보다는 이러한 주식으로 구성된 포트폴리오 위험이 더 중요하다. 따라서 현대투자이론은 포트폴리오이론이며 그 핵심은 포트폴리오 위험의 측정에 있다.

2 포트폴리오 관리

개인 투자자의 경우 증권투자를 위해서 많은 시간과 노력을 투입하기가 사실 어렵다. 더구나 투자금액이 별로 크지도 않고 투자자의 생업이 증권투자가 아닌 경우, 증권분석을 위해 많은 시간과 노력을 투입할 수 없고 또한 정확한 내재가치 산정에 요구되어지는 지식이 결여되어 있는 경우가 허다하다. 따라서 개인투자자의 직접투자보다는 그들의 작은 금액이 모여서 구성된 뮤추얼펀드 또는 수익증권과 같은 포트폴리오가 수많은 투자자의 간접투자 수단으로서 등장하게 된다. 사실 현대투자이론에서 포트폴리오이론이 중심이 된 것도 바로 이러한 이유 때문이다.

포트폴리오이론은 증권투자를 하나의 의사결정과정으로 이해하여 투자관리를 통해 증권투자의 전문화와 과학화를 가능하게 하였다. 대개 뮤추얼펀드나 수익증권은 거기에 출자한 수많은 투자자를 위해 펀드매니저(fund manager)에 의해 관리된다. 관리(management)의 속성이 계획(plan), 집행(do), 그리고 통제(see)의 3단계 순환과정이듯이 포트폴리오 관리도 포트폴리오 계획(plan), 증권분석과 증권선택(do), 그리고 투자성과 평가 및 수정(see)의 과정을 밟는다.

그림 1-5 **포트폴리오 관리**

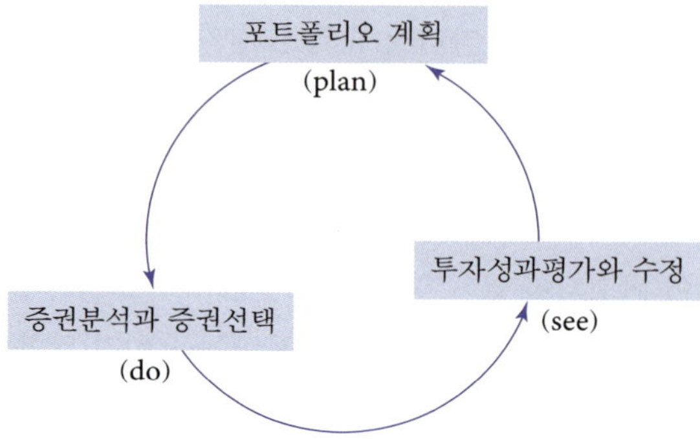

포트폴리오 계획에서는 투자기간, 목표수익률, 위험허용도 그리고 유동성을 고려한 투자목표 설정단계가 첫 단계이다. 그 다음 투자자금을 무위험자산과 위험자산에 어느 정도 분배할 것인가를 결정하는 자본배분(capital allocation)단계, 위험자산 중에서 주식과 채권 그리고 기타 위험상품에 어느 정도 배분할 것

그림 1-6 **포트폴리오 계획과 실행 및 평가과정**

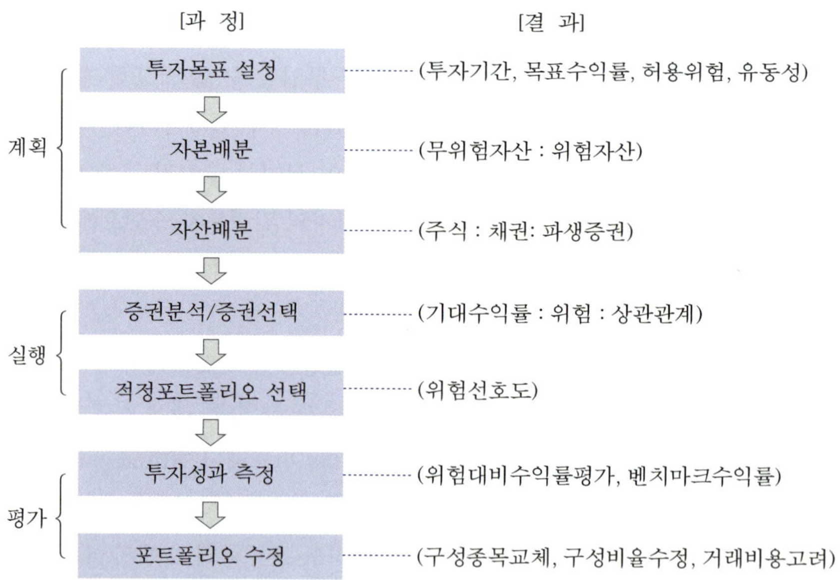

인가를 결정하는 자산배분(asset allocation)단계가 있다.

증권분석과 증권선택과정에는 수많은 증권의 위험과 기대수익률을 계산하는 증권분석(securities analysis)과정이 첫 단계이다. 두 번째 단계는 같은 수준의 위험을 가진 포트폴리오 중에서 기대수익률이 가장 높은 포트폴리오를 선택하거나 또는 같은 수준의 기대수익률을 가진 포트폴리오 중에서 위험이 가장 낮은 포트폴리오를 선택하는 증권선택(securities selection)과정이다. 마지막으로 투자자의 위험선호도를 고려한 적정포트폴리오(optimal portfolio) 선택과정이 있다.

한편 투자성과평가와 수정은 위험을 고려하여 실현된 투자수익률을 평가한다. 만약 비교기준수익률(benchmark rate of return)이 있다면 벤치마크 수익률과 실현수익률의 차이를 분석한다. 마지막으로 기간별 또는 펀드 목적별로 구성종목과 구성비율을 교체·수정한다.

03

증권투자환경

증권투자에 요구되는 기본원리와 과정(process)이 적용되는 증권투자환경은 나라마다 다르다. 즉 미국은 미국 특유의 증권제도, 관습 그리고 법규가 있으며, 우리나라는 우리나라 실정에 맞는 증권거래 관습과 제도가 있다. 예를 들면, 우리나라 주식시장에는 가격제한폭이 있으나, 미국에는 그런 제도가 없다. 또한 우리나라에는 주식이 반드시 액면(par value)을 가지고 있으나 미국은 무액면주식(no par value)이 일반적이다.

이와 같이 각국마다 서로 다른 특유의 증시환경은 투자자의 투자행태와 위험에 대한 태도, 그리고 자본시장 발전속도에 지대한 영향을 미친다. 또한 경제가 발전하고 정보통신과 컴퓨터가 발달함에 따라 증권시장의 체계와 투자행태가 달라지고 있다. 그러므로 자유화, 세계화하는 증권투자에서 높은 투자성과를 올리려면 투자대상국의 증시환경과 금융발전추세를 이해하는 것이 대단히 중요하다. 여기서는 우리나라의 최근 증권투자환경에 대해 간략히 개관한다.

1 주식형 적립식 펀드 가입 열풍 확대

글로벌 증시의 활황과 인구노령화와 맞물려 간접투자 문화가 정착되면서 은행예금에서 적립식 펀드와 같은 고수익 금융상품으로의 자금 이동이 본격화 되고 있다. 특히 KOSPI가 사상 처음으로 2000선을 넘어선 2007년에는 국내 증시가 한 단계 업그레이드 되었고 주식·펀드 열풍이 강하게 확대되었다. 이와 같은 주식형 적립식 펀드를 주축으로 펀드 열풍은 국내 주식시장을 선진국형 구조로 변하게 하였다.

전체 펀드 설정액은 2007년부터 역대 최고치를 넘어서서 꾸준히 증가하고 있다. 펀드 총계좌수가 우리나라 총가구수인 1,642만 가구를 넘어서서 1가구 1펀드 시대를 개막했다.[3]

주식형 펀드 이외에도 파생상품펀드 등도 꾸준히 증가하고 있고 중국, 인도, 베트남과 같은 해외펀드도 급증하고 있다. 이처럼 시중자금이 주식이나 펀드로 몰리자 은행들은 자금수급에 어려움을 겪고 있다.

2 홈트레이딩시스템(HTS : Home Trading System)의 급성장

컴퓨터 보급의 확산과 정보통신기술(IT)의 발달로 인터넷에 의한 증권투자가 급격히 확산되었다. 이로 인하여 증권거래수수료의 인하가 촉진되었고 투자자의 투자행태의 변화를 초래하였으며 투자정보의 신속한 교류가 활성화되었다. HTS에 의한 증권투자는 전자금융으로 통칭되는 인터넷뱅킹과 PC뱅킹으로 시작되었다. 최근에는 스마트폰을 이용한 모바일 트레이닝시스템(MTS)이 대세를 이루고 있다. 정보통신은 전반적으로 금융산업 전체에 불어닥친 금융혁신의 촉진제가 되었으며 앞으로 이와 같은 추세는 더욱 심화될 것이다. HTS·MTS에 의하여 증권투자의 공간적·시간적 한계는 점차 극복되고 있으며 글로벌 증권투자와 정규시간외 증권투자라는 새로운 증권투자 행태가 전개되고 있다.

3 증권투자의 글로벌화

2000년 이후 외국인의 한국증권투자는 거의 내국인과 비슷한 수준으로 완

3 2008년 말 현재

전개방단계에 접어들고 있다. 외국인의 종목별 주식투자 한도의 철폐, 원화 환율변동폭의 완전 자유화, 외국인의 은행 및 증권회사 현지법인 설립자유화 그리고 1999년 4월부터 외환거래 실수요증명제도 폐지 등 금융시장 전체의 국제화(globalization) 추진제도와 과정은 거의 완전개방에 접어들고 있다. 이에 따라 국내기업들의 해외 IR(Investor Relations) 활동이 강화되고, 해외증권회사들의 국내증권시장에 미치는 영향력이 더욱 커졌으며, 전반적으로 우리나라 증시의 세계시장 동조화 현상 또한 심화되었다.

4 증권시장의 기관화현상

증권시장의 기관화현상이란 증권시장에서 개인의 증권소유비중이 점차 줄어들고 은행, 투자신탁회사, 증권회사, 종합금융회사, 그리고 보험회사와 같은 기관투자가의 증권소유비중이 점점 늘어나는 현상을 말한다. 이와 같은 현상은 증권산업의 영역이 확대되고 증권시장이 성숙됨에 따라 전세계적인 추세로 나타나고 있다.

여기서 기관투자가(institutional investor)란 개인 또는 법인들로부터 조성한 자금을 주로 유가증권에 투자함으로써 수익을 극대화하는 법인형태의 투자자이다. 우리나라는 기관투자가를 배당소득의 이익금 불산입 및 거래소시장에서 증권매매시 위탁증거금 징수의 면제 혜택을 받는 기관으로 그 범위를 한정하고 있다. 법적으로 우리나라의 기관투자가는 통화금융기관으로서 은행, 비통화금융기관으로서 투자신탁회사, 증권회사, 종합금융회사, 보험기관인 생명보험회사, 저축기관인 상호신용금고 및 은행신탁계정, 그리고 정부관리기금·민간기금 및 공공단체를 포함한다. 그러나 실질적으로 기관투자가는 주식형 펀드이다. 많은 사람들이 주식형 펀드에 적립식이나 목돈 형태로 돈을 넣게 되면, 이 돈은 자산운용사의 펀드매니저에 의해 관리된다. 사람들이 주식형 펀드에 돈을 많이 넣을수록 기관화 장세는 더욱 심해진다.

04

우리나라 증권시장의 발전과정

우리나라 증권시장의 역사는 증권거래소가 최초로 개장된 1956년부터 시작되었다. 그 당시에는 시중 은행주와 한국전력 등 공기업형태의 주식만이 상장되었으며, 이들 상장주식의 대부분을 정부가 보유하고 있어 일반 투자자에게 분산되지 못하였기 때문에 주식거래는 극히 부진하였다. 당시에는 국부(國富)가 워낙 낮았고 일반 국민소득 수준 또한 낮았으므로 증권투자를 할 만한 여유가 없었을 뿐 아니라, 공개를 하여 상장시킬 만한 민간기업마저 드물었으므로 증권시장의 기능이 극히 빈약하였다.

1962년 제1차 경제개발 5개년 계획의 시작으로 시작된 정부 주도의 경제개발로 인해 정부와 기업들은 성장에 필요한 재원을 해외차관과 은행차입 등 간접금융에 의존하였다. 이때 증권거래법이 제정되었다. 해외자금 의존과 간접금융의 한계점을 인식한 정부는 민간자본에 의한 직접금융 조달의 필요성을 절감하여 당시 침체 일로에 있던 증권시장을 육성하기로 판단, 1968년 「자본시장육성법」을 제정하였다. 이 법률은 증권시장을 육성하기 위한 정책들을 종합적으로 입법화한 최초의 법률이다. 1972년에는 「기업공개 촉진법」이 제정되어 기업공개가 활발히 이루어졌다.

1977년에는 증권관리위원회와 증권감독원이 발족되어 증권시장의 체계가 잡히고 종합적인 관리·감독의 기틀이 마련되었다. 1981년부터 자본자유화조치가 시행되었다. 1985년 삼성전자(주)가 최초로 해외전환사채를 발행하였다.

1992년부터는 외국인이 직접 우리나라 증권시장에서 증권을 살 수 있을 만큼 발전하였다. 1996년 OECD(경제협력개발기구: Organization for Economic Co-operation and Development) 가입을 계기로 우리나라는 진정한 자본자유화를 달성하고 금융선진국 진입의 계기를 마련할 수 있었다. 1996년에는 KOSPI200을 대상으로 하는 주가지수선물거래가 처음으로 도입되어 파생금융상품시대를 맞이하게 되었다. 주가지수선물거래의 성공적인 도입에 힘입어 1997년에는 KOSPI200을 대상으로 하는 주가지수옵션거래가 시작되었다.

1998년부터는 회사형 투자신탁인 미국식 뮤추얼펀드(mutual funds)가 도입되

표 1-5 우리나라 증권시장의 발전과정

연도	내 용	비 고
1956	증권거래소 설립	KSE = Korea Stock Exchange
1962	증권거래법 제정	경제개발 5개년계획 시작
1968	「자본시장 육성에 관한 법률」 제정	
1972	「기업공개 촉진법」 제정	
1977	증권관리위원회, 증권감독원 설립	
1981	자본자유화 조치 시행	자본자유화 시작
1985	삼성전자(주) 해외전환사채 발행	최초 해외증권 발행
1992	외국인에게 국내증권 직접투자 허용	
1996	OECD가입	
1996	주가지수 선물거래	KOSPI200선물지수 탄생
1997	주가지수 옵션거래	유럽형옵션
1998	뮤추얼펀드(mutual funds) 도입	폐쇄형
1999	부산선물거래소 개장	KOFEX = Korea Futures Exchange
2002	개별주식옵션시장	KSE주관(삼성전자 등 7개회사)
2004	개방형 펀드 허용	개방형
2005	한국거래소(KRX) 탄생	KSE, KOFEX, 코스닥 시장 통합
2005	ELW 거래	주식워런트 증권, 콜 및 풋거래

어 본격적인 간접투자 시대가 열렸고 우리나라 증권시장의 국제화가 성숙되는 계기가 되었다. 1999년 부산의 한국선물거래소(KOFEX)에 미국달러(USD)선물, 미국달러(USD)옵션, CD금리선물 그리고 금선물이 상장됨으로써 우리나라는 주식, 환율, 금리 등 3대 금융축을 선물상품으로 도입하게 되었고 명실상부하게 금융선진국의 기틀을 갖추게 되었다.

2002년 서울의 증권거래소(KSE)에서 삼성전자를 비롯한 7개 기업을 대상으로 개별주식 옵션매매가 시작되어 거의 모든 금융상품거래가 가능하게 되었다. 2005년 1월에는 KSE · KOFEX 그리고 KOSDAQ시장이 통합되어 한국거래소(KRX)가 탄생되었다. 따라서 기존의 유가증권시장과 코스닥 시장이 합치면서 상장회사수가 약 2,000여 개로 증가했고, 선물 · 옵션 부문이 합쳐짐에 따라 거래품목이 19개로 확대되었다. [표 1-5]는 우리나라 증권시장 발전과정을 간단히 나타낸 연표이다.

【보론 1.1】 삼성전자 자료

삼성전자 (A005930)

Samsung Electronics

D램, CDMA단말기, TFT-CD, 가전제품 등을 생산하는 정보통신업체

www.sec.co.kr 【5,000원/12월/결산】

경기 수원시 팔달구 매탄 3동 416

대표전화 : ☎ 031) 200-1114 주식담당자 : ☎ ×××-××××

주요지표 (당사/업종평균)

매출액증가율	ROE	부채비율	유보율
△5.5/15.7	16.5/△2.6	43.4/81.1	2,216.7/264.9

설 립 일	1969. 1. 13	대표이사	윤종용
상 장 일	1975. 6. 11	종업원수	×××명
계 열	삼성	감사의견	적정(삼일)
OK		주거래은행	우리은행(삼성센터)
회사채/CP	AAA/A1	이자보상배율	11.19배

원가구성	(%)	매출구성	(%)
재 료 비		디지털미디어산업	
노 무 비		정보통신산업	
경 비		휴대폰 기기	
(주요원자재 : WAFER,CDT)		(수출비중 : 67.5%)	

주요주주	(%)	출자관계	(%)
이건희		삼성테크윈	
삼성생명보험		삼성SDI	
삼성물산		삼성전기	
외국인지분율			

지급보증	(억원)		
		보통주	14,729만주
		우선주	2,283만주

주가관련지표 (단위 : 원, 배)

구 분		××. 12	××. 12	××. 12	××. 12
주가	최 고				
	최 저				
주당	순이익				
	매출액				
	순자산				
PER(H/L)					
EV/EBITDA					
PBR(H/L)					
EVA					

베타와 변동성 (당사/전기, 전자/KOSPI)

연 도	20××. 12	20××. 12
베타(β)	xx/yy/zz	xx/yy/zz
변동성(σ)	xx/yy/zz	xx/yy/zz

자본금변동 (단위 : 억원, 원)

연 도	××. 3	××. 6	××. 9	××. 12	××. 3
구 분					
내 역					

주요 재무비율 (단위 : %)

구 분	매출액 증가율	순이익 증가율	ROE	금융비용 부담율	부채 비율	유보율
××. 12						
××. 12						
××. 12						
××. 12						

요약대차대조표 (단위 : 억원)

구 분	××. 12	××. 12	××. 12	××. 12
유동자산				
고정자산				
자산총계				
유동부채				
고정부채				
부채총계				
자 본 금				
자본잉여금				
이익잉여금				
자본총계				

요약손익계산서 (단위 : 억원)

구 분	××.12	××.12	××.12	××.12
매 출 액				
매출총이익				
영업이익				
영업외수익				
영업외비용				
경상이익				
특별손익				
당기순이익				
감가상각비				
보통주배당률(%)				

주식소유형태별 분포 (단위 : %)

항 목	xx. 12	xx. 12	xx. 12	xx. 12
정부관련				
금융기관				
증권회사				
보험회사				
기타법인				
외 국 인				
개 인				

현금흐름표 (단위 : 억원)

항 목	xx. 12	xx. 12	xx. 12	xx. 12
영업활동현금흐름				
투자활동현금흐름				
재무활동현금흐름				
현 금 의 증 가				

회사채 발행내역

발 행 일	사채종류	공모금액(억원)	만 기 일	표면이율(%)

수익성분석 (단위 : %, 회)

	항 목	xx. 12	xx. 12	xx. 12
수익성 지 표	총자본경상이익률			
	자본금순이익률			
	차입금평균이자율			
	총자본회전율			
	유형자산회전율			
	운전자산회전율			
	매출채권회전율			
	재고자산회전율			

부채구조 (단위 : 억원)

항 목	xx. 12	xx. 12	xx. 12	xx. 12
이자발생부채				
(외화차입금)				
장 기 차 입(%)				
사 채(%)				
유동성장기부채(%)				
단 기 차 입(%)				

손익분기 분석 (단위 : 억원)

항 목	xx. 12	xx. 12	xx. 12	xx. 12
매 출 액				
변 동 가				
제 조 원 가				
판매/일반관리				
공 헌 이 익				
고 정 가				
제 조 원 가				
판매 및 일반관리				
영업활동이익				
BEP 매출액				

요약 연결대차대조표 (단위 : 억원)

구 분	xx. 12	xx. 12	xx. 12
유동자산			
고정자산			
자산총계			
유동부채			
고정부채			
부채총계			
외부주주지분			
자 본 금			
자본총계			

요약 연결손익계산서 (단위 : 억원)

구 분	xx. 12	xx. 12	xx. 12
매 출 액			
매출총이익			
영업이익			
영업외수익			
영업외비용			
경상이익			
법인세차감전이익			
연결조정손익			
당기순이익			

연결대상 종속회사 (단위 : 천주, 억원, %)

투자회사	종 속 회 사	투자주식수	지분율
삼성전자(주)	삼성광주전자(주)		
삼성전자(주)	삼성카드(주)		
삼성전자(주)	삼성캐피탈(주)		
삼성전자(주)	스테코(주)		

연결회사간 상호보증/담보제공 (단위 : 억원)

제공회사	수여회사	보증금액	담보금액
삼성전자(주)	스테코및국내자본법 적용대상회사		
삼성전자(주)	S.E.A의해외종속및 해외자본법적용회사		
스테코의 5개종속 회사	한국디엔에스의4개 종속회사		

수록내용해설

삼성전자 (A005930)

Samsung Electronics

D램, CDMA단말기, TFT-CD, 가전제품 등을 생산하는 정보통신업체

www.sec.co.kr 【5,000원/12월/결산】

경기 수원시 팔달구 매탄3동 416

대표전화: ☎ 031) 200-1114 주식담당자: ☎ ×××-××××

주요지표 (당사/업종평균)

매출액증가율	ROE	부채비율	유보율
△5.5/15.7	16.5/△2.6	43.4/81.1	2,216.7/264.9

- 업종별: 표준산업분류체계에 의한 해당 종목의 업종명
- 액면가, 결산월, 결산구분: 주식의 액면가, 기업의 결산월, 기업의 결산기에 따라 1분기, 반기, 3분기, 결산으로 구분
- 계열: 업체가 속하는 그룹명
- 종업원 수: 최근 결산, 반기, 분기보고서 기준 상시 종업원 수
- OK
- 감사의견: 최근결산기준 감사의견 및 감사법인
- 이자보상배율(제조): 영업이익/금융비용
- BIS 비율(은행, 종합금융, 상호저축은행): 국제결제은행(BIS)이 규정한 자기자본비율로 일반 금융기관의 건전성을 판단하는 기준. 창업투자, 리스, 카드 및 기타 금융회사는 자기자본비율로 대체함.
- 영업용 순자본비율(증권): (영업용순자본/총위험액) × 100
- 지급여력비율(보험): (지급여력/지급여력기준) × 100
- 회사채/CP 신용등급: 기업이 발행한 무보증사채와 CP(기업어음)에 대한 평가 3사. 즉 한국신용평가한신평), 한국신용정보(한신정), 한국기업평가(한기평)의 최근년도 유효한 신용등급 중 최저등급.

기업어음 CP 신용등급 정의

A1 적기상환능력이 최상이며 상환능력의 안정성 또한 최상임.

A2 적기상환능력이 우수하나 그 안정성은 A1에 비해 다소 열위임.

A3 적기상환능력이 양호하며 그 안정성고 양호하나 A2에 비해 열위임.

B 적기상환능력은 적정시되나 단기적 여건변화에 따라 그 안정성에 투기적인 요소가 내포되어 있음.

C 적기상환능력 및 안정성에 투기적인 요소가 큼.

D 상환불능 상태임.

* A2부터 B등급까지 +, − 부호를 부가하여 동일등급 내에서의 우열을 나타내고 있음.

회사채 신용등급 정의

AAA	원리금 지급능력이 최상급임.
AA	원리금 지급능력이 매우 우수하지만 AAA의 채권보다는 다소 열위임.
A	원리금 지급능력은 우수하지만 상위등급보다 경제여건 및 환경악화에 따른 영향을 받기 쉬운 면이 있음.
BBB	원리금 지급능력은 양호하지만 상위등급에 비해서 경제여건 및 환경악화에 따라 장래 원리금의 지급능력이 저하될 가능성을 내포하고 있음.
BB	원리금 지급능력이 당장 문제가 되지 않으나 장래 안전에 대해서는 단언할 수 없는 투기적 요소를 내포하고 있음.
B	원리금 지급능력이 결핍되어 투기적이며 불황시에 이자지급이 확실하지 않음.
CCC	원리금 지급에 관하여 현재에도 불안요소가 있으며 채무불이행의 위험성이 커 매우 투기적임.
CC	상위등급에 비하여 불안요소가 더욱 큼.
C	채무불이행의 위험성이 높고 전혀 원리금 상환능력이 없음.
D	상환불능상태임.

*AA부터 B등급까지는 +, - 부호를 부가하여 동일등급 내에서의 우열을 나타내고 있음.

(1) 주가관련 지표

- 주가(최고, 최저): 해당기 기초~기말의 일별 종가기준 최고, 최저가
- 주당순이익: (해당사업년도의 순이익- 우선주 배당금)/평균발행 주식수(보통주)

  * 기업의 재무제표에 주당순이익이 발표된 경우에는 그대로 사용했으며, 발표되지 않은 경우에는 위의 식에 의해 산출. 결산기가 변경된 경우 연환산 안 됨.

- 주당 매출액: 매출액/평균발행 주식수(보통주+ 우선주)

  * 금융업종은 매출액 대신 영업수익 이용.

- 주당순자산: (자본총계- 무형자산- 이연자산+ 이연부채)/기발행주식수(보통주+ 우선주).

  * 리스 업종의 경우 리스 업종의 회계처리 특성으로 외환환산차와 외화환산대 항목을 가산(차감)함.

- 주당순이익, 주당매출액, 주당순자산 등의 주당가치는 액면가가 변경된 경우 현재 액면가와 비교하여 과거 주식수를 변경하여 조정함.
- PER(H/L): 해당결산기의 주가(최고, 최저)/주당순이익
- PSR(H/L): 해당결산기의 주가(최고, 최저)/주당매출액
- PBR(H/L): 해당결산기의 주가(최고, 최저)/주당순자산

(2) 베타와 변동성

- 베타(β): 해당 종목, 업종지수, 시장지수의 베타·일별 수정 주가수익

률을 이용하여 베타를 산출함. 시장수익률 대용치로 상장업체의 경우는 KOSPI 지수 일별 수익률을 각각 사용함.

* 시장수익률의 베타가 1이므로 베타가 1보다 큰 경우는 시장수익률보다 더 민감하게 움직이고, 베타가 1보다 작은 경우는 시장수익률보다 덜 민감하게 움직인다는 것을 의미함.

* 최근 상장 또는 등록종목 등 통계적으로 유의한 베타 계수를 산출하기 어려운 경우는 '–' 처리함.

- 변동성(σ): 과거 주가수익률의 표준편차를 연환산한 값임.

(3) 자본금변동

증권거래소 상장 및 코스닥시장 등록 후 보통주자본금에 한해 최근 5차례의 증자사항, 감자사항, 액면분할, 주식병합 등에 대해 시간순서대로 기록함. 증자사항은 증자일(권리락일 또는 상장일) 및 내용별 증자액(감자의 경우 감자액)임. 전환사채와 스톡 옵션 등의 주식전환에 의한 증자분은 해당년도 전체 전환주식 금액을 합산하여 억원 단위로 기재. 보통주자본금의 변동내역이므로 보통주의 우선주와의 주식전환도 '전환'의 변동내역에 포함함. 액면분할은 액면분할이 발생한 시점과 액면분할 후의 액면가를 원단위로 기재(주식병합의 경우는 병합 후의 액면가).

(4) EVA(Economic Value Added)

투하된 자본의 기회비용을 감안하여 기업의 경제적 부가가치 창출능력을 평가하는 지표로서 외형적 성장이나 장부상의 이익이 아닌 장기적인 투하자본의 효율성을 중시하는 가치중심경영(Value Based Management : VBM)을 유도하기 위한 성과측정 수단임.

EVA = 세후순영업이익 − (평균투하자본 × 가중평균자본비용)
　　= 평균투하자본× (투하자본수익률 − 가중평균자본비용)

① 세후순영업이익(NOPLAT) = 영업이익 + 기타영업관련수익 − 기타영업관련비용 − 실효법인세

② 평균투하자본(IC) = (유동자산 + 순유형자산 + 기타사업용자산 − 비이자발생부채)(기초 + 기말) / 2

③ 투하자본수익률(ROIC) = 세후영업이익 / 평균투하자본

④ 가중평균자본비용(WACC) = 세후타인자본비용률 × 타인자본비용가중치 + 자기자본요구수익률 × 자기자본비용가중치

- 세후타인자본비용률 = (금융비용 / 평균이자지급성부채) × (1 − 실효법인세율)

- 자기자본요구수익률(CAPM을 이용) = $R_f + \beta$(시장Risk Premium)
- R_f(무위험이자율) = 국고채 3년 수익률
- β(Beta): 일별 수정주식수익률로 산출

⑤ 타인자본비용과 자기자본비용의 가중치 결정

이론적으로 자기자본과 타인자본의 비중계산은 시장가치를 기준으로 해야 함. 타인자본의 경우는 미래의 지급원금과 이자를 시장이자율로 할인하여 현재가치로 환산하여야 하나 우리나라의 경우 부채의 사용기간이 비교적 단기이고 표면금리와 시장이자율 간의 차이가 크지 않아 부채의 경우는 장부가액을 사용함. 자기자본의 경우는 시가총액을 사용.

* 계산된 EVA는 해당회사가 발표한 재무자료가 기업회계기준에 따라서 적합하게 작성되었다는 전제에 의거해 산출. 따라서 발표된 감사보고서가 한정의견이거나 의견거절, 감사미필인 경우에는 산출값이 회사의 실제적인 EVA값과 다를 수 있음. 산출된 수치를 사용할 때는 발표된 재무자료의 정확성 여부를 판단해야 하며, 업계의 회계처리 방식 및 회계기준의 변경에 따른 효과 등 고려 필요. 가중평균자본비용 등의 계산상의 제한점을 고려하여 해석시 주의. 결산기가 변경된 경우 연환산 안 됨.

(5) 주요 재무비율

① 제조업의 경우

- 매출액증가율 = {(당기매출액 − 전기매출액) / 전기매출액} × 100
- 순이익증가율 = {(당기순이익 − 전기순이익) / 전기순이익} × 100
- 자기자본순이익률(ROE) = (당기순이익 / 평균자기자본) × 100

  * 평균자기자본 = (전기자기자본 + 당기자기자본)/2
- 금융비용부담률 = (금융비용/매출액) × 100

  * 금융비용 = 이자비용 + 사채이자
- 부채비율 = (부채총계 / 자본총계) × 100
- 유보율 = {(자본잉여금 + 이익잉여금 + 자본조정 + 자기주식) / 자본금} × 100

(6) 현금흐름표

현금흐름표를 통하여 현금기준에 의거, 기업의 자금흐름을 영업활동과 비영업활동으로 구분하여 전체적인 자금의 조달 및 사용 내용을 연도별로 체계적으로 파악할 수 있음.

(7) 회사채 발행내역

해당업체가 발행한 회사채(공모채)의 발행내역(발행일 기준 3개)

(8) 수익성 분석

① 수익성 분석은 매출액(영업수익) 대비 손익계산서 항목의 비율과 주요

수익성 지표를 제공하여 해당기업의 수익성을 구체적으로 분석할 수 있음.

② 제조업의 경우

- 총자본경상이익률 = (경상이익/총자본의 평균) × 100
- 자본금순이익률 = (당기순이익/자본금의 평균) × 100
- 차입금평균이자율 = (이자비용/총차입금의 평균) × 100
- 총자본회전율 = 매출액/총자본의 평균
- 유형자산회전율 = 매출액/(유형자산 − 건설중인 자산)평균
- 운전자산회전율 = 매출액/(매출채권 + 재고자산 + 선급금 + 선급비용)평균
- 매출채권회전율 = 매출액/매출채권평균
- 재고자산회전율 = 매출액/재고자산평균

(9) 부채구조

- 해당기업의 이자를 지급하는 부채의 총계와 그 상대적 구성비 및 외화 차입금 금액
- 이자발생부채의 절대액 및 종류별 부채의 구성비 변동을 통해 동업체의 외부 자금조달 정책 및 자금사정을 추론할 수 있음.

(10) 손익분기분석

- 비용항목들을 관리기능 측면이 아닌 원가형태에 의해 분류, 개별기업의 원가-조업도-이익관계에 대한 동적인 분석.
- 손익분기분석은 개별기업의 신용도 평가에 있어서 핵심사항인 영업수익과 원가관리에 대한 유용한 정보를 제공하며, 이 기법을 적절히 활용할 경우 기업의 투자계획을 평가하는데 보다 구체적이고 핵심적인 내용을 파악할 수 있음.
- 손익분기분석은 해당업체가 제조원가 명세서를 미제출할 경우 항목을 '—'로 처리함.

중요영어용어

국채(goverment bond)
기대수익률(expected return)
단기시장(money market)
분산투자(diversification)
수익률(rate of return)
시가(market price)
옵션(option)
유동성(liquidity)
자본배분(capital allocation)
자산배분(asset allocation)
전환증권(convertible securities)
증권(securities)
증권선택(securities selection)
증권평가(valuation)
투자(investment)
파생증권(derivatives)
포트폴리오 관리(portfolio management)
금융자산(financial asset)
내재가치(intrinsic value)
보통주(common stock)
성과(payoff)
수익성(profitability)
실물자산(real asset)
우선주(preferred stock)
위험(risk)
자본시장(capital market)
적정 포트폴리오(optimal portfolio)
주가지수선물(stock index futures)
증권분석(securities analysis)
증권시장(securities market)
투기시장(speculative market)
투자성과평가(performance measures)
포트폴리오이론(portfolio theory)
회사채(corporate bond)

관련웹사이트

1. 한국거래소 : 증권선물거래소 공식 웹 사이트
   ▷ http://www.krx.co.kr
2. 한국거래소 상장 공시 시스템 : 시장상황, 시장조치관리상황, 자체공지사항.
   ▷ http://kind.krx.co.kr
3. 금융감독원 전자 공시 시스템.
   ▷ http://dart.fss.or.kr
4. 한국예탁결제원 : 증권 중앙 예탁기관으로 유가증권의 집중예탁과 거래에 따른 결제, 증권 발행 및 유통 물류비용 절감 등 업무 안내.
   ▷ http://www.ksd.or.kr
5. 금융투자협회 : 펀드수수료 조회, 전자공시/통계, 기준가격.
   ▷ http://www.kofia.or.kr
6. NYSE 뉴욕증권거래소
   ▷ http://www.nyse.com/
7. NASDAQ
   ▷ http://www.nasdaq.com/

8. AMEX
▷ http://www.amex.com/

9. Tokyo Stock Exchange
▷ http://www.tse.or.jp/

연습문제

[객관식 문제]

01 증권평가에서 틀린 내용은?

① 증권평가의 목적은 증권의 내재가치 또는 진실가치 발견에 있다.
② 고평가된 증권일수록 적정수익률에 비해 기대수익률이 높으므로 매입해야 한다.
③ 주식평가는 배당금이 확정되지 않고 만기가 없으므로 채권평가보다 어렵다.
④ 증권평가이론은 증권의 수익력보다 위험의 크기에 더 많은 비중을 둔다.

02 포트폴리오 관리과정 중 틀린 순서나 내용은?

① 포트폴리오 계획→포트폴리오 실행→포트폴리오 평가 및 수정
② 투자목표 설정→자산배분→자본배분
③ 증권분석→증권선택→적정포트폴리오 선택
④ 투자성과측정→포트폴리오 수정→투자계획 feedback

03 실물자산과 금융자산의 차이 중 잘못된 내용은?

① 실물자산은 그 자체가 경제적 가치를 창출하지만 금융자산은 그렇지 않다.
② 실물자산은 대차대조표의 차변(왼쪽)에만 계상되지만 금융자산은 그렇지 않다.
③ 실물자산은 인위적으로 그 존재가 없어지지만 금융자산은 그렇지 않다.
④ 실물자산은 선·후진국 모두 발달하지만 금융자산은 선진국일수록 더 발달하게 된다.

04 우리나라의 증권시장환경변화로 볼 수 없는 것은?

① HTS 또는 MTS의 급성장 ② 파생상품 거래의 급증
③ 자본자유화와 국제화 진전 ④ 기관투자가 비중증대

05 증권 평가의 목적이 아닌 것은?

① 내재가치 발견 ② 저평가된 주식의 매수
③ 자산배분의 효율화 ④ M&A에서의 기업가치평가

06 포트폴리오 계획과정에서 투자목표설정시 고려하는 요소가 아닌 것은?

① 투자기간 ② 목표수익률 ③ 자산배분 ④ 허용위험

07 포트폴리오 관리과정에서 틀린 내용은?

① 목표수익률은 무위험수익률에서 목표위험프리미엄을 가산하여 정한다.

② 자산배분은 투자자금을 무위험자산과 위험자산에 어느 정도 비중으로 배분하는가에 대한 결정이다.

③ 증권 분석은 개별증권의 특성이나 진실가치를 찾아내는 과정이다.

④ 투자성과평가는 실제수익률과 위험수준을 함께 고려해야 한다.

08 다음 중 가장 고수익-고위험인 증권은?

① 보통주 ② 전환증권 ③ 선물·옵션 ④ 펀드

09 다음 중 주식(equity) 연계상품이 아닌 것은?

① ELS ② MMF ③ ETT ④ ELW

10 단기금융상품으로 볼 수 없는 것은?

① CD ② CP ③ ETF ④ CMA

11 다음 중 주식처럼 주식시장에서 거래되지 않는 것은?

① ETF ② EIN ③ ELS ④ ELW

[주관식 문제]

01 다음 용어들을 간략하게 설명하라.

(1) 실물자산과 금융자산 (2) 내재가치

(3) 증권평가 (4) 포트폴리오이론

(5) 자본배분 (6) 자산배분

(7) 적정 포트폴리오 (8) 선 물

(9) 옵 션 (10) 벤치마크 포트폴리오

02 [포트폴리오 관리] 포트폴리오 관리과정을 계획(plan), 실행(do), 그리고 통제(see)의 관리순환과정으로 설명하라.

03 [증권의 특성] 국채, 회사채, 전환증권, 우선주, 주식 그리고 선물·옵션을 수익성, 위험, 그리고 유동성의 크기로써 상호 비교해 보라.

04 [투자수익률] 증권투자 목표가 반드시 최대수익률 확보가 될 수 없음을 투자의 3요소를 고려하여 설명하라.

05 [가격과 수익률] 가격과 기대투자수익률이 항상 반대로 표현됨을 예를 들어 설명하라.

06 [우리나라 증권시장] 1956년 우리나라에 최초로 증권거래소가 설립된 후 최근까지 역사적 발전과정에서 중요한 사건과 제도들을 열거하고 그 의의를 지적하라.

제 2 장

증권시장지표와 투자수익률

01

증권시장지표

증권시장의 움직임을 나타내는 지표를 증권시장지표(market indicators)라 하는데, 크게 주식시장지표와 채권시장지표가 있다. 대표적인 주식시장지표는 주가지수(stock price index)이며 그 외 주식거래량, 주당순이익(EPS), PER, 배당성향, 배당률 그리고 배당수익률 등이 있다. 채권시장지표는 크게 활성화되어 있지 않은데, 우리나라에서는 한국거래소가 개발한 채권지수가 사용되고 있다.

1 주가지수

주가지수(stock price index)는 어떤 방식으로 주가지수를 계산하는가에 따라 가치가중지수, 가격가중지수, 그리고 동일가중지수가 있다. 가치가중지수(market value-weighted index)는 전체시장가치를 기준금액과 비교하여 지수를 계산하는데, 우리나라의 KOSPI, 미국의 S&P500, 그리고 NYSE 증시 종합지수(NYSE composite index)가 이 방법에 의한 지수이다. 가치가중지수를 시가총액식 지수라고도 한다.

가격가중지수(price-weighted index)는 지수계산에 포함되는 종목의 가격합을 총 종목수로(나눗수, divisor)로 나눈 주가평균으로 계산한 지수이다. 미국의 다우존스산업평균(DJIA: Dow Jones Industrial Average)과 일본의 니케이지수(日經指數), 그리고 우리나라 한국경제신문의 한경다우지수가 여기에 속한다. 가격가중지수를 다우존스지수라고도 한다.

동일가중지수(equally weighted index)는 단순평균 주가지수라고도 하는데, 개별주식의 주가변화율을 단순히 산술평균한 것이다. 대표적인 예로는 뉴욕증권거래소의 Indicator Digest Index가 있다.

다음 예에서 가치가중지수, 다우존스지수, 그리고 동일가중지수를 계산해보자.

예제 2-1 가치가중지수, 다우존스지수, 동일가중지수

주식시장에 오직 A, B 두 회사만 존재한다고 가정하여 가격변화에 따른 주식시장 움직임을 가치가중지수, 다우존스지수, 그리고 동일가중지수로 계산하라.

주식	기준가격	오늘가격	발행주식
A회사	20,000원	26,000원	50만주
B회사	100,000원	110,000원	30만주

풀이 1) 가치가중지수(시가총액지수)

	기준가격	오늘가격
A회사 시가총액	100억원	130억원
B회사 시가총액	300억원	330억원
시장전체 시가총액	400억원	460억원

$$\text{가치가중지수} = \frac{460}{400} \times 100 = 115,\ \text{기준지수 } 100$$ [1]

$$\text{시장변화율} = \frac{460}{400} - 1 = 0.15 = 15\%$$

2) 다우존스지수(가격가중지수)

	기준가격	오늘가격
A회사	20,000원	26,000원
B회사	100,000원	110,000원
평균가격	60,000원	68,000원

$$\text{다우존스지수} = \frac{68,000}{60,000} \times 100 = 113.33$$

$$\text{시장변화율} = \frac{68,000}{60,000} - 1 = 0.15 = 13.33\%$$

3) 동일가중지수

	기준가격	오늘가격	가격변화율
A회사	20,000원	26,000원	30%
B회사	100,000원	110,000원	10%
시장전체 평균변화율			20%

1 가치기준지수의 수정은 다음과 같다.

$$\frac{\text{비교시점의 가치} \pm \text{가치증감분}}{\text{기준시점의 가치} \pm \text{가치증감분의 } 10\%} \times 100$$

예를 들어 시가총액이 200억원인 C회사가 상장되었을 경우 가치가중지수는 157.14이다.

$$\frac{460 + 200}{400 + 20} \times 100 = 157.14$$

동일가중지수 = (1 + 0.20) × 100 = 120
시장변화율 = 20%

이 결과를 요약하면 다음과 같다. 같은 현상에 대하여 가치가중지수는 시장변화율을 15.00%라 하고 다우존스지수는 13.33%라고 하며, 동일가중지수는 20%라 한다. 일반적으로 주가와 발행주식수를 모두 고려한 가치가중지수가 시장움직임을 가장 정확하게 나타낸다.

	지 수	시장변화율	비고
가치가중지수	115.00	15.00%	시가총액 고려
다우존스지수	113.33	13.33%	주가평균 고려
동일가중지수	120.00	20.00%	가격변화율 고려

1) KOSPI

우리나라의 공식적인 주가지수인 KOSPI는 한국거래소(KRX)에서 거래가 있는 날마다 공시한다. KOSPI(Korea Stock Price Index)는 주식시장에서 거래되는 모든 종목의 시가총액을 기준시점의 시가총액을 100으로 하고 볼 때의 상대적 가치이다. 우리나라에서 기준시점은 1980년 1월 4일이다. 즉 우리나라의 KOSPI는 다음과 같이 계산된다.

$$\text{오늘의 KOSPI} = \frac{\text{오늘의 시가총액}}{\text{기준시점(1980.1.4.)의 시가총액}} \times 100$$

우리나라의 KOSPI는 거래되는 모든 종목을 지수계산시 사용하므로 종목채택에 따르는 문제점은 없다. 진정한 의미로 주식시장 전체의 움직임을 나타내는 증권시장지표인 셈이다. 따라서 KOSPI는 시장포트폴리오(market portfolio)의 기능을 갖는다고 볼 수 있다.

KOSPI 계산에 사용된 모든 주식종목의 시장가치 비율만큼 투자한 포트폴리오가 바로 지수펀드(index fund)이다. 다시 말하면 어느 투자자가 우리나라 주식시장에 상장된 개별주식에 모든 주식의 총 시장가치(total market value)에서 그 주식에서 차지하는 비중만큼 투자한다면 그의 수익률은 KOSPI의 수익률과 같으며, 이는 바로 소극적(passive) 투자전략의 대표적인 예가 된다.

KOSPI는 그야말로 모든 주식을 포함한 "종합지수"이므로 문제가 되는 경우가 있다. 즉 시가총액이 큰 주식의 영향을 많이 받게 되므로 대형 주식종목의 움직임을 왜곡하여 반영하는 문제점을 가진다. 대형 주식종목은 거래량이 별로 없어도 시장전체가 크게 움직인 것과 같이 보이고, 반대로 소형주식종목은 거래가 활발하고 가격변화가 컸음에도 불구하고 시장의 움직임은 작게 나타난다.

KOSPI의 보조적인 지수로는 업종별 지수가 있다. 업종별 지수는 앞으로 섹터(분야)별 지수로 바뀔 예정이다. 경제가 발전하고 산업구조가 다양해지면서 기존의 업종별 분류체계로는 적용할 수 없는 새로운 기업이 많이 생겼다. 그리고 이를 바탕으로 한 업종별지수만으로는 지금의 주식시장을 제대로 반영하지 못하고 있는 실정이다. 따라서 KRX는 현행 19개 업종을 단계적으로 10개 섹터(Sector)로 바꿀 예정이고 일부는 바뀌었다.[2]

현재 우리나라는 IT, 건설, 자동차, 바이오 그리고 금융섹터별로 지수가 개발되어 있다. 이에 따라 ETF펀드와 인덱스 펀드가 개발·판매되고 있다.

2) KOSPI200

1996년부터 시작된 주가지수선물거래와 1997년부터 시작된 주가지수옵션거래에서 주식시장의 움직임을 대표하는 지수가 바로 KOSPI200이다. KOSPI200을 선물지수라고도 한다. KOSPI200은 모든 상장종목을 지수계산에 채택한 데 비하여 오직 200종목만으로 주식시장의 변동을 나타내고자 한다.

KOSPI200에서 200개 종목 선택기준은 시장대표성, 업종대표성, 유동성 및 안정성을 고려하되 주식시장의 실세를 정확히 나타내는 데 있다. KOSPI200의 편입대상종목은 매년 6월에 직전연도의 1년간 종목별 평균시가총액 및 연간거래량을 기준으로 선정된다.

2007년 6월부터 증권선물거래소는 KOSPI200 산출방식을 모든 발행주식수를 반영한 시가총액에서 발행주식 중에서 거래되지 않는 비유동주식을 제외한 유동주식수만을 반영한 시가총액으로 변경하였다. 산출방식은 시가총액식으로 1990년 1월 3일을 기준시점으로 하고, 기준지수는 100이다.

$$\text{오늘의 KOSPI200} = \frac{\text{비교시점 시가총액}}{\text{기준시점(1990.1.3.)의 시가총액}} \times 100$$

2 일반적인 업종 분류는 다음과 같다. 1. 전기와 전자, 2. 전자부문, 3. 자동차와 자동차 부품, 4. 조선, 5. 기계, 6. 화학, 7. 제약과 바이오, 8. 의복, 9. 음식료, 10. 전기와 가스, 11. 건설, 12. 도소매, 13. 운송, 14. 통신, 15. 은행, 16. 증권, 17. 보험, 18. 문화와 오락, 19. 전문기술 서비스

3) 코스닥지수

코스닥(KOSDAQ) 주가지수는 구성종목수가 KOSDAQ 시장 전체 종목이고 시가총액방식에 의해 산출된다. 기준시점은 1997년 10월 1일이고 기준지수는 1,000이다.

$$\text{코스닥지수} = \frac{\text{코스닥종목 비교시점의 시가총액}}{\text{기준시점의 시가총액}} \times 1{,}000$$

4) KRX100 통합주가지수

2005년 6월 1일부터 시작된 한국거래소(KRX)의 KRX100 통합주가지수는 유가증권시장 종목과 코스닥 시장 종목에서 가장 대표적인 종목 100개로 구성되어 있다. 기준지수는 2001년 1월 2일의 1,000포인트이다.

$$\text{오늘의 KRX100 통합주가지수} = \frac{\text{오늘의 시가총액}}{\text{기준시점 시가총액}} \times 1{,}000$$

5) KTOP30

KTOP30은 유가증권시장과 코스닥시장의 30개의 우량주(blue chip)종목으로 구성된 주가지수이다. 미국의 DJIA30처럼 KTOP30은 가격가중지수이다.

6) 다우존스산업평균

미국 뉴스나 신문에서 다우존스산업평균(DJIA: Dow Jones Industrial Average)을 볼 수 있다. DJIA는 미국 주식시장의 움직임을 대표하는 대명사처럼 여겨져 화제의 대상이 된다. DJIA의 명성은 그 내용보다는 오히려 그 역사성에서 찾아야 한다. 1896년부터 시작된 DJIA는 100년 이상의 역사를 자랑한다.

미국 주식시장을 대표한다는 30개의 주식들(이 주식을 blue chip이라 한다)의 주가평균인 DJIA는 대표적인 가격가중지수(price weighted index)이다. 앞에서도 설명하였듯이 DJIA는 주가평균이므로 지수에 포함된 주가의 합계를 주식수로 나눈 것이다.

다우존스평균은 ① 권리락이나 주식분할과 같이 거래량변동요인이 생길 때마다 나눗수(divisor)를 조정해야 하는 번거로움이 있고, ② 지수산정에 포함될 종목채택기준이 애매하며 또한 현실적으로 어렵고, ③ 거래량을 고려하지 않고

그림 2-1 주가상승과 하락시의 거래량 흐름

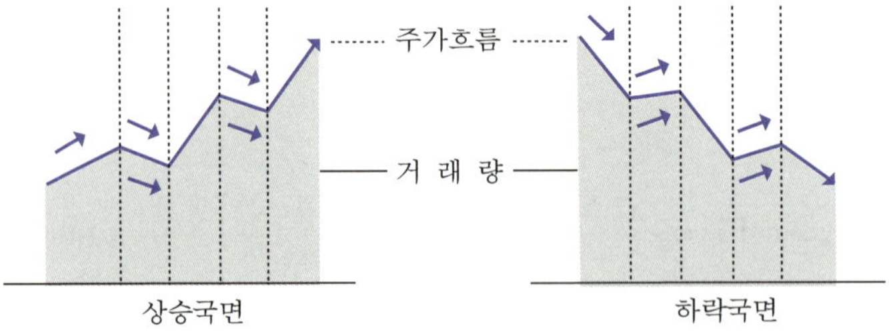

오직 가격변동이 큰 주식이 주가변동에 큰 영향을 미치는 모순이 발생한다.

7) S&P500 지수

미국의 Standard&Poors가 뉴욕증권거래소에 상장돼 있는 종목 중 500개 종목을 선택해 매일매일 발표하는 시가총액지수이다. 여기에는 공업주 400종목, 운수주 20종목, 공공주 40종목 그리고 금융주 40종목의 그룹별 지수가 있다.

8) MSCI, FTSE, Nikkei225

MSCI(Morgan Stanley Capital International)는 모간 스탠리 지수인데 전세계를 대상으로 내는 글로벌 주식지수(Global Index)이다. 우리나라는 성장국가지수(Emerging Index)에 포함되어 있고 선진국지수에는 편입되지 않은 상태이다. FTSE는 영국에서 발행되는 Financial Times사의 글로벌 주식지수이다. 이 지수는 유럽인 투자자들이 많이 참고한다. Nikkei225는 일본 니혼게이자이(日本經濟)신문이 225개 종목을 선택하여 발표하는 주가지수이다.

2 주식거래량과 거래대금

주가지수와 함께 주식시장의 장세를 판단하는 중요한 지표로서 활용되고 있는 것으로 주식거래량과 거래대금이 있다. 주식거래량(trading volume)은 주식유통시장에서 매매된 주식의 수량을 나타낸 것이고 이를 금액으로 표시한 것이 거래대금이다. 거래량의 변동은 주가와 밀접한 관계가 있으며 개별주식뿐만이 아니라 시장전체에 대해서도 장세의 전환점을 알려주는 신호의 역할도 한다. 전체 주식시장이 활발한지 여부를 알아보기 위해서는 거래량도 중요하지만 그에 못지않게 거래대금이 중요하다.

주가가 상승하는 강세시장에서는 주가가 계속하여 상승할 것으로 예상하는 매수(買受)세력과 이를 기다리고 있던 매도(賣渡)세력 사이에 매매가 이루어지면서 주가가 상승되고 거래량이 늘어난다. 반대로 주가가 하락하는 약세시장에서는 주가가 하락하면서 거래량이 늘고 반등과정에서 감소하는 양상을 보인다.

주식의 액면가가 5,000원으로 동일하였을 때는 거래량이 주식시장 판단지표로 중요한 의미가 있었다. 그러나 최근에는 액면가가 100원에서부터 5,000원까지 다양하므로 개별주식간의 거래량을 비교할 때는 먼저 그 주식들의 액면가가 얼마인지를 고려해야 한다.

하루하루의 거래량과 거래대금을 장기적인 관점에서 파악하고 주식시장 전체의 추세나 특징을 분석하는 주식시장지표가 회전율이다. 회전율(turnover ratio)이란 단위 거래량이나 단위 거래대금이 일정기간 몇 번(회)이나 회전되었는지를 나타내는 상대적인 지표이다.

한국거래소에서 산출하는 회전율은 상장주식회전율과 시가총액회전율이다. 상장주식회전율은 거래량을 당해기간 중의 평균주식수로, 그리고 시가총액회전율은 거래대금을 당해기간 중의 평균시가총액으로 나누어 각각 산출한다.

$$\text{상장주식회전율}(\%) = \frac{\text{거래량}}{\text{평균상장주식수}} \times 100$$

$$\text{시가총액회전율}(\%) = \frac{\text{거래대금}}{\text{평균시가총액}} \times 100$$

3 기타 주식시장지표

주가지수는 대표적인 주식시장지표이기는 하지만 국제적으로 주식시장의 움직임을 비교하기에는 부족한 점이 많다. 왜냐하면 지수구성종목과 산출방식이 나라마다 다르기 때문이다. 그러나 PER나 배당수익률은 동질적 속성과 객관적 산출방식 때문에 국제간 비교에 적합하다.

1) PER

PER는 Price Earning Ratio의 약자로서 주가수익 비율 또는 이익승수(earning multiple)로 번역된다. PER는 주가/주당수이익(price/EPS)로 산출되며 배수로 측정된다.

간단한 예를 들면 A회사의 전년도 법인세 차감 후 당기순이익이 30억원이고 총주식수가 100만주라면 법인세 차감 후 1주당 순이익은 30억원/100만주=3,000원이 된다. 따라서 현재의 주식가격이 30,000원이라고 한다면 A주식의 PER는 30,000원/3,000원=10(배)가 된다. A회사가 금년에도 작년과 같은 이익을 얻는다고 가정하면 A주식은 순이익의 10배의 가격으로 증권시장에서 매매될 수 있음을 의미한다.

따라서 국가간의 주식시장을 PER로 비교하면 각 나라의 주가수준이 단위당 기업의 이익력에 비해 저평가 또는 고평가되었는지 측정할 수 있다. 예를 들면, 한국주식시장의 평균 PER가 8배이고 일본주식시장의 평균 PER가 24배이면, 상대적으로 한국기업의 주가가 일본기업에 비해 저평가되었다고 말할 수 있다.

2) 배당성향, 배당률, 배당수익률

배당성향(dividend payout ratio)은 순이익 중 배당금으로 지급되는 부분을 백분율로 표시한 것이다. 배당성향이 높을수록 사내유보율이 낮고 심하면 재무구조 악화요인이 될 수 있다.

$$\text{배당성향} = \frac{\text{배당금}}{\text{당기순이익}} \times 100$$

예 $$\frac{200}{1,000} \times 100 = 20\%$$

배당률(dividend rate)은 액면가에서 차지하는 1주당 배당금의 비중을 백분율로 나타낸 것이다. 이를 액면배당률이라고도 한다. 배당금 총액은 그 회사의 수익성에 좌우되기는 하지만, 기업들은 대개 이익의 과다에 관계없이 배당률을 일정하게 유지하려는 경향이 있다.

$$\text{배당률} = \frac{\text{1주당 배당금}}{\text{액면가}} \times 100$$

예 $$\frac{500}{5,000} \times 100 = 10\%$$

배당수익률(dividend yield)은 1주당 배당금을 시가로 나눈 비율로서 시가배당률이라고도 한다. 예를 들면, 액면가격이 5,000원인 주식의 현재 시장가격이

20,000원이고 전기배당률이 10%라고 하면 배당금은 5,000원×0.1=500원이고, 이에 따라 주식배당수익률은 (500원/20,000원)×100=2.5%가 된다.

$$\text{배당수익률} = \frac{\text{1주당 배당금}}{\text{시가}} \times 100$$

예 $\frac{500}{20,000} \times 100 = 2.5\%$

배당에는 현금배당과 주식배당이 있는데 국제표준은 배당수익률 산출시 현금배당만을 사용한다. 우리나라의 한국거래소에서도 현금배당만을 기준으로 주식배당수익률을 산출하여 발표하고 있다.[3]

투자자가 주주의 기본적 권리로서 기간말에 배당을 받는 것은 어느 나라나 공통이다. 이때 배당수익률은 비교시점의 가격수준에서 어느 정도의 수익을 올리는지를 비교·측정하는 데 적절하다. 예를 들면, 우리나라의 주식시장의 평균 배당수익률이 2%이고 미국 주식시장의 평균 배당수익률이 5%라고 하면, 우리나라의 주식투자자들은 미국 주식투자자들에 비해 안정적인 배당소득을 얻지 못한다고 말할 수 있다.

배당수익률은 예금금리나 채권수익률에 비하여 언제나 낮다. 주식투자에 따른 투자수익률을 예금금리나 채권수익률과 비교하려면 배당수익률뿐만 아니라 주식가격 상승에 따른 매매차익, 즉 자본이득률(capital gain yield)도 포함하여 비교하여야 한다.

4 채권지수

채권지수는 주가지수와 마찬가지로 채권시장 전체의 움직임을 나타내는 지표이다. 채권지수는 채권시장의 움직임을 나타내 주는 지표이므로 채권투자성과 평가의 벤치마크(benchmark)로서 유용하고 인덱스펀드 투자시 중요한 자료가 된다.[4]

3 현재 한국금융투자협회에서 BMSI, HHI, MCRI 3개의 채권지수를 발표하고 있다. BMSI(Bond Market Survey Index)는 경기지수(Business Survey Index)와 비슷한데 160개 이상의 금융기관의 서베이에 의해 채권시장동향을 측정한 지수이다. HHI(Herfindahl Hirshman Index)는 특정 산업의 채권발행 및 유통물량이 전체 산업에서 차지하는 비중에 초점을 맞춰 집계한 채권지수이다. MCRI(Market Credit Risk Index)는 신용등급별, 각 산업별, 신용위험을 지수로 보여준다.

4 우리나라 국채에 관심이 많은 외국인 투자자들을 위해 일본 노무라증권이 한국국채지수(Korea Government Bond Index)를 2011년 개발하였다. 여기에는 23개의 국공채가 포함되어 있다.

02

투자수익률

수익률(rate of return)은 최초 투자금액(initial amount)에 대해 일정기간의 성과를 나타내는 지표이다. 수익률은 최초 투자원금이 다르고, 투자기간도 다르며 또한 투자성과가 배당금, 이자수입 또는 매매차익과 같이 서로 다른 형태로 나타날 때 투자의 성과를 비교할 수 있는 공동 기준으로서 최초 투자원금 1단위에 대한 원금의 증분을 백분율로 나타낸다.

수익률 계산에는 여러 가지 방법이 있는데, 같은 원금, 같은 기간, 같은 투자성과라도 계산방법에 따라 수익률에 큰 차이가 난다. 예를 들면, 6개월에 10%의 수익률을 올린 투자안의 경우 1년간의 수익률은 단순계산으로는 연 20%이나 복리계산(compounding calculation)으로는 21%이다.[5]

수익률 계산과 함께 위험(risk)에 대한 고려도 매우 중요하다. 같은 수익률을 올린 두 개의 투자안이라 하더라도 위험은 전혀 다를 수 있다. 예를 들면, 원금 1,000만원을 1년 만기 정기예금에 투자하여 5%의 수익률을 올린 경우와 원금 1,000만원을 주식에 투자하여 결과적으로 15%의 수익률을 올렸을 때 두 투자안의 위험은 같을 수가 없다.

마지막으로 수익률 계산시에는 세금문제를 반드시 고려해야 한다. 여러 투자대상들에 대한 세전 수익률이 동일할지라도 투자자가 실제로 얻게 되는 세후수익률은 각기 다르다. 세전수익률은 낮지만 세후수익률 기준으로는 오히려 세전수익률이 높은 투자대상보다 훨씬 유리한 투자안이 많으므로 수익률 비교시 주의해야 한다. 예를 들면, 회사채 투자수익률이 세전기준으로 10%이지만 이자소득에 대한 세금을 고려하면 오히려 이자소득에 대해 세금이 면제되는 국채수익률 7%보다 낮을 수 있다.[6]

---

5 $(1 + 0.1)^2 - 1 = 0.21 = 21\%$

6 예를 들어 35%의 한계세율에 해당하는 고소득투자자의 경우 세후 투자수익률은 6.5%[= 10 × (1 − .35)]이다.

1 연간수익률과 연간유효수익률

연간수익률(APR: Annual Percentage Rate 또는 Return)은 단순히 연 기준의 수익률로서 흔하게 시중에서 얘기되는 금리이다. 예를 들어, 3개월 단위인 분기별 투자수익률이 2%일 경우 연간수익률은 일년에 4개의 분기가 있으므로 2% × 4개분기 = 8%이다. 또는 회사채의 표면(coupon)금리 6%는 APR이고, 3개월 분기 단위 금리는 6 ÷ 4 = 1.5%이다.

그러나 어느 한 분기수익률이 다음 분기에 계속하여 분기원금에 그만큼 이자를 지급하면 최종적으로 연말에 가서는 이자에 이자를 지급하는 복리(compounding) 계산을 하여야 한다. 이 경우 연간유효수익률(EAR: Effective Annual Return)은 다음과 같이 계산되어 8.243%가 된다.

$$(1.02)(1.02)(1.02)(1.02) = 1 + \text{EAR}$$
$$\text{EAR} = (1.02)^4 - 1 = 0.08243 = 8.243\%$$

마찬가지로 월 1%의 크레디트카드 연체이자율은 APR기준으로는 1%×12회 =12%이지만, EAR기준으로는 $(1.01)^{12} - 1 = .12683 = 12.683\%$이다.

위와는 반대로 연 EAR기준으로 연 8.243%의 수익률은 APR기준으로 연 몇 %일까? 이 문제를 풀기 위해서는 복리계산단위가 반드시 전제가 되어야 한다. 즉, 복리계산단위가 월 단위인지 아니면 분기별 단위인지가 전제되어야 하는데, 위의 예에서와 같이 분기별 단위이면 1년을 1로 보았을 때 분기의 연단위 크기는 4/12 = .25년이다. 따라서 APR은 다음 계산과 같이 8%이다.[7]

$$\text{분기별 금리}(1.08243)^{.25} - 1 = 0.02 = 2\%,\ \text{APR} = 2\% \times 4\text{회} = 8\%$$

만약 월단위로 복리계산이 이루어질 경우 APR기준 연간수익률은 7.947%이다.

$$(1.08243)^{1/12} - 1 = 0.00662 = 0.66\%$$
$$0.00662 \times 12\text{회} = 0.07947 = 7.947\%$$

---

7 이 식의 근거는 다음과 같다.
$(1 + \text{APR})^4 - 1 = .08243$
$(1 + \text{APR})^4 = 1.08243$
$1 + \text{APR} = (1.08243)^{1/4}$
$\therefore\ \text{APR} = (1.08243)^{1/4} - 1 = 0.02 = 2\%$

다시 정리하여 월 단위로 복리계산이 이루어질 경우 APR기준 연간수익률이 7.947%이면 EAR기준은 몇인가? 이 문제를 푸는 과정은 다음과 같다. 항상 EAR기준은 복리계산기간이 전제가 되므로 월 단위의 수익률이 먼저 계산되어야 한다. 그 다음 복리계산기간을 고려하여 연수익률을 구한다.

$$\text{월단위수익률: } 0.07947 \div 12 = 0.00662$$

$$\text{EAR수익률} = (1 + 0.00662)^{12} - 1 = 0.08243 = 8.243\%$$

예제 2-2

[물음 1] H은행에서는 크레딧카드 연체에 대하여 월 1%의 연체이자율을 부과한다. APR과 EAR기준 연이자율을 구하라.

[물음 2] APR기준 12%는 EAR기준 몇 %인가?(월단위 복리계산)

[물음 3] EAR기준 12.683%는 APR기준 몇인가?(월단위 복리계산) 또한 월금리는 몇인가?

풀이 1 APR기준= 1%× 12회= 12%

EAR기준= $(1.01)^{12} - 1 = .12683 = 12.683\%$

풀이 2 월 단순금리= $.12 \div 12 = 0.01 = 1\%$

EAR: $(1.01)^{12} - 1 = .12683 = 12.683\%$

풀이 3 1개월= 1/12년= 0.0833년

월금리: $(1.12683)^{0.0833} - 1 = 0.01 = 1\%$

APR: 1%×12=12%

2 보유기간수익률

말뜻 그대로 투자원금 대비 증권보유기간 동안 획득한 수익률로서 대개 1년을 기준으로 한다. 주식의 경우 보유기간수익률(HPR: Holding Period Return)은 자본이득률(capital gain yield)과 배당수익률(dividend yield)의 합이다. 채권의 경우 보유기간수익률은 자본이득률(capital gain yield)과 경상수익률(current yield)의 합이다.

$$\text{주식의 보유기간수익률}(r) = \frac{P_t - P_{t-1} + D_t}{P_{t-1}} = \frac{P_t - P_{t-1}}{P_{t-1}} + \frac{D_t}{P_{t-1}} \qquad (2\text{-}1)$$

$$\text{채권의 보유기간수익률}(r) = \frac{P_t - P_{t-1} + I_t}{P_{t-1}} = \frac{P_t - P_{t-1}}{P_{t-1}} + \frac{I_t}{P_{t-1}} \qquad (2\text{-}2)$$

여기서 P_{t-1} : 증권의 매입가격
P_t : t시점에서의 시가
D_t : 투자기간 동안의 주당배당금($t-1$에서 t까지)
I_t : 투자기간 동안의 이자소득($t-1$에서 t까지)

보유기간 수익률계산시 t시점에서의 시가는 반드시 실제로 매도해야 하는 가격이 아니다. 보유기간수익률은 그 당시의 시가로 매도할 것을 가정하고 계산한 수익률이다.

예제 2-3 **보유기간수익률**

동신기업㈜의 주식을 연초에 1주당 20,000원에 산 후 연말에 가서 22,000원에 팔고 600원의 주당배당금을 받았다. 1년간 보유기간수익률은 얼마인가?

풀이

$$\text{보유기간수익률} = \frac{22,000-20,000+600}{20,000} = \frac{2,000}{20,000} + \frac{600}{20,000}$$

$$= 0.10 + 0.03 = 10\% + 3\% = 13\%$$

보유기간수익률은 13%로서 10%의 매매이득률과 3%의 배당수익률로 구성되었다.

보유기간수익률을 구하는 다른 방법은 할인현금흐름(DCF: Discounted Cash Flow)기법을 이용하는 것이다. 이 방법은 복수기간(multi-period) 투자성과를 계산하는 데 적절하다. 이론적으로 연초인 오늘 P_0를 투자한 후 연말에 P_1과 D_1을 받는 투자안의 경우 투자수익률 r은 미래 현금흐름 P_1과 D_1을 오늘 P_0와 같게 해주는 할인율이다. 이를 일반식으로 쓰면 다음과 같다.

$$P_0 = \frac{P_1 + D_1}{1+r}$$

위의 예제 2-3을 이 방법에 의해 구해도 결과는 마찬가지다.

$$20,000 = \frac{22,000+600}{1+r}$$

여기서 $r=13\%$로서 식 (2-1)과 같은 결과를 가진다.

표 2-1 정기예금금리와 주식투자수익률 분기별 비교

	정기예금 금리				주식투자 수익률			
분기(quarter)	1	2	3	4	1	2	3	4
수 익 률(%)	4	4	4	4	10	8	4	6
평 균(%)	4				7			
표준편차(%)	0				2.236			

3 역사적 수익률과 기대수익률

역사적 수익률은 과거의 일정기간 동안 증권을 보유했을 때의 보유기간 수익률로서 보유기간이 일, 월 또는 분기인가에 따라 일별수익률, 월별수익률 또는 분기별수익률로 나눈다. 역사적 수익률은 각종 증권통계분석이나 실증분석의 기본자료가 된다. 역사적 수익률의 평균은 그 기간을 대표하는 대표값의 의미를 갖는데 평균계산방법에는 산술평균과 기하평균이 있다. 역사적 수익률의 표준편차는 평균수익률을 중심으로 분포한 분산의 정도를 나타내며 일반적으로 총위험의 크기를 의미한다. [표 2-1]은 주식투자수익률의 분기별 수익률과 평균, 분산(σ^2) 및 표준편차(σ)를 계산한 것이다. 평균은 산술평균값을 사용했고, 그 계산식은 다음과 같다(모든 단위는 %이다).

$$\text{산술평균} = (0.10 + 0.08 + 0.04 + 0.06) \div 4 = 0.07 = 7\%$$

$$\text{분산} = \{(0.10 - 0.07)^2 + (0.08 - 0.07)^2 + (0.04 - 0.07)^2 + (0.06 - 0.07)^2\} \div 4 = 0.005$$

$$\text{표준편차} = \sqrt{0.005} = 0.02236 = 2.236\%$$

기대수익률(expected rate of return)은 과거의 수익률이나 실제수익률이 아니라 미래에 기대되는 수익률이다. 기대수익률은 미래에 일어날 수 있는 상황의 발생가능 확률에 각 상황에서의 예상수익률을 곱하여 계산한 기대값이다. 예를 들면, 내년에 예상되는 경제상황이 호황일 가능성이 0.2, 불황 0.3, 그리고 보통의 경우가 0.5일 때 각 상황에서의 예상수익률이 다음과 같다면 기대수익률과 표준편차는 다음과 같이 계산된다.

경제상황	발생가능확률	예상수익률
호황	0.2	30%
불황	0.3	2%
보통	0.5	18%

$$기대수익률 = 0.2 \times 0.3\% + 0.3 \times 0.02\% + 0.5 \times 0.18\% = 0.156 = 15.6\%$$

$$표준편차 = \sqrt{0.2(.30-.156)^2 + 0.3(.02-.156)^2 + 0.5(.18-.156)^2} = 0.0999$$

$$= 9.99\% = 10\%$$

4 가치가중수익률

단일기간(one period)의 수익률 계산은 간단하지만, 두 기간 이상의 복수기간(multi-period)인 경우 수익률 계산은 복잡해진다. 복수기간에서 수익률 계산은 할인현금흐름(DCF)기법을 이용해야만 수익률 계산을 쉽게 할 수 있으며, 이때 계산된 할인율은 내부수익률(IRR)이다. 가치가중수익률은 바로 이 내부수익률을 말한다.

가치가중수익률은 투자금액가중 수익률(dollar 또는 value weighted rate of return: DWRR 또는 VWRR)이라고도 하는데 투자가 시작되는 시점에서부터 현금흐름이 발생하는 시점까지를 하나의 기간으로 간주하여 수익률을 구하고, 이 수익률을 전체 투자기간에 대한 수익률로 환산한다. 따라서 가치가중수익률은 현금흐름의 크기와 발생시기에 따라 크게 영향을 받는다. 가치가중수익률은 투자기간 동안 추가적인 투자를 했기 때문에 얻어진 결과이다.

이 수익률은 투자금액을 중심으로 성과를 측정하는 데 유용하다. 특히 개인투자자 입장에서 호황이 예상되면 투자를 많이 하고, 침체가 예상되면 투자를 적게 하는 관점에서는 가치가중수익률이 적절한 투자성과측정치이다.

예제 2-4 가치가중수익률

앞의 **예제** 2-3에서 연초 20,000원에 매입한 주식을 연말에 가서 매도하지 않고 계속 보유하고 주당 600원의 배당을 받았다. 그리고 연말에 그 주식을 1주당 22,000원에 더 매입하여 그 다음해 연말에 가서 주식들을 24,000원에 모두 처분하였다. 물론 각 매입주식에 대해 600원씩 모두 1,200원의 배당수입을 올렸다. 이 경우 투자수익률은 얼마인가?

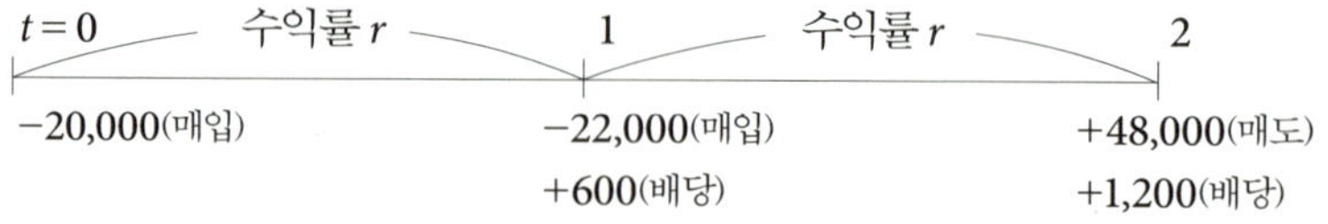

풀이 각 연도별 현금유출(−로 표시)과 현금유입(+로 표시)을 구분해 보자.

현금유출금액	$t=0$	시점	20,000원(주식매입금액)
	$t=1$	시점	22,000원(주식매입금액)
현금유입금액	$t=1$	시점	600원(배당금)
	$t=2$	시점	48,000원(주식매도금액)
			1,200원(배당금)

돈의 시간적 가치를 고려하여 현금유출금액의 현가와 현금유입금액의 현가를 같게 하는 수익률을 r%라고 하자.

$$\text{현금유출금액현가} = \text{현금유입금액현가}$$

투자수익률을 r이라 하고 할인현금흐름(DCF)기법을 이용하면 다음과 같은 방정식이 도출된다.

$$20{,}000 + \frac{22{,}000}{1+r} = \frac{600}{1+r} + \frac{48{,}000+1{,}200}{(1+r)^2}$$

식을 풀면 $r=12.217\%$이다.

여기서 12.217%는 가치가중수익률이다. 이 수익률은 투자기간 2년동안 수시로 현금이 유출·유입됨을 고려하여 계산한 내부수익률(IRR)이다. 각 기간 초 또는 말에 투자한 금액 크기를 고려한 것이다.

5 시간가중수익률

시간가중수익률(time weighted rate of return: TWRR)은 기초에 투자된 1원에 대해 획득한 수익률을 기말까지 유지한다고 가정했을 때의 수익률이다. 시간가중수익률은 각 기간의 투자금액을 고려하지 않고 오직 각 기간별 보유기간수익률을 구하여 계산한 기간평균수익률이다. 이 수익률은 연금기금매니저의 평가에 많이 이용된다. 왜냐하면, 연금기금은 정해진 날짜에 유입되고 유출되어 매니저의 통제를 벗어나서 입출금되기 때문이다. 일반적으로 기금관리업계는 시간가중수익률을 더 많이 사용한다.

예제 2-5 **시간가중수익률**

앞의 예제 2-4에서 시간가중수익률을 구하라.

풀이

각 기간별 보유기간수익률을 구하면(1년째 초에 20,000원 투자) 1년째 말 매매차익은 2,000원(22,000 − 20,000), 1주당 배당금은 600원이다. 따라서 1기간의 1년 보유수익률은 13%이다. 2년째에 가서 2년째 초에 1주당 22,000원 투자, 2년째 말 매매차익은 2,000원(= 24,000 − 22,000), 1주당 배당금은 600원이다. 따라서 2기간의 1년 보유수익률은 11.82%이다.

$$r_1 = \frac{2,000 + 600}{20,000} = 13\%$$

$$r_2 = \frac{2,000 + 600}{22,000} = 11.82\%$$

각 기간별 보유기간수익률이 각각 13%와 11.82%이다. 따라서 두 기간의 산술평균수익률은 12.41%이다.

$$r = \frac{r_1 + r_2}{2} = \frac{13 + 11.82}{2} = 12.41\%$$

6 산술평균수익률

산술평균수익률(r_A : arithmetic return)은 각 기간 수익률(HPR)의 합을 기간 수로 나눈 수익률이다. 이 수익률은 기간의 경과에 따른 복리개념을 사용하지 않는다.

$$r_A = \frac{r_1 + r_2 + \cdots + r_n}{n}$$

예를 들어 1년동안 각 분기별 수익률이 10%, 8%, 4%, 그리고 6%라 할 때, 산술평균분기수익률은 (10 + 8 + 4 + 10) ÷ 4 = 7(%)이다.

7 기하평균수익률

기하평균수익률(r_G : geometric return)은 각 기간의 복리를 고려하여 계산한 수익률이다. 기하평균수익률은 항상 산술평균수익률보다 작다.

$$r_G = \{(1+r_1)(1+r_2)\cdots(1+r_n)\} \quad -1$$

위에서 예를 든 주식투자수익률에서 1년간 4개분기 수익률이 각각, 10%, 8%, 4% 그리고 6%라 하자. 기하평균분기수익률은 $\sqrt[4]{(1.1)(1.08)(1.04)(1.06)} - 1 = 6.98(\%)$이다. 이는 산술평균분기수익률 7%보다 작다.

예제 2-6 | **산술평균수익률과 기하평균수익률**

동신기업(주)의 주가가 현재 20,000원에서 1년 후 40,000원으로 올라간 후 2년째 말에 가서 다시 20,000원으로 떨어질 것으로 예상되면 연간 산술평균수익률과 기하평균수익률은 각각 얼마인가?

풀이

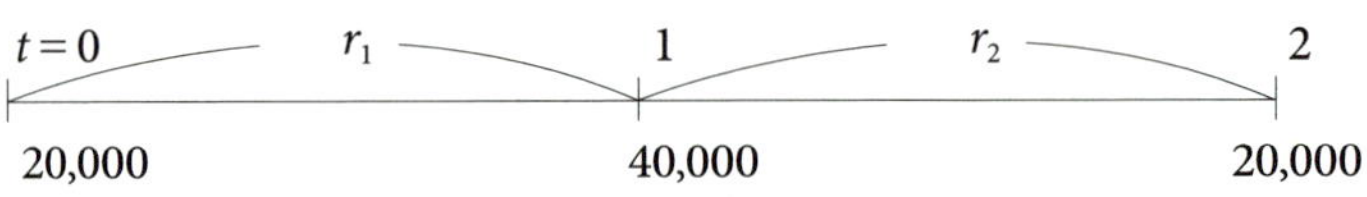

$$r_1 = \frac{40,000 - 20,000}{20,000} = 1 = 100\%$$

$$r_2 = \frac{20,000 - 40,000}{40,000} = -0.5 = -50\%$$

$$\text{산술평균수익률} = \frac{r_1 + r_2}{2} = \frac{100 - 50}{2} = 25\%$$

$$\text{기하평균수익률} = \sqrt{(1+1)(1-0.50)} - 1 = 0$$

결과를 보면, 산술평균수익률 25%는 각 기간수익률 r_1과 r_2를 합하고 기간 수 2로 나눈 수익률이다. 여기에 비해 기하평균수익률 0%는 각 기간수익률 r_1과 r_2의 복리를 고려하여 계산한 수익률이다. 산술평균수익률은 항상 기하평균수익률보다 크다.

중요영어용어

가격가중지수(price-weighted index)
가치가중지수(market value-weighted index)
나눗수 또는 약수(divisor)
다우존스산업평균(DJIA)
보유기간수익률(holding period return)
산술평균수익률(arithmetic return)
시간가중수익률(time weighted return)
이익승수(PER)
종합주가지수(composite index)
주가평균(price average)
지수펀드(index fund)
한국선물지수(KOSPI 200)
할인현금흐름(discounted cashflow)
가치가중수익률(value-weighted return)
기하평균수익률(geometric return)
내부수익률(IRR)
동일가중지수(equally-weighted index)
배당수익률(dividend yield)
소극적(passive) 투자전략
S&P(Standard & Poor's) 500
자본이득률(capital gain yield)
주가지수(stock price index)
증권시장지표(market indicator)
채권지수(bond index)
한국종합주가지수(KOSPI)
회전율(turnover)

관련웹사이트

1. KOSEF: KOSPI200 소개 사이트, ETF, 펀드운용, 투자신탁운용 등 서비스 활용방법 안내.
   ▷ http://www.kosef.co.kr
2. 코리아본드웹: 채권전문정보 제공, 실시간 매매거래동향 및 금리, 채권시황 및 전망, 채권분석자료(수익률, 금리추이, 채권지수, 스프레드분석), 전문가들 금리전망 및 채권시장 분석자료.
   ▷ http://www.bondweb.co.kr
3. 펀드닥터: 펀드 투자정보분석, 투자컨설팅, 주요금융정보, 수탁고정보, 뮤추얼펀드 수익률, 인기펀드 추천.
   ▷ http://www.funddoctor.co.kr
4. KTB자산운용(주): 펀드운용 및 투자자문, 상품소개, 수익률 게재, 용어해설 제공.
   ▷ http://www.i-ktb.com
5. 미래에셋자산운용(주): 뮤추얼펀드 상품 소개, 수익률 게재, 투자정보와 용어해설 제공.
   ▷ http://investments.miraeasset.com/
6. 채권정보센터: 증권업협회 제공, 실시간체결, 시가기준수익률, 유통정보, 채권뉴스 및 분석안내.
   ▷ http://www.kofiabond.or.kr
7. 한국펀드평가: 펀드평가전문업체, 펀드운용컨설팅, 펀드수익률, 투자위험도, 매니저 및 운용사 정보 제공.

▷ http://www.kfr.co.kr

8. 한국투자신탁운용: 자산펀드운용전문업체, 투자신탁상품, 펀드기준가, 수익률조회, 투자자문 제공.

▷ http://www.kim.co.kr

9. NH CA 자산운용: 투자신탁운용업체, 증권, 부동산, 파생상품 소개, 펀드기준가조회, 수익률정보 제공.

▷ http://www.nh-amundi.com

연습문제

[객관식 문제]

01 여러가지 주가지수에서 틀린 내용은?

① 시가총액지수는 대기업의 영향이 너무 크게 반영되어 주가변동움직임을 왜곡시킬 수 있다.

② MSCI와 FISE는 대표적인 global index이다.

③ 주가지수를 복제한 index fund는 DJIA와 같은 가격지수에 근거하여 설정된다.

④ 우리나라에서도 미국 DJIA와 비슷하게 KTOP30 지수가 개발되었다.

02 다음 중 시가총액으로 계산한 주가지수가 아닌 것은?

① KOSPI 지수　② KTOP30 지수

③ S & P500 지수　④ KOSDAQ 지수

03 PER에 관한 설명 중 틀린 것은?

① earning multiplier

② price/EPS

③ 예상주가 = PER × 예상 EPS

④ PER effect는 PER가 큰 주식의 기업이 주식 수익률이 높다는 것이다.

04 다음 중 증권시장 지표(market indicator)가 아닌 것은?

① 주가지수　② 주가수익률(PER)

③ 위탁 증거금률　④ 시가총액

05 우리나라의 KOSPI지수에 관하여 틀린 내용은?

① 시장포트폴리오로도 쓰인다.

② 경기선행 지수로 이용된다.

③ 대출금리결정의 참고 자료로도 이용된다.

④ 투자성과 측정의 기준(benchmark)이 된다.

06 주식보유 수익률은 다음 중 어느 것의 합인가?

① 매매이득률 + 인플레이션
② 매매이득률 + 배당수익률
③ 당기수익률 + 배당수익율
④ 위험프리미엄 + 배당수익률

07 여러 가지 개념의 수익률을 설명한 것 중 틀린 내용은?

① 가치가중수익률은 투자기간 동안 현금흐름의 유입과 유출의 크기에 따라 계산한 수익률이다.

② 가치가중수익률은 재무관리의 IRR개념과 비슷한 개념이고 개인의 투자성과평가에 유용하다.

③ 시간가중수익률은 각 기간별 보유기간 수익률을 구하여 계산한 기간평균수익률이다.

④ 기하 평균수익률은 언제나 산술평균수익률보다 낮다.

08 다음 여러 가지 수익률 설명 중 틀린 것은?

① 같은 기간 동안 기하평균은 언제나 산술평균보다 작다.

② 가치가중수익률은 금액가중수익률이라고도 한다.

③ 채권투자수익률은 보유기간에 관계없이 상호비교가 가능하다.

④ 시간가중수익률은 펀드매니저의 투자성과평가에 유용하다.

09 K기업의 ××년도 배당금 자료는 다음과 같다. 배당관련 재무비율이 틀린 것은?

1주당 배당금	500원	1주당 순이익	2,500원
액 면 가	5,000원	현재시가	20,000원

① 배당성향 20%
② 배당지급률 50%
③ 배당률 10%
④ 배당수익률 2.5%

10 연간수익률(APR)과 연간유효수익률(EAR)과의 관계에 대하여 다음 물음에 답하라.

① 월 1%의 주식투자수익률은 APR기준으로 12%이고 EAR기준으로 ( )%이다(공식을 써도 괜찮음).

② 반년기준 연평균 경제성장률이 2%이면 기준 APR기준 4%, EAR기준으로 연 ( )%이다.

③ 분기별로 집계한 투자수익률이 1%이면, APR기준 4%, EAR기준으로 연 ( )%이다.(공식을 써도 괜찮음)

[주관식 문제]

01★ [산술평균수익률과 기하평균수익률] 지난 5년간 A, B 두 주식의 연평균수익률은 다음과 같다.

(1) 두 주식의 산술평균수익률과 표준편차를 구하라.

(2) 두 주식의 기하평균수익률을 구하고 표준편차와의 관계를 설명하라.

	A	*B*
1992	20%	30%
1993	10	10
1994	14	18
1995	5	0
1996	1	−8

02★ [시간가중수익률과 가치가중수익률] 동신기업(주)의 주가와 배당금은 다음과 같다.

연도	주가	배당금
1994	20,000	600
1995	21,000	600
1996	19,000	600
1997	20,000	600

1994년에 3주 매입, 1995년에 2주 매입, 1996년에 1주 매도, 그리고 1997년에 4주를 매도하였다. 기간중 배당금은 차질없이 현금으로 받는다고 가정하라.

(1) 4년간 연평균수익률(= 시간가중수익률)은 몇 %인가? 산술평균과 기하평균 두 기준으로 계산하라.

(2) 가치가중수익률을 구하라.

제 3 장

주식 · 채권 · 펀드

01

주식의 종류

기본적으로 주식회사는 회사의 소유자임을 증명하는 주식을 발행하고, 주식의 소유자인 주주는 주식수에 비례하여 소유와 권리의 정도가 달라진다. 주식은 자본구성단위이자 주주의 지위임을 나타내는 법적 소유권을 표시한다. 1주는 자본금을 산출하는 기초단위로서 발행주식의 액면총액은 자본금이 된다.

회사는 정관에 권리의 내용을 달리하는 여러 종류의 주식을 발행할 수 있음을 규정하고 또한 각 주식의 수량과 각기 다른 권리행사방법 및 법적 보호장치를 명문화하고 있다. 각기 다른 종류의 주식을 개관하면 다음과 같다.

1 보통주·우선주

이익의 배당이나 청산시 잔여재산분배에서 우선적 지위가 인정되는 주식을 우선주라 하고, 표준이 되는 보통의 주식을 보통주라 한다.[1] 배당 우선주의 경우 보통주보다 대개 배당률이 더 높으므로 그 대가로 의결권이 주어지지 않으나, 배당 우선의 권리가 실현되지 않으면 의결권이 부활된다.

우선주는 보통주에 비해 신주인수권이 없고 또한 의결권이 없으므로 성장잠재력이 작으나, 우선배당권 때문에 이론적으로는 보통주보다 주가가 높거나 아니면 비슷해야 한다. 그러나 현실적으로는 우선주 가격은 성장성이 없으므로 보통주에 비해 낮은 편이다. 우선주는 의결권을 주지 않고도 자기자본을 조달할 수 있으므로 발행회사의 입장에서 볼 때 매력적인 자본조달방안이다.

우선주는 기본적으로 우선배당을 받은 다음, 남은 이익에 대하여 다시 보통주와 같이 배당에 참여하느냐 않느냐에 따라 참가적 우선주와 비참가적 우선주로 나누어진다. 또한 당해연도에 누적하여 배당받을 수 있느냐 없느냐에 따라 누적적 우선주와 비누적적 우선주로 나누어진다.

1 우량보통주와 관련, 신문이나 방송에서 blue chip주, yellow chip주 그리고 turnaround chip주라는 용어를 자주 쓴다. 일반적으로 blue chip주는 대형우량주를 가리키고 yellow chip주는 업종의 제2 대표주를 일컫는다. turnaround chip주는 영업실적저조기업이 극적으로 실적이 상승·전환하여 주가상승의 기회가 있는 종목을 가르킨다.

◉ **신형우선주**

상법에서는 기업들이 우선주를 발행할 때 발행수와 언제쯤 보통주로 바꿀 수 있는지를 나타내는 기한 등 내용을 정하도록 했다. 그런데 국내 기업들은 대부분 정관에 보통주로 전환할 수 없는 무기한우선주와 배당이 다음 해에 누적되지 않는 비누적형을 택했다. 배당은 보통주보다 1%를 더 주는 조건을 달았다. 이런 우선주를 '구형우선주'라 한다. 구형우선주는 보통주보다 1% 배당을 더 받긴 하지만 보통주로 전환할 수 없고 그 해 배당을 못 받으면 누적되지 않는다.

이에 비해 신형우선주는 1995년 12월 개정된 상법의 적용을 받아 1996년 12월 1일부터 발행된 모든 우선주를 말한다. 개정상법은 우선주를 발행할 때 내용에 최저배당률을 추가하도록 했다. 따라서 신형우선주는 0.1%, 5%, 9% 등 회사 나름대로 최저배당률을 정관에 고시하고 있다. 이 경우 마치 몇 %의 이자를 약속하는 채권(Bond)같다는 뜻에서 우선주 종목 뒤에 "B"자를 붙인다.

신형우선주는 대부분 몇 년이 지난 뒤 보통주로 전환할 수 있는 기한부우선주다. 또 잔여배당이 다음 해로 누적되는 누적형이다. 예를 들어 "농심2우B"와 "농심3우B"는 농심이 발행한 신형우선주로서 각각 농심이 두 번째와 세 번째 발행한 우선주로 전환이 가능하다.

2 의결권주 · 무의결권주

일반적으로 보통주에는 의결권이 있지만 배당 우선권이 있는 우선주에는 의결권이 없다. 그러나 우선주라 하더라도 주주총회에서 배당을 우선적으로 지급하지 않는 것을 결의하게 되면 그 반대결의를 할 때까지 의결권을 갖는다.

3 액면주 · 무액면주

액면주는 주권에 그 액면가액(par value)이 기재되어 있는 주식으로서, 우리나라에서는 1주 금액이 최저 100원 이상이어야 하고 균일하여야 한다고 규정하고 있다.[2] 액면주는 자본금 구성의 최소단위로서 주식수 계산의 기본단위이다. 일반적으로 KOSPI 종목은 액면 5,000원, KOSDAQ 종목은 액면 500원의 액면주가 가장 많다. 무액면주는 말뜻 그대로 액면이 없는 주식(no par value stock)으

2 자기자본이 750억원 이상을 대형주, 350억~750억원인 종목을 중형주 그리고 350억원 이하인 종목을 소형주라 한다. 시가총액 기준으로는 시가총액 1위~100위 종목을 대형주, 101위~300위 종목을 중형주 그리고 301위 아래의 종목을 소형주라한다.

로서 우리나라에서는 무액면주제도를 2012년부터 시행하고 있지만 보편화되어 있지 않다. 그러나 미국에서 보편화되어 있다.

우리나라에서는 액면을 기준으로 배당이 지급되는데, 예를 들면 액면 5,000원인 주식의 경우 주당 600원의 배당이 지급되면 12%의 배당률(dividend rate)이 된다. 그러나 미국에서는 무액면주이므로 당기순이익 중 지급되는 배당금 비율인 배당성향(=배당지급률=배당금/순이익 dividend payout ratio)이 투자 결정 시 중요한 고려 요소가 된다.

액면가는 꼭 5,000원으로 고정해야 하는 것은 아니나, 5,000원짜리 주식 1주를 500원짜리 주식 10주로 나눌 수 있다. 이를 액면분할이라 한다. 코스닥시장에서는 대부분의 주식의 액면가는 500원이다.

반대로 500원짜리 주식 10주를 5,000원짜리 주식 1주로 만드는 것을 액면병합이라 한다. 두 경우 모두 주주에게는 형식적으로 재산가치의 변동, 즉 비례적인 주식수에는 변함이 없다.

4 기명주·무기명주

기명주란 주권과 주주명부에 주주이름이 기재되는 주식으로서 우리나라 상법은 이것을 원칙으로 하고 있다. 무기명주는 주주이름이 기재되지 않는 주식으로서 정관의 정함이 있는 경우에만 발행될 수 있다.

기명주는 주주를 확인하여 통지를 함에 있어서 명확하다는 장점이 있고, 무기명주는 매매거래가 신속하고 거래의 기밀이 유지될 수 있다는 장점이 있다. 무기명 주식을 소유한 자가 주주로서의 권리를 행사하려면 주권을 회사에 공탁하여야 한다.

5 전환주식·상환주식

전환주식은 대개 우선주에서 보통주로 전환할 수 있는 주식을 말한다. 만약 정관에 보통주를 우선주로 전환할 수 있다고 정하면 그러한 전환주식 또한 발행할 수 있다. 전환권 행사여부는 주주가 결정한다.

상환주식은 이익을 가지고 소각할 수 있는 주식인데, 우리나라 상법은 배당우선주에 한해 이를 인정하고 있다. 상환우선주는 일시적인 자금조달수단으로 발행한 후 영원히 배당압력을 벗어나기 위해 일정한 요건 아래에서 회사이익으로 소각·상환된다.

6 자사주

기업이 자기가 발행한 주식을 매입·보유하는 경우가 있는데 이를 자사주(自社株)라고 한다. 자사주는 회사 금고에 보관되어 있다고 하여 금고주(treasury stock) 또는 사내주(社內株)라고도 한다. 회사가 자사주를 매입·보유하는 이유는 여러 가지 있는데 가장 일반적인 이유는 첫째, 경영권 방어 목적으로 자사주를 매입, 자산의 주식보유비율을 높이려는 것이다. 둘째는 낮은 주가를 끌어 올리기 위해 또는 주가를 어느 수준으로 받치기 위해서이다. 셋째, 자본이득세가 배당소득세보다 높은 현실을 감안하면, 기업은 자기주식을 재매입함으로써 기존 주주들에게 세금절감효과를 제공한다.

자사주 매입방법은 두 가지가 있는데 첫째는 회사가 직접 사들이는 방법이다. 둘째는 자사주 신탁방법인데 이는 기업이 금융기관에 부탁, 돈을 맡기고 자사주 펀드를 만들어 달라고 하여 이 펀드가 주식을 사들이는 방법이 있다.

02 채권의 종류

채권은 발행주체와 발행조건에 따라 그 종류가 매우 다양하다. 우선 발행주체에 따라서는 회사채와 국공채로 나누어지고, 이자지급방법에 따라서는 이표채, 할인채, 그리고 복리채로 나누어진다. 먼저 회사채부터 설명한다.

1 회사채

회사채(또는 사채: corporate bonds)는 기업의 장기적 타인 자본조달수단으로서 자본시장의 발달과 함께 그 중요성이 증대되고 있다. 은행대출이 간접금융수단이라면 회사채는 유가증권발행에 의한 직접금융수단으로 주식과 함께 증권시장의 주종(主種)을 이룬다. 회사채는 이자를 매기간(대부분 3개월)마다 후급으로 지급하는 이표채가 대부분이다.

특성에 따른 회사채의 종류는 다음과 같다.

1) 일반사채(무보증·무담보 사채: debenture bond 또는 unsecured bond)

이자지급과 원금상환에 대한 금융기관의 보증이나 발행회사의 담보없이 발행회사의 신용에 의해 발행하는 회사채로서, 가장 전형적 형태의 보통사채이다. 이러한 일반사채는 선의의 투자자를 보호하기 위해 이러한 일반사채는 재무구조가 건전한 우량기업만이 발행할 수 있다. 일반사채는 외부의 신용평가회사로부터 AAA부터 D까지 등급평가를 받는다. AAA~BBB 채권은 투자가능등급이고 BB 이하는 정크본드이다.

2) 전환사채(CB: convertible bond)

사채권자의 자유의사로 회사채발행 후 일정기간이 지난 후 사채발행회사의 보통주로 전환할 수 있는 권리가 부여된 사채이다. 발행회사 입장에서는 일반사채보다 낮은 액면이자율로 사채를 발행할 수 있고, 만약 보통주로의 전환시에는 부채를 줄이고 자기자본을 늘려 자본구조를 개선할 수 있으므로 매력적인 자본조달수단이 된다. 그러나 전환사채를 발행할 수 있는 요건이 엄격하므로 아무 기업이나 발행할 수 있는 것은 아니다. 한편 투자자인 사채권자는 비록 당장은 낮은 이자수입밖에 없으나, 앞으로 사채발행기업의 보통주 주가상승시에는 주식으로 전환하여 높은 매매차액을 실현시킬 수 있으므로 전환사채 투자에 적극적이 된다.

3) 신주인수권부사채(BW: bond with warrants)

사채권자에게 채권발행 후 일정기간 내에 일정수 또는 일정액의 보통주나 우선주 신주를 일정한 발행가격으로 인수할 수 있는 권리가 부여된 사채이다. 그러나 사채는 그대로 만기까지 존속하여 그 기간 동안 이자가 지급되고 현금이 상환된다. 발행회사로서는 일반사채보다 낮은 금리로 사채를 발행할 수 있는 장점이 있고, 사채권자는 보통주 주가가 신주인수가격을 상회할 경우 신주인수권을 행사하여 매매차익을 실현시킬 수 있는 이점을 가진다.

신주인수권부사채에는 신주인수권 자체만의 유통이 허용되는 분리형과 사채와 신주인수권이 함께 유통되는 비분리형이 있다. 우리나라는 두 형태 모두 허용된다.

4) 옵션부사채(option bond)

풋 옵션부사채(put option bond)는 투자자인 사채권자가 만기 전에 상환을 요구할 수 있는 권리가 부여된 사채이다. 반대로 콜 옵션부사채(call option bond)는 발행회사에게 만기 전에 사채권자로부터 사채를 매입하여 강제상환시킬 수 있는 권리를 부여한 사채이다. 이런 특수한 사채는 이자율이 시장경제원리에 의해 자율적으로 결정됨에 따라 더욱 증가하는 추세이다.

2 국채와 지방채

국채(government bond)는 국가가 발행한 채권으로서, 그 금리는 무위험채권금리로서 채권시장 금리체계의 기본이 된다. 안전성이 가장 높으므로 위험이 거의 없으며, 따라서 가장 금리가 낮다. 미국은 재무성증권이 대표적인데, 특히 3개월 만기의 단기 재무성증권(Treasury Bill: T-bill)은 세계 채권시장 금리의 기준이 되고 있다. 우리나라에서는 국고채권, 외국환평형기금채권 그리고 국민주택채권이 대표적인 국채이다.

국채는 대개 시장 실세금리를 반영하여 할인 발행되는 할인채이다. 예를 들면, 180일 만기의 액면 100,000원인 국고채권의 현재 매출가격이 95,000원일 경우 수익률(금리)은 다음과 같다.[3]

$$\frac{100,000-95,000}{95,000}\times\frac{365}{180}\times 100=10.67\%$$

지방채(municipal bond)는 지방자치단체에서 발행하는 채권이다. 이자지급방법은 이표채, 할인채 그리고 복리채이다. 서울특별시와 부산광역시에서 발행하

3 미국에서는 이와 같이 계산한 수익률을 채권등가수익률(bond equiavalent yield: BEY)이라 한다. 그러나 미국의 Wall Street Journal에 게재된 채권수익률은 은행할인율(bank discount yield)로서 다음과 같이 계산한다.

$$\frac{100,000-95,000}{100,000}\times\frac{360}{180}\times 100=10.00\%$$

는 지방도시철도채권, 지역개발공채, 지하철공채와 그 외 상수도공채 그리고 도로공채 등이 있다.

3 특수채와 금융채

특수채는 공기업채권이나 금융채같이 특별법에 의하여 설치된 공공기관에서 발행되고 정부의 보증과 규제를 받는 채권이다. 공기업채권은 국가가 원리금의 지급을 보증한 특수채이다. 이자지급방법은 이표채, 복리채, 분할상환채이다. 구체적으로 특수채에는 전력채권, 지하철공사채권, 토지개발채권, 기술개발금융채권 등이 있다.

금융채는 국가가 원리금의 지급을 보증한 특수은행발행채권이다. 이자지급방법은 복리채가 대부분이다. 구체적으로 금융채에는 통화안정증권, 산업금융채권, 중소기업금융채권, 외국환금융채권 등이 있다.

4 Repo 거래

Repo 거래란 환매조건부 채권매매(RP: repurchase agreement)라고도 한다. 이는 미래의 일정시점에 채권을 환매수(환매도)할 것을 약정하고 현시점(매매시점)에서 유가증권을 매도(매수)하는 매매계약을 의미한다.

Repo거래는 참여자에 따라 개인 및 일반 법인을 대상으로 하는 대고객 Repo와 금융기관과 기관투자자 상호간에 이루어지는 기관간 Repo 등으로 나눌 수 있다. 대고객 Repo는 외형상으로는 채권거래의 형식을 띠고 있음에도 불구하고 일반투자자들에게는 채권을 담보로 한 저축의 성격을 띠고 있다. 기관간 Repo는 자금운용의 대상으로 뿐만 아니라 상대적으로 저렴한 비용으로 채권의 조달을 가능케 하여 준다. 이와 같은 채권조달기능은 채권의 원활한 공매도를 가능케 하여 줌으로써 채권선물시장, 스왑시장 및 단기금융시장 등과 연계된 다양한 채권운용전략을 가능케 하는 기능을 수행한다.

기관간 Repo에는 세 가지 유형이 있다. 첫 번째 유형은 한국은행이 Repo를 시중 자금의 유동성 조절을 위한 통화관리 수단으로 사용한다. 예를 들어 시중에 자금이 많이 나돌아 다니면 한국은행은 RP를 시중은행에 매도한다. 그러면 은행에서는 이것을 사기 위해 한국은행에 돈을 지불하게 되고 시중에는 그만큼

자금이 줄어들게 된다. 반대로 시중에 자금이 부족해지면 한국은행은 시중은행에 팔아 버린 RP를 되사게 되고 그러면 은행은 이를 팔고 돈을 받게 됨에 따라 그만큼 시중에 자금이 풀리게 된다.

두 번째로 Repo는 은행이나 증권사의 단기 금융상품으로 사용된다. 은행이나 증권사는 자신들이 보유하고 있는 채권을 그 채권의 고유한 만기와 관계없이 일반 고객들의 요구에 맞게 되사준다는 환매 조건을 붙이게 된다. 대부분 단기로 기간을 정해 되사준다는 조건을 붙이는데 결과적으로 고객은 그 금융기관으로부터 긴 만기의 채권을 산 게 아니라 단기 금융상품을 매입한 것과 마찬가지가 된다. 따라서 Repo는 은행의 CD나 종금사 및 일부 증권사의 CMA와 같이 단기금융상품으로 팔리기도 한다.

세 번째로 RP거래는 대출을 해 주기 위한 담보의 개념으로 쓰이기도 한다. Repo는 외국금융기관과의 "채권담보 금전대차거래"로 취급된다. 차입자는 외국금융기관에 환매조건부채권인 RP를 판매함으로써 언젠가는 되사주는 조건으로 돈을 빌려 받게 되는 것이다.

03

펀 드

1 투자신탁의 의의와 기능

신탁(trust)은 신탁재산을 다른 사람에게 의뢰하여 자기 자신 혹은 자기가 지정하는 제3자를 위해 그 재산을 관리하고 처분하도록 하는 법률관계로서 신탁재산에 따라 금전신탁, 부동산신탁, 또는 유가증권신탁 등으로 분류된다. 유가증권투자신탁(investment trust)은 신탁재산의 관리·운용·처분 범위를 유가증권에 한정한 것이다.

우리나라의 유가증권신탁 제도는 "증권투자신탁업법"에 의해 제도화되고 있다. 투자신탁회사는 투자자로부터 위탁받은 자금을 금융기관에 보관하고 신탁재산의 운용지시권을 가지며, 수탁회사인 금융기관은 증권투자신탁의 재산과

신탁재산을 관리한다.

증권투자신탁의 기능은 다음과 같다.

첫째, 증권투자신탁은 일반 대중의 소액자금을 동원하고 산업자금화하여 기업, 금융기관, 국가 및 공공기관의 자금조달을 용이하게 한다.

둘째, 증권투자신탁은 개인의 간접투자 대상으로서 개인의 금융·재산증식 수단이 된다.

셋째, 증권투자신탁은 기관투자자로서 분산투자를 통하여 자본시장에서 가격 및 물량조정 기능을 갖는다.

넷째, 증권투자신탁은 투자수익을 목적으로 자금을 투자할 뿐 아니라 기업의 지배구조에 중요한 역할을 수행한다.

2 투자신탁의 형태

일반적인 투자신탁의 형태는 [그림 3-1]과 같다.[4]

1) 투자대상 증권에 의한 분류

① 채권형 채권형펀드는 신탁재산을 국공채와 회사채에만 투자·운용하는 투자신탁 형태이다. 우리나라의 채권형펀드는 대부분 기금의 추가설정이 가능한 기금형이며, 중도환매가 가능한 개방형이다.[5]

② 주식형 주식형은 신탁재산의 일부는 공사채에 투자하고, 나머지 일부를 주식에 투자·운용하는 투자신탁 형태이다. 우리나라의 주식형 수익증권은 대부분이 기금형이며, 또한 개방형이다. 주식편입비율에 따라 주식편입비율이 70~99%이면 성장형, 41~69%이면 안정성장형, 40% 이하이면 안정형으로 분류한다. 또한 운용형태에 따라 가치주형, 성장주형, 배당주형, 밸런스형, 특별형으로 분류한다.

③ 혼합형 주식과 채권 어느 한쪽에 60% 이상 치우치지 않도록 설계한 펀드이다.[6]

---

4 수익증권이든 뮤추얼펀드든 투자신탁상품이다. 일반적으로 펀드라고 하면 수익증권과 뮤추얼펀드 모두를 일컫는 말이다. 우리나라 펀드 제도는 계약형 투자신탁인 수익증권제도가 가장 먼저 도입됐다. 투자기간은 수익증권이 2년 또는 3년 다양하지만 뮤추얼펀드는 1년짜리가 대부분이다.

5 채권형에는 주식이 전혀 포함되지 않는다. 그러나 주식형에는 공사채가 포함되어 있다.

6 주식편입비율에 따른 성장형, 안정성장형, 안정형의 구분은 분류기관이나 평가기관에 따라 다르다.

그림 3-1 투자신탁과 뮤추얼펀드의 형태

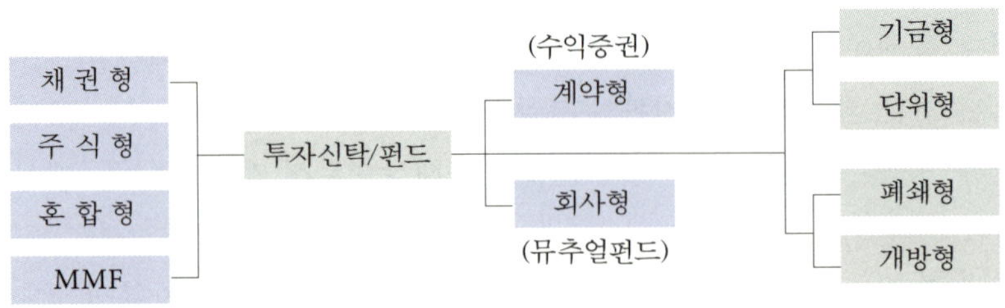

④ **MMF형** MMF(money market fund)형은 주로 단기채권인 단기국채, CD, CP, call loan, RP 그리고 만기 1년 이하의 회사채에 투자하는 초단기 투자신탁 상품이다. 은행정기예금보다는 이자가 높고 수시 입출금이 가능하며, 언제든지 가입 및 환매가 가능하다. 투자금액에 제한이 없는 점에서 매우 인기가 높다.[7]

2) 조직형태에 의한 분류

① **계약형** 계약형(contractual type) 투자신탁은 일반 투자자인 수익자, 신탁재산의 운용자인 위탁회사(=투자신탁회사), 그리고 신탁재산의 보관·관리자인 수탁회사(=금융기관)의 세 당사자의 계약으로 성립된 투자신탁 형태이다.

② **회사형** 회사형(corporate type) 투자신탁은 증권투자신탁을 영업목적으로 하는 주식회사를 설립하여 투자자가 그 주식을 취득하는 형태이다. 우리나라는 1998년부터 회사형 투자신탁 형태를 인정하고 있다. 이런 형태의 투자신탁은 뮤추얼펀드(mutual fund)라는 이름으로 거래되고 있다.

[그림 3-1]은 계약형과 회사형 투자신탁의 비교이다.

3) 추가설정여부에 의한 분류

① **기금형** 추가형 또는 관리형이라고도 하고, 신탁재산이 하나의 기금을 구성하게 되며, 처음 설정한 신탁재산에 일정 한도 내에서 증자나 자금을 추가할 수 있다. 기금형은 수익자가 언제든지 수익증권을 매매할 수 있고 계약기간이 특별히 없으며, 언제라도 환매가 가능하다. 우리나라에서 공사채형 수익증권은 모두 기금형이고, 주식형은 단위형 및 기금형에 병행 운용되고 있다.

60% 이상과 30% 이하로 그 상한과 하한을 구분하기도 한다.

7 CMA(Cash Management Account) 역시 MMF와 비슷하게 단기투자 상품이다, 주로 RP에 투자한다.

② 단위형[8] 당초 설정한 기금에 증자나 추가설정이 불가능하고, 또한 일정한 신탁계약기간이 정해져 있어 환매가 불가능하다. 대개 처음 설정 후 단기간 내에 수익증권이 전액 매각되고 그 후에는 기존 투자자가 중도에 환매한 부분에 한해서만 매수가 가능하다. 주식시장이 활황일 때 설정되는 주식형 수익증권의 일부가 단위형이다.

4) 환매여부에 의한 분류

① 폐쇄형 폐쇄형(closed-end funds) 투자신탁은 수익증권 소지자 또는 주주가 증권시장을 통해서 수익증권이나 투자신탁회사의 주식을 처분함으로써 투자자금을 회수하는 형태이다. 폐쇄형 투자신탁의 환매는 원칙적으로 불가능하며, 수익자의 사망 또는 천재지변 등 예외적인 경우에만 환매할 수 있다. 우리나라에서는 추가설정이 불가능하고 신탁계약기간이 정해져 있는 단위형 수익증권에만 폐쇄형을 인정하고 있다.

② 개방형 개방형(open-end funds) 투자신탁은 수익증권 소지자 또는 주주가 신탁기간 중 언제든지 투자신탁회사에 대해 환매를 요청할 수 있고, 또 투자신탁회사는 언제라도 환매에 응하는 형태이다. 환매가격은 신탁재산의 순자산가치(NAV: Net Asset Value)로 산정된 기준가격에서 환매수수료를 차감한 금액이다. 개방형 투자신탁에서는 투자신탁회사가 항상 매매거래의 상대방이 되기 때문에 거래소시장을 필요로 하지 않는다. 국제적으로 계약형·회사형을 불문하고 개방형 펀드를 뮤추얼 펀드라고 하는 경우가 많다.

5) 펀드 매입 방법에 의한 분류

펀드를 매입하는 방법에 따라 거치식, 적립식 그리고 월지급식이 있다.

① 거치식 거액의 자금을 일시에 한 번 넣어 펀드를 매입하는 방식이다. 짧은 기간 내에 공격적으로 펀드를 매입할 때 이용된다. 거액의 돈을 특정 펀드와 자문형 랩(wrap)에 투자한다.

② 적립식 매월 일정한 금액을 기계적으로 적립하여 펀드를 매입한다. 증권

8 단위형 투자신탁은 신탁재산을 단위별로 독립시켜 신탁기간이 만료될 때까지 하나의 독립된 형태로 운영된다. 각 단위별로 서로 다른 수익증권이 발행되고 신탁재산의 운영도 단위별로 관리되기 때문에 수익도 각각 다르게 나타난다. 신탁재산의 추가 설정은 허용되지 않으며, 수익자는 소속단위에 대해서만 비례적으로 청구권을 갖는다. 보통 단위형은 일정한 계약기간을 가지며, 그 기간이 지나면 각 단위는 해소된다.

표 3-1 계약형과 회사형 투자신탁 비교

구 분	계 약 형	회 사 형
형 태	• 펀드형태(법인격 없음) • 투자신탁계약에 의하여 설정	• 회사형태(신탁재산에 법인격 부여) • 회사법에 의하여 설정
증권형태	• 수익증권	• 주식
당 사 자	• 위탁자: 자산운용 • 수탁자: 자산보관·관리 • 수익자: 자금투자	• 투자회사: 계약형 펀드에 해당 • 운용회사: 펀드매니저가 운용 • 수탁회사: 펀드의 돈을 보관 • 투자자: 주주
거래방법	• 판매: 위탁회사 및 그 대행인 • 환매: 위탁회사 및 그 대행인	• 판매:투자회사(직접) • 원인수인, 딜러(간접) • 환매: 폐쇄형-거래소를 통하여 함 -개방형-투자회사에서 환매 -일반적으로 원인수자가 대행
수익분배	• 운용실적에서 신탁보수 및 비용공제 후 전액 분배	• 배당형태의 분배
법률관계	• 신탁계약에 따라 좌우	• 정관에 따라 좌우
경제적 기능	• 국민저축증대에 기여	• 증시안정에 기여
해당국	• 한국, 일본, 영국	• 미국, 유럽

시장의 호·불황과 관계없이 보수적으로 펀드를 매입함으로써 기간적으로 분산투자하는 효과를 가진다. 급여생활자나 소액투자자에게 가장 인기가 있으며 은행적금과 비슷한 투자방식이다.

③ **월지급식** 거액의 자금을 펀드매입에 투자한 후 일시에 환매하지 않고 일정기간 매월 약정된 금액을 지급받는 형태이다. 은퇴자나 거액자금가들이 선호하는데 일정수입을 매월 확보하면서도 추가수익률 상승을 기대할 수 있다.

3 뮤추얼펀드

우리나라는 1998년부터 미국의 뮤추얼펀드(mutual fund)와 같은 회사형 투자신탁제도가 도입되었다.[9] 회사형 투자신탁의 도입은 기존의 계약형 투자신탁과는 성격이 다르며 투자신탁산업에 새로운 전기를 마련할 뿐 아니라 우리나라도 이제 국제적 기준에 의한 투자신탁산업을 육성할 수 있게 되었다. 또한 지금까지 개인 투자 중심의 직접투자에서 기관투자가를 통한 간접투자시대의 본격

9 회사형 투자신탁은 '증권투자신탁업법'과는 별도로 '증권투자회사법'에 의하여 도입되었다.

적 진입을 유도하게 되었다.

뮤추얼펀드는 일반인에게 주식을 발행하여 돈을 모아 증권투자를 하는 투자신탁의 한 형태로서 보통 투자자의 해약청구에 대해 시가(時價)로 환매에 응하는 개방형의 회사형 투자신탁상품이다. 뮤추얼펀드는 펀드매니저의 운용실적에 따라 높은 투자수익을 올리기도 하고 손실을 보면 원금조차 손해를 보아야 하는 고수익 고위험 투자신탁이다. 미국에서 가장 일반적인 투자신탁형태이고 법률상 업무주체는 증권거래위원회에 등록된 증권투자회사이다. 그러나 실질적 운영주체는 투자회사의 운용과 관리를 맡는 자산운용회사이다.

주식형, 채권형, 그리고 MMF형 등으로 분류되는 뮤추얼펀드는 1990년대 미국을 비롯한 세계적 주가상승을 뒷받침하였다. 한국은 1998년 7월부터 이를 허용하였으며, 폐쇄형만 운용해오다가 개방형은 2004년도부터 시작되었다.

1) 뮤추얼펀드 구조

회사형 투자신탁의 주요관련기관은 증권투자회사, 자산 운용회사, 판매회사, 수탁회사, 일반사무관리회사, 그리고 투자자(주주)이다. [그림 3-2]는 회사형 투자신탁의 구조를 나타낸 것이다.

증권투자회사는 직원을 고용할 수 없는 명목상의 회사(paper company)로서 회사형 투자신탁 그 자체이다. '증권투자회사법'에 의하여 설립된 증권투자회사

그림 3-2 투자목표에서 고려하는 요소

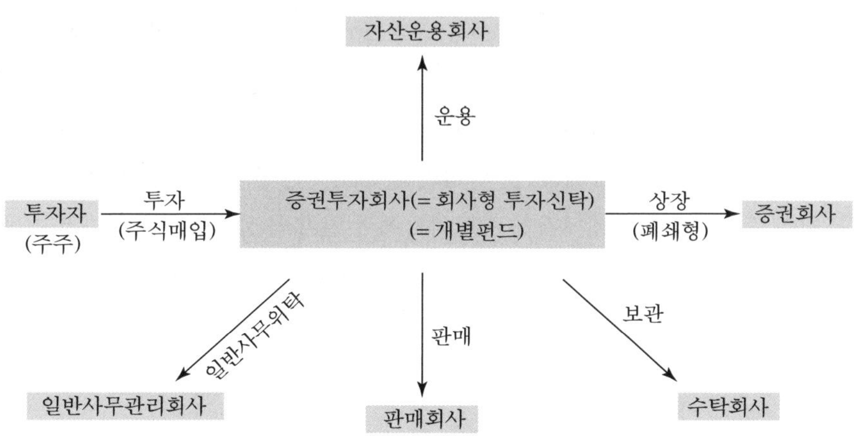

는 주주로부터 출자형식으로 자금을 조달하여 증권에 투자, 그 수익을 주주에게 배분하는 것을 목적으로 하는 회사로서 자산을 증권에 투자하는 것 이외의 행위를 영업으로 할 수 없다.

개별펀드는 상법상 주식회사로서 주주총회, 이사회, 운영이사, 감독이사 그리고 감사의 기구를 가진다. 회사형 투자신탁은 투자자가 주주의 권리를 가지고, 실적배당상품이며 주주는 원금이 보장되지 않을 가능성을 부담하여야 한다.

증권투자회사 즉 개별펀드는 본점 외에 영업소를 설치할 수 없고 직원을 고용하거나 상근임원을 둘 수 없는 명목회사이므로 자산의 운용·보관 등의 업무를 위탁하여야 한다. 증권투자회사와 관련된 기관으로는 자산운용회사, 판매회사, 수탁회사 그리고 일반사무관리회사가 있다.

① **자산운용회사** 자산운용회사(investment advisor)는 실질적으로 증권투자회사 즉 개별펀드를 이끌어가는 주체인데 선량한 관리자로서 성실히 업무를 수행해야 한다. 자산운용회사는 금융감독위원회에 등록해야 하고 자산운용업무 이외의 업무를 감독당국의 승인없이 경영할 수 없으며 만약 임무를 소홀히 하여 손해를 발생시킨 때에는 손해를 배상할 책임이 있다. 우리나라 최초의 자산운용회사는 미래에셋자산운용회사(주)이다.[10] 자산운용회사의 수입은 운용수수료이다.

② **판매회사** 판매회사(distributor)는 증권투자회사(=개별펀드)의 주식의 모집 또는 판매 그리고 환매관련 업무에 종사한다. 투자자들이 펀드에 가입하기 위해서는 자산운용사가 아니라 판매회사를 방문해야 한다. 판매회사 역시 금융감독위원회에 등록해야 하는데 구체적으로 판매회사는 증권회사, 은행 그리고 보험회사이다. 판매수수료는 판매회사의 수입이고 펀드 관련 수수료 중에서 가장 높은 비중을 차지한다.

③ **수탁회사** 수탁회사는 투자자들이 펀드에 맡긴 돈을 실제로 보관하는 곳이다. 투자자가 판매회사에 돈을 맡기면 판매회사는 수탁회사에 자금을 넣는다. 자산운용사의 펀드매니저가 수탁회사에 일일이 특정주식을 매입하거나 매도요청을 하면 수탁회사가 자금을 집행한다. 펀드투자자가 판매회사에 펀드환매를 요청하면 판매회사는 수탁회사로부터 자금을 받아 투자자에게 돌려 준다. 주로 은행들이 수탁회사의 역할을 하고 있다.

---

10 자산운용회사는 과거에 투신사로 불렸다.

④ **일반사무관리회사** 일반사무관리회사(transfer agent)는 펀드의 기준가격을 산정하고 고객에게 펀드자산가치를 알려 주며 그리고 기타사무를 담당한다. 펀드에 따라 독립적인 사무관리회사를 두는 곳도 있지만 자산운용사 내부조직으로 운용되기도 한다.

2) 뮤추얼펀드 운용

증권투자회사는 그 자산을 유가증권 등의 매매, 대출기간 30일 이내의 단기대출 그리고 금융기관에의 예치 등의 방법으로 운용한다. 그리고 증권투자회사는 자금을 차입하거나 채무보증 또는 담보제공을 하지 못한다.

증권투자회사는 투자설명서에 운용대상 및 투자전략 등과 함께 실적배당 및 자산의 시장 매각에 의하여 환매한다는 내용을 명시해야 한다. 폐쇄형 증권투자회사는 그 주식을 한국거래소에 상장 또는 등록하여 거래할 수 있다.

자산운용회사는 증권투자회사 즉 개별펀드에 대하여 일정한 이익을 보장하거나 약속하는 행위나 기타 주식의 이익을 해할 우려가 있는 행위를 할 수 없다. 자산운용회사는 3개월마다 증권투자회사의 이사회에 자산운용 내역 등을 보고하여야 한다.

3) 뮤추얼펀드 종류

뮤추얼펀드는 먼저 환매가능 여부에 따라 개방형펀드와 폐쇄형펀드로 나눈다. 개방형펀드는 투자자인 주주가 언제든지 보유주식을 현금으로 환금할 수 있는 펀드이고, 폐쇄형펀드는 증권시장에서 주식을 처분하여 환매가 이루어진다.

뮤추얼펀드는 또한 공모펀드와 사모펀드로 나누어진다. 공모펀드는 1998년 최초로 도입된 회사형 투자신탁제도에 의해 설립된 펀드로서 한국거래소에 상장된다.[11] 그러나 사모펀드는 2000년 7월에 판매가 허용된 펀드로서 소수의 투자자들로부터 자금을 모아 몇 개의 특정종목에 집중투자하는 투자신탁회사의 주식형펀드이다. 사모펀드는 공모펀드와 달리 특정종목주식을 신탁재산의 50% 이상 편입할 수 있다.

뮤추얼펀드는 투자대상을 어디에 투자하느냐에 따라 크게 주식형과 채권형 그리고 MMF형으로 나눈다. 일반적 분류는 주식형(60% 이상 주식투자), 혼합주

11 공모펀드는 공모주펀드와 다르다. 공모주펀드는 기본적으로 채권에 70% 이상 투자하면서 동시에 낮은 공모가(IPO)의 공모주에 투자한다. 공모주펀드는 안전과 수익을 동시에 추구하는 투자자에게 알맞다.

식형(주식 50% 이상), 혼합채권형(주식 50% 미만) 그리고 채권형(주식투자 없고 채권에 60% 이상 투자)으로 나눈다. 채권형은 펀드자금을 국공채와 회사채, 금융채, 카드채, 그리고 캐피탈 채권 등에 투자·운용하는 펀드이다. 채권형 뮤추얼펀드는 투자대상 채권에 따라 그 이름이 정하여진다. 예를 들면, 고수익률 정크본드(high yield junk bond)에 투자한 펀드는 High-yield Bond라는 명칭을 갖는다.

주식형 뮤추얼펀드는 펀드자산의 운용정책에 따라 그 이름을 붙인다. 예를 들면, 장기적으로 배당수익보다는 자본이득의 극대화를 추구하는 성장형 뮤추얼펀드는 성장형 펀드(growth funds)로서 주식편입비율이 70~99%이고, 주식편입비율이 41~69%이면 안정성장형 그리고 40% 이하이면 안정형으로 분류한다. MMF펀드는 단기금융시장(money market)의 짧은 만기의 금융상품에 펀드자금을 투자한다. 주로 단기채권, CP, CD, RP 그리고 콜(call) 등에 투자한다.

최근 선풍적인 인기를 끌고 있는 적립식 펀드는 펀드의 종류라기보다는 펀드에 투자하는 방법이다. 적립식 펀드는 매달 일정한 액수의 돈을 주식형 펀드나 채권형 펀드에 넣는 형태로 자금을 매달 분산투자함으로써 시장변동에 따른 위험을 회피한다. 일반적으로 적립식 투자는 3년 이상 장기적으로 투자할 때 성과가 더 좋게 나온다. 이에 비해 거치식은 목돈을 한꺼번에 투자한다. 임의식은 최초투자금을 넣고 이 투자금이 생길 때 아무 때나 넣는다.

뮤추얼펀드는 은행이나 증권회사 지점의 창구에서 팔면 오프라인(off-line)펀드이고 온라인(on-line)으로 판매하면 온라인펀드이다. 온라인펀드는 오프라인펀드보다 수수료가 싸고 투자자가 자신의 투자정보를 넣으면 알맞은 펀드를 추천해주는 조건검색에 특징이 있다. 온라인펀드는 대부분 증권사의 홈페이지에 올라와 있고 어떤 경우는 동영상으로 해설을 달아놓던가 증권사 직원과 자산운용사대표가 대담형식으로 펀드상품에 대해 얘기한다.

뮤추얼펀드 판매에 관여하는 브로커(증권회사)나 보험회사에 지급하는 커미션을 로드(load)라 하는데, 이런 로드가 붙은 뮤추얼펀드를 로드펀드(load fund)라 한다. 이러한 로드(load)가 붙지 않은 개방형 뮤추얼펀드를 노우로드펀드(no load fund)라 한다. 즉 이 펀드는 판매수수료가 붙지 않는 것으로서, 순자산가치로 거래된다.

4) 뮤추얼펀드 수수료

뮤추얼펀드는 투자자의 시간과 노력을 절감해주는 간접투자방식이지만 그

표 3-2 뮤추얼펀드 수수료

구 분	특 징	수수료율
운용수수료	운용사가 펀드자금을 운용하는 대가로 받는 수수료	연 0.28~1.0
판매수수료	은행과 증권사 등에서 판매한 대가로 받는 수수료	연 0.57~2.0
보관수수료	기준가격을 책정하는 등 사무 비용에 드는 수수료	연 0.05~0.6
수탁수수료	고객들의 돈을 대신 관리해 주는 대가로 받는 수수료	연 0.06~0.1
기타수수료	편입된 주식의 매매비용, 소송비용, 총회개최비용	연 0.05~0.4

대신 직접투자에 비해 수수료와 경비가 많이 든다. 뮤추얼펀드 거래에 따른 수수료에는 운영수수료, 판매수수료, 사무관리수수료, 수탁수수료 그리고 기타수수료가 있다. 뮤추얼펀드 수수료는 운용회사와 또 뮤추얼펀드에 따라 다르다. [표 3-2]는 일반적인 뮤추얼펀드 수수료체계를 보여주고 있다.

일반적으로 우리나라 주식형 펀드의 평균수수료는 2.6%, 혼합형 펀드는 1.5% 그리고 채권형 펀드는 0.5% 내외이다. 주식형 펀드 중 운용비용이 덜 드는 인덱스펀드수수료는 1.5% 정도이다. 이러한 수수료를 절약하기 위해 인터넷 전용펀드가 속속 개발되고 있고(연 최저 0.54%), 또한 상장지수펀드(ETF)도 수수료가 연 0.5% 정도로 싸다. 우리나라의 대부분의 펀드는 3개월 이내에 환매를 하면 수익률의 70%를 환매수수료로 떼어간다. 예를 들어, 이 기간 동안 펀드수익이 10만원이면 7만원이 환매수수료이다.[12] 일반적으로 펀드수수료는 class A가 수수료 선취, class C가 수수료 후취이다. 그리고 class E는 인터넷판매 펀드의 수수료이다.

5) 뮤추얼펀드의 상장과 매매

① 상장요건 뮤추얼펀드의 거래소 상장요건은 자본금 800억원 이상, 주주수 1,000명 이상 그리고 공모를 통해 주식의 30% 이상이 분산되는 것이다. 코스닥시장의 등록요건은 일반공모를 거친 자본금이 8억원 이상이어야 한다. 이 요건을 늘 바뀐다.

12 펀드수수료를 절감하려는 투자자를 위해 다양한 펀드들이 개발되었다. 지금까지 개발된 두 가지 펀드를 예를 들어 설명한다.
① 멀티클래스펀드: 투자금액이 많거나 투자기간이 길수록 수수료율이 낮아지는 펀드이다.
② 수수료선취펀드: 펀드 가입당시에 판매수수료를 한꺼번에 낸 다음 가입한다. 2년째부터는 판매수수료는 내지 않고 운용수수료만 내면 되므로 장기투자자에게 유리하다.

② **뮤추얼펀드의 매매제도** 뮤추얼펀드의 매매거래 형태는 보통거래이고 신용거래는 금지되며 호가단위는 일반주식과 같다. 위탁계좌의 설정·주문방법·주문의 유효기간·위탁수수료 등은 일반적인 주식거래와 같다. 다만 뮤추얼펀드 거래시 위탁증거금은 일반 주식투자보다는 높은 수준이다. 뮤추얼펀드는 존립기한이 끝나면 자동적으로 해산되어 그동안의 이익뿐만 아니라 자본금도 분배한다.

③ **뮤추얼펀드의 가격결정** 뮤추얼펀드의 주가 또는 주당 순자산가치는 뮤추얼펀드의 총자산에서 여러 비용을 뺀 순자산가치(NAV: Net Asset Value)를 발행주식수로 나누어 계산한다. NAV는 원금에다 자산운용사들이 고객으로부터 받은 돈을 운용해 발생한 수익까지 합한 순자산총액이다. 참고로 펀드의 설정잔고는 투자원금의 총액을 의미한다. 따라서 주가하락기에는 적립식 주식형펀드의 경우 설정잔고는 늘지만 주가가 하락하면서 NAV는 떨어질 수 있다.

뮤추얼펀드의 주가는 주당 순자산가치보다 낮게 형성될 수 밖에 없다. 왜냐하면 보유기간에 따른 기회비용과 매매비용 등을 공제해야 하기 때문이다. 투자자들은 공시된 운용수익률을 참고로 하여 매매의사결정을 내린다. 예를 들면, 펀드운용 수익률이 낮을 경우 기준가보다 낮은 가격에 거래될 수 있다.

4 ETF

ETF(exchange traded fund)는 인덱스펀드를 거래소에 상장시켜서 주식처럼 거래하는 것으로 인덱스펀드와 주식의 장점을 모두 갖추고 있는 뮤추얼 펀드이다. 다시 말하면, ETF는 인덱스펀드를 기초로 발행한 ETF증권을 거래소 시장에 상장해 일반주식과 동일하게 매매되도록 한 펀드이다. ETF는 주식처럼 HTS를 통한 매매가 가능하고, 대주 및 공매가 가능하며 높은 유동성을 가진다.

ETF는 인덱스펀드 투자보다는 펀드수수료가 훨씬 저렴하다. 주식거래수수료 0.1~0.5%만 내면 되기 때문이다.

ETF에 섹터ETF와 특정주가지수에 연동된 ETF가 있다. 섹터ETF는 특정업종지수와 비슷하게 움직이는 상품이다. 은행, 반도체, 자동차, 그리고 IT업종 등의 섹터ETF가 그 예이다.

시장대표지수를 좇는 ETF에는 유가증권시장 우량주 200개로 만든 지수인 KOSPI200지수를 추종하는 KODEX200 ETF, KOSEF200 ETF, KINDEX200

ETF, TIGER200 ETF, 그리고 KBSTAR200 ETF가 있다. 각 자산운용회사마다 고유의 브랜드가 있다. 예를 들어, 삼성자산운용(주) KODEX, 키움자산운용(주) KOSEF, 한국투자신탁운용(주) KINDEX, 미래에셋자산운용(주) TIGER, 국민투자운용(주) KBSTAR 등이 있다.

5 사모펀드

1) 사모펀드의 개념과 특징

사모(私募)펀드(또는 주식형 사모펀드라고 함)는 2000년 7월부터 우리나라에서 거래가 시작되었는데 소수의 투자자들로부터 자금을 모아 특정 종목에 집중투자하는 투자신탁회사의 주식형펀드이다. 기존의 공모펀드는 특정종목주식에 신탁재산의 10% 이상을 편입할 수 없으나 사모펀드는 신탁재산의 50% 이상을 편입할 수 있다. 사모펀드 등의 가입자수는 대개 50~100명으로 제한된다. 이는 투자자들의 의견이 펀드운용에 반영될 수 있게 하기 위해서이다.

사모펀드의 규모는 100억원 이상이고 주식형, 단위형으로 일정기간 자금을 모집한 뒤 펀드운용에 나선다. 신탁기간은 1년 이상이고 6개월간 환매가 제한되며 6개월~1년간은 가입금액의 50% 이내에서 환매가 가능하다.

2) PEF

PEF(Private Equity Fund)는 소수의 거액투자자로부터 자금을 조달받아 부동산, 부실채권, 기업경영권 등을 인수하여 일정기간 자산가치를 높인 후 되팔아 높은 수익률을 추구하는 펀드이다. 이는 사모 간접투자자산운용법이 2004년 10월 개정되면서 합자회사의 형태로 설립되고 기존의 주식형 사모펀드보다 투자대상이 더 넓고 규제도 완화되었다. PEF는 사모 주식투자펀드 또는 사모투자전문회사로 번역되지만 대개 PEF로 사용된다.

대표적인 예로는 외환은행을 인수한 론스타, SK(주)와 경영권을 다툰 소버린 등이 있다. PEF는 기업의 경영권을 장악해 일정기간 경영을 하다가 되팔수 있는 것이 특징이다. 우리나라에서는 금융기관이나 기업들이 PEF에 참여하는 경우가 많다.

6 우리나라의 각종 펀드

① **스팟(spot) 펀드** 목표수익률이 달성되면 만기 1년 전에 조기에 투자원금을 고객에게 돌려준다. 만약 목표수익률이 달성되지 않으면 최소 만기인 1년을 기다려야 한다.

② **전환형 펀드** 주식형 펀드로 운용하다가 일정한 수익률을 달성하면 공사채형 펀드로 전환된다. 수익을 달성한 후 안전하게 운용하기 위해서이다. 이에 반해 카멜레온 펀드는 1년에 몇 번씩 주식형과 공사채형을 오고 가며 전환되는 펀드이다.

③ **인덱스(index) 펀드** KOSPI(=시장지수)의 등락률은 그대로 반영하기 위해 설정된 펀드로서 대개 상장주식 중 시가비중이 큰 150~200개 종목을 주로 편입시킨다. 인덱스 펀드는 이론적으로 시장지수(시장 포트폴리오)를 복제하는 펀드이므로 소극적 포트폴리오의 구성방법이다. 따라서 구성에 드는 시간과 노력 및 비용이 적게 들고 최소한 시장수익률을 확보하거나 비슷한 수준을 확보할 수 있는 장점을 가진다. 현실적으로 어떠한 종목을 선택하고 그 비중을 어떻게 하는가에 따라 운용하는 회사마다 성과가 다르다. 즉, 삼성운용(주)의 인덱스 펀드와 미래에셋(주)의 인덱스 펀드 수익률이 다를 수 있다. 따라서 펀드 시장에서 인덱스 펀드의 수만 해도 250~300개에 달한다. 인덱스 펀드는 구성에 드는 비용이 적게 들기 때문에 수수료가 일반 주식형 펀드보다는 저렴하다.

④ **레버리지 펀드** 투자금액의 90%는 안전한 채권에서 운용하고 나머지 10%는 선물이나 옵션 등 고수익 고위험의 파생상품에 투하하는 펀드이다.

⑤ **벌처(vulture) 펀드** 구조조정전문회사가 조성한 펀드로서 구조조정 대상기업의 주식이나 회사채를 싼 값에 매입하여 기업을 정상화 시킨 후 매각 또는 기업공개를 통해 차익을 확보하는 펀드이다.

⑥ **벤처(venture) 펀드** 성장률은 높지만 자금이 부족한 벤처기업에게 자금을 지원하거나 지분참여를 하는 펀드이다.

⑦ **코스닥전용 펀드** 코스닥 등록기업에 주로 투자하는 사모펀드이다. 코스닥 편입비율은 대개 90%가 최소한도이고 일단 적절한 이익이 발생하면 채권에 투자한다.

⑧ **원금보존형 펀드** 최소한 원금은 보존하면서 실세금리 이상의 수익을 확보하고자 하는 펀드이다. 대개 채권 등 확정소득증권에 70%, 주식에 30% 이하를

투자한다.

⑨ **차익거래 펀드** 펀드 자산의 50%는 채권에 투하하고 나머지는 현금성자산에 운용하다가 차익거래기회가 발생하면 현금자산을 즉시 프로그램 매매에 투입한다.

⑩ **시스템**(System) **펀드** 펀드매니저의 판단에 따라 운용되는 일반 펀드와 달리 펀드를 설정할 당시에 미리 운용되는 시스템을 결정해놓고 그에 맞춰 기계적으로 운용되는 상품이다. 이 펀드는 변동성이 심한 장세에서 수익률을 관리하기 위한 방법으로, 펀드설정당시에 일정수준의 포트폴리오로 구성해 종목별로 주가가 오르면 분할 매도하고, 주가가 내릴 때는 분할 매수하는 전략을 취한다. 시스템펀드는 대규모 금액을 거치식으로 모은 뒤 대부분 대형우량주에 주로 투자하고 계량적·금융공학적 운용 방식을 취하며 보수적 투자자에게 적당한 상품으로 분류된다.

⑪ **펀드 오브 펀드**(fund of fund) 고객의 펀드 투자자금을 다시 다양한 펀드에 재투자해 위험을 분산하고 투자기회를 극대화한 펀드이다. 대부분 수익률과 안정성이 뛰어난 펀드를 대상으로 하므로 중장기 투자일 경우 높은 수익을 기대할 수 있다. 그러나 투자자들은 1차운용사(원청업체)와 2차운용사(하도급업체) 모두에게 수수료를 지급해야 하는 부담을 감수해야 한다.

⑫ **엄브렐러 펀드**(umbrella fund) 하나의 모(母)펀드 아래 주식형-채권형-혼합형-코스닥 전용 펀드 등 다양한 자(子)펀드를 거느리고 있는 펀드로 그 모양이 우산 같다고 하여 붙여진 펀드이다. 자펀드는 환매수수료 없이 시장상황에 따라 연 12회까지 전환할 수 있다. 이 펀드는 높은 수익률을 올릴 수 있는 장점이 있는 반면 자펀드로의 전환이 적절치 못할 경우 원금 손실도 감수해야 한다.

⑬ **배당주 펀드** 배당수익률이 높은 종목에 집중적으로 투자하는 펀드이다. 운용 시작 후 예상한 배당수익률 이상으로 주가가 상승하면 주식을 팔아 시세차익을 얻고, 반대로 주가가 오르지 않으면 배당시점까지 주식을 가지고 있다가 예상배당금을 획득함으로써 주가 하락에 따른 자본손실을 만회한다.

⑭ **리버스**(reverse) **펀드** 리버스(reverse)펀드는 주가와 펀드 수익률이 거꾸로 반영된다는 의미의 펀드로서 주가가 하락할 때만 이익을 보는 구조로 특화된 상품이다. 이 펀드는 주식 현물이 없는 대신 선물 매도 포지션으로 자산이 구성되어 있다. 대부분의 운용사들은 엄브렐러 펀드의 하위 펀드로서 리버스 펀드를 구성하고 있다.

⑮ SRI(Socially Responsible Investment; 사회책임펀드) SRI펀드는 투자를 하는데 기업수익뿐만 아니라 인권·환경·노동 등 여러 분야에서 책임을 다하는 기업에 투자하는 펀드이다. SRI펀드의 개발배경은 구성종목 기준이 재무적 요인뿐만 아니라 윤리, 사회문제, 환경 등 비재무적 요인을 함께 고려하는 경영활동을 하는 기업이다. 이러한 경영활동을 하는 기업은 지속가능한(sustainable) 경영을 할 것이다.

⑯ 헤지(hedge) **펀드** 소수의 고액투자자들(약 100명 내외)로부터 자금을 모아 주식과 채권 이외에 환율, 선물 등 다양한 파생상품에 투자하는 펀드이다. 말뜻대로 설명하면 위험을 헷지·방어하는 펀드이나 실상은 투자대상을 가리지 않고 투자하여 절대수익을 추구한다. 1992년 조지 소르스가 헤지펀드르 통해 영국파운드화를 팔아 투기적 이익을 받아서 등장한 펀드인데, 그 이유로 늘 부정적 투기자본이미지를 갖게 되었다.

⑰ 섹터(Sector) **펀드** 특정업종에만 투자하는 펀드이다. 대표적인 섹터펀드로는 금융섹터 펀드, 의약품섹터 펀드, 소비재섹터펀드, 원자재섹터 펀드 등이 있다.

⑱ 비빔밥펀드, 백반형펀드 법률적인 용어는 아니고 증권업계에서 통용되는 명칭인데 비빔밥펀드는 주식투자비율이 30%안팎, 나머지 70%는 채권에 투자한다. 백반형펀드는 주식이면 주식, 채권이면 채권에만 투자하는 펀드를 말한다. 단, 주식형은 채권이 10% 미만으로 포함된다.

⑲ 펀드랩(fund wrap) 랩매니저(wrap manager)라 불리는 증권사의 전문가와 상의해서 수익성이 어느 정도 검정된 펀드에 분산투자하는펀드이다. 펀드랩은 랩매니저와 상의해 만기전인 중간에 펀드 비중을 자유롭게 늘리거나 높일 수 있다. 이 경우 선취판매, 판매수수료가 없다. 또한 투자자는 랩어카운트(wrap account)인 자신의 계좌를 실시간으로 확인할 수 있다.

7 실물펀드

실물펀드는 부동산, 선박, 미술품, 아트, 광물자원 그리고 농산물 등에 투자하는 펀드이다. 이 펀드는 인플레이션에 대한 헷지기능을 가지고, 금융자산보다는 변동성이 낮으며 주로 사모(私募)로 발행된다.

1) 리 츠

리츠(REITs)는 다수의 투자자로부터 자금을 모아 부동산에 투자하고 그 수익을 투자자에게 나누어주는 주식회사 형태의 펀드이다. 증권에 투자하지 않고 부동산에 투자한다는 점이 기존의 증권투자신탁과 가장 큰 차이점이다.

리츠는 주로 기관투자자가 투자하고 개인투자가는 별로 많지 않다. 리츠가 상장되면서 리츠회사 주식이 증권시장에서 사고팔리게 됨에 따라 개인투자자들도 리츠투자에 참여할 수 있다. 그러나 리츠회사가 장기적으로 수익을 낼 수 있는 수익구조가 아니므로 계속기업으로서 한계가 있다. 리츠에는 기업들이 구조조정 과정에서 내놓은 부동산을 매입했다가 되팔아 수익을 내는 기업구조리츠, 오피스텔이나 임대부동산을 매입하여 일정한 임대수익을 얻는 위탁관리리츠 그리고 직접 도시형 생활주택이나 오피스텔 그리고 사무용건물을 지어서 개발사업을 하는 자기관리리츠가 있다.

2) 선박펀드

선박펀드는 선박의 건조와 매입에 투자자금을 대출하거나 지분을 매입하여 이자수입을 얻거나 배당을 확보한다. 투자기간이 금융자산투자보다 훨씬 긴 5~10년이다. 그러나 배당금은 이자수입과 마찬가지로 3억원까지 비과세되는 장점을 가진다. 일반적으로 선박펀드는 폐쇄형으로 발행되므로 증권시장에 상장된다.

중요영어용어

개방형(open-end) 뮤추얼펀드
노우로드펀드(no load fund)
로드펀드(load fund)
순자산 가치(NAV)
지수펀드(index fund)
채권펀드(bond fund)
폐쇄형(closed-end) 뮤추얼펀드
계약형(contracual type)
단기시장펀드(money market fund:MMF)
뮤추얼펀드(mutual fund)
주식형펀드(equity fund)
채권지수펀드(bond index fund)
투자신탁(investment trust)
회사형(corporate type)

관련웹사이트

1. 펀드닥터 : 제로인 회사의 웹사이트, 펀드등급, 유형, 수익률 및 위험지표, 펀드스타일 및 펀드용어사전 제공.
   ▷ http://www.funddoctor.co.kr
2. 한국펀드평가 : 국내외 투자펀드 설명.
   ▷ http://www.kfr.co.kr
3. Morning star : 국내 및 해외 뮤추얼펀드 평가 전문회사. 각종 유용한 자료 제공.
   ▷ http://www.morningstar.co.kr
4. 금융투자협회 : 펀드수수료조회, 전자공시 및 통계, 기준가격.
   ▷ http://www.kofia.or.kr
5. 미래에셋미디어 : 투자교육정보.
   ▷ http://media.miraeasset.com
6. 네이버증권 : 실시간 증시지수, 투자분석, 증권뉴스, 증시전망, 비상장주식, 뮤추얼펀드, 주가정보.
   ▷ http://finance.naver.com
7. 삼성투신운용 : 뮤추얼펀드, 투자교실, 펀드안내.
   ▷ http://www.samsungfund.com
8. 마켓워치 : 경제·금융 전문사이트, 시장동향, 뮤추얼펀드, 환율, 기업정보 수록.
   ▷ http://www.marketwatch.com

연습문제

[객관식 문제]

01 다음 중 펀드 수수료를 절약하기 위한 방안이 아닌 것은?

① fund supermarket을 방문하여 수수료가 저렴한 fund를 찾는다.

② internet이나 mobile로 e-fund 또는 m-fund를 매입한다.

③ 국내 펀드보다는 해외에서 만들어진 펀드를 매입한다.

④ 펀드 환매시 수수료 절약을 위해 umbrella fund를 매입한다.

02 다음 중 기업이 자사주를 매입을 하는 이유가 아닌 것은?

① 주주들에게 배당대신 자본이득을 제공, 세금을 절약하게 한다.

② 적대적 M&A에 대비, 기업의 주식보유비율을 높인다.

③ 경영자의 탁월한 경영능력을 보여주는 한 예이다.

④ 낮은 주가를 끌어올리는 목적 또는 결과를 가져온다.

03 주식에 관한 설명 중 틀린 것은?

① 1주는 자본금을 산출하는 기초단위로서 발행주식의 액면총액은 자본금이 된다.

② 우선주는 어떤 경우라도 법정 자본금 산출에 포함되지 않는다.

③ 신형우선주는 최저배당률을 정관에 고시하는 점에서 구형우선주와 차이가 난다.

④ 신형우선주는 대부분 채권과 마찬가지로 일정기간 후 상환된다.

04 여러 가지 주식의 개념과 특징을 설명한 것 중 틀린 것은?

① 우리나라에서는 상법에서 무액면주를 인정하고 있다.

② 우리나라에서는 기명주를 원칙으로 하고 있다.

③ 상환주식은 보통주와 우선주 모두에게 인정된다.

④ 액면주의 액면가는 꼭 5,000원으로 고정해야 하는 것은 아니다.

05 여러 가지 펀드의 개념과 특징 중 틀린 내용은?

① Spot 펀드는 목표수익률이 달성되면 만기 1년 전에 조기에 투자원금을 고객에게 돌려준다.

② fund of fund는 펀드 중에서 가장 성과가 뛰어난 펀드를 가리킨다.

③ system 펀드는 펀드 설정 당시에 정해둔 시스템에 의해 기계적으로 운용된다.

④ SRI 펀드는 기업수익뿐만 아니라 인권·환경 등에서 책임을 다하는 기업에 주로 투자한다.

06 ETF에 관해 틀린 내용은?

① Exchanged Traded Fund의 약어로서 인덱스펀드를 거래소에 상장시킨 뮤추얼 펀드이다.

② ETF는 인덱스 펀드 투자보다는 펀드수수료가 훨씬 저렴하다.

③ 섹터 ETF는 은행, 반도체, 자동차 그리고 IT 업종 등 특정 업종지수에 연동되어 있다.

④ ETF거래에서 대주 및 공매가 제한된다.

07 뮤추얼펀드 수수료에 관해 틀린 내용은?

① 운용·판매·보관·수탁 수수료 중 가장 비싼 수수료는 판매수수료이다.

② 주식형·혼합형·채권형 수수료 중 가장 저렴한 수수료는 채권형이다.

③ 우리나라의 대부분의 펀드는 3개월 이내에서 환매하면 수익률의 70%를 환매수수료로 떼어간다.

④ 수수료 형태 중 A형 펀드는 후금, C형 펀드는 선금으로 수수료를 지급한다.

08 뮤추얼 펀드의 종류나 분류 중 가장 틀린 표현은?

① 성장형 펀드의 주식편입비율은 70% 이상이다.

② 안정성장형 펀드의 주식편입비율은 41%~69%이다.

③ 채권형 펀드에는 주식이 포함되지 않는다.

④ 주식형 펀드에는 채권이 포함되지 않는다.

09 뮤추얼 펀드의 개념과 정의에서 틀린 내용은?

① 회사형 투자신탁은 증권투자회사이다.

② 증권투자회사는 직원을 고용할 수 없고 영업소(지점)를 설치할 수도 없다.

③ 회사형 투자신탁은 자금조달을 위해 회사채를 발행할 수 있다.

④ 증권투자회사는 주주로부터 출자형식으로 자금을 조달하여 증권에 투자한다.

10 투자신탁의 환매와 해지에 관한 내용 중 틀린 것은?

① 환매란 수익증권의 소지자가 투자신탁회사에 대해 상환을 청구하는 것이다.

② 해지란 신탁계약기간 종료 전에 투자신탁회사가 수익증권을 폐기하는 것을 말한다.

③ 신탁순이익이 당초 목표한 수준을 초과하면 투자신탁이 해지될 수 있다.

④ 투자신탁회사는 주주의 결의에 의해 언제든지 투자신탁을 해지할 수 있다.

11 회사채에 관한 설명 중 틀린 것은?

① 우리나라의 회사채는 이자를 3개월마다 후급하는 이표채가 대부분이다.

② 무보증·무담보 회사채를 indenture bond라고 한다.

③ 담보부사채는 담보차입보다 불리하므로 흔하지 않다.

④ 회사채를 발행하는 회사는 일반적으로 발행당시 신용평가등급이 A등급 이상이다.

12 CB와 BW에 관해 틀린 내용은?

① CB(전환사채)는 일반사채보다 발행금리가 낮다.

② CB발행회사는 금융부담을 줄이면서 자본구조를 개선할 수 있다.

③ BW(신주인수권부 사채)는 행사가 되어도 회사채의 계약조건은 만기까지 존속된다.

④ 우리나라의 BW는 분리형과 비분리형 중 분리형만 허용된다.

[주관식 문제]

01 다음 용어를 간략하게 설명하라.

(1) Repo 거래
(2) debenture bond
(3) 개방형·폐쇄형 펀드
(4) MMF
(5) 신형우선주
(6) 수수료선취펀드
(7) 멀티클래스 펀드
(8) PEF
(9) 엄브렐러 펀드
(10) fund wrap

02 [펀드] 우리나라 증권시장에서 펀드는 2007년 12월 말 현재 약 7,000~7,500개 정도로 추산된다. 왜 우리나라에서 이렇게 펀드의 수가 많으며, 이는 어떤 문제점을 가져오는지를 논하라.

03 [액면분할] 원래 액면분할은 SK텔레콤(주)과 같이 주가가 워낙 높아 거래가 불편하고 단주가 많이 발생하는 등의 부작용을 해소하기 위해 도입되었다. 그러나 코스닥시장의 벤처 또는 중소기업들은 그런 현상이 없음에도 대부분 액면분할을 하여 1주당 액면가가 500원인 경우가 많다. 액면분할이 주가에 미치는 영향을 이론적인 면과 실증분석 결과를 중심으로 설명하라.

04 [회사채] 회사채에 의한 자금조달 방법이 주식발행과 은행차입에 의한 자금조달 방법과 다른 장점과 단점을 각각 논하라.

제 4 장

발행시장

01

발행시장의 의의와 구조

발행시장(primary market)이란 신규증권이 최초로 창조되는 시장으로서 신규증권시장(new issue market) 또는 '1차적 시장'이라고도 하는데, 투자자인 자금공급자로부터 발행기업인 자금수요자에게 자금이 이전되는 추상적, 비공간적 시장이다. 발행시장은 기존증권이 매매되는 유통시장(secondary market)과 달리 일정한 요건을 갖춘 발행기관만이 신규증권의 모집과 인수를 담당한다.

발행시장의 기능은 우선 투자자의 여유자금을 기업의 산업, 생산자금으로 이전시켜 대규모의 자금조달을 가능케 한다. 또한 정부로 하여금 국공채 발행과 공개시장 조작에 의해 통화·금융정책을 수행할 수 있도록 한다.

발행시장은 신규증권을 발행하여 자금을 조달하려는 발행자(또는 발행주체)와 그 증권을 투자대상으로 매입하려는 투자자, 그리고 이 당사자 사이에서 발행사무와 발행위험을 부담하는 발행기관으로 구성되어 있다. 발행기관을 대개 투자은행(IB: investment bank) 또는 인수기관(underwriter) 이라고 한다.[1] 발행기관은 구체적으로 주간사회사와 공동간사회사로 구성되는 간사단, 유가증권을 직접 매입하는 인수단 그리고 청약 취급을 담당하는 청약취급기관으로 나누어진다. 발행시장의 구조는 [그림 4-1]과 같다.

1 발행자(또는 발행주체)

발행자(issuer)는 신규증권을 발행하며 자금을 조달하려는 자로서 증권공급자이며 자금수요자이다. 여기에는 신규주식과 회사채를 발행하는 주식회사, 국공채를 발행하는 국가 및 지방자치단체, 특수한 목적으로 채권을 발행하는 공기업이나 특수은행, 그리고 학교재원 조달을 목적으로 채권을 발행하는 대학재단 등이 있다.

1 우리나라에서 일반적으로 KOSPI 종목의 보통주 1주당 액면금액은 5,000원이고, KOSDAQ 종목은 500원이다.

그림 4-1 유가증권의 종류와 특성

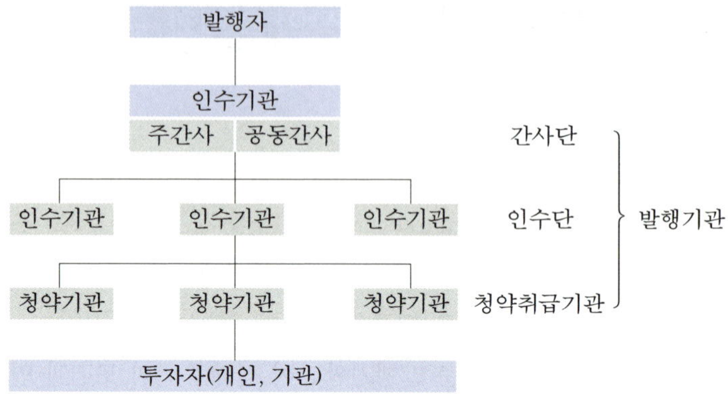

* 펀드(fund)는 위의 모든 유가증권에 분산투자함

2 투자자

발행시장에서 신규증권을 매입하여 투자수익을 올리고자 하는 자금공급자로서 대개 유통시장에서 그 증권을 매각한다. 투자자는 개인자격으로 신규증권을 매입하는 '개인투자자'와 법인의 형태를 취하여 거액의 자금을 공급하는 '기관투자자'로 나눌 수 있다. 기관투자자의 예로는 은행, 보험회사, 투자신탁회사, 증권회사, 연금기금, 펀드, 각종 재단 그리고 기타 금융기관 등을 들 수 있다.

3 발행기관

1) 간 사 단

간사단(Manager group)은 신규 유가증권을 일부 또는 전부를 투자자에게 매출할 목적으로 매입하는 중개기관으로서, 간사단을 대표하는 주간사회사(lead manager)와 공동으로 발행위험을 부담하는 공동간사회사(comanager)로 구성된다. 간사단의 역할은 인수단을 구성하고 증권발행에 따른 사무처리, 발행자에 대한 조언 및 사무절차를 대행한다. 간사단의 자격을 가진 회사는 증권회사이다.

2) 인 수 단

인수기관 또는 인수회사(underwriter)는 발행기관의 하나로서 유가증권을 발행자로부터 직접 매입하는 인수기능(underwriting)을 하는 기관이다. 인수단(underwriting syndicate)의 자격을 가진 회사는 위의 간사단의 자격을 가지는 회사 및 증권회사와 은행이다.

3) 청약취급기관

단순히 모집 또는 매출업무만을 담당하고 인수단과 같은 발행위험은 분담하지 않는다. 대개 은행이나 증권회사가 청약취급기관의 역할을 담당한다.

02 발행방법

신규증권 발행에 있어 발행과 관련된 일체의 행정절차인 '발행사무'와 발행된 신규증권이 실제로 매매될지의 불확실성인 '발행위험' 부담여부에 따라 발행방법은 '직접발행'과 '간접발행'으로 나누어진다. 또한 신규발행된 증권의 매입 대상이 누구인지에 따라 '공모발행'과 '비공모발행'으로 나누어진다.

1 공모발행과 비공모발행

공모발행(public offering)은 발행자(=기업 또는 정부기관)가 일반 대중을 상대로 신규증권을 발행하는 형태이고, 비공모발행은 발기인, 기존 주주 또는 연고자만을 대상으로 신규증권을 발행하거나 인수시키는 형태이다. 비공모발행을 私募(private placement)라고도 한다. 주식의 경우 공모발행은 회사를 설립하거나 유상증자할 때 회사와 관련이 없는 일반투자자에게 주식을 발행하고, 주식의 비공모발행은 발기인이나 구주주 또는 연고자에게 주식을 발행하거나 인수시킨다.

채권의 경우 공모발행은 발행가격, 액면이자율, 그리고 상환기간 등 발행조건을 제시하고 일반투자자에게 채권을 인수하게 한다. 채권의 비공모발행은 특정 금융기관에게 채권을 인수하게 한다. 채권 비공모발행의 예는 국공채의 경우 중앙은행만이 인수기관이 된다든지, 회사채의 경우 특정 계열기업의 회사채를 계열 보험회사만이 인수하는 데서 찾아볼 수 있다.

2 직접발행과 간접발행

직접발행은 발행기업 자신이 신규증권 발행에 따르는 발행사무를 직접 수행하고 또한 발행에 따른 매매까지 책임지는 형태로서 직접모집 또는 자기모집이라고도 한다. 직접발행에서는 만약 신규발행된 주식이나 채권금액만큼 증권이 매매되지 못하면 그 매도잔량을 발행기업 자신이 인수(引受: underwriting)해야 하고 인수가 불가능할 때의 책임 또한 전적으로 발행기업에 있기 때문에 상장기업에는 거의 없는 발행형태이다. 직접발행은 신규발행 규모가 적고 발행사무가 간단한 경우에 이용이 가능하다.

간접발행은 발행기업이 발행사무와 발행위험을 금융기관과 같은 중간업자에게 부담시키고 수수료를 지급하는 발행형태이다. 간접발행은 금융환경이 복잡해지고 발행업무의 전문성이 요구됨에 따라 더욱 보편화되고 있다. 간접발행은 발행사무만을 위탁받는 위탁모집, 신규발행증권 전액의 인수책임을 맡는 총액인수, 그리고 잔액만 책임을 지는 잔액인수로 나누어진다.

1) 위탁모집(best efforts offering)

발행자나 회사설립시의 발기인이 발행위험을 부담하고 발행사무는 발행기관에 위탁하는 발행형태이다. 발행기관은 발행과 관련된 사무만을 담당하고 인수되지 않은 신규증권은 발행자에게 되돌려 준다. 국공채의 경우에 흔히 이용되는 발행방법이다.

2) 총액인수(firm commitment underwriting)

주간사회사가 구성한 인수기관들의 집단인 인수기관이 발행사무는 물론 신규발행증권 전액을 자기 명의로 매입·인수하는 방법이다. 따라서 인수기관은 인수를 위하여 많은 자금이 필요하고, 일반에게 매도한 후의 잔량까지 책임을 져야 하므로 발행위험이 크다. 인수기관은 인수자(underwriter)로서 인수수수료나 판매수수료를 받지 않고 인수가격과 판매가격의 차(bid-ask spread)를 발행위험과 발행사무에 대한 보수로 받는다. 인수매출이라고도 하며 간접발행의 대부분은 총액인수방법으로 공모발행된다.

3) 잔액인수(standby agreement 또는 underwriting)

발행기관이 발행·모집사무와 인수위험을 부담하되, 인수위험은 일정 매출기간 동안 모집을 한 다음 그 기간 경과 후 모집부족액이 발생하였을 경우 그 잔량에 대해서만 이미 맺은 인수계약에 따라 책임을 지는 방법이다. 인수기관은 인수인으로서 잔액이 아니라 발행전액에 대해 인수수수료와 판매수수료를 보수로 받는다.

모집기관과 인수기관이 다를 수 있는데 이 경우 모집기관이 발행증권을 일반투자자들로부터 모집한다. 만약 응모총액이 모집총액에 미달할 경우 인수기관이 자기의 계산과 책임으로 당초에 정해진 발행가액으로 잔액을 인수할 수 있다.

03 기업공개

1 기업공개의 의의

기업공개(企業公開, IPO: Initial public offering)란 대주주 1인이나 몇몇 특정 주주에게 소유한 주식을 일반 대중도 살 수 있게 하여 주식소유가 분산되도록 하는 조치를 말한다. 요즈음은 기업공개라는 표현보다는 IPO(Initial Public Offering)이라고 말한다. 기업공개의 방법으로는 기존 주주들의 신주인수권을 포기하게 하고 새로이 주식을 발행하여 신주를 공모하는 방법(신주모집)과 기존 주주들이 소유하는 주식을 일반인들에게 매출하는 방법(구주매출)이 있는데, 양 방법이 병행되기도 한다.

일단 공개가 이루어지면 약 2~3개월의 준비기간이 지난 후 공모된 주식이 증권거래소에 상장(上場: listing)되므로 기업공개는 곧 상장을 의미한다. 따라서 공개기업을 상장기업이라고도 한다.

2 기업공개의 필요성

기업공개는 국민경제적 입장에서 볼 때 기업성과를 모든 국민에게 배분하려는 목적에 부합되고, 기업의 자본조달수단을 간접금융 형태에서 직접금융 형태로 유도하는 계기가 되는 점에서 그 필요성을 찾을 수 있다. 개별기업의 입장에서 기업공개는 자금조달 능력이 증대되고 기업의 공신력 제고 및 효율적 경영의 계기를 마련하는 데서 그 필요성을 찾을 수 있다.

3 기업공개의 요건

기업공개를 위한 요건은 당시의 경제상황과 주식시장의 여건을 고려해 신축적으로 바뀐다. 기업공개를 위해서는 유가증권 상장규정, 유가증권 인수업무규정 및 기타 등록법인(registered company) 관리규정 등의 요건을 갖춰야 한다.[2]

4 기업공개의 혜택

기업공개의 가장 큰 혜택은 자금조달기회의 확대이다. 그 이외에, 기업이미지 증대, 마케팅상의 기회선점, 세제혜택 그리고 법률상의 혜택이 있다.[3]

한편, 기업공개에 따른 부작용과 문제점도 있을 수 있다. 그 예로서, 기업공개에 따른 소액주주 소송의 증대, 투명성 증대로 인한 기업기밀의 유출가능성, 지분변동에 의한 지배권취약 그리고 적대적 M&A와 같은 경영권의 위협 등이 있다.

---

2 우리나라에서 일반적으로 KOSPI 종목의 보통주 1주당 액면금액은 5,000원이고, KOSDAQ 종목은 500원이다.

3 세제상의 혜택을 보면 ① 초과보유소득에 대한 법인세 비과세(법인세법 제56조), ② 사업손실 준비금 손금 산입혜택(조세특례제한법 제18조), ③ 주식 양도시 양도차익 비과세(소득세법 제94조), ④ 주주의 배당소득세 부담 경감(소득세법 제14조), ⑤ 상속 및 증여재산 평가시 코스닥시장 시세인정(상속세 및 증여세법 제63조), ⑥ 스톡옵션 행사이익비과세(조세특례제한법 제15조)가 있다.
자금조달시 법률상의 혜택에는 ① 무의결권주 발행한도 확대(증권거래법 제191조), ② 신종사채의 발행(증권거래법 제19조), ③ 사채발행한도의 특례(증권거래법 제191조), ④ 주식배당의 특례(증권거래법 191조), ⑤ 일반공모증자가능(증권거래법 제189조), ⑥ 자기주식취득방법 확대(증권거래법 제189조) 등이 있다.

5 발행가격(공모가격)의 결정

공모주식의 인수가격(IPO price)은 원칙적으로 발행회사와 주간사회사(lead manager)가 협의하여 결정한다. 주간사회사는 발행회사의 수정 후 재무제표를 기준으로 산출된 자산가치, 수익가치 그리고 상대가치를 기초로 공모가액을 결정한다. 자산가치는 발행회사의 1주당 순자산가치를 말한다. 수익가치는 발행회사의 미래 수익력을 현재가치화한 금액이다. 즉 수익가치는 평균주당 추정이익을 자본환원율로 나눈 값이다. 본질가치는 자산가치와 수익가치의 산술평균이다. 상대가치는 유사회사의 주가평균과 유사회사의 주당 경상이익 및 주당 순자산을 비교하여 평가한 상대적 시가이다.

공모가격(IPO price)은 위의 세 가지 주식가치를 기계적으로 고려하여 결정되는 것이 아니라 증시상황, 경제상황, 기업의 성장성, 그리고 동업종의 향후전망 등을 충분히 감안하여 종합적으로 결정되어야 한다. 주관 증권회사는 기업가치를 정확히 산정, 공모가를 결정한다. 공모주의 수요예측(book building)을 위해서는 국내 기관투자가뿐만 아니라 우량개인투자자 그리고 해외기관투자자도 참여한다.[4]

6 기업공개와 투자수익률

최초로 공개하는 기업의 주식 공모가격 결정은 그 주식에 투자하는 신규투자자에게뿐만 아니라 구주주에게도 특히 중요하다. 왜냐하면 공개기업주식 공모가격(IPO price)이 적정수준보다 너무 높으면 구주주에게 유리하나 신규투자자에게 불리하다. 반대로 너무 낮으면 구주주에게 불리하나 신규투자자에게 유리하기 때문이다.

일반적으로 미국의 IPO price에 관한 연구결과를 보면 IPO price가 적정가격보다 저평가되므로 신규투자자는 높은 수익률을 얻은 것으로 나타났다.[5] 우

4 공모가격과 관련 풋백옵션(putback option) 제도가 있다. 풋백옵션이란 개인투자자들이 공모주를 배정받고 상장된 지 1개월 이내 주가가 공모주 아래로 하락할 경우 증권사가 공모가의 90% 가격으로 되사주는 제도이다.

5 R.P. Beaty & J.R.Ritter, "The Investment Reputation and the Underpricing of Initial Public Offerings," *Journal of Financial Economics*(1986), pp. 213~232.
A.J.Chalk & J.W.Peary, "Initial Public Offerings: Daily Returns, Offering Types and the Price Effect," *Financial Analysts Journal*(1987), pp. 65~69.

리나라의 경우 최초로 공개하는 기업의 주식에 대한 수요가 높으므로 근로자 증권저축이나 근로자 주식저축에 가입한 저소득자에게 일정 부분을 우선 배정시킨 뒤 나머지를 일반투자자에게 청약을 받은 후 배정시킨다.[6]

04

유상증자

1 유상증자의 의의

이미 설립된 기존기업은 수권자본(authorized capital)의 범위 내에서 이사회 결의에 따라 수시로 신주를 발행할 수 있다. 이러한 신주의 발행은 주주에게 자금의 납입을 이행시키는 유상증자(발행)와 신주의 발행은 있어도 주주의 자금 납입이 없는 무상증자(발행)로 구분할 수 있다.

유상증자(capital increase with consideration)의 경우 신주발행에 따른 주금납입으로써 회사의 실질자산이 증가된다. 그러나 무상증자(capital increase without consideration)는 준비금의 자본전입과 주식배당 등에 의하여 주식자본을 증액시키고 그 금액만큼의 신주를 발행하여 주주에게 무상으로 할당하기 때문에 회사의 재산이 증가하지 않는다.

유상증자는 장기자본조달의 수단으로서 외부금융의 원천이 된다. 유·무상증자를 통해 기업은 자기자본을 조달함으로써 기업의 재무구조를 개선할 수 있다. 그러나 너무 과다한 유·무상증자는 기업 이익을 희석시키고 대주주에게 주식대금납입 부담을 주며 경영권의 분산을 가져올 위험도 야기시킨다.

6 의무보호예수제도는 기업이 증권선물거래소에 새로 상실될 때 최대주주 등이 보유한 주식을 일정 기간 동안 팔지 못하고 의무적으로 보유하도록 만든 제도다. 최대주주의 지분매각에 따른 주가급락으로부터 소액투자자 보호를 위해 만들어졌다. 증권선물거래소에 상장될 때 최대주주는 유가증권시장에 6개월, 코스닥 시장에 1년간 주식을 팔 수 없다. 다만 코스닥 시장은 상장이후 6개월부터 매달 보호예수된 주식의 5%까지 매각이 가능하다.

그림 4-2 유상증자의 방식

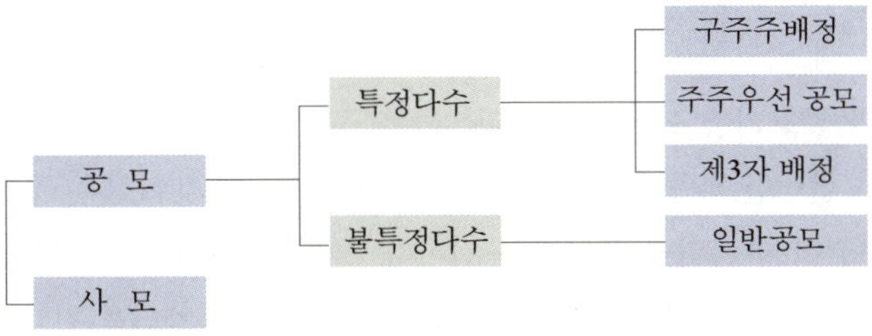

2 유상증자의 방식

유상증자는 불특정 다수인을 대상으로 하는 공모와 소수의 특정인을 대상으로 하는 사모로 크게 나눌 수 있다. 공모는 특정다수를 대상으로 한 구주주배정, 주주우선 공모 그리고 제3자 배정과 불특정다수를 대상으로 한 일반공모로 나눈다. 이를 표로 나타내면 [그림 4-2]와 같다.

1) 구주주배정

구주주배정(right offering to existing shareholders)은 구주주에게 그가 소유하는 주식 수에 비례하여 신주인수권(right)을 부여하여 신주를 발행하는 방법이다. 이 방법은 비례적으로 구주주의 의결권과 재산권을 보호하려는 유상증자 방식으로서 가장 전통적인 신주발행 형태이다. 정관에 다른 정함이 없으면 상법(제418조 1항)에 따라 구주주는 유상증자 시 그가 소유한 주식 수에 따라 신주배정을 받을 권리를 가진다. 다만 전환사채(CB)의 전환, 신주인수권부채(BW)의 행사 그리고 흡수합병 등의 경우는 예외이다.

구주주배정 방식에 의한 유상증자에서 인수기관의 역할은 발행 사무의 대행에 불과하고 유상증자금액의 모집부족에 따르는 발행위험은 발행회사가 부담한다(발행형태 중 위탁모집에 해당한다). 따라서 발행회사는 인수수수료와 같은 신주발행비용을 부담하지 않아서 발행에 따르는 발행비용을 절감할 수 있다.

2) 주주우선 공모

주주우선 공모(standby right offer: 잔액인수)는 인수기관(발행기관)이 유상 증자 분을 인수한 후 구주주와 우리사주조합에게 우선 청약권을 준 다음 청약 미달분(= 실권주)에 대해서 발행회사의 이사회 결의로 일반 공모에 붙이는 유상증자 방식이다. 이 방식은 구주주배정시 발생하는 실권주를 공모에 의하여 소화시키고 그래도 남는 잔여 실권주는 인수기관이 인수하기 때문에 구주주배정 방식과 일반 공모가 혼합된 형태이다.

위에서 설명한 구주주배정과의 주주우선 공모의 차이점은 첫째, 구주주에게 신주인수권이 부여되지 않는다는 점이다. 둘째, 실권에 대한 위험이 거의 없으며 셋째, 발행기관이 발행사무뿐만 아니라 발행위험까지 책임을 진다는 점이다.

3) 제3자 배정

제3자 배정(allotment to third party)은 발행회사의 특정연고자(회사임원, 종업원, 거래처, 거래은행, 대리점)에게 신주인수권을 부여하여 신주를 인수하게 하는 방법으로서 그리 흔한 형태의 증자방법은 아니다. 제3자 배정은 특별법, 주주총회 특별결의 그리고 회사정관 등에 이에 대한 규정이 있어야 가능하다.

우리사주조합 제도는 제3자 배정의 대표적 예이고 그 외 제3자에게 신주인수권을 부여하는 경우는 정부, 합작선 그리고 거래선 등이다. 제3자 배정에 의한 유상증자에서 발행기관(인수기관)은 발행사무에 관한 업무만 담당하고 발행위험은 부담하지 않는다.

4) 일반공모

일반공모(general cash offer)는 일반대중으로부터 신주 청약을 받아 신주를 발행하는 방법이다. 이 방법은 구주주의 신주인수권을 인정하지 않으므로 우리나라에서는 정관에 구주주의 신주인수권에 대한 제한 규정이 있어야 가능하다. 정관에 그러한 규정이 없으면 주주총회의 특별결의로 정관을 변경해야 한다.

일반공모의 경우 발행기관의 역할은 매우 중요한데, 발행사무는 물론 신주 유상증자분에 대한 판매업무까지 책임을 진다. 여기서 인수업무에 대한 책임을 지는가 아닌가에 따라 일반공모는 총액인수와 위탁모집의 두 가지로 구분된다.

총액인수(firm commitment underwriting)는 인수기관이 공모증권 총액을 자기 명의로 매입한 후 일반 투자자를 대상으로 재판매함으로써 신주발행에 따르는 위험을 모두 부담하는 방식이다. 위탁모집(best efforts underwriting)은 인수기관이 일반투자자를 대상으로 신규공모증권을 팔고 잔여분에 대해서는 책임지지 않는 방식으로서 잔여 미인수분에 대한 위험은 발행회사가 떠맡는다.

5) 사 모

사모(private placement)는 상장회사의 경우는 없고 비상장회사의 유상증자에서만 이루어질 수 있는 방법으로서 발행회사가 소수의 법인 또는 자연인과의 교섭을 통해 신주를 발행하는 형태이다. 따라서 발행회사의 등록 또는 유가증권신고와 같은 증권거래법상의 의무가 면제된다.

05 무상증자

무상증자(bonus offering 또는 capital increase without consideration)는 신규주식이 발행되지만 주금납입이 없는 증자이다. 무상증자에 의해 상장회사는 자기자본 계정의 변동을 통하여 증가된 자본금에 해당하는 만큼의 신주를 발행하여 구주주에게 소유주식수에 비례하여 무상으로 신규주식을 배정·교부한다. 이와 같은 무상증자의 목적은 자기자본계정 구성을 시정하고 사내유보의 규모를 적정화하며 주주에 대해 자본이득을 환원하는 데 있다.

구체적으로 무상증자가 발생하는 경우는 준비금의 자본전입과 주식배당에 의해서이다. 자본잉여금, 유보이익 또는 재평가잉여금이 자본금계정으로 전입될 때 신주가 무상으로 발행된다. 또한 주주에게 현금이 아니라 주식으로 배당금을 지불할 때 신주가 무상으로 발행된다.

무상증자와 유상증자가 동시에 이루어지는 경우도 있는데, 여기에는 '유·무상 병행증자'와 '유·무상 포괄증자'가 있다. '유·무상 병행증자'는 유상분과 무상분이 별개로 처리됨으로써 유상분을 포기하더라도 무상분을 받을 수 있다. 그러나 '유·무상 포괄증자'는 유상분에 대한 납입이 행하여지지 않으면 무상분까지 받을 수 없는 경우를 가리킨다.

06

채권의 발행형태와 절차

등록법인과 상장법인만이 회사채를 발행할 수 있다. 회사채를 발행할 회사는 먼저 사채의 종류, 발행가액, 이자율, 이자지급방법 그리고 상환방법 및 기간 등을 이사회에서 결의해야 한다. 회사채 발행은 간접발행으로서 총액인수제를 채택하고 있다.

대부분 국채의 발행사무는 한국은행이 취급하고 있다. 국채발행방식은 1994년 2월부터 전액 경쟁입찰방식으로 전환되었다. 경쟁입찰방식에 의해 발행되는 국채는 국고채권, 외국환평형기금채권, 그리고 국민주택채권 등이다.

중요영어용어

간접발행(indirect issue)
공동인수자(co-underwriter)
교환사채(exchange bond)
기업공개(IPO)
무기명주(non-bearer stock)
모집설립(incorporation by issuing)
무의결권(non-voting stock)
발기인(promotor)
기존주식(구주)(outstanding stock)
보통주(common stock)
상장(listing)
수권자본(authorized capital)
신주 발행(new issue)
신주인수권부사채(BW)
우선주(preferred stock)
인수단(underwriting syndicate)
액면주(par-value stock)
의결권주(voting stock)
전환사채(CB)
주인수자(managing underwriter)
지방채(municipal bond)
직접발행(direct issue by the company)
총액인수(firm commitment agreement)
기업 공모가격(initial public offering: IPO)
공모발행(public placement)
구주주할당 발행(direct rights offering)
기명주(bearer stock)
담보부사채(mortgage bond)
무담보사채(debenture)
무액면주(non-par value stock)
발기설립(incorporation by promoting)
발행시장(primary market)
보증사채(guaranteed bond)
私募(private placement)
조기상환가능(callable stock)
유상증자(capital increase with consideration)
무상증자(capital increase without consideration)
옵션부사채(option bond)
인수(underwrting)
일반공모(general cash offering)
위탁모집(best efforts offering)
잔액인수(standby agreement)
전환주식(convertible stock)
주주우선공모(standby right offer)
증자(increase in capital stock)

관련웹사이트

1. 한국거래소 상장공시 시스템 : 상장기업 공시, 사업보고서 및 재무분석을 비롯한 각종 공시 정보 제공.

   ▷ http://kind.krx.co.kr/

2. 한국거래소 소매 채권시장 : KRX 채권지수, 국고채 프라임지수, 발행 및 유통시장, 대용가격 정보 제공.

   ▷ http://marketdata.krx.co.kr

3. IPO STOCK : 증권발행시장 투자정보인 공모주, 실권주 투자정보를 제공. 공모뉴스, 청약정보, 배정정보, 공모기업 분석정보 및 주가정보.

   ▷ http://www.ipostock.co.kr

4. 한국증권금융㈜: 증권 인수 및 취득 자금 대출, 유가증권 담보대출, 공모주, 실권주 청약 정보, 지주관리제도 소개.
▷ http://www.ksfc.co.kr/

연습문제

[객관식 문제]

01 우리나라 상장제도에 관해 틀린 내용은?
① IPO주식은 일반적으로 저평가되어 있어서 로또 당첨만큼 배정받기 어렵다.
② 우리나라의 투자은행(IB)은 자본시장국제화가 진전된 만큼 국제화되어 있다.
③ 증권발행사무와 발행위험에 관여하는 증권회사를 투자은행(IB)이라 한다.
④ 상장요건은 증권시황에 따라 수시로 변화한다.

02 전통적인 총액인수(firm commitment underwriting)에서 틀린 내용은?
① 인수단(underwriting synidcate)을 조직하여 공개적으로 증권을 매도한다.
② 증권발행회사에서 직접 증권을 매입한다.
③ 채권 발행시장은 주로 총액인수이다.
④ 발행회사가 공모과정을 통해 증권발행을 돕지만 미인수에 따른 발행위험은 부담하지 않는다.

03 다음 중 비공모발행(사모발행)의 경우가 아닌 것은?
① 유상증자에서 우리사주조합에 신주배정
② 회사채발행에서 특정기관투자자에게 인수시킴
③ 구주주에게 신주 인수권 배정
④ IPO에서 벤처조합이나 설립멤버에게 신주 배정

04 증권시장에 대한 설명 중 틀린 내용은?
① 유통시장은 기존증권의 매매시장이다.
② 발행시장은 신규증권의 창조시장이다.
③ 우리나라의 KOSDAQ시장은 미국의 NASDAQ과 같이 장외시장이다.
④ K-OTC는 우리나라의 대표적인 장외시장이다.

05 IPO과정에서 bookbuilding이란 무엇인가?
① IB의 IPO주식 판촉전략
② 저평가된 주식의 매수
③ IPO주식에 대한 수요예측과정
④ 공개예정기업의 주식판촉전략

06 IPO주식 가격 결정에서 가장 현실적이고 합리적인 과정은?

① 공개예정기업의 수익가치를 평가한다.

② 공개예정기업의 자산가치를 평가한다.

③ IB의 bookbuilding과정.

④ 이미 공개된 비슷한 기업의 주가수준을 참조한다.

07 발행시장에 관여하지 않는 금융기관은?

① underwriter ② IB

③ savings & loan bank ④ financial intermediary

[주관식 문제]

01 다음 용어들을 간략하게 설명하라.

(1) 발행사무와 발행위험 (2) 직접발행과 간접발행

(3) 공모발행과 비공모발행 (4) 총액인수와 잔액인수

(5) 발기설립과 모집설립 (6) IPO

(7) 수권자본과 자본금 (8) 유무상 병행증자와 포괄증자

(9) 풋 옵션부사채 (10) 주식분할과 주식합병

02 [발행시장과 인수기능] 발행시장에서 인수(underwriting)의 기능을 설명하고, 여러 가지 인수방법을 설명하라.

03 [비공모발행] 주식의 비공모발행(또는 사모: private placement)과 채권의 비공모발행이 이루어지는 경우를 각각 열거하라.

04 [무상주발행] 특수한 기업재무정책상 무상주가 발행되는 경우를 열거하라.

05 [기업공개요건] 기업공개요건은 당시의 기업자금 수급과 증시상황에 따라 달라진다. 가장 최근의 기업공개요건 중 몇몇 중요한 사항들을 열거하라.

06 [기업공개와 IPO] 공개기업의 IPO가 구주주 및 신규주주에게 미치는 영향을 논하라.

07 [유상증자의 종류] 유상증자의 종류를 설명하라.

제 5 장

유통시장

01

유통시장의 의의와 구조

유통시장(secondary market)이란 기존 증권이 매매되는 시장으로서 '2차적 시장'이라고도 하는데, 투자자가 유가증권을 취득하여 투자자금을 운용하거나 또는 보유 유가증권을 처분하여 투자자금을 회수하는 조직적·구체적 시장이다. 유통시장은 신규증권이 발행되는 발행시장과는 달리 누구나 매매주체로서 참여할 수 있으며, 다수의 매매당사자를 위해 편의상 중개인(=위탁매매인: broker)이 개입하여 매매거래를 원활하게 한다.

유통시장은 우리나라의 경우 여의도의 한국거래소(KRX: Korea Exchange, www.krx.co.kr)가 대표적인 조직 시장이다. 한국거래소에는 유가증권시장, 선물시장 그리고 KOSDAQ 시장이 있다. 그 이외에 장외시장(K-OTC)이 보조적으로 존재한다. 미국에서는 NYSE나 AMEX와 같은 조직시장보다는 오히려 OTC(Over The Counter)라고 하는 비조직시장이 그 규모가 더 크고 매매되는 종목이 더 많다.[1] 유통시장의 가장 중요한 기능은 가격형성기능으로서, 다수자가 참여하는 자유경쟁시장에서 형성된 경쟁가격은 유가증권의 시장성과 유동성을 높이며 기존 유가증권에 담보력을 제공하고, 또한 신규 유가증권발행가의 기준이 된다.

유통시장에서는 기존 증권을 매입하는 매입자와 매도하는 매도자가 증권거래소라는 구체적 시장에서 위탁중개인인 증권회사(broker)의 중개로 매매거래를 한다. 그러나 이런 구체적·조직적 시장은 시간적 제약과 상장증권만의 매매라는 제약을 받게 되므로, 이를 보완하기 위한 비조직적 시장을 필요로 한다. 비조직적 시장(off board market)은 장외시장(OTC) 또는 점두시장이라고 하며, 공간적·시간적 제약없이 증권회사끼리 비상장증권이나 일부 상장증권(주식의 경우 단주)의 매매를 성립시킨다.

한국거래소(KRX) 시장은 유가증권시장(spot market), 파생상품시장(derivatives market), KOSDAQ시장 그리고 KONEX시장으로 크게 구분된다. 유가증권시장은 주식시장, 수익증권시장, 뮤추얼펀드시장 그리고 채권시장으로 세분된

1 미국의 대표적 OTC시장은 NASDAQ(나스닥)이고 일본의 경우는 JASDAQ(재스닥)이다.

그림 5-1 **유통시장의 구조**

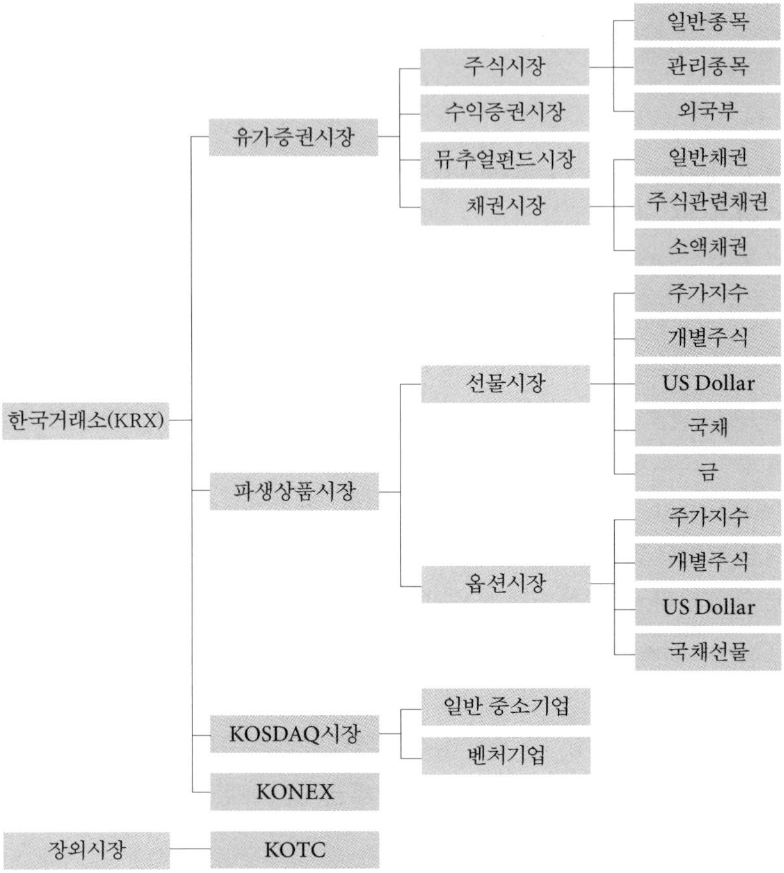

다. 파생상품시장은 선물시장(futures market)과 옵션시장(option market)으로 구성된다. KOSDAQ시장에서는 일반 중소기업과 벤처기업으로 구분되어 등록주식이 거래된다. KONEX시장은 유망중소기업이나 벤처기업이 원활한 자금조달을 할 수 있도록 2013년 개설되었다.[2] 특히 비상장 벤처기업의 주식발행을 도와 자금조달을 쉽게 하도록 하고 코스닥과 같은 장내시장 진입을 위한 조건을 갖추도록 도와준다.

주식시장은 일반종목, 관리종목, 그리고 외국부로 구분된다. 채권시장은 일

2 KONEX는 Korea New Exchange의 약자로서 시장진입요건은 자본금 5억원 이상, 기업역사 3~8년, 연 매출 30억~300억인 기업이 주요 거래 대상이다. KONEX시장은 연기금, 펀드, 벤처캐피탈 그리고 개인투자가도 참여할 수 있다.

반채권, 주식관련 채권 그리고 소액채권으로 구분된다. 장외시장에서 K-OTC는 KOSPI시장과 KOSDAQ시장의 상장요건에 못 미치는 비상장주식의 거래와 KOSPI시장과 KOSDAQ시장에서 퇴출된 기업의 거래원활화의 편의제공에 그 설립목적이 있다.[3]

02 상 장

1 상장의 의의

상장(listing)이란 조직시장인 증권거래소에서 유가증권이 매매될 수 있도록 등록하는 것을 말한다. 이렇게 매매될 수 있는 증권을 상장증권(listed securities), 상장증권을 발행한 회사를 상장회사(listed company)라 한다. 구체적으로는 상장증권에는 상장주식, 상장채권, 상장뮤추얼펀드, 상장수익증권이 있다.

모든 유가증권은 일단 증권시장에 상장됨으로써 자유로운 매매거래의 대상이 되는데, 한국거래소는 상장증권에 투자하는 투자자의 보호를 위해 많은 규제와 관리조치를 취한다. 자신이 발행한 유가증권을 한국거래소에 상장함으로써 상장회사는 개인·가족기업의 폐쇄성에서 벗어나 불특정 다수 투자자의 이익도 보호해야 하는 책임을 갖게 되고, 불특정 다수로부터 자본을 조달할 수 있게 된다. 국민경제적 입장에서 상장은 바람직하지만, 해당 개별기업의 입장에서는 상장이 반드시 소망스러운 것만은 아니다. 왜냐하면 상장함으로써 다수 투자자로부터 경영의 간섭을 받게 되고, 회사경영을 공개함으로써 불이익을 받을 수도 있기 때문이다.

우리나라에서는 공개요건과 상장요건을 동일하게 운영하고 있어서 공개와 상장을 동일한 개념으로 이해하고 있다. 그러나 기업공개(IPO)는 상장을 위한

3 K-OTC는 증권회사에 계좌를 가진 사람이면 누구나 참여할수 있다. 거래방식, 매매시간, 상하한가 규정들은 정규시장과 동일하지만 동시 호가 주문거래가 없고, 증권회사 거래시스템(HTC, ITC, MTC)이 반드시 제공되는 건 아니다.

전단계로 주식분산에 중점이 있고, 상장(listing)은 한국거래소시장에서 매매될 수 있는 자격을 부여하는 절차이다.

2 상장의 종류

상장증권에는 상장주식, 상장채권, 상장뮤추얼펀드 그리고 상장수익증권이 있으나 여기서는 상장주식의 경우만 설명한다. 주권의 경우 상장의 종류에는 신규상장, 신주상장, 변경상장, 재상장, 직상장 그리고 우회상장이 있다.

1) 신규상장

주식회사가 기업을 공개하여 일반인에게 주식을 매각한 후 처음으로 증권거래소에 주권을 상장하는 것을 말한다. 발행시장에서 기업이 최초로 IPO과정을 거친 후 신규상장이 이루어진다.

2) 신주상장

기존 상장회사가 유상 또는 무상증자, 합병, 전환사채권 등의 권리행사, 주식배당, 그리고 예탁증서 발행 등의 경우에 신주를 발행해 증권거래소에 상장하는 것이다. 이미 상장돼 거래되고 있는 보통주 또는 우선주와 구분하기 위해, 늦게 상장되는 신주는 1신, 2신 보통주 또는 1우, 2우 우선주 등의 이름이 붙는다.

3) 변경상장

기존 상장회사의 상호변경, 액면금액변경, 자본감소나, 주식병합 등으로 인한 주식수 변경 그리고 보통주·우선주 종류의 변경으로 인하여 주식을 새로 발행한 경우 변경상장을 하게 된다.

4) 재 상 장

재상장은 이미 상장이 폐지된 회사가 상장이 폐지된 날로부터 5년 이내에 다시 상장하는 것을 말한다. 이때 재상장 요건은 신규상장 요건보다 더 완화된다.

5) 직 상 장

직상장이란 장외등록법인이 신규모집·매출절차를 거치지 않고 주권을 거래소에 상장하는 것을 말한다. 직상장이 되기 위해서는 상장심사위원회의 심의를 거쳐야 한다. 단, 정부투자기관, 은행, 증권회사, 보험회사, 그리고 종합금융회사의 경우에는 상장 심사요건 중 납입자본이익률 요건과 주간사회사 등과의 특약 체결요건 등의 적용을 받지 않을 수 있다.[4]

6) 우회상장

상장된 기업을 인수·합병(M&A) 등의 방법을 통해 상장심사를 거치지 않고 곧바로 상장하는 것을 말한다. 지금 상장을 신청할 경우 상장요건을 맞추지 못해 상장이 허가되지 않지만 현금이 많은 장외기업이, 대주주 지분이 낮고 자금 사정이 어려운 코스닥기업을 주요 대상으로 한다.

3 주식의 상장요건

상장의 형태에는 신청상장과 명령상장이 있다. 신청상장은 유가증권을 상장하려는 기업이 한국거래소에 상장을 신청해 심사를 거친 후 상장승인을 받아 상장하는 경우이다. 명령상장은 정부가 공익적 측면에서 또는 투자자 보호를 위해 필요하다고 인정하여 발행인의 신청과 관계없이 상장을 명령하는 경우이다.

4 외국법인의 국내상장

우리나라의 POSCO와 한국전력(주) 주식이 주식예탁증서(DR: Depository Receipt) 형태로 미국 뉴욕증권시장(NYSE)에 상장되어 있듯이, 미국의 GM이나 Kodak의 주식도 주식예탁증서 형태로 한국거래소에 상장될 수 있다.[5]

한국거래소는 상장외국법인을 위하여 외국부를 개설하여 상장주식을 관리한다. 상장외국회사의 상장폐지는 원칙적으로 국내 상장회사의 상장폐지기준을 준용한다.

---

4 직상장의 요건: ① 증권업협회에 등록하고 주권을 발행한 중소기업 및 은행으로서 소액주주의 총 주식수 및 의결권 있는 총수가 발행주식수 및 총의결권 있는 주식의 30/100 이상이고 소액주주의 수가 1,000명 이상. ② 코스닥시장에 등록된 기업으로서 공모과정을 거치지 않고 거래소에 상장함.

5 주식예탁증서(DR)는 발행된 시장에 따라서 이름이 달라진다. 미국에서 발행한 경우는 ADR(Ameri-can DR), 유럽시장에서 발행한 경우에는 EDR(European DR), 세계 여러 시장에서 동시에 발행한 경우는 GDR(Global DR)이라고 한다.

03

매매거래 형태

1 보통거래와 당일결제거래

보통거래(regular way transaction settlement)는 매매계약을 체결한 날로부터 3일째 되는 날(T+2 basis)에 서로 결제하는 것으로서(토요일 및 공휴일은 제외함), 주권의 일반적인 거래에 적용하고 있다. 예를 들면, 월요일에 주식매도가 이루어졌을 경우 매매대금은 수요일까지 수수하게 된다. 미국의 보통거래는 결제기한이 5일이고, 일본은 4일이다.

당일결제거래(cash transaction settlement 또는 spot transaction settlement)는 매매계약을 체결한 당일에 결제하는 것이다. 이 결제방식은 주식의 관리대상종목이나 채권거래에 적용된다.

2 현금거래와 신용거래

현금거래는 모든 상거래의 기본이지만, 신용거래는 상장주식의 경우 일종의 외상거래이다. 신용거래에는 신용매입과 신용매도가 있는데, 투자자는 증권회사로부터 주식매입자금을 융자받거나(신용매입) 또는 주식을 대주(貸株)받아 매도한다(신용매도).

1) 신용매입거래

신용매입거래는 투자자가 증권을 매수했을 때 대금 결제를 위하여 증권회사에서 투자자에게 현금을 융자해 주는 융자거래이다. 이는 증권유통금융으로서 신용거래에 의한 가수요 창출을 지원함으로써 증권거래의 유동성증대와 주식시장의 안정화에 기여한다. 융자거래에서는 매입시보다 높은 가격으로 주식을 처분하면 매매차익이 발생한다.

표 5-1 매매거래시간

구 분	시 간
정규시장	09 : 00 ~ 15 : 30
장개시전 시간외시장	07 : 30 ~ 09 : 00
장종료 후 시간외시장	15 : 40 ~ 18 : 00

2) 신용매도거래

신용매도거래는 투자자가 실제로는 매도할 주식이 없는데 수도결제를 위하여 증권회사로부터 주식을 빌려서 매도하는 대주(貸株)거래이다. 이와 같이 보유하지도 않은 주식을 증권회사에서 차입하여 매도하는 것을 공매(short sales)라 한다. 대주거래에서는 매도시보다 낮은 가격으로 주식을 매입하면 매매차익이 발생한다. 보통의 거래와 달리 대주거래에서는 앞으로 주가가 하락할 경우 이득이 발생한다.

3 매매거래 참여자

주식매매거래 참여자는 기관투자자, 외국인투자자 그리고 개인투자자로 분류할 수 있다. 기관투자자는 금융기관(주식운용회사, 증권사, 은행, 보험회사 등)과 연기금이 대표적이다. 연기금에는 국민연금기금, 공무원연금기금, 사학연금기금 그리고 우체국보험기금이 대표적인데 전통적인 장기투자자이다. 그러나 금융기관이 반드시 장기투자자인 것은 아니다. 기관투자자의 KOSPI의 시가총액 기준 보유비중은 16%~20%로서 미국(50% 내외)과 일본(30% 내외) 보다 낮고 우리나라의 외국인(33%~38%)보다도 낮은 수준이다.

외국인은 외국계 투자은행, 외국뮤추얼펀드, 외국연기금, 외국헷지펀드, 외국개인투자자로 세분된다. 외국인은 내국인과 마찬가지로 자유롭게 유통시장에서 "외국인" 창구를 통하여 주식매매에 참여한다. 대표적인 외국계 투자은행에는 세계적인 자산운용사인 Fidelity, Templeton, Prudential, Deutsh 자산운용, 그리고 Capital Group이 있다. 일반적으로 외국인 장기투자자는 외국뮤추얼펀드, 외국연기금이고 단기투자자는 외국헷지펀드와 외국개인투자자이다. 외국인의 KOSPI시장의 시가총액 기준 보유비중은 33%~38%, 거래비중은 20% 내외이다. 개인투자자는 일명 "개미"라고 불리는 소액 개인투자자를 포함하여 유통시장에서 주식매매거래에 참여하고 있다. KOSPI의 시가총액기준 보유비중은 22%~25% 수준이다.

04 매매거래시간과 단위

1 매매거래시간

매매거래시간은 정규거래(regular session)가 점심시간 없이 오전 9시에 시작하여 오후 3시 30분에 끝난다. 거래는 주 5일 거래로서 월요일부터 금요일까지이고 토요일 및 공휴일과 연말 며칠간(채권 및 수익증권은 2일간)은 휴장한다. 매매거래시간 이전인 아침 8시부터 9시까지는 거래소와 코스닥 종목의 경우 동시호가가 이루어지며, 개장시 시가(始價: beginning price)가 결정된다.

시간외 매매(off-hour session)는 거래소종목에 한하여 증시 개장 전인 오전 7

표 5-2 호가(tick size)가격단위

증 권	구 분	호가단위
주 권 뮤추얼펀드 수익증권	1천원 미만	1원
	1천원 이상~5천원 미만	5원
	5천원 이상~1만원 미만	10원
	1만원 이상~5만원 미만	50원
	5만원 이상~10만원 미만	100원
	10만원 이상~50만원 미만	500원
	50만원 이상	1,000원
채 권	일반사채	소수점 이하 둘째자리 수익률*
	전환사채 및 신주인수권부사채	1원
KOSDAQ등록주식	1주ㅡ거래소와 동일	거래소와 동일

*소수점 이하 셋째 자리는 절사한다.

시 30분부터 8시30분까지 1시간 동안 개설된다. 또한 증시 개장 후 시간외 매매는 정규매매시간 종료 후 오후 3시 10분부터 6시까지 매도·매수 주문을 받아 당일종가로 접수순에 따라 매매를 체결하는 제도이다. 여기서는 시간우선원칙만 적용하고 가격, 위탁, 수량 우선 원칙은 배제한다.

2 매매거래단위

1) 호가가격단위

호가(tick size)란 증권시장에서 매매하고자 하는 유가증권의 가격단위를 말하는 것으로서 가격표시의 최소단위가 된다. 예를 들어 10,000원 이상 50,000원 미만인 주식의 호가단위는 50원이다. 따라서 12,150원이나 12,350원 등으로 주문을 낼 수 있으나, 12,190원 또는 12,370원 등으로는 주문을 낼 수 없다.

[표 5-2]는 우리나라에서 시행되고 있는 호가가격단위를 나타낸 것이다. 주권의 경우 호가가격단위는 6단계로 세분화되어 있다.

2) 매매수량단위

증권거래의 편의를 위하여 증권거래소 시장에서 매매할 수 있는 최저 매매수량단위(trading unit)를 영어로는 "round lot"이라 하고, 그렇지 않은 매매수량단

표 5-3 매매수량단위

구 분		매매수량	
		장내거래	장외거래
주 권		1주	1주
채 권	일반사채	100,000원	1,000원
	전환사채 및 신주인수권부사채	권종금액*	제한없음
뮤추얼 펀드, ETF, ETN		1주	1주
ELW		10좌	1좌
KOSDAQ등록주식		1주	1주
주권대량매매		5천주(매매수량 단위가 1주인 경우는 5백주) 또는 1억원 이상	

* 권종금액이 10만원 미만인 경우는 10만원으로 한다.

위를 “odd lot”(단주)라 한다. 예로서, 우리나라에서 주식의 최저 매매수량단위는 1주이고, 미국에서는 100주이다. 코스닥 증권시장에서 매매수량단위는 1주이다. 우리나라의 상장증권 매매수량단위는 [표 5-3]과 같다.

05

매매거래의 절차

일반투자자들은 직접투자 상대방을 물색하여 증권매매를 할 수 없고, 반드시 매매알선업자(broker)를 통해서만 증권매매거래를 할 수 있다. 매매알선업(brokerage)은 증권업 허가를 받은 증권회사만이 할 수 있으며, 이들 증권회사는 한국거래소의 회원으로 등록되어 있다.[6] 일반투자자들의 주문을 접수한 증권회사는 당해 회사의 시장 대리인을 통해 매매거래를 성립시킨다.

1 위탁계좌의 설정

일반투자자들은 증권투자를 하기 위해 증권회사인 알선업자와 먼저 위탁계좌를 설정해야 한다. 증권회사의 선택은 투자자들의 자유인데, 선택의 기준은 위탁수수료의 높고 낮음, 정보서비스의 정확성과 수량, 전산시스템의 속도와 안전성 그리고 지점 접근의 용이성 등에 따라 달라진다.

2 주문방법

일단 위탁매매계좌가 설정되면 일반투자자들은 전화나 문서 그리고 컴퓨터

6 우리나라의 증권회사는 브로커(broker)로서 단순히 투자자의 주문을 시장에 전달해 거래 상대를 물색하여 거래를 성립시켜 주고 수수료를 받는다. 그러나 우리나라 증권회사는 미국의 딜러(dealer)와 같이 자기계정을 갖고 자신의 매도호가와 매수호가를 공시하여 이익을 얻거나 거래를 성립시키는 시장조성인(market maker)의 기능을 수행할 수 없다. 미국은 브로커와 딜러 기능을 모두 갖는 specialist, 딜러기능을 갖는 odd-lot dealer와 registered trader, 브로커 기능을 갖는 commission broker, floor broker 등이 있다.

통신으로 주문을 낼 수 있다. 최근에는 HTS와 인터넷(internet) 그리고 모바일폰(mobile phone)에 의한 주문이 급속히 늘어나고 있다.

주문에는 지정가주문(limit order), 시장가주문(market order), 조건부 지정가주문(stop limit order) 그리고 조건부 시장가주문(stop order) 등이 있다. 여기서는 지정가주문과 시장가주문만을 설명한다.[7]

1) 지정가주문

지정가주문(limit order)은 투자자가 매매거래를 위탁할 때 최소한의 받아들일 수 있는 가격, 즉 지정가(limit price)를 정하여 주문하는 것을 말한다. 지정가주문은 지정가 또는 지정가보다 유리한 가격(OB: Or Better)으로만 매매될 수 있다. 사자 지정가주문은 지정가 이하의 값으로 매입해 달라는 주문이고, 팔자 지정가주문은 지정가 이상으로 매도해 달라는 주문이다. 예를 들면, 삼성전자 주식을 570,000원에 사자 지정가주문을 하면, 569,000원에 매입할 수 있으나 571,000원에 매입할 수는 없다. 지정가와 시가와의 가격차이가 클수록 지정가주문이 체결될 가능성은 낮아진다.

2) 시장가주문

시장가주문(market order)은 투자자가 매매거래를 위탁할 때 가격을 지정하지 않고 현재 시장가격으로 주문을 체결시켜 달라는 주문이다. 가격에 매이지 않고 급하게 주식을 처분하거나 또는 주식을 확보하려고 할 때 쓰인다. 시장가주문은 즉시 거래가 성립할 가능성이 매우 높다.

---

7 ① 조건부 지정가주문(stop limit order): 주문을 낼 때 지정가(limit price) 외에 조건부가격(stop price)을 내는 주문이다. 조건부가격은 사자주문의 경우에는 주문할 당시의 시장가격보다 높아야 하고, 팔자주문의 경우에는 낮아야 한다. 또한 지정가는 이 조건부가격보다 사자주문의 경우에는 높거나 팔자주문의 경우에는 낮아야 한다. 예를 들어 증권시장에서 SK텔레콤 주식을 매도한다고 하자. 2분기 예상이익이 저조할 것으로 판단해 300,000원으로 매도주문을 냈으나 갑자기 255,500원으로 급락할 가능성을 배제할 수 없어 조건부가격을 내놓으면 주가가 255,500원이 될 경우 매도할 수 있다. 만약 조건부가격을 지정하지 않았다면 255,500원으로 주가가 급락해도 매도할 수 없었을 것이다.

② 조건부 시장가주문(stop order 또는 stop-loss order): 이는 시장가격이 이 조건부가격(stop price)에 도달하면 효력이 발생하는 주문이다. 이 주문은 반드시 조건부가격을 명시해야 한다. 이 조건부 가격은 사자주문의 경우에는 주문을 할 당시의 시장가격보다 높아야 하고, 팔자주문의 경우에는 낮아야 한다. 이 후에 이 조건부가격보다 더 유리한 가격으로 시장에서 거래가 이루어지면 이 주문은 자동적으로 시장가주문이 된다.

3 주문의 유효기간

투자자가 주문을 낸 다음 거래가 성립되지 않았을 때 주문이 얼마동안 유효한가에 따라 다음과 같이 구분한다. 우리나라에서는 현재 주문의 유효기간 1일(하루)이다.

일일주문(day order)이란 주문이 주문을 낸 그날만 유효하고, 주문을 낸 그 날 안에 거래가 성립되지 않으면 무효가 되는 주문형태이다. 가장 일반적으로 사용되며, 유효기간을 명시하지 않으면 일일주문으로 처리된다. 우리나라는 주식투자의 경우 현재 일일주문이 원칙이다.

취소 전 유효주문(GTC order: Good-Till-Cancelled order)은 투자자가 주문을 취소할 때까지(Till-cancelled) 유효한(Good) 주문으로서 투자자가 주문을 취소하기 전까지 그 주문은 계속 유효하다. FOK 주문(Fill-Or-Kill order)은 주문을 한 후 즉시 거래가 성립되든가 만약 성립되지 않으면 취소되는 주문이다. GTC나 FOK 주문은 선물(futures)이나 옵션(option)거래에서 이용된다.

4 위탁증거금

위탁증거금(transaction margin, customer margin)은 일반투자자가 상장증권의 매매주문을 하면서 증권회사에 납부하는 일시 예치금이다. 매매가 성립되었을 때는 결제대금의 일부로 포함되지만 반대로 성립되지 않으면 다시 일반투자자의 계좌로 환급된다. 예를 들면, 주식의 경우 매수시에는 매매예정대금의 10~30% 정도의 현금 또는 대용 증권(substitute securities)의 30% 정도를 위탁증거금으로 예치하고, 매도시에는 당해 매도증권의 일부가 위탁증거금으로 사용된다. 그러나 관리대상 종목과 같은 당일결제거래에서는 매수예정대금 전액 또는 당해 매도증권 전부를 위탁증거금으로 해야 한다.

미수금은 주식매입의 경우 일정 비율의 위탁증거금만 낸 후 매수가 된 뒤 이틀 후까지 나머지 돈을 계좌로 넣어야 되는데 이틀이 지나도록 돈을 채워 넣지 못할 경우에 발생한다. 미수금이 나면 다음날 아침 증권사는 바로 해당 주식을 시장에 내다 팔아버린다. 이를 반대매매라 한다.

증권거래소는 증권시장을 활성화시키려면 위탁증거금률을 낮추고, 반대로 과열장세를 완화시키려면 위탁증거금률을 높여 시장상황을 조절한다. 한편 은

행이나 투자신탁회사와 같은 기관 투자자나 기타 증권거래소가 지정하는 자는 위탁증거금납부가 면제된다.[8]

5 위탁수수료

증권회사는 상장증권을 매매시켜 준 대가로 위탁자로부터 위탁수수료(brokerage commission)를 징수한다. 우리나라는 완전자유경쟁적 수수료제도를 채택하고 있으므로 증권회사는 자율로 위탁수수료를 정한다. 증권회사가 위탁수수료 징수율을 정하거나 변경할 때에는 그 시행일로부터 2일 이내에 거래소에 보고하여야 한다.

따라서 위탁수수료율은 이제 완전히 자유경쟁에 의해 결정되므로, 투자자들은 더 저렴한 위탁수수료를 내기 위해서 증권회사 선택에 신중해야 한다. 인터넷에 의한 HTS(Home Trading System)증권거래와 mobile phone 증권거래가 도입됨에 따라 위탁수수료가 완전히 자율화되었고 또한 저렴해졌다.[9]

06 매매계약의 체결

다수의 매도자와 다수의 매수자가 동일한 종목에 대해 서로 다른 가격으로, 서로 다른 시간에, 그리고 서로 다른 수량을 주문하는 매매를 체결시키기 위해

8 위탁증거금이 면제되는 경우는 다음과 같다.
① 정부, 지방자치단체, 특별법에 의해 설립된 법인
② 은행, 종합금융, 보험, 신탁, 투자자문회사 등 기관투자자
③ 지방자치단체가 관리·보조 또는 출현한 기금
④ 외국인의 경우: 위에 준하는 기관
⑤ 신용거래자 또는 신용거래보증금의 매도와 매수
⑥ 상장법인
⑦ 채권매매자
⑧ 보통거래로 결제일 이전에 같은 종목을 당해수량범위 내에서 반대매매하거나, 매도금액 범위 내에서 다른 종목을 매수할 때

9 인터넷에 의한 온라인(on-line) 거래수수료는 날마다 너무나 빠르게 저렴해지고 있어서 교과서에 수록하기 어려울 정도이다.

서는 고도의 테크닉과 분명한 원칙이 요구된다. 우리나라에서 한국거래소는 주문을 연계하는 시스템(order driven system)을 채택하고 있다. 이 시스템에서 매도호가주문과 매수호가주문은 시시각각으로 체결원칙에 의해 최적가격(best price)에 의해 체결된다. 각 증권회사에서의 주문은 KRX의 체결시스템에 접속되어 컴퓨터 모니터 화면시스템(screen-based trading system)에 최적예상체결가격 근처로 집중된다. 아침 9시 개장가격(시가; beginnng price)과 오후 3시 장 종료 직전의 종가(closing price)는 동시호가에 의해 결정되고, 하루 동안의 가격은 계속 경매에 의해 시시각각 결정된다.

동시호가(a single price auction)란 동시에 접수된 호가 또는 시간의 선후가 분명치 않은 호가들을 일정시간 동안 집계하여, 사자측 수량과 팔자측 수량이 가장 잘 균형을 이룰 수 있도록 결정한 하나의 가격이다.

동시호가의 범위는 다음과 같다.

① 증권시장 시가(opening price 또는 beginning price)결정은 호가접수시간 개시시점부터 매매거래시간의 개시시점까지(08:00 AM~09:00 AM)

② 증권시장 종가(closing price)결정은 시장폐장 10분전(2:50 PM~3:00 PM)

일단 시가가 결정된 이후에는 거래조건이 합치되는 상대주문끼리 언제든지 계속경쟁매매(continuous call auction)가 이루어진다.[10]

계속경쟁매매는 다음과 같이 가격, 시간, 수량 그리고 거래의뢰인의 원칙에 의해 주문을 체결시킨다.

① **가격 우선의 원칙**(price priority) 매도호가는 저가가 고가보다 우선하고, 매수호가는 고가가 저가보다 우선한다. 즉 팔려고 할 때는 낮은 가격이 높은 가격보다 먼저, 그리고 사려고 할 때는 높은 가격이 낮은 가격보다 먼저 체결된다.

② **시간 우선의 원칙**(time priority) 동일 주문가격에 대하여는 먼저 접수된 주문이 나중에 접수된 주문에 우선한다.

③ **수량 우선의 원칙**(size priority) 동일한 주문가격에 대해 시간의 선후가 분명치 않은 경우에는 수량이 많은 주문이 적은 주문에 우선한다.

④ **위탁매매 우선의 원칙**(customer priority) 동일한 가격에서의 매매체결에 대해

10 매매계약의 체결방식, 주문수량과 가격 그리고 매매시간과의 관계를 시장미시구조(market micro structure)라 한다.

고객의 위탁매매가 증권회사의 자기매매보다 우선한다.

07

매매거래의 관리

장증권의 매매를 원활히 하고 거래소 시장의 관리를 위한 조치로서는 가격폭 제한, 매매거래의 중단 및 재개, 관리대상종목지정 및 감리종목, 그리고 가격폭 제한의 예외조치로서 배당락과 권리락 조치가 있다.

1 하루 가격폭 제한

한국거래소(KRX)는 하루 중에 주가의 급격한 폭락 또는 폭등으로 인한 투자자의 피해를 방지하고 시장질서를 확립하기 위해 전일종가 대비 최고로 올라갈 수 있는 상한(upper limits)과 최저로 내려갈 수 있는 하한(lower limits)을 정해두고 있다. 예를 들어 20,000원을 전일종가로 가정할 경우 변동폭이 30%이면 가격폭은 6,000원으로서 그날의 상한가는 26,000원, 하한가는 14,000원이 되어 이 사이에서 가격이 결정된다. 코스닥시장에서도 변동폭은 30%이다. 하루 중에도 상한가 또는 하한가에 몇 번이나 도달할 수 있으나, 절대 이 폭을 넘지 못한다.

이와 같은 하루 가격폭 제한(daily price fluctuation limits)은 일본이나 우리나라에만 있는 제도이고, 미국이나 영국에는 없다. 하루 가격폭 제한제도는 투자자 보호라는 목적에서 출발하였으나, 그것보다는 오히려 가격의 자율조절기능을 마비시키고 주가 왜곡현상을 더욱 심화시킨다는 비판을 받고 있다. 증권당국은 이 제도를 폐지시키기보다는 가격제한폭을 확대시키는 선에서 존속시키려고 하고 있다. 주권의 경우와 같이 수익증권, 뮤추얼펀드, 그리고 전환사채권 및 신주인수권부사채 등 주식의 성질을 갖는 회사채도 가격폭 제한제도의 적용을 받는다.[11]

---

11 가격폭의 제한을 위한 기준가격은 다음과 같다.
① 전일종가

2 매매거래의 일시중단 및 재개

1987년 10월 19일 미국증권시장의 대폭락(Black Monday) 이후 각국의 증권 당국은 프로그램 매매가 갖는 역기능을 차단하기 위해 선물시장과 현물시장에 사이드카(Side car)와 서킷브레이커(Circuit breakers) 같은 매매중단장치를 도입하였다.[12] 국내에서는 1996년 5월 주가지수 선물시장이 개설되면서 충격완화장치로서 사이드카가 도입되었다.

사이드카(side car)는 주가지수선물시장에 관련된 제도인데 KOSPI200선물의 가격이 전일 종가대비 5% 이상, KOSDAQ선물의 스타지수 선물가격이 6% 이상 상승 또는 하락한 시세가 1분간 지속될 경우 현물시장에서 프로그램매매 호가를 5분간 정지시킨다. 이는 선물시장의 충격으로부터 현물시장을 보호하기 위한 가격안정화 장치이다. 예를 들어, KOSPI200선물·6월물 가격이 5% 상승한 채 1분 이상 지속되면, KOSPI200을 구성하는 200개 종목에 대한 프로그램매수주문을 낼 수 없다. 사이드카는 발동 5분 후 자동적으로 해제되며 하루 한차례에 한해 발동된다. 또 주식시장 매매거래 종료 40분전 이후에는 발동되지 않는다.

이보다 더 긴급한 상황은 현물시장에 서킷브레이커가 발동될 때다. 서킷브레이커(Circuit Breakers) 주식거래중단제도라고 하는데 주식매매를 일시정지하는 제도이다. 이 제도는 3단계로 이루어지는데 1단계는 KOSPI나 코스닥지수가 전날에 비해 8% 이상 급락하여 1분간 지속되는 경우 전 종목의 매매거래를 중단시키는 것을 말한다. 2단계는 15% 이상 하락하고 1단계 발동지수 대비 1% 이상 추가하락한 경우에 발동된다. 3단계는 20% 이상 하락하고 2단계 발동지수 대비 1% 이상 추가하락한 경우에 발동된다. 이 경우 매매거래를 20분간 중단한 후 매수/매도주문을 10분간 접수하여 동시호가로 거래를 다시 시작하고 이후에는 정상적인 거래를 재개한다. 매매거래의 중단은 1, 2, 3단계 모두 1일 1회

② 권리락, 배당락, 분배락, 30일 이상 매매거래 정지 후의 거래재개: 시가(시가가 결정되지 않은 경우에는 기세)
③ 액면분할 또는 액면병합으로 인한 거래정지 후의 거래재개: 전일종가를 분할 또는 병합의 비율로 곱한 가격
④ 신주상장: 이미 상장되어 있는 종목의 기준가격에서 경과배당금을 공제하고, 신주의 경과배당금 또는 경과이자금액을 합한 가격

12 Side car는 경찰 사이드카가 길을 안내하듯이 시장을 유도한다는 뜻에서 붙인 이름이고, Circuit Breaker는 전기기구에 누전 등으로 전기가 과도하게 흘러가면 자동적으로 회로를 끊어 화재를 막아주는 장치라는 뜻이다.

만 발동할 수 있으며, 오후 2시 50분 이후에는 서킷브레이커를 발동하지 않는다. 단, 3단계는 장이 끝날 때까지 발동이 가능하다. 이 경우 20분간 현물주식뿐만 아니라 선물 및 옵션의 모든 주문이 일체 중단된다. 현물 서킷브레이커는 현물주가가 폭락하는 경우에만 발동되고 선물브레이커는 선물가격이 폭락하거나 폭등할 때 모두 발동된다.

3 상장주식 관리

일단 상장된 증권은 투자자 보호를 위해 여러 가지 규제를 받게 된다. 그 예로서 매매정지가 된다든지 아주 극단적인 경우로는 상장 자체가 폐지될 수도 있다.

1) 관리종목과 투자유의종목

관리종목(administrative issue)은 부도발생, 영업정지, 부실경영 또는 회사정리절차 개시 등 상장규정상 주권상장폐지 기준에 해당되어 주식의 유통가능성이 거의 없는 상장기업의 주식이다. 코스닥 시장에서의 "관리종목"은 대부분 재무사정이 나빠져서 지정된 기업들인데 매출액 미달, 손실지속, 자본잠식 등이 주요한 관리종목지정사유이다. 코스닥시장의 "투자유의종목"은 거래실적의 부진, 주식분산미달, 불성실공시 등 상장기업의 특정의무를 이행하지 못한 경우가 대부분이다. 유가증권시장에는 관리종목만이 있는데 코스닥시장의 "관리종목"과 "투자유의종목"을 합해 놓은 것과 같은 성격이다.

관리종목으로 지정되면, 신용거래 및 대용증권종목에서 제외되고 당일결제거래만 허용되며, 위탁증거금은 100%를 징수해야 된다. 또한 증권저축가입자의 매입대상과 증권금융(주)의 담보취득대상에서 제외된다. 그리고 관리종목 해당기업은 해외증권발행이 금지된다.

2) 감리종목

감리종목제도(designation of an issue of abnormal price increase)는 종가가 단기간 동안 급등할 경우 그 급등세를 진정시켜 주가의 안정을 도모하고 해당종목 투자시 투자자에게 신중을 기하게 하려는 데 그 목적이 있다.[13]

13 ① 감리종목의 지정: 보통주의 경우 증권거래소에서 감리종목의 지정요건은 최근 5일간의 주가상승률이 75% 이상인 경우가 연 2일 계속되고, 제2일째 되는 날(분석당일이라고 함)의 종가가 최

코스닥 종목의 경우, 최근 5일간 주가상승률이 60% 이상인 경우가 연속하여 3일간 계속되고, 제3일째 되는 날의 종가가 최근 20일 중 최고 주가인 종목을 감리종목으로 지정한다. 다만 등록 후 1개월 미만인 종목 및 증권투자회사와 관리종목은 제외된다. 감리종목기준은 상장상태에 따라 수시로 변동된다.

감리종목으로 지정되면 신용거래 종목에서 제외되고, 위탁증거금은 100%가 된다. 또한 증권저축 가입자는 매입 대상에서 제외되고 대용증권의 효력이 정지되며 증권금융(주)의 담보취득대상에서도 제외된다. 그리고 감리종목 해당기업은 해외증권발행이 금지된다.

3) 주권 매매거래 정지제도

상장회사 주식의 병합 또는 분할 등을 위해 주권이 제출되면 주권매매는 거래가 정지될 수밖에 없다. 또한 변조된 상장회사 주식이 거래된다면 주권매매는 거래가 정지되어야 한다. 이와 같이 주권매매는 여러 가지 매매거래 정지 사유가 발생하면 선의의 투자자를 위하여 일정기간 동안 매매거래가 정지된다. 정지된 매매거래는 정지사유가 해소되면 다시 매매거래가 계속된다.

4) 주권의 상장폐지[14]

유가증권의 상장폐지(delisting of stocks)란 상장증권이 유가증권시장에서 매

근 30일 중 최고가인 종목이다. 또한 분석당일을 기준으로 최근 6일간의 주가상승률이 같은 기간 동업종 산업별 수정주가 평균상승률 또는 동업종산업별 주가지수 상승률의 4배 이상인 종목도 감리종목으로 지정될 수 있다.

구체적으로 여기서 얘기하는 주가상승률, 수정주가 평균상승률 그리고 산업별 주가지수 상승률의 계산방법은 아래와 같다.

$$\text{주가상승률} = \frac{\text{분석당일의 종가} - \text{분석당일의 6일전 또는 8일 전 종가}}{\text{분석당일의 6일전 또는 8일 전 종가}}$$

$$\text{주가평균상승률} = \frac{\text{분석당일의 주가평균} - \text{분석당일의 8일 전 주가평균}}{\text{분석당일의 8일 전 주가평균}}$$

$$\text{주가지수상승률} = \frac{\text{분석당일의 주가지수} - \text{분석당일의 8일 전 주가지수}}{\text{분석당일의 8일 전 주가지수}}$$

② 감리종목의 지정해제: 감리종목으로 지정된 종목은 지정일로부터 기산하여 3일 이후의 날로서 종가가 감리종목 지정 전일 종가 미만이여야 한다. 또는 감리종목지정일로부터 가산하여 3일 이후의 날로서 당일 종가가 3일전의 날의 종가 미만인 경우에 그 지정이 해제된다.

14 상장폐지 요건은 다음을 참조하면 된다.
http://www.krx.co.kr/webkor/market/market_index.jsp

매거래의 대상이 될 수 있는 자격을 박탈하는 조치를 말한다. 상장폐지에는 한국거래소가 상장폐지 기준에 의하여 직권으로 해당 증권의 상장을 폐지시키는 직권폐지, 재경부 장관이 공익 또는 투자자 보호를 위하여 해당증권의 상장폐지를 명령하는 명령폐지, 그리고 해당 법인의 신청에 의한 신청폐지가 있다. 일반적으로 대부분의 상장폐지는 한국거래소에 의한 직권폐지이다.

4 배당락

배당락(ex dividend)이란 결산에 의한 이익배당을 받을 권리가 소멸되어 배당권에 해당하는 만큼 주가가 하락하는 현상을 말한다. 다시 말하면, 배당락은 배당받을 권리가 사라진 후 배당가치만큼 주가를 인위적으로 떨어뜨리는 것이다. 우리나라에서는 현금배당이 아닌 주식배당에만 배당락을 적용한다.

이와 같은 배당락 현상이 생기는 이유는 1년의 결산기간을 가진 기업의 경우 당연도의 결산 후 배당금을 지급하기 위한 권리확정일을 매 결산연도의 최종일로 함으로써 결산연도가 끝난 다음날 주식을 매수하여도 배당을 받을 권리가 없게 되기 때문이다. 따라서 이 경우에 결산연도가 끝난 다음날의 주식가격이 여전히 배당부 가격으로 거래되면 시장관리에 혼선이 생기므로 당해 주식에 대하여 배당락이 된 가격으로 주가가 형성되도록 관리한다.

구체적으로는 연말 폐장일 전일부터 배당락조치를 취하게 된다. 그러므로 연말 폐장일 이틀 전까지는 배당부 가격이므로 이때까지 주식을 매입하게 되면 배당을 받을 권리가 있다. 참고로 이를 그림으로 나타내면 다음과 같다. 2006년 12월 28일이 폐장일이고, 주식을 사면 3일째에 결제되는 시스템 때문에 12월 26일까지는 매수주문을 내야 배당의 대상이 될 수 있다.

12월 27일에는 배당락이 발생한다. 즉 27일에는 배당락된 가격으로 장이 시작하게 된다.

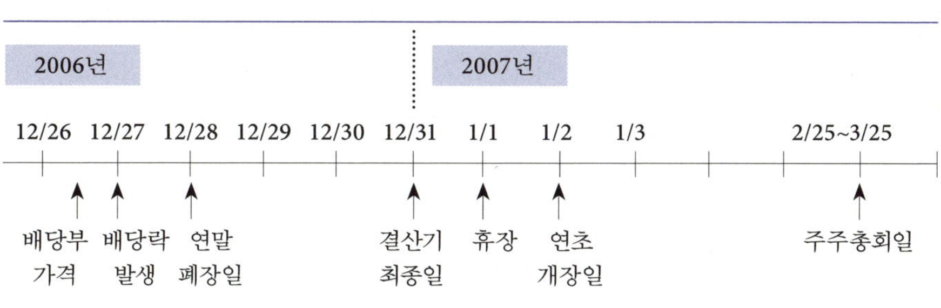

5 권리락

권리락(ex right)이란 증자를 하는 경우에 신주인수권(right)이 소멸되어 해당 신주인수권에 해당하는 만큼 주가가 하락하는 현상을 말한다. 즉, 증자를 할 경우 신주배정 기준일을 정하는데, 이 기준일 다음날 주식을 매입하여도 신주배정을 받을 인수권이 없다. 따라서 이와 같은 경우에 권리부 가격으로 주식을 유통시키는 것이 합리적이지 못하므로 권리락을 시켜 가격이 합리적으로 형성되도록 관리해야 한다.

실제로는 배당락의 경우와 마찬가지로 기준일 전일부터 권리락 조치를 취하게 된다. 따라서 기준일 이틀 전까지는 권리부가 되어 이때까지 주식을 매입하면 신주인수권을 가진다.

08

결제제도

매매계약이 체결되면 매도인은 증권을 매수인에게 인도하고, 매수인은 현금을 매도인에게 지불함으로써 결제가 된다. 우리나라 결제제도에는 매매당일 증권인도와 현금지불이 이루어지는 당일결제거래와 매매성립일 후 3일째 되는 날(T+2 basis)에 결제가 되는 보통거래가 있다. 그 어느 경우에도 직접적으로 증권을 인도하지는 않고 증권예탁원이라는 결제기구(clearing house)를 통해 계좌간 장부상의 대체만으로 증권의 수수를 대신하는 제도를 이용한다. 이러한 결제제도를 대체결제제도라 한다. 이는 증권매매를 하는 증권회사나 기관투자가 또는 금융기관이 한국거래소가 지정한 예탁기관에 미리 증권을 예탁한 후 그들 상호간의 유가증권 교부나 이전 대신에 그들 계좌간 장부상의 대체만으로 증권의 직접인도·인수를 대신하는 제도를 말한다. 이로써 증권의 직접 인도·인수에 따르는 분실·훼손의 위험성과 번잡성을 피할 수 있게 된다.

우리나라에서는 현재 한국증권예탁원(KSD)이 이 업무를 담당하고 있다. 우리나라의 결제제도는 회원(증권회사)별로 매도와 매수를 차감한 잔액 또는 잔량

만으로 결제하는 차감결제 방법을 택하고 있다.[15]

09

기업내용 공시제도

1 공시제도의 의의

기업내용 공시제도(corporate disclosure system)란 투자자 보호를 위하여 유가증권의 발행과 유통에서 중요하다고 생각되는 기업의 재무상태와 영업성적 및 기타 유용한 기업정보를 공개하도록 하는 제도이다. 기업 스스로가 자발적으로 기업정보를 공개하려고 하지는 않으므로 증권거래법에서는 각종의 서식을 통하여 공시할 내용을 규정하고 있다. IT기술의 발달과 데이터 통신의 보급으로 이제는 전자공시시스템이 일반화되었다.

2 다트(DART)

기업정보를 파악할 수 있는 가장 대표적 사이트는 금융감독원 전자공시시스템(DART: Data Analysis Retrieval and Transfer System, www.dart.fss.or.kr)이다. 상장기업·개인주주 등 공시 의무자가 제출하는 연간 12만 건의 공시서류를 인터넷으로 접수하고, 국내·외 투자자 및 일반 국민에게 공시하는 곳이다.

주식투자를 하는 개인이라면 이곳에서 체크해 봐야 할 항목들이 몇 가지 있다. 사업·반기·분기보고서는 산업 및 해당업체에 대한 상세한 자료를 수집할 수 있는 기본이 되는 보고서다.

초기화면에서 '정기공시' 항목을 클릭하면 이 보고서들을 볼 수 있다. 이 보고서들에서 매출 및 이익변동·부문별 매출실적·현금 및 차입금 변동·관계회사 투자현황·수주상황 등을 확인해야 한다. 매출 및 이익변동은 초기화면에서 '수

15 이와 반대되는 결제방법은 전량결제로서 어느 회원의 결제대금 또는 결제증권을 매도·매수별로 전량 결제하는 것이다.

시공시' 항목을 클릭한 뒤 '손익구조변경관련' 항목에 들어가도 확인 가능하다.

주요주주의 지분변동을 확인하려면 임원·주요주주소유주식보고서와 주식 등의 대량보유상황보고서를 참조한다. 이는 초기화면의 '지분공시'를 클릭하면 볼 수 있다. 초기화면 '수시공시'의 '재무구조관련'에 들어가면 유상증자·감자결정이나 CB(전환사채) 등 주식 관련 발생 사채 현황을 볼 수 있다.

이런 검색기능도 편리하다. 초기화면 '공시서류검색'에서 '상세검색' 메뉴를 클릭한 뒤 '보고서명'에 '매출액'이나 '유상증자' 등 찾고자 하는 핵심어를 쳐 넣으면 원하는 공시서류를 얻을 수 있다.

일반 포털 사이트에서 기업 이름을 검색할 경우 사업보고서 등 공시정보를 조회할 수 있고, 상장기업 IR(Investor Relation) 홈페이지와 연계해 상호 교환된 정보를 검색할 수 있다. 회사명의 일부 글자나 약식명칭을 입력해도 원하는 회사를 찾을 수 있다. 일반적으로 24시간 공시자료를 내려 받을 수 있다. 또한 여러 회사의 공시내용을 한 화면을 통시에 볼 수 있다.

3 카인드(KIND)

한국거래소가 개발·운영하는 전자공시시스템(KIND: Korea Investor's Network for Disclosure System, www.kind.krx.co.kr)도 DART와 같은 정보를 제공한다. KIND는 감리·관리종목 지정, 신규상장, 상장폐지 등 시장조치관리사항이나 자체 공시사항에 대한 정보를 추가로 제공한다.

감사보고서는 한국공인회계사회(kicpa.or.kr)에서도 열람이 가능하다.

10

장외시장

1 장외시장의 의의와 특징

장외시장(off board market)이란 증권거래소 밖에서 시간적 제약없이 이루어지고 상장증권은 물론 비상장증권까지 포함한 매매시장을 총칭한다. 다시 말하면 조직시장인 한국거래소가 상장증권만을 제한된 시간에 매매시키는 데 비해, 장외시장은 비상장증권까지 아무런 시간제약 없이 언제든지 매매시킨다. 장외시장에서는 증권회사끼리는 물론 투자자가 직접 다른 투자자와 거래를 할 수 있다. 대부분의 장외시장은 증권회사의 영업점(counter)에서 이루어지므로 점두시장(over the counter market: OTC)이라고 한다.

장외시장은 기본적으로 장내시장인 거래소 시장과 상호보완의 관계이나, 최근 미국에서는 오히려 장내시장보다 더 규모가 크고 경쟁적이 되고 있다.[16] 장외시장은 장내시장과 비교하여 다음과 같은 특징을 가지고 있다.

첫째, 장내시장이 경쟁매매가 원칙인데 비해, 장외시장은 상대매매가 일반적이다. 상대매매란 한 사람의 매도자와 한 사람의 매수자 사이의 거래이다.

둘째, 장내시장에는 구체적 매매장소가 있으나, 장외시장에는 일정한 공간이 없고 주로 전신, 전화, 컴퓨터에 의한 통신매매만 있다.

셋째, 상대매매이므로 동일시간, 동일 점두에서 거래가 이루어져도 매매가격이 다르다.

넷째, 장내시장은 상장증권거래가 원칙이지만, 장외시장은 상장증권은 물론 비상장증권도 취급한다.

다섯째, 우리나라의 장내시장에서 주식은 보통거래이나, 장외거래 종목은 당일결제제도가 원칙이며 신용거래는 허용하지 않는다.

2 우리나라의 주식장외시장

우리나라의 장외시장(K-OTC)은 투자금융협회가 개설한 유통시장이다. 유통되는 종목은 한국거래소(KRX)의 KOSPI시장과 KOSDAQ시장의 상장요건에 미달하는 기업이거나 KOSPI시장에서 퇴출된 기업의 주식이다. 증권회사에 계좌를 가지고 있는 투자자들은 누구나 K-OTC시장에 참여할 수 있다. 매매시간, 거래방식, 상·하한가 규정이 KRX정규시장과 동일하다. 그러나 동시호가주문이 없고 투자금융협회 호가중개시스템을 통해 거래가 이루어지며, KRX정규시

16 미국에서는 3가지 형태의 장외시장이 있는데, 비상장주식의 장외시장을 제2시장(NASDAQ시장), 상장주식의 장외시장을 제3시장(Third Market), 그리고 기관투자간의 직접거래시장을 제4시장(Fourth Market)이라 한다.

장만큼 기업분석자료가 충분치않은 점은 한계점으로 꼽힌다.[17]

3 우리나라의 채권장외시장

채권의 장외매매는 거래소를 통하지 않고 증권회사 창구에서 매매 상대방과의 합의에 의해 개별적으로 이루어진다. 채권장외시장에서 매매계약체결은 금융기관이나 법인 등 기관투자가에 의한 대량매매가 이루어지고, 개별경쟁매매보다는 상대매매가 이루어진다.

장외거래의 대상채권은 상장채권 및 비상장채권이고 사모채(私募債)는 제외된다. 매매 수량단위는 제한이 없고, 액면가격 10,000원에 대하여 증권회사와 고객간에 합의된 수익률로 가격을 정한다. 결제는 증권회사에 의한 결제로서 매매당일에 현물과 현금이 양수·양도되는 당일결제 방식(cash 또는 spot transaction settlement)을 취한다.

11 채권의 유통시장

채권의 유통시장은 상장채권이 한국거래소에서 거래되는 장내거래와 상장채권 및 비상장채권이 한국거래소 밖에서 거래되는 장외시장으로 구분된다. 여기서는 장내거래만 설명하고, 장외거래는 장외시장 부분에서 따로 설명한다. 채권에는 발행주체에 따라 국채, 지방채, 특수채, 금융채 그리고 회사채가 있는데 여기서는 주로 회사채 중심으로 장내거래를 살펴본다. 우리나라의 채권장내거래의 특징은 미리 매매상대방과 매매조건을 결정한 후 장내거래라는 형식을 빌려서 매매하는 데 있다.

회사채는 발행당일 상장이 가능하고 전환사채는 발행당일 상장이 의무화 되어 있다. 상장전환사채는 장내거래가 의무화되어 있다. 회사채 상장요건은 시장상황에 따라 달라진다.

17 2017년말 기준 K-OTC 거래종목수는 119개이다.

구체적인 채권 매매거래 거래시간은 한국거래소에서 정한다. 채권의 일반적인 거래는 보통거래로 이루어지고 채권의 종류에 따라 당일 결제거래도 이루어진다.

채권의 호가단위는 소수점 셋째 자리 이하를 절사한 소수점 둘째 자리까지의 수익률로 한다. 전환사채 및 신주인수권부사채의 호가는 원 단위이다.

중요영어용어

가격폭 제한(price limit)
거래소(exchange)
경매(auction)
공시(disclosure)
권리락(ex right)
매매단위(trading unit)
매매대(trading post)
매매증거금(members margin)
배당락(ex dividend)
상장(listing)
시장조성인(market maker)
중개 수수료(brokerage fees)
장외시장(off board market)
주문(order)
제3시장(third market)
증권회사(위탁 중개인, broker)
지정가 주문(limit order)
거래량(trading volume)
결제제도(clearing system)
경쟁매매(competitive transaction)
계속거래(continuous market)
단주(odd lot)
매매단위(round lot)
매매알선업(brokerage)
보통거래(regular way)
상대매매(negotiated transaction)
시장가 주문(market order)
유통시장(circulation market)
위탁 증거금(transaction margin)
점두시장(OTC)
제2시장(NASDAQ)
제4시장(fourth market)
증거금 거래(margin trading)

관련웹사이트

[증권사]

1. E*Trade ▷ www.ebestsec.co.kr
2. NH투자증권 ▷ www.nhgv.com
3. SK증권 ▷ www.sks.co.kr
4. 교보증권 ▷ www.iprovest.com
5. 신한금융투자 ▷ www.shinhaninvest.com
6. 동부증권 ▷ www.winnet.co.kr
7. 유안타증권 ▷ www.yuantakorea.com
8. 한국투자증권 ▷ www.truefriend.com
9. 대신증권 ▷ www.daishin.com
10. 미래에셋대우 ▷ www.miraeassetdaew.com
11. 메리츠증권 ▷ home.imeritz.com
12. 부국증권 ▷ www.bookook.co.kr
13. 삼성증권 ▷ www.samsungpop.com
14. 유진투자증권 ▷ www.eugenefn.com

15. 신영증권 ▷ www.shinyoung.com
16. HMC투자증권 ▷ www.hmcib.com
17. 유화증권 ▷ www.yhs.co.kr
18. 골든브리지증권 ▷ www.bridgefn.com
19. 하나대투증권 ▷ www.hanaw.com
20. 한양증권 ▷ www.hygood.co.kr
21. 한화투자증권 ▷ www.hanhawm.co.kr
22. KB증권 ▷ www.kbsec.com

[비상장 장외 주식사이트]

1. 제이스톡 : 제3시장, 장외주식, 공모주식 정보 제공, 인터넷 주식공모 대행, 컨설팅, 엔젤 클럽 운영.
   ▷ http://www.jstock.com
2. STOCK : 비상장 주식 거래 및 가격정보, 매매 알선.
   ▷ http://www.pstock.co.kr
3. OTC : 장외주식거래사이트, 종목·테마별 시세, 동향·종목 분석, 기업정보제공.
   ▷ http://www.krotc.com

[채권관련 사이트]

1. 코리아본드웹 : 채권전문정보 제공, 실시간 매매거래동향 및 금리, 채권시황 및 전망, 채권분석자료(수익률, 금리추이, 채권지수, 스프레드분석), 전문가들 금리전망 및 채권시장 분석자료.
   ▷ http://www.bondweb.co.kr
2. 한국금융채권협회 : 한국생산성본부 주관 채권관리사 자격시험 합격자 및 교육생 중심. 채권관리 연구 및 교육, 회원간 교류.
   ▷ http://www.kafo.org
3. 한국자산평가 : 채권, 금융상품 적정가격, Structured Finance 분석, 펀드 및 자산 평가, 기업정보 제공.
   ▷ http://www.koreabp.com
4. KIS채권평가 : 채권 시가 평가 전문기관. 채권가격 및 YTM, 종목별 채권 발행, 유통정보.
   ▷ http://www.bond.co.kr
5. 채권정보센터 : 한국금융투자협회 제공 채권정보. 수익률, 발행 및 유통, 통계정보, 관련법규 제공.
   ▷ http://www.kofiabond.or.kr
6. Korea Ratings : 한국기업 신용평가 전문회사, 기업신용, 회사채, 어음, 채권 평가 및 관

련 리서치 자료제공.

▷ http://www.rating.co.kr

[외국증권래소들]

1. NYSE 뉴욕증권거래소 ▷ http://www.nyse.com/
2. NASDAQ ▷ http://www.nasdaq.com/
3. AMEX ▷ http://www.amex.com/
4. Japan Exchange Group ▷ http://www.jpx.co.jp/

연습문제

[객관식 문제]

01 매매계약 체결에 관하여 다음 중 틀린 내용은?

① 우리나라는 경쟁매매 중심이며 이를 post 매매라 한다.
② 경매매는 매도자 혹은 매수자 어느 한 당사자만 다수이다.
③ 경쟁매매에서는 단일 가격과 복수가격에 의한 매매가 있는데 주식시장은 후자가 더 일반적이다.
④ 상대매매와 경매매는 우리나라에서 인정되지 않는다.

02 주식 매매거래에서 잘못된 내용은?

① 보통거래는 2영업일 되는 날 결제된다. (+D2)
② 우리나라 최소 주식 거래단위는 주가에 관계없이 10주이다.
③ 신용거래에는 대주와 신용대출이 있다.
④ 관리 대상종목은 당일결제거래이다.

03 현행 주식 투자에서 금요일에 주식을 매도하면 ( )부터 매매대금을 찾을 수 있다.

① 월 ② 화 ③ 수 ④ 금

04 관리종목과 투자유의종목에 관하여 틀린 내용은?

① 유가증권시장과 코스닥시장에서 관리종목은 대부분 재무사정이 나빠져서 지정된 기업들이다.
② 코스닥시장에서 투자유의종목은 거래실적부진, 주식분산미달, 불성실공시 등으로 인하여 지정된다.
③ 유가증권시장에서 관리종목은 코스닥시장의 관리종목과 투자유의종목을 합한 성격을 갖는다.

④ 관리종목의 결제는 보통거래도 가능하다.

05 주식의 매매거래규칙과 제도에서 틀린 내용은?

① 매매수량을 1주 단위로 할 수 있는 주식은 코스닥시장의 경우와 유가증권시장에서 5만원 이상의 고가주이다.

② sidecar와 circuit breakers는 매매거래 일시중단제도이다.

③ 단기간에 주가가 급등한 감리종목의 결제는 당일결제 거래이다.

④ 정규매매거래시간은 월~금 오전9시~오후3시 30분이다.

06 주식의 매매 계약 체결에 관해서 틀린 내용은?

① 하루 거래 중에는 복수가격에 의한 경쟁매매가 일반적이다.

② 접속매매를 계속거래라고도 한다.

③ 경쟁매매는 가격, 시간, 수량 우선의 원칙이 적용된다.

④ 증권회사의 자기매매가 고객의 위탁매매보다 우선 된다.

07 증권시장 규제 조치가 아닌 것은?

① 위탁 증거금 ② 주식의 가격 폭 제한

③ 위탁발행 제도 ④ 감리제도

08 장외시장에 대해 틀린 것은?

① 조직시장과 서로 배타적·경쟁적 관계이다.

② 주로 상대 매매에 의해 거래된다.

③ 우리나라의 장외시장은 K-OTC시장이다.

④ 주로 증권회사의 점두에서 거래가 이루어진다.

09 [CPA 1차 유사문제] 자본금이 액면가 500원인 보통주 10,000주로 구성되어 있고, 주가가 주당 2,500원인 (주)도고는 기존의 사업을 확장하는 데 필요한 500만원을 유상증자를 통해 조달하려고 한다. 우리사주조합에서는 신주발행 물량의 일부를 할인된 가격에 배정해 줄 것을 회사에 요청했지만 신주인수권은 모두 기존 주주에게 소유지분 비례대로 배정될 것이다. 신주인수권은 주식과 분리되어 시장에서 별도로 거래된다. 신주의 발행가격이 주당 2,000원으로 결정되고, 신주인수권의 가격이 100원인 경우 다음의 설명 중 옳은 것은? (단, 유상증자와 관련된 모든 비용은 무시하고, 기존 주주들이 신주 인수에 필요한 자금을 조달하는 데는 아무런 제약이 없다고 가정한다.)

① 기존 주주의 기업지배권을 보호하기 위해 제도적으로 기존 주주가 아닌 제3자에게는 신주인수권을 배정할 수 없다.

② 신주의 발행가격이 주가(시장가격)보다 낮게 책정되었으므로 주주들은 배정

된 신주인수권을 행사하여 발행 주식을 모두 인수하는 것이 유리하다.

③ 기업지배권을 고려하지 않고 투자수익만을 생각한다면 주주들은 발행주식을 인수하는 대신 신주인수권을 직접 매각하는 것이 유리하다.

④ 기존 주주들이 배정된 신주발행 물량을 모두 인수한다면 발행가격은 주주들의 부에 아무런 영향을 미치지 않는다.

[주관식 문제]

01 다음 용어들을 간략하게 설명하라.

(1) 상장(listing)
(2) 보통거래와 당일결제거래
(3) stop loss order
(4) week order와 fok order
(5) 위탁증거금률
(6) 유지증거금률
(7) 동시호가
(8) 배당락과 권리락
(9) 직상장제도
(10) NASDAQ

02 [장외시장] 장외시장의 필요성과 기능을 이론적으로 설명하고, 우리나라의 현실을 논하라.

03 [신용매입과 대주] 신용매입과 貸株(short sale)를 설명하고, 어느 경우에 이런 신용거래가 활성화되는가?

04 [공시제도] 발행시장과 유통시장의 기업공시에서 그 내용을 열거하라.

05 [공개매수시 공시제도] 기업을 증권시장을 통해 공개매수할 경우 그 목적과 내용을 설명하라.

06 [장외시장 현실] 우리나라 장외시장제도의 현황과 그 문제점을 논하라.

07 [주가 가격폭 제한] 가격폭 제한의 의의와 주가 움직임에 미치는 부정적 영향을 논하라.

제 6 장

위험과 포트폴리오 이론

포트폴리오(porfpolio)란 둘 이상 자산의 결합을 의미한다. 투자자들은 투자위험을 줄이기 위하여 하나의 자산에만 집중적으로 투자하지 않고 투자자금을 여러 자산 즉 주식, 채권, 부동산, 예금 등에 분산하여 투자하는 데 이 경우의 조합을 포트폴리오라 한다. 포트폴리오에서 개별자산의 위험보다는 포트폴리오 위험이 더 중요하다. 즉 포트폴리오 위험의 크기에 따라 기대수익률이 결정된다.

01 위 험

1 위험의 개념

어느 투자자가 100,000원을 1년간 투자하려는 계획을 가지고 있다고 하자. 가장 먼저 그는 정기예금(또는 단기국채와 같은 무위험자산)에 투자할 수 있을 것이다. 정기예금에 투자할 경우 이자율은 5%로서 1년 후 이익은 5,000원이다. 대체 투자안으로서 주식투자는 연간 20%의 수익률을 보장할 확률이 0.6이고, 반대로 10%의 손해를 볼 확률이 0.4라고 하자. 이 투자자의 투자기회를 그리면 다음과 같다.

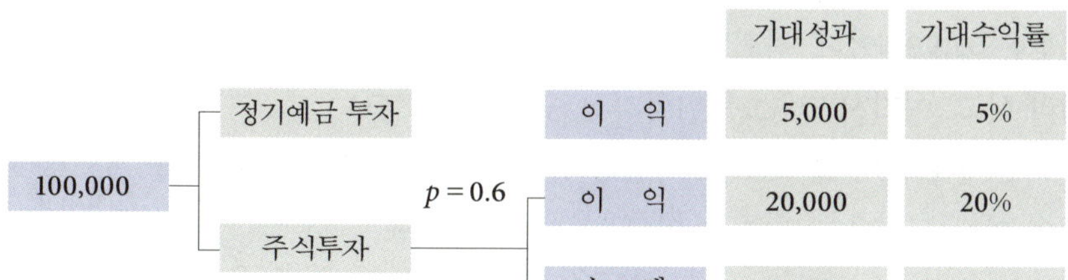

주식투자의 기대이익 $E(W)$와 위험(σ_w)은 다음과 같다.

$$\text{기대이익 } E(W) = 0.6 \times 20{,}000 + 0.4 \times (-10{,}000) = 8{,}000\text{원}$$

$$\text{위험}(\sigma_w) = \sqrt{0.6(20{,}000 - 8{,}000)^2 + 0.4(-10{,}000 - 8{,}000)^2} = 14{,}697\text{원}$$

위험한 주식투자를 선택하여 이 투자자가 얻게 되는 위험프리미엄은 8,000 − 5,000 = 3,000원으로서 투자위험에 대한 보상이다. 이 논의를 금액기준이 아니라 수익률 기준으로 하여도 같은 결론을 가져온다. 기대이익률 $E(r) = 0.6 \times 20\% + 0.4 \times (-10\%) = 8\%$이고 위험 $\sigma = 14.7\%$,[1] 그리고 위험프리미엄 수익률은 8% − 5% = 3%이다.

위험(risk)이란 위에서 예를 든 주식투자와 같이 미래의 불확실성(uncertainty) 때문에 발생하는 투자수익의 변동성(variability 또는 volatility)을 말한다. 정기예금에 투자하면 확실한 5,000원의 이익을 얻을 수 있으나, 주식에 투자하면 불확실한 8,000원을 기대할 뿐이다. 이러한 불확실성 또는 변동성은 기대이익 또는 기대수익률의 편차, 즉 통계학의 표준편차(σ)로 측정된다.

기대수익률의 표준편차는 기대수익률이 실현되지 않을 가능성 즉 위험을 나타내는 척도이다. 이는 수익률이 가질 수 있는 여러 가지 값이 기대수익률로부터 얼마나 차이가 있는가를 나타낸다.

좀 더 현실적으로 실현수익률로서 표준편차를 설명해보자. 지난 200×년 1년간 CD(양도성 정기예금증서)의 분기별 이자율과 KOSPI의 분기별수익률이 다음과 같다고 하자.

200×년	1분기	2분기	3분기	4분기	평균	표준편차
CD이자율(%)	5	5	5	5	5	0
KOSPI수익률(%)	20	−4	−12	28	8	32.98

CD이자율의 평균은 5%이고 위험은 0이다. KOSPI수익률 평균은 8%이지만 위험은 32.98%이다. 위험 즉 표준편차가 0인 금융자산을 무위험(risk free) 자산이라 하고, 여기서 5%는 무위험자산 수익률(r_f)이다.

이 표준편차가 클 것으로 예상되거나, 또는 그 발생확률이 높을 것으로 예상되면 위험이 크다고 말할 수 있다.

1 분산 $\sigma^2 = 0.6(0.20 - 0.08)^2 + 0.4(-0.10 - 0.08)^2 = 0.0216$
표준편차 $\sigma = \sqrt{0.0216} = 0.147 = 14.7\%$

2 위험과 기대수익률

일반적으로 위험과 기대수익률은 상반관계(tradeoff)가 있다고 한다. 이는 투자자들이 높은 투자위험을 부담하면 할수록 거기에 따른 기대수익률이 높고, 위험이 낮은 투자일수록 거기에 따른 기대수익률이 낮음을 의미한다. 달리 말하면 투자자들은 기대수익률이 높은 투자라면 기꺼이 높은 위험을 감수할 것이지만 굳이 기대수익률이 높지 않은데 높은 위험을 감수하지 않으려는 경향이 있다는 것이다. 이를 투자자들의 위험회피성향이라 한다.

이와 같은 투자자들의 위험회피(risk aversion) 성향은 증권들의 역사적 평균수익률과 표준편차에 잘 나타난다. [표 6-1]은 1926년부터 1986년까지 60년 동안 미국 증권시장에서 주식과 채권의 연평균수익률과 표준편차를 계산한 것이다.

저위험-저수익률, 고위험-고수익률의 관계는 현실세계에서 흔히 발견할 수 있다. 예를 들면 미국에서 T-bill(Tresury bill, 단기국채), T-bond(장기국채), 회사채, 그리고 보통주의 연평균수익률과 표준편차의 관계를 보면 연평균수익률이 낮을수록 표준편차가 낮다. 반대로 보통주와 같이 연평균수익률이 높을수록 표준편차가 높다. 단기국채인 T-bill의 연평균수익률은 3.15%이고 위험(표준편차)은 3.34%이지만 보통주의 연평균수익률은 12.12%이고 위험은 21.04%이다. 결론적으로 주식은 국채나 회사채에 비하여 기대수익률은 높으나 위험 또한 크다는 것을 알 수 있다.

우리나라 펀드의 유형별 수익률을 봐도 같은 현상을 발견할 수 있다. 예를 들면, 채권형펀드의 연평균 수익률은 4.04%이고, 연간표준편차는 0.76%이다. 반대로 혼합형은 연평균수익률이 8.23%, 연표준편차가 4.81%이다. 마찬가지로 다른 펀드의 경우 연평균슈익률이 9.82%, 11.67%로 올라감에 따라 표준편차 역시 5.57%, 7.44% 증가하였다. 또한 같은 주식형펀드라도 주식의 비중이 높을수록 연평균수익률이 높고 연표준편차 또한 높였다.

표 6-1 미국 채권과 미국 채권과 보통주의 연평균수익률과 표준편차(1926~1986)

(단위 : %)

	T-bill	T-bond	회사채	보통주
연평균수익률	3.15	4.17	5.33	12.12
표준편차	3.34	8.48	8.44	21.04

표 6-2 펀드의 유형별 수익률 현황

(단위 : %)

유 형	채권형	혼합형	주식형 40% + 채권형 60%	주식형 30% + 채권형 70%	주식형 24.48% + 채권형 75.52%
누적수익률	16.45	36.39	55.26	44.82	43.54
연평균수익률	4.04	8.23	11.67	9.82	9.59
연표준편차	0.76	4.81	7.44	5.57	4.54

※ 분석기간: 2003년 1월~2006년 10월 4일
※ 분석대상: 주식형(주식에만 투자), 혼합형(주식 편입비 40% 이하)
※ 연 표준편차는 1년간 수익률의 변동성이 얼마나 되는지를 알려주는 지표
※ 이 기간 중 혼합형의 주식평균비율은 24.48%였음.
※ 자료: 제로인, 2007. 10. 18. 조선일보에서 재인용

투자자들은 채권투자에서 확실하지만 낮은 수익률은 기대할 수 있다. 반대로 투자자들은 주식투자로부터 불확실하지만 높은 수익률을 기대할 수 있다.

3 위험회피와 효용

사람마다 생긴 모습이 다르듯이 투자자마다 기대이익과 위험에 대한 위험회피 정도가 다르다. 각기 다른 기대이익과 위험을 가진 포트폴리오에 대하여 점수를 부여, 선호도의 크기를 매긴 것이 효용(utility)이다. 즉, 효용이란 일종의 만족(satisfaction)을 계량화한 것이다. 누구라도 조건이 같다면 높은 기대이익을 가진 포트폴리오는 효용이 크고 따라서 투자자의 효용함수는 기대수익률에 대해서는 증가함수이다.

그러나 모든 투자자의 효용함수가 같지는 않다. 투자자의 위험에 대한 태도는 사람마다 다르다. 위험에 대한 태도를 반영하는 세가지 유형의 효용함수의 특성은 다음과 같다.

위험회피(risk aversion)는 주어진 조건하에서 가능한 위험이 낮은 투자대상을 선택하려는 투자자의 성향이다. 위험회피형 투자자는 불확실성과 위험이 클수록 더 큰 보상을 요구할 것이다. 따라서 그는 위험프리미엄이 영(0) 이상인 투자안을 선택할 것이다. 위험회피형 투자자의 만족의 정도로서 효용함수는 부의 증가에 따라 효용은 증가하지만 한계효용은 체감한다. 따라서 위험회피형 효용함수의 1차 도함수는 양(+)이 되지만 이차 도함수는 음(−)이다. 이러한 효용함

그림 6-1 **위험회피형 효용함수**

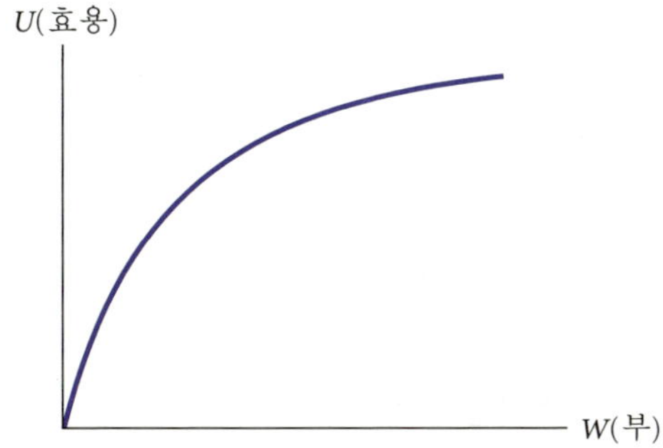

수를 오목형이라 한다.[2]

불확실성하에서는 모든 사람이 다만 기대수익이 최대인 투자안에 투자하는 것이 아니라 기대수익과 위험을 동시에 고려하는 기대효용 $E(U)$를 극대화하는 투자안에 투자할 것이다. 일반적으로 기대이익과 위험, 그리고 투자자의 위험회피 정도를 고려한 효용함수는 다음과 같다.

$$U = E(r) - 0.005A\sigma^2 \qquad (6\text{-}1)$$

여기서 U: 효용
$E(r)$: 포트폴리오 기대이익률
σ^2: 포트폴리오 분산
A: 투자자의 위험회피 정도(위험회피 정도가 클 수록 A값은 크다)

이 효용함수는 재무관리나 투자론에서 효용, 기대이익률, 위험 그리고 투자자의 위험회피 정도를 나타낼 때 흔히 쓰이는 이차함수형 효용함수이다. 위 식에서 0.005를 곱해주는 이유는 기대수익률과 표준편차를 백분율(%)로 표시되도록 하기 위한 스케일(scale) 조정용이다. 이 효용함수는 다음과 같은 특징이 있다.

첫째, 기대이익 $E(r)$이 클수록, 위험 σ^2이 작을수록 효용 U는 크다. 투자자는 기대이익이 크고, 위험이 작을수록 만족한다. 위험을 싫어하거나 회피하는 투

2 위험중립(risk neutral)은 위험의 크기에는 상관없고 절대적인 부의 크기에 따라서만 선호를 결정한다. 위험 중립형 투자자는 위험 크기와 손해를 고려하지 않고 오직 기대수익률에 의해서만 투자안을 판단할 것이다. 이 효용함수는 일정하여 직선의 모습이 된다.

위험선호(risk loving 또는 taking)는 조건이 같다면 위험이 큰 투자대상을 선택하려는 투자자의 성향이다. 위험선호형 투자자는 공정한 게임, 즉 리스크 프리미엄이 영(0)인 투자안이나 도박을 즐기고 리스크의 크기보다는 재미를 고려해 기대수익률을 상향조정한다. 이 효용함수는 부의 증가에 따라 효용은 물론 한계효용이 점차 증가하는 체증현상을 나타낸다.

자자일수록, 그렇지 않은 투자자에 비해 만족도가 떨어진다.

둘째, 같은 기대이익 $E(r)$, 같은 위험 σ^2이라도 위험회피도 A가 클수록 효용 U는 작다.

셋째, 위험회피 투자자일수록 위험회피도 A가 크다. 위험회피의 정도를 숫자 크기로 나타낼 수 있다고 가정하면 A값이 클수록 위험회피의 정도가 크다.

넷째, 투자자는 효용 U가 가장 큰 포트폴리오를 선택한다. 어떤 경우이든 투자자는 자기가 가장 만족해하는 투자 포트폴리오를 선택한다. 어떤 투자자에게는 정기예금이 가장 만족스러운 투자안이다.

앞에서 예를 든 정기예금투자와 주식투자에서 각각의 투자효용을 구해 보자.

정기예금 투자효용 $U = 5 - 0.005 \times A \times 0 = 5$

주식 투자효용

$A = 3$(위험회피 정도가 큰 투자자)일 경우: $U = 8 - 0.005 \times 3 \times 14.7^2 = 4.76$

$A = 1$(위험회피 정도가 작은 투자자)일 경우: $U = 8 - 0.005 \times 1 \times 14.7^2 = 6.92$

$A = 3$인 위험회피 정도가 큰 투자자는 주식투자 효용이 4.76으로서 정기예금 투자효용 5보다 작기 때문에 주식에 투자하는 것보다는 정기예금에 투자할 것이다. $A = 1$인 위험회피 정도가 작은 투자자는 정기예금에 투자하는 것보다는 주식에 투자하는 것이 효용이 더 크므로(즉 $6.92 > 5$), 위험을 감수하고서라도 주식에 투자한다.

한편 같은 위험회피 정도(또는 위험선호 정도)라도 같은 효용을 제공하는 투자 포트폴리오가 존재하므로, 투자자는 비록 P, Q, R, 그리고 S 투자 포트폴리오가 서로 다른 기대이익과 위험을 갖더라도 선택에 대해 무차별할 것이다. 이와 같이 같은 효용의 포트폴리오를 연결한 곡선을 무차별곡선(indifference curve)이라 한다. [표 6-3]과 같이 위험회피정도를 $A = 4$라고 할 때 각기 다른 기대이익과 위험 수준에서 P, Q, R, 그리고 S 포트폴리오의 효용은 한결같이 $U = 2$로서 같다. 이것을 그림으로 표시한 것이 [그림 6-2]이다.

P를 선택하는 투자자는 S를 선택하는 투자자보다 낮은 기대이익, 낮은 위험 투자포트폴리오지만 그 만족도(U)는 S 포트폴리오 투자자와 같다. 투자자들은 어떤 투자포트폴리오든 차별하지 않는다. 왜냐하면 위험에 대한 가치관, 즉 태도가 서로 다르지만 만족하는 정도는 같기 때문이다.

표 6-3 같은 효용의 포트폴리오

포트폴리오	기대이익($E(r)$)	위험 σ	효용 $U = E(r) - 0.005A\sigma^2$
P	10%	20	$10 - 0.005 \times 4 \times 20^2 = 2$
Q	15%	25.5	$15 - 0.005 \times 4 \times 25.5^2 = 2$
R	20%	30	$20 - 0.005 \times 4 \times 30^2 = 2$
S	25%	33.9	$25 - 0.005 \times 4 \times 33.9^2 = 2$

그림 6-2 무차별곡선

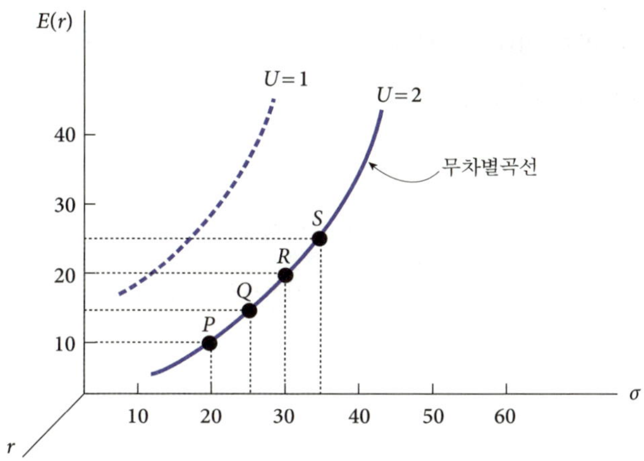

02

두 위험자산의 포트폴리오 위험

1 공분산과 포트폴리오 위험

자산배분결정(asset allocation decision)은 투자자본을 주식, 채권, 그리고 옵션 등에 어떻게 배분하는가이다. 자산배분결정의 핵심은 목표이익률과 허용위험아래에서 주식과 채권, 그리고 옵션 등에 대한 투자비중 결정이다. 좀더 구체적으로 말하면 목표 기대이익률에서 최소의 위험을 제공하는 포트폴리오 구성 또는 허용된 위험수준에서 최대의 기대이익률을 제공하는 포트폴리오를 구성하는 것이다.

자산배분의 대상을 편의상 S자산과 B자산의 두 자산으로 제한하여 설명해 보자. S자산의 기대수익률, 위험, 그리고 투자비중을 $E(r_S)$, σ_S, W_S라 하고 B자산의 기대수익률, 위험, 그리고 투자비중을 $E(r_B)$, σ_B, W_B라 하자. 두 자산간의 상관계수는 ρ_{BS} 그리고 공분산은 $\mathrm{Cov}(r_B, r_s)$이다.

이 두 자산으로 구성한 포트폴리오 기대수익률 $E(r_p)$와 포트폴리오 위험 σ_p는 다음과 같다.

포트폴리오 기대수익률 $E(r_p) = W_B E(r_B) + W_s E(r_s)$

포트폴리오 위험 σ_p

$$= \sqrt{W_B^2 \sigma_B^2 + W_S^2 \sigma_S^2 + 2W_B W_S \mathrm{Cov}(r_B, r_S)} \text{ (공분산 이용)} \tag{6-2}$$

$$= \sqrt{W_B^2 \sigma_B^2 + W_S^2 \sigma_S^2 + 2W_B W_S \sigma_B \sigma_S \rho_{BS}} \text{ (상관계수 이용)} \tag{6-3}$$

(왜냐하면 $\mathrm{Cov}(r_B, r_S) = \sigma_B \sigma_S \rho_{BS}$)

예제 6-1

다음과 같이 자산 B와 자산 S의 투자비중(w), 기대수익률$[E(r)]$, 위험(σ), 그리고 공분산(σ_{12})이 주어졌을 때 두 위험자산으로 구성된 포트폴리오의 기대수익률 $E(r_p)$와 위험 σ_p를 구하라.

$W_B = 0.5$	$E(r_B) = 14\%$	$\sigma_B = 15\%$
$W_S = 0.5$	$E(r_S) = 18\%$	$\sigma_S = 20\%$
		$\rho_{BS} = 0.34\%$

풀이 $E(r_p) = 0.5 \times 0.14 + 0.5 \times 0.18 = 0.16 = 16\%$

$\sigma_p{}^2 = (0.5)^2 \times 0.15^2 + (0.5)^2 \times 0.20^2 + 2 \times 0.34 \times 0.5 \times 0.15 \times 0.20 = 0.0207\%$

$r_p = \sqrt{0.0207} = 0.144 = 14.4\%$

위의 분산투자결과를 보면, 포트폴리오위험 14.4%는 개별투자안위험 15%와 20%보다 작다. 어느 한 주식에 투자하는 것보다는 두 주식에 분산투자함으로써 투자위험을 낮춘 결과를 가져왔다. 이런 결과가 나온 이유는 두 주식간의 움

그림 6-3 상관계수 크기와 두 자산의 움직임

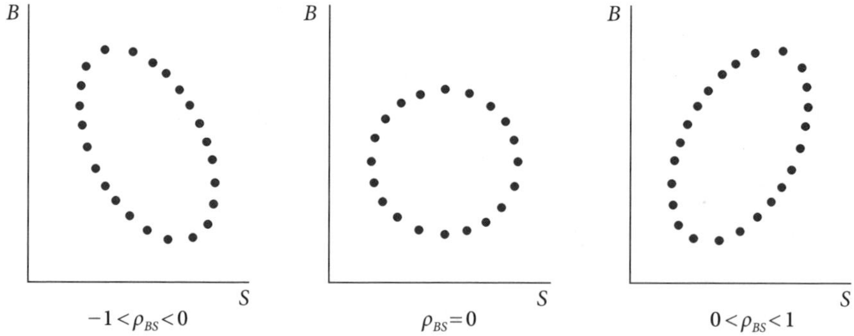

직임이 거의 관련성이 없기 때문이다.

공분산(covariance)은 두 확률변수가 어느 정도 서로 같이 움직이려는 경향을 가지느냐에 대한 척도이다. 양(+)의 공분산은 두 변수가 서로 같은 방향으로 움직이는 경향이 있음을 나타내고, 음(−)의 공분산은 두 변수가 서로 반대로 움직인다는 것을 의미한다. 공분산이 아주 작거나 0이면 두 확률변수의 움직임은 서로 별다른 관련이 없다는 뜻이다.

상관계수(ρ_{BS}: 로(rho)라고 읽음)는 공분산으로부터 얻어지는데 두 확률변수간의 공분산을 각각의 표준편차의 곱으로 나누어 계산한다. 상관계수의 계산식은 다음과 같다.[3]

$$\rho_{BS}=\frac{\text{Cov}(r_B, r_S)}{\sigma_{r_B}\ \sigma_{r_S}}=\frac{\sigma_{r_B r_S}}{\sigma_{r_B}\ \sigma_{r_S}} \tag{6-4}$$

이렇게 계산된 상관계수 ρ_{BS}는 B자산과 S자산이 서로 함께 움직이는(comovement) 정도를 나타내는 통계치로서 최저 −1, 최고 1의 값을 갖는다.

일반적으로 주식시장에서 두 주식 간의 평균적인 상관계수의 크기는 0에 가까운 양의 값을 가진다.

일반적으로 상관계수가 작을수록 위험분산효과가 커지게 되는데, 극단적으

3 상관계수와 공분산은 동전의 앞뒤 면과 같다. 100원짜리 동전의 앞면은 숫자 100, 뒷면은 세종대왕 상이 새겨져 있어 어느 한쪽을 알면 다른 쪽을 알 수 있다. 공분산은 상관계수, 개별자산 B의 표준편차, 개별자산 S의 표준편차의 곱이다.

$$\text{Cov}(r_B, r_S)=\sigma_{rBrS}=\rho_{BS}\sigma_B\sigma_S$$

로 상관계수가 −1인 경우 포트폴리오 위험이 영(0)으로 나타나기도 한다. 상관계수가 주어진 상태에서는 두 자산에의 투자비율을 조정함으로써 위험수준이 가장 적은 두 자산 포트폴리오의 구성이 가능하다.

만약 포트폴리오 위험을 최소로 하는 포트폴리오(MVP: Minimum Varianice Portfolio)의 투자비중을 구하려면 **식** (6-1)을 W_B에 대해서 미분하면 된다.[4] 따라서 포트폴리오 위험을 최소로 하는 W_B는 다음과 같다.

$$W_B = \frac{\sigma_S^2 - Cov(r_B, r_S)}{\sigma_B^2 + \sigma_S^2 - 2Cov(r_B, r_S)} \qquad (6\text{-}5)$$

$$= \frac{\sigma_S^2 - \rho\sigma_B\sigma_S}{\sigma_B^2 + \sigma_S^2 - 2\rho\sigma_B\sigma_S}$$

예제 6-2

자산배분(asset allocation)의 대상으로서 *B*자산과 *S*자산의 기대수익률 위험, 그리고 상관관계는 다음과 같다.

	B		S
$E(r)$	14%		18%
σ	15%		20%
ρ_{BS}		0.34	

[물음 1] 두 자산에 대한 투자비중 W_B와 W_S가 다음과 같을 때 포트폴리오 위험 σ_p를 구하라.

W_B	W_S
0.40	0.60

[물음 2] 포트폴리오 위험 σ_p를 최소화할 때의 *B*자산에 대한 투자비중 W_B와 그때의 위험 σ_p를 계산하라.

풀이 1 $W_B = 0.40,\ W_S = 0.60$

$$E(r_p) = 0.4 \times 0.14 + 0.6 \times 0.18 = 0.164 = 16.4\%$$

$$\sigma_P = \sqrt{(0.15)^2(0.40)^2 + (0.20)^2(0.60)^2 + 2(0.34)(0.15)(0.20)(0.4)(0.6)} = 0.151 = 51.1\%$$

4) 식 (6-1)을 $W_S = 1 - W_B$로 하여 W_B에 관해 정리한 다음 W_B에 관해 미분, 그 미분값을 0으로 한 후 W_B에 대해 정리하면 된다.

$$\frac{\partial\sigma_P}{\partial W_B} = W_B\{\sigma_B^2 + \sigma_B^2 - 2Cov(r_B, r_S)\} - \{\sigma_S^2 - Cov(r_B, r_S)\} = 0$$

$$\therefore\ W_B = \frac{\sigma_S^2 - Cov(r_B, r_S)}{\sigma_B^2 + \sigma_B^2 - 2Cov(r_B, r_S)}$$

풀이 2 $W_B = \dfrac{\sigma_S^2 - \rho\sigma_B\sigma_S}{\sigma_B^2 + \sigma_S^2 - 2\rho\sigma_B\sigma_S} = \dfrac{(0.20)^2 - (0.34)(0.15)(0.20)}{0.15^2 + 0.20^2 - 2(0.34)(0.15)(0.20)} = 0.70$

$W_S = 1 - 0.70 = 0.30$

$\therefore\ \sigma_P = \sqrt{(0.7)^2(0.15)^2 + (0.3)^2(0.2)^2 + 2(0.34)(0.15)(0.20)(0.7)(0.3)} = 13.75\%$

이때 포트폴리오 수익률은 $E(r_p) = 15.2\%$이다.

$$E(r_p) = 0.7 \times 0.14 + 0.3 \times 0.18 = 0.152 = 15.2\%$$

최소위험 13.75%는 개별자산위험 15%나 20% 그 어느 것보다 작다. 이 점이 바로 분산투자의 핵심이다. 또한 기대수익률 15.2%는 B자산에 대한 단독투자 14%보다 높다. 이 단계를 그림으로 나타내면 다음과 같다.

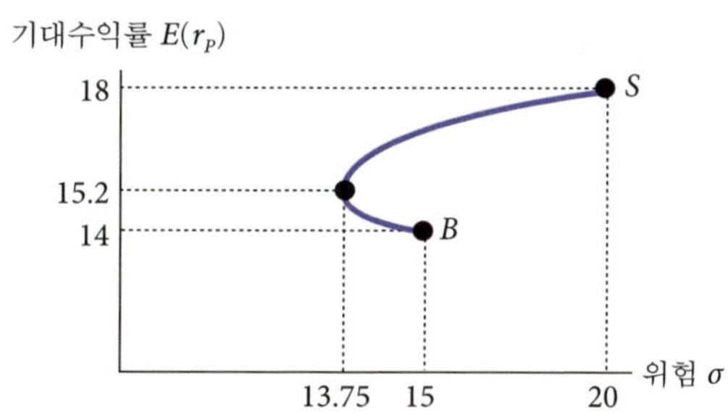

2 개별자산 위험과 포트폴리오 위험

개별자산의 위험 크기는 평균수익률의 변동성인 표준편차 σ로 측정된다. 개별자산의 위험 크기는 일단 포트폴리오에 편입되면 포트폴리오를 구성하는 다른 자산과의 관련성 즉 공분산에 의해 측정된다. 예를 들어, 우산을 생산하는 회사와 선탠(suntan)로션을 생산하는 회사가 있다고 하자. 여름 한철 비가 오고 오지 않음에 따라 각 회사의 수익은 큰 영향을 받으며, 따라서 수익률 편차 또한 매우 클 것이다. 한 가지 분명한 것은 여름에 비가 많이 오면 우산회사는 이익은 많으나 선탠로션회사는 손해를 보는 등 두 회사의 성과가 서로 정반대로 움직인다는 점이다. 이러한 수익률 움직임을 그림으로 표시하면 아래와 같다.

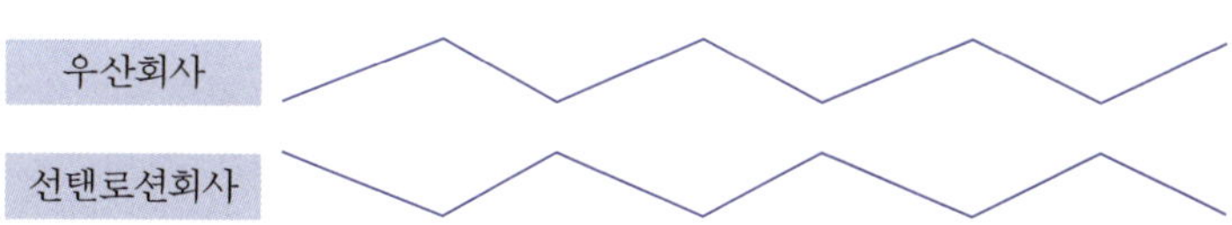

만약 두 회사들을 모두 포함하는 포트폴리오를 구성한다면 비가 오든 안 오든 일정한 이익을 확보할 수 있을 것이며, 포트폴리오의 위험은 거의 없다고 볼 수 있다. 이 포트폴리오의 수익률 움직임은 다음과 같이 평행선을 그릴 것이다.

포트폴리오(우산회사 + 선탠로션회사) ————————————

이와 같이 개별자산으로서는 위험이 크지만 포트폴리오를 구성했을 때 개별자산의 위험은 별 문제가 되지 않는 경우는 포트폴리오를 구성하는 다른 자산과의 공분산이 음(−)으로서 두 자산의 움직임이 반대로 이루어지고 있는 경우이다. 만약 두 자산의 움직임이 높은 상관성을 가지고 있다면 포트폴리오 위험은 더 커질 수 있다. 어느 개별자산의 위험은 포트폴리오 입장에서 평가되어야 한다.

포트폴리오 위험을 관리하는 투자전략으로서 분산(diversification)투자가 있다. '분산'투자는 "계란들을 한 바구니에 넣지 말라(Don't put one's eggs in a basket)"는 투자속담과 같이 투자대상을 어느 한 개별주식에 한정시키지 않고 여러 주식들에게 분산하여 투자함으로써 어느 한 개별주식투자에서 발생하는 위험을 희석시키는 것을 말한다. 분산투자의 효과는 구성 주식간의 평균 공분산이 음이 될수록 커진다. 위의 예에서 본 바와 같이 우산회사와 선탠로션회사의 주가움직임은 반대이고 공분산이 음이므로 분산투자의 효과는 극대화된다.

3 서로 다른 상관계수와 포트폴리오 위험

위의 예제 6-2에서는 두 자산간의 상관계수 ρ_{BS}를 0.34으로 가정하였다. 그러나 사실 두 자산간의 상관계수는 극단적인 −1과 1 사이에 무수히 다양하게 존재할 것이다.

이러한 가능성을 모두 다 고려했을 때 생기는 포트폴리오 기대이익률 $E(r_p)$와 위험 σ_p를 xy좌표축에 그려보자. 여기에서 고려할 또 한 가지 요인은 각 자산에 대한 투자비중 또한 100%에서부터 0%까지 너무도 다양하다는 점이다.

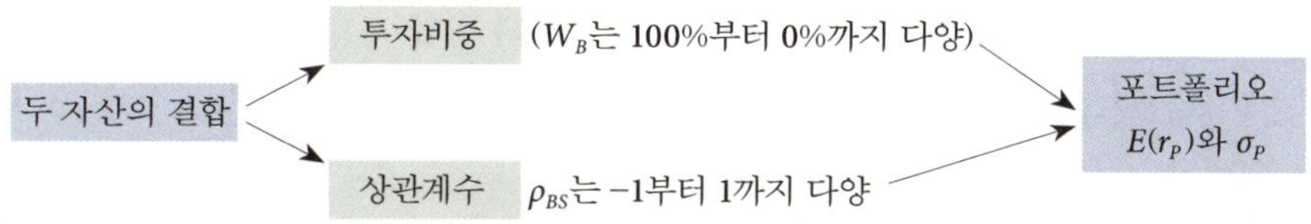

계산과 설명의 편의상 B자산투자비중은 $W_B=1$, 0.4, 0의 세 가지 경우와 상관계수는 $\rho_{BS}=-1$, 0, 0.34, 1의 네 가지 경우를 가정하면 모두 12개의 $E(r_p)$와 σ_p를 계산할 수 있다. 계산값은 [표 6-4]와 [표 6-5]와 같다.

$E(r_p)$를 y축, σ_p를 x축으로 하고 상관계수별로 좌표를 표시하면 [그림 6-4]와 같고 위의 4가지의 상관계수경우를 모두 합성한 그래프는 [그림 6-5]이다.

점 A, B, C 그리고 D는 투자비중 W_B가 0.75일 때 상관계수의 크기에 따른 포트폴리오 기대수익률 $E(r_p)$와 σ_p를 나타낸다.

[그림 6-4]와 [그림 6-5]에서 A, B, C 그리고 D를 중심으로 포트폴리오 위험과 두 자산의 상관관계를 설명해 보자.

첫째, 같은 포트폴리오 기대수익률에서 두 자산의 상관관계가 작을수록 포트폴리오 위험은 작다. 예를 들면 [그림 6-4]에서 보는 바와 같이 같은 기대수익률 수준 9.25%에서 A(위험)는 D(위험 $\sigma_p=14$)보다 위험이 작다. 따라서 두 자산

표 6-4 **포트폴리오 기대수익률 $E(r_p)$**

(단위 : %)

상관계수 / W_B	−1	0	0.34	1
1	14.00	14.00	14.00	14.00
0.4	16.4	16.4	16.4	16.4
0	18.00	18.00	18.00	18.00

표 6-5 **포트폴리오 위험 σ_p**

(단위 : %)

상관계수 / W_B	−1	0	0.34	1
1	15.00	15.00	15.00	15.00
0.4	6.00	13.42	15.1	18.00
0	20.00	20.00	20.00	20.00

그림 6-4 상관계수별 포트폴리오 기대수익률과 위험

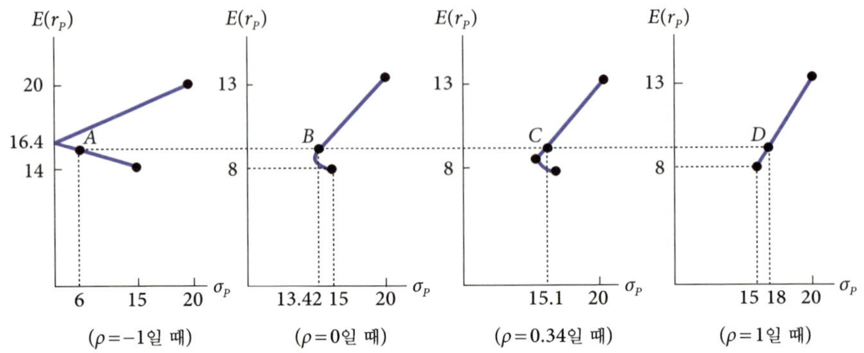

표 6-6 포트폴리오 기대수익률과 위험(W_B=0.4일 때)

(단위 : %)

점	*A*	*B*	*C*	*D*
상관계수	−1	0	0.34	1
기대수익률	16.4	16.4	16.4	16.4
위　험	6.00	13.42	15.1	18.00

그림 6-5 포트폴리오 기대수익률과 위험

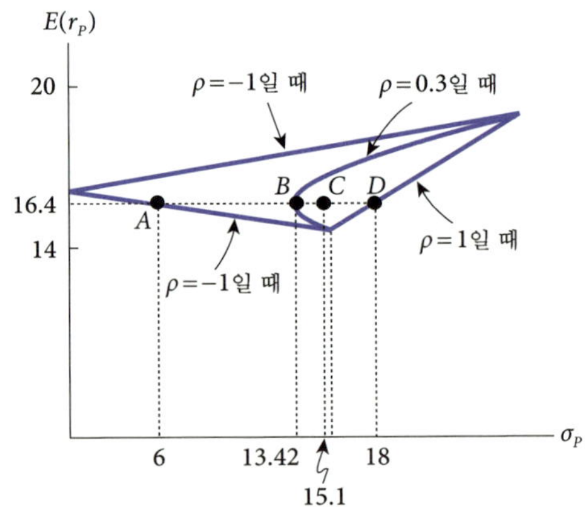

의 상관관계가 작을수록 위험분산효과는 커진다.

둘째, 투자비중이 아무리 다양하더라도, 또한 상관계수가 아무리 극단적이라

그림 6-6 **기회집단**(opportunity set)

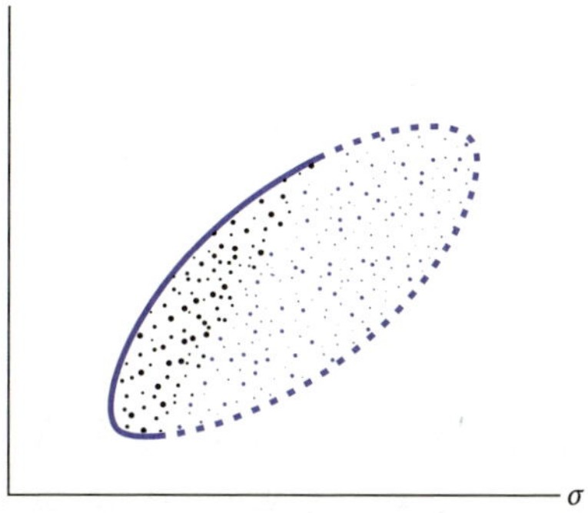

도 투자자에게 주어진 투자기회는 둔각삼각형형태를 보인다. 이 형태 안에 존재하는 모든 투자기회를 기회집단(opportunity set)이라 한다. 특별히, 상관계수가 -1일때와 +1일때 투자기회는 직선의 형태를 보인다.

셋째, 두 자산간의 상관계수가 −1, 0 또는 1과 같은 극단적인 경우는 거의 없고, 대부분 미약한 양의 상관계수인 현실을 감안할 때 기회집단은 [그림 6-6]과 같이 대개 오른쪽이 위로 올라가는(upward right 우상향) 타원의 모습을 보인다. 여기서 북동(northeast)일수록 위험이 크고 기대이익률도 큰 반면, 남서(southwest)일수록 위험이 작고 기대이익률도 작다.

03

마코위츠의 포트폴리오 이론

지금까지는 두 위험자산(*B*자산과 *S*자산)의 경우만을 가정하여 위험포트폴리오를 구성하였다. 앞으로는 이 논리를 확대, 수많은 위험자산을 고려하여 최적 포트폴리오를 구성하는 경우를 설명한다. 여기에는 두 가지 단계가 있다.

첫째, 수많은 위험자산을 결합한 포트폴리오의 기대이익과 위험을 구한다. 투자자는 수많은 포트폴리오 중 지배원리에 의하여 효율적 포트폴리오(efficient portfolio)를 구성한다.

둘째, 효율적 포트폴리오 중에서 각 투자자의 효용을 극대화시키는 최적 포트폴리오(optimal portfolio)를 선택한다. 위험회피도가 높은 은퇴자와 같이 나이 많은 투자자는 위험자산 투자비중을 낮추고 반대로 위험회피도가 낮은 나이 적은 회사원과 같은 투자자는 위험자산 비중을 높인다.

제I단계(지배원리에 의해 효율적 포트폴리오 구성) 증권선택의 첫 단계는 위험-기대이익률로 표시된 선택가능한 투자기회집합(investment opportunity set) 중에서 목표기대이익에서 최소의 위험을 제공하거나, 또는 주어진 위험아래에서 최대의 기대이익률을 제공하는 효율적 포트폴리오를 구하는 데 있다. 이런 투자원리를 흔히 지배원리(dominance principle)라 한다. 증권시장에 존재하는 수백 수천 개의 주식들 중에서 두 개 혹은 세 개 아니면 그보다 많은 주식을 선택하고, 또 각각에 대한 투자비중을 달리했을 때 우리는 어떤 투자기회집단을 갖게 될까? 아무리 포트폴리오 구성종목수가 많고 투자비중이 다양하더라도 투자기회집단 계산의 기본이 되는 것은 두 자산간의 공분산(또는 상관관계)이다.

그런데 두 자산은 대부분 미약한 양 또는 음의 상관관계를 가지므로 효율적 경계선은 직선이 아니라 오른쪽이 위로 올라가는(upward right 우상향) 타원이 된다. 이 타원의 궤적은 투자자에게 주어진 투자기회의 집합(investment opportunity set)이다. 여기서 목표기대이익에서 최소의 위험을 제공하는 포트폴리오가 다른 어느 투자조합을 지배한다. 또한 주어진 위험하에서 최대의 기대이익률을 제공하는 포트폴리오가 다른 어느 투자조합을 지배한다. 따라서 이러한 효율적인 투자기회집합은 오른쪽이 위로 올라가는 타원에서 오직 위쪽 경계선

그림 6-7 효율적 경계선

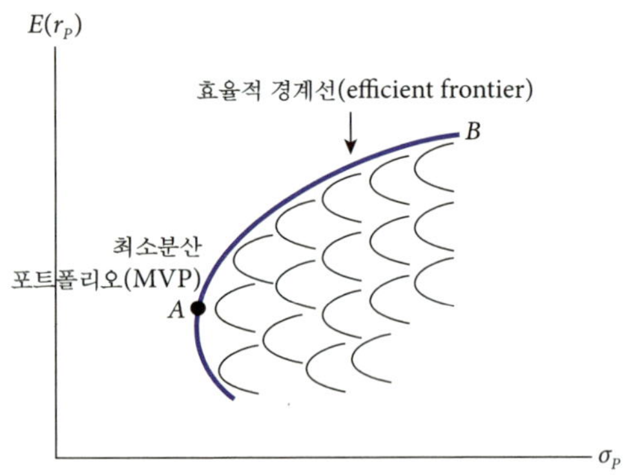

(outer circle frontier)만 될 뿐이지 타원안(inner circle)은 되지 않는다. 이를 그림으로 표시하면 [그림 6-7]과 같다.

효율적 포트폴리오로 구성된 AB선상의 모든 포트폴리오는 주어진 위험수준이나 기대수익률 아래에서 다른 모든 포트폴리오를 지배하게 된다. 따라서 투자자들이 AB곡선(이 모습을 효율적 곡선 또는 효율적 경계선(efficient frontier)이라 한다), 즉 효율적 곡선상에서 선택하는 포트폴리오가 효율적 포트폴리오(efficient portfolio)이다.

예제 6-3 **채권투자와 주식투자의 비교**

다음과 같은 투자기회집단인 우상향의 반타원에 있는 포트폴리오 A, B, C, D, E, F에서 왜 A, C, E 투자안이 선택되는지 그 이유를 밝혀라.

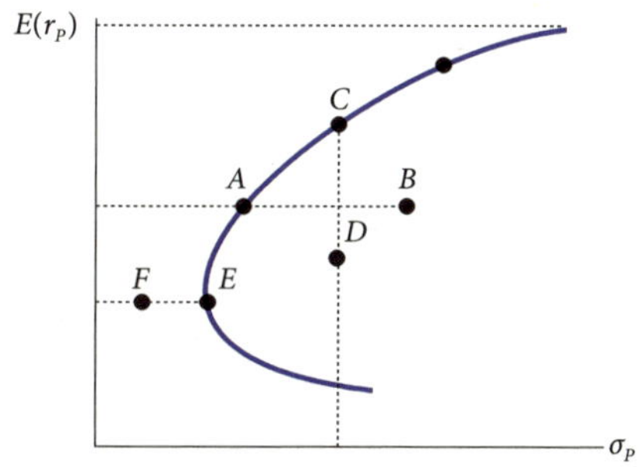

풀이 A: 같은 기대이익수준에서 B보다 위험이 작다. A는 B를 지배한다.
C: 같은 위험수준에서 D보다 기대이익이 크다. C는 D를 지배한다.
E: F는 투자기회집단에 포함되지 않는다.

제I단계에서 기본이 되는 포트폴리오 기대수익률 $E(r_p)$와 위험 σ_p를 구하기 위해서는 먼저 개별주식의 기대수익률 $E(r_i)$와 위험 σ_i, 두 주식간의 공분산 $\mathrm{Cov}(r_i, r_j)$, 그리고 투자비중 W_i를 알아야 한다. 이러한 투입변수요소들을 최적화프로그램(optimization program)에 투입되는 투입목록(input list)이라 한다. 구체적으로 이 투입목록의 숫자는 몇 개이며, 따라서 계산비용은 얼마나 될까? n개의 주식으로 구성되는 포트폴리오에서 n개의 개별주식 기대수익률, n개의 개별주식의 위험, 그리고 $\frac{n^2-n}{2}$개의 공분산이 요구된다. 따라서 전체 투입목록의 수는 $n+n+\frac{n^2-n}{2}=\frac{1}{2}n(n+3)$개이다.

예를 들어 가장 기본적으로 2개의 자산으로 구성되는 포트폴리오에서 요구되는 자료는 2개의 기대수익률, 2개의 위험, 그리고 1개의 공분산이므로 전체 투입목록수는 5개이다. $n=2$일 때 $\frac{1}{2}n(n+3)=\frac{1}{2}\times 2\times(2+3)=5$로 증명된다. 만약 $n=3$이면 전체 투입목록수는 9개이다.

예제 6-4

만약 30개의 주식으로 포트폴리오를 구성한다고 하자. 이때 요구되는 투입목록 중 개별주식의 $E(r_i)$, σ_i, 그리고 공분산은 몇 개인가?

풀이 개별주식 기대수익률 $E(r_i)$: 30개
개별주식 위험 σ_i: 30개
두 주식의 공분산 $\mathrm{Cov}(r_i, r_j)$: $\frac{30\times 29}{2}=435$개
전체자료수: 495개[확인: $\frac{1}{2}\times 30\times(30+3)=495$]

여기서 $n\to\infty$이면 $\sigma_P{}^2=\overline{\mathrm{Cov}}(r_i, r_j)$이므로 포트폴리오 위험은 평균공분산 크기에 달려 있다.[5] 이 점이 바로 Harry Markowitz가 1952년 그의 논문 "Portfolio Selection"에서 지적한 것으로서 분산투자의 기본원리가 된다.[6] 마코위츠에 의하면 포트폴리오 구성시 그 투자위험을 줄이기 위해서는 가능한 두 주식간의 상관성이 없거나 작은 주식을 선택하라는 점이다. 따라서 예를 들어 같은 업종의 두 주식은 서로 상관성이 높으므로 선택하지 말고, 그 업종과 다른 업종의 주식을 선택하는 것이 두 자산으로 구성된 포트폴리오 위험을 낮춘다는 것이다. 그 외에도 분산투자의 기준은 대기업·소기업, KOSPI종목·KOSDAQ종목, 국내주식·해외주식, 장기투자·단기투자, 가치주·테마주 그리고 성장주·배당주 등이다.

제Ⅱ단계(투자자의 위험선호도에 따른 최적포트폴리오 구성) 효율적 프론티어에 놓여 있는 포트폴리오 중 어떤 포트폴리오를 선택할 것인가 하는 것은 투자자의 위험에 대한 태도에 달려 있다. 투자자들은 효율적 프론티어에 놓여 있는 포트폴

5 이 부분에 대한 증명은 보론 6.2를 참조하면 된다.
6 Harry Markowitz, "Portfolio Selection," *Journal of Finance*, March, 1952, pp.77~91.

그림 6-8 최적포트폴리오

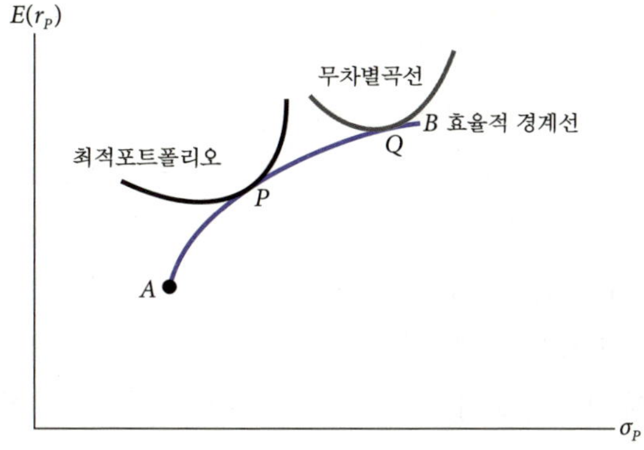

리오 중에서 그들의 효용을 극대화시키는 포트폴리오를 선택한다. 이때 선택된 포트폴리오를 최적포트폴리오(optimal portfolio)라고 한다.

최적포트폴리오는 투자자의 효용을 나타내는 효용곡선(utility curve)과 효율적 프론티어가 만나는 접점에서 결정된다. [그림 6-8]에서 P와 Q는 효용곡선과 효율적 경계선이 접하는 접점으로서 최적포트폴리오이다. 구체적으로 P는 위험회피형 투자자가 선택하는 저위험-저기대수익률의 포트폴리오이고 Q는 위험선호형 투자자가 선택하는 고위험-고기대수익률의 포트폴리오이다. 여기서 AB 효율적포트폴리오는 투자자의 위험에 대한 태도와 관계없이 분리되어 이루어진다. 이를 분리이론(separation principle)이라 한다. 분리이론에 의하면 투자자의 위험에 대한 태도와 분리되어 효율적 포트폴리오가 정해진다. 투자자들은 주어진 효율적 포트폴리오에서 자신들의 만족, 즉 효용을 극대화시키는 방향으로 위험자산의 배분비중을 조정한다. 분리이론은 자본배분의 문제와 연계되어 있고 궁극적으로 투자자의 효용(utility)과 연계해 이해되어야 한다.

【보론 6.1】 VaR

VaR(Value at Risk)은 개별자산이나 포트폴리오가 일정기간 동안 정상적인 시장 여건 아래에서 일정 확률로 발생할 수 있는 최대손실금액이다.[7] 앞에서 설명한 수익률의 표준편차(σ)는 %로 표시되는데 비하여 VaR은 위험을 하나의 금액으로 나타내기 때문에 투자자는 간단하고 명료하게 위험을 확인할 수 있다. 더구나 VaR은 개별자산의 위험을 서로 비교할 수 있게 할 뿐 아니라 개별자산의 VaR을 합하여 자산 전체의 위험도 계산할 수 있다. 예를 들어, 50억원의 주식과 200억원의 채권을 보유하고 있는 연기금이 1주일(5일) 이내에 금리 변동으로 인하여 95%의 확률로 입게 될 최대손실금액(VaR)이 주식이 2천만원 채권이 8천만원이라면 보유증권 전체의 최대손실금액은 1억원이다.

위에서 예를 든 주식과 채권의 최대손실금액인 VaR은 다음과 같은 공식에서 도출되었다.

$$\text{VaR} = V\delta Z\sigma\sqrt{T}$$

여기서 V: 자산의 시장가치, δ: 시장가격민감도,
Z: 정규분포에서 신뢰구간에 해당하는 Z값,
σ: 자산수익률의 표준편차,
T: 보유기간

위의 VaR추정식에 의하면 최대손실금액 VaR은 자산의 시장가격에 대한 민감도 δ, 투자자가 예측하는 시장가격의 비관적 움직임의 크기에 대한 신뢰구간의 Z값과 표준편차 σ 그리고 보유기간 T에 달려 있다. VaR은 시장가격민감도가 클수록, 시장가격의 비관적 움직임에 대한 투자자의 신뢰도가 클수록 그리고 보유기간이 길수록 커진다.

여기서 신뢰구간은 실제거래에서 발생하는 손실액이 VaR을 초과하지 않을 확률을 의미하며 일반적으로 95~99% 사이에서 설정된다. 개략적으로 VaR의 개념을 정규분포에서 표시하면 [그림 6-9]와 같다.

위의 예에서 채권보유액 200억원이 5일(=1주일) 이내에 금리변동으로 인한 최대손실액(VaR)이 95%의 확률로 8천만원이 된 배경을 설명해보자.

채권의 수정듀레이션(MD) 4, 채권가격의 변동률(δ) 3%, 표준편차(σ) 14.29%,

---

7 VaR은 J. P. Morgan사에서 최초로 개발되었다. Morgan사는 보유자산의 위험을 하나의 수치인 VaR로 계산하여 매일 영업이 끝난 후 CEO에게 보고하였다.

그림 6-9 VaR

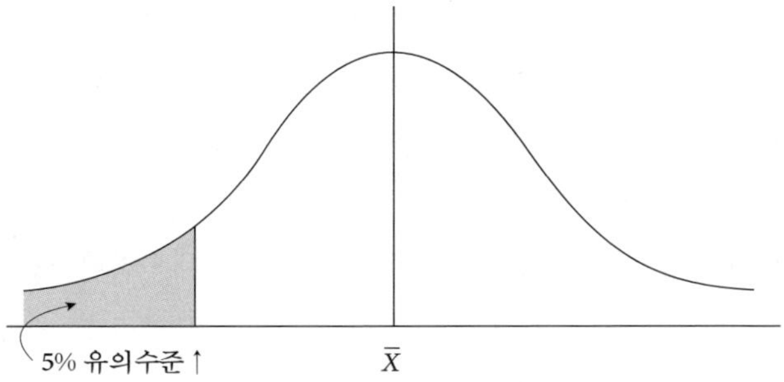

신뢰구간이 95%일 때 Z값 1.65 그리고 1년을 250일로 할 때 보유기간 5일은 $T=\sqrt{\frac{5}{250}}$로 간주된다.

$$\text{VaR} = 200 \times 0.03 \times 4 \times 1.65 \times 0.1429 \times \sqrt{\frac{5}{250}} = .8\text{억원} = 8{,}000\text{만원}$$

VaR은 이와 같이 유용하고 명료한 개념이기는 하지만 다음과 같은 한계점을 가진다. 첫째는 가격변동이 정규분포를 따른다고 가정하지만 현실적으로 가격은 비정상적으로 급격하게 변한다. 둘째, VaR은 기본적으로 단기성·투기성 자산을 대상으로 개발된 모형이므로 장기성 자산에 적용하기 어렵다.

【보론 6.2】 n개 자산으로 구성된 포트폴리오의 위험

n개의 자산으로 구성되는 포트폴리오의 위험이 계산되는 과정을 살펴보자. 이 과정은 약간의 수학적 지식이 요구된다. 이 과정의 핵심은 포트폴리오의 위험은 개별 주식위험의 크기가 아니라 각 주식간의 상관성, 즉 함께 움직이는 정도에 달려 있다는 점이다.

투입목록이 결정된 후 계산되는 포트폴리오 기대수익률 $E(r_p)$와 위험 σ_p는 다음과 같다.

$$E(r_P) = \sum_{i=1}^{n} W_i E(r_i)$$

$$\sigma_P = \left\{ \sum_{i=1}^{n} W_i^2 \sigma_i^2 + \sum_{i=1}^{n} \sum_{j=1}^{n} W_i W_j \text{Cov}(r_i, r_j) \right\}^{\frac{1}{2}}$$

$$\text{또는 } \sigma_P^2 = \sum_{i=1}^{n} W_i^2 \sigma_i^2 + \sum_{i=1}^{n} \sum_{j=1}^{n} W_i W_j \text{Cov}(r_i, r_j)$$

여기서 포트폴리오 위험 σ_p는 n이 커질수록 개별주식의 위험은 0에 가까와지므로 오직 두 주식간의 공분산 크기에 좌우된다.[8]

만약 n개로 구성된 포트폴리오에 동일비중으로 투자하면,

$$W_i = W_j = \frac{1}{n} \text{이므로 } \sigma_P^2 = \frac{1}{n} . \bar{\sigma}_P^{\,2} + \frac{n-1}{n} . \overline{\text{Cov}}\ (r_i, r_j)$$

가 된다.

여기서 $n \to \infty$이면 $\sigma_P^2 = \overline{\text{Cov}}(r_i, r_j)$이므로 포트폴리오 위험은 평균공분산 크기에 달려 있다.

---

8 이의 증명은 다음과 같다.

$$\sigma_P^2 = \sum_{i=1}^{n} w_i^2 \sigma_i^2 + \sum_{i=1}^{n} \sum_{j=1}^{n} W_i W_j \text{Cov}(r_i, r_j) (\text{여기서 } i \neq j)$$

만약 n개의 구성증권에 동일 비율로 투자하면 $W_i = W_j = \frac{1}{n}$이므로

$$\begin{aligned}\sigma_P^2 &= \frac{1}{n^2} \sum_{i=1}^{n} \sigma_i^2 + \frac{1}{n^2} \sum_{i=1}^{n} \sum_{j=1}^{n} \text{Cov}(r_i, r_j) \\ &= \frac{1}{n} . \frac{1}{n} \sum_{i=1}^{n} \sigma_i^2 + \frac{n(n-1)}{n^2} . \frac{1}{n(n-1)} \sum_{i=1}^{n} \sum_{j=1}^{n} \text{Cov}(r_i, r_j) \\ &= \frac{1}{n} \bar{\sigma}^2 + \frac{n-1}{n} . \overline{\text{Cov}}(r_i, r_j)\end{aligned}$$

중요영어용어

공분산(covariance)
무차별곡선(indifference curve)
분산(variance)
불확실성(uncertainty)
위험(risk)
위험회피(risk aversion)
포트폴리오 위험(portfolio risk)
효용(utility)
헷징(hedging)
지배원리(dominance theory)
투입목록(input list)
투자기회집단(investment opportunity set)
포트폴리오(optimal portfolio)
σ_p (포트폴리오 위험)
개별자산 위험(individual risk)
변동성(variability 또는 volatility)
분산투자(diversification)
상관계수(correlation coefficient)
위험 선호도(risk preference)
포트폴리오 수학(portfolio mathematics)
표준편차(standard deviation)
효용함수(utility function)
위험 포트폴리오(risky portfolio)
최소분산(minimum variance)
투자기회(investment opportunity)
투자비중(weights)
$E(r_p)$(포트폴리오 기대수익률)
효율적 경계선(efficient frontier)

관련웹사이트

1. 위험관리 분야의 저널 RISK
   ▷ http://www.risk.net/
2. GARP(Global Assosication of Risk Professional)
   ▷ http://www.garp.org/
3. Risk metrics/Credit Metrics
   ▷ http://www.msci.com/
4. Aon: 보험, 위험관리, 뉴스 제공.
   ▷ http://www.aon.com/
5. 위험관리이야기: 금융, 신용부분 위험관리 정보공유, 보험, 경영, 리스크 관리사례 자료 제공.
   ▷ http://www.riskmania.com/
6. 퍼스트 글로벌: 리스크관리 솔루션 전문업체, 위험관리, 자산부채관리, 투자전략시스템 등 제공.
   ▷ http://www.fistglobal.com
7. 자본시장연구원: 자본시장 발전 및 증권산업 경쟁력 확보 연구분야, 증권제도, 업계동향, 출간물.
   ▷ http://www.kcmi.kr

8. Deutsche Bank: 독일은행, 금융업, 자본시장, 펀드관리.
   ▷ http://www.db.com
9. Euromoney: 영국금융잡지, 글로벌경제, 자본시장, 투자정보 등 제공.
   ▷ http://www.euromoney.com

연습문제

[객관식 문제]

01 두 자산의 상관관계와 포트폴리오 위험에 대한 설명 중 틀린 내용은?

① 두 자산으로 구성된 포트폴리오 위험이 가장 작아지는 경우에 상관계수는 −1이다.

② 대부분의 두 주식의 상관계수는 미약한, 0에 가까운 양의 값을 갖는다.

③ 두 자산간의 상관계수가 0일 때의 포트폴리오 위험은 상관계수가 −1일 때 보다 항상 더 크다.

④ 두 자산 B와 S로 구성된 포트폴리오 위험을 최소로 하는 투자비중을 W_β라 할 때 상관계수는 언제나 0에 가깝다.

02 포트폴리오 위험 분산에서 틀린 내용은?

① 계란을 한 바구니에 담지말라(Don't put eggs in a basket)는 격언과 같은 논리이다.

② 포트폴리오 위험이 크다면 개별자산의 위험도 크다고 볼 수 있다.

③ 포트폴리오 위험은 개별자산들간의 상관성이 클수록 높아진다.

④ 개별자산의 위험 그 자체보다는 개별자산간의 상관성에 더욱 주목해야 한다.

03 포트폴리오 이론에 관해 틀린 것은?

① 포트폴리오에 포함된 자산들의 상관관계가 음(-)이거나 낮도록 하는 분산 투자가 그 중심이 된다.

② 수익률이 같은 조합이라도 작은 위험의 조합이 선택된다.

③ 개별증권의 위험이 작은 조합이 선택되면 포트폴리오 위험도 작아진다.

④ 투자자들마다 위험에 대한 태도가 다르므로 반드시 기대 수익률이 높다고 선택되는 건 아니다.

04 Markowitz의 포트폴리오 이론을 가장 잘 설명한 것은?

① 개별증권이 위험이 작은 자산들의 조합으로 전체 총위험을 낮춤

② 증권간 상관관계가 낮은 포트폴리오 구성으로 위험을 분산

③ 포트폴리오 비체계적 위험 발견

④ 수익률 극대화를 위한 적극적 투자

05 헷징(hedging)에 관해 옳은 표현은?

① 포트폴리오 수익률을 올리기 위해 증권을 추가하는 것이다.

② 포트폴리오 위험과 수익률을 동시에 올리기 위한 것이다.

③ 포트폴리오 위험을 감소하기 위한 전략이다.

④ 무자본으로 매매차익을 얻기 위한 전략이다.

06 마코위쯔 포트폴리오 선택이론 중 틀린 내용은?

① 지배원리에 의해 효율적 포트폴리오가 선택된다.

② 자본시장선으로 인해 효율적 경계선이 확장되었다.

③ 포트폴리오 위험은 개별증권 위험의 가중평균이다.

④ 각 투자자의 효용에 의해 적정 포트폴리오가 선택된다.

07 갑은 위험선호형 투자자이고 을은 위험회피형 투자자이다. 다음 중 틀린 표현은?

① 같은 위험에 대해, 을은 갑에 비해 더 높은 수익을 원한다.

② 같은 수익률에 대해, 갑은 을에 비해 더 높은 위험을 감수한다.

③ 같은 위험에 대해, 갑은 을에 비해 더 낮은 수익을 감수한다.

④ 같은 수익률에 대해, 을은 갑에 비해 더 높은 위험을 감수한다.

08 효용함수 $U = E(r) - 0.005A\sigma^2$에서 틀린 내용은?

① A가 클수록 U는 작다.

② 투자자는 U가 가장 큰 포트폴리오를 선택한다.

③ 위험회피투자일수록 A는 작다.

④ U는 $E(r)$이 클수록 크다.

09 무위험자산수익률에 포함되지 않는 것은?

① CD금리 ② 6개월 만기 정기예금

③ CP(기업어음)금리 ④ 90일 만기 T-bill

10 위험자산의 포트폴리오 분산은 어떻게 구성되어 계산되는가?

① 개별증권 분산의 가중합이다.

② 개별증권 분산의 단순합이다.

③ 개별증권 분산과 공분산의 가중합이다.

④ 개별증권 공분산의 합이다.

11 포트폴리오의 표준편차는 (　)에 따라 증가한다.

① 포트폴리오에 포함된 주식들의 가중치가 증가함
② 포트폴리오에 포함된 주식들의 표준편차가 증가함
③ 포트폴리오에 포함된 주식들의 공분산이 증가함
④ 포트폴리오에 포함된 주식들의 수익률이 증가함

12 만약 두 주식이 완벽하게 −1의 상관계수($\rho = -1$)를 가진다면 그 두 주식으로 구성된 포트폴리오 위험은 ( )이다.

① −1 ② 0
③ 두 주식 각각의 표준편차의 단순 산술평균
④ 두 주식 각각의 표준편차의 가중평균

13 포트폴리오 이론의 지배논리에 의하면 다음 최종적으로 선택되는 것은?

① $E(r) = 0.15 \quad \sigma^2 = 0.15$ ② $E(r) = 0.10 \quad \sigma^2 = 0.15$
③ $E(r) = 0.10 \quad \sigma^2 = 0.25$ ④ $E(r) = 0.15 \quad \sigma^2 = 0.25$

14 다음과 같은 2가지 투자대상 *A*, *B*의 예상 수익률과 확률이 주어졌을 때 기대수익률과 분산을 구하라.

	예상 수익률	확률	$E(r)$	σ^2
A	−3%	.5		
	9%	.5		
B	0%	.5		
	6%	.5		

15 [CPA 1차 유사문제] 다음은 A, B 두 주식에 대한 기대수익률, 수익률의 표준편차, 수익률의 공분산이다.

$E(R_A) = 8\%$ $E(R_B) = 10\%$
$\sigma(R_A) = 10\%$ $\sigma(R_B) = 10\%$ $Cov(R_A, R_B) = -0.006$

포트폴리오	주식 A	주식 B
I	1억원	−
II	5천만원	5천만원
III	−	1억원

총 1억원의 투자자금으로 위의 주식들을 활용하여 I, II, III 세 가지의 포트폴리오를 구축하였다고 하면 위험회피형 투자자의 투자 행태에 대한 설명으로 가장 적절한 것은?

① 포트폴리오 II는 적절한 투자안이 될 수 있다.
② 지배원리에 의하면 포트폴리오 III은 포트폴리오 II보다 효율적인 투자안이므로 II를 지배한다.

③ 위험회피도가 낮은 투자자는 포트폴리오 III에 비하여 포트폴리오 I을 선택할 가능성이 높다.

④ 위험회피도가 높은 투자자는 포트폴리오 II에 비하여 포트폴리오 III을 선택할 가능성이 높다.

16 [CPA 1차 유사문제] 아래 표에서와 같이 A, B, C 및 D 투자안의 호경기와 불경기 때의 수익률이 주어져 있다. 세 투자안 가운데 하나를 선택하는 경우, 다음의 설명 중 옳은 것을 모두 모아 놓은 것은?

투자안	호경기	불경기
A	10%	10%
B	13%	7%
C	14%	6%
D	15%	9%

단, 호경기와 불경기가 발생할 확률은 각각 1/2로 동일하다.

a. 위험회피적 투자자들 가운데에서도 D 투자안을 선택하는 투자자가 있다.
b. 위험중립적 투자자는 A 투자안, B 투자안 및 C 투자안을 동일하게 평가한다.
c. 위험추구적 투자자는 A 투자안과 B 투자안 중에서는 B 투자안을 선택한다.

① a, b, c ② b, c ③ a, c ④ a, b

17 [1차 CPA 유사문제] 자산 세 개(A, B, C)의 1년 후 시장상황에 따른 예상수익(단위 : 원)은 다음과 같다. 단, 1년 후 호황과 불황의 확률은 각각 50%이다.

	자산 A	자산 B	자산 C
1년 후 수익(호황)	110	120	160
1년 후 수익(불황)	110	100	80

자산 A의 현재가격은 100원이다. 다음 중 자산의 균형가격으로 성립될 수 없는 것은?

① 위험회피형 투자자만 있는 세계에서 자산 B의 현재가격이 97원이다.
② 위험회피형 투자자만 있는 세계에서 자산 C의 현재가격이 105원이다.
③ 위험선호형 투자자만 있는 세계에서 자산 C의 현재가격이 115원이다.
④ 위험중립형 투자자만 있는 세계에서 자산 C의 현재가격이 107원이다.

18 [CPA 1차 유사문제] 두 개의 자산으로 포트폴리오를 구성하고자 한다. 각 자산의 수익률의 표준편차와 구성비율은 다음과 같다. 단, $\sigma_1 < \sigma_2$, $w_1 + w_2 = 1$, $w_1 \ge 0$, $w_2 \ge 0$이다.

	표준편차	구성비율
자산 I	σ_1	w_1
자산 II	σ_2	w_2

아래에서 옳은 기술만을 모두 모은 것은?

a. 상관계수가 −1일 경우 무위험포트폴리오를 만들기 위한 구성비율은 $w_1 = \frac{\sigma_1}{\sigma_1 + \sigma_2}$, $w_2 = \frac{\sigma_1}{\sigma_1 + \sigma_2}$이다.
b. 만약 $\sigma_1 = 0$이고, $w_1 = w_2 = 0.5$이면 포트폴리오의 표준편차는 $0.5\sigma_2$이다.
c. 상관계수가 양수이면 포트폴리오의 표준편차는 항상 σ_1보다 크거나 같다.

① a ② b ③ a, b ④ b, c

19 [CPA 1차 유사문제] 주식 A의 수익률의 평균(=기대값)과 표준편차는 각각 9%와 20%이고, 주식 B의 수익률의 평균과 표준편차는 각각 5%와 10%이다. 이 두 주식에 분산투자하는 포트폴리오 C의 수익률의 평균과 분산에 관한 주장 중 맞는 것을 모두 골라라. 단, 주식의 공매도(short sale)가 가능하며, 두 주식의 수익률의 공분산은 0이다.

a. 포트폴리오 C의 수익률의 평균이 29%가 될 수 있다.
b. 포트폴리오 C의 수익률의 평균이 0%가 될 수 있다.
c. 포트폴리오 C의 수익률의 평균이 −5%가 될 수 있다.
d. 포트폴리오 C의 분산이 0이 될 수 있다.

① a, c ② b, c, d
③ a, b, c ④ a, b, c, d

[주관식 문제]

01 다음 용어들을 간략하게 설명하라.

(1) 공분산 (2) 무차별곡선
(3) 마코위츠 이론 (4) 최소분산포트폴리오
(5) 기회집단 (6) 효율적 포트폴리오
(7) 지배원리 (8) 최적포트폴리오

02 [Markowitz 이론] Markowitz의 포트폴리오 선택이론의 요점을 논하라.

03 [Markowitz 이론] 포트폴리오 구성과 위험분산의 관계를 논리적으로 설명하라.

04 [포트폴리오 위험] 상장기업 중 두 기업을 임의로 선택하여 투자비중과 상관계수가 달라짐에 따라 포트폴리오 수익률과 위험이 어떻게 변화하는지를 보여라.

05 [포트폴리오 위험과 수익률]

(1) A주식과 B주식으로 구성된 포트폴리오는 다음과 같다.

두 주식간 상관계수 = .4			
주식	σ	수익률	투자비중
A	28	15	60%
B	42	21	40%

포트폴리오 위험과 수익률을 구하라.

(2) 두 주식포트폴리오에 C주식을 추가할 경우 포트폴리오 위험과 수익률을 구하라.

C주식과 기존 포트폴리오와의 상관계수 = .3			
주식	σ	수익률	투자비중
A + B	28.1	17.4	50%
C	30.0	19	50%

06 [위험프리미엄과 증권가격] 어떤 위험포트폴리오를 연초인 지금 매입하면 연말에 가서 1,500,000원이 될 확률이 0.5, 500,000원이 될 확률이 0.5이다. 현재 1년 만기 정기예금 금리(= 무위험자산 수익률)는 12%이다.

(1) 만약 당신이 정기예금 금리보다 3% 더 높은 위험프리미엄을 요구한다면 이 위험(포트폴리오)를 얼마에 매입하겠는가?

(2) (1)에서 계산한 금액으로 그 자산을 연초에 매입했다면 기대수익률은 얼마인가?

(3) 만약 8%의 위험프리미엄을 요구한다면 매입가격은 얼마인가?

(4) (1)과 (3)의 답을 비교할 때 포트폴리오 위험프리미엄과 포트폴리오 가격에는 어떤 관계가 있는가?

07 [무차별곡선] 포트폴리오이론에서 효용함수(U), 위험회피계수(A), 포트폴리오 기대수익률[$E(r)$], 그리고 포트폴리오 위험(σ)은 다음과 같은 관계가 있다.

$$U = E(r) - 0.005A\sigma^2$$

동일한 효용수준 $U = 0.05(= 5\%)$에서 위험회피계수(A)가 $A = 3$, $A = 0$, 그리고 $A = -3$인 경우 무차별곡선을 평균-분산(mean-variance)평면에 그려라.

08 [효용함수와 투자선택기준] 1년 만기 정기예금(= 무위험자산)에 투자하면 12%의 이자율을 얻고 위험은 없다. 그러나 주식형 펀드(= 주식포트폴리오)에 투자하면 30%의 기대수익률을 얻지만 위험은 37%이다. 위험회피계수 A가 3인 위험회피형 투자자는 이 두 투자안 중 어느 것을 선택할까? $A = -3$인 위험선호형 투자자

는 어떤가? 투자선택기준을 효용(U)으로 하고 효용함수 $U = E(r) - 0.5A\sigma^2$을 이용하라.

09* [포트폴리오 위험과 공분산] 양모회사와 합섬회사는 모두 같은 섬유업이지만 양모회사는 천연섬유를 주원료로 하므로 기후나 지형변화에 민감하다. 양모회사가 양모위기를 맞게 되면 수익성이 저조하여 투자수익률이 낮아지지만 이 경우 합섬회사는 오히려 호황을 맞을 수 있다. 양모공급이 정상적인 경우와 비정상적인 경우 수익률이 다음과 같으며, 각 경우의 발생확률 또한 예측되어 있다.

	정상적인 경우		양모위기
	호황장세	불황장세	
발생확률	0.5	0.3	0.2
양모회사 기대 수익률	0.25	0.10	−0.25
합섬회사 기대 수익률	0.10	−0.05	0.20

(1) 두 회사에 각각 50%씩 분산투자하여 포트폴리오를 구성한 어느 기관투자가의 기대수익률과 표준편차를 구하라.

(2) 양모회사와 합섬회사 사이의 공분산은 얼마인가?

(3) 포트폴리오 표준편차(= 위험)를 두 위험자산 포트폴리오 위험계산에 의해 구하고, 그 결과가 (1)에서 구한 표준편차와 일치함을 보여라.

10 [주식수익률과 정규분포] 다음과 같이 현재 주가가 12,000원으로 거래되고 있는 어느 주식의 연말배당금과 연말가격에 대한 예측치와 확률이 주어져 있다.

확률	연말배당금(원)	연말주가(원)
0.10	0	0
0.20	250	2,000
0.40	400	14,000
0.25	600	20,000
0.05	850	30,000

(1) 각 경우에서 주식수익률을 계산하라.

(2) 기대수익률과 편차는?

(3) 왜도(3차 모멘트: skewness)를 구하고 그 정도를 해석하라.

제 7 장

무위험자산과 자본시장선

01 무위험자산과 위험자산의 결합

마코위츠의 포트폴리오 이론에서는 투자대상을 위험자산으로 제한하였다. 그러나 투자대상은 위험자산뿐만 아니라 정부가 발행한 국채나 단기금융자산인 CD 또는 MMF와 같은 무위험자산도 존재한다.

마코위츠의 효율적 경계선은 위험자산에만 투자하는 경우 그 의미가 있다. 그러나 무위험자산을 고려하게 되면 마코위츠의 효율적 곡선은 더 이상 이성적 투자자의 효율적 경계선이 되지 않는다.

1 무위험자산의 의미

무위험자산(risk free assets)은 일반적으로 채무불이행 위험이 없는 자산을 일컬으며, 대개 정부가 발행하는 단기국채를 말한다. 투자론이나 금융경제학에서 말하는 무위험자산수익률(r_f)를 기대수익률$E(r)$의 표준편차(σ)가 제로(0)이다. 좀 더 구체적으로 말하면 미국 재무성(Department of Treasury) 발행 단기국채인 30일 또는 90일 만기의 Treasury bill이 무위험자산에 해당되는데 우리나라에서 이와 유사한 무위험자산이라면 90일 만기의 단기국채일 것이다. 우리나라에서는 3개월 만기의 CD(양도성 예금증서), MMF, CMA, 환매채(RP) 등을 무위험자산으로 사용한다.

무위험자산은 채무불이행 위험은 없으나 인플레이션 위험이나 이자율 위험까지 없는 것은 아니다. 진실로 무위험자산은 이러한 위험까지도 없는 자산이어야 하지만 현실로 그런 자산을 찾기란 거의 불가능하다. 하지만 단기간의 만기를 가진 국채 또는 MMF는 주식에 비해 상대적으로 거의 위험이 없다고 보아야 할 것이다.

2 무위험자산과 위험자산의 결합

기관투자가이든 개인투자가이든 자본배분결정(capital allocation decision)의 첫단계는 투자원금을 위험자산과 무위험자산에 어떻게 배분하는가이다. 투자원금 총액을 1, 즉 100%라 할 때 투자원금 중 w를 위험자산에 투자한다면 나머지$(1-w)$는 무위험자산에 투자하는 셈이다. 만약 위험자산의 기대수익률과 위험을 $E(r_i)$와 σ_i, 그리고 무위험자산의 수익률을 r_f라 할 때 포트폴리오 기대수익률 $E(r_P)$와 σ_P는 다음과 같다.

$$\text{포트폴리오 기대수익률 } E(r_p)=wE(r_i)+(1-w)r_f=r_f+w\{E(r_i)-r_f\} \tag{7-1}$$

$$\text{포트폴리오 위험 } \sigma_p=\mathrm{w}\sigma_i \tag{7-2}$$

구체적으로 예를 들어보자. 투자자 A씨는 원금 100만원 중 일부는 연금리 5%가 보장되는 MMF에 투자하고 그 나머지는 연 8%의 투자수익률이 기대되는 포스코(주)에 투자하려고 한다. 지난 1년간 포스코주식의 수익률 변동성인 표준편차는 14.7%로 판명되었다. 매우 보수적인 투자자 A씨는 50만원은 MMF에, 나머지 50만원은 포스코주식 매입에 투자하였다고 하자.

이 경우 투자자 A씨의 예상기대수익률은 $0.5\times5\%+0.5\times8\%=6.5\%$이고, 투자위험은 $0.5\times14.7\%=7.35\%$이다. 그의 투자에 따르는 위험프리미엄은 3%이다. 현재 그는 위험프리미엄에 50%의 비중을 두었으므로 그의 예상 기대수익률은 무위험금리 5%에 $0.5\%\times3\%=1.5\%$의 위험프리미엄을 합한 6.5%이다.

위험자산과 무위험자산으로 구성된 포트폴리오 기대수익률 $E(r_P)$는 무위험자산수익률 r_f와 위험프리미엄$[E(r_i)-r_f]$에 달려 있으며, 투자자들은 위험회피형이므로 위험자산에의 투자비중 w를 늘릴수록 더 높은 위험프리미엄을 원한다. 무위험자산과 위험자산을 결합한 포트폴리오 위험 σ_P는 「위험자산비중 × 위험자산 표준편차 $=w\sigma_i$」 이다.

위의 식 (7-2)에서 이므로 이를 식 (7-1)에 대입하면 다음과 같다.

$$E(r_p)=r_f+\frac{\sigma_P}{\sigma_i}\{E(r_i)-r_f\}=r_f+\frac{E(r_i)-r_f}{\sigma_i}\sigma_p \tag{7-3}$$

식 (7-3)은 위험자산과 무위험자산으로 구성된 포트폴리오 기대수익률 $E(r_P)$가 그 위험 σ_P의 함수로서 r_f를 상수로 하고 $\frac{E(r_i)-r_f}{\sigma_i}$를 기울기로 하는 직선임을 나타낸다. 이 그래프를 $y=a+b$의 형태로서 $E(r_P)$를 y축으로, σ_P를 x축으로 하여 그리면 [그림 7-1]과 같다.

그림 7-1 **자본배분선(CAL)**

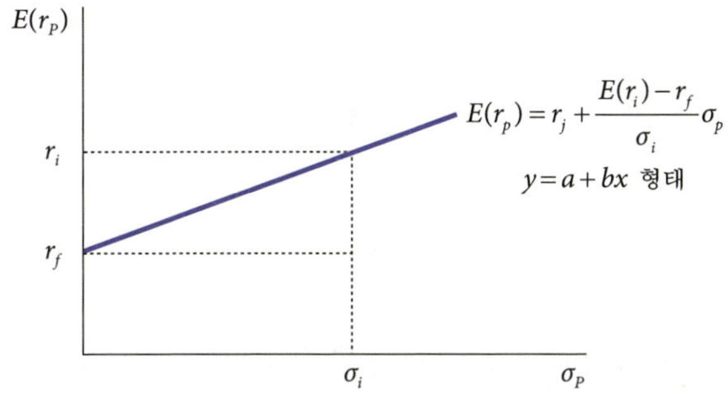

[그림 7-1]과 같은 직선을 자본배분선(CAL: Capital Allocation Line)이라 한다. 자본배분선은 투자자가 선택할 수 있는 위험자산과 무위험자산의 조합을 나타내는 투자기회(investment opportunity)이며, 그 기울기는 위험 한 단위당 위험프리미엄의 크기를 측정하는 위험보상비율(reward-to-variability ratio: RVAR 샤프 Sharpe 비율이라고도 함) 이다. 기울기가 클수록 자본배분의 효율성이 높아진다.

예제 7-1

투자자 A씨는 100만원의 투자자금을 어디에 투자할지 투자계획을 세우고 있다. 그는 자신의 자본을 MMF(r_f)와 POSCO 주식[$E(r_i)$]에 배분하기로 하였다. 각 투자대상의 기대수익률$E(r_i)$와 위험 σ이 다음과 같을 때 물음에 답하라.

$$\text{MMF 금리 } r_f = 5\%, \qquad \text{POSCO 주식} \begin{cases} \text{기대수익률 } E(r_i) = 8\% \\ \text{위험 } \sigma_i = 14.7\% \end{cases}$$

[물음 1] 주식투자비중을 w라 할 때 포트폴리오 기대수익률 $E(r_P)$와 위험 σ_i을 구하라.

[물음 2] 자본배분선(CAL)을 구하고 $E(r_P)$를 y축으로, σ_P를 x축으로 하는 좌표축에 이 선을 나타내어라.

[물음 3] 위험보상비율(reward–to–variability ratio: RVAR)의 의미를 설명하라.

풀이 1 $E(r_p) = wE(r_i) + (1 - w)r_f = r_f + w\{E(r_i) - r_f\} = 5 + w(8 - 5) = 5 + 3w$

$\sigma_p = w\sigma_i = w14.7$

풀이 2 $\sigma_p = 14.7w$에서 $w = \frac{\sigma_P}{14.7}$이므로

이것을 $E(r_p)$식에 대입하면

$$E(r_p) = 5 + 3 \times \frac{\sigma_P}{14.7} = 5 + \frac{3}{14.7}\sigma_p = 5 + 0.2\sigma_p$$

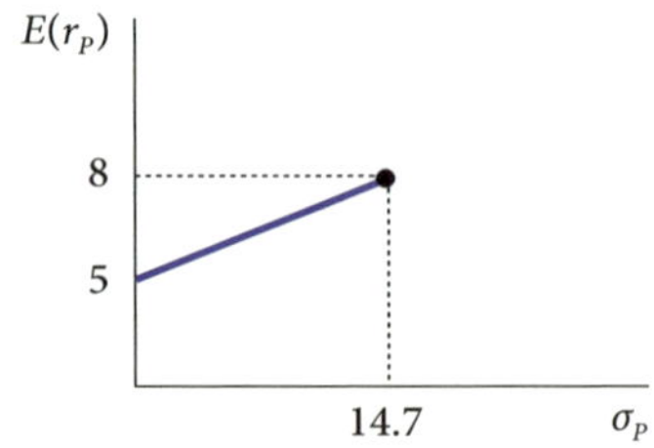

풀이 3 기울기 = 위험보상비율 = 0.2

주식 위험이 1단위 증가할 때마다 요구되는 위험프리미엄의 크기는 0.2이다.

3 무위험자산과 위험자산의 최적결합

위험주식으로만 구성된 위험포트폴리오 기회집합을 확정한 후 다음 단계는 무위험자산을 도입하는 것이다. 위험포트폴리오와 무위험자산의 최적 결합은 두 자산간을 연결하는 자본배분선(CAL)의 기울기를 최대로 하는 것이다. [그림 7-2]에서 효율적 경계선의 P점이 바로 CAL의 기울기를 최대로 하는 점으로서, 위험보상비율(reward-to-variability) 또한 최대인 점이다. 이 P점은 점 r_f에서 그은 직선 CAL이 효율적 경계선과 접하는 접점이다. 만약 이 직선이 점 A와 같이 효율적 경계선을 가로질러(crossing) 갈 때 CAL의 기울기는 점 P일 때보다 작다.

점 P에 관해서 가장 주목해야 할 사실은 이 점은 투자자들의 위험선호도에 관계없이 항상 같다는 것이다. 투자자들의 위험선호도는 다만 이렇게 정하여진 CAL선상에서 어느 한 점을 선택할 때에만 고려될 뿐이다. 즉 위험회피형 투자자는 위험포트폴리오보다 무위험자산에 더 많은 투자비중을 둘 것이고, 위험선호형 투자자는 이와 반대일 것이다. 하지만 위험회피형 투자자나 위험선호형 투자자나 모두 포트폴리오 P를 적정위험 투자안으로 사용하는 점에서는 공통이다. 이와 같은 논리를 분리이론이라 한다.[1]

1 여기서 얘기하는 분리이론은 경제학에서 말하는 피셔의 분리정리(Fisher's separation theorem)와는 다르다. 피셔의 분리정리란 투자결정과 소비결정이 상호분리되어 있다는 내용으로서, 완전자본시장을 가정할 때 투자결정은 소비결정시 고려되는 개인의 주관적 효용함수와 관계없이 독립적으로 이루어진다는 내용이다.

그림 7-2 무위험자산과 위험자산의 최적결합 그리고 자본배분

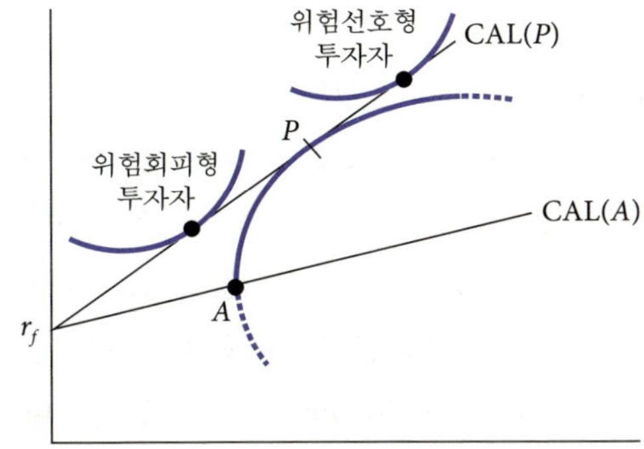

분리이론(separation theory)이란 적정포트폴리오는 투자자의 위험선호도와 관계없이 이루어진다는 뜻이다. 분리이론에 의하면, 포트폴리오 선택과정에서 포트폴리오 매니저의 적정포트폴리오 결정과 일반투자자의 위험선호도에 따른 자본배분은 분리되어 있다. 위험자산으로 구성된 효율적 포트폴리오가 주어진 상태에서 투자자들은 자신의 위험선호도에 따라 투자자금을 무위험자산과 효율적 포트폴리오에 최적으로 배분하여 포트폴리오를 완성한다. 위험자산 포트폴리오 *P*와 무위험자산에 어느 정도 투자자본을 배분할 것인가는 투자자의 위험회피 정도에 달려 있다. 위험을 싫어하는 위험회피형 투자자(예를 들어 70대 은퇴자)는 위험자산보다는 무위험자산에 더 많이 투자할 것이다. 반대로 위험선호형 투자자는 위험자산에 더 많이 투자할 것이다. 이와 같은 논지는 [그림 7-2]에 나타나 있다.

02

자본시장선과 시장포트폴리오

1 자본시장선과 시장포트폴리오

자본배분선(CAL)은 투자자가 위험자산과 무위험자산에 투자자본을 배분

할 수 있는 투자기회(investment opportunity)를 제공해 준다. 여기서 위험자산 집합을 시장포트폴리오(M)로 할 때 생기는 투자기회가 바로 자본시장선(CML: Capital Market Line)이다.

시장포트폴리오(market portfolio)는 이론적으로 증권시장에 존재하는 모든 자산으로서 포트폴리오를 구성할 때의 조합을 의미한다. 그러나 실제적으로는 모든 상장증권의 시가조합 또는 한국의 KOSPI와 미국의 S&P500과 같이 증권시장을 대표하는 일부 종목의 시가합계로 구성되는 포트폴리오를 말한다. 따라서 시장포트폴리오는 대단히 잘 분산된 포트폴리오이며, 개별 주식에 대한 분석이 요구되지 않는 소극적 투자전략(passive investment strategy) 대상으로서 가장 적합하다.[2]

소극적 투자(passive investment)란 잘 분산된 시장포트폴리오에 분산투자하는 것이다. 가장 대표적인 소극적 투자의 예는 시장 인덱스 펀드(index fund) 투자이다.

소극적 투자전략에 의해 투자자에게 주어진 투자기회가 곧 자본시장선(CML)이다. 이와 같은 소극적 투자전략은 다음과 같은 이점을 가진다.

첫째, 적극적(active) 투자전략에 비해 시간, 노력, 그리고 비용이 절감된다. 적극적 투자전략은 적극적으로 증권을 분석하고 선별적으로 낮게 평가된 몇몇 종목에 투자하여 매매차익을 극대화하는 것이다.

둘째, 증권시장이 효율적이 될수록 소극적 투자전략은 고도로 분산된 포트폴리오를 구성하므로 최소 위험의 적정기대이익을 제공한다.

결론적으로 말하면 소극적 투자전략은 무위험자산과 위험자산의 집합인 시장포트폴리오(M)에 투자자본을 배분한다. 이때 생기는 투자기회집합이 곧 자본시장선(CML)이다. 자본배분선(CAL)의 구체적인 경우가 자본시장선(CML)이라고도 할 수 있다. 자본시장선의 일반식과 그래프는 [그림 7-3]과 같다.

$$\text{자본시장선 CML: } E(r_p) = r_f + \frac{E(r_m) - r_f}{\sigma_m}\sigma_p \qquad (7\text{-}4)$$

여기서 $E(r_p)$: 포트폴리오 기대이익률
r_f: 무위험자산 금리
$E(r_m)$: 시장포트폴리오 기대이익률
σ_m: 시장포트폴리오 위험
σ_p: 포트폴리오 위험

---

2 passive를 '수동적'으로 번역하기도 한다.

그림 7-3 자본시장선(CML)

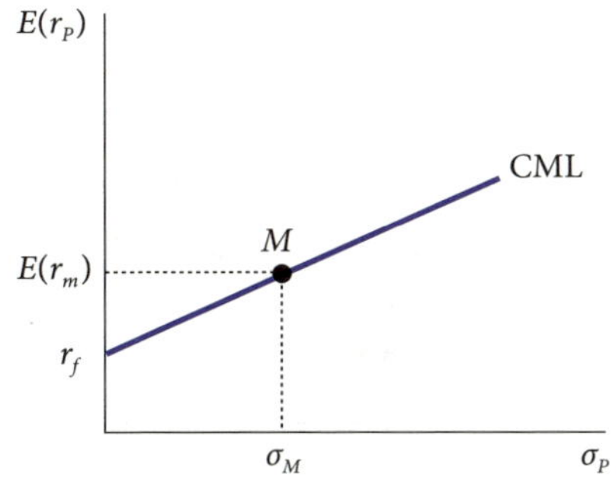

구체적으로 소극적 투자의 예를 들어보자. 펀드매니지 B씨는 100억원의 펀드자금 운용을 KOSPI 움직임을 가장 잘 반영하는 50개의 우량주식종목에 시가총액비중으로 분산투자하였다. 이 시장복제펀드는 KOSPI를 대표하는 인덱스펀드(indexfund)의 하나이다. 투자자 A씨는 투자자금 100만원 중 현금성 무위험자산인 MMF에 50만원을 투자하고 나머지 50만원을 펀드매니저 B씨가 운용하는 index fund에 투자하였다고 하자. 지난 3년간 이 index fund의 투자수익률 평균은 8%, 표준편차는 10%였다. 현재 90일 만기 MMF의 수익률은 5%이다. 이 경우 자본시장선은 절편(intercept 또는 constant)이 5%이고 기울기가 $(8 - 5)/10 = .3$%이다. 자본시장선의 식은 $E(r_p) = 5 + 0.3\sigma_p$이다.

2 차입포트폴리오

대부분의 투자자는 투자원금 범위 내에서 위험자산과 무위험자산에 그 자본을 배분하지만 일부 투자자는 차입을 해서라도 주식에 투자한다. 이 경우 위험자산인 주식에 대한 투자비중은 그의 투자원금보다 더 높아진다. 물론 은행에서의 차입이자율은 정기예금이자율 r_f보다 높은 것이 보통이다. 차입을 해서 위험자산에 투자한 포트폴리오를 차입포트폴리오(borrowing portfolio)라 하고, 이때 포트폴리오의 기대수익률은 전보다 더 높아지고 위험 또한 더 커진다.

여기에 비해 투자자본의 일부를 정기예금에 투자한 포트폴리오를 대출포트폴리오(lending portfolio)라 한다.[3] 차입포트폴리오의 경우 차입이자율이 대출

3 예금을 한 것은 투자자의 입장에서 보면 은행에 대출을 해 준 셈이다. 투자자가 단기국채를 매입하는

그림 7-4 차입포트폴리오

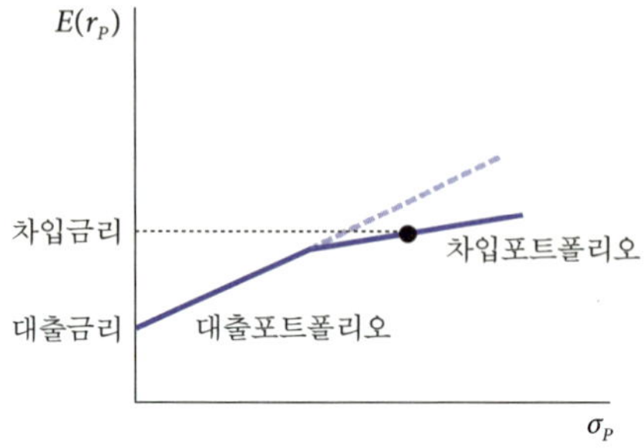

이자율(즉, 정기예금금리)보다 높으므로 자본배분선(CAL)의 기울기는 그 전보다 경사가 완만해진다.

3 차입이자율이 예금금리보다 높은 경우와 적정포트폴리오

일반적으로 정기예금금리보다 차입금리가 높은 것이 현실이다. 따라서 지금까지 무위험자산과 위험포트폴리오 사이의 자본배분(capital allocation)에서는 정기예금금리(대출이자율, lending rate)만 가정했으나, 이제부터는 정기예금금리보다 높은 차입이자율(=borrowing rate)을 고려해 보자.

그림 7-5 서로 다른 대출이자율과 차입이자율 및 적정 포트폴리오

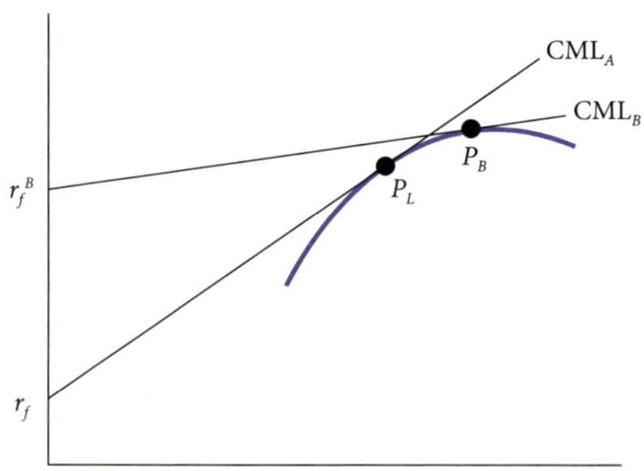

것 역시 국가에 대출해 준 셈이다. 마찬가지로 은행의 입장에서 보면 고객의 예금은 바로 부채이다.

[그림 7-5]에서와 같이 정기예금금리보다 높은 차입이자율 r_f^B로 자본을 빌려서까지 위험포트폴리오에 투자하려는 투자자들은 P_L보다는 P_B를 적정포트폴리오로 여긴다. 따라서 적정포트폴리오 P_B와 차입이자율 r_f^B를 연결하는 자본배분선은 CAL_B로서 원래의 자본배분선인 CAL_A보다 기울기가 더 작다. 기울기가 작다는 것은 위험보상률(reward to variability)이 작다는 의미로서 단위위험에 대한 보상, 즉 기대이익이 작다.

예제 7-2 차입포트폴리오의 자본배분선(CAL)

투자자 金씨는 주식에 대한 투자를 확대하기 위해 은행에서 40,000원을 연리 6%로 차입, 모두 140,000을 주식에 투자하였다. 투자원금 100,000 중 60,000원을 기대수익률이 8%인 주식에 투자한 경우와 이 경우의 $E(r_p)$, σ_p, 자본배분선, 그리고 위험보상률의 의미를 비교·설명하라.

풀이

	대출포트폴리오	차입포트폴리오
주식투자비중	• $w = \frac{60,000}{100,000} = 0.6$	• $w = \frac{140,000}{100,000} = 1.4$
포트폴리오 수익률	• $E(r_p) = 5 + 0.6(8-5) = 6.8\%$	• $E(r_p) = 6 + 1.4(8-6) = 8.8\%$
포트폴리오 위험	• $\sigma_p = 0.6 \times 14.7 = 8.82$ • 기울기 = 위험보상비율 $= \frac{8-5}{14.7} = 0.2$	• $\sigma_p = 1.4 \times 14.7 = 20.58$ • 기울기 = 위험보상비율 $= \frac{8-6}{14.7} = .136$

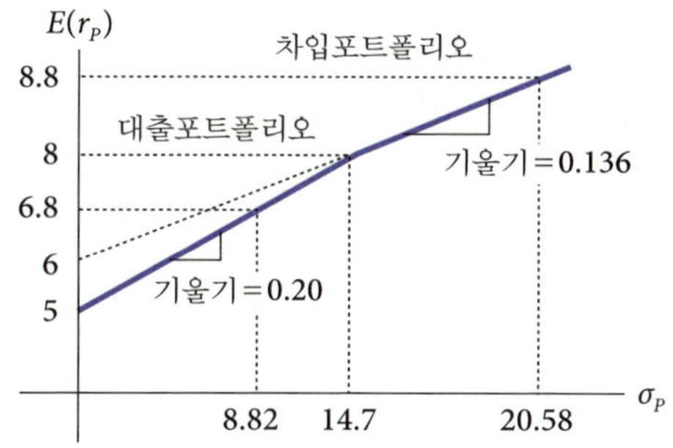

참고 1 적정포트폴리오 계산예*

구체적으로 적정포트폴리오를 구성했을 때 위험자산 투자비중, 기대수익률 그리고 위험을 구해보자. 이는 전제조건이 주어질 때 자본배분선의 기울기를 최대로 하는 선형프

* 참고 1과 참고 2는 강의 수준에 따라 생략할 수 있음.

로그래밍(LP) 문제이다.

S자산투자 비중을 W_S, B자산투자 비중을 W_B, 그리고 자본배분선의 기울기 Sharpe 지수를

$$\text{Sharpe 지수} = \frac{E(r_P) - r_f}{\sigma_P}$$

라 하자. 이 경우 선형프로그래밍식은 다음과 같다.

$$\text{Max Sharpe 지수} = \frac{E(r_p) - r_f}{\sigma_p} \quad (7\text{-}5)$$
$$\text{Subjected to} \sum w_i = 1$$

이 문제를 풀기 위해서 먼저 $E(r_p)$와 σ_p를 $E(r_S)$, σ_S^2, $E(r_B)$, σ_B^2 그리고 $\text{Cov}(r_S, r_B)$로 나타낸다. 그 다음 $W_S = 1 - W_B$로 하여 대치한 후 Sharpe 지수를 W_B로 미분한다. 마지막으로 미분을 0으로 놓은 후 W_B로 정리하면 된다.

이 선형프로그래밍식을 풀게 되면 W_B와 W_S는 다음과 같다.

$$W_B = \frac{\{E(r_B) - r_f\}\sigma_S^2 - \{E(r_S) - r_f\}\text{Cov}(r_S, r_B)}{\{E(r_B) - r_f\}\sigma_S^2 + \{E(r_S) - r_f\}\sigma_B^2 - \{E(r_B) - r_f + E(r_S) - r_f\}\text{Cov}(r_S, r_B)} \quad (7\text{-}6)$$

따라서 $W_S = 1 - W_B$가 된다.

예제 7-3 적정포트폴리오 기대수익률과 위험

다음과 같이 두 위험자산 S자산과 B자산의 기대수익률, 위험, 공분산 그리고 무위험자산(정기예금) 이자율이 주어졌을 때, 두 위험자산과 무위험자산으로 조합된 적정포트폴리오를 구성하고, 그 적정포트폴리오의 기대수익률 W_S, W_B와 위험 σ_P, 그리고 이때 자본배분선의 기울기 sharpe 지수를 구하라.

$E(r_S) = 13\%$, $\sigma_S = 20\%$

$E(r_B) = 8\%$, $\sigma_B = 12\%$

$\text{Cov}(r_S, r_B) = 72\%$

$r_f = 5\%$

풀이 S자산투자 비중을 W_S, B자산투자 비중을 W_B라 하고, 식 (7-6)을 이용하여 적정포트폴리오 구성시 S자산과 B자산의 비중을 구해보자.

$$W_B = \frac{(8-5)400 - (13-5)72}{(8-5)400 + (13-5)144 - (8-5+13-5)72} = 0.40$$

$$W_S = 1 - 0.40 - 0.60$$

따라서 $E(r_p) = W_S E(r_S) + W_B E(r_B) = 0.6 \times 13 + 0.4 \times 8 = 11\%$이다. σ_p는 다음 공식에 대입하여 구한다.

$$\sigma_p = \{W_S^2\sigma_S^2 + W_B^2\sigma_B^2 + 2W_S W_B \text{Cov}(r_S, r_B)\}^{\frac{1}{2}}$$
$$= \{0.6^2 \times 400 + 0.4^2 \times 144 + 2 \times 0.6 \times 0.4 \times 7.2\}^{\frac{1}{2}} = 14.2\%$$

자본배분선의 기울기 Sharpe 지수는 0.42이다.

$$\text{Sharpe 지수} = \frac{E(r_p) - r_f}{\sigma_p} = \frac{11 - 5}{14.2} = 4.2$$

위의 [예제 7-3]에서 계산된 포트폴리오와 자본배분선 CAL(*P*)를 그림으로 표시하면 [그림 7-6]과 같다.

그림 7-6 적정포트폴리오와 자본배분선 CAL(P)

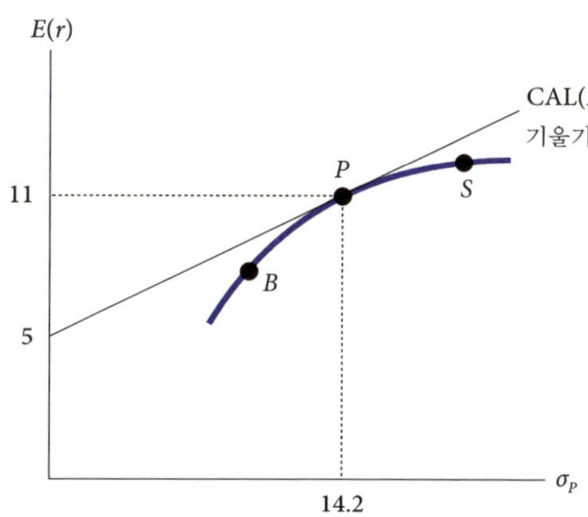

참고 2 적정포트폴리오와 자본배분

그런데 적정포트폴리오를 구성했으나, 위험자산 포트폴리오*P*와 무위험자산에의 투자비중은 아직 결정하지 못하였다. 다시 말해 위험자산 내에서의 배분인 자산배분(asset allocation)은 실현하였으나, 위험자산포트폴리오와 무위험자산으로의 자본배분(capital allocation)은 아직 결정하지 못하였다. 자본배분은 투자자의 위험에 대한 태도에 따라 달라진다. 위험을 싫어하는 위험회피형 투자자는 위험자산포트폴리오보다

그림 7-7 **적정포트폴리오와 무차별곡선**

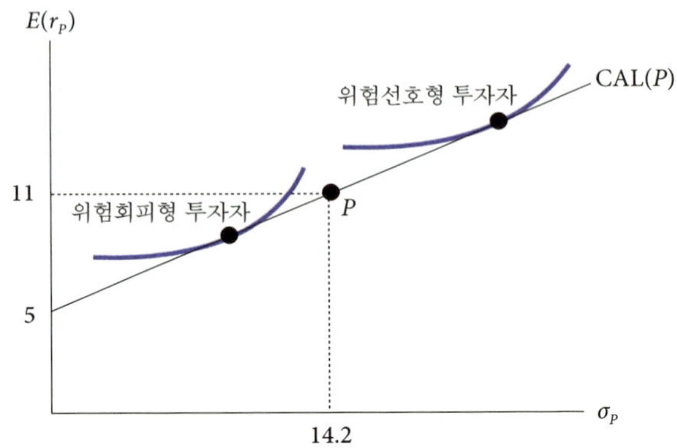

는 무위험자산에 더 많이 투자할 것이고, 반대로 위험선호형 투자자는 위험자산포트폴리오에 더 많이 투자할 것이다. 이와 같은 논리는 [그림 7-7]에 나타나 있다.

위험자산포트폴리오 P와 무위험자산에 어느 정도 투자자본을 배분할 것인가는 투자자의 위험회피 정도 A를 고려할 때 다음과 같은 식으로 나타난다.[4]

$$W_P = \frac{E(r_P) - r_f}{0.01A\sigma_P^2} \qquad (7\text{-}7)$$

여기서 W_p: 위험자산포트폴리오 P의 투자비중
$E(r_p)$: 위험자산포트폴리오 P의 기대수익률
σ_p: 위험자산포트폴리오 P의 위험
r_f: 무위험자산 금리
A: 위험회피 정도

4 위험자산 포트폴리오 P에 투자자본의 일정비율인 y를 투자하여 투자효용을 극대화한다고 가정하면 이때 투자수익률과 위험은 다음과 같다.

$$E(r_c) = r_f + y\{E(r_P) - r_f\}$$
$$\sigma_c^2 = y^2\sigma_P^2$$

앞의 6장에서 식 (6-1)의 효용함수 $U = E(r_c) - 0.005A\sigma^2$를 극대화시키는 y를 구하면

$$\text{Max } U = E(r_c) - 0.005A\sigma^2 = r_f + y\{E(r_P) - r_f\} - 0.005Ay^2\sigma_P^2$$

이다. 여기서 y에 대하여 미분하면 $\partial U/\partial y = E(r_P) - r_f - 0.01yA\sigma_P^2$이므로 이것을 0으로 한 후 y에 대하여 풀면 된다.

예제 7-4 위험자산과 무위험자산의 자본배분(capital allocation)

다음과 같이 위험자산포트폴리오 P와 무위험자산이 주어졌을 때 각각의 자산에 어느 정도 자본을 배분해야 하는가? 甲투자자는 위험을 싫어하는 60대의 정년퇴직 투자자로서 위험회피 정도는 $A=4$이고, 乙투자자는 위험을 무릅쓰고라도 투자수익을 극대화하려는 30대의 회사원으로서 위험회피 정도는 $A=2$라고 가정하라. 위험자산의 포트폴리오는 0.6의 비중을 가진 S자산, 0.4의 비중을 가진 B자산의 조합이다.

위험자산포트폴리오: $E(r_p)=11\%$, $\sigma_p=14.2\%$,
무위험자산: $r_f=5\%$

풀이 식 (7-7)에 주어진 자료를 대입하여 위험자산포트폴리오 P의 투자비중을 구한다.

$$W_P=\frac{E(r_P)-r_f}{0.01A\,\sigma_P^2}$$

[甲투자자]

$$W_P=\frac{11-5}{0.01\times4\times14.2^2}=0.74$$

위험자산포트폴리오 P의 비중: 0.74

$$\begin{cases} S\text{자산의 비중: } 0.74\times0.6=0.44 \\ B\text{자산의 비중: } 0.74\times0.4=0.30 \end{cases}$$

무위험자산의 비중: 0.26

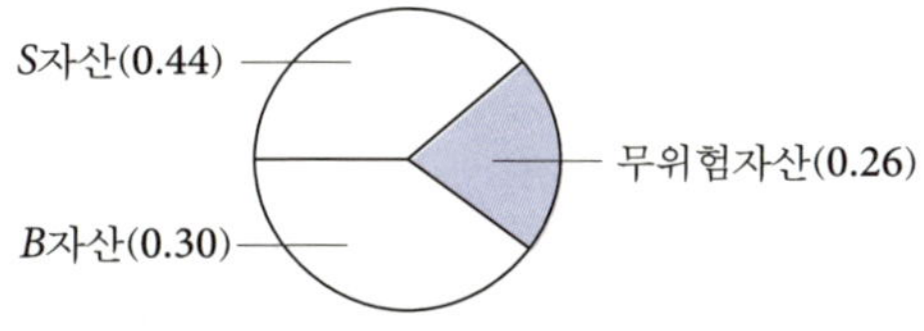

투자비중(전체 1.00)

기대수익률 $=0.74\times11+0.26\times5=9.44\%$
위험 $=W_p\sigma_p=0.74\times14.2=10.51\%$

[乙투자자]

$$W_P=\frac{11-5}{0.01\times2\times14.2^2}=1.4878$$

위험자산포트폴리오 투자비중: 1.4878

$$\begin{cases} S\text{자산의 비중: } 1.4878\times0.6=0.8927 \\ B\text{자산의 비중: } 1.4878\times0.4=0.5951 \end{cases}$$

무위험자산 투자비중: −0.4878(48.78%만큼 차입한다는 의미임)

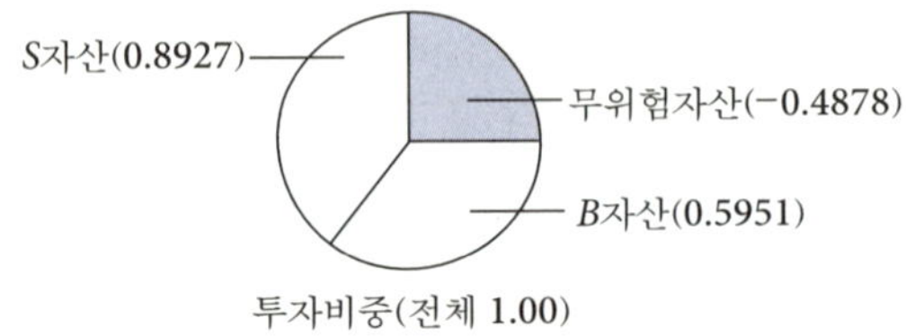

기대수익률 = 1.4878 × 11 + (−0.4878) × 5 = 13.9268%

위험 = 1.4878 × 14.2 = 21.1268%

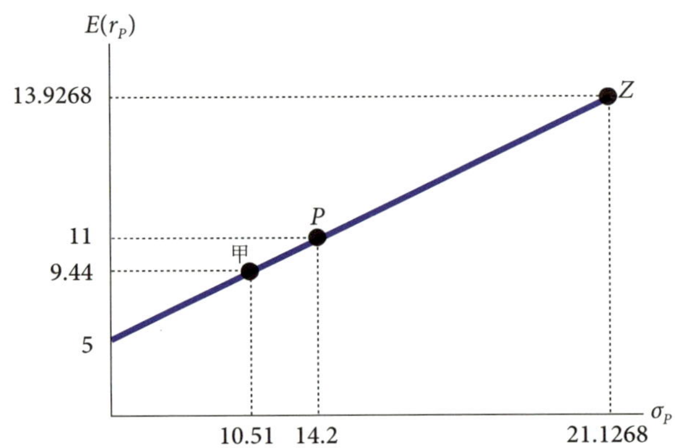

중요영어용어

기울기(slope)
분리이론(separation theory)
위험보상률(reward-to-variability: RVAR)
자본배분(capital allocation)
자본시장선(CML)
적극적(active) 투자전략
차입포트폴리오(leveraged portfolio)
무위험자산(risk-free asset)
시장 포트폴리오(market portfolio)
인플레이션 위험(inflation risk)
자본배분선(CAL)
자산배분(asset allocation)
차입이자율(borrowing rate)
최적화프로그램(optimization program)

관련웹사이트

1. 자본시장연구원 : 자본시장 발전 및 증권산업 경쟁력 확보 연구분야, 증권제도, 업계동향, 출간물.
   ▷ http://www.kcmi.re.kr
2. Deutsche Bank : 독일은행, 금융업, 자본시장, 펀드관리.
   ▷ http://www.db.com
3. Euromoney : 영국금융잡지, 글로벌경제, 자본시장, 투자정보 등 제공.
   ▷ http://www.euromoney.com

연습문제

[객관식 문제]

01 무위험자산(r_f)과 시장포트폴리오(r_m)에 관하여 틀린 내용은?

① 모든 재무적 위험에서 자유로운 무위험자산은 엄밀한 의미에서는 존재하지 않는다.

② 인플레이션이 커짐에 따라 r_f도 커진다.

③ 이론적으로 시장포트폴리오는 금융자산, 실물자산, 인적자산도 포함하는 개념이다.

④ 시장포트폴리오에 투자하는 적극적 투자전략은 시간과 노력을 절약한다.

02 자본배분선(CAL)이 주어졌다고 하자. 이때 투자자의 최적 포트폴리오는 다음 중 어떤 포트폴리오를 선택해야 하는가?

① 위험을 최소로 하는 포트폴리오

② 효용을 최대로 하는 포트폴리오

③ 기대수익률을 최대로 하는 포트폴리오

④ 위험과 기대수익률을 모두 최대로 하는 포트폴리오

03 자본배분선(CAL)에 관하여 틀린 표현은?

① 자본배분선은 위험자산과 무위험자산의 조합을 나타내는 투자기회이다.

② 무위험자산의 존재로 인하여 투자자의 투자기회가 확대되었다.

③ 자본배분선의 기울기가 클수록 투자자의 효용(utility)이 높아진다.

④ 위험보상비율(RVAR)이 클수록 위험회피 경향이 강하다.

04 70세 은퇴자와 35세 회사원의 투자자본을 위험자산과 무위험자산으로 배분하는 기준은 무엇인가?

① 각 투자자의 기대이익 극대화

② 각 투자자의 효용 극대화

③ 각 투자자의 투자 위험 최소화

④ 각 투자자가 감수하는 위험보상 극대화

05 자본시장선(CML)에 대해 틀린 내용은?

① r_f와 시장 포트폴리오를 연결하는 직선이다.

② 자본배분선(CAL) 중 가장 바람직한 선택이다.

③ 자산간의 공분산이 다르면 기울기가 달라진다.

④ 수동적(passive) 투자 전략의 기회를 제공하는 투자조합이다.

06 자본배분선(CAL)이 일직선이 아니고 기울기가 서로 다른 직선으로 연결된 이유는?

① 보상-분산이 증가하기 때문에

② 차입이자율과 대출이자율이 서로 다르기 때문에

③ 투자자의 위험 허용도가 감소하기 때문에

④ 무위험 자산의 비중이 증가하기 때문에

07 차입포트폴리오와 대출포트폴리오에 대하여 틀린 표현은?

① 차입포트폴리오는 차입을 해서 위험자산에 투자원금(100%)보다 더 많이 투자한 경우이다.

② 대출포트폴리오는 투자원금(100%)의 일부를 은행에 예금함으로서 위험자산에 원금보다 더 적게 투자한 경우이다.

③ 차입이자율이 정기예금금리보다 높은 한 자본배분선의 기울기는 더 커진다.

④ 차입포트폴리오는 대출포트폴리오보다 고위험-고기대수익률의 관계를 갖는다.

08 포트폴리오 분리이론을 잘못 설명한 것은?

① 펀드매니저가 설계하는 적정포트폴리오는 투자자 개인의 위험선호도와 분리

되어 있다.

② 위험자산으로 구성된 효율적 포트폴리오에 어느 정도 투자하는지는 투자자의 효용에 달려 있다.

③ 위험자산과 무위험자산의 투자최적조합은 개인의 효용을 고려한다.

④ 소극적 투자전략은 시장포트폴리오를 가장 효율적인 위험자산의 조합으로 본다.

09 [CPA 1차 유사문제] 투자자 갑과 투자자 을이 자본시장선(CML)상에 있는 포트폴리오 중에서 자신의 기대효용을 극대화하기 위해 선택한 최적포트폴리오의 기대수익률과 표준편차는 다음과 같다. 단, 시장포트폴리오의 기대수익률은 18%이며, 무위험이자율은 6%이다.

투자자	기대수익률	표준편차
갑	21%	15%
을	15%	9%

위험회피(risk aversion) 성향이 갑보다는 높지만 을보다 낮은 투자자가 투자원금 1,000만원을 보유하고 있다면 자신의 기대효용을 극대화하기 위한 다음 포트폴리오 중 가장 적절한 것은?

① 500만원을 무위험자산에 투자하고 나머지 금액을 시장포트폴리오에 투자한다.

② 670만원을 무위험자산에 투자하고 나머지 금액을 시장포트폴리오에 투자한다.

③ 80만원을 무위험이자율로 차입해서 원금과 함께 총액인 1,080만원을 모두 시장포트폴리오에 투자한다.

④ 500만원을 무위험이자율로 차입해서 원금과 함께 총액인 1,500만원을 모두 시장포트폴리오에 투자한다.

[주관식 문제]

※ [**문제** 1~8] [포트폴리오 기대수익률과 위험] 펀드매니저 김부장은 주식펀드, 장기국채 및 회사채 펀드, 그리고 단기국채펀드의 세 가지 펀드에 분산투자를 검토하고 있다. 위험펀드인 주식펀드와 채권펀드의 기대수익률과 표준편차는 다음과 같다. 단기국채의 금리는 9%이다.

	기대수익률	표준편차
주식펀드(S)	22%	32%
채권펀드(B)	13%	23%

두 펀드 수익률의 상관계수는 0.15이다.

01 두 위험펀드의 최소분산 포트폴리오(minimum variance portfolio)를 가져오는 투자비중(w)을 계산하라. 그리고 그 경우 포트폴리오 기대수익률과 표준편차를 구하라.

02 두 위험펀드의 투자기회집단(opportunity set)을 주식펀드 투자비중(w_S)을 0%에서부터 20% 단위로 증가시켜 100%까지로 하여 표로 만들고, 평균-분산(mean-variance) 좌표에 그려라.

03 무위험자산(단기국채) 금리로부터 기회집단에 접선을 그려라. 이때 접점에서 이루어지는 적정포트폴리오의 기대수익률과 표준편차를 계산해 보라.

04 적정포트폴리오를 구성하는 주식펀드와 채권펀드의 투자비중과 그 때의 기대수익률 및 표준편차를 계산하라.

05 적정포트폴리오에서 자본배분선(CAL)의 기울기를 구하라.

06 고객 박여사는 목표수익률을 15%로 정하고, 포트폴리오를 구성해 줄 것을 펀드 매니저 김부장에게 요구하면서 또한 그 포트폴리오가 최적 자본배분일 것을 부탁하고 있다.

(1) 이 경우 포트폴리오 위험(=표준편차)은 얼마인가?

(2) 포트폴리오 구성종목과 구성비율은 얼마인가?

07 만약 무위험자산에 자본을 배분하지 않고 오직 위험자산인 주식펀드와 채권펀드에만 투자하여 포트폴리오 기대수익률 15%를 원한다면, 이때 위험(=표준편차)은 얼마인가? 문제 6번에서의 위험크기와 비교하라.

08 차입을 할 수 없다고 가정할 때 똑같은 투자기회에서 목표수익률을 29%로 정할 경우 포트폴리오 위험은 얼마인가? 만약 차입을 할 수 있다고 가정하면 포트폴리오 위험은 얼마인가?

09 [음의 상관계수] 주식시장에서 상관계수가 −1인 두 주식을 찾기가 쉽지 않다. 마침 상관계수가 −1인 두 주식이 다음과 같은 기대수익률과 표준편차를 갖는다.

주식	기대수익률	표준편차
I	8%	40%
J	13%	60%
	상관계수 = −1	

두 주식으로 완전헤지가 가능한 포트폴리오 구성이 가능하다면 이때 무위험자산수익률(r_f)은 얼마인가?

10 [포트폴리오 위험] 1년 안에 투자원금을 두 배로 늘릴 확률이 0.5, 반대로 반으로 줄 확률이 0.5인 투자안의 위험은 얼마인가?

11 [포트폴리오 기대수익률] 1,000,000원으로 포트폴리오를 구성하는 데 다음의 두 기회가 있다고 가정하자.

연 12%의 정기예금 = (무위험자산)
연 25%의 기대수익률을 가진 주식형 펀드(표준편차 = 40%)

만약 두 자산으로 구성된 포트폴리오의 표준편차를 28%로 허용한다면 포트폴리오 기대수익률은 얼마인가?

12 [세 주식의 포트폴리오] 투자금액 가중치가 w_A, w_B, w_C인 세 위험펀드 A, B, C의 포트폴리오 분산(= 위험)을 구하기 위해 분산-공분산 매트릭스(variance-covariance matrix)를 작성하고 분산 계산식을 만들어라.

13 [효율적 경계선] 포트폴리오 관리자들은 마코위츠(Markowitz) 증권선택원리를 이용, 수많은 증권분석을 통해서 효율적 포트폴리오를 구성하고자 한다. 여기에 *A*, *B* 두 포트폴리오 매니저가 있다. 포트폴리오 매니저 *A*의 효율적 프런티어(efficient frontier)는 포트폴리오 매니저 *B*보다 우위에 있다. 우위에 있다는 것은 평균-분산(mean-variance) 좌표에서 효율적 프런티어가 더 우상향(upward right)에 위치하고 있음을 뜻한다. 외부투자자들은 매니저 *A*가 더 높은 기울기의 자본배분선(CAL)을 가지므로 항상 매니저 *B*보다 우수한 투자성과를 낳는다고 생각하게 된다. 과연 외부투자자들의 판단이 정확한지를 논하라.

※ [**문제** 14~19] [자본배분] 펀드 매니저(fund manager) 김부장은 기대수익률이 17%, 표준편차가 27%인 주식형 펀드 포트폴리오를 관리하고 있다. 현재 정기예금(무위험자산)의 금리는 12%이다.

14★ 고객 박여사는 투자금액의 70%를 이 펀드에, 30%를 정기예금에 투자하고 있다. 이 투자자의 포트폴리오 기대수익률과 표준편차는 얼마인가?

15★ 김부장이 관리하는 주식형 펀드는 다음과 같은 종목으로 구성되어 있다.

*A*주식: 30%
*B*주식: 30%
*C*주식: 40%

결국 고객 박여사의 포트폴리오 구성종목과 구성비중은 얼마인가?

16★ 김부장이 관리하고 있는 포트폴리오의 위험보상률(reward-to-variability) 계수는 얼마인가?

17★ 평균-분산(mean-variance) 좌표에 김부장이 관리하는 포트폴리오의 자본배분선(Capital Allocation Line: CAL)을 그려라.

18★ 또다른 고객 이변호사는 목표수익률을 16%로 정하고, 펀드 매니저인 김부장에게 투자상담을 요청하고 있다. 고객의 요구를 만족시키기 위하여 김부장이 해줄 수 있는 조언을 구체적으로 계산하라.

(1) 위험포트폴리오와 정기예금에 각각 투자금액의 몇 %를 투자해야 하는가?

(2) 이 경우 이변호사의 포트폴리오 구성종목과 구성비중은 어떻게 되는가?

(3) 이때 이변호사의 위험(표준편차)은?

19★ 세 번째 고객 박교수는 목표위험이 16%를 넘지 않는 조건으로 포트폴리오를 구성해 줄 것을 펀드 매니저인 김부장에게 요구했다. 이 경우 (1) 주식형 펀드 투자비중과 (2) 기대수익률을 계산하라.

20 [지수펀드] KOSPI의 구성종목과 시가총액비중을 똑같이 따라가는 지수펀드(index fund)가 경쟁증권회사에서 개발되었다. 이 지수펀드의 기대수익률은 15%, 그리고 표준편차(위험)는 25%이다. 현재 정기예금(무위험자산)금리는 12%이다.

(1) 자본시장선(CML)을 도출하고 평균-분산좌표에 그려라.

(2) 첫 번째 고객인 박여사가 경쟁증권회사의 지수펀드에 자신의 투자금액 중 70%를 투자하려고 한다. 지수펀드보다는 김부장이 관리하고 있는 주식형 펀드가 더 유리함을 밝혀라.

제 8 장

자본자산가격 결정모형

자본자산가격결정모형(Capital Asset Pricing Model)은 흔히 CAPM으로 불린다. CAPM은 기대이익률과 위험과의 관계를 정립시킨 균형모델로서 현대 금융경제학과 투자론의 핵심주제라고 할 수 있다.

01 CAPM

1 가 정

1952년 Harry Markowitz에 의해 포트폴리오 선택(portfolio selection)원리가 개발된 이후 12년이 지난 1964년부터 샤프(Sharpe), 린트너(Lintner), 그리고 모신(Mossin)에 의해 CAPM은 개발되었다.[1] CAPM의 결론이나 내용은 "증권의 기대수익률은 체계적 위험의 함수"로서 간단명료하지만, 이러한 결론은 다음과 같은 비현실적인 가정들(assumptions)에 기인한다. CAPM을 비판하는 사람들은 CAPM이 이러한 비현실적인 가정들에 기인했으므로 결론 또한 비현실적이고 너무 단순하다고 주장하지만, CAPM 옹호자들은 이러한 가정들에도 불구하고 CAPM이 복잡한 현실을 아주 단순하고 강력하게 설명해 준다고 맞선다.

CAPM의 가정들은 다음과 같다.

첫째, 증권시장에는 무수한 투자자가 있다. 다른 말로 하면, 각 투자자는 가격순응자(price taker)이다. 이는 미시경제학의 완전경쟁(perfect competition) 가정과 같다.

둘째, 모든 투자자의 투자기간은 단일 동일 기간(one identical period)이다. 여기서 단일기간(one period)이라 함은 투자자들이 한 번 사서 보유했다가 한 번 팔 때까지의 기간을 의미한다. 즉, 다시 한 번 사서 또 파는 소위 복수기간(mul-

1 William Sharpe, "Capital Asset Prices; A Theory of Market Equilibrium," *Journal of Finance*(Sep. 1964).
John Lintner, "The Valuation of Risk Assets and the Selection of Risky Investment in Stock Portfolios and Capital Budgets," *Review of Economics and Statistics*(Feb. 1965).
Jan Mossin, "Equilibrium in a Capital Asset Market," *Econometrica*(Oct. 1966).

tiple periods)은 고려하지 않는다.

셋째, 투자자들이 선택할 투자대상은 공개적으로 거래하는 모든 금융자산이다. 즉 투자대상에 제한은 없다. 그러나 개인기업, 공공시설 또는 인적 자산과 같은 비거래투자대상은 여기서 제외한다.

넷째, 세금과 거래비용은 없다. 사실 투자성과가 배당 또는 자본이득 중 어떤 형태인가에 따라 세금이 달라지지만 여기서는 전혀 고려하지 않는다. 증권거래에 따른 중개수수료 또한 결코 무시할 수 없을 만큼 중요하지만 CAPM 전개과정에서는 고려하지 않는다.

다섯째, 모든 투자자들은 경제상황과 기업성과에 대해 동질적 예측(homogeneous expectations)을 갖는다. 이 결과 투자자들은 증권투자에서 발생하는 미래 현금흐름의 확률분포에 대해 똑같은 예측치를 가지고, 또한 마코위츠(Markowitz)의 증권선택에 필요한 기대수익률과 공분산에 대해 같은 예측치를 갖는다.

여섯째, 투자자들은 어떤 금액이라도 동일한 무위험이자율로 대출 또는 차입할 수 있다.

2 내 용

이상의 가정을 전제로 하여 CAPM은 다음의 핵심내용으로 귀결된다.

첫째, 모든 투자자들은 시장포트폴리오(market portfolio: M)를 갖는다. 시장포트폴리오는 이론적으로 투자가능한 모든 투자대상들의 집합이지만, 실질적으로는 모든 주식 전체 또는 그 중 일부 그룹의 집합을 의미한다. 시장포트폴리오에서 개별 주식의 비중은 그 주식의 시가를 시장전체 주식시가로 나눈 값이다.

둘째, 시장포트폴리오(M)는 효율적 경계선(efficient frontier) 위에 있고, 이 시장포트폴리오(M)와 무위험자산(r_f)을 잇는 자본배분선(CAL)이 바로 자본시장선(CML)이다. 자본시장선은 자본배분선 중에서 가장 기울기가 큰(위험보상비율이 큰) 선이다. 모든 투자자들은 시장포트폴리오를 적정위험포트폴리오로 갖는데, 각 투자자는 위험에 대한 태도 또는 성향에 따라 시장포트폴리오에 대한 투자비중을 결정한다.

셋째, 시장포트폴리오(M)의 위험프리미엄은 시장포트폴리오의 위험과 투자자의 위험회피정도(the degree of risk aversion)에 비례한다. 시장포트폴리오 자체가 적정포트폴리오이므로 시장포트폴리오 분산은 시장전체의 체계적 위험이다.

넷째, 개별증권의 위험프리미엄은 시장포트폴리오 위험프리미엄과 그 개별증권 베타(β)에 비례한다. 이를 식으로 표시하면 다음과 같다.[2]

$$E(r_i) - r_f = \{E(r_M) - r_f\}\beta \qquad (8\text{-}1)$$

여기서 베타(β)는 개별증권의 체계적 위험의 크기를 숫자로 나타낸 값이다. β의 기준값은 1로서 시장포트폴리오(M)의 체계적 위험의 크기이다. 일반적으로 시장(M)보다 체계적으로 변동성이 큰 개별증권 또는 회사의 베타는 1보다 크다. 반대로 베타가 1보다 작은 회사는 시장(M)에 비해 변동성이 시스템적으로 작다. 구체적으로 예를 들면, 경기에 민감한 업종이나 첨단벤처기업의 베타값은 1보다 크다. 그러나 경기에 민감하게 반응하지 않는 경기중립적 업종이나 전력·가스와 같은 유틸리티(utility) 산업의 베타값은 1보다 작다.

3 베타와 개별증권의 기대수익률

개별증권의 기대수익률은 그 개별증권이 속하게 될 포트폴리오의 위험에 의해 결정된다. 다시 말해서 개별증권의 위험 그 자체의 크기가 문제가 아니라, 개별증권 위험이 시장포트폴리오에 어느 정도의 영향을 받는지가 문제이다. 예를 들어 선탠(ST)로션회사의 기대수익률은 선탠로션회사 주식의 자체의 분산에 의해 결정되어지는 것이 아니라 그 주식이 포함되어질 시장포트폴리오의 위험으로부터 어떠한 영향을 받느냐에 따라 결정되어진다. 선탠로션회사 주식을 가지고 있음으로써 야기되는 포트폴리오 수익률은 선탠로션회사와 시장포트폴리오와의 공분산(covariance)에 의해 결정된다. 이와 같은 관계는 다음 식으로 표시된다.

$$E(r_{ST}) = r_f + \lambda \mathrm{Cov}(r_{ST}, r_m) \qquad (8\text{-}2)$$

여기서 $E(r_{ST})$: 선탠로션회사(ST)의 기대수익률
r_f: 무위험자산 수익률
r_m: 시장포트폴리오 수익률(=KOSPI 수익률)
λ: 위험의 시장가격

2 여기서 등호 왼편의 r_f를 등호 오른쪽으로 보내면 기대수익률은 다음과 같이 표시된다.

$$E(r_i) = r_f + \{E(r_M) - r_f\}\beta$$

다시 말하면 선탠로션회사와 시장포트폴리오 위험은

$$\text{선탠로션회사의 시장포트폴리오 위험프리미엄} = \lambda \text{Cov}(r_{ST}, r_m)$$

의 관계로 표시된다. 예를 들면, 공분산이 양(+)이면 선탠로션회사는 시장포트폴리오 수익률 움직임과 플러스(+) 관계를 가지고, 이는 곧 선탠로션회사가 시장전체와 같은 방향으로 움직인다는 뜻이다.

식 (8-2)는 시장균형을 나타내는 관계식이므로 시장포트폴리오에 대해서도 같은 관계식이 성립한다.

$$E(r_m) = r_f + \lambda \text{Cov}(r_m, r_m) = r_f + \lambda \sigma_m^2 \tag{8-3}$$

여기서 $\lambda = \{E(r_m) - r_f\}/\sigma_m^2$이므로 이것을 식 (8-2)에 대입하면 다음과 같다.

$$\begin{aligned} E(r_{ST}) &= r_f + \frac{E(r_m) - r_f}{\sigma_m^2} \text{Cov}(r_{ST}, r_m) \\ &= r_f + \{E(r_m) - r_f\} \frac{\text{Cov}(r_{ST}, r_m)}{\sigma_m^2} \\ &= r_f + \{E(r_m) - r_f\} \beta_{ST} \end{aligned} \tag{8-4}$$

식 (8-4)에서 $\{\text{Cov}(r_{ST}, r_m\}/\sigma_m^2$은 선탠로션회사와 시장포트폴리오 수익률 사이의 공분산을 시장포트폴리오 분산으로 나눈 값이다. 이는 선탠로션회사의 β_{ST}이다.

CAPM에 의하면 개별주식의 기대수익률 $E(r_i)$는 무위험자산 수익률에 β로 측정되는 개별기업의 위험프리미엄을 더한 값이다. CAPM의 일반식은 다음과 같으며, 이를 기대수익률-베타(expected return-beta) 관계식이라 한다.

$$E(r_i) = r_f + \beta_i \{E(r_m) - r_f\} \tag{8-5}$$

예제 8-1 채권투자와 주식투자의 비교

P회사의 베타계수(β)가 0.6이고 KOSPI(=시장포트폴리오) 기대수익률이 10% 그리고 CD금리(=무위험수익률)가 5%일 때 P회사의 균형기대수익률은 얼마인가?

풀이 $\beta = 0.6$, $E(r_m) = 10\%$, $r_f = 5\%$

CAPM: $E(r_P) = r_f + \beta\{E(r_m) - r_f\} = 5 + 0.6(10 - 5) = 8\%$

그런데 이와 같은 기대수익률-베타 관계가 모든 개별주식에 성립한다고 하면, 시장포트폴리오를 구성하는 모든 개별자산에 대해서도 마찬가지로 성립한다. 따라서 그 개별주식 각각의 비중을 w_1, w_2, $\cdots$, w_n이라 하면, 다음과 같이 개별주식의 수익률과 그 비중합을 구할 수 있다.

$$
\begin{aligned}
w_1E(r_1) &= w_1r_f + w_1\beta_1\{E(r_m) - r_f\} \\
w_2E(r_2) &= w_2r_f + w_2\beta_2\{E(r_m) - r_f\} \\
+ \ \vdots & \qquad + \ \vdots \\
w_nE(r_n) &= w_nr_f + w_n\beta_n\{E(r_m) - r_f\} \\
\hline
\sum_{i=1}^{n} w_iE(r_i) &= r_f + \sum_{i=1}^{n} w_i\beta_i\{E(r_m) - r_f\}
\end{aligned}
$$

개별주식 수익률을 합하면 $\sum_{i=1}^{n} w_iE(r_i) = E(r_m)$이고 $\sum_{i=1}^{n} w_i\beta_i = \beta_m$이므로

$$E(r_m) = r_f + \beta_m\{E(r_m) - r_f\}$$

가 된다.

이 등식이 성립하기 위해서 $\beta_m = 1$이 되어야 한다. 따라서 시장포트폴리오의 베타(β_m)는 1이 되며, 이것은 β의 정의에서

$$\beta_m = \frac{\text{Cov}(r_m, r_m)}{\sigma_m^2} = \frac{\sigma_m^2}{\sigma_m^2} = 1 \tag{8-6}$$

로 분명히 확인될 수도 있다. 일반적으로 가 1보다 큰 주식은 공격적(aggressive) 주식이고, β가 1보다 작은 주식은 방어적(defensive) 주식으로 간주된다.

4 증권시장선

CAPM은 개별자산의 위험프리미엄이 베타와 시장포트폴리오의 위험프리미엄의 곱이라고 밝히고 있다. 즉 개별자산의 위험프리미엄 $= \beta\{E(r_M) - R_f\}$이다. 따라서 CAPM에 의하면 개별자산의 기대수익률은 무위험자산 수익률에 위험프리미엄을 더한 식으로서 다음과 같다.

$$E(r_i) = r_f + \beta_m\{E(r_m) - r_f\}$$

이 식에서 β를 x축으로 하고 기대수익률 $E(r_i)$를 y축으로 하여 그린 직선을 증권시장선(SML)이라 하며, [그림 8-1]에 나타나 있다.

증권시장선(SML: Security Market Line)의 특징 및 중요한 의의는 다음과 같다.

첫째, 시장포트폴리오 자체의 β값은 1이므로 이때의 기대수익률은 $E(r_M)$이다.

둘째, 어느 개별자산의 β값에 대응한 균형기대수익률 $E(r_i)$는 반드시 SML선상에 있다. 이때의 주식가격은 적정가격(fair price)으로서 기업의 내재가치(intrinsic value, 진실가치(true value)라고도 함)를 반영한다.

셋째, 어느 주식의 예상수익률이 그에 상응하는 β에서 SML선상에 있지 않으면 그 주식가격은 균형상태에 있지 않고, 소위 잘못 책정된(mispriced) 상태이다. 이때 예상수익률이 SML선 위쪽(upper)에 있으면 주식의 예상수익률(r_i)이 균형기대수익률[$E(r_i)$]보다 크므로 가격은 저평가(under priced)되어 있다. 왜냐하면

그림 8-1 증권시장선(SML)

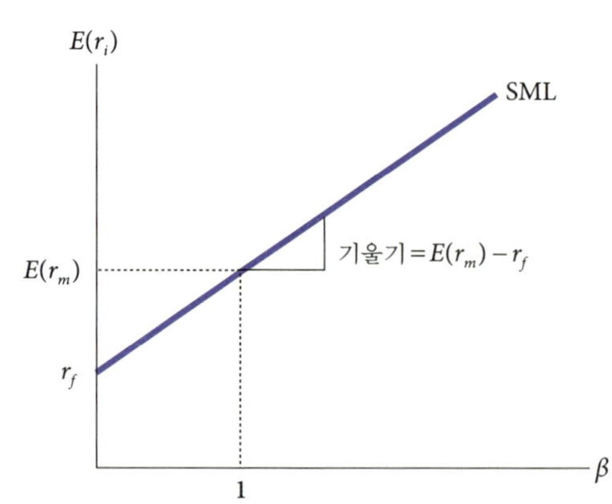

그림 8-2 SML과 α값

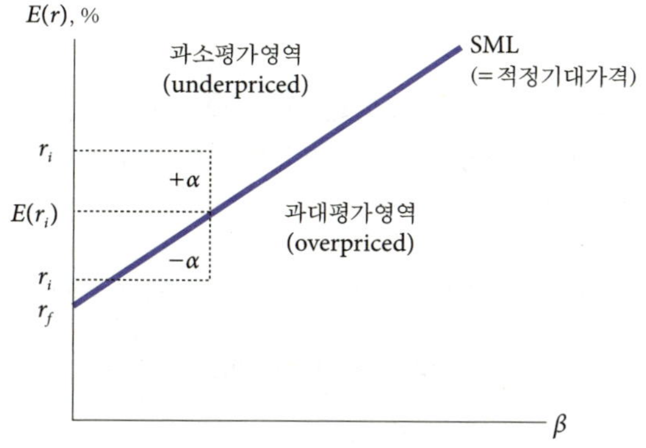

수익률과 가격은 서로 반대이므로 예상수익률이 클수록 가격은 낮은 상태이다.

따라서 이 주식을 사려는 투자자가 많게 되어 가격은 상승할 것이다. 가격이 상승할수록 오히려 기대수익률은 낮아져서 결국 SML선에까지 오면 가격이 적정하게 되어 균형상태에 있게 된다.

이때 예상수익률 r_i와 균형기대수익률 $E(r_i)$와의 차이를 α(알파)라 한다. 통계학에서는 이를 잔차(e_i)라 하는데 투자론에서는 이를 비정상수익률이라 한다.[3]

$$\begin{aligned}\alpha &= \text{예상수익률} - \text{균형기대수익률} \qquad (8\text{-}7)\\ &= r_i - E(r_i)\\ &= r_i - [r_f + \beta\{E(r_m) - r_f\}]\end{aligned}$$

알파(α)는 증권의 가격이 균형상태로부터 얼마나 벗어나 있는가를 나타내는 척도로서 알파의 값이 0이면 증권의 가격은 SML상에 위치하고 균형상태에 있음을 의미한다. 알파의 값이 양(+)이면 그 증권은 SML상의 위쪽(upper)에 위치하고 과소평가된 상태에 있다. 양의 알파값을 가지고 있는 주식은 가져야 될 가격보다 낮은 가격이 형성되어 있으므로 좋은 매수대상이다. 반대로 알파의 값이 음(−)인 증권은 SML상의 아래(lower)에 있고 과대평가되어 있음을 나타낸다. 음의 알파값을 가진 주식은 적정가격보다 높게 거래되고 있으므로 매도대

3 초과수익률(excess return)이란 무위험자산수익률(r_f)을 초과하는 수익률로서 비정상수익률(abnormal return)과는 다르다. 즉 초과수익률은 $r_i - r_f$이고, 비정상수익률은 $r_i - E(r_i)$이다.

상이 된다.

예제 8-2

P회사의 베타계수(β)는 0.6으로 측정되었다. 당시의 KOSPI수익률은 10%, 정기예금금리는 5%이다. P회사의 1년 후 배당금 4,000원, 1년 후 기대가격 428,000원으로 예상될 때 현재가격 410,000원은 적정한 가격인가?

풀이 CAPM을 이용하며 P회사의 $E(r)$값을 구해본다.

$$\text{P회사: } E(r_i) = 5 + 0.6(10 - 5) = 8\%$$

P회사의 예상수익률을 계산한다.

$$r_i = \frac{\text{기대배당+매매차익}}{\text{주가}} = \frac{4,000 + 18,000}{410,000} = 5.37\%$$

$$\alpha = r - E(r) = 5.37 - 8 = -2.63$$

P회사의 알파값이 음(−)이므로 SML상의 아래에 있고 과대평가되어 있다. 따라서 P회사 주식을 팔려는 투자자가 많게 되어 가격은 하락할 것이다. 가격이 하락할수록 예상수익률은 높아져서 결국 균형상태에 도달하게 되면 P회사의 예상수익률은 SML선상에 존재하게 된다.

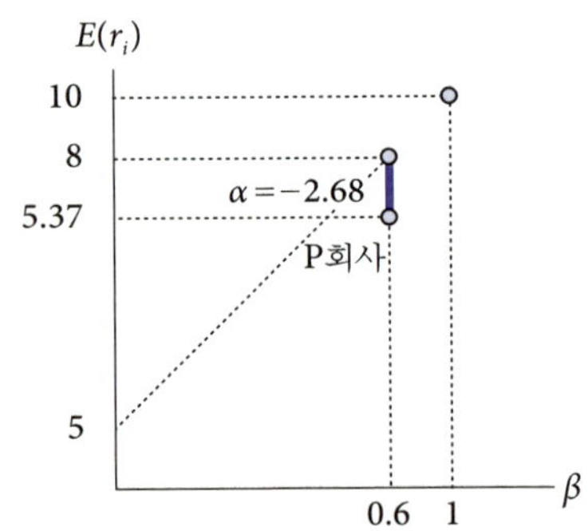

다음의 예로서 균형기대수익률 $E(r_i)$, 예상수익률 r_i, 그리고 적정가격 V_0과의 관계를 알아보자.

P회사의 β값은 0.6, 당시의 KOSPI 수익률 r_m은 10%, CD금리 r_f는 5%일 경우 CAPM에 의해 균형기대수익률(r_i)은 8%이다.

$$E(r_i) = 5 + 0.6(10 - 5) = 8\%$$

모든 투자자의 목표투자기간이 1년이라고 가정하자. 1년 후 받게 되는 기대배당금(D_1)은 4,000원, 기대가격(P_1)이 428,000인 경우 현재 적정가격 V_0은 400,000원이다.[4]

$$\text{균형기대수익률} = \frac{\text{배당소득} + \text{자본이득}}{\text{매입가격}} = \frac{4,000 + 428,000 - 400,000}{400,000} = 8\%$$

만약 P회사의 주식이 현재 390,000원으로 거래되고 있다면 예상수익률 r_i는 10.77%이다.

$$\text{예상수익률} = \frac{4,000 + 428,000 - 390,000}{390,000} = 10.77\%$$

$$\therefore \quad \alpha = 10.77\% - 8\% = 2.77\%$$

예상수익률이 균형기대수익률보다 높으므로 현재 390,000원으로 거래되고 있는 이 주식은 저평가되어 있다. 많은 사람들이 저평가된 P회사 주식을 매입하고자 하면 주가는 오를 것이고 400,000원이 되면 주가는 균형상태에 도달한다.

02

CAPM과 단일지수모형

1 단일지수모형

CAPM에 의하여 어떤 주식 i의 기대수익률 $E(r_i)$는 기대시장포트폴리오 $E(r_m)$의 초과수익률과 β의 함수로서 다음과 같이 나타낸다.

4 여기서 P회사의 1년 후 기대가격 P_1은 예상가능하다고 가정한다. 논의의 초점은 미래가격 P_1이 아니라 현재 거래되고 있는 P회사의 주가 P_0가 적정한지를 검정하는 데 있다.

그림 8-3 증권특성선 1

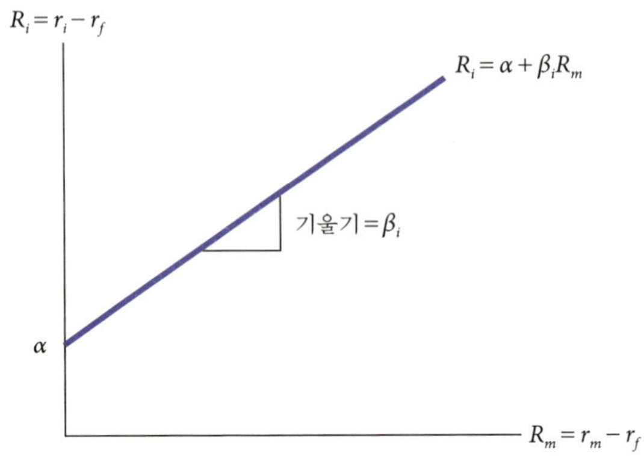

$$E(r_i) = r_f + \beta\{E(r_m) - r_f\}$$

기본적으로 CAPM은 기대모델(ex-ante model)로서, 시장이 균형에 이르면 어느 증권 i의 기대수익률은 위와 같은 기대수익률-베타(expected-return and beta)관계를 가질 것으로 예상한다.

그러나 현실적으로 CAPM을 검증하거나 응용할 때 두 가지의 심각한 문제점이 발생한다. 첫째, 미래에 관련된 기대치(expectations)를 정확하게 측정할 수 있는 방법이 없다. 둘째, 이론적으로 시장포트폴리오는 투자가능한 모든 자산들로 구성되어 있는데, 현실적으로 이런 시장포트폴리오를 찾기란 불가능하다.

이러한 문제점들을 극복하기 위해 도출된 모형이 바로 단일지수모형이다.[5]

---

5 단일지수모형과 유사한 개념으로서 단일요인모형과 시장모형이 있다.

단일요인모형(single factor model)은 어떤 증권 i의 실제(actual 또는 ex-post)수익률은 그 증권의 기대수익률 $E(r_i)$, 거시경제적 요인 F와 그 증권의 F에 대한 민감도 β, 그리고 그 기업 고유의 요인(firm-specific factor)으로 구성된다는 내용이다.

$$r_i = E(r_i) + \beta_i F + e_i$$

요인 F는 기대치 않은 거시경제적 요인으로서 $\beta_i F$는 이 거시경제적 요인의 충격(shock)을 나타낸다. $\beta_i F$와 e_i는 둘 다 모두 기대치 않은 영향을 측정하므로 평균적으로 그 기대값은 0이다.

시장모형(market model)은 어느 주식의 예상치 못한 수익률 차이(이것을 흔히 "return surprise"라 한다)가 예상치 못한 시장수익률 차이와 기업고유수익률의 합이라는 의미를 지니고 있다.

$$r_i - E(r_i) = \beta_i\{r_m - E(r_m)\} + e_i$$

여기서 예상치 못한 수익률 차이는 곧 비정상수익률(abnormal return)과 같다. 여기서 $E(r_i)$ 대신 r_f를 대입하면 이는 바로 단일지수모형(single index model)이다. 그래서 시장모형과 단일지수모형은 가끔 상호호환적으로 쓰인다.

그림 8-4 증권특성선 2

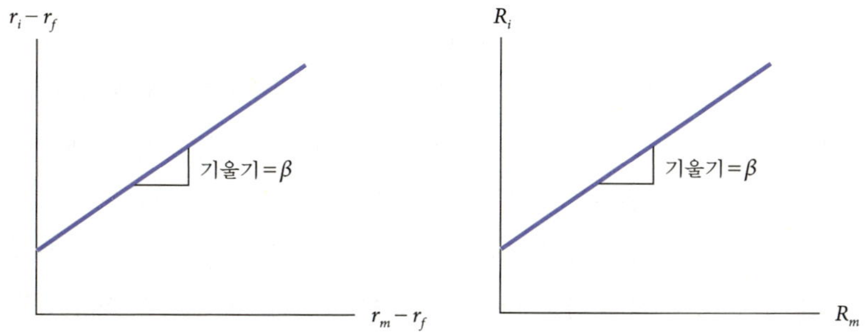

단일지수모형(single index model)은 CAPM에서의 이론적 시장포트폴리오 $E(r_m)$ 대용치(proxy)로서 시장지수를 사용한 경우이다. 단일지수모형은 현실적으로 실제수익률(ex-post 또는 actual return)을 사용하고, 또한 S&P500이나 KOSPI를 시장포트폴리오 대용치(proxy)로 사용하므로, CAPM 검증이나 어느 주식의 체계적 위험 크기 측정에 가장 적합하다.

단일지수모형에서 어떤 주식 i의 초과수익률($r_i - r_f$)은 다음과 같이 체계적 요인 및 기업고유(firm-specific) 요인으로 구성되어 있다.[6]

$$r_i - r_f = \alpha + \beta_i(r_m - r_i) + e_i \qquad (8\text{-}8)$$

$$R_i = \alpha + \beta_i R_m + e_i$$

$$R_i = r_i - r_f$$

$$R_m = r_m - r_f$$

여기서 α: 기업고유요인 수익률
$\beta_i(r_m - r_f)$: 체계적 요인 수익률
β_i: 시장수익률 민감도

6 CAPM에서 이론적으로 도출한 베타(β)와 단일지수모형에서 도출한 베타(β)가 같음을 증명해 보자. 먼저 단일지수모형식을 한번 써 보자.

$$r_i - r_f = \alpha_i + \beta(r_m - r_f) + e_i$$

여기서 $R_i = r_i - r_f$, 그리고 $R_m = r_m - r_f$로 바꿔 쓰면

$$R_i = \alpha_i + \beta r_m + e_i$$

가 된다.

주식 i와 시장지수 m의 수익률간의 공분산 $\mathrm{Cov}(R_i, R_m)$를 구하면, 아래와 같다.

$$\mathrm{Cov}(R_i, R_m) = \mathrm{Cov}(\beta r_m + e_i, R_m) = \beta \mathrm{Cov}(R_m, R_m) + \mathrm{Cov}(R_i, e_i) = \beta\sigma_m^2$$

여기서 $\beta = \mathrm{Cov}(R_i, R_m) / \sigma_m^2$이므로 단일지수모형의 β는 CAPM에서 구한 $\beta = \mathrm{Cov}(R_i, R_m) / \sigma_m^2$과 같다.

e_i: 비정상수익률(abnormal return)

단일지수모형식을 이용한 회귀분석에서 증권특성선(SCL: Security Characteristic Line)이 도출된다. 증권특성선(SCL)은 개별주식초과수익률 $r_i - r_f$를 종속변수로, 시장초과수익률 $r_m - r_f$를 독립변수로 하여 회귀분석했을 때 도출되는 직선식이다. 이 직선의 기울기 β는 시장수익률 변화에 영향을 받는 개별주식 수익률의 민감도를 나타낸다.[7] 증권특성선(SCL)에 의하면 개별증권은 시장지수(M)의 움직임에 따라 고유하게 움직이는 특성을 가지고 있으며, 이러한 특성은 베타(β)라고 하는 숫자에 의하여 나타내진다는 것이다. 베타(β)는 회귀방정식에서 기울기 즉 회귀계수이다.

2 총위험, 체계적 위험, 비체계적 위험

개별주식 i투자에 따르는 위험은 수익률과 마찬가지로 두 가지 요인으로 구성되어 있다. 그 하나는 체계적 위험(systematic risk)으로서 시장수익률변화에 따르는 위험이고, 다른 하나는 비체계적 위험(unsystematic risk)으로서 기업고유의 위험이다. 이를 식으로 표시하면 다음과 같다(i=individual의 약어).

$$\begin{aligned}\text{Var}(R_i) &= \text{Var}(\alpha + \beta_i R_m + e_i)\\ &= \text{Var}(\alpha) + \text{Var}(\beta_i R_m) + \text{Var}(e_i)\\ &= \beta^2 \text{Var}(R_m) + \text{Var}(e_i)\end{aligned}$$

또는

$$\sigma_i^2 = \beta_i^2 \sigma_m^2 + \sigma^2(e_i) \tag{8-9}$$

여기서 σ_i^2: 총위험

$\beta_i^2 \sigma_m^2$: 체계적 위험

$\sigma^2(e_i)$: 비체계적 위험

σ_m^2: 시장수익률 분산

총위험 σ_i^2은 과거수익률의 분산으로서 일정기간 동안 실제수익률의 변동 정도를 나타내는 모든 위험의 합(total risk)이다. 어느 주식의 변동성은 시장자체의 움직임에 영향을 받는 부분과 그 기업에게만 고유한 요인 때문에 발생한다.

7 증권특성선(SCL)은 단순회귀분석에서 도출한 직선식이다. 회귀분석에서 독립변수와 종속변수는 각각 시장수익률(R_M)과 개별증권수익률(R_i)이다. 이론적으로 각 변수는 초과수익률형태[$(r_m - r_f)$, $(r_i - r_f)$]이지만 현실적으로 실제수익률 r_m, r_i를 사용해도 도출된 기울기 β값은 똑같다.

체계적 위험 $\beta_i^2\sigma_m^2$은 베타제곱에 시장수익률의 분산을 곱한 값으로서 시장의 움직임과 관련하여 개별기업이 피할 수 없는 위험(unavoidable risk)이다. 포트폴리오를 구성하는 펀드매니저의 입장에서 체계적 위험은 여러 자산에 분산투자해도 회피할 수 없는 분산불가능위험(undiverisifiable risk)이다. 체계적 위험과 관련된 위험요인의 예는 천재지변, 국제유가의 인상, 전쟁, 환율의 폭등 등이다.

비체계적 위험 $\sigma^2(e_i)$은 시장의 움직임과 관계없이 개별자산의 특성으로 인해 발생하는 위험으로서 해당기업에게 특이한 고유위험(unique risk 또는 firm specific risk)이다. 비체계적 위험은 펀드매니저 입장에서 볼 때 여러 개별자산에 분산투자함으로써 회피가능한 위험(avoidable risk 또는 diversifiable risk)이다. 비체계적 위험과 관련된 위험요인의 예는 해당기업의 노사분규, 높은 부채비율, 특정 지역공장의 화재 그리고 경영진간의 갈등 등이다.

일반적으로 위험이 클수록 기대수익률이 높다. 그러나 체계적 위험이 클 때야만 기대수익률이 높을 뿐이다. 비체계적 위험이 아무리 높더라도 기대수익률은 높지 않다. 왜냐하면 비체계적 위험은 투자자가 분산투자에 의하여 회피할 수 있기 때문이다. 시장은 개인이 회피가능한 위험에까지 보상하지 않는다.

예제 8-3

삼성전자(주)의 지난 1년간 월별 평균수익률 분산은 0.0077(0.77%), 같은 기간 동안 시장포트폴리오 수익률 분산이 0.0031(0.31%) 그리고 삼성전자의 체계적 위험계수(β)가 1.2078일 때 삼성전자의 비체계적 위험 크기를 계산하라.

풀이 총위험= 체계적 위험+ 비체계적 위험

$\sigma_i^2 = \beta_i^2\sigma_m^2 + \sigma^2(e_i) \Leftrightarrow 0.0077 = (1.2078)^2(0.0031) + \sigma^2(e_i)$

여기서 $\sigma^2(e_i) = 0.0032(= 0.32\%) \Leftrightarrow 0.0077 = 0.0045 + 0.0032$

단일지수모형을 포트폴리오로 확대해 보자. 포트폴리오 위험 역시 체계적 위험과 비체계적 위험의 합이다.

$$\sigma_P^2 = \beta_P^2\sigma_m^2 + \sigma^2(e_p) \qquad (8\text{-}10)$$

여기서, p는 portfolio의 약어.

여기서 체계적 위험은 $\beta_p^2\sigma_m^2$으로서 포트폴리오 베타 β_p와 시장지수위험 σ_m^2

그림 8-5 총위험, 체계적 위험, 비체계적 위험

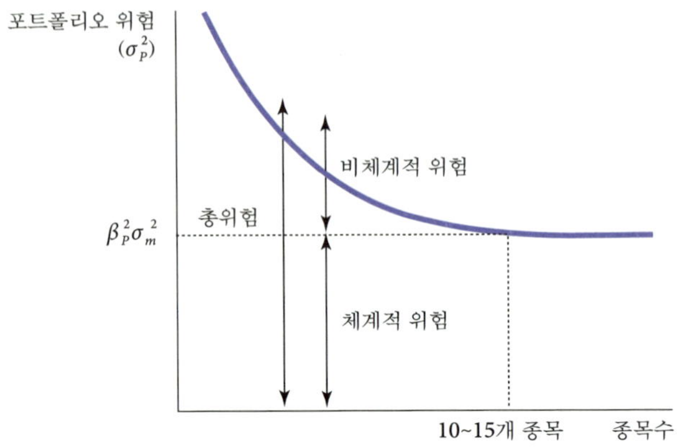

에 달려 있다. 아무리 포트폴리오 구성종목수가 늘어나더라도 체계적 위험은 줄어들지 않고 β_p의 영향을 받는다.

비체계적 위험은 $\sigma^2(e_p)$인데 기업고유(firm specific)요인 $\sigma^2(e_i)$의 평균 값이다. 그런데 e_i는 시장지수와 독립적이고[$Cov(e_i, e_m) = 0$], 또한 다른 주식의 비체계적 위험과 무관하며[$Cov(e_i, e_j) = 0$], 그리고 e_i의 기대치는 0이다[$E(e_i) = 0$].

포트폴리오의 구성종목수가 많아지면 많아질수록 기업고유요인은 상쇄되어 아주 작은 비체계적 위험요인만 남게 된다. 따라서 비체계적 위험을 분산가능위험(diversifiable risk) 또는 회피가능위험(avoidable risk)이라고도 한다. 이를 수식으로 증명해 보자.

$$\sigma^2_{(e_p)} = \sum_{i=1}^{n}\left(\frac{1}{n}\right)^2\sigma^2_{(e_i)} = \frac{1}{n}\sum_{i=1}^{n}\frac{1}{n}\sigma^2_{(e_i)} = \frac{1}{n}\bar{\sigma}^2(e_i) \tag{8-11}$$

여기서 $\bar{\sigma}^2(e_p)$는 기업고유위험의 평균값이다. 포트폴리오 구성종목수 n이 커지면 커질수록 $\sigma^2(e_p)$는 0으로 접근하여 무시할 수 있을 정도로 작아진다.

결론적으로 말하면, 분산투자를 하면 할수록 그 포트폴리오의 총위험은 체계적 위험 $\beta_p^2\sigma_m^{\ 2}$에 접근한다. 이와 같은 내용은 [그림 8-5]에 잘 나타나 있다.

포트폴리오 구성 종목수가 늘어나면 늘어날수록 비체계적 위험은 분산되어 없어지므로 포트폴리오 위험은 점점 줄어들어 결국 체계적 위험수준으로 접근한다. 그러나 체계적 위험은 아무리 종목수가 많아지더라도 변함이 없이 일정

표 8-1 **30개 주식포트폴리오에서 요구되는 투입요소 개수 비교**

<table>
<tr><th>투입요소</th><th>마코위츠모형</th><th>투입요소</th><th>단일지수모형</th></tr>
<tr><td>개별 기대수익률 $E(r_i)$</td><td>30</td><td>개별 기대수익률 $E(r_i)$</td><td>30</td></tr>
<tr><td>개별분산 σ_i^2</td><td>30</td><td>잔차분산 $\sigma^2(e_i)$</td><td>30</td></tr>
<tr><td rowspan="2">공분산 Cov(r_i, r_j)</td><td rowspan="2">435[$=(n^2-n)/2$]</td><td>베타 β</td><td>30</td></tr>
<tr><td>시장수익률 r_m</td><td>1</td></tr>
<tr><td rowspan="2">전체 자료수</td><td rowspan="2">495[$=(n^2+3n)/2$]</td><td>시장수익률분산 σ_m^2</td><td>1</td></tr>
<tr><td>전체 자료수</td><td>92($=3n+2$)</td></tr>
</table>

하며, 이는 [그림 8-5]에서 수평으로 나타나 있다. 이 논의의 초점은 포트폴리오 구성시 적극적·공격적 투자전략을 추구할 경우 개별기업의 β_i가 큰 주식을 선택하여 평균 β_p를 높여, 높은 위험에 대응한 높은 기대수익률을 추구할 수 있다는 점이다. 물론 그 반대로 소극적·보수적 투자전략을 추구하려면 개별주식의 β_i가 작은 주식의 조합을 선택하면 된다.

β값과 상관계수 로(rho: ρ)는 통계적으로 다음과 같은 관계를 가지고 있다.[8]

$$\beta = \rho \frac{\sigma_P}{\sigma_m}$$

따라서 시장포트폴리오와 특정 주식 또는 포트폴리오와의 상관계수가 높을수록 β값은 커진다. 또한 β는 특정 주식 또는 포트폴리오의 위험 σ_P가 클수록 커지고 시장위험 σ_m이 클수록 작아진다.

3 단일지수모형의 장점과 한계점

이론적인 CAPM을 현실적으로 검증할 수 있게 한 단일지수모형은 장점이 많은 만큼 매우 유용하다. 단일지수모형은 예측변수인 $E(r_m)$ 대신 시장지수 r_m을 쓴다.

첫째, 포트폴리오 구성시 포트폴리오 예상수익률과 포트폴리오 위험계산에

8 이 관계는 다음과 같이 증명된다.
β: P주식의 베타값, ρ: 시장과 P주식의 상관계수, σ_p: 시장과 P주식의 공분산
$\beta = \frac{\sigma_{pm}}{\sigma_m^2}$ —①, $\rho = \frac{\sigma_{pm}}{\sigma_p \sigma_m}$ —②, ②에서 $\sigma_{pm} = \rho\sigma_p\sigma_m$ —③
③을 ①에 대입하면 $\beta = \rho(\sigma_p/\sigma_m)$이 된다.

요구되는 자료의 수가 훨씬 적어진다. 예를 들면, 30개의 주식으로 구성된 포트폴리오에서 요구되는 투입요소수를 마코위츠(Markowitz)모형과 단일지수모형에서 비교해 보면 [표 8-1]에서 보는 바와 같이 마코위츠모형에서는 495개의 입력정보가 요구되나 단일지수모형에서는 92개만이 요구된다.

둘째, 두 주식의 공분산을 쉽게 계산할 수 있다. 원래 통계학에서 두 주식 수익률 i와 j의 공분산은 다음과 같이 계산한다.

$$\mathrm{Cov}(r_i, r_j) = E[\{r_i - E(r_i)\}\{r_j - E(r_j)\}] \tag{8-12}$$

단일지수모형에서 공분산은 다음과 같이 계산한다.

$$\mathrm{Cov}(R_i, R_j) = \mathrm{Cov}(\beta_i R_m, \beta_j R_m) = \beta_i \beta_j \sigma_m^2 \tag{8-13}$$

따라서 포트폴리오를 구성하는 개별주식의 β값과 시장수익률분산을 알면 두 주식간의 공분산을 계산할 수 있다.

그러나 단일지수모형은 다음과 같은 한계점을 가진다.

첫째, 단일지수모형에서 기업들간의 기업고유요인은 서로 상관관계가 없는 것으로 가정되어 왔으나 실제로는 상관관계가 높다. 다시 말해서 주식 i와 주식 j의 기업고유요인간의 공분산 $\mathrm{Cov}(e_i, e_j) = 0$으로 가정되지만 실제로는 0이 아닌 경우도 많다. 예를 들면, 같은 전자산업이라도 (주)삼성전자와 (주)LG전자간의 기업고유위험은 서로 무관하지 않다.

둘째, 단일지수모형에서 주식 i의 초과수익률은 체계적 요인과 기업고유요인으로 구성되어 있다. 너무 과도하게 현실을 단순화, 이분화한 것이다. 그러나 이러한 요인들 이외에 다른 요인들은 제외되어 있다. 이를 보완하기 위해 복수지수(multi-index)모형이 대안으로 제시된다.

03

베 타(β)

단일지수모형에서 개별주식 i와 시장지수 m의 초과수익률과의 관계는 다음과 같다. 이는 앞에서 설명한 바와 같이 i증권의 특성을 m지수로 설명한 증권특성선(SCL)이다.

$$r_i - r_f = \alpha + \beta(r_m - r_f) + e_i$$

이는 개별주식 i의 초과수익률 $r_i - r_f$를 종속변수로, 시장지수 m의 초과수익률 $r_m - r_f$를 독립변수로 하는 단순회귀분석(simple regession analysis)이다. 여기서 α, β 그리고 e_i는 회귀분석 결과 계산되는 회귀계수 및 잔차(residuals)이다. α는 상수로서 평균적인 기업고유수익률(firm-specific return)이고, β_i는 기울기로서 개별주식 i의 시장지수에 대한 민감도이다. e_i는 실제수익률과 균형수익률과의 차이이다.

구체적으로 단순회귀식에서 기울기이자 회귀계수인 베타는 다음과 같은 계산식으로 표현된다.

$$\beta_i = \frac{\text{Cov}(r_i, r_m)}{\text{Var}(r_m)} = \frac{\sigma_m}{\sigma_m^2} = \frac{\text{주식 } i \text{와 시장지수} m \text{의 공분산}}{\text{시장지수의 분산}}$$

과거 3년 또는 5년간의 실제자료로서 증권 i의 주식수익률과 시장지수 m의 실제수익률을 각각 종속변수와 독립변수로 하여 회귀분석하면 기울기가 베타(β)값이다. 여기서 종속변수와 독립변수로서 실제값 또는 차분값 $r_i - r_f$, $r_m - r_f$ 어떤 것을 사용해도 β값은 동일하게 계산된다.

1 베타계산의 예제

예제 8-4	β계산

삼성전자(주)와 종합주가지수 종가는 다음과 같다. 이 자료로써 아래의 주가정보를 계산하라.

단, 그 당시의 무위험자산수익률(r_f)은 연 5.26%이다.[9]

1) 회귀분석식과 증권특성선(SCL)
2) 삼성전자(주)의 베타(β)
3) 총위험

풀이 먼저 월별수익률을 구한다. 수익률은 {(기말가격 − 기초가격)/기초가격 = (기말가격/기초가격) − 1}로 계산한다. 예를 들면, 2월의 수익률은 다음과 같다.

$$2\text{월 수익률} = \frac{3\text{월 가격}}{2\text{월 가격}} - 1 = \frac{187,000}{220,000} - 1 = -0.15$$

월별 무위험자산수익률 = 5.26 ÷ 12 = 0.438

1) 회귀분석식/자료서식

월별수익률/회귀분석한 결과 다음과 같은 결과를 얻었다.

$$r_i = \alpha' + \beta r_m$$
$$r_i = 0.0238 + 0.8808 r_m \quad R_2 = 0.2297$$[10]

초과수익률 회귀분석식

$$r_i - r_f = \alpha + \beta(r_m - r_f)$$

2) 삼성전자의 베타계수 = 0.8808

p값 = 0.1148이므로 회귀계수 베타값은 신뢰할 수 없음.

3) 총위험

$\sigma_i = \sqrt{0.0306} = 0.175 = 17.5\%$

연월말	삼성전자	KOSPI	CD 금리
2001. 1	220,000	617.91	5.94
2	220,000	578.1	5.68
3	187,000	523.22	5.7
4	208,000	577.36	5.92
5	229,000	612.16	5.77
6	212,000	595.13	5.77
7	192,000	541.55	5.14
8	198,000	545.11	4.81

9 무위험자산수익률(r_f)을 얼마로 볼 것인가 하는 문제도 보통 어려운 일이 아니다. 무위험자산수익률로 볼 수 있는 금리는 다음과 같다. 1년 만기 정기예금금리, 통화안정증권금리, 장기국채금리 그리고 3개월 만기CD금리. 여기서는 3개월 만기CD금리를 사용했음(자료: 한국은행, 「조사통계월보」).

10 결정계수(R^2) = $\frac{\text{체계적 위험}}{\text{총위험}} = 1 - \frac{\text{잔차 위험}}{\text{총위험}}$, $\therefore R^2 = \frac{\beta^2\sigma_m^2}{\sigma^2} = 1 - \frac{\sigma_e^2}{\sigma^2}$이다.

9	190,000	479.68	4.41
10	140,000	537.81	4.38
11	173,500	643.89	4.76
12	218,000	693.7	4.86
2002. 1	300,500	748.07	4.67
		연평균금리	5.26
		1개월 평균금리	0.43847

연월말	월별수익률			초과수익률	
	r_i	r_m	r_f	$r_i - r_f$	$r_m - r_f$
2001. 1	0	−0.06	0.00438	−0.00438	−0.06438
2	−0.15	−0.09	0.00438	−0.15438	−0.09438
3	0.11	0.1	0.00438	0.10561	0.09561
4	0.1	0.06	0.00438	0.09561	0.05561
5	−0.07	−0.03	0.00438	−0.07438	−0.03438
6	−0.09	−0.09	0.00438	−0.09438	−0.09438
7	−0.01	0.007	0.00438	−0.01438	0.00261
8	0.003	−0.12	0.00438	−0.00138	−0.12438
9	−0.26	0.12	0.00438	−0.26438	0.11561
10	0.24	0.2	0.00438	0.23561	0.19561
11	0.26	0.08	0.00438	0.25561	0.07561
12	0.38	0.08	0.00438	0.37561	0.07561
평균(r)	0.043	0.021		0.03836	0.01703
표준편차	0.175	0.096		0.18413	0.09593
분산	0.0306	0.0092		0.03390	0.00920

[요약출력]

회귀분석 통계량	
다중상관계수	0.4793
결정계수	0.2297
조정된 결정	0.1527
표준 오차	0.1694
관측수	12

[분산분석]

	자유도	제곱합	제곱평균	F 비	유의한 F
회귀	1	0.0856	0.0856	2.9827	0.1148
잔차	10	0.2872	0.0287		
계	11	0.3729			

	계수	표준 오차	t 통계량	P-값	하위 95%	상위 95%
Y-절편	0.0238	0.0501	0.4764	0.6440	−0.0878	0.1355
r_m	0.8808	0.5100	1.7270	0.1148	−0.2555	2.0172

회귀분석 결과를 간략히 설명하면 다음과 같다.

① x축 즉, r_m의 회귀계수 0.8808은 베타값이다.

② 이 베타값이 95% 신뢰수준에서 의미있는 숫자가 되기 위해서는 t통계량이 절대값 2 이상이어야 한다. 여기서 t통계량은 1.7270이므로 의미있는 숫자로 보기 어렵다(아마 자료

수가 1년치밖에 안 되기 때문일 것이다. 대략 일별 또는 주별자료로 2~3년치의 수익률이 필요하다).

③ P값이 0에 가까울수록 회귀계수 즉 베타값 0.8808은 신뢰할 만하다. ②와 마찬가지로 이 베타값은 의미있는 숫자로 보기 어렵다.

④ 결정계수(r_2)은 .2297이다. 결정계수가 1에 가까울수록 회귀식의 결과는 의미가 있다. 구체적으로 이 회귀식은 실제를 22.97%만큼 설명해줄 뿐이고 나머지 77.03%는 설명이 안 된다.

2 베타의 의미

베타는 어떤 주식이 시장포트폴리오의 영향을 받는 민감도를 측정한다. 시장포트폴리오가 변화하는 것보다 더 민감하게 변화하는 주식은 베타값이 1보다 크고 그 반대의 경우 베타값은 1보다 작다. 모든 주식은 각각 다른 베타값을 갖는다. 예를 들면, KOSPI가 앞으로 10% 오를 것으로 예상되면 삼성전자(주) 주식은 그 0.88배인 8.8% 상승할 것으로 예상되고, 반대로 KOSPI가 20% 떨어질 것으로 예상되면 삼성전자(주) 주식은 그 0.88배인 17.6% 하락할 것으로 예상된다.

β는 증권특성선의 기울기로서 초과수익률을 이용하거나 실제수익률을 이용하여도 회귀분석에서 같은 값이 계산된다. 위의 예제 8.4에서 삼성전자(주)의 월별수익률을 이용한 베타계수는 0.8808로서 약 0.88이다. 이 값은 초과수익률이나 실제수익률을 이용해도 마찬가지 결과이다.

베타는 시장의 움직임에 대한 상대적 변동성을 측정한다고 볼 수 있다. 일반적으로 베타값이 1보다 크면 공격적 주식이라 하고, 베타값이 1보다 작으면 방어적 주식이라 한다.

만약 개별주식들의 조합인 특정포트폴리오의 베타를 계산할 경우는 개별주식들의 규모 즉 시가총액을 가중치로 하여 가중베타를 계산해야 한다. 가중베타 역시 개별주식의 베타와 마찬가지로 시장지수에 대한 상대적 민감도를 의미한다. 30~50 주식종목으로 구성된 인덱스펀드의 가중베타값이 "1"에 가까우면 이는 시장 자체를 모방한 복제펀드라 봐야 한다. 반대로 리버스 인덱스 펀드(reverse index fund)는 이론적으로 가중베타 값이 "−1"에 가까울 것이다.

예제 8-5

다음 세 주식으로 구성된 P포트폴리오의 가중베타 값을 구하라.

구성종목	시가총액	β
농 전	30억원	0.9
화 우	20억원	1.2
e-tec	10억원	1.5

풀이 시가총액을 가중치로 하여 가중평균을 구하면 된다. 시가총액의 합 = 30 + 20 + 10 = 60(억원)

$$\beta = \frac{30}{60} \times 0.9 + \frac{20}{60} \times 1.2 + \frac{10}{60} \times 1.5 = 1.1$$

3 베타의 유용성

베타(β)는 기업재무분야에서 개별기업의 자본비용과 투자안 평가시 NPV방법에서 할인율을 구할 때 이용된다. 모든 기업의 고유한 베타값을 가지므로 그 당시의 시장수익률(r_m)과 무위험자산 수익률(r_f)을 알 수 있다면 개별기업의 자기자본비용, 즉 주식에 의한 조달금리 수준을 알 수 있다. 예를 들어 삼성전자(주)의 베타값이 0.9이고 당시의 시장수익률(r_m)이 9% 그리고 단기국채 금리(r_f)가 4%이면, CAPM의 식을 이용하면 삼성전자가 가져야 하는 주식발행에 의한 조달금리는 8.5%이다.

$$\text{삼성전자(주)의 자기자본비용 } E(r) = r_f + \beta(r_m - r_f) = 4 + 0.9(9 - 4) = 8.5(\%)$$

프로젝트 베타는 개별기업이 수행하는 여러 투자프로젝트에 고유한 위험수준이다. 프로젝트 베타 또는 개별투자안의 베타는 그 프로젝트 또는 투자안이 시장 전체의 변동성에 민감하게 반응하는 정도를 나타낸다. 예를 들어, (주)삼성전자는 메모리 사업부, TV/가전 사업부, 모바일휴대폰 사업부 등 여러 사업부를 가진다. 개별 사업부는 개별 프로젝트로서 시장변화에 서로 다르게 반응한다.

그중 메모리 사업부는 시장상황에 제일 민감하게 반응하므로 메모리 부문 베타값은 1.5이고 TV/가전 사업부는 경기변화에 별로 민감하게 반응하지 않으므로 TV/가전 사업부 베타값은 0.6이다.

삼성전자가 메모리 부문 증설을 위해 대규모 투자를 검토한다고 하자. 이때 자본조달을 위해 유상증자를 고려한다고 가정할 때, 증자의 조달금리 즉 자본비용은 CAPM을 이용하여 쉽게 계산할 수 있다.[11] 메모리부문 $\beta = 1.5$, $r_m = 9\%$ 그리고 $r_f = 4$이면 메모리 부문 프로젝트를 위한 증자 조달금리는 11.5%이다.

$$\text{삼성전자(주)의 메모리 부문 자본비용 } E(r_{\text{메모리}}) = r_f + \beta_{\text{메모리}}(r_m - r_f)$$
$$= 4 + 1.5(9 - 4) = 11.5\%$$

마지막으로 β는 현재 주가수준이 적정가격에 비해 고평가되었는지 저평가되었는지를 평가할 때 이용된다. 적정주가는 이론적으로 미래에 발생하는 현금흐름(배당 또는 FCF)을 자본비용으로 할인한 현가의 합계이다. 따라서 미래 현금흐름이 정확히 예측되었다고 가정하고 β에 의하여 구한 자본비용으로 적정가격을 계산하여 현재 주가와 비교한다. 예를 들어 현재 삼성전자(주)의 주가가 130만원이라고 하자. 미래예측 현금흐름을 자본비용으로 할인한 현가 합계가 160만원이라면, 현재 주가 130만원은 저평가되어 있는 것이다.

4 베타의 안정성과 수정베타

장기간에 걸쳐 베타의 안정성(stationarity)이 있는가 하는 것은 이론적으로나 실무적으로 대단히 중요한 문제이다. CAPM 자체가 단일기간(one period) 모형이므로 베타의 안정성은 문제시되지 않으나, 현실적으로 복수 기간마다 측정된 베타는 측정기간마다 그 값이 일정하지가 않다.

그러나 어떤 주식의 베타라도 시장포트폴리오 베타인 1로 회귀하는(mean toward 1) 속성을 가진다. 이는 전기의 큰 베타값은 당기에는 작아지고, 반대로 전기의 작은 베타값은 당기에는 크게 되는 소위 평균회귀(mean regression)현상 때문이다.

이와 같은 현상은 실증분석결과에서도 입증된다. [표 8-2]는 서로 다른 세 기간 동안 포트폴리오 베타가 1로 회귀하는 평균회귀현상을 보여주고 있다. 각 포트폴리오는 100개의 주식으로 구성되었고 베타는 각 기간 동안의 수익률로 계

11 자기자본에 의한 자본조달은 유상증자뿐 아니라 유보금(잉여금)의 사용도 포함한다. 엄밀하게 말하면 주식자본비용은 유보금의 자본비용이고, 유상증자자본비용은 여기에 주식발행비용을 고려하여야 한다. 여기서는 이들을 구분하지 않는다.

표 8-2 베타의 평균회귀현상

포트폴리오	1947년~1954년	1954년~1961년	1961년~1968년
1	0.36	0.57	0.72
2	0.61	0.71	0.79
3	0.78	0.88	0.88
4	0.91	0.96	0.92
5	1.01	1.03	1.04
6	1.13	1.13	1.08
7	1.26	1.24	1.08
8	1.47	1.32	1.15

자료: Marshall E.Blume, "Betas and Their Regression Tendencies." *Journal of finance*, 30, no. 3(June, 1975).

상되었다. 이 표를 보면 처음 기간의 작은 베타값은 기간이 경과함에 따라 점점 커지고 반대로 처음에 높은 베타값은 기간이 경과함에 따라 점점 작아지고 있음을 알 수 있다. 즉 포트폴리오 1의 경우 1947~1954년 기간 동안 추정베타값이 0.36이었으나, 그 다음 기간 이후 0.57 그리고 0.72로 점점 커지고 있다. 포트폴리오 8의 경우 첫 기간 1.47로 시작하였으나, 마지막 기간인 1961~1968년 기간에는 1.15로 작아지고 있다.

어떤 회사 주식이나 포트폴리오의 베타가 1로 수렴하는 이유는 다음과 같다.

첫째, 주식시장에 있는 모든 베타의 평균을 구하면 1이 된다. 왜냐하면 시장지수의 베타값이 1이기 때문이다. 따라서 어떤 포트폴리오의 베타를 구할 때 그 값은 장기적으로 1이 될 것으로 예상할 수 있다.

둘째, 제품이나 산업의 생명주기(life cycle)상 어떤 주식의 베타가 1이 될 것으로 예상할 수 있다. 예를 들어 어떤 기업이 신제품개발에 성공하여 고속으로 성장하면 주식은 시장지수보다 훨씬 더 높이 상승할 것이다. 따라서 베타값은 1보다 크다. 그러나 새로운 경쟁기업이 이 제품생산에 뛰어들어 경쟁이 치열해지면 그 기업의 수익성이나 성장성은 산업평균수준으로 줄어들게 된다. 이 경우 베타는 1과 같거나 1보다 작아진다. 따라서 주가 역시 그 기업의 특성을 반영하기보다는 시장전체의 영향을 더 크게 반영하게 된다. 따라서 베타는 1로 수렴하게 될 것이다.

메릴 린치(Merril Lynch) 증권회사는 베타값이 1로 수렴하는 속성을 감안, 전기에 추정한 베타값을 당기에 맞게 수정한 소위 수정베타(adjusted beta)를 개발하였다. 당기의 수정베타는 전기베타에 66.7%(=2/3)의 비중을 두고 1에 33.3%(1/3)의 비중을 두어 가중 평균한 것이다.

$$\text{수정베타} = \frac{2}{3} \times \text{전기 추정베타} + \frac{1}{3} \times 1 \quad (8\text{-}14)$$

이 수정방법으로 인하여 수정베타는 수정되지 않은 전기추정베타보다 1에 더 가깝게 된다. 따라서 전기추정베타가 1보다 작은 값은 더 큰값으로 수정되고, 1보다 더 큰 전기추정베타는 수정된 후 이보다 더 작은 값이 된다.

5 베타 추정

어떤 기업 또는 포트폴리오의 베타값을 미리 추정할 수 있다면 예상수익률을 계산하거나 시장반응 정도를 예상할 수 있다. 미래의 베타를 추정하기 위해서는 주가수익률로 계산한 과거베타에 그 기업 특유의 요인을 고려하여야 한다. 예를 들어 이를 모형화하면 다음과 같다.

$$\text{추정베타} = a + b_1(\text{역사적 베타}) + b_2(\text{기업규모}) + b_3(\text{재무비율}) \quad (8\text{-}15)$$

여기서 회귀계수 b_1, b_2 그리고 b_3가 추정되면 독립변수를 대입하여 추정베타를 구할 수 있다.[12]

6 부채사용기업 베타와 하마다 모형

CAPM에 의해 도출된 이론적 베타값은 기대수익률에 의거하여 정의된 사전적(ex-ante) 베타이다. 이는 주식이라는 자기자본지분에 근거하여 계산된다. 이렇게 계산된 β값은 100% 자기자본기업임을 전제로 한다. 이런 베타값은 무부채기업 즉 레버리지가 없는(unlevered) 기업의 베타 β_U라 한다.

12 이 분야에서 대표적인 연구자인 Rosenberg & Guy는 베타 추정에 요구되는 재무요인을 다음과 같이 열거하였다(Barr Rosenberg & J.Guy, "Prediction of Beta from Investment Fundamentals, Parts I and 2," *Financial Analysts Journal*, May-June과 July-August 1976.).

① 순이익의 분산　② 현금흐름 분산　③ 주당순이익 성장률
④ 기업규모(시가총액)　⑤ 배당수익률　⑥ 부채·자산 비율

그러나 현실적으로 많은 기업들이 부채를 사용하고 있으므로 부채비율을 감안하여 부채있는 기업(levered)의 베타 β_L을 계산할 필요가 있다. 하마다(Hamada)는 무부채기업의 β_U는 다음과 같은 부채비율(B/S=부채/자기자본)과 법인세율(t)을 고려하여 β_L이 될 수 있음을 발견하였다.

$$\beta_L = \beta_U \left\{ 1 + (1-t)\frac{B}{S} \right\} \tag{8-16}$$

여기서 β_L: 부채기업 베타, β_U: 무부채기업 베타(100% 자기자본기업)
t: 법인세율, B/S: 부채/자기자본

다음의 예를 보자. (주)한산의 지난 3년간 일별 주가자료에 의한 베타값은 $\beta_U = 1.2$이다. (주)한산의 현재 자본구조는 부채비율이 80%이다. (주)한산의 법인세율이 30%일 경우 (주)한산의 부채비율을 고려한 베타값 β_L은 1.872이다.

$$\begin{aligned} \beta_L &= \beta_U \left\{ 1 + (1-t)\frac{B}{S} \right\} \\ &= 1.2\{1 + (1-0.3)0.8\} \\ &= 1.872 \end{aligned}$$

7 베타계산시 유의할 점

베타는 회귀분석에서 추정기간을 길게 하느냐 짧게 하느냐에 따라 그 값이 달라질 뿐 아니라, 일별수익률과 월별수익률 중 어느 수익률을 사용하는가에 따라 그 결과가 다르다. 이와 같이 베타는 계산에 이용되는 투입요소가 어떤가에 따라 차이가 많이 난다. 여러 학자들의 실증분석결과 베타 계산시 다음과 같은 6가지 원칙이 도출되었다.[13]

첫째, 시장지수에 배당을 포함시키든 안 시키든 계산된 베타에는 큰 영향을 미치지 않는다.

둘째, 월별수익률에 무위험이자율을 조정하든지 하지 않든지 계산된 베타에는 큰 영향을 미치지 않는다.

셋째, 시장지수로서 가치가중지수(value weighted index)를 사용하는가 아니

13 이 부분은 김건우 번역, 「기업가치」, 법문사 1996, p.17에서 인용하였음(원저: Michael Ehrbardt, *The Search for Value*, Harvard Business School Press, 1994).

면 동일가중지수(equally weighted index)를 사용하는가에 따라 베타값에 큰 영향을 미친다.

넷째, 자료 개수가 많아질수록 베타의 신뢰구간은 점점 좁아져서 더욱 신뢰할 만하다.

다섯째, 연도가 늘어나 자료 개수가 회귀분석에서 추가됨에 따라 베타값은 변화한다.

여섯째, 일별수익률을 이용하여 구한 베타는 월별수익률을 이용하여 계산된 베타와 다르다.

중요영어용어

분산(variance)	분산가능위험(diversifiable risk)
비정상수익률(abnormal return)	비체계적 위험(non-systematic risk)
사전적 모델(ex-ante model)	사후적 모델(ex-post model)
상관계수(correlation coefficient)	상수(constant)
수명주기(life cycle)	수정베타(adjusted beta)
시장모델(market model)	신규상장주식 공모가격(IPO)
안정성(stationarity)	알파(α)
역사적 베타(historical beta)	이자율위험(interest rate risk)
완전경쟁(perfect competition)	1로 회귀(mean toward 1)
잔차(residuals)	종속변수(dependent variable)
종목교체(rebolancing)	증권시장선(SML)
증권특성선(SCL)	초과수익률(excess return)
총위험(total risk)	체계적 위험(systematic risk)
평균-분산 효율적(mean-variance efficient)	평균회귀(mean reversion)
표본오차(sampling error)	표준편차(standard error)
회귀계수(regression coefficient)	회귀분석(regression analysis)
회피가능위험(avoidable risk)	

관련웹사이트

1. 한국자산평가(KAP)
   ▷ http://www.koreaap.com
2. Vanguard
   ▷ http://investor.vaguard.com/
3. NH투자증권 : 주식, 채권, 선물옵션, 수익증권거래서비스, 시황속보, 투자전략 제공.
   ▷ http://www.nhgv.co.kr
4. 머니투데이 : 경제뉴스전문, 시황속보, 종목분석, 채권, 외환, 투자전략, 금융, 환율 등 소개.
   ▷ http://www.mt.co.kr/
5. 뉴스핌 : 외환 및 채권, 주식 등 투자전략, 주간전망, 금리예측, 선물동향수록.
   ▷ http://www.newspim.com
6. 대신경제연구소 : 투자전략, 채권이슈, 기업산업분석, 국내외경제정보수록.
   ▷ http://www.deri.co.kr

연습문제

[객관식 문제]

01 CAPM의 내용 중 틀린 것은?

① 균형상태의 기대수익률은 SML선 위에 있다.

② 증권의 기대 수익률은 β의 함수이다,

③ 과소평가된 주식은 SML선 아래에 있다.

④ β가 큰 주식일수록 변동성이 크기때문에 위험과 기회가 함께 존재한다.

02 SML에 관하여 틀린 내용은?

① 균형상태에서 개별자산의 수익률은 SML선 위에 있다.

② SML선 아래에 있는 자산은 저평가(undervalued)되어 있다.

③ SML선의 기울기는 $(R_m - R_f)$이다.

④ β가 0일 때 수익률은 무위험수익률(R_f)이다.

03 베타(β)의 의미에서 틀린 내용은?

① 개별주식의 시장민감도 지수이다.

② 베타가 클수록 우량기업주식이다.

③ 시장자체의 베타는 1이다.

④ Merill Lynch사의 수정베타는 {(2/3) × 전기추정베타 + (1/3) × 1}이다.

04 단기국채 증권의 금리가 3%, KOSPI 수익률이 8%일 때 β값이 1.2인 주식의 기대수익률을 CAPM에 의하여 구하면 ( )%이다. ( )안에 숫자를 넣으시오.

05 CAPM에 의하면 투자자가 기대하는 위험프리미엄에 대한 설명 중 옳은 것은?

① 알파(α)에 비례한다. ② 알파(α)에 반비례한다.

③ 베타(β)에 비례한다. ④ 베타(β)에 반비례한다.

06 다음에서 CAPM 이론의 가정이 아닌 것은?

① 무위험 자산 수익률(R_f)이 존재한다.

② 거래비용과 세금이 없다.

③ 위험과 미래 수익률에 대해 이질적으로 예측한다.

④ 가격은 통제 불가능하다.

07 특정주식의 비체계적 위험은 어떻게 될 것인가?

① 분산 불가능하다. ② 시장위험 크기에 영향을 받는다.

③ 시장 호황기에 커진다. ④ 기업 고유 위험이므로 포트폴리오적 관점에서 회피가능하다.

08 [CPA 1차 유사문제] 자본자산가격결정모형(CAPM)에 대한 다음의 설명 중 가장 올바른 것은?

① 자본시장선(CML)에서 무위험자산과 시장포트폴리오에 대한 투자가중치는 객관적이지만, 시장포트폴리오에 대한 투자비율은 주관적이다.

② 증권시장선(SML)의 기울기는 β값에 상관없이 항상 일정한 값을 가진다.

③ 자본시장선(CML)상에 있는 포트폴리오는 효율적이므로 베타는 0이다.

④ 자본시장선(CML)상에 있는 포트폴리오와 시장포트폴리오의 상관계수는 0이다.

09 [CPA 1차 유사문제] 무위험이자율은 3%, 시장포트폴리오의 기대수익률은 13%이다. 아래 두 자산 가격의 균형/저평가/고평가 여부에 대하여 가장 적절한 것은?

자 산	β계수	기대수익률
A	0.5	9%
B	1.5	17%

① 두 자산의 가격은 모두 저평가되어 있다.

② 두 자산의 가격은 모두 고평가되어 있다.

③ 자산 A는 저평가되어 있고 자산 B는 고평가되어 있다.

④ 자산 A는 고평가되어 있고 자산 B는 저평가되어 있다.

10 [CPA 1차 유사문제] 다음의 설명 중 가장 옳지 않은 것은?

① 약 1,000 종목의 주식에 적절히 분산투자한 투자자가 새로운 주식을 포트폴리오에 편입할 때 요구하는 수익률은 비체계적 위험보다는 체계적 위험에 의하여 더 큰 영향을 받는다.

② 물가가 큰 폭으로 상승할 것으로 예상되는 경우, 채권이나 주식 등 금융자산에 대한 요구수익률도 상승한다.

③ 총자산의 약 80%가 자신이 창업한 회사의 주식으로 구성된 경우 비체계적 위험도 총자산의 수익률에 큰 영향을 미칠 수 있다.

④ 어떤 무부채기업이 1억원 상당의 투자안에 대하여 자금을 조달하고자 할 때, 회사내부의 현금을 사용하는 경우의 자본비용은 외부로부터 자금을 차입할 때의 자본비용보다 대체적으로 낮다.

11 [CPA 1차 유사문제] CAPM에 대한 설명으로 틀린 것은?

① SML에 위치한다고 해서 반드시 CML에 위치하는 것은 아니다.

② 개별자산의 진정한 위험은 총위험의 크기가 아니라 체계적 위험의 크기만으로 평가되어야 한다.

③ 시장포트폴리오와 무위험자산간의 상관계수는 정확히 0이다.

④ 위험자산의 기대수익률은 무위험자산의 수익률보다 항상 높아야 한다.

12 [CPA 1차 유사문제] 몇 개의 주식으로 이루어진 어느 포트폴리오는 시장 포트폴리오와 0.8의 상관계수를 갖는다. 포트폴리오의 수익률과 위험이 시장모형에 의해 설명된다고 가정하고 이 포트폴리오의 총위험 중 비체계적 위험의 비율을 구하시오.

① 36% ② 80% ③ 20% ④ 64%

13 [CPA 1차 유사문제] 다음 중 CAPM(자본자산가격결정모형)이 성립하는 시장에서 존재할 수 없는 경우는?

① A주식: 기대수익률 = 18%, 베타 = 1.0
B주식 : 기대수익률 = 22%, 베타 = 1.5

② A주식 : 기대수익률 = 13%, 표준편차 = 20%
B주식 : 기대수익률 = 20%, 표준편차 = 40%

③ AA주식 : 기대수익률 = 14.6%, 베타 = 1.2
시장포트폴리오의 기대수익률 = 13%, 무위험이자율 = 5%

④ A주식 : 기대수익률 = 20%, 표준편차 = 30%
시장포트폴리오: 기대수익률 = 12%, 표준편차 = 16%
무위험이자율 = 4%

14 [CPA 1차 유사문제] CAPM(자본자산가격결정모형)이 성립하는 시장에서 시장포트폴리오의 수익률의 표준편차는 0.04이며 세 자산의 베타와 수익률의 표준편차가 다음과 같다. 틀린 설명은 무엇인가?

자산	베타	표준편차
A	0.8	0.10
B	0.8	0.05
C	0.4	0.10

① 자산 B와 시장포트폴리오의 상관계수는 자산 C와 시장포트폴리오의 상관계수의 2배수이다.

②자산 A와 자산 B의 체계적 위험 1단위당 위험프리미엄은 동일하다.

③자산 A의 분산가능한 위험은 자산 C의 분산가능한 위험보다 낮다.

④ 투자원금 50만원을 보유한 투자자가 무위험이자율로 25만원을 차입하여 총액인 75만원을 자산 A에 투자할 경우의 기대수익률은 시장포트폴리오의 기대수익률보다 높다.

15 [CPA 1차 유사문제] 주식시장에서 거래되는 모든 주식의 베타는 3보다 작다고 가정한다. 투자자 갑은 자신의 자금 1,000만원으로 주식 A와 주식 B에 각각 w

및 $(1-w)$의 비중으로 분산투자하려 한다. 주식 A, B에 분산투자된 갑의 포트폴리오 C의 베타에 관한 주장 중 맞는 것의 개수를 골라라. 각 주식의 베타는 지난 6개월간 각 주식과 시장포트폴리오의 수익률 자료를 이용하여 추정되었다고 가정한다. 단, 주식의 공매도(short sale)가 가능하다.

a. 포트폴리오 C의 베타가 3이 될 수 있다.
b. 포트폴리오 C의 베타가 −4가 될 수 있다.
c. 포트폴리오 C의 베타가 0이 될 수 있다.
d. w가 어떤 값이 되더라도 포트폴리오 C의 베타 값이 전혀 변하지 않는 경우가 있다.

① 1개 ② 2개 ③ 3개 ④ 4개

16 [CPA 1차 유사문제] 최근 주식시장에 상장된 주식 A의 최초의 3거래일 동안 주식 A와 시장 포트폴리오의 일별 수익률은 다음과 같다. 문제 풀이의 편의를 위해 아래 자료가 주식 A의 수익률 자료의 전체 모집단이라 가정한다.

	주식 A의 수익률	시장포트폴리오의 수익률
거래일 1	0.1	0.1
거래일 2	0.3	0.2
거래일 3	−0.1	0.0

위 자료에 근거하여 자본자산가격결정모형(CAPM)에 의한 주식 A의 베타 값을 산출한 후 가장 가까운 값을 골라라. 소수 다섯째 자리에서 반올림하여 소수 넷째 자리로 확정하여 계산하여라. 예로서 0.00666은 0.0067로 간주하여 계산할 것.

① 1.2 ② 1.5 ③ 1.7 ④ 2.0

17 [CPA 1차 유사문제] 증권시장선(SML)과 자본시장선(CML)에 대한 다음의 설명 중 옳은 항목만을 모두 모은 것은?

a. SML은 초과이익이 발생한다는 가격결정모형으로부터 도출된다.
b. 인플레이션율이 상승하는 경우 SML의 절편이 상승한다.
c. 개별증권의 수익률과 시장수익률간의 상관계수가 1인 경우 SML은 CML과 일치하게 된다.
d. CML을 이용하여 비효율적 개별자산의 균형수익률을 구할 수 있다.
e. 수동적(passive) 투자포트폴리오를 구성하기 위해서는 CML을 이용할 수 있다.

① a, b, c ② a, c, e ③ b, c, e ④ a, b, c, d

18 [CPA 1차 유사문제] CAPM이 성립한다는 가정 하에서 다음 중 가장 적절하지 않은 것은? (단, r_f는 무위험이자율이고 m은 시장포트폴리오이며 시장은 균형에 있

다고 가정한다.)

① 시장포트폴리오는 어떤 비효율적 포트폴리오보다 큰 변동보상률(reward to variability ratio)을 갖는다.

② 모든 주식의 $\{E(r_j) - r_f\} / \text{Cov}(r_j, r_m)$이 일정하다.

③ 개별 주식 j가 시장포트폴리오의 위험에 공헌하는 정도를 상대적인 비율로 전환하면 $\{w_j \text{Cov}(r_j, r_m)\} / \sigma_m^2$이다(여기서 w_j는 j주식이 시장포트폴리오에서 차지하는 비중임).

④ 1년 후부터 매년 300원의 일정한 배당금을 영원히 지급할 것으로 예상되는 주식의 체계적 위험이 2배가 되면 주가는 40% 하락한다.(단, 위험이 증가하기 전 주식의 가격은 3,000원이고 무위험이자율은 4%이다.)

19 [CPA 1차 유사문제] 자본시장선(CML)과 증권시장선(SML)과의 관계에 대한 서술 중 옳지 않은 것은?

① CML과 SML은 기대수익률과 총 위험간의 선형관계를 설명하고 있다는 점에서 공통점을 가지고 있다.

② 비체계적 위험(unsystematic risk)을 가진 포트폴리오는 CML 선상에 놓이지 않는다.

③ 어떤 자산과 시장포트폴리오간의 상관계수가 1이면 CML과 SML은 동일한 표현식이 된다.

④ SML 선상에 있는 자산이라고 하여 모두 다 CML 선상에 위치하지는 않는다.

20 [CPA 1차 유사문제] 다음의 위험(risk)에 관한 여러 설명 중 옳은 것은?

① 총 위험이 큰 주식의 기대수익률은 총 위험이 낮은 주식의 기대수익률보다 항상 크다.

② 시장포트폴리오의 베타는 항상 1로서 비체계적 위험은 모두 제거되어 있다.

③ 상관관계가 1인 두 주식으로 포트폴리오를 구성하는 경우에도 미미하지만 분산투자의 효과를 볼 수 있다.

④ 베타로 추정한 주식의 위험과 표준편차로 추정한 주식의 위험 사이에는 일정한 관계가 있다.

[주관식 문제]

01 [베타와 SML] 다음과 같이 시장이 호황기일 때와 침체기일 때 뚜렷이 대비되는 공격적 주식과 방어적 주식 수익률은 다음과 같다.

	시장수익률(M)	**공격적 주식(A)**	**방어적 주식(D)**
호황기	7%	5%	4%

침체기	25	30	14

(1) 두 주식의 베타는 각각 얼마인가?

(2) 만약 호황기와 침체기가 될 확률이 똑같이 50%라면 두 주식의 기대수익률은 각각 얼마인가?

(3) 무위험자산(=정기예금) 금리가 12%일 때, SML(증권시장선)을 그리고 두 주식이 SML선 위에 있는지를 확인하라.

02* [α와 투자성과] 두 명의 펀드 매니저 김부장과 박부장이 있다. 김부장의 평균수익률은 22%, 베타위험은 1.2이다. 여기에 비해 박부장의 평균수익률은 16%, 베타위험은 0.8이다. 만약 무위험자산(=정기예금) 금리가 12%이고, 그 기간 동안 종합주가지수수익률이 20%라면 어느 펀드 매니저의 성과가 더 우수한가?

03 [Sharpe의 시장지수모형] Sharpe의 시장지수모형은 개별주식의 수익률을 시장수익률에 대하여 회귀분석한 것이다. 다음과 같이 A주식과 B주식의 시장모형식에 의한 회귀식이 주어져 있다.

$$r_A = 3\% + 0.70r_m + e_A,\ R_A^2 = 0.18$$
$$r_B = 5\% + 1.2r_m + e_B,\ R_B^2 = 0.36$$
$$\sigma^B = 30\%$$

(1) 각 주식의 표준편차는 얼마인가?

(2) 각 주식의 비체계적 위험은 얼마인가?

(3) 두 주식의 공분산과 상관계수는 얼마인가?

(4) 각 주식과 시장포트폴리오 사이의 공분산은 얼마인가?

(5) A에 0.70, B에 0.30의 비율로 포트폴리오 P를 구성할 때 포트폴리오 표준편차(σ_p), 포트폴리오 베타(β_p), 그리고 시장 포트폴리오와의 공분산을 구하라.

(6) A에 0.6, B에 0.3, 그리고 무위험자산(=정기예금)에 0.1의 비율로 포트폴리오 Q를 구성할 때 포트폴리오 표준편차(σ_Q), 포트폴리오 베타(β_Q), 그리고 시장 포트폴리오와의 공분산을 구하라.

(7) 최근의 주당배당금과 기대 배당성장률에 의거한 주식 A와 B의 기대수익률은 각각 12%와 23%다. 주식 A의 실제 베타는 0.9이고 주식 B의 베타는 1.5이다. 최근 무위험자산(=정기예금) 금리는 10%, 종합주가지수의 기대수익률은 18%로 예측되었다. 만약 더욱 다각화된 분산 포트폴리오를 보유하려면 A, B 두 주식 중 어느 주식을 선택하여 기존 포트폴리오에 추가시키면 되는가?

04* [조정베타] 서신기업(주)의 최근 베타값은 1.18이다.

(1) Merril Lynch의 조정방법에 따라 조정베타를 구하라.

(2) 현재베타(β_t)와 과거베타(β_{t-1})의 역사적 자료에서 다음과 같은 1차 회귀식이 도출되었다.

$$\beta_t = 0.5 + 0.8\beta_{t-1}$$

다음 해의 베타값은 얼마인가?

05★ [베타의 안정성] 사전적(ex-ante) 증권시장선에 비해 사후적(ex-post) 증권시장선이 너무 평행(too flat)하다는 것은 무엇을 의미하는가?

06★ [CAPM과 요구수익률] 무위험자산(=정기예금)수익률이 12%이고, 시장포트폴리오 기대수익률은 20%이다. 1.3의 β값을 갖는 것으로 기대되는 어떤 회사에서 투자안을 검토하고 있다.

(1) 이 투자안의 요구수익률은 몇 %인가?

(2) 투자안의 내부수익률이 21%이면 채택하는가 아니면 기각하는가?

07 [위험프리미엄과 주가] 기대수익률이 15%인 동산기업(주)의 현재 시가는 20,000원이다. 무위험자산(=정기예금)수익률은 12%이며, 이 회사는 영구히 일정배당금을 지급한다. 만약 이 회사 주식수익률과 시장수익률과의 공분산이 지금보다 두 배로 된다면 시가는 얼마인가?

08 [요구수익률과 베타] 다음과 같은 세후 현금흐름이 예상되는 프로젝트의 경제성을 평가하고 있다.

미래연도	세후 현금흐름
0	−30
1	5
2	7
3	10
4	15
5	20

프로젝트의 베타(β)는 0.8이다. $r_f = 12\%$이고 $E(r_m) = 17\%$로 가정할 때 이 프로젝트의 순현가(NPV)와 내부수익률(IRR)은 얼마인가? 이 투자 프로젝트의 NPV가 0이 될 때 베타는 어느 정도 되어야 하는가?

09 [베타와 기대수익률] 현재 무위험자산(=정기예금) 이자율은 12%, 시장기대수익률은 20%이다.

(1) 서신기업(주)의 주식가격은 현재 20,000원이다. 연말에 기대되는 배당금이 600원이라 가정할 때 연말에 예상되는 시가는 얼마인가? 서신기업(주)의 역사적 평균베타는 0.8이다.

(2) 기대현금흐름이 영구히 1,000,000원으로 예상되는 서신기업(주)을 인수하려고 한다. 서신기업(주)의 역사적 평균베타는 0.8이지만, 만약 0.5로 잘못 추정하였다면 인수가격을 얼마나 더 지급해야 하는가?

10 [베타와 적정주가] 현재 무위험자산(= 정기예금) 이자율은 12%, 시장기대수익률은 20%이다.

(1) 베타가 0.8인 주식의 기대수익률은 얼마인가?

(2) 베타가 0.8인 주식을 20,000원으로 매입하였다. 연말 배당금이 600원으로 예상되고 연말가격이 24,000원으로 예상되었다면 이 주식은 과대평가되었는가 아니면 과소평가되었는가?

11 [CPA 2차 유사문제] 주식시장의 모든 투자자들은 주식 A와 주식 B의 1년 후 주가의 확률분포를 다음과 같이 예상하고 있으며, 이는 아래의 (1), (2) 및 (3)에 모두 적용된다.

(주가 단위 : 원)

	상황1	상황2	상황3
주식 A	11,881	9,801	7,921
주식 B	8,281	10,000	11,881
확 률	1/3	1/3	1/3

(1) 투자자 김대박의 효용함수는 $U(W) = \sqrt{W}$이고, 그의 투자원칙은 자신의 기대효용을 극대화하는 주식에 투자하는 것이다. 현재주식 A, B의 가격이 8,000으로 동일하고, 김대박은 두 주식 A, B 중 하나에만 투자하여야 하며, 주식 투자를 위한 8,000원 이외의 자산을 가지고 있지 않다고 가정한다. 이 때 김대박은 어느 주식에 투자할 것인가? 계산 과정을 보이며 이 물음에 답하라.

이외에 투자자 및 시장에 관한 사항은 다음과 같다. 이 사항들은 (2)와 (3)에 모두 적용된다.

> ① 현재 주식시장에는 보통 A, B를 포함하여 10,000개 이상의 주식회사의 보통주가 거래되고 있으며, 어떤 회사 주식의 시가총액도 전체주식시장의 시가총액의 0.1%를 넘지 않아 개별 주식이 전체 주식시장 혹은 시장포트폴리오에서 차지하는 비중은 미미하다.
> ② 주식시장의 투자자들은 주식과 무위험자산에만 투자할 수 있고 그 외의 자산은 투자하지 않고 보유하지도 않는다.
> ③ 1년 만기 무위험자산의 이자율은 5%이다.
> ④ 향후 1년간 시장포트폴리오의 기대수익률은 10%로 추정된다.

(2) 이제 자본자산가격결정모형(CAPM)이 주식시장에서 유효하게 성립하여, 주

식 A, B의 가격도 CAPM에 의하여 결정된다고 하자. 주식 A의 가격이 주식 B의 가격보다 높을 가능성이 있는가? "가능성이 있다" 혹은 "가능성이 없다" 중의 하나로 답하고, 그 이유를 반드시 CAPM에 근거하여 3줄 이내로 서술하라. 단, 구체적인 계산을 포함할 필요는 없다.

(3) 자본자산결정모형(CAPM)이 주식시장에서 유효하게 성립하여 주식 A의 가격도 CAPM에 의하여 결정된다고 하자. 주식 A의 현재가격이 9,398원보다 높을 가능성이 있는가? "가능성이 있다" 혹은 "가능성이 없다" 중의 하나로 답하고, 그 이유를 반드시 CAPM에 근거하여 3줄 이내로 서술하라.

제 9 장

CAPM의 확장과 검증*

* 학부과정은 이 장을 생략할 수 있음.

01

가정의 완화에 의한 CAPM의 확장

앞에서 설명한 대로 CAPM은 기대수익률과 투자 위험간의 관계를 간단 명료한 선형함수관계로 설명함으로써 투자성과를 객관적으로 평가할 수 있도록 하는 비교기준수익률(benchmark rate of return)을 제공한다. 그뿐만 아니라, CAPM은 새로 거래되는 투자자산들에 대한 기대수익률을 합리적으로 예측할 수 있는 근거를 제시해 준다.

그러나 CAPM은 여러 가지 비현실적인 가정들 하에서 도출되었다. 그 가정들은 동질적 예측, 세금과 거래비용 등이 무시되는 완전자본시장과 무위험자산의 존재 등 현실적인 자본시장의 여건에 비추어 볼 때 성립될 수 없는 엄격한 가정을 포함하고 있다. 이러한 이유로 CAPM을 비판하는 학자들은 CAPM의 결론 또한 비현실적이고 너무 단순하다고 주장하지만 CAPM 모델 그 자체가 비현실적이라고 볼 수는 없다. 왜냐하면 복잡하기 그지 없는 현실을 설명하고자 하는 이론적 모형을 수립하기 위해서는 현실 세계를 단순화시킬 수 있는 가정들이 불가피하기도 하려니와, 단순화된 이론 모형들이 사회 현상을 개괄적 혹은 거시적으로 설명하는 데 보다 설득력을 갖는 경우가 많기 때문이다.

보다 중요한 것은 이론적 모형의 가정들이 보다 현실에 가깝게 완화 내지는 수정되었을 때에도 그 이론적 모형의 결론이 변질되지 않고 여전히 사회 현상을 적절하게 설명할 수 있느냐 하는 문제이다. 결론적으로 말해 여러 가정을 완화하여도 투자 위험은 베타 계수로 측정되고, 기대수익률은 투자위험과 선형의 양(positive)의 관계에 있다는 CAPM의 결론은 변하지 않는다는 것이다.

이 절에서는 CAPM의 중요한 가정들을 완화하였을 때 CAPM의 결론이 어떠한 영향을 받는지 설명하기로 한다. 확장된 CAPM을 정확하게 이해하기 위해서는 이 책에서 요구하는 수준 이상의 투자이론과 수학에 대한 지식이 요구된다. 따라서 확장된 모델의 도출과정보다는 확장된 모델의 결론이나 그러한 모델이 갖는 의의를 중심으로 설명하기로 한다.

1 무위험자산이 존재하지 않는 경우: 제로-베타 모형

CAPM은 무위험자산 이자율이 존재하고, 투자자들은 무위험자산 이자율로 원하는 만큼의 자본을 대출 또는 차입할 수 있다는 가정하에서 도출되었다. 흔히 단기국채 등이 무위험자산으로 이해되고 있지만 진정한 의미에서 무위험자산은 존재하지 않는다. 왜냐하면 단기국채는 국가가 지급 보증을 하므로 채무불이행위험(default risk)은 없으나, 예기치 않은 인플레율의 변화에 따라 단기국채 또한 가격이 변하게 되므로 엄밀한 의미에서 단기국채 또한 무위험자산이라고 볼 수 없는 것이다.

진정한 무위험자산이 존재하지 않는다면 투자자들은 그들의 위험회피정도에 따라서 효율적 경계선(efficient frontier)상에 어느 점이라도 그들의 최적포트폴리오로 선택하게 될 것이다. 왜냐하면 무위험자산 수익률과 시장포트폴리오를 연결하는 자본시장선(CML)은 더이상 유효하지 않기 때문이다. 투자자들이 각기 다른 포트폴리오를 선택하게 됨에 따라 시장포트폴리오는 특별한 의미를 잃게 되고, CAPM은 더이상 자본시장 내에서의 시장균형관계를 설명할 수 없게 된다.

이러한 문제점을 보완하기 위하여 피셔블랙(Fischer Black)은 무위험자산이 존재하지 않을 때의 시장균형모델로서 제로-베타(Zero-Beta)모형을 제시하였다. 제로-베타모형은 효율적 경계선에 관련된 다음의 두 가지 중요한 속성에 입각하고 있다.

첫째, 효율적 경계선 상에 존재하는 어떠한 효율적 포트폴리오를 결합하든지간에 그 결합에 의하여 형성된 포트폴리오는 다시 효율적 경계선 상에 존재하게 되는 효율적 포트폴리오가 되게 된다.

둘째, 효율적 경계선 위에 있는 모든 효율적 포트폴리오들은 기회집단원의 아랫부분의 경계선 상에 동료포트폴리오(companion portfolio)를 갖고 있다. 효율적 포트폴리오와 동료포트폴리오는 특성상 전혀 상관관계가 없으므로 동료포트폴리오는 제로-베타(zero beta) 포트폴리오라고 불리운다.

어떤 주어진 효율적 포트폴리오에 대한 동료포트폴리오 또는 제로-베타 포트폴리오를 찾아내는 방법은 다음과 같다. 효율적 경계선 상의 효율적 포트폴리오에 접선(tangent line)을 그어 그 접선이 기대수익률 축(y축)과 만나는 점을 찾은 다음, 그 점으로부터 분산 또는 표준편차 축(x축)에 평행한 선을 그어서 그 선과 기회집단원의 아랫부분 경계선과 만나는 점이 바로 동료포트폴리오 점이 되게 된다. [그림 9-1]에서 보는 것처럼 효율적 포트폴리오 M의 동료포트폴리오는 $Z(M)$이 되고, $Z(M)$은 포트폴리오 M과 전혀 상관관계가 없으므로 제로-베타 포트폴리오이다.

이상의 기본 지식을 바탕으로 펴셔블랙의 제로-베타 모형의 도출과정을 설명하기로 한다. 무위험자산이 존재하지 않더라도 투자자들이 미래에 대한 동질적인 예측(homogeneous expectations)을 하는 한 모든 투자자들은 그들의 투자 의사결정과정에서 동일한 효율적 경계선을 이용하게 될 것이다. 한편 투자자들이 가지고 있는 모든 포트폴리오를 합산하게 되면 시장포트폴리오가 되게 되는데 그 시장포트폴리오는 앞에서 설명한 효율적 경계선의 첫 번째 특성에 의하여 다시 효율적 포트폴리오가 되게 된다. 시장포트폴리오가 결정되면 그의 동료포트폴리오는 쉽게 구해질 수 있다.

이를 바탕으로 피셔블랙은 개별자산의 기대수익률은 시장포트폴리오와 그의 동료포트폴리오에 대한 기대수익률로 계산될 수 있다는 것을 증명하였는데, 이 모형이 바로 그 유명한 제로-베타 모형이다. 제로-베타 모형은 다음과 같다.

$$E(R_i) = E\{R_{Z(M)}\} + \beta E\{R_M - R_{Z(M)}\} \tag{9-1}$$

여기서 $E(R_i)$: 개별 자산에 대한 기대수익률
$E\{R_{Z(M)}\}$: 시장포트폴리오의 동료포트폴리오에 대한 기대수익률
β: 베타 계수
$E(R_M)$: 시장포트폴리오에 대한 기대수익률

그림 9-1 **제로-베타**(Zero-Beta) CAPM**과** SML

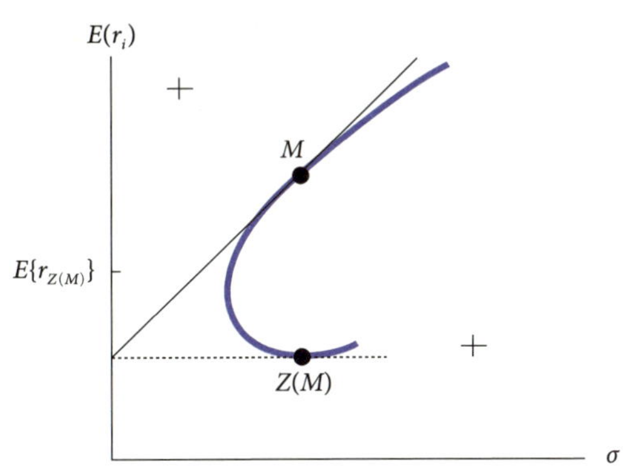

식 (9-1)을 원래의 CAPM식과 비교해 보면 $E(R_{Z(M)})$이 무위험자산 수익률 R_f를 대체시킨 것을 제외하고는 달라진 것이 없다는 것을 알 수 있다.

결론적으로 말하자면, 제로-베타 모형은 무위험자산이 존재하지 않는 경우라도 투자위험과 기대수익률 간에는 양의 함수관계가 성립된다는 것을 확인하여 주고 있는 것이다.

2 이질적 예측(heterogeneous expectations)

CAPM은 모든 투자자들이 미래에 대한 동질적인 예측(homogeneous expectation)을 한다는 가정하에 도출된 이론적 모형이다. 그러나 현실적으로 불완전한 자본시장에서는 각 투자자들에게 주어진 정보의 양과 내용 및 시기가 상이하고 투자에 관한 전문적인 지식의 정도가 다르기 때문에 각 투자자들은 이질적 예측을 하는 것이 보통이다. 즉, 일반 개인 투자자들과 은행·투자신탁·보험회사 등과 같은 투자에 관한 전문지식과 노하우를 가지고 있는 기관 투자자들의 미래에 대한 예측은 크게 다를 수 있는 것이다.

만일 각 투자자들이 이질적인 예측을 하게 된다면 투자자산에 대한 기대수익률과 투자위험에 대한 서로 다른 예측치를 갖게 되어 각 투자자들은 서로 다른 효율적 경계선을 투자의사결정과정의 기본 도구로 사용하게 될 것이다. 이는 다시 서로 상이한 증권시장선(SML)으로 나타나게 될 것이다. 이렇듯 현실적으로 존재하는 이질적 예측(異質的 豫測)이 CAPM에 어떠한 영향을 미칠 것인가에 대해서 많은 연구가 이루어졌다.

Lintner(1969)[1]는 이질적인 예측하에서도 개별자산에 대한 기대수익률은 시장포트폴리오에 대한 기대수익률과 분산 및 개별자산과 시장포트폴리오와의 공분산에 의하여 계산될 수 있다는 것을 증명하였다. 하지만 시장포트폴리오에 대한 기대수익률, 분산 및 공분산은 개별 투자자들의 이질적인 예측을 반영하기 위해서 각 투자자들의 예측치를 가중평균하여 구해진다. 그 밖에 여러 학자들의 연구결과를 종합해 보면 투자위험과 기대수익률은 양의 선형관계를 가지고 있으며, 베타계수가 적절한 투자위험의 측정 수단이라는 CAPM의 결론을 부정할 수는 없다. 즉 각 투자자들이 이질적인 예측치를 갖더라도 원래의

1 Lintner, John, 1969, "The aggregation of investors diverse judgments and preferences in purely competitive security markets," *Journal of Financial and Quantitative Analysis* 4, pp.347~400.

CAPM과 매우 유사한 시장균형모델이 도출된다.

3 세금의 존재

원래의 CAPM은 일체의 세금이 없다는 가정하에서 도출되었다. 하지만 현실적으로 투자에는 여러 가지 형태의 세금이 부과되고 있다. 주식의 경우 대표적인 세금은 자본이득세(capital gain tax, 현재 우리나라에서 자본이득세는 부과하지 않고 있음)와 배당소득세(dividends tax)이다. 한편 세율 또한 투자자의 재산정도·투자 기간의 길이 등에 따라 현저하게 다를 수 있다. 이렇듯 현실적으로 존재하는 세금을 고려하면 CAPM은 어떠한 영향을 받을까? 그간의 연구결과를 종합해 보면 세금의 존재에도 불구하고, CAPM의 근본적인 결론들은 유효하다는 것이다.

예로서, 다음은 개인 투자자들에 대한 개인세(personal tax)와 기업에 대한 법인세(corporate tax)를 고려한 Brennan(1970)[2]의 자본시장균형 모형이다.

$$E(R_i) = \alpha_1 R_f + \alpha_2 \beta_i + \alpha_3 DY_i \tag{9-2}$$

여기서 β_i: 베타계수
DY_i: 배당수익률

식 (9-2)에서 보는 것처럼 개별자산에 대한 기대수익률은 베타계수로 측정되는 투자위험과 배당수익률과 양의 함수(positive function)관계를 가지고 있다. 기대수익률과 배당수익률간의 양의 함수관계는 다음과 같이 설명할 수 있다. 배당소득에 대한 세율이 자본이득에 대한 세율보다 높은 한 투자자들은 배당소득보다는 장기투자에 따른 자본이득을 선호하게 될 것이다. 따라서 배당이 많을수록 투자자들은 높은 기대수익률을 요구하게 되는 것이다.

4 비거래자산(non-marketable assets)의 존재

CAPM은 오로지 자본시장에서 거래되는 투자자산(marketable assets)만을 고려하여 도출되어진 이론적 모형이다. 하지만 현실 세계에는 여러 가지 법률

2 Brennan, Michael, 1970, "Taxes, market valuation and corporate financial policy," *National Tax Journal* 25, pp.417~427.

적·윤리·도덕적 혹은 기술상의 제약 때문에 제도적으로 거래되지 못하는 값진 투자자산들이 수없이 존재하고, 이를 보유하고 있는 투자자들은 그들의 투자 결정시 그러한 비거래 투자자산의 존재를 고려하지 않을 수 없다. 그러한 비거래 자산의 대표적인 예가 인간자본(human capital)이다. 윤리·도덕적으로 볼 때 인간은 모두 평등한 존재이지만 순수하게 경제적 입장에서 볼 때 질 높은 정규 교육을 이수한 사람과 그렇지 못한 사람 또는 고도의 기술을 가지고 있는 숙련 기술자와 단순 노무자의 경제적 가치는 같을 수 없는 것이다.

그러면 이러한 비거래자산의 존재가 CAPM에 어떠한 영향을 미칠까? 결론적으로 말해 비거래자산의 존재 또한 CAPM의 근본적 결론을 부정할 수 없다는 것이다. 이러한 비거래자산의 존재문제를 연구한 대표적 학자는 Mayers(1972)[3]인데, 그의 확장된 모델은 투자자들은 비거래자산과 높은 상관관계를 가지고 있는 거래자산에 적게 투자하는 경향이 있다는 것을 이론적으로 보여주고 있다. 예컨대, (주)갑에 근무하고 있는 사람은 우리사주에 투자된 금액이 자산의 총자산 중에서 차지하는 비중을 적절히 조정할 필요가 있다. 왜냐하면 (주)갑이 도산하는 경우 (주)갑의 우리사주는 한낱 휴지조각에 지나지 않아 우리사주에 투자한 투자금액을 전부 잃게 될 뿐만 아니라, 직장 또한 잃게 되어 근로소득(인간자본) 또한 제로가 될 수 있다. 이러한 경우 투자자의 손실은 거의 통제 불가능하게 된다. 따라서 분산투자라는 의미에서도 우리사주에 대한 투자를 일정비율로 통제할 필요가 있는 것이다.

5 비가격순응자(non-price-taker)의 존재

고전 경제학의 가장 중요한 시장모형이 완전시장(perfect market)모형이고, CAPM은 경제학의 완전시장모형을 투자이론에 적용한 것으로 이해하면 큰 무리가 없을 것이다. 완전시장모형의 가장 중요한 가정 중의 하나가 모든 시장 참여자들은 가격순응자라는 것이다. 즉 모든 시장참여자들은 수요와 공급에 의해서 결정된 시장가격에 순응할 뿐(price-taking) 가격에 영향을 미칠 만큼 그들의 수요의 크기가 크지 않다는 것이다. CAPM은 자본시장에서 이러한 가격순응자만을 전제로 한 균형모형이다.

---

3 Mayers, D., 1972, "Non-marketable assets and the capital market equilibrium under uncertainty," in Jensen, ed., *Studies in the theory of capital markets*, praeger, New York, pp.223~248.

하지만 기관 투자자들이 거대화됨에 따라 얼마든지 자산가격에 영향을 미칠 수 있는 투자집단들이 존재하는 것이 현실이다. 또한 불법적이긴 하지만 사적으로 소수의 대형 투자자들의 자금을 모아 특정 주식가격을 조작하는 '작전 세력' 들도 얼마든지 주식 등 자산가격에 영향을 미치고 있는 것이 사실이다. 즉 자본시장 내에 얼마든지 비가격순응자가 존재하고 있다는 것이다. 이러한 비가격순응자의 존재가 CAPM에 어떠한 영향을 미칠까? 결론적으로 말해 비가격순응자의 존재 또한 CAPM의 근본적인 결론을 반박할 수 없다는 것이다.

자본시장 내에 존재하는 비가격순응자의 존재는 Lindenberg(1976)[4]에 의해 잘 분석되었다. 그의 이론적 모형은 가격에 영향을 미칠 수 있는 비가격순응자들은 위험자산(risky assets)에 좀 더 많이 투자하는 경향이 있으며, 그들의 영향력을 이용하여 가격을 그들에게 유리하게 조정함으로써 투자효용을 높일 수 있다는 것을 보여주고 있다. 이러한 Lindenberg의 이론적 모형은 왜 은행·투자신탁·보험회사·연금기금 등의 기관투자자들이 인수 합병을 통해서 기업의 규모를 키우려 노력하는지 또는 '작전 세력'들이 법을 어겨 가면서까지 왜 '작전 세력화'하는지에 대해서 이론적인 설명을 제시해 주고 있다.

6 복수투자기간(multi-period investment horizon)

CAPM의 가정 중의 하나는 투자자의 투자기간이 단일기간(one-period)이라는 것이다. 하지만 현실적으로 투자자들은 그들의 재산의 증감에 따라 그리고 나이를 먹어감에 따라 그들의 투자 계획을 변경하게 되고, 투자 포트폴리오를 끊임없이 재조정(continuous rebalancing)하고 있다. 즉 투자자들은 그들의 평생소비(life-time consumption)계획을 세우고 심지어 자손들에게 얼마만큼의 유산을 물려줄 것인가까지 염두에 두고 투자결정을 하게 된다. 이렇듯 투자자들이 복수투자기간을 가지고 있다는 현실이 CAPM에 어떠한 영향을 받을 것인가? 결론적으로 말해 복수투자기간을 고려할 때도 CAPM의 근본적인 결론은 성립한다는 것이다.

투자자들이 끊임없이 투자 포트폴리오를 재조정하고 자본시장 내에서 투자기회 또한 경제상황에 따라 끊임없이 변화한다는 사실을 고려하여 노벨 경제

---

4 Lindenberg, Eric., 1976, "Imperfect Competition among investors in security markets," Ph. D Dissertation, New York University.

학 수상자인 Merton(1973)[5]은 원래의 CAPM을 확장하였는 바, 그의 이론적 모형이 바로 그 유명한 세 자산 분리이론(three-fund separation theorem)이다.[6] 이미 앞에서 설명한 대로 원래의 CAPM은 두 자산 분리이론(two-fund separation theorem)에 입각한 것이다. 즉 투자자들이 Markowiz적 합리적인 투자자들이라면 그들의 최적포트폴리오는 오직 무위험자산과 시장포트폴리오라는 두 투자자산의 결합으로 이루어질 수밖에 없다는 것이다.

Merton의 세 자산 분리이론에 따르면 투자자들이 복수의 투자기간을 갖게 되면 무위험자산의 이자율이 불규칙적으로 변동하게 되고, 그에 따라 투자기회집단 또한 불리하게 변할 수 있는 위험에 직면하게 된다는 것이다. 이러한 상황하에서 합리적인 투자자의 최적포트폴리오는 다음의 세 가지 투자자산으로 조합되어진다는 것이다.

첫째, 무위험자산

둘째, 시장포트폴리오

셋째, 무위험자산의 수익률과 완전한 음의 상관관계(상관계수 = −1)를 갖는 포트폴리오

이상에서 볼 수 있는 것처럼 투자자의 투자기간이 복수일 경우에도 원래 CAPM의 근본적인 결론은 영향을 받지 않고 복잡한 이론적 모형으로 확대될 뿐이다.

따라서 우리는 여러 가지 가정의 완화에도 불구하고 원래의 CAPM이 조금 더 복잡한 모형으로 확장될 뿐 근본적인 결론은 손상되지 않는다는 것을 보았다. 하지만 지금까지 확장된 모형들은 한번에 오직 한 가지씩의 가정들만을 완화하고 여타의 가정들은 상존하는 것으로 했다는 사실을 유념해야 한다.

그렇다면 한꺼번에 여러 가지의 가정들을 동시에 완화시킨다면 CAPM은 어떤 영향을 받을까? 저자의 답은 모른다이다. 아마도 두 가지의 가정까지는 동시에 완화할 수 있을지 모르되 세 가지 이상의 가정을 동시에 완화한다면 이론적인 모형 도출이 불가능하리라 생각된다. 보다 중요한 질문은 비현실적인 가정들 때문에 CAPM이 불충분하긴 하지만 CAPM이 얼마만큼 현실을 설명할 수 있

---

5 Merton, Robert, 1973, “An intertemporal Capital asset pricing model,” Econometrica 41, pp.867~888.

6 보다 분명한 의미 전달을 위해 fund를 투자자산으로 번역한다. Merton(1973)은 fund를 우리가 흔히 사용하는 투자기금이라는 의미로 사용한 것이 아니라 서로 다른 유형의 투자 포트폴리오 혹은 투자자산의 의미로 사용하였기 때문이다.

느냐 하는 문제이다. 이 질문에 대한 실증적인 연구결과들을 다음 절에서 소개하기로 한다.

02

CAPM의 실증적 검증

모든 사회과학에 공통되는 연구방법은 우선 복잡한 사회현상을 단순화시킬 수 있는 가정을 설정하고 설정된 가정을 바탕으로 이론적인 모형을 수립하게 된다. 그런 다음 실제 현실생활 속에서 발생한 자료를 수집하여 이론적 모형이 현실 세계를 얼마만큼 설명하는가를 검증하게 된다. 이론적 모형이 현실세계의 현상을 잘 설명하면 그 모형은 현실세계를 보다 잘 이해하기 위한, 또는 미래에 대한 계획의 도구로서 널리 사용되게 된다. 그러나 그러하지 못한 경우에는 그 모형은 버려지고 새로운 연구방향을 모색하게 된다.

CAPM 또한 예외는 아니다. CAPM 또한 여러 가지 비현실적인 가정들 하에서 도출된 이론적 모형일 뿐이다. 이제 우리는 CAPM이 복잡한 투자시장의 현상을 얼마나 잘 설명해 주는지 살펴보아야 한다. 이것이 바로 이 절의 주제이다. 결론적으로 말하면, CAPM은 투자시장에서의 투자자들의 행동을 비교적 잘 설명해 주고 있다는 것이다. 물론 최근에 들어 CAPM에 정면으로 배치되는 결과들이 학술지에 속속 발표되고 있지만[7] CAPM은 다음 장에서 다루게 될 APT 이론 모형과 함께 현대투자이론의 양대 축을 이루고 있다고 하겠다. CAPM모델 수립과 그의 확장에 직·간접으로 연결된 학자들인 Markowitz, Sharpe 그리고 Merton 등이 노벨경제학상을 수상한 것을 상기한다면 CAPM의 중요성을 과소평가하지 않게 될 것이다.

7 Haugen, Robert, 1996, "The New Finance." CAPM이론에 정면으로 배치되는 실증적 연구결과들을 잘 정리해 놓았음.

1 CAPM의 검증 모형

지금쯤 CAPM의 공식쯤은 뇌리에 꽉 박혀 있으리라 생각되지만 독자들의 이해를 돕고자 CAPM 공식을 다시 한 번 쓰기로 한다.

$$E(R_i) = R_f + \beta_i\{E(R_m) - R_f\} \tag{9-3}$$

CAPM 공식에서 주목할 것은 CAPM식이 "미래"에나 실현될 기대값에 의존하고 있다는 것이다. 하지만 우리가 CAPM이 얼마만큼 현실적인 투자성과를 설명해 주는가 검증할 때에 우리에게 주어지는 것은 오직 "과거"에 이미 실현되어서 측정된 자료뿐이다. 더욱이 엄밀한 의미에서 CAPM의 검증은 "미래"의 베타-계수를 사용하여야 한다. 이러한 구조적인 문제 때문에 CAPM의 실증적인 검증은 다음의 두 가지를 전제로 하고 있다.

첫째, 과거 자료의 평균치가 미래의 예측치(expectations)로 대용될(proxies) 수 있다. 즉 가장 합리적인 미래에 대한 예측은 과거 자료의 평균으로부터 구해질 수 있다는 것이다.

둘째, 과거의 자료를 이용하여 계산된 베타 계수가 미래에도 크게 변하지 않는다(stable over time)는 것이다.

이러한 가정을 전제로 CAPM식은 단일지수모형(single index model)을 이용하여 다음의 검증 가능한 모형으로 변형된다.

$$r_i = r_f + \beta_i(r_m - r_f) + e_i \tag{9-4}$$

식 (9-4)에서 마지막 항인 e_i는 과거자료를 이용하는 데서 오는 모형의 잔차(residuals)를 나타낸다.

2 검증가능한 CAPM의 가설들

식 (9-4)에 과거 자료를 입력하여 CAPM을 검증할 때 우리의 주요 관심 사항은 다음의 가설들이 성립하는가 하는 데 있다.

첫째, 측정된 y절편 값이 무위험자산 수익률의 역사적 평균값과 같은가?

둘째, 베타계수, 즉 투자위험이 높을 때 실현된 투자 수익률도 높은가? 즉, 투자위험과 투자 수익률간에 양의 함수관계가 성립하는가?

셋째, 베타계수, 즉 투자위험과 실현된 투자수익률 간에 일차적인 선형관계(linear relationship)가 성립하는가? 즉 투자위험과 투자수익률 간에 2차 혹은 3차적인 곡선관계(curvelinear relationship)가 발견되지 않아야 한다.

넷째, 증권시장선(SML)의 기울기가 시장포트폴리오의 초과수익률($r_m - r_f$)과 같은가? 즉 측정된 기울기가 초과수익률보다 낮다(높다)는 것은 위험에 대한 보상이 이론적인 균형가 보다 낮다(높다)는 것을 의미한다.

다섯째, 베타계수 이외의 요소들, 즉 비체계적 위험, 배당수익률, 장부가 對 시장가의 비율(book-to-market ratio) 등의 요소들이 실현된 투자수익률을 설명할 수 있는가? 베타계수 이외의 요소들이 실현된 투자수익률을 체계적으로 설명할 수 있다는 것은 CAPM이 그러한 요소들을 반영하지 않은 불완전한 모형이라는 것을 의미한다.

3 CAPM의 실증적 검증결과

CAPM 모델이 체계화된 이래로 그 실증적 검증은 수없이 이루어져 그 중 중요한 연구결과만 나열한다 해도 두꺼운 한 권의 책이 되고도 남음이 있다. 그 중에서 비교적 중요하다고 생각되는 몇 개만을 소개하기로 한다.

1) Sharpe and Cooper의 검증결과

Sharpe와 Cooper(1972)[8]의 연구의 초점은 과연 체계적 위험의 측정치인 베타계수와 투자수익률 간에 양의 함수관계가 성립하는가 하는 가설을 검증하는 데 있다. 이를 위하여 그들은 1931~1967년 사이에 뉴욕 주식거래소에서 거래된 주식을 표본으로 삼아 다음의 검증방법을 사용하였다.

첫째, 각 주식의 베타계수는 매년 과거 5년간의 자료를 이용하여 측정된다.

둘째, 매년 각 주식은 베타계수를 기준으로 하여 열 개로 나누어진 포트폴리오에 오름차순으로 배정된다. 즉 베타계수의 가장 낮은 주식은 첫 번째 포트폴리오로 배정되고 가장 높은 주식은 열 번째 포트폴리오에 배정하였다.

셋째, 매년 각 포트폴리오의 베타계수와 투자수익률을 측정하여 표본기간동

8 Sharpe, W. and Cooper, G., 1972, "Risk-Return Class of New York Stock Exchange Common Stocks, 1931~1967." *Financial Analysts Journal* 28, pp.46~52.

안의 총 평균값을 구한다.

넷째, 각 포트폴리오의 평균수익률을 평균 베타계수값에 회귀분석한다.

Sharpe와 Cooper의 검증결과는 다음의 식으로 요약된다.

$$R_i = 5.54 + 12.75\beta_i \tag{9-5}$$

식 (9-5)는 투자수익률과 투자위험간에 양의 함수관계가 있는 것을 보여주고 있으며, 그 함수관계는 일차적 선형관계(linear relationship)라고 Sharpe와 Cooper는 결론지었다. 이러한 연구결과는 CAPM이 현실세계를 잘 설명하고 있다는 것을 시사해주는 것이다.

2) CAPM 검증 방법론상의 문제점

초기의 연구결과들은 대체로 CAPM이 현실세계를 비교적 잘 설명해주고 있다는 데 의견을 같이 하고 있으나 Miller and Sholes(1972)[9]는 초기 연구결과들이 여러 가지 측정상의 오류와 통계기법 상의 오류를 범하고 있다는 것을 지적하였다. 그들의 지적 사항을 요약하면 다음과 같다.

첫째, 무위험자산수익률이 경제적 여건에 따라 변동하고(non stable over time) 무위험자산 수익률과 시장포트폴리오의 수익률간에는 음의 상관관계가 있으므로 측정된 CAPM의 절편 값은 실제 값보다 높게 나타나고, 측정된 기울기 값은 실제 값보다 낮게 나타나는 경향이 있다.

둘째, 베타계수와 개별 주식의 분산(variance)간에 양의 함수관계가 있을 경우 베타계수 측정에 오류가 발생할 수 있다.

셋째, 베타계수와 모형의 잔차분산 $\sigma^2(e_i)$간에 양의 함수관계가 있을 경우 베타계수 측정에 오류가 발생할 수 있다.

기본적으로 Miller와 Sholes의 연구는 CAPM의 결론과 연구결과들이 왜 일치하지 않는가를 밝혀냄으로써 CAPM 모델을 옹호하기 위해서 행해지긴 했다. 그러나 결과적으로 그들의 논문 이후에 행해진 연구가 방법론상에 있어 많은 개선을 이루게 된 계기를 마련해 주었다는 점에서 그 의의가 크다 하겠다.

---

9 Miller, M and M. Sholes, 1972, "Rates of return in relation to risk: a rexeamination of some recent findings," in Jensen, M.C. ed., *Studies in the theory of capital markets*, Praeger, New York, pp.47~78.

3) Black, Jensen과 Scholes의 연구

Black, Jensen과 Scholes(BJS, 1972)[10]는 1926년부터 1965년에 걸쳐 뉴욕증권거래소에 상장된 전종목을 대상으로 CAPM을 검증하였다. 이들이 사용한 검증식은 다음과 같다.

$$R_i' = r_0 + r_i \beta_i' + e_i \tag{9-6}$$

여기서 R_i': $R_i - R_f$, 즉 개별 주식의 초과수익률
β_i': 시계열 회귀분석에서 얻어진 주식 i의 베타계수

만일 CAPM이 맞는다면 측정된 r_0는 제로(零)가 되어야 하고 r_1은 시장포트폴리오의 초과수익률과 같아야 한다. BJS는 앞에서 언급한 측정상의 오류를 줄이기 위하여 다음과 같은 정교한 연구방법을 사용하였다.

첫째, 각 주식의 베타계수는 매년 초 과거 5년간의 월간 자료를 이용하여 측정된다(일단계 회귀분석, first-pass regression).

둘째, 각 주식은 베타계수를 기준으로 하여 열 개로 나누어진 포트폴리오에 내림차순으로 배정된다. 즉 베타계수가 가장 높은 주식을 첫 번째 포트폴리오에 배정하고, 가장 낮은 주식을 열 번째 포트폴리오에 배정하였다.

셋째, 열 개의 포트폴리오에 대한 각각의 베타계수를 측정하고 이들을 각 포트폴리오의 참된 베타계수(true betas)로 사용한다.

넷째, 각각의 포트폴리오에 대한 월별 초과수익률과 시장포트폴리오의 초과수익률을 계산한다.

다섯째, 각 포트폴리오의 초과수익률을 베타계수에 회귀분석하여 증권시장선을 측정한다(이단계 회귀분석, second-pass regression).

그들은 이러한 검증을 전기간과 4개의 부분기간으로 나누어 행하였는데, 전기간을 이용한 검증결과는 다음과 같다.

$$R_P' = 0.0359 + 0.01080\beta_P \tag{9-7}$$
$$\rho^2 = 0.98$$

한편 전표본기간동안 시장포트폴리오의 초과수익률은 0.014였다. CAPM이 맞는다면 추정된 증권시장선(SML)의 y절편은 0이 되어야 하고 그 기울기는 실현된 시장포트폴리오의 기대수익률인 0.014이어야 한다. 그러나 식 (9-7)에서

10 Black., F., M.Jensen, and M.Scholes, 1972, "the Capital asset pricing model: Some empirical tests," in Jensen ed., *Studies in the theory of capital markets*, Praeger, New York, pp.79~124.

보는 것처럼 y절편 값은 0보다 명백히 크고 기울기는 0.014보다 명백히 작다. 이는 추정된 증권시장선이 이론적인 증권시장선보다 평평하다는 것을 의미한다. 이러한 연구결과는 보다 단순한 검증방법을 사용했던 Lintner(1965)[11]의 초기 연구결과와 일치하는 것이다.

BJS는 이상의 CAPM의 이론적 예측에 일치하지 않는 결과를 설명하기 위해 Zero-Beta 모델을 적용하였는바, 제로-베타 모델을 적용한 경우에도 이상에서 얻은 결과와 거의 유사한 검증결과를 얻었다. 한편 BJS는 제로-베타 모델이 원래의 CAPM 모델보다 현실세계를 보다 잘 설명할 수 있다는 것을 발견하였다.

4) Fama and MacBeth의 연구

Fama and MacBeth(1973)[12]는 BJS의 검증방법을 이용하여 CAPM을 검증하였다. 그들 연구방법의 특징은 보다 정확성을 기하기 위하여 포트폴리오의 개수를 20개로 설정하고, 추정 증권시장선의 계수들이 변동할 수 있다는 사실을 반영하기 위하여 증권시장선을 매달마다 측정하였다. 그들이 사용한 검증식은 다음과 같다.

$$R'_{pt} = r_{0t} + r_{1t}\beta_p + r_{2t}\beta_p^2 + r_{3t}\sigma_{ep} + n_{pt} \tag{9-8}$$

여기서 R'_{pt} : 포트폴리오의 초과수익률
β_p : 포트폴리오의 베타계수
σ_{ep} : 포트폴리오의 비체계적 위험
n_{pt} : 추정오차

이상의 검증식에서 알 수 있는 것처럼 그들의 검증의 초점은 다음의 세 가지 가설을 검증하는 데 있다.

첫째, 과연 투자수익률과 베타계수간의 관계는 일차의 선형관계인가?($E(r_{2t}) = 0$?)

둘째, 투자수익률은 비체계적 위험에 의해 전혀 영향받지 않는가?($E(r_{3t}) = 0$?)

셋째, 투자수익률과 베타계수간에 과연 양의 함수관계가 성립하는가?($E(r_{1t}) > 0$?)

Fama와 MacBeth의 연구결과를 요약하면 다음과 같다.

첫째, 부분적으로 투자수익률과 베타계수간에 비선형관계가 발견되기도 하지만 평균적으로 볼 때 선형관계가 존재한다. 즉 선형관계의 가설은 기각되지 않는다.

---

11 Finance, pp.587~615.

12 Frame, E. and MacBeth, J., 1973, "Risk, Return, and Equilibrium: Emprical Tests," *Journal of Political Economy* 71, pp.607~636.

둘째, 비체계적 위험이 포트폴리오의 투자수익률에 영향을 미치지 않는다.

셋째, 투자위험과 투자수익률간에 양의 함수관계가 성립한다. 즉 베타계수가 높은 주식은 베타계수가 낮은 주식보다 기대수익률이 높다는 것이다.

아울러 Fama와 MacBeth 또한 추정된 증권시장선이 이론적인 증권시장선보다 평평하다는 것을 발견하였다. 이상에서 언급된 연구결과들을 종합해 보면 다음의 결론을 얻을 수 있다.

첫째, CAPM이 역사적 자료를 비교적 잘 설명해 준다.

둘째, 하지만 추정된 SML의 기울기가 이론적 기울기보다 작다. 이는 자본시장에서의 위험보상률이 이론가치보다 낮다는 것을 의미한다.

5) Roll의 비판과 최근의 CAPM 검증결과

1976년 Roll은 그간에 발표된 CAPM의 검증결과들이 당연한 결과들(tautological results)이고, 진정한 의미에서의 CAPM의 검증은 불가능할 뿐만 아니라 CAPM이 제시하는 비교기준수익률을 투자성과의 잣대로 사용하는 데 많은 문제점이 있다는 것을 증명해 학계에 일대 파란을 일으켰다. 그의 주요한 연구결과는 1977~1978년 2년에 걸쳐 두 편[13, 14]의 연구논문에 요약돼 발표되었다.

Roll의 비판의 요지는 다음과 같다.

첫째, CAPM은 주어진 가정 하에서 자연히 도출될 수밖에 없는 이론적 모형이므로 CAPM의 진정한 결론은 시장포트폴리오가 효율적 경계선 상에 존재하는 효율적 포트폴리오라는 것이다. 따라서 진정한 의미에서의 CAPM의 검증은 시장포트폴리오가 효율적 포트폴리오인가를 검증해야 한다.

둘째, 시장포트폴리오가 효율적인가를 검증하려면 우선 시장포트폴리오의 범위를 명확히 구명해야 하는데 그것이 불가능하므로 CAPM의 검증은 사실상 불가능하다는 것이다. 즉 정의에 의해서 시장포트폴리오는 세계 자본시장에서 거래되는 모든 투자자산의 집합으로 이루어진 지수(index)이어야 하는데 그러한 포트폴리오를 구성한다는 것이 불가능하다는 것이다. 실제로 각 국에서 거래되는 투자자산으로 거래되는 포트폴리오를 구성한다는 것 자체가 불가능하다.

셋째, 설사 시장포트폴리오가 명확히 구성되어 CAPM을 검증하게 된다손 치

13 Roll, R., 1977, "A critique of the asset pricing theory's tests: Part I: On the past and potential testability of the theory," *Journal of Financial Economics* 4, pp.129~176.

14 Roll, R., 1978, "Ambiguity when performance is measured by the security market line," *Journal of Finance*, pp.1051~1069.

더라도 CAPM과 배치되는 결과를 얻는 경우, 그 배치된 결과가 시장포트폴리오가 비효율적이기 때문에 얻어진 결과인지 혹은 CAPM 모형 자체가 비현실적이기 때문에 얻어진 결과인지를 구별할 수 없다는 것이다. 따라서 CAPM의 정확한 검증 자체가 불가능하다는 것이다.

넷째, 앞에서 소개한 CAPM 검증 연구 결과들은 그 검증 방법의 특성상 당연한 결과들이기 때문에 그러한 검증결과를 바탕으로 CAPM의 유효성을 토론한다는 자체가 어불성설이라는 것이다. 실제로 Roll은 시장포트폴리오의 효율성(efficiency)에 상관없이 그간의 검증방법을 사용하면 투자위험과 투자수익률간에 양의 함수관계가 발견된다는 것을 증명해 보였다.

다섯째, 비교기준 수익률 산출을 위해 사용되는 시장포트폴리오가 어떻게 정의되느냐에 따라 동일한 투자성과가 달리 평가될 수 있으므로 CAPM이 제시하는 비교기준 수익률 자체가 신뢰할 만한 것이 아니라는 것이다.

이러한 Roll의 주장에 저자는 대부분 동의하지만, 한 가지 중요한 것은 현실세계를 있는 그대로 설명해 줄 완벽한 이론적 모형은 존재할 수 없다는 것이다. 더욱이 완전한 모델이 없다면 불완전한 모델도 유용한 수단과 지침이 될 수 있다는 사실을 명심해야 한다. 즉 학문하는 사람은 항상 완전을 추구하는 이론의 세계와 불완전과 타협할 수밖에 없는 현실세계와의 괴리를 유념해야 하는 것이다.

Roll의 비판 이후로도 CAPM의 검증에 관한 많은 연구들이 행해져 왔으며, 대부분 최근의 연구결과들은 CAPM과 배치되고 있다. 예로써 Fama와 French(1992)[15]는 앞에서 소개한 Fama와 MacBeth의 연구를 확장한 결과 매우 흥미로운 결과를 얻었다. 즉 기업의 규모를 고려한다면(after controlling for the size of the firms) 베타계수와 투자수익률간에 음의 함수관계(negative relation) 가 존재한다는 것을 발견하였는 바, 이는 CAPM에 정면으로 배치되는 것이다. 이 외에도 최근의 연구결과들은 베타계수 이외에도 기업의 규모, 장부가 대 시장가 비율, 배당수익률, 이익 대 가격비율(Earnings to Price ratio, E/P) 등이 투자수익률과 체계적인 관계가 있다는 것을 발견하였다.

이상의 연구결과를 바탕으로 일련의 학자들은 '베타는 죽었다(Beta is Dead)'라고 주장하고 있다. 이러한 주장은 대부분 제11장에서 다루게 될 시장의 효율성(Market efficiency)을 믿지 않는 학자들에 의해 제기되고 있다. 한편 이들의

15 Frame, E., and French, K., 1992, "The cross-section of expected stock returns," *Journal of Finance*, June, pp.427~465.

반대편에는 '영원하라, 베타!(Long Live Beta!)'라고 주장하는 학자들이 있는데 이들 대부분은 시장의 효율성을 믿고 있는 학자들이다. 이들 학자간의 논쟁은 쉽게 끝나지 않을 것이며 한 가지 확실한 것은 이러한 논쟁을 통해서 기존의 투자이론들이 보다 정교해지거나 새로운 이론이 탄생될 것이다.

중요영어용어

가정(assumption)
동질적 예측(homogeneous expectation)
베타(β)
사후적(ex-post)
이질적 예측(heterogeneous expectation)
제로 베타(zero beta)
채무불이행위험(default risk)
효율적 경계선(efficient frontier)
단일기간(one period)
벤치마크(benchmark)
사전적(ex-ante)
시장포트폴리오(market portfolio)
자본자산가격결정모형(CAPM)
측정상 오류(measurement error)
평생소비(lifetime consumption)

관련웹사이트

1. NH투자증권 : 주식, 채권, 선물옵션, 수익증권거래서비스, 시황속보, 투자전략 제공.
   ▷ http://www.nhgv.co.kr
2. 머니투데이 : 경제뉴스전문, 시황속보, 종목분석, 채권, 외환, 투자전략, 금융, 환율 등 소개.
   ▷ http://www.mt.co.kr/
3. 뉴스핌 : 외환 및 채권, 주식 등 투자전략, 주간전망, 금리예측, 선물동향 수록.
   ▷ http://www.newspim.com
4. 대신경제연구소 : 투자전략, 채권이슈, 기업산업분석, 국내외 경제정보 수록.
   ▷ http://www.deri.co.kr

연습문제

[객관식 문제]

01 제로베타 CAPM에 대한 다음 설명으로 옳지 않은 것은?

① 무위험자산이 존재하지 않는 경우에도 CAPM의 기본구조가 유지될 수 있음을 나타낸다.
② 제로베타 포트폴리오와 시장포트폴리오 수익률간의 상관계수가 0이다.
③ 제로베타 포트폴리오의 체계적 위험은 0이다.
④ 제로베타 포트폴리오의 기울기는 표준 CAPM의 기울기보다 가파르다.

02 선형의 CAPM을 도출하기 위한 최소한의 가정은 무엇인가?

① 무위험자산이 존재 그리고 공매도 가능
② 무위험자산이 존재 또는 공매 가능

③ 무위험자산이 반드시 존재해야 함, 공매는 선택적임.

④ 공매가 반드시 가능해야 함, 무위험자산은 선택적임.

03 Roll은 CAPM의 검증과 관련하여 틀린 내용은?

① 진정한 시장포트폴리오를 구성할 수 없기 때문에 CAPM은 검증할 수 없는 모형이다.

② 효율적 포트폴리오가 아니더라도 베타계수와 평균수익률 간에는 선형관계가 성립할 수 있다.

③ 진정한 CAPM의 검증은 시장효율성 검증과 베타계수와 평균수익률간의 선형관계 검증의 joint hypothesis 검증이다.

④ 베타계수와 평균수익률간에 선형관계가 성립한다면 CAPM은 성립한다.

04 두 기업의 주식과 관련된 자료가 다음과 같다고 할 때, 두 기업의 주식으로 구성된 제로베타 포트폴리오의 기대수익률은 얼마인가?

	A기업	B기업
기대수익률	20%	25%
표준편차	10%	14%
증권특성선	$R_H = 0.01 + 0.5R_m$	$R_J = 0.07 + 1.5R_m$

① 10.5% ② 15.5% ③ 17.5% ④ 20.5%

05 [CPA 1차 유사문제] 다음 설명 중 틀린 것은?

① 가중평균자본비용이 신규 투자안의 경제성을 평가하는 할인율로 사용되기 위해서는 투자안의 경영위험이 기존 기업의 경영위험과 동일해야 할 뿐만 아니라 신규 투자안의 수행을 위해 조달한 자금의 구성이 기존 기업의 재무위험과도 동일해야 한다.

② CAPM(capital asset pricing model)은 Markowitz의 포트폴리오 이론에 필요한 가정뿐만 아니라 세금과 거래비용 등이 없는 완전한 시장의 존재라는 가정과 무위험이자율로 무제한 차입과 대출이 가능하다는 가정을 전제로 한다.

③ 자본시장과 실물생산기회가 동시에 존재할 경우 최적투자는 효용곡선과는 관계없이 시장에서의 이자율과 생산기회에 의해서만 결정되고, 최적소비는 효용곡선과 최적투자에 의해 결정된 자본시장선과의 관계에 의해 결정된다는 것이 Fisher의 분리정리이다.

④ Tobin의 q비율은 자산의 대체원가(replacement costs)를 주식시장에서 평가된 기업의 시장가치로 나누어 준 값으로, q가 1보다 작으면 저평가된 기업이라고 할 수 있다.

[주관식 문제]

01 [차입이자율과 대출이자율] 현실적으로 대출이자율(=정기예금금리 $= r_f$)은 차입이자율(r_f^B)보다 낮다. 이와 같은 현실에서 투자자의 효율적 포트폴리오는 분명히 달라진다.

(1) 서로 다른 무위험이자율 r_f와 r_f^B를 고려하여 자본시장선을 도출하라. 여기서 방어적 투자자가 선택하는 투자기회와 공격적 투자자가 선택하는 투자기회를 표시하라.

(2) 만약 대출이나 차입 등을 전혀 하지 않는 투자자가 있다면 그가 선택하는 포트폴리오는 어떤 특징을 가지며, 위의 그래프에서 그 위치는 어디인가?

(3) 진실로 무위험한 자산수익률은 zero-beta 포트폴리오를 구성함으로써 가능하다. 위의 그래프에 zero-beta 포트폴리오 수익률과 zero-beta 수익률 r_f을 나타내어라.

02* [zero-beta와 기대수익률] 시장포트폴리오의 기대수익률이 20%이고, zero-beta 포트폴리오의 기대수익률 $E(r_z)$이 10%이다. zero-beta CAPM이 성립한다고 가정할 때 $\beta = 0.8$인 포트폴리오의 기대수익률은 얼마인가?

제 10 장

차익거래가격 결정이론

01

arbitrage

1 arbitrage의 개념

arbitrage(아비트리지)는 "차익거래"로 번역하며, 가격이 잘못 산정된 것(mis-pricing)을 이용하여 짧은 시간안에 무위험의 이익을 얻는 투자기회를 일컫는다.[1] 차익거래는 가격의 불일치에서 오는 이익을 얻기 위해 동시에 그 주식을 사고 동시에 그 주식을 매입하는 투자로서, 사실 1물 1가의 법칙(一物一價의 法則: the law of one price)이 확대된 개념이다. 예를 들어, 같은 IBM 주식이지만 LA와 NY에서 동시에 매매된다면 가격이 비싼 LA에서 팔고 동시에 가격이 싼 NY에서 사면 아비트리지이익(arbitrage profit)을 얻는다. 이 경우 투자자는 사실 자기 돈을 투자하지 않고도 확실한 위험없는 이익을 얻는 셈인데, 이런 투자를 무투자 포트폴리오(zero-investment portfolio)라 한다. 무투자 포트폴리오를 만들기 위해서는 적어도 하나의 자산은 空賣[2]하고 나머지 둘 이상의 자산들은 보유한다. 무투자 포트폴리오에서는 순투자금액이 제로(0)이고 이는 자체조달(self-financing)에 의해 가능하다

과거에 통신과 교통이 발달하지 않았을 때는 무투자·유이익거래가 가능했으나, 현대와 같이 전자통신과 기술이 발달된 시대에서는 무투자·유이익거래가 소멸되지는 않았으나 매우 귀한 편이다. 현대의 아비트리지거래는 매우 위험하지만 한편으로는 고도의 통신기술과 정보 때문에 순간적으로 이익을 얻을 수도 있다. 그 대표적인 예가 지수 아비트리지(index arbitrage)이다. 이는 선물거래(futures transaction)에서 실제 선물가격과 이론 선물가격 차이를 이용하여 아비트리지이익을 얻는 투자전략이다. 또한 외환거래에서도 아비트리지거래가 가능

1 arbitrage는 기존 교과서에서 「재정(裁定)」이라는 어려운 한자로 번역하여 사용하고 있으나, arbitrage 개념 자체가 「투자하지 않고도 이익을 얻는 것」이므로 앞으로 이 책에서는 「差益거래」로 번역하기로 한다. 참고로 「裁」는 「마를 재」('제'가 아님)로서 '裁定(재정)'의 사전적 뜻은 '옳고 그름을 판단하여 결정함'이다. 차액(差額)거래로 잘못 번역하지 않도록 한다. 요즈음은 아비트리지로 원어명을 그대로 사용하는 경우가 많다.

2 공매(sell short 또는 short selling)는 없는 자산을 판다는 의미로서 사실상 그 자산을 남에게서 빌려서 파는 것이다.

한데, 90일물, 180일물 등 미래 선도환율(forward exchange rate)이 두 국가의 이자율 차이를 정확히 반영하지 못하고 형성될 때 이자율평가(interest rate parity) 불일치에 근거한 커버된 이자율 아비트리지(CIA: Covered Interest Arbitrage)거래가 발생한다.

2 차익거래와 위험-수익률 지배논리와의 차이

증권시장에서 균형가격이 달성되는 근거에 대해 차익거래와 위험-수익률 지배논리(dominance theory)는 그 설명을 달리한다. 사실 이러한 차이는 APT (Arbitrage Pricing Theory)와 CAPM의 근본적 차이이기도 하다. 아비트리지 거래는 만약 무투자이면서도 확실한 이익을 얻을 수 있는 차익기회(arbitrage opportunity)가 존재하면 시장의 모든 투자자들의 참여 없이 오직 몇몇 투자자들의 포지션 증가로 인해 이러한 차익기회는 없어지고, 결국 가격은 균형상태에 도달한다고 주장한다.

여기에 비해 위험-수익률 지배논리에 의하면, 만약 시장이 불균형상태가 되면 시장의 많은 투자자들이 동질적 기대(homogeneous expectation)에 근거해 그들의 위험선호도에 따라 제한된 범위 내에서 포트폴리오를 바꾸고 이러한 개별 투자자들의 행위가 포함되면 거대한 매도·매수세력이 형성되어 결국 가격은 균형상태에 도달한다. 이 점이 바로 CAPM의 핵심적 원리이다. 만약 어떤 증권이 균형상태에서 벗어나 잘못 가격책정이(mispriced) 되면 효율적 포트폴리오를 추구하는 투자자들은 저평가된 증권은 매입하고 고평가된 증권은 매도하는데, 증권시장의 수많은 참여자들이 이렇게 행동함으로써 증권가격은 균형상태에 도달한다.

따라서 CAPM에서는 평균-분산기준(mean-variance criteria)을 추구하는 수많은 투자자들의 존재가 필수적이다.[3] 그러나 APT에서는 그렇게 수많은 투자자들의 존재가 필요치 않으며, 오직 몇몇 투자자들의 대규모 포지션만 필요할 뿐이다.

3 평균-분산기준이란 주어진 위험에서 최고수익률을 추구하거나 주어진 기대수익률에서 최소위험을 추구하는 투자행태이다.

02

APT

1 APT의 내용

로스(Ross)는 1976년 차익거래가격결정이론(APT: Arbitrage Pricing Theory)을 개발하였다.[4] 차익거래가격결정이론에 의하면 개별자산이나 포트폴리오의 기대수익률은 무위험자산 수익률에 개별요인에 대한 위험프리미엄을 합한 것이다. 이를 일반식으로 표시하면 다음과 같다.

$$E(r_i) = r_f + b_{i1}F_1 + b_{i2}F_2 + b_{i3}F_3 + \ldots \quad (10\text{-}1)$$

여기서 b_{i1}, b_{i2}, b_{i3}: 요인 i에 대한 민감도(체계적 위험)
F_i: 요인포트폴리오에 대한 위험프리미엄
(=요인포트폴리오 기대수익률 − 무위험자산수익률)

개별자산 i의 기대수익률에 영향을 미치는 요인은 한두 가지가 아니다. 거시경제적요인, 산업요인 그리고 기업의 성과변수가 주식의 수익률에 영향을 미친다. 이러한 요인 또한 변수가 F_1, F_2, F_3으로 표시되었다. 그런데 그 요인에 대한 민감도 b_1, b_2 그리고 b_3는 자산마다 다르다.

예제 10-1 APT의 위험-기대수익률 관계

기대수익률이 두개의 위험요인으로 생성된다고 가정하자. 다음과 같이 잘 분산된 N과 S의 두 개의 포트폴리오가 존재한다. 무위험자산이자율(r_f)이 12%일 때 두 포트폴리오의 기대수익률은 다음과 같다. APT에 의한 위험-기대수익률관계를 나타내는 식을 구하시오.

포트폴리오	기대수익률	b_{i1}	b_{i2}
N	14.80%	0.50	0.30
S	15.12%	0.30	0.42

풀이 $E(r_N) = r_f + b_{N1}F_1 + b_{N2}F_2 = 14.80 = 12 + 0.50F_1 + 0.30F_2$

4 Stephen A, Ross, "Returns, Risk and Arbitrage," in I.Friend and J.Bicksler, eds., *Risk and Return in Finance*(Cambridge, Mass.: Ballinger, 1976).

$$E(r_S) = r_f + b_{S1}F_1 + b_{S2}F_2 = 15.12 = 12 + 0.30F_1 + 0.42F_2$$

위의 두 연립방정식에서 F_1과 F_2를 계산하면 각각 $F_1 = 2\%$, $F_2 = 6\%$이다.

따라서 APT에 의한 위험-기대수익률 관계를 나타내는 식은 다음과 같다.

$$E(r_i) = 12 + b_{i1}2 + b_{i2}6$$

2 요인포트폴리오

차익거래가격결정이론(APT)에서 핵심은 요인포트폴리오이다. 요인포트폴리오(factor portfolio)란 주식수익률에 영향을 미치는 여러 요인 중 어느 한 요인의 영향은 받으나 나머지 요인들의 영향은 전혀 받지 않는 포트폴리오를 말한다. 전자의 경우 요인포트폴리오를 구성하는 개별주식들의 가중베타합은 1이고, 후자의 경우 0이다. 요인포트폴리오는 여러 주식을 고루 포함하는 잘 분산된(well diversified) 포트폴리오면 된다.

주식에 영향을 미치는 요인으로서 임금인상률(F_1)과 유가인상률(F_2)의 두 요인만 있다고 하자. 당시의 무위험자산수익률(= 정기예금금리)은 12%라 가정한다. 현재 고려하고 있는 주식은 봉제(knit) 회사와 제철(steel)회사의 두 회사이다. 봉제회사(N)는 임금인상률(F_1)에는 민감하게 반응하지만 유가인상률(F_2)에는 별로 민감하게 반응하지 않는다. 따라서 인금인상률 베타값 0.5는 유가인상률 베타값 0.3보다 크다. 여기에 비하여 제철회사(S)는 임금인상률(F_1)보다는 유가인상률(F_2)에 더 민감하게 반응한다. 마찬가지로 유가인상률 베타값 0.42는 임금인상률 베타값 0.3보다 크다. 각 요인별 민감도를 β라 할 때 봉제회사와 제철회사의 요인별 베타는 아래와 같다.

	임금인상률(F_1)	유가인상률(F_2)
봉제회사(N)	0.50	0.30
제철회사(S)	0.30	0.42

임금인상률(F_1)에는 100% 민감하게 반응하지만 유가인상률(F_2)에는 전혀 영향을 받지 않는 요인포트폴리오(p_1)를 구성할 수 있다고 가정하자. 현실적으로는 이런 포트폴리오를 구성할 수 없겠으나 이론적으로는 가능하다.

이와 같이 임금인상률(F_1)에 대해서는 100% 민감하게 반응하지만 유가인상률(F_2)에 대해서는 전혀 반응하지 않는 포트폴리오를 요인포트폴리오라 한다. 이를 p_1이라 할 때 이 요인포트폴리오의 기대수익률은 다음과 같다.

$$\bar{r}_{p1} = r_f + \lambda_1 \qquad (10\text{-}2)$$

여기서 λ_1: 요인 1에 대한 위험프리미엄

예를 들어, $r_f = 12\%$, $\lambda_1 = 2\%$이면 $\bar{r}_{p1} = 12\% + 2\% = 14\%$가 된다.

요인포트폴리오 p_1은 오직 하나만 존재하는 것이 아니라 투자종목을 교체하거나 투자비중을 바꾸면서 무수히 많이 만들 수 있다. 분명한 것은 이러한 많은 요인포트폴리오 p_1이 균형기대수익률 14%를 가져야만 차익거래기회(arbitrage opportunity)가 없어진다는 점이다. 만약 어느 요인포트폴리오 p_1이 13%의 기대수익률을 갖는다고 하자. 이 경우 투자자들은 기대수익률이 낮은 포트폴리오는 공매하고 기대수익률이 높은 포트폴리오를 매입함으로써 아비트리지이익(arbitrage profit)을 얻을 수 있다.

이러한 아비트리지 거래가 계속될수록 기대수익률이 낮은 포트폴리오의 공급은 늘어나고 가격이 낮아질 것이고, 기대수익률이 높은 포트폴리오의 수요는 늘어나 가격이 높아져서 결국 균형가격에 도달하게 된다. 이렇게 되면 아비트리지 거래기회는 없어지게 된다.

이러한 아비트리지 거래가 계속되는 동안 임금인상률이나 유가인상률 등 요인에 전혀 영향을 받지 않는 자산이 존재하게 되는데, 이러한 자산이 곧 무위험자산이다. 이와 같이 무위험자산수익률은 차익거래 가격결정모형(APM)에서는 전제조건이 아니라 수익률생성과정에서 귀납적으로 도출된다. 그러나 CAPM에서 무위험자산수익률(r_f)은 모형 도출 전의 가정으로서 반드시 존재해야 된다.

위에서는 요인포트폴리오 p_1만 설명했으나, 마찬가지로 임금인상률(F_1)에는 전혀 영향을 받지 않으나 유가인상률(F_2)에는 100% 민감하게 반응하는 요인포트폴리오 p_2도 구성할 수 있다. 요인포트폴리오 p_2의 기대수익률은 다음과 같다.

$$\bar{r}_{p2} = r_f + \lambda_2 \qquad (10\text{-}3)$$

여기서, λ_1: 요인 2에 대한 위험프리미엄

예를 들어 $r_f = 12\%$, $\lambda_2 = 6\%$이면 $\bar{r}_{p2} = 12\% + 6\% = 18\%$가 된다.

3 요인프리미엄 λ의 결정요인

APT는 이론적으로 매우 정교하지만 현실적으로 주식의 기대수익률 생성에 구체적으로 중요한 요인(factor)들이 몇 개인지 또 무엇인지 아직 밝히지 못하고 있다. 따라서 각 요인들의 위험프리미엄 λ_i 역시 밝혀지지 않고 있다. 다만 앞에서 예를 든 임금인상률(F_1)과 유가인상률(F_2)의 경우 위험프리미엄 λ_1, λ_2가 각각 2%, 6%인 것은 상대적으로 유가인상률(F_2)에 의한 포트폴리오 위험이 임금인상률(F1)에 의한 포트폴리오 위험보다 상대적으로 큰 것을 반영한 셈이다. 요인의 수, 요인의 정체(正體), 그리고 요인의 위험프리미엄(λ_1, λ_2)은 모두 실증연구에 의해 밝혀져야 한다. 지금까지 밝혀진 가장 확실한 요인은 시장요인(M)이다. 시장 포트폴리오는 여러 요인포트폴리오 중의 하나이다. 일반적으로 시장 프리미엄(λ_m)은 4~5% 수준인 것으로 알려져 있다.

다요인 가격결정모형(multifactor pricing model)과 관련하여 Fama와 French (1996)의 3요인모형(three factor model)이 주목할 만하다.[5] 그들은 시장지수요인 (M) 이외에 주식의 초과수익률에 영향을 미치는 제2, 제3의 요인으로서 기업규모(size)와 장부가/시가비율(B/M)을 추가하였다.

$$E(r_c - r_f) = \alpha + \beta_1\{E(r_M - r_f)\} + \beta_2 \text{size} + \beta_3 \frac{B}{M} \tag{10-4}$$

그들은 시장지수 이외에 기업규모가 작을수록, 그리고 B/M비율이 클수록 초과수익률이 크게 나타남을 발견하였다.[6] 그들 연구의 의의는 첫째, 기존의 1요인 CAPM 대신 다요인가격결정모형이 초과수익률결정 및 생성과정을 더 잘 설명해 주고, 둘째, 거시경제변수 대신 기업의 특성, 예를 들면 규모와 재무적 특성이 오히려 초과수익률 생성에 더 중요한 요인임을 발견한 데 있다.

---

5 Eugene F. Fama and Kenneth French, "Multifactor Explanantion of Asset Pricing Anomlies," The Journal of Finance 5(1996), pp.55~84.

6 시가 M은 주가 P로 쓸 수 있으므로 B/M은 B/P로 바꿔 쓸 수 있다. B/P의 역수 P/B는 PBR과 같은데 일반적으로 PBR이 낮을수록 주식은 저평가되어 있다고 말한다. B/M과 M/B는 분자, 분모가 서로 반대이므로 B/M이 크면 B/M(즉 P/B=PBR)은 작다.

03

개별증권의 기대수익률과 APT

봉제회사(N)나 제철회사(S)의 기대수익률은 모두 임금인상률(F_1)과 유가인상률(F_2)의 영향을 받기 마련이다. 다만 업종이나 개별기업의 특성상 영향을 받는 정도가 다르다. 이러한 영향의 정도는 베타(β)로 측정된다. 구체적으로 어느 봉제회사(N)를 대상으로 예를 들어보자.

현재 이 봉제회사(N)는 임금인상률(F_1)의 영향 정도는 0.50, 유가인상률(F_2)의 영향은 0.30 정도인 것으로 측정되었다. 따라서 봉제회사의 기대수익률 $E(r_N)$은 요인포트폴리오 p_1의 위험프리미엄에 대해 0.50만큼의 영향을, 요인포트폴리오 p_2의 위험프리미엄에 대해 0.30만큼의 영향을 받는다.

이것을 식으로 표시하면 아래와 같다.

$$E(r_N) = r_f + 0.5\lambda_1 + 0.3\lambda_2$$

위의 예에서 $r_f = 12\%$, $\lambda_1 = 2\%$, $\lambda_2 = 6\%$이므로 $E(r_N)$은 14.8%이다.

$$E(r_N) = 12 + 0.5 \times 2 + 0.3 \times 6 = 14.8\%$$

마찬가지로 제철회사(S)의 기대수익률 $E(r_S)$은 다음과 같다.

$$E(r_S) = r_f + 0.3\lambda_1 + 0.42\lambda_2 = 12 + 0.3 \times 2 + 0.42 \times 6 = 15.12\%$$

04

APT와 CAPM 비교

APT의 일반식은 다음과 같다.

$$E(r_i) = r_f + b_1\lambda_1 + b_2\lambda_2 + \ldots \tag{10-5}$$

여기서 b_1: 요인 i에 대한 민감도(베타)
λ_1: 각 요인의 위험프리미엄
(=요인포트폴리오기대수익률 − 무위험자산수익률)

CAPM은 APT의 일반식에서 오직 시장요인(m)만을 고려한 결과이다.

$$E(r_i) = r_f + \beta(r_m - r_f) = r_f + \beta\lambda \tag{10-6}$$

CAPM과 APT의 같은 점은 다음과 같다.

첫째, 두 모델 모두 수익률생성(return generating)모형이다. 기대수익률은 시장포트폴리오 또는 요인포트폴리오와 선형관계를 이룬다.

둘째, CAPM은 APT의 단일요인모형인 경우와 유사하다. 즉 CAPM은 APT에서 특수한 경우의 하나이다. 다시 말해서 이 경우 수익률에 영향을 미치는 요인은 CAPM이나 APT 모두 시장포트폴리오 요인뿐이다.

CAPM과 APT의 다른 점은 다음과 같다.

첫째, CAPM에서 투자자는 위험에 대한 선호도를 가진 것으로 가정되지만 APT에서는 투자자의 위험선호도 차이를 고려하지 않는다.

둘째, CAPM에서는 수익률분포가 정규분포를 이룬다고 가정하지만 APT에서는 그러한 가정이 필요없다.

셋째, 증권시장이 균형을 이루는 원리에 대해 CAPM은 수많은 투자자들의 효율적 포트폴리오 구성노력이 총체적으로 포함되어 균형을 가져온다고 설명하는 데 비해, APT는 반드시 시장의 모든 투자자들의 참여가 필요없이 몇몇 투자자들이라도 포지션을 엄청나게 확보함에 따라 차익거래기회가 없어져서 균형을 이룬다고 설명한다. 즉 CAPM은 위험-수익률 지배원리인데 반해, APT는 차익거래기회 논리이다.

넷째, CAPM은 오직 한 요인만이, 즉 시장포트폴리오만이 수익률생성에 관련이 있다고 주장하는 데 비해, APT는 多要因이 수익률생성에 기여할 수 있다고 주장한다.

다섯째, 무위험자산이자율(r_f)이 CAPM에서는 가정에 필수적이라고 명시되지만, APT에서는 수익률생성 과정상 나중에 귀납적으로 도출된다.

여섯째, CAPM은 가정의 비현실성에도 불구하고 실무계에서 많이 이용되고 있으나, APT는 이론적으로 정교하나 실용적으로 사용하는 데 어려움이 있어 최근에 들어서야 기관투자자들 사이에 보급되기 시작하였다.

중요영어용어

단일요인모델(single factor model)
무투자 포트폴리오(zero-investment portfolio)
요인프리미엄(factor premium)
지수 차익거래(index arbitrage)
차익거래 가격결정모형(APT)
포지션(position)
차익거래 기회(arbitrage opportunity)
요인포트폴리오(factor portfolio)
지배논리(dominance theory)
차익거래(arbitrage)
차익거래 이익(arbitrage profit)

관련웹사이트

1. 한국자본시장연구원: 자본시장 발전 및 증권산업 경쟁력 확보 연구분야, 증권제도, 업계동향, 출간물.
   ▷ http://www.kcmi.re.kr
2. Deutsche Bank: 독일은행, 금융업, 자본시장, 펀드관리.
   ▷ http://www.db.com
3. Euromoney: 영국금융잡지, 글로벌경제, 자본시장, 투자정보 등 제공.
   ▷ http://www.euromoney.com

연습문제

[객관식 문제]

01 다음 중 차익(arbitrage)거래포트폴리오에 대한 설명으로 옳지 않은 것은?
① 자체자금조달 (self financing)에 제한이 있다.
② 추가적인 체계적 위험이나 비체계적 위험을 부담하지 않는 포트폴리오이다(no risk).
③ 추가적인 부를 투자하지 않는 포트폴리오이다(zero portfolio).
④ 비균형상태에서 확실한 이익이 보장된다(sure profit).

02 APT에 대한 다음 설명으로 옳지 않은 것은?
① 투자자의 1차 또는 2차 효용함수와는 관계없이 성립한다.
② 요인 포트폴리오를 구성하는 종목들의 가중 베타합은 반드시 0이다.
③ 자산수익률의 확률분포가 정규분포가 아니라도 성립한다.
④ 무위험자산이 반드시 필요한 것은 아니다.

03 다음은 CAPM과 APT를 비교 설명한 내용이다. 옳지 않은 것은?

① CAPM은 APT에서 수익률에 영향을 미치는 요인이 하나인 특별한 경우에 속한다.

② 모두 완전 자본시장 하에서 시장포트폴리오의 존재를 전제로 한다.

③ 시장포트폴리오의 존재를 필요로 하지 않으므로 APT는 비교적 검증이 용이하다.

④ CAPM은 투자기간을 단일기간으로 가정하였으나, APT는 투자기간을 다 기간까지 쉽게 확장할 수 있다.

04 CAPM과 APT의 가정들 중에서 공통된 것은?

① 단일투자기간 ② 투자자의 동질적 기대

③ 무위험자산수익률의 존재 ④ 주식수익률의 정규분포

05 CAPM과 비교하여 APT가 갖는 차이점을 나타낸 것은?

① 체계적 위험보다는 비체계적을 위험을 보다 강조하고 있다.

② 여러 가지 원천의 체계적 위험을 고려하고 있다.

③ 여러 가지 원천의 비체계적 위험을 고려하고 있다.

④ 증권시장이 불균형 상태임을 보다 강조하고 있다.

06 차익거래는 다음 중 어떤 개념에 기초한 것인가?

① 동일한 위험을 갖는 자산은 동일한 기대수익률을 가져야 한다.

② 위험의 크기가 다른 증권은 서로 다른 기대수익률을 갖는다.

③ 보다 적은 위험을 갖는 포트폴리오를 매입하고 보다 큰 위험을 갖는 포트폴리오를 공매한다.

④ 투자자들은 위험에 대한 태도에 관계없이 동일한 최적 위험자산포트폴리오를 보유한다.

07 자산의 수가 제한되어 있을 경우, APT에 의한 가격과 실제의 가격이 가장 적은 차이를 보이게 되는 자산은 어떤 것인가?

① 공분산이 작은 자산 ② 민감도가 작은 자산

③ 비체계적 위험이 작은 자산 ④ 체계적 위험이 작은 자산

08 다음 중 APT에 관한 설명으로 틀린 것은?

① 적은 수의 투자자라도 차익거래를 통하여 시장이 균형상태에 도달할수 있음을 보여준다.

② 투자자들은 동시에 주식을 사고 팔고 함으로써 투자자금없이도 거래에 참여

할수 있다.

③ 증권시장선(SML)은 CAPM에서만 성립할뿐 APT에서는 불가능하다.

④ 요인(factor)은 반드시 하나일 필요는 없다.

09 다음은 CAPM과 APT를 비교 설명한 것이다. 옳지 않은 것은?

① 시장이 균형상태에 도달하는 원리로서 APT는 차익거래로 인하여 그리고 CAPM은 위험-수익률 지배원리에 둔다.

② CAPM과 APT는 모두 위험자산의 기대수익률과 체계적 위험 간에 반드시 정(+)의 관계가 있음을 나타낸다.

③ APT는 CAPM에 비하여 보다 일반화된 모형이다.

④ CAPM과 APT는 모두 자산의 기대수익률 생성에 관한 시장균형모형이다.

10 다음 중 차익거래가격결정모형(APT)에 대한 설명으로 옳지 않은 것은?

① 차익거래이익이 없는 균형상태의 조건하에서 도출된 모형이다.

② 몇몇 투자자들이 차익거래를 극대화하기 위해 대규모의 포지션을 취하면 시장이 균형상태에 이른다.

③ 투자자들마다 위험회피성향에 차이가 있음을 가정하여 이론을 전개한다.

④ 무위험자산의 존재유무에 대하여 아무런 가정을 하지 않는다.

11 [CPA 1차 유사문제] 미국 달러와 원화 환율에 대한 90일 만기 선도환율이 현재 국내외환시장과 뉴욕외환시장에서 각각 1,250원/$과 0.00077$/원에 형성되었다고 하자. 두 시장에서 동시에 거래할 수 있는 국내은행의 외환딜러라면 어떤 차익거래(arbitrage transaction)를 해야 하는가?

① 한국시장에서 달러매도, 뉴욕시장에서 원화매도 선물환 체결

② 한국시장에서 달러매입, 뉴욕시장에서 원화매도 선물환 체결

③ 한국시장에서 달러매도, 뉴욕시장에서 원화매입 선물환 체결

④ 한국시장에서 달러매입, 뉴욕시장에서 원화매입 선물환 체결

12 [CPA 1차 유사문제] 다음의 APT(차익거래가격결정이론)에 대한 설명 중 옳지 않은 것은?

① APT를 유도하기 위한 가정은 CAPM의 경우보다 상대적으로 약하며, 따라서 CAPM은 APT의 특수한 형태로 볼 수 있다.

② APT에서는 자산의 수익률 분포에 대한 제약이 필요 없으며, 투자자가 위험회피적이라는 가정도 필요 없다.

③ APT는 시장포트폴리오를 필요로 하지 않기 때문에 시장에 존재하는 자산 일부만으로 자산가치평가를 할 수 있다.

④ APT와 CAPM은 둘 다 자산의 기대수익률과 관련 위험요인이 선형관계를 갖고 있다는 것을 보여 준다.

13 [CPA 1차 유사문제] 차익거래(arbitrage)에 관한 다음의 설명 중 가장 적절하지 않은 것은?(단, 매도포지션을 취하는 데 제약이 없으며 거래비용은 없다고 가정한다.)

① 현물환 시장에서, 1달러는 1,200원, 100엔은 1,140원, 100엔은 0.95달러의 환율이 형성되어 있다면 차익거래는 가능하지 않다.

② 1년 만기 무이표채의 가격이 원금의 92%이고 2년 만기 무이표채의 가격이 원금의 87%인 경우 액면이자율이 8%이고 원금이 10,000원이며 만기가 2년인 이표채(연 1회 이자지급)의 무차익 가격은 10,132원이다.

③ 주식의 가격이 10,000원이고 6개월 후에 400원의 배당이 지급될 예정이다. 만기가 1년인 주식선물의 가격이 10,100원이면 선물계약이 과대평가되었으므로 차익거래가 가능하다. 단, 무위험이자율은 연 5%이다.

④ 1년과 2년 만기 현물이자율이 각각 6%와 7%이다. 만일 1년 후부터 시작하는 1년 동안 7.5%의 이자율로 차입할 수 있다면 차익거래자는 1년 만기 무이표채를 매입하고 2년 만기 무이표채를 공매도하여 무위험 이익을 얻을 수 있다.

[주관식 문제]

01★ [차익거래(APT) 수익률] 주식시장은 GNP성장률과 인플레이션에 가장 큰 영향을 받는 것으로 나타났다. 동신기업(주) 주식의 기대수익률은 15%로 예상되는데, GNP성장률요인에 대한 민감도는 0.3, 그리고 인플레이션 요인에 대한 민감도는 0.8이다. 내년에 기대되는 GNP성장률은 7.5%, 인플레이션율은 4%이다. 만약 실제 GNP성장률이 8%, 그리고 인플레이션율이 3%로 밝혀졌다면 동신기업(주) 주식의 수정된 기대수익률은 얼마인가?

02★ [APT의 기대수익률] 주식시장에 영향을 미치는 요인이 GNP성장률(F_1)과 인플레이션(F_1)이 두 가지만 있다고 가정하자. 모든 주식의 회사고유위험(firm-specific risk)은 50%의 표준편차로서 똑같다. 다음은 잘 분산된(well diversified) 포트폴리오 A, B의 요인민감도(요인 베타)와 기대수익률이다.

포트폴리오	F_1 베타	F_2 베타	기대수익률
A	1.2	1.8	30%
B	2.2	−0.8	15%

당시 무위험자산(=정기예금) 금리가 12%라면 이 주식시장에서 기대수익률-베타

(expected return-beta)관계 $E(r_p) = r_f + \beta_{p1}\{E(r_1) - r_f\} + \beta_{p2}\{E(r_2) - r_f\}$를 구하라.

03 [단일요인모델] 증권시장에 오직 시장지수만 존재하는 단일요인(one factor)모델을 가정해 보자. 다음과 같이 잘 분산된 포트폴리오 A와 B가 있다.

포트폴리오	요인(F_1) 베타	기대수익률
A	1	18%
B	0.4	15%

당시의 무위험자산수익률(r_f)이 12%이면 차익거래기회(arbitrage opportunity)가 존재하는가? 만약 존재한다면 차익거래전략(arbitrage strategy)을 설명하라.

04 [APT와 arbitrage] 다음은 세 주식에 대한 시황별 기대수익률이다. 현재 A, B, C 세 주식의 시가는 각각 10,000원, 15,000원, 50,000원이다.

(1) 세 주식을 이용, 아비트리지(arbitrage) 포트폴리오를 구성하라.

(2) 아비트리지(arbitrage) 기회가 없어진 균형상태에서 가격은 어떻게 변할까? A, B는 변함이 없고 오직 C만 변한다고 가정하라. 단, 가격이 변하더라도 시황별 기대수익률은 변함이 없다.

주 식	시 황(%)		
	침 체	보 통	상 승
A	−15	20	30
B	25	10	−10
C	12	15	12

05* [단일요인모델] 오직 하나의 요인(F_1)만이 주식시장에 영향을 미친다고 가정하자. 이 요인에 대한 민감도(즉 베타)는 주식 A는 1.2, 주식 B는 0.8이다. 두 주식에 대한 기대수익률 $E(r)$이 각각 20%, 15%일 경우 무위험자산(=정기예금) 수익률 r_f는 얼마인가?

06 [다요인 APT모델] 다요인 APT 모델에서 개별주식의 요인별 베타와 위험프리미엄은 다음과 같다.

포트폴리오	요인 베타	위험프리미엄
인플레이션	0.5	2%
산업성장률	1.2	8%
유가인상률	0.2	4%

(1) 최근 무위험자산(=정기예금) 이자율은 12%이고 주식시장이 주식을 적절하게 평가한다고 가정하면, 이 주식에 대한 기대수익률은 얼마인가?

(2) 현실적으로 요인의 기대변화율이 실제변화율과 다른 것이 일반적이다. 다음과 같이 기대변화율이 실제변화율과 다를 때 기대수익률은 얼마나 변하는가?

포트폴리오	기대변화율	실제변화율
인플레이션	4%	3%
산업성장률	5%	3%
유가인상률	3%	2%

07 [APT모델과 균형수익률] 주식시장에서 위험프리미엄은 다음과 같은 두 가지의 체계적 위험에 의해 설명된다.

요 인	위험프리미엄
인플레이션(I)	3%
산업성장률(G)	5%

서신기업(주) 주식의 실제수익률(r)은 다음과 같이 요인에 의해 설명된다.

$$r = 15\% + 0.8I + 0.5G + \mathrm{e}$$

APT를 이용하여 이 주식의 균형수익률을 계산하라. 만약 무위험자산(정기예금) 이자율이 12%이면, 이 기업의 주식은 높은 편인가 아니면 낮은 편인가?

08 [CPA 2차 유사문제] 수익률이 2개의 위험요인으로 생성된다고 가정하자. 다음과 같이 잘 분산된 3개의 포트폴리오가 존재한다. 여기서 b_{i1}과 b_{i2}는 i포트폴리오의 첫 번째와 두 번째 요인에 대한 민감도이다.

포트폴리오	기대수익률	b_{i1}	b_{i2}
A	0.0925	1.0	0.5
B	0.0875	0.5	0.9
C	0.0670	0.4	0.2

(1) APT(차익거래 가격결정이론) 위험-기대수익률 관계를 나타내는 식을 구하라.

(2) D포트폴리오의 기대수익률이 8.7%이고 b_{i1}이 0.725, b_{i2}가 0.525라고 가정하자. 차익거래 과정을 정확히 설명하고 무위험이익(%)을 계산하라(이를 위해 새로 구성한 포트폴리오를 E로 명명할 것). 또한 차익거래의 3가지 조건을 제시하고 이 조건이 모두 충족됨을 보여라.

제 11 장

시장효율성

01 효율적 시장가설(EMH)

1 의 의

한여름 더울 때 콜라나 사이다와 같은 청량음료를 생산하는 회사들은 1년 중 가장 호황을 맞는다. 일년 중 매출이 가장 활발할 때이고 심지어는 미처 시장에 물건을 공급하지 못하는 경우도 있다고 한다.

이런 영향 때문인지 청량음료회사들은 여름 성수기에 주가가 올라간다. 아마 연일 청량음료를 마시고 TV에서 광고를 보는 주식투자자들에게는 여름 한때의 호황이 좋은 정보(good news)로 작용하여 주가에 좋은 영향을 미치기 때문일 것이다. 만일 이것이 하나의 정보가 된다면, 겨울이나 초봄에 청량음료회사 주식을 사두었다가 한여름에 판다면 틀림없이 주식투자 이익을 볼 수 있을 것이다.

과연 이러한 정보는 나만이 아는 정보일까? 사실 그 정도의 정보는 누구나 아는 상식일 수 있다. 따라서 이런 상식으로 겨울이나 초봄에 주식을 사는 사람들이 많아지면 결국 수요가 늘어나 주가는 벌써 이때 오를 만큼 올라갈 것이므로, 여름에 웬만큼 많이 오르지 않는다면 주식투자에서 큰 이익을 기대하기 힘들 것이다. 여름 한철 콜라나 사이다가 없어 못 팔 정도로 호황이므로 이런 호황이 주가에 좋은 영향을 미치리라는 호재(good news)는 신속하게 주가에 반영되어 오를 만큼 오르겠지만, 투자이익은 그저 남들이 얻는 만큼의 이익에 만족할 수밖에 없는 시장상태가 바로 시장효율성(market efficiency)이다.[1]

그러면 이런 시장효율성은 반드시 또는 필연적으로 그럴 수밖에 없는 것일까? 사회과학에서 꼭 그래야만 하는 당위(sollen)는 없다. 시장효율성은 다만 하나의 가설(hypothesis)로서 던져진 것뿐이다.

1 증권시장과 거래에 관련된 효율성에는 정보, 운영 그리고 배분의 효율성이 있다. 정보효율성(information efficiency)은 증권가격이 새로운 정보에 신속하게 적응하여 모든 정보를 충분히 반영한다는 의미이다. 운영효율성(operation efficiency)은 증권거래시에 거래수수료와 발행비용이 합리적으로 낮은 수준이어서 증권매매나 발행이 효율적으로 이루어지는 경우의 효율성이다. 배분효율성(distribution efficiency)은 증권시장이 최적자원배분을 위한 적절한 배분기능을 수행할 때의 효율성으로서 수요와 공급이 일치하는 곳에서 증권가격이 결정되는 시장을 의미한다.

이와 같은 시장효율성 개념을 가설(hypothesis)로서 처음 발표한 학자는 시카고 대학의 교수인 파마(Eugene Fama)이다. 그는 1970년 이 효율적 시장가설(Efficient Market Hypothesis: 이하 EMH라 칭함)을 발표하면서 증권시장에서 기적과 같은 수익률을 얻는 환상(fantasy)은 있을 수 없다는 메시지를 전달하고자 하였다.[2] 사실 그 당시의 증권시장에서는 남보다 더 나은 증권분석이나 정보로써 엄청난 비정상이익률(abnormal return)을 얻을 수 있을 것이라는 기대가 팽배했었다. 그러나 Fama의 EMH에 의하면 증권시장은 그러한 정보를 신속·정확히 반영하기 때문에 투자자들은 다만 위험에 상응하는 "정상이익률(normal return)"만 얻을 뿐이라는 것이다.

주식시장의 효율성이란 주가가 정보를 신속·정확하게 반영함으로써 어떤 정보를 이용하여 투자이익을 얻으려는 사람들이 고정관념을 가지고 주가를 예측하려는 시도가 거의 불가능함을 암시한다. 이런 의미에서 주가는 어떤 정보로써 주가의 움직임을 예측하려는 사람들에게 거의 무작위적(random walk)인 것으로 보인다. 따라서 이렇게 무작위적으로 움직이는 주가는 예측이 불가능하며, 바로 이런 점은 역설적으로 모든 정보에 신속·정확하게 반응하려는 주가 움직임의 자연스러운 결과이다. 반대로 얘기해서 주가가 어떤 정보에 의해 늘 예측가능하다면 그런 예측에 의거해서 주식시장 어디에선가 일부 투자자는 늘 기적같은 수익을 올릴 수 있다는 것인데, 이 점은 바로 증권시장이 비효율적임을 반증하는 예이다.

2 EMH의 종류

Fama는 1970년 주가가 어느 정도의 정보를 반영하는가에 따라 효율적 시장을 약형, 준강형, 그리고 강형의 세 가지 형태의 가설로 분류하였다. 지금은 거의 고전이 되다시피 한 이러한 분류는 20년이 지난 1991년 Fama 자신에 의해 새로운 형태로 재분류되었다.[3] 왜냐하면 Fama가 가설의 형태로 제시한 세 가지 EMH가 그 후 수많은 실증분석결과 연관성면에서 서로 합리적이지 못했기 때문이다.

---

2 Fama, Eugene, "Efficient Capital Markets: A Review of Theory and Empirical Work," *Journal of Finance* 25, (May 1970).

3 Fama, Eugene, "Efficient Capital Markets II," *Journal of Finance* 46, 1991, pp.1575~1617.

우선 고전적인 EMH의 세 가지 형태를 먼저 설명한 후 새로운 형태를 검토해 보자. 약형(weak form) EMH는 주가가 과거정보(past information)를 신속·정확하게 반영함으로써 기술적 분석(technical analysis)과 같은 차트(chart)나 추세분석으로 비정상수익률을 올릴 수 없다는 내용이다. 과거 주가움직임 또는 과거 주식거래량과 같은 과거정보는 누구에게나 입수 가능하고 아무 비용 없이 입수할 수 있다. 만약 이러한 정보가 미래 주가움직임을 예측케 해주는 신호를 가진다면, 이미 그 순간 많은 투자자들이 이 정보를 이용하려고 사자 또는 팔자는 행동을 취할 것이고, 따라서 주가는 여기에 따라 반응할 것이다. 그 결과 이 정보로써 투자한 투자자들이 얻는 수익률이란 정상수익률에 불과할 것이다.

준강형(semi-strong) EMH는 주가는 공시정보(public information)에 신속·정확하게 반영함으로써 효율적이 된다는 내용이다. 공시정보에는 재무제표 공시, 경영진 교체, 특허권 보유수, 전문가의 이익예측, 그리고 회계관습 등이 있다. 만약 준강형 EMH가 맞는다면 기업내용에 대한 기본적 분석(fundamental analysis)은 정상이익률(ordinary return)을 보상해 주는 데 그칠 뿐이다.

강형(strong) EMH는 주가는 모든 정보(all information), 심지어는 기업 내부정보(inside information)까지 신속·정확하게 반영함으로써 이 정보로 인한 비정상이익률 획득이 불가능하다는 내용이다. 내부정보는 기업의 최고 경영자나 대주주, 정부정책 입안자, 경제신문기자 등이 공시 전에 입수하거나 미리 알게 되는 정보이다. 강형 EMH는 매우 극단적인 시장 효율성으로서, 사실 극비의 내부정보를 입수한 사람마저도 엄청난 수익률을 얻지 못한다는 것은 이 가설이 비현실적임을 말해준다. 즉 내부자(insider)의 거래는 우리가 확인을 못해서 그렇지 기적같은 수익을 올리리라고 상식적으로도 알 수 있기 때문이다.

위에서 분류한 세 형태의 EMH는 [그림 11-1]과 같이 강형 EMH가 가장 포괄적인 집합을 이루고, 약형 EMH가 가장 좁은 범주를 구성하고 있다. 이미 위에서 언급한 바와 같이 Fama는 1970년에 자신이 분류한 세 가지 형태의 EMH를 1991년 다시 분류하였다. 그는 세 가지 형태 가설의 검증과 관련하여 약형 EMH 검증 대신 수익률 예측능력연구와 시장이례현상연구를 사용하였고, 준강형 EMH 검증 대신 사건연구를, 그리고 강형 EMH 검증 대신 사적정보에 관한 연구를 사용하였다. 이를 다시 정리하면 [표 11-1]과 같다.

앞으로 이 순서에 의하여 설명한다.

그림 11-1 3가지 형태의 EMH 집합과 정보

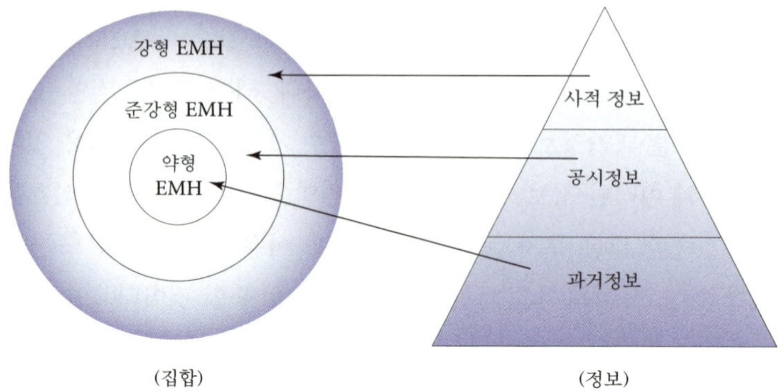

표 11-1 EMH 검증의 새로운 분류

고전적 EMH 검증	새로운 분류	구체적 연구
약형 EMH 검증	수익률예측능력연구 (return predictability)	• 단기수익률예측 • 장기수익률예측 • 시장수익률예측
	시장이례현상연구 (market anomalies)	• 소규모기업효과 • 소외기업효과 • 유동성효과 • 주말효과 • 1월효과 • 시가 · 장부가 비율
준강형 EMH 검증	사건연구(even study)	• CAR크기 비교
강형 EMH 검증	사적정보연구 (test for private information)	• 내부정보 • Value Line 수수께끼 • 뮤추얼펀드 성과

02 수익률 예측능력연구: 약형 EMH 검증

1 단기수익률 예측능력

"과거 주가의 움직임을 알면 미래 단기간의 주가움직임을 알 수 있을까? 그리하여 비정상수익률을 얻을 수 있을까?" 이런 의문은 주식시장이 생긴 이래 가장 먼저 생겨난 시장효율성 검증대상이었다. 지금부터 오래 전 Kendall(1953)이란 학자가 가장 먼저 이런 류의 질문을 제기했다고 한다. 그는 매일 매일의 주가에 어떤 패턴이 있지 않을까 조사했는데, 그것을 발견할 수 없었다고 한다.

Fama는 이 분야에서 가장 최초로 본격적인 연구를 했던 학자였다. 그는 런 테스트(run-test)라는 비모수(non-parametric) 통계학 기법을 이용, 만약 런(run)이 존재한다면 이것은 단기적으로 미래 주가를 예측할 수 있다고 믿었다. 런 테스트(run-test)란 두 종류의 부호가 어떤 순서를 가지면서 배열되었을 때 같은 부호를 가진 부분으로 구분지어 전체가 몇 개의 부분으로 나누어지는가를 조사하여 표본의 무작위성(randomness)을 선정하는 통계분석기법이다. 이때 같은 부호로 이루어진 하나의 부분을 런(run: 연)이라 한다. 약형시장 효율성 검증에서 런 테스트는 주가가 연속하여 +(상승) 또는 −(하락)이 체계적으로(우연이 아니라) 나타나는지를 조사하는 통계기법이다. 예를 들면, 주가가 지난 주 5일 동안 다음과 같은 런을 보였다고 하자(−는 하락, +는 상승).

$$- - + + +$$

만약 5일 동안 처음 이틀은 하락하고 마지막 3일간은 연속 상승하는 소위 2락 3승의 규칙성이 런 테스트에서 입증되었다면, 이것은 대단한 발견이고 이로써 미래의 단기주가는 예측할 수 있는 것이다(우리나라 겨울날씨의 특징인 3한 4온이 7일마다 계속되는 현상과 같다). 여기서는 런이 두 개다. 그러나 Fama는 이러한 런의 존재가 대단히 미약하고, 설사 있다고 해도 그 정보로써 투자해 봐야 거래수수료도 건지지 못한다고 결론지었다.

또한 Fama는 기간별 주가수익률 사이에 연속상관(serial correlation)이 있지 않을까 조사하였다. 연속상관이란 예를 들면 그저께 주가수익률과 어제 주가수익률 사이에 상관관계가 있는지를 조사하는 것이다. 이 상관관계가 우연이 아니고 체계적이라면 이것은 거래규칙(trading rule)으로 이용될 수 있을 것이다.

Fama의 연구 이후 수많은 학자들이 보다 강력하고 치밀한 통계분석기법으로 Fama의 연구를 확대하고 계속하였다. 예를 들면, Lo&Mackinlay는 NYSE에 상장되어 주식들의 주별 수익률에 미약하거나 양의 연속상관관계가 있음을 발견하였다.[4] 그러나 그들은 이러한 상관관계가 어떤 거래규칙으로 이어질만큼 분명한 것은 아니라고 주장했다.

필터기법(filter rule)은 가장 대표적인 단기수익률 예측능력 테스트이다. 원래 필터(filter)란 "여과장치 또는 여과하다, 거르다"라는 뜻이다. 증권투자에서 1% filter란 만약 어떤 주식의 주가가 1% 이상 증가하면 그 주식을 사고, 계속 보유하다가 만약 전일가 대비 1%보다 더 떨어지면 매도하는 투자기법이다. 필터기법은 주가의 일정한 패턴을 가정하여 기계적으로 주식을 사고 파는 거래규칙(trading rule)이다. 만약 이러한 거래규칙이 존재한다면 과거정보로써 비정상수익률을 올릴 수 있다는 의미이다. 그러나 여러 학자들의 실증분석 결과 이러한 필터기법에 의한 기계적 주식투자에서는 오히려 연초매입, 연말 매도라는 단순보유보다 투자수익률이 낮았으며, 거래수수료를 감안하면 거의 투자수익률이 없는 것으로 나타났다.[5]

결국 단기수익률 예측능력으로 과연 약형 EMH가 검증될 것인가에 대한 결론은 약형 효율성이 성립되는 것으로 나타났다.

2 장기수익률 예측능력

여러 학자들의 연구결과에 의하면 1년 이상의 장기수익률은 음의 자기상관을 가졌음이 밝혀졌다.[6] 이러한 예로서 주가가 단기간 너무 과열(overreact)되어

4 Andrew W.Lo.&Craig Mackinlay, "Stock Market Prices Do Not Follow Random Walks: Evidence from a Simple Specification Test," *Review of Financial Studies* 1 (1988), pp.41~46.

5 Eugene Fama and Marshall Blume, "Filter Rules and Stock Market Trading Profits," *Journal of Business* 39(surplement January 1966).

6 Eugene Fama&Kenneth French, "Permanent and Temporary Components of Stock Prices," *Journal of Political Economy* 96(April 1988), pp.246~273. 또는 James Poterba&Lawrence Sum-

서 올라갔다가 점차 교정(correction)되어 결국 장기적으로 보면 음의 수익률을 갖는 것을 들 수 있다. 여기서 주가 변동성은 단기간 한때 유행(fad)처럼 높았다가 장기적으로 공정가격(fair value)을 향해 회귀하는 평균회귀(mean reversion) 현상을 보인다. 이러한 유행은 주가의 과잉변동성(excessive volatility) 논쟁과 함께 학계에서 상당한 연구대상이 되었다.

이와 같은 주가의 유행과 같은 과민반응(overreaction)은 사실 주식시장의 비효율성을 반증하는 것은 아니다. 주가의 과민반응은 시장비효율 때문이 아니라, 다만 시장프리미엄이 시간의 경과에 따라 증가하기 때문이다. 시장프리미엄이 증가하면 투자자가 요구하는 요구수익률이 커지므로 주가는 하락하기 마련이다. 따라서 시장효율성을 주장하는 학자들은 투자자들이 평균회귀나 주가의 과민반응 존재를 믿는 것이 틀렸다고 지적한다. 주가가 과민하게 반응하는 듯이 보이는 것은 그 주식의 할인율(=최저 요구수익률) 변화에 따라 주식이 자연스럽게 합리적으로 대응하는 것일 뿐 결코 한때의 유행으로 볼 필요는 없는 것이다.

또한 장기수익률의 예측능력을 부정하는 시장효율성 신봉자들은 대부분의 장기수익률 예측능력연구가 통계적 문제점을 가지고 있음을 지적한다. 그 중에서 가장 큰 문제점은 장기수익률 연구자료가 충분치 못하다는 점이다.

3 시장지수수익률 예측능력

개별증권의 수익률보다 시장지수수익률 예측능력을 분석해 시장효율성을 검증하려는 연구가 꾸준히 계속되어 왔다. 예를 들면, Fama&French(1988)는 배당수익률이 높으면 주식시장수익률도 높아짐을 발견했다.[7] Campbell&Shiller(1988)는 이익·주가 비율(Earning/Price=PER의 역수)이 주식시장수익률에 좋은 예측치이고,[8] Keim&Stambaugh(1986)는 고등급채권과 저등급채권 수익률 차이인 스프레드가 채권시장수익률 예측에 도움이 됨을 발견했다.[9]

---

mers, "Mean Reversion in Stock Prices: Evidence and Implication," *Journal of Financial Economics* 22(October 1988), pp.27~59.

7 Eugene Fama&Kenneth French, "Dividend Yields & Expected Stock Returns," *Journal of Financial Economics* 22(October 1988), pp.3~25.

8 John Campbell&Robert Shiller, "Stock Prices, Earning and Expected Dividends," *Journal of Finance* 43(July 1988), pp.661~676.

9 Donald Keim&Robert Stambaugh, "Predicting Returns in the Stock and Bond Markets," *Journal of Financial Economics* 17(1986), pp.357~390.

이와 같은 현상을 시장효율성 위반이라고 해석할 수 있을까? 시장효율성을 옹호하는 학자들에 의하면 이러한 현상은 시장효율성 위반이 아니다. 시장지수 수익률 예측이 가능한 것은 위험프리미엄 예측이 가능했기 때문이지 위험이 조정된 비정상수익률 때문이 아니라는 것이다. 예를 들면, 높은 배당수익률이나 이익·주가(E/P) 비율은 높은 위험프리미엄을 반영한 것이고 이는 곧 높은 시장수익률과 관련되어 있다.

Fama&French(1989)는 고등급채권과 저등급채권 수익률 차이인 스프레드가 고등급채권 수익률보다 저등급채권 수익률을 더 잘 예측한다는 것은 시장비효율성에 대한 증거가 아니라 위험프리미엄을 반영한 것이라고 주장했다.[10] 그들은 수익률스프레드가 채권수익률뿐 아니라 주식수익률에도 높은 예측력을 가졌다는 사실은 이 변수가 주식시장의 가격불일치(mispricing)를 반영한 것이라는 것보다는 두 시장에 공통된 위험프리미엄을 반영한 것이라고 주장했다.

03

시장이례현상연구: 약형 EMH 검증

시장이례현상(market anomalies: 어노말리)이란 증권시장이 지속적으로 비정상수익률(abnormal return)을 보임으로써 시장비효율성(market inefficiencies)이 계속되는 현상을 말한다. 이러한 시장이례현상은 기본적 분석에 의한 변수 때문에 많이 발견되기 때문에 가끔 투자기법이나 효과(effect)로서 명백히 자리잡은 것으로 보인다. 가장 대표적인 예가 소위 “PER 효과(effect)”이다. PER 효과는 1960년대에 유행하던 투자기법으로서, 낮은(低) PER 종목으로 구성된 포트폴리오가 높은(高) PER 종목의 포트폴리오보다 체계적으로(우연이 아니라) 더 높은 투자수익률을 보이는 현상이다.

PER 효과 외에도 앞으로 설명할 소규모기업효과(small firm effect), 소외기업효과(neglected firm effect), 유동성효과(liquidity effect), 주말효과(weekend ef-

10 Eugene Fama&Kenneth French, “Business Conditions and Expected Returns on Stock and Bonds,” *Journal of Financial Economics* 25(November 1989), pp.3~22.

fect), 1월효과(January effect), 그리고 시가·장부가 비율효과는 시장이례현상의 예이다. 그런데 CAPM에 의한 시장이례현상연구는 CAPM의 문제점 때문에 위험조정 비정상수익률이 항상 적절한 위험으로 조정되지 않는 한계점을 가진다. 다시 말하면, CAPM에 의해 위험조정수익률을 구한다고 해서 그것이 반드시 자본시장이 균형된 상태에서 적절한 위험에 의해 조정된 것이 아니라는 점이다. 왜냐하면 CAPM에 의한 위험조정검증은 시장효율성과 위험조정절차에 대한 결합검증(joint test)이기 때문이다. 따라서 CAPM에 의해 위험조정 비정상수익률이 0이 아니라고 해서 반드시 시장비효율성을 의미하는 것은 아니고, 그것은 위험조정절차가 잘못되었음을 의미할 수도 있다.

1 소규모기업효과

Banz에 의해 주장된 소규모기업효과(small firm effect)는 소규모기업이 대기업보다 지속적으로 더 높은 비정상수익률을 보이는 현상이다.[11] 여기서 기업규모는 자기자본의 시장가치(시가총액)로 측정한다. 이 효과에 의하면 자기자본 시장가치가 낮은 소규모기업에 투자하면 대기업보다 늘 더 높은 투자수익률을 얻는다는 것이다. 어떤 기업의 자기자본 시장가치는 별 어려움 없이 알 수 있으므로, 이 효과가 맞다면 누구나 소규모기업을 매입할 것이고 그렇게 되면 그 기업의 주가가 올라가므로 결국 수익률은 정상으로 돌아오지 않을까? 여기에 대한 대답은 조금 뒤로 미루자.

그러나 Keim(1983)은 1963년부터 1979년까지 16년간 소규모기업은 특히 매년 1월(January)에 대기업보다 높은 수익률을 보였으므로 이를 1월효과(January effect)라 불렀다.[12] 그는 그 이유를 다음과 같이 설명했다.

> 「투자자들은 12월이 되면 세금을 적게 내기 위해서 자기가 매입한 가격보다 더 싸게 보유주식을 연말에 매도함으로써 의도적으로 매매차손(capital loss)을 유발시킨다. 이를 세금절약매도(tax-loss selling)라 한다. 그런데 하필 연말에 매도하는 주식이 소규모기업의 주식이란다. 왜냐하면 소규모기업 주식은 대기업주식보다 가격변동이 심하고 또한 이런 매도행위를 하는 투자자들은 기관투자자이기보다는 개인투자자이기 때문이다. 기관

11 Rolff Banz, "The Relationship between Return and Market Value of Common Stocks," *Journal of Financial Economics* 9(March 1981).

12 Donald Keim, "Size Related Anomalies and Stock Returns Seasonality: Further Empirical Evidence," *Journal of Financial Economics* 12(June 1983).

> 투자자들은 대개 대기업에 투자하지 소규모기업에 별로 투자하지도 않거니와 굳이 연말에 가서 세금절약을 위해 주식을 매도하지도 않는다. 새해가 와서 1월이 되면 작년에 주식을 처분했던 개인투자자들이 그 주식을 다시 사들이기 시작함에 따라 소규모기업 주가는 올라가고 따라서 비정상적으로 높은 투자수익률이 가능하다.」

이상은 Keim의 설명이고 그외 많은 학자들이 소규모기업효과-1월효과를 지지하였다.[13] 특히 12월은 주식매도가 더 많고 1월은 주식매수가 더 많은 투자행태는 이 두 효과를 지지하는 반증이다.

이 글 처음에도 의문을 제기했듯이 과연 소규모기업효과-1월효과는 지금도 가능한가? 이 투자기법은 너무나 쉽고 분명하지 않은가? 누구나 이 쉬운 투자기법을 이용할 수 있지 않은가? 이것이 가능하다면 그 이유는 분할된 시장(segmented market)에서 찾을 수 있을 것이다. 투자시장은 기관투자자와 개인투자자로 분할되어 있는데, 개인투자자들은 주로 소규모기업 주식에 투자한다. 시장효율성은 기관투자자들의 치열한 증권분석과 경쟁에 의해 가능한데, 그들이 참여하지 않는 소규모기업 주식거래시장에서 어느 정도의 시장비효율성을 보이는 것은 어쩌면 당연한 것인지 모른다.

2 소외기업효과

Arbel&Strebel에 의해 주장된 소외기업효과(neglected firm effect)는 기업정보가 부족하고 전문투자분석가들의 관심이 부족한 소외기업들의 투자수익률이 정보가 풍부한 기업보다 더 높은 현상을 말한다.[14] 그런데 우연히도 소외기업들은 대부분 소규모기업이므로 소외기업효과는 앞에서 설명한 소규모기업효과-1월효과를 설명하는 데 도움이 된다. Arbel과 Strebel이 정의한 정확한 소외기업의 개념은 기업분석전문가들의 이익예측치에 대한 변동계수(coefficient of variation=CV=표준편차/기대이익)가 큰 기업이다. 다시 말하면 기대이익에 대한 표준편차가 크다는 것은 그만큼 그 기업에 대한 관심과 정보가 부족하여 정확

13 Marc Reinganum, "The Anomalous Stock Market Behavior of Small Firms in January: Empirical Tests for Tax-loss Effects," *Journal of Financial Economics* 12(June, 1983). 또는 Jay Ritter, "The Buying and Selling Behavior of Individual Investors at the Turn of the Year," *Journal of Finance* 43(July 1988).

14 Avner Arbel & Paul Strebel, "Pay Attention to Neglected Firms," *Journal of Portfolio Management*, Winter 1983.

도가 떨어지는 기업이다. 만약 그 기업이 대기업이고 기관투자자들이 보유한 주식이라면 온갖 정보를 다 동원하여 이익을 예측했을 터이므로, 기대이익의 표준편차(=그들은 이를 잡음(noise)이라고 불렀음)가 작았을 것이다.

구체적으로 그들은 검증대상 기업들을 가장 많이 연구된 기업(companies highly researched), 그저 보통 연구된 기업(moderately researched), 그리고 소외된 기업(neglected)으로 분류한 결과 소외된 기업포트폴리오의 비정상수익률이 1월 중에 다른 두 기업포트폴리오보다 가장 높았음을 발견했다.

3 유동성효과

Amihud & Mendelson은 유동성이 낮은 기업의 주식들이 그렇지 않은 기업들보다 지속적으로 더 높은 투자수익률을 보이는 유동성효과(liquidity effect)를 주장했다.[15] 그런데 우연히도 유동성이 낮은 기업은 소규모기업이고 또한 소외된 기업이므로 결국 유동성효과는 앞에서 설명한 소규모기업효과와 소외기업효과를 설명하는 데 도움이 된다.

그들의 주장에 의하면 유동성이 낮은 주식은 계속해서 높은 위험조정 비정상수익률을 보인다고 한다. 그러나 현실적으로 이러한 주식에 의한 투자수익률은 높은 거래수수료를 감안하면 별로 수익성이 높은 투자대상이 아님이 밝혀지고 있다.

4 주말효과

주말효과(weekend effect)는 주말(금요일)의 주가가 높고 그 다음 주초(월요일)의 주가가 낮으므로 월요일에 항상 음의 수익률을 보이는 현상을 말한다. 따라서 이를 월요일효과(Monday effect)라고도 한다. 주말효과는 French와 Gibbons &Hess에 의해 주장되었다.[16]

15 Yakov Amihud&Haim Mendelson, "Asset Pricing and the Bid-Ask Spread," *Journal of Financial Economics* 17(December 1986), 그리고 "Liquidity, Asset Prices, and Financial policy," *Financial Analysts Journal* 47(November/December 1991).

16 Kenneth French, "Stock Returns and the Weekend Effect," *Journal of Financial Economics* 8(March 1980). 그리고 Michael Gibbons & Patrick Hess, "Day of the Week Effects and Asset Returns," *Journal of Business* 54(October 1981).

그들은 S&P500의 수익률을 1962년부터 1978년 16년간 매주의 요일별 평균수익률을 구한 결과 다음과 같은 결과를 발견하였다. 여기서 예를 들면 월요일 수익률은 {(월요일 종가/금요일 종가) − 1}과 같이 계산하였다.

아래에서 보는 바와 같이 월요일 평균수익률은 −0.134%로서 다른 요일보다 훨씬 작다. 만약 이와 같은 현상이 일시적이 아니라 체계적으로 발생한다면 이것을 이용하는 것보다 더 쉬운 투자기법이 어디 있을까? 당연히 누구라도 이번 주말(금요일)에 공매(short selling)로 주식을 높게 팔고 다음 주 월요일에 그 주식을 낮게 매입한다면 짧은 기간이나마 이익을 얻을 것은 뻔하지 않은가! 누구나 이렇게 투자한다면 궁극적으로 이번 주 금요일에 누구나 주식을 팔려고 내놓아서 주가가 낮아지고, 반대로 월요일에 누구나 주식을 사려고 하므로 주가가 높아져서 결국 비정상이익률은 없어지지 않을까?

요 일	월요일	화요일	수요일	목요일	금요일
평균수익률	−0.134%	0.002%	0.096%	0.028%	0.840%

그러나 주말효과를 주장한 학자들은 이론적으로 위와 같은 반대 매매로 당연히 비정상이익률이 없어져야 할 것 같은데, 그것이 없어지지 않더라는 것이다. 그렇다면 이를 시장효율성의 위반이라고 볼 수 있지 않을까? 학자들은 이와 같이 얻은 비정상수익률이 거래수수료를 고려할 경우 결코 수지가 맞지 않음을 지적하면서 이 효과가 시장효율성을 부인할 만큼 강력하지 않다고 주장했다.

적어도 이 효과의 의의는 주식매입을 고려하는 투자자들은 금요일만큼은 피할 것이고(왜냐하면 금요일은 주가가 높다고 알고 있으므로), 반대로 주식매도를 고려하는 투자자들은 월요일만큼은 피할 것이다(왜냐하면 월요일에는 주가가 낮음을 알고 있으므로). 따라서 이와 같은 투자자들의 합리적 판단 때문에 결국 월요일의 매수압력이 매도압력보다 많아지므로 주가는 주말효과를 억제할 만큼 충분히 올라간다.

5 시가/장부가 비율

Fama & French,[17] 그리고 Reinganum[18]은 자기자본의 시가-장부가 비율(M/

17 Eugene Fama & Kenneth French, "The Cross Section of Expected Stock Returns," manuseript, University of Chicago, 1991.

18 Marc Reinganum, "The Anatomy of a Stock Market Winner," *Financial Analysts Journal*, March/April, 1988.

B 또는 P/B)이 작을수록 오히려 투자수익률이 더 높은 현상을 발견했다.[19] 이는 이 비율이 작은 기업이 상대적으로 저평가되어 있든가 아니면 시가/장부가 비율이 균형수익률을 결정짓는 또다른 위험요인이든가 어느 둘 중의 하나를 의미한다.

04

사건연구: 준강형 EMH 검증

사건연구(event study)란 어떤 증권에 대해 어떤 사건이 증권시장에 공개된 시기 전후의 비정상수익률을 추정하여 이것이 새로운 사건 또는 정보에 의한 것인지를 평가하는 실증분석기법이다. 그 구체적 방법은 사건에서 결과되는 누적비정상수익률(CAR: Cumulative Abnormal Return)의 크기를 사건을 전후하여 비교하는 것이다. 따라서 사건연구는 시장효율성과 단일 지수모형의 결합에 의해서만 가능하다.

간단히 사건연구를 그림으로 나타내면 [그림 11-2]와 같다.

그림 11-2 사건연구

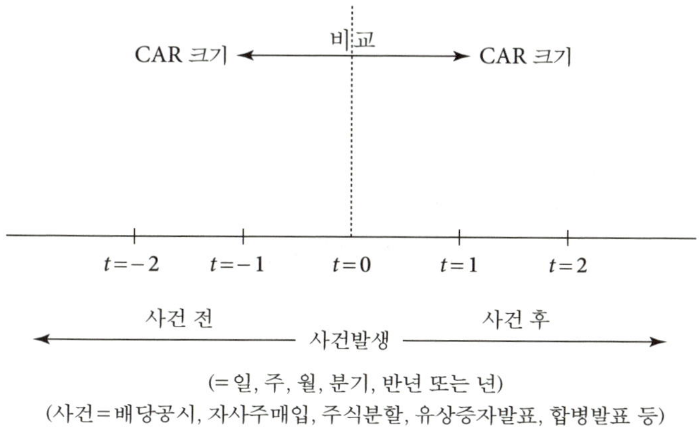

19 일부 책에서는 분자·분모를 바꾸어 장부가/시가(*B/M*) 비율로 표현한다. 이 경우 장부가/시가 비율이 높을수록 투자수익률이 높다. 그러나 학생들은 *P/B*) 비율 즉, PBR비율로 이해하면 더 좋은것이다. 즉, 주가배수비율인 PER, PBR, PSR이 낮은 주식은 일반적으로 낮게 평가되었다고 보기 때문이다.

1 이론적 배경

사건연구에서의 핵심은 어떤 사건공개시점($t=0$)을 전후하여 CAR이 어떻게 변화하는가를 분석하는 데 있다. 그런데 CAR은 누적 비정상수익률(abnormal return)을 구하는 데서 출발한다. CAR은 비정상수익률을 어느 기간 동안 누적시킨 합계이다. 비정상수익률은 실제수익률에서 균형수익률을 뺀 것이다. 비정상수익률을 e_i라 하자.

$$
\begin{aligned}
e_i &= \text{실제수익률} - \text{균형수익률} \qquad (11\text{-}1)\\
&= R_i - E(R_i)\\
&= r_i - \{r_f + \beta(r_m - r_f)\}\\
&= R_i - (a + bR_m)
\end{aligned}
$$

여기서 e_i: 비정상수익률
R_i: 주식 i의 초과수익률 $= r_i - r_f$
R_m: 시장지수 m의 초과수익률 $= r_m - r_f$
r_f: 무위험자산(= 정기예금) 이자율
a: R_m이 0일 때 실현되는 초과수익률(또는 α)
b: 베타(β) 계수

e_i는 통계학에서는 잔차(error term 또는 residual)로서 $(Y-Y^{\wedge})$, 즉 실제값– 회귀분석식의 값과 같다. 증권투자론에서 e_i는 주식 i의 베타값이 주어졌을 때 시장의 움직임에 따라 그 주식이 가질 것으로 예상되는 예상밖(=비정상)의 수익률이다.

예제 11-1 e_i비정상수익률

동신기업(주)의 베타는 1.1이고 α는 0.3으로 계산되었다. KPSPI가 전일에 비해 1% 상승하면 기대되는 균형수익률은 얼마인가? 만약 실제수익률이 1.5%라면 비정상수익률은 얼마인가? 단 하루만의 수익률 계산이므로 무위험자산수익률은 무시한다.

풀이 균형수익률$= \alpha + \beta R_m = 0.3 + 1.1 \times 1 = 1.4\%$
실제수익률$=1.5\%$
$e_i =$ 비정상수익률$= 1.5 - 1.4 = 0.1\%$

2 CAR 계산과정

사건연구의 첫 과정은 해당기업의 베타(β)와 α를 구하는 일이다. 이때 수익률자료는 반드시 사건이 발생하기 전(before the event)의 주가에서 구해야 한다. 그래야만 사건 그 자체가 이 두 변수계산에 영향을 미치지 않기 때문이다.

두 번째는 이 수익률자료를 같은 기간 동안의 시장수익률자료에 회귀분석시켜 β와 α를 구한다.

세 번째, 사건발표일을 전후하여 앞의 식 (11-1)을 이용, 비정상수익률 e_i를 계산한다.

네 번째, 개별주식의 비정상수익률 e_i를 계산기간 동안 누적 합산한 누적 e_i, 즉 CAR(누적 비정상수익률)을 구한다.

구체적으로 CAR은 어떤 사건이 발생하였을 때 전체 기간 동안 표본기업 전체의 기업 고유의 움직임을 포착한다. 이 수치는 어떤 사건이 공식발표 이전에 누출(leakage)되어 주가에 미치는 영향을 희석시켜 발표일만의 영향이 아니라 전기간 동안의 영향을 파악할 수 있게 해준다.

3 실증분석의 예

Keown&Pinkerton(1981)은 합병발표가 합병당하는 기업(target companies)의 주가에 어떤 영향을 미치는지를 연구했다.[20] 그들은 194개의 합병대상 목표기업의 주가가 합병발표 전에 혹시 그 정보가 미리 새어나가서 영향을 받는지를 분석하고자 했다. 일반적으로 어떤 회사가 합병을 당하게 되는 것은 주식시장에서 호재(good news)이므로 일단 합병발표가 되면 주가가 오르리라는 것은 당연히 짐작할 수 있다. [그림 11-3]에서 보듯이 합병발표시점 $t=0$에 합병대상기업의 CAR은 급상승하여 합병발표가 호재임이 확인되었다.

또한 발표일 이후 일단 상승된 CAR이 평행으로 거의 변함이 없는 것은 시장이 효율적임을 반영한 것이다. 즉 합병발표라는 정보는 신속·정확하게 주가에 반영되어 실제가격은 투자자들의 기대가격과 거의 일치함으로써 비정상수익률이 평균적으로 0에 가까움을 보여준다.

20 Arthur Keown&John Pinkerton, "Merger Announcement and Insider Trading Activity," *Journal of Finance* 36(Semptember 1981).

그림 11-3 **합병발표와 CAR: 사건연구**

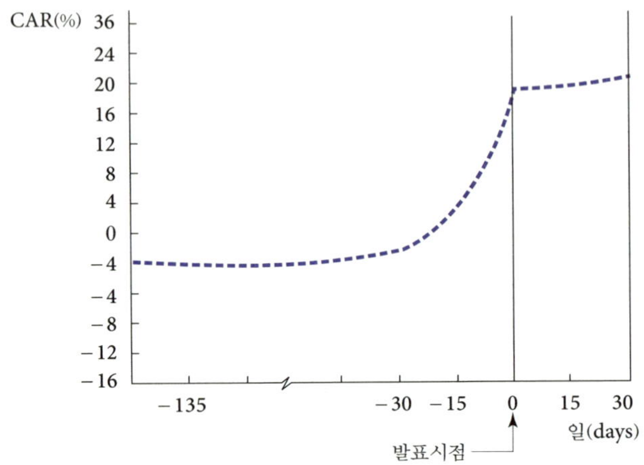

다만 여기서 합병발표 30일전부터 CAR이 증가하기 시작한 것은 정보가 사전에 누출(leak)되었다는 증거이다. 즉 합병발표가 있기 30일 전에 이미 그 정보를 입수한 투자자가 주식을 매입, 비정상수익률을 올릴 수 있었다.

그러나 사전에 정보가 위에서처럼 서서히 노출되는 것만은 아니다. [그림 11-4]는 사건발표 이전에 정보가 급격히 노출되어 시장이 급격하게 반응하는 것을 보여준다. 여기서는 악재(bad news)가 발표 이전에 노출되어 주가가 폭락한

그림 11-4 **사건발표 이전의 사건정보노출: 사건연구**

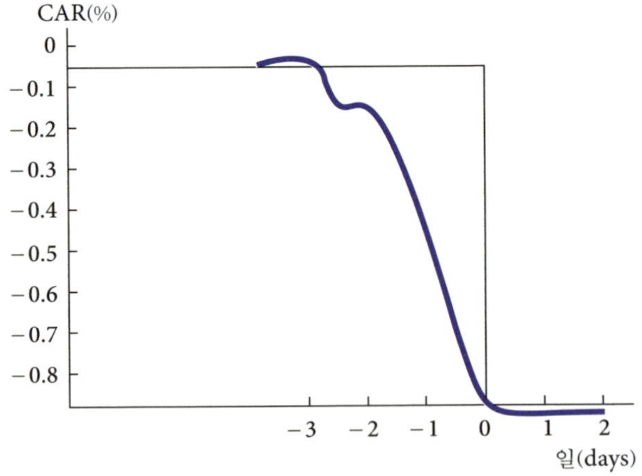

것을 보여준다. 한편 사건발표 이후에는 주가가 이미 정보를 신속·정확하게 반응, 더 이상 CAR의 변동이 없다.

05

사적정보연구: 강형 EMH 검증

과거에 강형 EMH 검증은 내부정보(inside information)에 의한 시장효율성에 초점을 맞추어 왔다. 그러나 최근에는 내부정보뿐 아니라 증권전문가나 투자전문 펀드매니저들이 접근하는 사적정보(private information)에까지 강형시장효율성을 검증하는 추세이다.

1 내부정보

Jaffe(1974)는 내부자가 집중적으로 주식을 매입한 후 주가가 오르고 반대로 집중적으로 매도하면 주가가 하락하는 경향이 있음을 지적하면서 내부정보에 의한 투자는 비정상수익률을 올릴 수 있음을 최초로 주장하였다.[21] 그 뒤 많은 학자들은 한결같이 내부정보에 의한 투자가 우수한 투자성과를 낳았음을 지적, 이것을 강형 시장효율성의 위반으로 해석하였다.[22] 여기서 내부자(insider)란 기업내부정보에 접근할 수 있는 최고경영진, 대주주 또는 정부의 정책결정자, 감독기관, 신문기자, 그리고 은행의 담당임원 등이다. 그들이 입수하는 내부정보는 유상증자결정, 합병결정, 배당변화, 특허권획득, 신제품개발, 그리고 최고경영진 변경 등 실로 다양하다.

21 Jeffery Jaffe, "Special Information and Insider Trading," *Journal of Business* 47(July 1974).

22 H. Nejat Seyhun, "Insiders, Profits, Costs of Trading and Market Efficiency," *Journal of Financial Economics* 16(1986). 그리고 Dan Givoly and Dan Palmon, "Insider Trading and Exploitation of Inside Information: Some Empirical Evidence," *Journal of Business* 58(1985).

2 증권전문분석가의 사적정보

증권전문분석가의 투자종목 추천정보가 언제나 예상대로 적중한다면 이는 그 분석가가 추천종목에 대하여 남들이 모르는 어떤 사적정보를 가지고 있기 때문이 아닌가 여겨진다. 그의 추천에 따라 투자한 결과 언제나 예상한 대로 투자결과가 나온다면 이는 강형 시장효율성의 중대한 위반이 아닐 수 없다. 사실 위와 같은 투자기법만큼 쉬운 것이 어디 또 있을까? 많은 비용을 들여서라도 그 증권전문분석가로부터 정보를 입수, 그가 분석한 추천종목을 매입하거나 매도하면 틀림없이 예상한 대로 투자성과를 얻으니 말이다. 누구나 다 이런 투자기법을 안다면 거기에 따라 투자할 것이므로 결국에는 주가가 즉시 신속하게 정보를 반영, 나중에는 비정상수익률이 없어지는 것이 아닐까? 문제는 없어지지 않는다는 데 있다.

미국의 증권분석전문지(誌) Value Line Investment Survey는 추천종목을 1등급(매입대상)에서부터 5등급(매도대상)까지 등급화시킨 정보를 제공한다. 그런데 이 추천지침이 신기하게도 계속 맞아떨어진다고 한다. 수많은 학자들이 이 전문지의 수수께끼를 검증했는데, 정도의 차이는 있으나 추천한 대로 결과가 나왔다고 한다.[23] 이는 분명히 강형 시장효율성의 위반이다. 사정이 이러하다 보니 이 전문지가 어떤 기업의 등급을 바꾸면, 예를 들면 3등급에서 1등급으로 바꾸면 분명히 비정상수익률이 발생한다는 것이다.[24] 이런 현상은 소외된 기업이나 소규모기업에 특히 민감하게 작용한다고 하니 이는 앞에서 설명한 소외기업효과나 소규모기업효과와 어느 정도 관련되어 있는 듯이 보인다. 우리나라에서도 1980년 후반 한때 경제신문에서 각 증권회사가 2~3개씩 추천한 종목을 매주 게재하여 투자자의 종목선택에 도움을 주고자 하였다. 그러나 추천기준도 분명치 않았고 더구나 비용없이 얻는 공짜 정보라 신뢰성도 적었으며, 증권회사들이 광고나 홍보효과로서 이 정보난(column)을 이용하려는 목적도 있었으므로 어느 정도 시행하다가 흐지부지되어 버렸다. 몇몇 학자들의 검증에서도 추

23 Fischer Black, "Yes, Virginia, There is Hope: Test of the Value Line Ranking System." Graduate School of Business, University of Chicago, 1971. and Thomas E. Copeland and David Myers, "The Value Line Enigma(1965~1978): A Case Study of Performance Evaluation Issues," *Journal of Financial Economics* 11(November 1982).

24 Scott Stickel, "The Effect of Value Line Survey Rank Change On Common Stock Prices," *Journal of Financial Economics* 14(1985).

천종목이 비추천종목에 비해 나은 게 거의 없다는 것이 밝혀졌다.

3 뮤추얼펀드 투자성과

미국의 뮤추얼펀드나 우리나라의 투신상품펀드는 그 펀드 설립목적 자체가 전문적으로 증권투자를 하여 이익을 올리는 데 있으므로 충분한 조사비용과 막강한 인력으로써 투자대상기업을 분석한다. 이들 펀드는 분석대상기업에 대해 어느 투자자보다 더 많은 정보, 심지어는 사적 정보까지도 알고 있는 것으로 간주된다. 따라서 이들 펀드가 지속적으로 비정상수익률을 올릴 수 있는지 여부는 강형 시장효율성을 검증하는 효과가 있다.

미국에서 많은 학자들이 뮤추얼펀드(mutual fund) 또는 전문투자자 포트폴리오(professionally managed portfolio)가 시장수익률을 초과하는 수익률을 지속적으로 올리는지를 분석했다.[25] 그들은 뮤추얼펀드나 전문포트폴리오의 투자성과가 만약 우수하다면 과연 그것이 운(luck)인지 아니면 매니저의 지속적인 시장수익률 추월능력인지를 분석의 초점으로 삼았다. 그들은 실증분석 결과 뮤츄얼펀드나 전문포트폴리오의 투자성과가 지속적으로 시장수익률을 추월하여 수익을 올리는 것이 아니고, 한때 우수하면 그 다음해는 저조한 성과를 보이는 등 매우 불규칙한 성과를 보인다는 점을 발견했다. 그들의 실증분석은 강형시장의 효율성을 인정하는 것이다.

이 분야에서 가장 최초이자 대표적인 Jensen의 뮤추얼펀드 투자성과를 자세히 설명해 보자.[26] 그는 115개 뮤추얼펀드의 10년간 투자성과를 추적했다. 구체적으로 그는 1,150개 자료에서 CAPM을 이용하여 구한 비정상수익률 알파(α)를 계산, 양의 알파가 그 다음 여러 해에도 계속 유지되는지를 조사했다.

[표 11-2]에서 보면 모두 1,150개의 자료 중 574개 자료가 양의 알파를 보여 그 비중은 49.9%이다. 이렇게 양의 알파를 보인 574개 자료 중 다음해에 계속

25 Patricia Dunn and Rolf Theisen, "How Consistently Do Active Managers Win?" *Journal of Portfolio Management* 9(Summer 1983); Richard Ippolits, "Efficiency with Costly Information: A Study of Mutual Fund Performance, 1965~1984," *Quarterly Journal of Economics* 104(February 1989); John Bogle, "Investing in the 1990s: Remembrance of Things Past and Things Yet to Come," *Journal of Portfolio Management*(Spring 1991).

26 Michael Jensen, "Risk, the Pricing of Capital Assets, and Evaluation of Investment Portfolios," *Journal of Business*(April 1969).

표 11-2 Jensen의 뮤추얼펀드 성과

계속 양의 알파가 나온 횟수	자료수	다음 해 양의 알파가 계속된 경우(%)
1	574	50.4
2	312	52.0
3	161	53.4
4	79	55.8
5	41	46.4
6	17	35.3

양의 알파를 유지한 개수는 50.4%였다. 지금까지 보면 양의 알파를 갖는 것이 동전던지기에서 앞면이 나올 확률 50%와 비슷하다. 시간이 경과함에 따라 계속 양의 알파를 갖는 자료수가 312개, 161개, 79개 등 점점 줄다가 6년째 계속 양의 알파를 갖는 자료는 불과 17개로 줄고, 그나마 그것이 계속 양의 알파를 유지할 확률은 35.3%로 대폭 줄었다. Jensen은 대부분의 양의 알파가 펀드 매니저의 지속적인 능력이라기 보다는 운(luck)의 결과라고 해석하면서 이는 시장이 효율적임을 반증하는 증거라고 주장했다. 그의 주장을 어느 정도 뒷받침해 주는 또 하나의 증거로서 1,150개 모든 자료의 평균알파가 음(negative)이라는 사실이다. 이것은 펀드매니저의 펀드 관리비용조차 고려하지 않은 것이다.

한편 몇몇 뛰어난 전문 펀드매니저의 기적같은 투자수익률은 시장효율성에 위배되지 않는가? 예를 들면 Peter Lynch(Fidelity 펀드매니저)와 Warren Buffet은 너무나도 유명한 펀드매니저로서, 사상 초유의 수익률을 몇 년간 계속 갱신해 왔고 또 하고 있다. 과연 이렇게 뛰어난 한두 사람의 예외적인 비정상수익률 때문에 증권시장을 비효율적이라고 단정할 수 있을까? 몇몇의 예외가 전체를 일반화할 수는 없을 것이라는 생각이 든다.

06

효율적 시장과 투자정책

1970년대 초 가설(hypothesis)의 형태로 던져진 시장효율성은 수많은 실증검증을 거쳐 거의 이론(theory)으로까지 발전되어 왔다. 사실 미국과 같은 경우 주식시장에서 특히 약형 EMH와 준강형 EMH의 시장효율성은 거의 받아들여지고 있다.

만약 증권시장이 효율적이라면 정보를 입수하고 증권을 분석하는 것이 무슨 의미가 있을까? 아무리 증권을 분석해 봐야 이미 그 결과는 주가에 신속·정확하게 반영되므로 그저 위험수준에 상응하는 정상이익에 만족해야 되지 않을까? 효율적인 증권시장 아래에서 증권분석가와 펀드매니저의 진정한 역할은 무엇인가? 그러나 아무리 증권시장이 효율적이라 하더라도 그들의 역할은 있고, 그래서 증권시장은 비로소 효율적이 된다. 효율적 증권시장에서 펀드매니저의 역할은 다음과 같다.

첫째, 투자자들의 나이에 따라 투자정책이 달라져야 한다. 나이가 많은 투자자들은 수익성이나 성장성보다는 유동성확보가 투자의 우선순위가 될 것이고, 젊은 투자자들은 당장 유동성의 요구보다는 성장성을 더 선호할 것이다. 따라서 합리적인 투자정책은 나이에 따른 투자자들의 취향과 재정적 상황에 맞게 수행되어야 한다.

둘째, 투자자들의 위험선호도에 따라 투자정책이 달라져야 한다. 아무리 주식시장이 효율적이라 하더라도 투자자들의 위험선호도는 서로 다르다. 예를 들어, 위험을 싫어하는 위험회피형 투자자에게는 그가 원하는 위험수준에 맞게 포트폴리오를 구성해야 한다.

셋째, 투자자들의 세율에 따라 투자정책이 달라져야 한다. 고소득자는 높은 한계세율 적용을 받으므로 자본이득(매매차익)이 많이 발생하는 주식이나 장기채권이 적당한 투자대상이 된다. 저소득자는 한계세율이 낮으므로 고배당주식이나 단기채권에 투자하도록 권유되어야 한다.

결론적으로 증권시장이 효율적일수록 증권분석가와 펀드매니저의 역할은 더욱 중요하다. 증권시장이 효율적이고 경쟁적이기 때문에 남보다 우월한 통찰력이나 정보만이 보상을 받을 수 있다.

07

우리나라 증권시장의 효율성

우리나라 주식시장을 대상으로 한 최초의 실증분석은 조담 교수가 139개 종목의 1974년~1978년간 월간수익률로서 CAPM을 검증한 것이었다.[27] 그는 여기서 우리나라 주식시장에서 체계적 위험과 평균수익률 사이에 선형적 관계가 존재함을 발견하였다.

최초의 효율적 증권시장 실증분석은 윤계섭 교수가 1977~1979년간 주간 수익률로서 23개 종목을 이용한 약형 EMH검증이었다.[28] 그는 계열상관분석이나 런(run)테스트 등 여러 분석기법을 이용한 결과 우리나라 증권시장이 약형 효율성을 가지고 있음을 증명하였다.

본격적이고 광범위한 한국증권시장 효율성 연구는 윤영섭 교수 등이 1980~1992년 13년간의 월별수익률로서 한국증권시장의 이례현상(anomalies)을 규명한 데서 찾을 수 있다.[29] 그들은 우리나라의 주식시장을 월별수익률을 사용할 때 약형 효율성이 입증되고 수익률 분포도 정규분포임을 밝혔다. 또한 그들은 이례현상에 대해 우리나라 증권시장에서는 규모효과, 1월효과, 요일효과, PER효과, 그리고 IPO효과는 존재하지만 소외기업효과는 나타나지 않음을 발견하였다.

시장이례현상을 연구한 논문들은 그 현상을 지지하는 경우와 부정하는 견해로 나눌 수 있다. 먼저 시장이례현상을 지지하는 논문은 다음과 같다. 이원흠·최수미는 국내시장에서 저PER, 저PBR효과가 있음을 발견하였다.[30] 정현용은 우리나라 증권시장에 요일효과와 월중효과가 존재하나 주가 하락기에만 나타나

27 조담, 「한국증권시장론」, 무역경영사, 1980.

28 윤계섭, 「한국증권시장분석론」, 법문사, 1982.

29 윤영섭 외 7인, 「주가변동과 이례현상」, 학현사, 1994.

30 이원흠·최수미, 「주가배수평가모형과 저PER, 저PBR효과에 관한 실증연구」, 2002년 춘계학술회의 발표논문.

는 현상임을 밝혔다.[31] 이상우는 거래비용의 존재로 대규모기업 주가가 소규모기업 주가를 선행함을 밝혔다.[32]

한편 시장이례현상을 부정하는 논문은 다음과 같다. 김권중은 이전의 논문의 기업규모효과 존재는 KIS(한국신용평가주식회사의 주식자료 데이터 베이스) 자료상의 종합주가지수의 문제가 반영되었기 때문이며 가중자본지수(EWI) 사용 시 기업규모효과는 존재하지 않는다고 주장했다.[33] 정재엽은 1월효과는 존재하나 소외기업효과는 없음을 밝혔다.[34]

31 정현용, 「요일효과와 월중효과는 일반적인 현상인가」, 1999년 증권학회지 25집.

32 이상우, 「기업규모와 주가의 선행성에 관한 연구」, 1999년 재무관리연구.

33 김권중, 「기업정보공시로 인한 주식수익률 변동과 기업규모효과」, 1997년, 회계학연구 22권 3호.

34 정재엽, 「소외기업효과와 주가효과에 관한 실증적 연구」, 1996년, 재무관리연구.

중요영어용어

강형(strong form)
공매(short selling)
규모효과(size effect)
과민반응(overreaction)
누적비정상이익률(CAR)
내부자(insider)
런테스트(run test)
무작위적(random walk)
분할시장(segmented market)
비정상이익률(abnormal returns)
사적정보(private information)
소외기업(neglected firm)
시가 · 장부가(market price/book value)
시장비효율성(market inefficiencies)
세금절약매도(tax-loss selling)
약형(weak form)
유동성효과(liquidity effect)
1월효과(January effect)
자기상관(autocorrelation)
정상이익률(normal reurns)
준강형(semi-strong form)
PER효과(PER effect)
호재(good news)
거래규칙(trading rule)
공시정보(public information)
과거정보(past information)
과잉변동성(excessive volatility)
내부거래(inside trading)
내부정보(inside information)
모든정보(all information)
뮤추얼펀드(mutual fund)
비모수(non-parameter)
사건연구(event study)
소규모기업효과(small firm effect)
소외기업효과(neglected firm effect)
시장이례현상(market anomalies)
시장효율성(market efficiency)
악재(bad news)
연속상관(serial correlation)
이익 · 주가비율(E/P)
월요일효과(Monday effect)
잔차(error term 또는 residuals)
주말효과(weekend effect)
투자성과(performance)
필터기법(filter rule)
효율적 시장가설(EMH)

관련웹사이트

1. 투자전략에 관한 기사 제공.
   ▷ http://www.efficientfrontier.com
2. 개별 주식과 뮤추얼 펀드와 관련된 시장 효율성 이슈에 관한 정보 제공.
   ▷ http://my.zacks.com
3. 금융공학연구센터 ; 금융시장 메커니즘 및 응용방법연구.
   ▷ http://www.business.kaist.ac.kr

연습문제

[객관식 문제]

01 자본시장이 효율적일 경우, 다음 중 옳지 않은 것은?
① 과거의 주가를 관찰하여 가까운 미래의 주가 변동을 예측할 수 없다.
② 공개적으로 이용가능한 정보로부터 규칙적으로 이익을 얻어낼 수 없다.
③ 주가는 새로운 정보를 정확히 반영하기 위하여 신속하게 조정된다.
④ 어느 투자자도 비정상수익률을 얻을 수 없으므로 증권시장은 침체되거나 지루한 장세를 보인다.

02 "주가 예측은 절대로 불가능하다"라는 말은 어느 가설이나 이론을 나타낸 말인가?
① 랜덤워크 가설　　② 토빈의 분리정리
③ 효율적 증권시장 가설　　④ 합리적 가설

03 비싼 정보이용료를 내고 사설 정보를 이용한 거래자들이 일반 투자자들 보다 높은 수익률을 얻어 내고 있다는 증거를 얻었다면 이는 어떤 가설을 지지해주는 증거인가?
① 준강형 효율성 가설　　② 준강형 비효율성 가설
③ 강형 효율성 가설　　④ 강형 비효율성 가설

04 기술적 분석에 의하여 지속적으로 높은 투자성과를 얻고 있다면 이것은 다음의 어떤 가설을 지지해주고 있는가?
① 약형 효율성 가설　　② 약형 비효율성 가설
③ 준강형 효율성 가설　　④ 준강형 비효율성 가설

05 다음 설명 중 맞는 것만 고른 것은?
① 자본시장이 효율적이면 증권가격은 CAPM에 의해 충분히 설명된다.
② 포트폴리오 분석은 자본시장이 강형 EMH를 충족시킬 경우에만 유용한 증권 분석 방법으로 사용될 수있다.
③ 자본시장이 효율적이면 투자자가 택하는 현명한 투자 전략은 소극적 투자 전략이다.
④ 외국인이나 기관투자가 등의 기적 같은 수익률은 시장비효율성을 대표하는 예이다.

06 그동안 문제가 되어 왔던 전기자동차의 바테리수명이 획기적으로 개선발전되어 곧바로 전기자동차에 이용될 것이라는 뉴스가 보도되었다면, GM과 같은 개솔린중심의 자동차회사주가에 어떤 영향을 미치는가? 주식시장이 효율적임을 가

정하라.

① 아무 영향이 없다 ② 서서히 올라간다
③ 서서히 내려간다 ④ 신속히 내려간다

07 효율적 시장가설에 대한 내용 중 틀린 것은?

① 증권 투자의 기적과 같은 수익률은 불가능하다는 의의를 갖는다.
② 이 가설이 맞다면 증권 투자시 얻는 이익은 정상이익에 불과하다.
③ 강형시장 효율성은 모든 정보에 대한 정보효율성이다.
④ 증권시장이 효율적 이라면 여러 가지 분산 투자 기법은 무의미할 뿐이다.

08 다음 중 이례현상(market anomalies)이 아닌 것은?

① January effect ② small firm effect
③ clientele effect ④ P/E effect

09 약형 또는 준강형 시장효율성에 관한 증거가 말해주지 않는 것은?

① 기업의 임직원들이 자기회사에 관하여 사적정보를 갖고 있다 하더라도 이를 이용하여 돈을 벌수 없다.
② 과대 또는 과소평가된 주식을 찾아내기 쉽지 않다.
③ 가격이 새로운 정보에 대하여 신속하게 반응한다.
④ 공개된 정보를 이용하여 주가의 움직임을 예측하기 어렵다.

10 [CPA 1차 유사문제] 효율적 시장가설에 관한 다음의 설명 중 가장 옳지 않은 것은?

① 미국 증권시장의 일일 주가 수익률을 분석해 보면 소형주의 수익률은 전날 대형주 수익률을 추종하나, 대형주의 수익률은 전날 소형주 수익률을 추종하지 않는 것으로 나타난다. 이는 시장이 약형으로 효율적이지 않다는 증거로 볼 수 있다.
② 시장이 강형으로 효율적이라면 베타계수가 작은 주식에 투자한 경우 베타계수가 큰 주식에 투자했을 때보다 더 높은 수익률을 올릴 수 없다.
③ 미국 주식을 가치주와 성장주로 나누어 그 수익률을 분석해 보면 양 그룹간에 확연한 차이가 발견된다. 이는 시장이 준강형으로 효율적이지 않다는 증거로 볼 수 있다.
④ 기업의 인수·합병 발표 직후 피인수·합병 기업의 주가가 상승하는 것으로 나타난다. 이는 시장이 강형으로 효율적이지 않다는 증거로 볼 수 있다.

11 [CPA 1차 유사문제] 현금배당과 자사주 매입(stock repurchase)을 비교한 다음의 서술 중 옳지 않은 것은?

① 현금배당 직후에는 주당순이익(EPS)의 변화가 없으나, 자사주 매입 직후에는 EPS가 증가한다.

② 시장의 불완전성(imperfections)이 없다면 투자자나 기업 모두 두 방식에 대해 무차별하다.

③ 현금배당 직후와 자사주 매입 직후 모두 주가이익비율(PER)이 감소한다.

④ 향후 자사의 이익이 많이 증가할 것으로 예상할 때, 기업은 현금배당을 선호한다.

12 [CPA 1차 유사문제] 기업 매수 및 합병(M&A)에 관한 다음 서술 중 가장 타당하지 않은 것은?

① 적대적 M&A의 경우 피인수기업 주주는 손실을 본다.

② 보유지분이 불충분하더라도 백지위임장투쟁(proxy fight)을 통해 경영권을 획득할 수 있다.

③ 공개매수제의(tender offer)시 피인수기업 주주들의 무임승차현상(free riding)은 기업매수를 어렵게 한다.

④ M&A 시장의 활성화는 주주와 경영자간 대리문제를 완화시키는 역할을 한다.

13 [CPA 1차 유사문제] 다음은 10 : 1 주식분할(stock split)에 대한 설명이다. 이 중 가장 옳지 않은 것은? (단, 주식분할과 관련된 모든 비용은 무시한다.)

① 주식의 액면가는 1/10로 하락하고 발행주식수는 10배 증가한다.

② 장부상 자본잉여금이 보통주 자본금으로 전입될 뿐 자기자본 총액에는 변동이 없다.

③ 주주의 지분권(기업지배권)에는 변동이 없다.

④ 주당순이익(EPS)이 1/10로 하락하고, 이론적인 주가는 1/10 수준으로 하락한다.

14 [CPA 1차 유사문제] 최소한 준강형(semi-strong form)의 효율적 시장이 성립할 때 다음 중 가장 적절하지 못한 주장은?

① 내부정보가 없는 상태에서 증권에 투자해 몇 년 사이 1000%의 수익을 올린 투자자가 있을 수 있다.

② 최근 몇 년간 경영상의 어려움을 겪어 적자누적으로 주당 장부가치가 액면가를 밑도는데도 불구하고 주가는 액면가보다 높게 형성될 수 있다.

③ 펀드매니저가 증권분석을 통해 구성한 포트폴리오가 침팬지가 무작위로 구성한 포트폴리오보다 위험 대비 수익률이 더 높을 것으로 예상된다.

④ A 회사는 환경단체와의 재판에서 패소해 추가로 부담해야 할 비용이 확정되었으므로 A 회사의 주식은 당분간 매입하지 말아야 한다.

15 [CPA 1차 유사문제] 다음 중 가장 옳지 않은 것은?

① 시장이 약형으로 효율적이라면 기술적 분석을 이용해서 초과수익률을 얻을 수 없다.

② 시장이 효율적이고 CAPM이 맞다고 해도 베타가 같은 두 주식의 실현수익률이 다를 수 있다.

③ 시장이 약형으로 효율적일 때, 과거 6개월간 매달 주가가 오른 주식이 다음 달에도 주가가 또 오를 수 있다.

④ 날씨가 맑은 날에는 주가지수가 상승하고, 그렇지 않은 날에는 주가지수가 하락하는 경향이 전 세계적으로 관찰되고 있음을 보인 연구결과가 있다. 만일 이 연구결과가 사실이라면 이는 시장이 약형으로 효율적이지 않다는 증거이다. (매일 다음 날의 일기예보가 발표되며 일기예보는 50%보다 높은 정확도를 갖는다고 가정하시오)

[주관식 문제]

01 [단일지수모델] 무위험자산(=정기예금) 월별 이자율은 1%이다. 동신기업(주) 주식의 과거 초과수익률 R_i를 종합주가지수 초과수익률 R_m에 회귀분석한 시장지수모델(market index model)의 결과는 아래와 같다.

$$R_i = .20 + .80R_m$$

만약 종합주가지수가 6% 오르고 동신기업(주) 주식이 4% 올랐다면 동신기업(주) 주식은 비정상수익률(abnormal return)을 가졌는가? 만약 그렇다면 비정상수익률은 몇 %인가?

02 [시장효율성과 기대수익률] 서신기업(주)은 최근 대법원의 10억원 관세환급소송에서 승소, 10억원을 환급받게 되었다. 서신기업(주)의 베타는 1.2이고 현재 무위험자산(=정기예금) 이자율은 월 1%이다. 이번달 종합주가지수는 1.3% 정도 오를 전망이다. 만약 서신기업(주)의 자기자본이 10억원이라면 승소로 인한 주식투자수익률은 월 몇 %인가?

03 [정보와 시장효율성] 서신기업(주)은 창업한 지 15년이 되는 회사로서 매년 꾸준히 배당을 증가시켜온 기록을 가진 것으로 유명하다. 이 기록은 이 회사 주식을 매입할 만한 좋은 정보(good news)가 되는가?

04★ [새로운 정보와 시장효율성] 증권시장은 호재(good news)에 상승한다. 삼성전자

(주)의 2분기영업이익의 기록적 증가발표는 분명 호재이다. 그런데 이러한 good news 발표에도 불구하고 왜 삼성전자 주가가 상승하리라고 예측하지 못하는 것일까?

05 [회사등급과 투자대상] 동신기업(주)은 중규모의 제조회사로서 작년 영업성적이 극히 부진했다. 주식시장 참여자들은 이 회사의 투자등급 정도를 9등급으로 분류했다. 이 투자등급은 공식적인 것은 아니나 대개 1등급은 가장 우량한 분류이고 10등급은 가장 형편없는 등급이다. 투자자 김여사는 이 회사를 8등급으로 평가하였다. 김여사는 이 회사 주식을 사야 하는가? 아니면 포기해야 하는가?

06 [기업공시와 주가] 한신기업(주)은 금년도 당기순이익이 크게 증가할 것 같다고 발표(=공시)했다. 그러나 주가는 오히려 떨어졌다. 왜 이와 같은 현상이 일어났는가?

07 [정상수익률] 경기예측이 가능하고 어느 회사주식의 베타값이 1보다 크면 이 회사의 기대수익률은 예측가능하다. 과연 이 논리가 옳은가?

08★ [비정상수익률] 연말에 가서 예년과 달리 매우 높은 배당성향을 보인 주식들은 대개 양의 비정상수익률을 보였다. 이는 꾸준히 계속되는 현상이다. 이런 계속적인 현상은 효율적 증권시장가설(EMH)에 위배되는가?

09 [EMH의 종류와 포괄성] 약형 효율적 증권시장가설(EMH)이 채택된다면 준강형 또는 강형 EMH 역시 유효한가?

10★ 모든 투자자들이 소극적(passive) 투자전략을 따르면 시장효율성은 어떻게 되는가?

제 12 장

경제분석 및 산업분석

증권분석(security analysis)은 증권의 내재가치를 발견하여 시가와 비교함으로써 그 기업의 증권이 과도평가(overvalued)되었는지 또는 과소평가(undervalued)되었는지를 판단하는 데 그 목적이 있다. 구체적으로 증권분석은 주식이나 채권, 옵션 선물과 같은 증권의 투자가치를 분석하는 것을 말한다. 여기에는 기본적 분석(fundamental analysis)과 기술적 분석(technical analysis)이 있다.

기본적 분석은 증권의 공정한 가치판단을 위해 경제분석, 산업분석, 그리고 기업분석 등 소위 탑다운(top down) 방식을 사용하여 투자종목선택에 중점을 두는 분석방법이다. 탑다운(또는 하향식) 접근법은 경제·산업 그리고 증권시장 사이에 일정한 관계가 있다고 가정하고 이 관계를 통해서 증권분석을 할 수 있다고 가정한다. 기본적 분석에서는 적절할 주가를 계산하기 위해 주주가 주식보유에서 얻을 수 있는 모든 현금흐름을 적절한 할인율로 할인하려고 노력한다. 일반적으로 여기서는 분석대상기업의 미래 영업성과를 예측하고 기업의 추정재무제표를 분석하는 것으로 시작한다.

기술적 분석은 과거 증권가격이나 거래량의 추세를 파악하고 시장지표의 대세를 판단하여 매매시기(timing) 파악에 중점을 둔다. 기술적 분석은 기술적지표(technical indicators)를 개발하고 주가에서 반복되는 패턴이나 점진적 추세를 예측하여 매매시점을 포착하려고 한다.

증권분석가(analyst: 애널리스트)는 증권을 분석하고 그와 관련한 자문이나 추천하는 업무를 수행한다. 유능한 증권분석가에게는 투자론, 재무관리, 경영학, 회계학 그리고 경제학은 물론 정치, 사회, 과학, 기술, 문화 등 다방면에 걸친 지식과 관심이 요구된다. 또한 이러한 범위가 국내에 머물러서는 부족하고 세계적인 수준이어야 한다.

01 경제분석

모든 기업활동은 궁극적으로 GNP 성장률이나 통화량 증가율과 같은 거시경제요인의 영향을 받는다. 따라서 증권평가는 기업이 활동하는 경제적 환경과

거시경제변수를 반드시 고려해야 한다. 특히 우리나라와 같이 아직도 정부주도형 경제구조가 기업활동에 영향을 미치는 경제적 환경 속에서 경제적 요인은 산업요인보다 더 중요하다.

기본적 분석은 증권분석에서 소위 top down 분석 또는 하향식 분석기법이라고도 한다. top down 분석 또는 3단계 접근법에서는 먼저 기업을 둘러싸고 있는 경제적 환경과 거시 경제적 요인을 분석하고, 그 다음 기업이 속한 산업전망과 위상을 파악한 후, 마지막으로 기업의 영업성적과 수익력을 분석한다. 경제 분석은 기본적 분석의 첫 단계로서 투자목표 수립시 장기적이고 전략적 지침을 제공해 준다.

경제 분석은 그 분석의 범위가 넓고 내용도 다양하므로 분석자 개인이 담당하기가 어렵다. 또한 정형적인 분석의 틀이 있는 것도 아니므로 많은 경험과 종합적 판단이 요구된다. 경제 분석은 대개 전문 경제연구소나 국책연구기관 또는 정부 및 한국은행에서 발표하거나 제공하는 자료를 이용한다. 앞으로 소개하는 몇몇 거시경제연구는 증권과 직접적인 관련이 있으므로 많은 실증연구의 대상이 되어왔다.

1 거시경제변수와 주가

1) GDP 성장률

국내총생산(GDP)은 한 국가에서 1년 동안 생산한 최종생산물의 총계이다. GDP 성장률은 기업성장과 밀접한 관계를 가진다. 대부분의 기업들은 정부가 발표하는 GDP 성장률을 기업성장의 기준(benchmark)으로 삼는다. 일반적으로 높은 GDP 성장률은 기업의 성장을 촉진시키고 증권시장을 활성화시킨다. 그러나 낮은 GDP 성장률은 기업의 성장을 둔화시키고 증권시장을 침체시킨다.

GDP 성장률만으로 주식시장의 활황과 침체를 설명할 수 없다. 예를 들어, 중국은 수년간 년 6%~8%의 GDP 성장률을 보여왔지만 주식시장이 침체되고, 일본이나 미국은 년 1%~3%의 낮은 GDP 성장률이 계속되지만 주가의 상승이 이어져왔다. 학자들은 GDP 잠재성장률 개념을 도입, 이 현상을 설명한다.

GDP 잠재성장률(GDP potential growth rate)은 어느 국가가 자본·노동력 그리고 모든 인적·물적자원을 동원하여 물가인상을 유발하지 않으면서 성취가능한 GDP 성장률이다. GDP 갭은 GDP 성장률에서 GDP 잠재성장률을 뺀 수치인데

GDP gap 이 양(plus)이면 주가는 상승하고 음(minus)이면 주가는 하락한다. 중국은 GDP갭이 음수이고 일본과 미국은 GDP갭이 양수이다.

2) 통 화 량

통화량을 국내 경제활동에서 사용되는 유동성의 크기를 말한다. 일반적으로 통화량을 줄이는 긴축정책을 취하면 이자율이 올라가고 주식시장은 위축된다. 반대로 통화량을 늘리면 시중의 자금이 풍부해져 이자율이 내려가고 주식투자 수요가 확대되어 주가는 올라간다. 그러나 장기적으로 볼 때 통화량 증가는 인플레이션을 유발하여 결과적으로 이자율의 상승을 가져와 주가에 나쁜 영향을 미친다.

우리나라는 다음과 같이 세 가지의 통화량 지표를 사용하고 있다.

통화(M_1) = 현금 + 요구불예금
총통화$(M_2) = M_1$ + 저축성예금 + 거주자 외화예금
총유동성$(M_3) = M_2$ + 제2금융권의 모든 예수금

3) 이 자 율

이자율은 자금의 수요와 공급에 의해 결정된다. 그러나 이자율은 경제 전반에 미치는 영향이 크기 때문에 중앙은행이 어느 정도 그 수위조정에 관여한다. 우리나라에서 한국은행은 경기가 침체되거나 소비수요가 부진할 때 이자율을 낮추어 경기를 부양한다. 반대로 경기과열이나 과잉투자가 우려될 때는 이자율을 올려 경기과열을 방지한다.

일반적으로 이자율과 주가는 반대로 움직인다. 왜냐하면 이자율의 인상은 기업의 투자의욕을 감소시키고, 과도한 금융비용 부담은 순이익을 감소시키며, 또한 투자자들은 주식투자 대신에 은행예금이나 채권에 투자하기 때문에 주가는 낮아진다. 반대로 낮은 이자율은 기업의 투자를 확대하고 낮은 금융비용부담으로 순이익이 증가하며, 투자자들은 예금이나 채권투자 대신에 주식에 투자하므로 주가는 올라간다.

4) 물가인상률

물가인상은 물가지수의 변화율로서 측정하는데 우리나라에서는 재정경제부

가 소비자 물가지수를, 그리고 한국은행이 도매 물가지수와 수출입 물가지수를 작성하고 있다. 일반적으로 지속적이고 완만한 물가인상은 기업의 투자의욕을 북돋우고 자산가치를 증대시켜 주가에 좋은 영향을 미친다. 그러나 급격하고 기대치 못한 물가인상(unexpected inflation)은 기업의 투자의욕과 국민의 저축심리를 위축시켜 실물자산을 선호케 하여 주가를 하락시킨다.

그러나 인플레이션과 주가와의 관계는 아직 확실한 결론이 나고 있지 않는 상태이다. 여러 학자들의 연구결과를 보면 대체로 주식투자의 실질수익률이 인플레이션과 음(−)의 관계를 보인다.[1] 이는 주식이 인플레이션 방어(hedge)수단으로 적절치 못함을 암시하는 것이다.

디플레이션(deflation)은 물가가 하락하는 경제상황으로서 일반적으로 불경기를 동반한다. 불경기로 인한 수요감소는 기업의 영업실적을 악화시키고 이익의 감소를 가져와 주가는 하락한다.

5) 환 율

환율(exchange rate)은 원화와 외화와의 교환비율로서 예를 들면 원화 1,000원 대비 미화 1달러는 1 : 1,000(또는 ₩1,000/$)의 환율이 된다. 여기서 환율인상은 예를 들면 ₩1,100/$와 같이 달러가치가 원화에 비해 높아지는 것으로서 원화의 가치는 상대적으로 평가절하된다.

환율은 이론적으로 외화의 수요와 공급에 의해 결정되지만 실제로는 국제수지, 물가, 그리고 이자율 등 복합적 요인에 의해 결정된다. 우리나라는 1990년 3월 2일부터 시장평균환율제도에 의해 환율이 결정되고 있다.

환율변화가 주가에 미치는 영향은 과거 장기 추세로 볼 때 분명히 나타난다. 일반적으로 환율이 인하되면 주가가 상승하였고, 환율이 인상되면 주가는 하락하였다. 굳이 그 이유를 든다면 환율이 인하된 시기는 국제수지가 흑자였고, 따라서 해외로부터 자금유입이 풍부해져 유동성 증가로 인해 주식의 매입수요가 늘어 주가상승을 초래하였을 것으로 생각된다. 반대로 환율이 인상된 시기는 국제수지가 적자였고 물가가 상승하여 주가하락을 초래하였을 것으로 생각된다.

환율변화가 주식시장 전체에 미치는 변화는 주가지수 변화로 측정할 수 있

---

1 Geske, R. and R. Roll, "The Fiscal and Monetary Linkage between Stock Returns and Inflation," *Journal of Finance March* 1983, pp.1~33 또는 임윤수, "인플레이션과 주가간의 관계에 대한 연구," 「증권학회지」 제12집, 한국증권학회, 1990.

다. 그러나 환율변화가 개별기업의 수익력이나 주가에 미치는 영향은 기업이 수출이나 수입 중 어디에 더 의존하는가에 따라 다르다. 수출비중이 높은 산업이나 기업은 환율인상으로 수출이 증대되고 영업이 확대되지만, 이와 대조적으로 원자재 수입비중이 높거나 완제품을 수입판매하는 업체는 환율인상으로 부정적인 영향을 받는다.

6) 국제수지

국제수지는 우리나라와 외국과의 사이에 일어난 모든 경제적 거래를 종합한 것으로서 일반적으로 경상수지와 금융수지를 합한 종합수지(overall balance)로 나타낸다. 경상수지(current account)는 무역과 기타 재화 및 용역의 이동을 나타내는 것으로서 무역수지(trade balance)와 무역외수지로 나눈다. 금융수지(financial account)는 해외직접투자(FDI)와 Portfolio(금융자산)투자 및 기타투자로 나누어진다.

일반적으로 국제수지가 흑자거나 적자폭이 감소하면 GNP의 증가를 의미하므로 주가의 상승을 가져온다. 반대로 국제수지가 감소하거나 흑자폭이 줄어들면 주가의 하락을 가져온다.

2 경제정책

증권시장은 기본적으로 경제정책의 영향을 받기 마련이다. 경제정책은 비단 증권시장뿐 아니라 고용정책, 물가, 통화량 그리고 이자율 등 경제를 구성하는 모든 환경과 구성원에 영향을 미치므로 경제정책의 내용과 효과를 알고 있다면 증권시장 동향 파악을 보다 정확하게 할 수 있다.

경제정책은 크게 수요정책과 공급정책으로 나누어진다. 수요정책(demand side policy)은 재화와 용역의 총수요에 영향을 미치는 정책으로서 재정정책과 통화정책으로 나눈다. 공급정책(supply side policy)은 미국 대통령 레이건(Reagan)의 주장으로 소위 Reaganomics로 유명해졌는데, 세율인화와 규제완화로서 재화와 용역의 공급에 영향을 미치는 정책이다.

1) 재정정책

재정정책(fiscal policy)은 정부예산(budget)의 집행과정을 통해 정부의 세입(수입)과 세출(지출)을 통제함으로써 국민경제의 총수요를 관리하는 경제정책이다. 정부세입은 주로 조세의 징수로 확보되고, 세출은 정부가 국민경제를 발전시키기 위한 여러 정부투자산업으로서 SOC(사회간접자본)투자, 복지투자, 교육투자 등 실로 그 범위가 방대하다.

이론적으로 세입과 세출은 균형을 이루어야 되지만 실제적으로 정부는 국민경제의 발전을 위해 세출이 세입보다 많은 재정적자 상태를 계속시키는 경우가 많다. 재정적자는 정부의 차입금 증가를 의미하므로 시장이자율의 상승을 가져와서 주가에 나쁜 영향을 미친다. 한편 대개 재정적자가 발생하는 원인이 정부투자의 증대에 있으므로 이는 곧 민간투자 확대와 수요를 촉발, 주가에 좋은 영향을 미치는 계기가 된다.

일반적으로 재정정책은 그 효과가 직접적이고 강력하다. 그러나 조세의 징수나 정부투자를 포함하는 예산안은 국회의 동의를 얻어야 하므로 그 정책실행시점과 국회동의 사이의 기간이 길어지면 집행기회를 놓치는 경우가 많다. 또한 정부지출계획은 예산에 그 사용 용도가 정하여져 있으므로 다른 용도로 전용할 수 없는 경직성을 갖는 단점을 갖는다. 이러한 재정정책의 경직성은 경제환경에 맞게 정부투자지출을 못하게 만든다.

2) 통화정책

통화정책(monetary policy)은 통화량을 늘리거나 줄여서, 이자율을 낮추거나 높임으로서 실행된다. 통화량 증가는 단기적으로 이자율을 낮추어 투자와 소비를 확대시킨다. 그러나 통화량 증가는 장기적으로 인플레이션을 유발시키고 급기야는 이자율까지 오르게 하여 경제활동을 위축시킨다. 반대로 통화량의 감소는 이자율의 증가를 가져온다.

통화정책 집행에는 여신규제와 같은 통화량 직접규제방식과 공개시장조작, 재할인율 조정 그리고 지불준비금 조정과 같은 통화량 간접규제방식이 있다. 금융시장의 자율조정 기능이 더욱 강조되고 중요시됨에 따라 통화량 규제방식은 직접규제방식에서 간접규제방식으로 바뀌는 추세에 있다.

공개시장조작 또는 정책(open market operation)은 가장 중요한 통화정책 수단으로서 한국은행이 통화량을 늘리기 위해 통화안정증권을 매입하거나, 반대로 통화량을 줄이기 위해 통화안정증권을 매도하는 것이다. 재할인율(rediscount rate) 조정은 시중은행의 상업어음 재할인율을 조정해 통화량을 관리하는 수단이다.

지불준비금(reserve requirement)은 시중은행이 중앙은행에 예치하는 현금으로서 중앙은행은 이러한 지불준비금 요구액을 증감시킴으로써 통화량을 조정한다.

일반적으로 통화정책은 재정정책에 비해 시간조정(timing)이 우수하고 쉽게 집행할 수 있으나, 그 효과는 별로 강력하지 못하고 또한 간접적이다. 즉 통화정책 집행은 국회의 동의를 필요치 않는 통화당국의 고유한 권한이므로 통화당국은 순발력 있게 통화정책을 수행할 수 있다. 그러나 앞에서도 지적한 바와 같이 예를 들면 통화량 증가는 단기적으로는 그 효과가 있으나 장기적으로 그 효과는 매우 불투명하다.

3) 공급측면정책

공급측면정책(supply side economics: SSE)은 미국 대통령 Reagan이 크게 중요시한 정책으로서 Reaganomics라고도 불렸는데, 국민경제의 총공급에 영향을 미치는 정책이다. 구체적으로 공급측면정책의 내용은 세율인하에 의한 투자 및 소비유인 확대와 규제완화에 의한 생산의욕 증대 및 투자환경 조성에 있다.

공급측면정책에 의하면 세율인하는 경제를 더욱 활성화하고 세금수입원(revenue tax base) 자체를 크게 함으로써 오히려 정부의 세금수입이 더 늘어나는 효과를 거둔다는 것이다. 또한 정부의 규제완화는 기업으로 하여금 스스로 그 능력을 최대한 발휘케 하여 결과적으로 국민경제의 총공급이 늘어난다고 한다.

02

산업분석

1 산업분석의 중요성

거시경제분석 이후 증권분석에서 두 번째 단계는 산업분석이다. 산업분석이 증권분석에서 중요한 이유는 다음과 같다.

첫째, 정부의 산업정책은 관련산업의 성장과 침체에 큰 영향을 미친다. 정부가 특정산업육성을 위해 예산지출을 늘리고 세금우대정책을 쓰면, 그 산업의 성장성은 높아지고 수익성이 강화된다. 당연히 그 산업에 속한 기업들의 영업실적이 높아져서 주가는 올라간다. 물론 그 반대로 정부의 지원정책이 끊어진 산업은 침체되고 거기에 속한 기업들은 큰 타격을 받는다.

둘째, 기술이 발전함에 따라 산업의 수익률과 위험이 바뀐다. 시대가 바뀜에 따라 유망산업과 한계산업 그리고 사양산업이 바뀌고 산업마다 수익성과 위험 수준 또한 달라진다.

셋째, 개별기업의 위험수준을 예측하기에 앞서 업종별 위험수준을 예측해야 한다. 즉 업종별 베타(β)를 추정할 수 있다면 업종별 기대수익률과 자본비용을 예측할 수 있다. 이러한 분석결과는 업종별 분산투자의 기초가 된다.

2 경기와 산업

경제상태와 전망에 대한 분석 후 다음 단계는 경기가 특정산업에 미치는 영향을 분석한다. 모든 산업이 경기변화에 똑같은 영향을 받는 것은 아니다. 경기순환(business cycle)의 각 과정마다 산업별 성과는 달라진다.

불황을 벗어나 경기가 회복기에 접어들면 금융산업의 성과가 좋아진다. 경기가 회복되고 대출수요가 늘면 은행의 수익이 상승하고, 기업이 주식이나 채권을 통해 자본을 조달하기 시작하면 증권산업이 뜨게 된다.

그림 12-1 경기순환과 관련산업

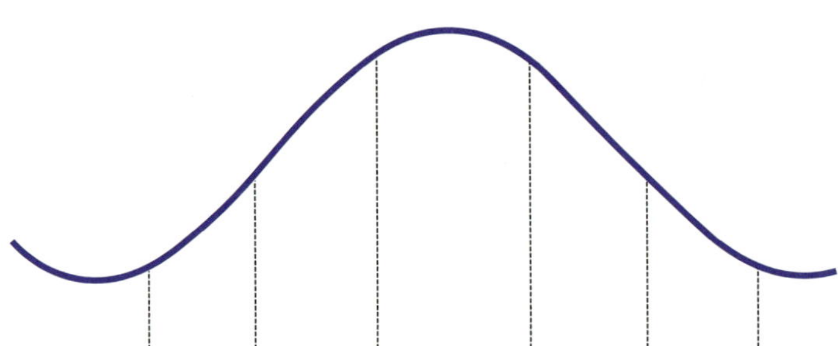

단계	불황 끝	회복기	호경기	침체기	불황 시작
관련산업	금융업	내구소비재	자본재, 소재산업	음식료업, 생필품	제약, 필수품

경기가 최저점을 지나서 회복하기 시작하는 시점에는 내구소비재 관련 산업이 바람직한 투자종목이 된다. 경기가 회복되면 소비자의 소비심리와 개인소득이 상승하기 때문에 자동차, 컴퓨터, 냉장고, 가구 등의 값비싼 내구소비재 산업이 매력적인 투자대상이 된다.

경기회복이 시작되어 경기가 상승되는 과정에서는 자본재 산업이 바람직한 투자대상이 된다. 자본재 산업에는 기계산업, 항공산업, 중장비 산업이 있다.

경기순환의 정점인 호경기에 이르면 수요가 공급을 능가하고 인플레이션이 상승하게 된다. 이 경우에는 소재산업이 유망한 투자산업으로 부상하게 된다. 여기에는 정유, 광산 그리고 제지·목재 산업 등이 있는데 이런 산업의 경우에는 고물가에서 얻어지는 이익을 자연스럽게 향유할 수 있다.

호황의 정점에서 벗어나 경기가 불황으로 접어들면 식료, 제약, 음료 등과 같은 생활필수품 산업이 다른 산업보다 상대적으로 좋은 투자대상이 된다. 불황이라 하더라도 필수품에는 여전히 소비가 계속되기 때문에 이러한 방어적 산업(defensive industry)들은 불황에서도 투자가치를 유지한다.

3 산업의 수명주기

산업이나 제품은 초기 개발에서부터 후기 쇠퇴에 이르기까지 독특한 수명주기(life cycle)를 갖는다. 이러한 수명주기는 대개 도입기, 성장기, 성숙기, 그리고 쇠퇴기의 과정을 반복·순환한다.[2] 이러한 수명주기는 산업마다 뚜렷한 매듭을 지니고 있지 않으므로 분석자마다 산업의 상태를 보는 시각이 달라질 수 있다. 대부분의 증권회사 부설 경제연구소는 산업분석에 가장 중점을 두고 있으며, 이 분석의 정확도에 따라 업종별 분산투자성과에 큰 차이가 난다.

2 단계 수명주기 단계는 성장기를 가속성장기(accelerating growth)와 성숙성장기(mature growth)로 세분한다.

중요영어용어

거시경제적 요인(macroeconomic factor)
경제분석(economic analysis)
공개시장조작(open market operation)
국내총생산(GDP)
기본적 분석(fundamental analysis)
민감도(sensitivity)
수명주기(lifecycle)
영업레버리지(operating leverage)
이자율(interest rate)
금융수지(financial balance)
종합수지(overall balance)
재무레버리지(financial leverage)
재할인율(rediscount rate)
통화정책(monetary policy)
경상수지(current balance)
공급정책(supply side policy)
국민총생산(GNP)
국제수지(balance of payment)
물가지수(price index)
산업분석(industry analysis)
수요정책(demand side policy)
요구불예금(demand deposit)
인플레이션(inflation)
저축성예금(savings deposit)
지불준비금(reserve requirement)
재정정책(fiscal policy)
통화공급(money supply)
환율(exchange rate)

관련웹사이트

1. 국가통계포털: 대한민국 통계청 제공.
   ▷ http://www.kosis.kr/
2. 기획재정부 제공 경제동향지표
   ▷ http://www.mosf.go.kr/
3. KDI 경제정책정보서비스
   ▷ http://kdi.re.kr/index.jsp
4. OECD online : 세계경제흐름을 볼 수 있는 곳.
   ▷ http://www.oecd.org
5. 미국상무성 제공 각종 시계열 자료
   ▷ http://www.commerce.gov/economic indicators
6. Bloomberg online: 전세계적으로 가장 유명한 금융정보 서비스 중 하나. 주식, 채권, 환율 등 다양한 금융정보를 전세계 대부분 국가에 대해 구할 수 있음.
   ▷ http://www.bloomberg.com/
7. Fedstats : one stop shopping for U.S. Federal Statistics: 70여 개 미국 연방정부기관이 제공하는 각종 통계자료를 모아서 제공. 미국의 경제, 사회 등 전분야에 관한 통계는 물론 해외통계도 포함.
   ▷ http://www.semanticommunity.info/other/FedStats/gov

8. FRB_Statistical Realeases : 미국 FRB가 제공하는 다양한 금융자료, 국제금융의 재무 시계열 자료를 신뢰성 있게 제공.
   ▷ http://www.federalreserve.gov/
9. Ohio state University's Finance data summary
   ▷ http://fisher.osu.edu/fin/osudata.htm
10. 21세기경제학연구소 : 경제현황분석, 예측자료, 경제3고 현상, 한미증시동조화, 소득변동론, 환율자료 수록.
   ▷ http://www.taeri.org
11. 대외경제정책연구원 : KIEP소개, 국제경제현안분석, 세계경제동향, 발간자료 수록, 디지털도서관운영.
   ▷ http://www.kiep.go.kr
12. 와이즈인포넷 : 정치, 경제, 산업, 기술분야 해외동향소식 및 분석자료, 전문정보 제공.
   ▷ http://www.wiseinfonet.com/
13. 에프앤가이드 : 경제, 산업, 기업, 채권의 증권사 및 기관 분석 자료원문, 다운로드 제공.
   ▷ http://www.fnguide.com/
14. 매경이코노미 : 종합경제주간지, 금융, 부동산, 창업, 세계경제 분석 등 분야별 기사 수록.
   ▷ http://www.mkeconomy.com

연습문제

[객관식 문제]

01 거시경제변수와 주가와의 일반적 관계를 서술한 것 중 틀린 것은?

① 원화/달러환율이 인하되면 국내 주가는 하락하는 경향이 있어 왔다.
② 국제수지가 흑자이거나 적자폭이 감소하면 주가의 상승을 가져온다.
③ 기대치 못한 물가인상은 주가에 부정적인 영향을 미친다.
④ 통화량의 증가는 이자율 인하를 유도하여 단기적으로 주가를 상승시킨다.

02 증권분석에서 틀린 것은?

① 기본적 분석을 top-down분석 또는 하향식 분석기법이라 한다.
② 기본적 분석을 경제·산업·기업분석의 3단계 접근법이라고 한다.
③ 기본적 분석은 비교적 분석 범위가 좁고 분석내용도 제한적이다.
④ 기술적 분석은 주가의 점진적 추세와 패턴을 파악하여 매매시점을 찾으려고 한다.

03 경제분석에 관한 기본적 분석 중 틀린 것은?
① 통화량이 축소되면 주가는 내린다.
② 이자율이 내리면 주가는 오른다.
③ 일반적으로 주가는 경기에 후행한다.
④ 인플레이션이 되면 주식투자는 좋은 방어(hedging)수단이 못된다.

04 일반적으로 우리나라에서 환율이 하락하면 수출이 ( )하고, 수입이 ( )한다.
① 증가, 증가 ② 감소, 증가 ③ 증가, 감소 ④ 감소, 감소

05 통화정책의 수단이 아닌 것은?
① 공개시장조작 ② 세금감면
③ 지분준비율 조정 ④ 어음재할인율 조정

06 재정정책의 장점과 단점에서 틀린 내용은?
① 재정정책의 효과는 직접적이고 강력하다.
② 정부지출계획에서 예산은 그 사용이 경직적이고 시간을 못 맞춘다.
③ 예산은 국회동의사항이므로 동의를 늦게 얻으면 집행기회를 놓칠 수 있다.
④ 정부의 효율적인 세입과 세출은 균형상태를 유지해야 한다.

07 재정정책은 통화정책에 비해 ( ) 직접적 영향이 있고 재정정책은 통화정책에 비해 수행이나 집행이 더 ( ).
① 더, 빠르다 ② 더, 늦다 ③ 덜, 빠르다 ④ 덜, 늦다

08 경기변동에 방어적이거나 비교적 영향을 적게 받는 산업이 아닌 것은?
① 유티지니(전기, 가스) ② 제약산업
③ 내구소비재산업 ④ 음식료업

09 비교적 경기의 순화과정인 「불황끝-회복기-호황기-침체기-불황시작」 단계중 불황끝에서 빛을 보는(뜨는) 산업은?
① 금융업 ② 내구소비재 ③ 자본재 ④ 음식료업

[주관식 문제]

01 [재정정책과 통화정책] 재정정책과 통화정책의 주요내용을 설명하라.

02 [무역수지 적자와 주가] 무역수지 적자누적이 주가에 미치는 영향을 논하라.

03 [산업의 라이프 사이클] 산업의 라이프 사이클 변화에 따라 주가가 어떤 영향을

받는지 몇몇 대표적 산업을 예를 들어 설명하라.

04 [영업레버리지와 영업성과] 경제가 침체기, 정상, 그리고 호황기일 때 영업레버리지가 큰 기업과 작은 기업이 각각 어떤 영향을 받는지 설명하라.

제 13 장

주식평가와 기업가치평가

기본적 분석에서 경제분석과 산업분석의 다음 단계는 개별기업 분석이다. 기업분석은 재무제표를 중심으로 한 재무제표분석(계량적 분석)과 경영자의 경영능력, 노사관계, 그리고 신제품개발능력 등 질적 분석(비계량적 분석)으로 대별된다. 대부분의 분석은 자료입수의 용이성과 분석기법의 객관성 등으로 재무제표분석이 주류를 이룬다.

재무제표분석은 기업의 경영성과와 재무지표가 주가와 밀접한 관계와 논리적 추론의 연장선상에 있음을 가정한다. 즉 순이익의 증가나 부채의 증가는 기업외부 투자자로부터 수익률 상승이나 위험의 증대로 인식된다는 것이다. 합리적, 이성적 투자자라면 주가와 재무정보와의 관계를 꾸준히 탐색하고 실제 주가예측에 반영하겠지만, 주가가 반드시 이와 같은 합리적 기대만으로 움직이는 것은 아니다. 주가가 가진 무작위적(random walk) 형태는 어떠한 합리적인 재무제표분석도 무용(無用)케 할 수도 있다.

그러나 재무제표분석은 기업분석에서 최상은 아니지만 차선의 최상(second best)은 될 수 있다. 왜냐하면 어떤 기업을 분석할 때 재무제표부터 분석하지 않고서는 사실 어떤 대안도 없기 때문이다.

재무제표를 이용한 여러 비율 중 주가와 가장 밀접한 관계를 가지는 재무지표는 매출액성장률, 자기자본순이익률(ROE), 유보율, 배당증가율, 경제적 부가가치(EVA) 그리고 재무위험 관련비율이다. 왜냐하면 성장성, ROE 그리고 EVA는 주주(=투자자) 입장에서 투자에 대한 재무적 성과를 측정하는 가장 직접적·종합적 지표이고, 또한 주주의 요구수익률인 자기자본비용과 대비되기 때문이다. 재무위험관련비율은 기업이 부채를 사용함으로써 추가되는 불확실성과 도산위험을 예측할 수 있도록 해준다.

주식평가(valuation)에는 ① 재무제표에 기초한 내재가치지표, ② 일정 배당성장을 가정하는 배당할인모형, ③ 잉여현금흐름(FCF)을 이용한 기업전체 가치평가, ④ 예상이익에 평균 PER을 곱하여 내재가치를 산정하는 PER배수법 모형, 그리고 ⑤ Black과 Scholes의 call option 가격결정원리를 주식가격결정에 응용한 옵션평가모형이 있다. 이러한 평가방법들은 기업의 자산가치(① 방법), 수익가치(②, ③ 방법), 그리고 상대가치(④ 방법) 평가에 근거하고 있다.

01

재무제표에 기초한 주가관련지표

기업의 재무제표는 투자분석의 중요한 정보원천 중의 하나이다. 기업에 대한 재무제표분석은 주식과 채권의 투자결정에서 가장 중요한 기본적인 절차로 간주되고 있다.

기본적인 주식가치는 재무상태표와 손익계산서에서 찾을 수 있다. 재무상태표에서 순자산가치(net asset value)는 자기자본가치(equity value)로서 장부가치(book value)이다. 순자산가치가 시가(market value)와 차이가 나는 것은 어쩌면 당연하다. 왜냐하면 장부가는 역사적 원가로서 자산가치를 평가하고 인위적인 회계원리에 의해 부채와 자기자본을 평가한 데 비하여, 시가는 시장에서 객관적으로 기업을 평가한 결과이기 때문이다.

장부가와 시가는 같을 수가 없지만 장부가가 반드시 어느 기업 주가의 '하한(floor)'은 아니다. 우량한 기업의 주가는 장부가를 훨씬 넘지만 부실기업의 주가는 심지어 장부가에도 미치지 못한다. 굳이 주가의 바닥(floor)가치를 찾자면 청산가치(liquidation value)로서 이는 회사가 청산절차를 통해 자산을 매각하여 부채를 상환한 후 잔여재산이 주주에게 분배되었을 경우 주주에게 돌아오는 가치를 의미한다.

주가와 관련, 가장 대표적인 재무비율은 ROE(자기자본순이익률), 매출액 영업(또는 순)이익률, 매출액성장률 그리고 부채비율이다. ROE는 이 장 후반부에서 자세히 설명하고 여기서는 나머지 두 개의 비율만 설명한다. 매출액 영업(또는 순)이익률은 영업(또는 순)이익을 매출액으로 나누어서 백분율로 표시한 것이다. 매출액이 많더라도 경쟁기업에 비해 원가보다 싼 값에 팔고 있다면 주가에 좋은 영향을 미치지 않는다.

부채비율은 부채총계를 자기자본총계로 나눈 뒤 백분율로 나타낸 것이다. 부채비율은 기업의 재무적 건전성을 측정하는 지표이다. 10년 전만 해도 상장기업들의 평균부채비율은 400% 정도였지만, 국제적 기준(global standard)에 맞추고 외국투자자가 요구하는 수준이 200% 이하로 낮추도록 했기 때문에 현재 유가증권시장의 평균부채비율은 100% 정도이다.

재무상태표 분석에서 주식평가와 관련있는 개념으로서 대체원가가 있다. 대체원가(replacement cost)는 현재의 자산을 새로운 자산으로 대체시킬 때 소요되는 비용으로서 재생산원가(reproduction cost)라고도 한다. 이 개념이 주목을 받게 된 것은 노벨경제학상 수상자인 Tobin이 *q*비율(*q* ratio)을 계산하여 주가의 과소·과대 평가여부와 함께 어느 산업의 진입촉발과 균형상태를 파악하면서부터이다. Tobin의 *q*비율(Tobin's *q*)은 어느 기업의 시가를 그 기업의 대체원가로 나눈 비율이다.

$$\text{Tobin의 } q\text{비율} = \frac{\text{기업의 시가}}{\text{총자산의 대체원가}}$$

Tobin에 의하면 어느 기업의 시가는 그 기업의 대체원가보다 훨씬 높을 수는 없고, 장기적으로 기업의 시가는 대체원가와 같게 되므로 시장균형상태에서 Tobin의 *q*값은 1로 접근한다는 것이다. 만약 단기적으로 *q*가 1보다 크면 그 기업이 속해 있는 산업에 초과수익률이 존재한다는 의미이므로, 신규기업의 진입이 촉발되며 장기적으로 이러한 초과수익률이 없어진다. 만약 *q*가 1보다 현저히 낮으면 그 회사의 주식은 총자산의 대체원가에 비하여 저렴하게 평가되어 있다는 말이고, 따라서 그 회사는 인수합병(M&A)의 표적이 될 수 있다.

02

배당할인모형

배당할인모형은 어느 기업 주식의 내재가치가 미래배당(즉 현금흐름)을 적정한 요구수익률로 할인한 현가의 합이라고 정의한다. 여기서 기업은 계속기업으로서 영원히 존재하며, 기업의 매기간(즉 매년)의 이익은 일정부분 배당으로 지급된다고 가정한다. 이 관계를 일반식으로 쓰면 다음과 같다.

$$P_0 = V_0 = \frac{D_1}{1+k} + \frac{D_2}{(1+k)^2} + \frac{D_3}{(1+k)^3} + \cdots + \frac{D_H}{(1+k)^H} + \cdots + \frac{D_\infty}{(1+k)^\infty} \quad (13\text{-}1)$$

여기서 $P_0 = V_0$: 주식의 내재가치 또는 진실가치

k: 기업의 요구수익률(또는 자기자본비용)
$D_1 \cdots D_H$: 매기간의 예상 주당배당금
∞: 무한대

이 모형을 배당할인모형(DDM: Dividend Discount Model)이라 하는데, 이 식에 의하면 현재의 주가는 미래에 영원히 받게 될 배당의 현가합계이다. 여기서 우리는 두 가지 의문을 제기할 수 있다. 첫째, 주식투자자들은 주식투자시 배당뿐만 아니라 오히려 매매차익을 기대하는데, 위의 모형에서는 매매차액을 전혀 고려하지 않고 있지 않은가? 둘째, 주식분석에서 주가 예측시 기본이 되는 것은 배당보다는 이익(즉, 주당순이익)인데, 위의 모형은 오직 배당만을 고려하고 있지 않은가? 여기에 대한 대답은 이렇다.

첫째, 배당할인모형은 그 생성과정에서 이미 매매차액을 미래가격에 포함시키고 있으므로 매매차액을 충분히 고려했다는 점이다. 즉 현재 주가(P_0)는 1년 후 배당(D_1)과 1년 후 주가(P_1)의 현가이다.

$$P_0 = \frac{D_1 + P_1}{1+k} \tag{13-2}$$

또한 1년 후 주가(P_1)는 2년 후 배당(D_2)과 2년 후 주가(P_2)의 현가이다.

$$P_1 = \frac{D_2 + P_2}{1+k} \tag{13-3}$$

위의 식 (13-2), (13-3)에서 P_1과 P_2는 미래 예상가격이므로 매매차액을 이미 포함하고 있다. 식 (13-2)와 식 (13-3)을 합성하면 현재가격(P_0)는 다음과 같이 1년 후 배당(D_1), 2년 후 배당(D_2), 그리고 2년 후 가격(P_2)의 현가합이다. 여기서 1년 후 가격(P_1)이 포함되지 않고 있음을 주목해야 한다.

$$P_0 = \frac{D_1}{1+k} + \frac{D_2 + P_2}{(1+k)^2} \tag{13-4}$$

둘째, 이미 배당할인모형 도출과정에서 가정했듯이 기업은 많든 적든 이익의 일정부분을 배당의 형태로 지급하고, 바로 이 배당이 주주가 받는 소득이므로 이익보다는 배당을 현가로 할인하는 것이 주식의 내재가치결정에 더 합리적이다. 극단적으로 기업이 5년 내지 10년간 아니면 상당히 오랜 기간 동안 배당을 지급하지 않는다 하더라도 이 모형이 성립하는가? 주주의 입장에서 볼 때 기업이 언젠가 배당을 하게 될 것이고, 아니면 그 기업이 청산할 때 청산배당(liquidation dividend)이라도 하게 될 것이므로 배당할인모형은 성립한다고 본다.

1 일정성장배당모형

위의 식 (13-1)은 이론적으로 명쾌하지만 실제로 주식을 평가할 때 유용하지 않다. 이런 문제점을 처음 지적한 학자인 고든(Gordon)은 만약 매기간의 배당이 불규칙하지 않고 매기간 일정하게 성장한다면, 앞의 식 (13-1)은 다음과 같이 간단한 식으로 만들 수 있음을 보였다.[1]

$$P_0 = V_0 = \frac{D_0(1+g)}{k-g} = \frac{D_1}{k-g} \tag{13-5}$$

여기서 $P_0 = V_0$: 주식의 진실가치 또는 이론가치
D_0 : 현재의 주당배당금
D_1 : 1년 후 주당배당금 $= D_0(1+g)$
g : 일정배당성장률
k : 주식의 요구수익률(또는 자기자본비용)

이 식이 바로 유명한 Gordon의 일정성장배당모형(constant growth model)[2]으로서, 어느 기업의 현재 예상주가 즉 진실가치는 1년 후의 배당금(D_1)을 「주식의 요구수익률-배당성장률」의 차이로 나눈 값으로 계산된다는 것이다. 고든의 일정성장배당모형은 ① 배당금이 영원히 지급되고, ② 그 배당금은 매년 일정한 성장률(g: growth rate)로 증가한다는 가정에 기인하고 있다.

---

1 이 식은 다음과 같은 과정을 거쳐 도출된다.

$$V_0 = \frac{D_0(1+g)}{1+k} + \frac{D_0(1+g)^2}{(1+k)^2} + \frac{D_0(1+g)^3}{(1+k)^3} + \cdots \quad ①$$

양변에 $1+k/1+g$를 곱하면

$$\frac{1+k}{1+g}V_0 = D_0 + D_0\frac{1+g}{1+k} + D_0\frac{(1+g)^2}{(1+k)^2} + \cdots \quad ②$$

②- ① 하면

$$\frac{1+k}{1+g}V_0 - V_0 = D_0 \quad ③$$

2 일정(constant)을 "항상"으로 번역할 수도 있다.

예제 13-1 **주가와 Gordon의 일정배당성장모형**

현대기업(주)의 현재배당금(D_0)=600원, 배당성장률(g)=10%(즉, 0.10), 이 기업이 요구하는 요구수익률(k)=13%(즉 0.13)일 때 예상 주가(P0)를 구하라.

풀이 Gordon의 방정식 $\{D_0(1+g)\}/(k-g)$를 이용한다.

$$P_0 = \frac{600(1+0.10)}{0.13-0.10} = \frac{660}{0.03} = 22{,}000\text{원}$$

Gordon의 일정성장배당모형은 주식분석에서 널리 쓰이고 있으며 다음과 같은 의미를 갖는다.

첫째, 배당성장률(g)이 클수록 주가(P_0)는 높아진다. 그러나 반대로 배당성장률이 낮을수록 주가는 떨어진다. 그 예로서 KOSDAQ 기업의 경우 성장률이 떨어지자 주가가 급격히 떨어졌다.

둘째, 요구수익률(k)이 클수록 주가(P_0)는 떨어지고 요구수익률이 작을수록 주가는 높아진다.

셋째, 배당성장률(g)은 요구수익률(k)보다 클 수 없다. 왜냐하면 이 경우 분모($=k-g$)는 음수가 되기 때문이다.

넷째, 기업성장이 멈춘 기업이나 사양산업에 속한 기업의 배당성장율(g)은 음(minus)이다. 이 경우 주가하락은 급격히 이루어진다.

다섯째, 주가(P_0)는 배당성장률(g)만큼 성장한다(즉 높아진다). 따라서 이 경우 배당성장률(g)은 매매차액률(capital gain rate)이 된다.

만약 식 (13-5)를 이용하여 계산한 기업의 내재가치가 시가와 정확히 일치하면(V_0–P_0), 이 주식투자로 인한 보유기간수익률(HPR: Holding Period Return)은 다음과 같이 '배당수익률'과 '매매차액률(또는 자본이득률이라고도 함)'의 합이다.

$$E(r) = \frac{D_0(1+g)}{P_0} + \frac{P_1 - P_0}{P_0} = \frac{D_1}{P_0} + \frac{P_1 - P_0}{P_0} \tag{13-6}$$

$$= \text{배당수익률} + \text{매매차액률}$$

$$= \frac{D_1}{P_0} + g$$

식 (13-6)은 자기자본비용(k_e)을 구할 때 흔히 이용되며, 할인현금흐름(DCF: Discounted Cash Flow) 공식이라고도 한다.

예제 13-2 Gordon식에 의한 자기자본비용 계산

1년 후 예상배당금(D_1) = 660원, 배당성장률(g) = 10%, 그리고 현재주식가격(P_0) = 22,000원인 현대기업(주)의 자기자본비용을 구하라.

풀이 할인현금흐름 공식인 식 (13-6)을 이용한다.

$$E(r) = k_e = \frac{D_1}{P_0} + g = \frac{660}{22,000} + 10\% = 3\% + 10 = 13\%$$

자기자본비용 13%는 배당수익률 3%와 매매차액률 10%의 합이다.

2 배당성장률 계산

배당성장률(g)은 일반적으로 자기자본순이익률(ROE)에 이익유보율(b)을 곱하여 구한다. 이익유보율(b)은 당기순이익 중 유보된 비중을 나타낸 것인데, 「1 − 배당률」과 같다.

$$g = \text{ROE} \times b = \text{ROE} \times (1 - d) \qquad (13\text{-}7)$$

여기서 g: 배당성장률
ROE: 자기자본순이익률
b: 이익유보율
d: 배당성향(= 배당지급률)

예제 13-3 배당성장률 계산

현대기업(주)의 자기자본순이익률(ROE) = 25%, 그리고 배당성향(d) = 60%(= 또는 0.6)일 때 이 기업의 성장률(g: 배당성장률과 같은 개념)을 구하라.

풀이 식 (13-7)의 배당성장률 계산공식을 이용한다.

$$g = \text{ROE} \times (1 - d) = 25\% \times (1 - 0.6) = 10\%$$

왜 배당성장률이 자기자본순이익률(ROE)과 유보율(b)의 곱인가? 예를 들

어 설명해 보자. 현대기업(주)의 요구수익률(k)이 12%인데 자기자본순이익률(ROE)이 25%라면, 당기순이익을 전액 배당으로 하기보다는 전부 또는 일부를 유보하여 재투자하는 것이 주주들에게 훨씬 유리하다. '현대기업'이 100% 자기자본 출자기업으로서 자본금이 200억이라 하자. ROE가 25%이므로 순이익은 $200 \times 25\% = 50$억이다. 만약 배당성향이 60%라 하면 유보율은 40%이므로 유보이익은 50억 × 0.4 = 20억, 즉 자본금의 10%가 된다. 따라서 자본금(즉 자기자본)은 10%가 증가되어 220억이 된다. 이와 같이 자기자본이 늘어나는 성장률 10%는 ROE 25%에 유보율 0.4를 곱해서 계산되는 것이 증명되는 셈이다.

주식투자자들이 주식을 선택할 때 가장 중시 여기는 것은 무엇보다도 성장성이다. 일반적으로 성장기업은 수익률(ROE)이 자기자본비용(k)보다 크다. 따라서 성장기업은 가능한 유보를 많이 함으로써 성장률(g)을 높이고 이는 곧 주가의 상승으로 이어진다. 반대로 성장이 멈춘 한계기업은 성장률(g)이 0에 가깝고 이는 곧 주가하락으로 나타난다. 자기자본수익률이 자기자본비용보다 작은 기업은 순이익의 유보보다는 배당확대를 통하여 기업가치를 높일 수 있다. 다음 예에서 성장의 기회를 맞은 현대기업(주)이 배당을 줄이고 유보를 늘림으로써 주가가 상승한 경우를 확인해 보자.

예제 13-4 배당성장률과 주가

현대기업(주)은 성장의 기회를 맞이하여 ROE가 20%로서 자기자본비용($k = 13\%$)보다 훨씬 큰 상태이다. 이 기업의 경영진은 과거의 배당성향(d)을 60%에서 40%로 크게 낮추어 가능한 내부유보에 의한 자기금융 확보에 애쓰고 있다. 이 경우 다음 물음에 답하라.

[물음 1] 배당성장률(g)을 구하라.
[물음 2] 현재 주당배당금(D_0)이 600원일 때 예상주가(P_0)를 계산하라.

풀이 1 $g = \text{ROE} \times (1 - d) = 20\% \times (1 - 0.4) = 12\%$(= 또는 0.12)

풀이 2 Gordon의 배당모형인 식 (13-5)를 이용한다.

$$P_0 = \frac{D_0(1+g)}{k-g} = \frac{600(1+0.12)}{0.13-0.12} = \frac{672}{0.01} = 67{,}200\text{원}$$

※ [비교] 앞의 예제 13-1에서 배당성장률(g)이 10%일 때 주가(P_0)는 22,000원이었으나, 배당성장률이 12%로 증가함에 따라 주가는 거의 3배나 상승한 67,200원이 되었다. 그만큼 주가는 성장률에 민감하다.

3 ROE와 재무분석

자기자본순이익률(ROE: Return On Equity)은 자기자본에서 차지하는 순이익의 비중으로서 이익성장률(=배당성장률)을 결정하는 중요한 요소이다.

$$\text{자기자본순이익률} = \frac{\text{순이익}}{\text{자기자본}}$$

예 $14\% = \frac{14}{100} \times 100\%$

위 식에서 분모인 자기자본은 재무상태표에서 나오는 자본총계(=자기자본)가 아니라 전년도의 자본총계와 올해의 자본총계를 평균한 평균자기자본인 경우가 많다. 위의 식에서 분자의 순이익 대신 영업이익을 쓰면 자기자본영업이익률이 된다. 기업의 주된 영업활동의 결과는 순이익보다 오히려 영업이익(operating profit 또는 세전영업이익 EBIT)에서 더 잘 반영된다. 분기별로 발표되는 상장회사의 영업실적에서 영업이익의 변화에 투자자들이나 애널리스트(analyst)들이 더 민감하게 반응하는 것도 이러한 이유 때문이다. 영업이익 절대금액보다는 매출액대비 영업이익률이 특히 주목을 받는데, 영업이익률의 증가 또는 감소는 ROE의 증가 또는 감소에 직접적으로 영향을 미친다. 가장 직접적인 연결고리는 영업이익률 증가→ROE 증가→성장률 증가→주가상승의 관계로 이어진다.

근본적으로 주식의 내재가치를 결정하는 것은 미래 이익과 배당에 대한 기대인데, 이러한 기대는 ROE를 통해 예측할 수 있다. 따라서 과거 ROE보다는 미래 예측 ROE가 더 중요한 것은 물론이다.

「재무관리」과목에서 배웠듯이 기업재무에서 부채사용은 손익의 확대효과(leverage effect)를 가져와 주주에게는 위기도 되고 기회도 된다. 구체적으로 호황기에 부채를 많이 쓰면 고정이자를 갚고도 이익으로 인해 ROE는 높아진다. 그러나 불황기에는 고정이자 부담 때문에 ROE는 부채를 쓰지 않았을 때보다 훨씬 작아진다. 부채를 적게 쓰면 불황기에는 ROE에 큰 영향을 미치지 않으나, 호황기에는 부채사용으로 인한 이익확대효과를 실현시키지 못한다.

재무요인이 ROE에 미치는 영향을 파악하기 위해 다음과 같이 ROE를 분해할 필요가 있다. 이것은 기본적으로 듀퐁시스템(Du Pont system)에 기초하고 있다.

$$\frac{\text{순이익}}{\text{자기자본}} = \frac{\text{순이익}}{\text{매출액}} \times \frac{\text{매출액}}{\text{자산}} \times \frac{\text{자산}}{\text{자기자본}} \tag{13-8}$$

자기자본순이익률 = 매출액순이익률 × 자산회전율 × 자기자본승수

ROE = Net margin × Asset turnover × Equity multiplier

예 $14\% = \frac{14}{100} = \frac{14}{400} \times \frac{400}{200} \times \frac{200}{100} = 0.035 \times 2\text{배} \times 2\text{배} = 0.14$

기업경영의 종합적 성과를 나타내는 ROE를 높이기 위해서는 그 구성요인인 매출액순이익률 향상, 자산회전율의 상승 그리고 자기자본 승수의 증가를 추구하여야 한다. 구체적으로 자기자본승수의 증가는 자본조달시 유상증자보다는 타인자본의 확대를 통하여 이루어진다.

4 내재가치와 시가와의 관계

Gordon의 배당평가모형에 의하면 어느 주식의 내재가치는 일정 배당성장률을 가정할 때 미래배당금/(자기자본비용 – 일정배당성장률)로 계산된다. 그러나 이것은 어디까지나 이론적 가치이지 시가가 반드시 이것과 일치하는 것은 아니다. 장기적으로 볼 때 주가가 균형상태에 있게 되면 그 주식의 내재가치는 시가와 접근하게 될 것이다. 왜냐하면 투자자가 요구하는 필수수익률(k)은 그 주식투자에 대한 가장 합리적인 보상이므로 어느 투자자들도 이보다 높은 수익률을 향유하지 못할 것이고, 반대로 어느 투자자들도 이보다 낮은 수익률이라면 그 주식을 선택하지 않을 것이다.

5 2단계 배당성장모형

2단계 배당성장모형(two-stage growth model)은 일정배당성장모형과 달리 기업이 초기 몇 년간은 보통보다 높은 기업성장률을 기록하지만 다른 기업의 진입으로 업계간 경쟁이 격화됨에 따라 일정기간이 지난 후 성장률이 정상상태로 유지되면서 일정한 배당성장률을 유지할 때의 주식평가모형이다.[3]

일시적으로 성장률이 높은 회사를 평가하는 데 2단계배당성장모형이 이용된다. 초기의 고성장기에는 매년의 배당금을 추정하여 그 현재가치를 계산하고,

3 배당성장률이 그 기업의 자본비용보다 낮은 상태를 정상상태라 한다. 반대로 배당성장률이 그 기업의 자본비용보다 높은 상태는 사실 일시적이며 비정상적으로 높은 수익을 올리는 기간이데 이 기간과 상태는 업계간 경쟁의 심화로 언젠가는 없어지게 된다.

그림 13-1 **2단계 배당성장모형**

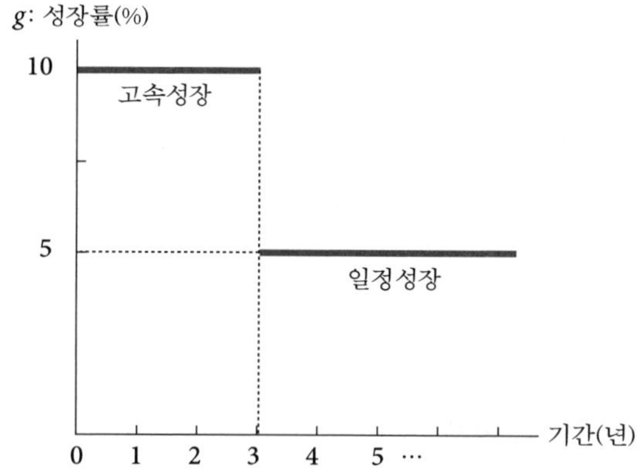

그림 13-2 **2단계 배당성장모형과 주식평가**

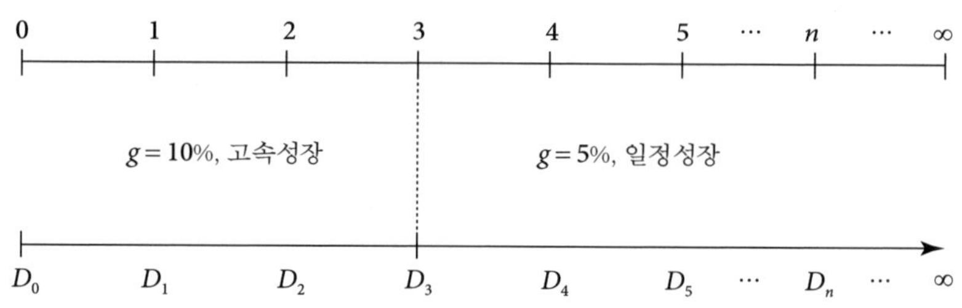

다음에 일정 안정 성장기에 달한 이후에는 일정배당성장모형을 이용하여 현재가치로 할인한다. 일정 성장기에 도달한 이후의 기업가치 합계를 계속가치(CV: continuing value)라 한다.

예를 들어, 어느 기업이 초기 3년간 연 10%의 고속 배당성장률을 보이다가 4년째부터 연 5%의 배당성장률로 일정하게 성장률이 계속된다고 가정하자. 배당성장률의 단계적 변화는 [그림 13-1]과 같다.

현재 이 기업의 1주당 배당금(D_0)을 600원이라 하고 자본비용(k)을 9%로 가정할 때 이 기업의 주식평가 과정을 그리면 [그림 13-2]와 같다(g = 배당성장률).

각 기간별 배당금을 구하면 다음과 같다.

$$D_0 = 600$$
$$D_1 = 600(1.1)^1 = 660$$
$$D_2 = 600(1.1)^2 = 726$$
$$D_3 = 600(1.1)^3 = 798.6$$
$$D_4 = 798.6(1.05) = 838.53$$
$$D_5 = 798.6(1.05)^2 = 880.46$$
$$\vdots$$
$$D_n = 798.6(1.05)^n$$
$$\vdots$$
$$D_\infty = 798.6(1.05)^\infty$$

그런데 4년 이후부터는 일정성장률 연 5%로 영구히 계속하기 때문에 일정배당성장모형에 의해 3년 이후의 주가 P_3을 구할 수 있다. P_3은 4년 이후 기업의 계속가치(continuing value)이다.

$$P_3 = \frac{D_4}{k-g} = \frac{D_3(1.05)}{k-g} = \frac{838.53}{0.09-0.05} = 20{,}963.25$$

따라서 현재 이 회사의 주가 P_0는 미래배당금의 현가합계로서 다음과 같이 계산된다.

$$\begin{aligned}
P_0 &= \sum_{t=0}^{\infty} \frac{D_t}{(1+k)^t} = \text{3년간 배당금의 현가} + \text{3년 이후 계속기업의 가치의 현가} \\
&= \sum_{t=1}^{3} \frac{D_t}{(1+k)^t} + \sum_{t=4}^{\infty} \frac{D_t}{(1+k)^t} \\
&= \sum_{t=1}^{3} \frac{D_t}{(1+k)^t} + \frac{P_3}{(1+k)^3} \\
&= \frac{D_1}{1+k} + \frac{D_2}{(1+k)^2} + \frac{D_3}{(1+k)^3} + \frac{P_3}{(1+k)^3} \\
&= \frac{660}{1+0.09} + \frac{726}{(1+0.09)^2} + \frac{798.6}{(1+0.09)^3} + \frac{20{,}963.25}{(1+0.09)^3} \\
&= 18{,}021\text{원}
\end{aligned}$$

03

FCF할인모형

FCF할인모형은 잉여현금흐름(FCF: Free Cash Flow)으로 기업전체의 가치를 계산한 후 부채의 가치를 차감하여 주주지분의 가치를 평가하는 현금흐름할인(DCF: Discounted Cash Flow)모형이다. FCF(잉여현금흐름 또는 자유현금흐름이라고 번역함)는 영업활동현금흐름(CF)에서 투자액(I)을 차감한 금액(= CF − I)이다. FCF는 기업의 영업활동에서 창출되므로 FCF의 현재가치 측정되는 할인율은 기업의 가중평균자본비용(*WACC*: k_0)이다.

구체적으로 FCF할인모형에 의한 주식평가 과정은 다음과 같다.

첫째, 지금부터 적어도 향후 5년간 추정 재무제표(pro forma financial statement)를 작성한다.

둘째, 추정 재무제표에서 영업활동 현금흐름(CF)과 투자액(I)을 도출하여 각 년도의 FCF를 계산한다.

실무적으로 FCF는 다음과 같이 계산된다.

$$\text{FCF} = \text{영업활동현금흐름} - \text{투자액} = \text{CF} - \text{I} \quad (13\text{-}9)$$

$$= \text{세후순영업이익} - \Delta\text{영업투하자본} = \text{NOPAT} - \Delta\text{IC}$$

$$\text{세후순영업이익(NOPAT)} = \text{순이익} + \text{세후순재무비용} \quad (13\text{-}10)$$

$$\Delta\text{영업투하자본}(\Delta\text{IC}) = \text{기말영업투하자본} - \text{기초영업투하자본} \quad (13\text{-}11)$$

(참고) 세후순재무비용 = (이자비용 − 이자수익)(1 − 세율)
영업투하자본 = 영업자산 − 영업부채
영업자산 = 자산총계 − 시장성유가증권(또는 단기금융투자액)
영업부채 = 매입채무 + 미지급비용

예제 11-5 FCF의 계산

(주)보영의 향후 2년간 추정재무제표는 다음과 같다. 위의 공식을 이용하여 2007년의 FCF를 계산하라.

[(주)보영의 추정재무상태표]

(단위 : 억원)

자 산	2013	2014	부 채	2013	2014
현 금	40	50	매입채무	100	120
시장성유가증권	200	220	미지급비용	50	80
매출채권	260	280	단기차입금	50	100
재고자산	400	450	장기부채	600	700
순고정자산	900	1,000	자기자본	1,000	1,000
자산총계	1,800	2,000	부채, 자본총계	1,800	2,000

[(주)보영의 추정손익계산서]

(단위 : 억원)

수 익	
매 출 액	4,000
매출원가	2,800
영업비용	500
영업이익	700
이자비용	80
이자수익	10
기타영업외비용	20
기타영업외수익	30
세 전 이 익	640
법인세(25%)	160
당기순이익	480

풀이 세후영업이익(NOPAT) = 순이익 + 세후순재무비용

$= 480 + (80 - 10)(1 - .25) = 532.5$

기초영업투하자본 = 기초영업자산 − 기초영업부채

$= (1{,}800 - 200) - (100 + 50) = 1{,}450$

기말영업투하자본 = 기말영업자산 − 기말영업부채

$= (2{,}000 - 220) - (120 + 80) = 1{,}580$

Δ영업투하자본(ΔIC) $= 1{,}580 - 1{,}450 = 130$

FCF = 세후영업이익 − Δ영업투하자본 = NOPAT − ΔIC

$= 532.5 - 130 = 402.5$(억원)

셋째, 기업 전체의 자본비용(WACC)을 계산한다.

자본비용(WACC) 계산방법은 다음과 같다.

WACC = 자본비용 = WACC

$$= 타인자본비용 \times \frac{타인자본}{총자본} + 자기자본비용 \times \frac{자기자본}{총자본}$$

① **타인자본비용 산출방법**

$$타인자본비용 = 차입이자율 \times (1 - 법인세율)$$

$$f_d = k_i(1-t)$$

여기서 f_d는 타인자본비용, k_i는 차입이자율, t는 법인세율

② **자기자본비용 산출방법** 자기자본비용 산출에는 기본적으로 두 가지 방법이 있다.

ㄱ) CAPM모형을 이용하는 방법이 있다.

$$k_e = r_f + \beta(r_m - r_f)$$

ㄴ) Gordon 모형을 이용하는 방법이 있다.

$$k_e = \frac{D_1}{P_0} + g$$

③ **가중방법** 상장기업 또는 등록기업~시가기준을 적용하는 방법과 비상장기업~장부기준을 적용하는 방법이 있다.

넷째, 명시적인 예측기간인 T시점(보통 향후 5년째까지) 이후의 모든 FCF에 대해서는 계속가치(CV: continuing value, 잔여가치라고도 함) 형태로 추정한다. 계속가치 CV는 일반적으로 T기간 이후 FCF가 매년 전년대비 g(성장률: growth rate)%의 비율로 증가한다고 가정한다. 여기서 g%는 양수, 0, 음수 그리고 단계적 변화율이 될 수 있다.

다섯째, 미래 모든 기간의 FCF를 기업의 자본비용 WACC로 할인한 후 합하여 전체 기업가치를 구하고 그 다음 부채의 시장가치를 차감하여 주주지분가치를 계산한다. 부채의 시장가치 대신 장부가치를 사용할 수 있다.

예제 11-6 | **FCF모형을 이용한 전체기업가치와 주주지분가치**

(주)보영의 미래 5년간의 세후순영업이익(NOPAT)와 순영업투하자본(ΔIC)은 다음과 같다. 미래 6년부터 FCF는 매년 전년 대비 2%의 성장률로 증가할 것으로 예상된다.

	1년후	2년후	3년후	4년후	5년후
NOPAT	532.5	640.5	690.0	720.5	780.5
ΔIC	130.0	140.5	180.0	200.5	250.5
FCF	402.5	500.0	510.0	520.0	530.0

(주)보영의 가중평균자본비용(WACC)는 10%이고, 현재 시가기준 부채금액은 1,000억원이며, 발행주식수는 2,000만주이다. (주)보영의 전체 기업가치와 주주지분가치를 평가하라.

풀이 5년까지 FCF의 현재가치

$$=\frac{402.5}{1.1}+\frac{500.0}{1.1^2}+\frac{510.0}{1.1^3}+\frac{520.0}{1.1^4}+\frac{530.0}{1.1^5}=1,846.56(\text{억원})$$

$$\text{5년 말 이후 잔여가치(CV)}=\frac{530(1+0.02)}{0.10-0.02}=6,757.50$$

잔여가치의 현가 $= 6,757.50/(1.1)^5 = 4,195.88$(억원)

전체기업가치 = 5년까지의 FCF현가 합계 + 5년이후 잔여가치 현가

$= 1,846.56 + 4,195.88 = 6,042.44$(억원)

주주지분가치 = 전체기업가치 − 부채가치 $= 6,042.44 - 1,000 = 5,042.44$(억원)

1주당 가치 = 5,042.44억원/2,000만주 = 25,212원

FCF할인모형을 이용한 주식평가의 장점은 첫째, 배당을 하지 않는 기업에 대해서도 적용할 수 있다는 점이다. 둘째, 가치배분보다는 가치창출의 측면에서 주식을 평가한다.

그러나 FCF할인모형의 단점은 첫째, 장기간 영업활동투자(I)를 계속하는 기업의 경우 오랫동안 FCF 자체가 음(−)이므로 음의 기업가치를 갖는 모순이 생긴다는 점이다. 둘째, 계속가치(CV)의 비중이 전체 FCF계산에서 차지하는 비중이 너무 커서 계속가치 계산시 성장률 g를 어떻게 가정하는가에 따라 가치평가 결과가 대단히 달라진다.

04

PER 배수모형, PBR 배수모형 그리고 PSR 배수모형

1 PER 배수모형

1) PER 배수모형과 주가

PER(Price Earning Ratio)은 최근의 시가를 가장 최근의 실제 EPS로 나눈 것이다. 어떤 기업의 PER를 계산해보려면 우선 기업의 순이익과 기업의 발행주식수 그리고 현재 주가를 알아야 한다. 예를 들어 어떤 기업의 주당 순이익이 3000원, 현재 주가가 15,000원이면 15,000 ÷ 3000 = 5배이다. PER이 낮다는 것은 시장이 주당 순이익을 비교적 낮게 평가하고 있음을 의미하므로 투자자 입장에서는 오히려 좋은 투자대상이 될 수 있다. 왜냐하면 미래 언젠가 적정하게 평가될 가능성이 있기 때문이다. 우리나라 주식이 저평가되었다고 말하는 소위 코리아 디스카운트(Korea discount)현상은 바로 이 PER가 다른 나라 주식의 PER보다 상대적으로 낮다는 점 때문에 붙인 이름이다.

만약 PER이 25배이면 1원의 현재이익(current earnings)을 25배로 평가한다는 의미이고, 12배이면 12배로 평가한다는 의미이다. 일반적으로 PER이 낮은 주식은 PER이 높은 주식보다 일정기간 경과 후 투자수익률이 더 높다. 소위 "저(低) PER주를 고르라"는 투자선택기준이다. 이러한 현상을 PER effect라 한다. 1960년대에 매우 인기가 높았던 이 PER effect가 기존의 투자종목 선택에 비해 너무나 혁신적이었으므로 이를 "PER혁명(PER revolution)"으로까지 불렀다.[4]

PER 배수모형에 의하면 주가는 예상주당순이익(EPS)에 이익승수인 주가수익비율(PER)을 곱하여 결정된다. 여기서 주가수익비율(PER)은 기업의 역사적 평균치로서 기업마다 평균 PER을 중심으로 일정한 범위를 가지고 있다고 가정한다. PER 배수모형에 의한 예상주가(P_0)는 다음과 같은 공식으로 나타낼 수 있다.

4 PER가 낮다고 무조건 좋은 주식은 아니다. 주가는 미래수익성에 따라 움직인다. 현재의 주당순이익이 좋아도 미래성장이 떨어지면 주가는 저PER상태로 평가될 수밖에 없다. 유동주식수가 적어 거래가 없는 기업의 주가도 늘 저PER 상태로 머문다.

$$P_0 = \text{EPS} \times \text{PER} \tag{13-12}$$

여기서 P_0: 예상주가(또는 내재가치)
EPS: 예상주당순이익
PER: 기업의 평균 PER 값(= P/E배수)

예제 11-7 **주가와 PER 배수모형**

현대기업(주)의 내년도 예상 주당순이익(EPS)은 3,000원으로 예측된다. 이 기업의 평균 PER은 대개 10~12배 사이로 형성되고 있다. PER 배수모형에 의하여 내년도 예상가격을 추정하라.

풀이 PER모형을 이용한다.
예상가격(P_0)= EPS × PER이므로
30,000원= 3,000 × 10
36,000원= 3,000 × 12
따라서 예상가격은 30,000원에서 36,000원 사이에 있다.

PER는 기업의 주가(P_0)를 주당순이익(EPS)으로 나눈 값으로서 「주가이익배율」, 「주가수익비율」, 「이익승수」, 또는 영어로 "P/E multiple," "P/E ratio" 등 다양하게 불리고 있다. 어느 시점의 주가를 사용하느냐에 따라 PER값에 큰 차이가 난다. 따라서 PER모형에 의해 예상주가를 측정할 때 그 기업의 적정 PER를 결정하는 것이 가장 중요하다.

2) PER과 ROE, 그리고 배당성장률과의 관계

같은 업종에 있는 기업들의 주가에 차이가 있듯이 PER도 차이가 있다. 관리대상종목이나 부실기업이 아닌 정상기업들의 경우 일반적으로 높은 PER를 가진 기업은 낮은 PER을 가진 기업보다 성장잠재력이 높고 따라서 가격성장률도 높을 것임을 시사한다. 결국 PER값이 높고 낮음은 성장률(g)의 차이에 기인하는 것이다. 이것은 Gordon의 배당모형인 식 (13-5)를 이용해서 증명할 수 있다.

식 (13-5)에서 가격(P_0)은 다음과 같이 결정된다.

$$P_0 = \frac{D_1}{k - g}$$

그런데 $D_1 = E_0(1 + g)(1 - b)$[여기서 E_0은 주당순이익이고 b는 유보율, 따라서

$1-b$는 배당성향이고, $g=\text{ROE}\times b$이므로 위의 Gordon식은 다음과 같이 다시 쓸 수 있다.

$$P_0=\frac{D_1}{k-g}=\frac{E_0(1+g)(1-b)}{k-\text{ROE}\times b} \tag{13-13}$$

양변을 E_0으로 나누면 PER은 다음과 같다.

$$\frac{P_0}{E_0}=\frac{(1+g)(1-b)}{k-g}=\frac{(1+g)(1-b)}{k-\text{ROE}\times b}=\text{PER} \tag{13-14}$$

$$=\frac{(1+\text{성장률})(1-\text{유보율})}{\text{자기자본비용}-\text{자기자본순이익률}\times\text{유보율}}$$

$$\text{또는 }\frac{(1+\text{성장률})(\text{배당성향})}{\text{자기자본비용}-\text{성장률}}$$

식 (13-14)를 보면 ROE가 클수록 배당성장률(g)이 커지고, 또한 PER도 커지는 것을 알 수 있다. 이것은 자본비용(k)보다 높은 투자수익률(ROE)을 가진 투자안에 내부유보로 금융을 일으켜 투자한 기업에 대하여 주식투자자들이 높은 PER로써 보상한다는 의미이다.

그러나 자본비용(k)보다 낮은 수익률(ROE)을 가진 투자기회를 위해 내부유보율(b)을 높이는 것은 오히려 주가에 나쁜 영향을 끼친다. 이러한 주식에 대해 증권시장은 PER을 낮춤으로써 이 기업에 대한 비관적 견해를 보인다.

PER을 이용한 주식평가 모형의 중요한 의의 중의 하나는 다른 요인이 일정할 때 위험이 높은 주식은 PER값이 낮다는 점이다. 왜냐하면 위험이 높을수록 요구수익률이 커지는데 이에 따라 당연히 PER값은 작아지게 된다.

3) PER 배수모형의 한계점

PER값은 단순하면서도 기업의 성장률에 대한 예측이나 주식선택시 매우 유용하다. 그러나 PER값은 다음과 같은 점에 유의해서 사용해야 한다.

첫째, PER 계산식 「Price/EPS」에서 분모인 EPS(주당순이익)는 회계이익으로서 시가가 아니라 장부가치이다. 따라서 EPS는 기업의 수익력을 제대로 반영하지 못할 수 있다. 더구나 회계이익은 감가상각이나 재고자산에 대한 회계처리 방법에 따라 동종기업간에도 많은 차이가 난다.

둘째, 당기순손실이 발생한 기업은 주당 순이익(E_0)이 음수이므로 PER값을 계산할 수 없다. 따라서 당기순손실이 발생한 기업이나 자본 잠식상태가 장기간 계속되는 기업은 PER모형 적용이 불가능하다.[5]

셋째, 역사적으로 볼 때 PER은 높은 인플레이션 시기에 낮아지는 경향이 있다. 즉 PER은 인플레이션과 어느 정도 반대로 움직인다. 왜냐하면 인플레이션일 때 분모인 EPS는 일반적으로 실질가치와는 다르게 명목적으로 높게 계상되기 때문이다. 이때 회계이익은 기업의 실질가치를 반영하기보다는 인플레이션으로 인한 왜곡된(distorted) 수치이다.

넷째, PER은 경기에 매우 민감하게 반응한다. 따라서 불경기와 호경기로 바뀌는 변동기 또는 그 반대의 경우 PER 변화에 대한 해석에 주의해야 한다. 원래 PER 계산시 분모인 EPS는 회계이익(accounting earnings)이라기보다는 경제적 이익(economic earnings)이어야 하고, 이럴 경우 경제적 이익은 기간적으로 안정성(stability)을 보이나 회계이익은 경기변동에 매우 민감하다. 따라서 같은 기업이라도 추세적으로 회계이익(EPS)이 낮은 연도에는 PER이 커지고, 회계이익이 높은 연도에는 PER이 작아지는 매우 불안정한 추세를 보인다.

2 PBR 배수모형

1) PBR 배수모형의 의의 및 장단점

PBR(Price Book-value Ratio: 주가/장부가 또는 주가순자산가치비율)은 주가를 주당장부가치(BPS: Book Value Per Share 또는 주당순자산가치)로 나눈 것이다. 여기서 장부가치는 순자산가치로서 「자산장부가치−부채장부가치」이다. PBR이 낮은 주식은 투자대상으로서 포트폴리오 구성시 가장 먼저 선택되기도 한다.[6]

$$PBR = \frac{\text{주가}}{\text{주당장부가치}} = \frac{P}{BPS}$$

예를 들어 주가가 5,000원이고 주당장부가치가 10,000원이면 PBR = 5,000원 ÷ 10,000원 = 0.5배이다. 주당장부가치가 높을수록 자산주라 한다. 오래전에 지

5 이 경우 PSR모형이나 FCF모형을 이용한다.

6 11장의 효율적 시장가설(EMH) 설명에서 시장이례현상 가운데 하나로서 이 현상을 설명하였다. 주가/장부가비율(PBR)이 낮다는 것은 반대로 장부가/주가 비율이 높다는 뜻이고 이러한 특징을 가지는 주식은 늘 양의 비정상수익률을 가지는 것으로 나타났다.

그림 13-3 PBR과 ROE에 의한 2×2 매트릭스

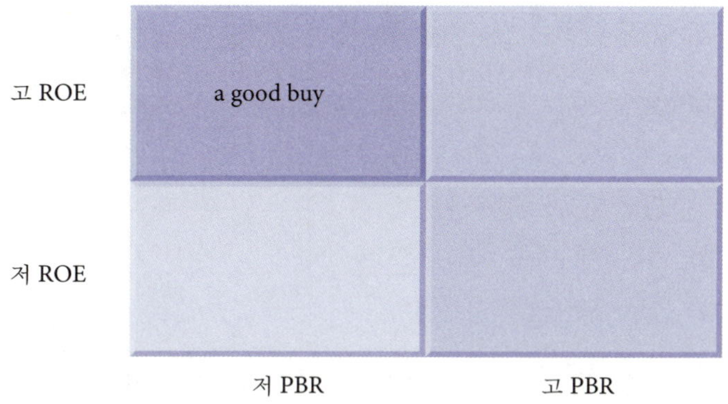

어 놓은 회사 공장터가 아파트지역으로 바뀌어 아주 비싼 땅이 되었다든지, 투자해 놓은 주식이나 기업의 가치가 크게 올라가 있는 경우가 자산주의 예가 된다. 자산이 많아도 수익이 나지 않아 주가가 낮으면 PBR은 1 이하가 된다.

예상 주식가격은 평균 PBR에 예상 주당장부가치를 곱한 값이다.

$$\text{예상 주식가격} = \text{평균 PBR} \times \text{예상 BPS} \qquad (13\text{-}15)$$

주식평가에서 PBR 배수모형 사용의 장점은 첫째로 장부가치는 상대적으로 안정된 직관적 수치로서 시장가치와 비교될 수 있다는 점이다. 둘째, 순수익이 0보다 작아 주가수익률(PER)을 이용할 수 없더라도 PBR을 이용할 수 있다.

그러나 그 단점으로는 첫째, 장기간에 걸쳐 손실이 누적되면 자기자본의 장부가치가 마이너스(−)가 되고 PBR은 음수가 되어 의미가 없다. 둘째, 고정자산을 많이 사용하지 않는 서비스 기업의 경우 장부가치가 없다. 셋째, 순이익처럼 장부가치도 감가상각비 등에 대한 회계처리방법에 의해 영향을 받는다.

2) PER과 PBR, 그리고 ROE와의 관계

PBR을 PER로 나누면 ROE가 도출된다.[7]

$$\text{PBR} \div \text{PER} = \text{ROE}$$

7 이것을 증명하면 다음과 같다.

$$\text{PBR} \div \text{PER} = \frac{\text{주가}}{\text{장부가}} \div \frac{\text{주가}}{\text{EPS}} = \frac{\text{EPS}}{\text{장부가}} = \frac{\text{순이익}}{\text{자기자본}} = \text{ROE}$$

그림 13-4 PSR과 마진(margin)에 의한 2×2 매트릭스

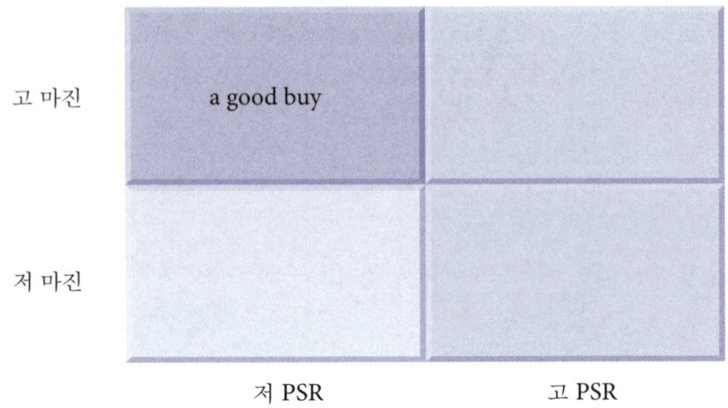

이것을 다시 정리하면 다음과 같다.

$$\frac{E}{P} = \frac{\text{ROE}}{\text{PBR}} \tag{13-16}$$

여기서 E/P는 주당순이익/가격으로서 이익수익률(earnings yield)이라 한다. 이는 가격대비 이익이 얼마인가를 나타내는 투자성과지표로서 배당수익률(dividends yield)과 비슷한 속성을 가진다.

위의 식 (13-16)에서 특이한 시사점은 ROE가 높더라도 PBR이 높기 때문에 이익수익률이 낮아진다는 점이다. 다시 말하면 ROE가 높다고 해서 반드시 좋은 투자종목(a good buy)이 아니다. 왜냐하면 높은 ROE라는 정보가 벌써 주가를 올릴 만큼 올렸기 때문이다. 따라서 PBR은 이미 적정수준을 넘어섰고 이익수익률은 ROE에 미치지 못한다.

실증분석결과를 보면 ROE가 높은 우량기업 포트폴리오가 ROE가 낮은 비우량기업 포트폴리오보다 오히려 투자성과가 훨씬 낮았다.[8] ROE가 높은주식에 투자하는 것이 ROE가 낮은 주식에 투자하는 것보다 투자성과가 더 낮을 수 있음을 보여주는 좋은 예이다. 따라서 가장 바람직한 투자대상은 [그림 13-3]에서와 같이 고ROE-저PBR 그룹에 있는 종목이다.

8 Michael Claymore, "In Search of Excellence: The Investor's Viewpoint," *Financial Analysts Journal*, May-June 1987.

3 PSR 배수모형

PSR(Price Sales Ratio: 주가 매출액비율)은 주가를 주당매출액(SPS: Sales Per Share)으로 나눈 값이다.

$$PSR = \frac{주가}{주당매출액} = \frac{P}{SPS}$$

따라서 예상 주식가격은 평균 PSR에 예상 주당매출액을 곱한 값이다.

$$예상주식가격 = 평균\ PSR \times 예상\ SPS \qquad (13\text{-}17)$$

주식평가에서 PSR 배수모형 사용의 장점은 첫째로 PSR은 결코 음수가 되지 않으므로 부도발생기업이나 누적손실발생기업의 경우에도 구할 수 있다. 둘째, 매출액은 회계방법에 의하여 조작되지 않는다. 셋째, PSR은 PER이나 PBR에 비해 변동성이 심하지 않고 안정적이다.

그러나 그 단점으로는 첫째, 단순히 매출액만으로 기업을 평가하므로 서로 다른 비용구조와 내용을 가진 기업을 평가할 때 오류를 낳을 수 있다. 둘째, 기업간 매출액 이익률(margin)의 차이를 조정하지 않을 경우 평가상의 문제점이 발생한다. 따라서 PSR 배수모형으로 주식을 평가할 때는 매출액 이익률을 반드시 고려해야 한다. 일반적으로 매출액 이익률이 높고(고 마진) PSR이 낮은(저 PSR)기업의 주식이 저평가되어 있다고 말할 수 있다.

4 EV/EBITDA 배수

EV/EBITDA는 주가(시가총액)를 현금흐름으로 나눈 배수이다. 구체적으로 기업가치(EV)를 현금흐름총액(EBITDA)로 나눈 값이다. 여기서 기업가치는 시가총액과 순차입금의 합이고, 현금흐름총액은 세전영업이익(EBIT)에 감가상각비(CD)와 무형자산상각비(A)를 합한 금액이다.

$$\frac{EV}{EBITDA} = \frac{시가총액+순차입금(=총차입금-현금\ 및\ 유가증권)}{세전영업이익(EBIT)+감가상각비(CD)와\ 무형자산상각비(A)}$$

PER과 같은 다른 배수와 마찬가지로 이 배수값이 업종평균이나 과거평균보다 낮으면 이 기업의 주가는 낮게 평가되고 있다고 본다.

05

콜옵션 가격결정모형에 의한 주식평가

콜옵션의 가격결정원리를 이용하여 주식을 평가할 수 있다. 특히 모든 기업이 부채를 사용하고 있으므로 부채사용기업의 주식은 콜옵션 가치와 비슷한 가격결정원리를 가진다. 구체적으로 이 모형에 의하면 어느 기업의 주식가격은 그 기업의 자산을 기초자산(underlying assets)으로 하고, 부채를 행사가격(exercise price)으로 하는 콜옵션(call option) 가치와 같다.

$$\text{주식가치} = \text{콜옵션가치} = \text{기초자산가치}\ N(d_1) - \text{부채가치}\, e^{-r_f t} N(d_2) \qquad (13\text{-}18)$$

$$\text{여기서 } d_1 = \frac{\ln(s) + \left(r_f + \frac{\sigma^2}{2}\right)t}{\sigma\sqrt{t}}$$

$d_2 = d_1 - \sigma\sqrt{t}$, S: 기초자산가치, X: 부채가치

σ: 자산의 변동성, t: 부채의 만기, r_f: 무위험자산금리

예제 13-8 콜옵션가격결정모형에 의한 주식평가

K기업(주)의 자산가치는 100억원에 달하고 자산가치의 변동성은 표준편차가 연 40%이다. 부채금액은 80억원이고 만기가 10년이며 무이표채라고 가정하자(보통 회사채는 이표채로서 무이표채는 없으나 여기서는 무이표채라고 가정함). 무위험금리수익률이 10%이면 K기업의 자기자본가치는 얼마인가? Black–Scholes의 콜옵션평가모형을 이용하라.

풀이 S(= 기초자산가치) 100억원

X(= 부채가치) 80억원

σ(= 자산의 변동성) $\sigma^2 = (0.4)^2 = 0.16$

t(= 무이표채의 만기) 10년

r_f(= 무위험이자율) 10%= 0.1

$$d_1 = \frac{\ln\left(\frac{100}{80}\right) + \left(0.10 + \frac{0.16}{2}\right)(10)}{0.4\sqrt{10}} = 1.5994$$

$d_2 = d_1 - \sigma\sqrt{t}$ =1.5994 − (0.4) = 0.3345
$N(d_1) = 0.9451, N(d_2) = 0.6310$
자기자본가치= $SN(d_1) + Xe^{-r_f t}(d_2) = 100(0.9451) - 80e^{-(0.1)(10)}(0.6310) = 76$억

이와 같은 논리에 의하면 기업의 주주는 콜옵션 투자자(buyer 또는 investor)이고, 채권자는 콜옵션 설정자(writer)이다. 만약 기업자산이 부채보다 크면 콜옵션 투자자(= 주주)는 콜옵션을 행사하여 그 차액(= 자산 − 부채)만큼 투자이익을 얻게 된다. 반대로 기업자산이 부채보다 작으면(= 구체적으로 기업이 파산하면) 주주는 콜옵션을 행사하지 않음으로써 오직 투자금액만큼 손해를 입는다. 왜냐하면 주주는 유한책임이므로 자산을 초과한 부채에는 책임지지 않고 오직 출자금액만큼 손해를 입는다.

콜옵션 가격결정 모형에 의한 주식평가는 다음과 같은 유용성 또는 특징을 갖는다. 첫째, 이 모형은 신설된 기업, 벤처기업, 석유시추업과 같은 채광기업 그리고 영화·오락과 같은 연예기업(entertainment business)의 평가에 적합하다.

둘째, 이 모형은 투자안의 위험 즉 기대수익률의 표준편차가 클수록 투자안의 가치를 높이 평가한다. 기존의 DCF(할인현금흐름)에 기초한 주식평가방법은 위험할수록 할인율이 높아지므로 투자안의 가치를 낮게 평가한다.

셋째, 이 모형은 장기투자안의 평가보다는 1회성 또는 단기간의 한시적 투자안 평가에 더 적합하다. 기본적으로 콜옵션 가격결정모형 자체가 투기적 투자안인 옵션투자안의 평가방법이기 때문이다.

06

인플레이션과 주가

인플레이션이 주식시장에 미치는 영향은 많은 학자들의 연구대상이 되어 왔다. 특히 인플레이션의 헷지대상으로서 실물자산과 대비되는 대표적인 금융자산인 주식의 위상이 논란이 되어왔다. 높은 인플레이션이 진행되는 경우, 주식은 인플레이션을 감안한 수익을 기대할 수 있기 때문에 채권과 달리 인플레이

션에 대한 헷지수단이 될 것으로 기대되어 왔다. 지금까지 학자들이 연구한 인플레이션과 주식과의 관계는 다음과 같이 정리된다. 결론적으로 연구결과는 주가와 인플레이션과의 음의 상관관계를 보여주고 있다.

첫째, 유가인상(oil shock)과 같은 비용인상 인플레이션(cost push inflation)은 주식의 실질기대수익률과 배당을 감소시켰다. 따라서 인플레이션과 실질기대수익률 사이에는 음의 상관관계가 있다.

둘째, 투자자들은 인플레이션에 의한 명목이자율 인상을 실질이자율 인상으로 착각한다. 따라서 인플레이션이 높은 시기에는 주식을 낮게 평가한다.

셋째, 인플레이션이 예상된다는 사실은 미래 경제상황에 대한 불확실성을 의미한다. 이러한 불확실성으로 인해 주식의 요구수익률은 높아지고, 따라서 주가의 하락을 가져온다.

우리나라에서 인플레이션과 주가와의 관계에 대한 연구가 상당히 많이 이루어졌으나 그 연구결과는 위에서 열거한 연구결과의 범주를 벗어나지 못하고 있다. 또한 연구방법상의 문제점과 결과해석에서도 논란이 끊이지 않고 있다.

한편, 인플레이션과 반대로 물가가 하락하는 디플레이션(deflation) 시기에 주가는 일반적으로 낮아지는 경향이 있다. 물가 하락은 소비자에게 좋은 소식(good news) 일런지 몰라도 기업에게는 반드시 그렇지 않다. 또한 디플레이션은 극심한 불경기로 인하여 수요가 감소하므로 주가는 떨어진다.

07

경제적 부가가치

EVA(EVA: Economic Value Added)는 기업 본래의 영업활동에 투하된 자산의 수익률이 자본코스트(cost of capital : 자본조달금리) 보다 높을때 창출되는 가치이다. EVA는 최근 기업경영의 근본적인 변혁을 가져올 경영관리기법으로 가치경영(value management)의 출발점이다.

전통적으로 기업의 평가지표로 중요시 되던 EPS, PER 그리고 ROE는 주로 당기순이익과 같은 이익에 기초하여 산출된다. 그러나 EVA는 기업의 영업이익에서 타인자본에 대한 금융비용과 법인세는 물론 주주가 투하한 자본에 대한 기회비용까지 차감한 상태에서 기업의 현금흐름의 증분, 즉 기업이 얼마만한 부가가치를 산출했느냐를 나타내는 척도이다.

따라서 자본시장이 효율적이라면 기존의 기업평가지표보다 주가형성에 보다 큰 영향을 미치게 된다. 증권시장이 가장 효율적인 미국의 경우 EVA는 EPS, ROE 등 여타 평가지표에 비해 실증적으로 주가와의 상관관계가 높은 것으로 나타났다.

1 EVA의 개념

EVA는 세후순영업이익(NOPAT: Net Operating Profit After Tax)에서 투하자본의 기회비용을 차감한 금액이다. 다른 말로 하면, 기업이 현재 가지고 있는 자본투하금액을 다른 곳에 투자했을 때 요구되는 최소한의 보상으로서 즉 조달자금의 기회비용을 커버(cover)하고도 남을 정도의 순영업이익규모이다. EVA가 플러스이면 기업가치가 증대되고 마이너스이면 기업가치가 감소하게 된다.

EVA는 투하자본이익률(ROIC: Return On Invested Capital)에서 자본비용을 차감한 수치에 투하자본(IC: Invested Capital)을 곱해서 계산할 수 있다. 여기서 투하자본(IC)이란 기업본래의 영업활동에 투자된 자산(=순수 업무용 자산)을 말하며, 자본비용은 타인자본비용과 자기자본비용을 가중평균한 비용(WACC: Weighted Average Capital Cost)이다.

$$\begin{aligned}\text{경제적 부가가치} &= \text{EVA} = \text{NOPAT} - \text{투하자본의 기회비용} \qquad (13\text{-}19)\\ &= \text{세후영업이익} - \text{필수이익} = \text{IC} \times (\text{ROIC} - \text{WACC})\\ &= \text{투하자본} \times (\text{투하자본수익률} - \text{자본비용})\end{aligned}$$

여기서,

$$\text{투하자본수익률 ROIC} = \frac{\text{NOPAT}}{\text{IC}} \qquad (13\text{-}20)$$

$$\begin{aligned}\text{자본비용} &= \text{WACC} \qquad (13\text{-}21)\\ &= (\text{타인자본비용})\frac{\text{타인자본}}{\text{총자본}} + (\text{자기자본비용})\frac{\text{자기자본}}{\text{총자본}}\end{aligned}$$

세후순영업이익이나 투하자본 계산시 회계기준에 의한 재무제표를 적절히 수정해 산출[9]하여야 한다. 이때 기업의 재무제표에 나타나지 않은 내부자료까지 이용해야 정확한 산출이 가능하다.

자기자본비용의 계산방법에는 CAPM을 이용하는 방법과 Gordon의 주식가격평가모형을 이용하는 방법이 있다. 그러나 각각의 방법에 의해 산출된 자기자본비용간에 차이가 커서 우리나라 현실에 맞는 합리적인 산출방식이 도출되어야 할 것이다.

2 EVA의 산출방법

1) 세후순영업이익

세후순영업이익(NOPAT: Net Operating Profit After Tax)은 영업활동과 관련한 현금흐름에서 실효법인세를 차감한 금액이다. 이는 손익계산서상의 영업이익과는 다소 다른 개념으로 영업관련 현금흐름에 따라 영업외수익(비용) 과목의 조정이 필요하다. 간편하게 세후순영업이익 다음과 같은 공식으로 계산된다.

$$\text{세후순영업이익} = \text{영업이익} \times (1 - \text{법인세율}) \tag{13-22}$$

2) 영업 투하자본

영업 투하자본(IC: Invested Capital)은 영업활동과 관련된 투자자산으로 재무상태표에서 순운전자본, 순고정자산 그리고 기타순자산을 합한 금액이다.

$$\text{영업 투하자본} = \text{① 순운전자본} + \text{② 순고정자산} + \text{③ 기타순자산} \tag{13-23}$$

여기서,

① 순운전자본은 영업관련 유동자산(꺾기관련 금융자산과 현금, 유가증권 등 초과시재를 차감)에서 비이자발생 유동부채(외상매입금, 지급어음 등)를 차감한다.

② 순고정자산은 고정자산에서 감가상각충당금을 차감한다.

③ 기타 순자산은 투자와 기타 자산에서 꺾기관련 금융자산, 비이자발생 고정부채를 차감한다.

9 EVA를 개발한 Stern Stewart사가 재무제표 수정에 사용하는 체크리스트는 164개의 항목이 있다.

예제 13-9 EVA 계산

K기업의 20××년도의 재무상태표와 손익계산서는 다음과 같다.

[재무상태표]

유동자산	40	유동부채	17
순고정자산	50	장기부채	50
기타순자산	10	자기자본	33
자 산	100	자 본	100

[손익계산서]

매출액	200
매출원가	100
영업비용	50
영업이익	50
영업외비용	40
세전이익	10
세금(t = 40%)	4
순이익	6

부채의 평균차입금리(k_i)가 8%, 자기자본비용(k_e)이 12%, 그리고 한계법인세율(t)이 40%일 때 K기업의 경제적 부가가치(EVA)를 계산하라.

풀이 ① 세후영업이익(NOPAT) = 영업이익(1 − 세율) = 50(1 − 0.4) = 30

② 투하자본(IC) = 순운전자본+ 순고정자산+ 기타순자산

$$= (40 - 17) + 50 + 10 = 83$$

③ 자본비용(WACC) $= 8(1 - 0.4)\left(\frac{67}{100}\right) + 12\left(\frac{33}{100}\right) = 7.2\%$

④ EVA = 세후영업이익− 투하자본× WACC = 30 − (83)(7.2%) = 24.02

3 상장기업의 EVA 측정결과

우리나라 상장기업의 과거 10년간(1986~95년) EVA를 산출한 연구결과에 따르면 평균 WACC는 14%였지만, ROIC는 8%에 불과해 EVA가 마이너스였던 것으로 밝혀졌다. 이 결과는 대부분의 기업이 마이너스의 가치를 창출함으로써 기업가치를 감소시켰음을 반증하는 것이다. EVA와 주가간의 상관관계를 비교해본 결과 주식수익률은 주당 EVA와 상관계수가 높게 나타났다. 구체적으로,

EVA가 큰 기업일수록 주가가 높고 따라서 높은 주식투자수익률을 실현시킨 것으로 밝혀졌다.[10]

10 FCF와 EVA는 NOPAT(세후 순영업이익)과 WACC(자본비용)을 이용하여 계산한다는 공통점을 갖는다. 그러나 다음과 같은 점에서 차이가 난다.
① FCF에서는 계속기업가치가 총가치에서 큰 비중을 차지하지만 EVA는 그렇지않다. ② FCF에서는 성장기업의 경우 투자금액(I)이 너무 클 경우 음(-)이 될 수 있으나 EVA는 그렇지않다;(물론 EVA도 조달금리가 투자수익률보다 높을 경우 음이 될 수 있다) ③ FCF는 재무제표 자료로 쉽게 구해지지만 EVA는 공개되지 않는 내부자료를 이용해야만 구할 수 있다.

중요영어용어

과소평가(undervalued)
대체원가(replacement cost)
매출액순이익률(net margin 또는 ROS)
비용인상 인플레이션(cost push inflation)
배당성향(dividend payout ratio)
세후순영업이익(NOPAT)
실질이자율(real interest rate)
유보율(retention rate)
이익승수(PER)
일정배당성장모형(constant growth model)
자기자본순이익률(ROE)
자본이득률(capital gain yield)
종목선택(selection)
주가장부가치비율(PBR)
재무제표분석(financial statement analysis)
청산배당(liquidation dividend)
탑다운(top down) 방식
투하자본(IC: Invested capital)
행사가격(exercise price)
내재가치(intrinsic value)
매매시점(timing)
부채비율(debt ratio)
배당성장모델(dividend growth model)
배당할인모형(dividend discount model)
순자산(net worth)
요구수익률(required rate of return)
유보이익(retained earnings)
진실가치(true value)
자기자본비용(cost of equity capital)
자기자본승수(equity multiplier)
장부가치(book value)
주가수익비율(PER)
재무분석(financial analysis)
재생산원가(reproduction cost)
콜옵션(call option)
Tobin의 q비율(Tobin's q ratio)
투하자본이익률(ROIC: Return On IC)
현금흐름표(statement of cashflow)

관련웹사이트

1. 이익발표나 기타 주요한 정보 제공.
   ▷ http://earningswhispers.com
2. 한국거래소: PER, PBR, PSR 등의 정보 제공.
   ▷ http://www.krx.co.kr
3. 한경밸류에이션: 종합주가지수 및 산업지수 밸류에이션 정보, 일별 주식가치 평가그래프 제공.
   ▷ http://www.hankyung.com/stockplus/valuation/valuation.php
4. 한국자산평가(KAP): 채권평가, 금융자산평가, 펀드평가, 기업재무정보 및 채권리서치 제공.
   ▷ http://www.koreabp.com
5. 한국기업평가원: 기업가치평가, 원가계산, 경영진단, 컨설팅, 사업타당성평가 등 사업 안내.
   ▷ http://www.kiv.or.kr

연습문제

[객관식 문제]

01 다음에서 어떤 회사가 가장 높은 주가 성장율을 보일 것으로 기대되는가? 이 회사는 적어도 자본비용보다는 높은 투자수익률을 실현하는 정상기업임을 가정하라.

① 낮은 유보비율+높은 PER값 ② 낮은 유보비율+낮은 PER값
③ 높은 유보비율+높은 PER값 ④ 높은 유보비율+낮은 PER값

02 다음에서 FCF모형과 EVA모형의 차이점을 설명한 것중 틀린 내용은?

① 두 모형 모두 NOPAT와 WACC를 이용한다.
② FCF모형은 가치창출에 근거를 두고 있고, EVA모형은 가치배분에 근거를 두고 있다.
③ FCF모형에서 계속기업가치(CV)가 큰 비중을 차지하지만 EVA 모형에서는 그렇지 않다.
④ FCF모형에서는 투자지출액(I)이 이용되지만 EVA 모형에서는 그렇지 않다.

03 Gordon의 배당모형 $P_0 = D_1/(K-g)$에서 틀린 내용은?

① K가 작을수록 P_0는 크다. ② g가 작을수록 P_0는 작다.
③ D_1이 클수록 P_0는 크다. ④ g는 음수(-)값이 될 수 없다.

04 어느 기업에서 배당성향 = 30%이고, ROE = 10%이면 성장률(g)은 ( )%이다.

① 3.0% ② 4.0% ③ 7.0% ④ 13%

05 일반적으로 저PER 종목일수록 투자위험이 (① 낮다, ② 높다) 중 택 1.

06 일반적으로 ROE가 ( ), PER이 ( ) 주식은 좋은 투자대상이 된다.

① 높고, 높은 ② 낮고, 높은 ③ 낮고, 낮은 ④ 높고, 낮은

07 어느 기업에서 PER는 12배, ROE가 20%이면 시가/장부 가치(market value = PBR)는 얼마인가?

① 9.60 ② 1.67 ③ 15.00 ④ 2.40

08 엔화에 대하여 원화가 평가절하되면 수출은 ( )되고 수입은 ( )된다.

① 증가, 증가 ② 증가, 감소 ③ 감소, 증가 ④ 감소, 감소

09 기업가치 평가모형에서 틀린 설명은?

① 배수법은 쉽고 간편하다.
② FCF모형은 가장 정교하지만 시간과 노력이 많이 든다.

③ Tobin's Q(토빈의 Q)가 클수록 기업가치는 크다.

④ 고든(Gordon)의 배당모형은 전통적 모형으로서 모든 기업평가에 적용가능하다.

10 PER에 관한 설명 중 틀린 것은?

① earning multiplier(이익승수)이다.

② PRICE/EPS

③ 주가 = PER × 예상 EPS

④ PER effect는 PER가 큰 기업의 주식의 수익률이 높다는 것이다.

11 (주)한국의 발행주식수는 100,000주이고 배당성향이 30%이며 자기자본이익률이 10%이다. (주)한국의 주식베타값은 1.2이고 올해 초 주당배당금으로 2,000원을 지불하였다. 또한 무위험이자율이 5%이고 시장포트폴리오의 기대수익률이 15%라고 한다. 이러한 현상이 지속된다고 가정할 때, (주)한국의 내년 말 시점의 주가는 약 얼마가 되는가?(지금은 년초라고 가정함)

① 21,400원 ② 22,898원 ③ 24,500원 ④ 26,216원

12 [CPA 1차 유사문제] A기업의 영업용 투하자본 2,500백만원, 세전 영업이익 600백만원, 법인세 50백만원, 배당성향 60%, 가중평균자본비용(WACC) 10%, 납입자본금 1,000백만원(발행주식총수: 20만주), 자기자본비용 20%이다. A기업의 경제적 부가가치(EVA)는?

① 250백만원 ② 250백만원 ③ 300백만원 ④ 330백만원

13 자본비용과 관련된 다음 서술 중 가장 옳은 것은?

① 자기자본비용은 부채의존도와는 무관하다.

② 신규투자안 평가시 기존의 WACC을 사용한다.

③ WACC이 최소가 되는 자본구성이 최적 자본구조이다.

④ 사내유보이익을 투자재원으로 사용하는 경우 자본비용은 없다.

14 [CPA 1차 유사문제] (주)벤처의 총자산은 부채 5,000만원과 보통주 5,000만원으로 이루어져 있다. 총자산 규모가 2억원이 되도록 사업을 확장하려고 한다. 현재 최적인 자본구조를 계속 유지할 것이며, 사업확장에 필요한 자본은 지급이자율이 5%인 회사채와 보통주를 발행하여 조달하기로 결정하였다. 보통주의 시장가격은 20,000원이고, 배당금은 주당 1,000원을 지급하고 있으며 향후 5%로 계속 성장할 것으로 예상하고 있다. 신주의 발행비용은 주당 2,500원이 소요되고 법인세가 40%일 때 (주)벤처의 자본조달비용은 얼마인가?(부채의 발행비용은 없으며 조달된 자본으로 시작하는 사업은 현행과 동일한 것이고 위험변화는 없

다고 가정함)

① 6% ② 7% ③ 8% ④ 9%

15 [CPA 1차 유사문제] 고정성장배당모형(constant growth dividend discount model)에 관한 다음 설명 중 옳은 것은?

① 고정성장배당모형이 적용되기 위해서는 주식의 요구수익률이 배당의 성장률보다 같거나 낮아야 한다.

② 다른 모든 조건이 동일한 경우, 기본적으로 배당 상승에 대한 기대와 주식가치의 변동은 관계가 없다.

③ 다른 모든 조건이 동일한 경우, 배당성장률의 상승은 주식가치를 상승시킨다.

④ 고정성장배당모형에서 주식의 위험은 기대 배당에 반영되어 있다.

16 [CPA 1차 유사문제] 부채가 전혀 없는 기업 A의 자기자본비용은 7%인데 신규사업을 위해 (무위험)부채를 조달한 후 부채비율(부채/자기자본)이 100%가 되었다. 무위험이자율은 5%이고 시장포트폴리오의 기대수익률은 9%이다. 법인세율이 40%일 때, 기업 A의 자기자본비용은 얼마로 변화하겠는가?

① 7.4% ② 7.8% ③ 8.2% ④ 12.2%

17 [CPA 1차 유사문제] (주)고구려의 자기자본비용은 14%이며 방금 배당을 지급하였다. 이 주식의 배당은 앞으로 계속 8%의 성장률을 보일 것으로 예측되고 있으며, (주)고구려의 현재 주가는 50,000원이다. 다음 중 옳은 것은?

① 배당수익률이 8%이다.

② 방금 지급된 주당 배당금은 3,000원이다.

③ 1년 후 예상되는 주가는 54,000원이다.

④ 1년 후 예상되는 주가는 57,000원이다.

18 [CPA 1차 유사문제] ABC기업의 시장가치 기준의 재무상태표는 다음과 같다.

현금	200억원	부채	1,000억원
고정자산	2,800억원	자기자본	2,000억원

주식의 액면가격은 5,000원이고 자본금(장부가격)은 500억원이다. 또한 당기순이익은 100억원이다.

ABC기업은 주당 500원의 현금배당을 실시할 것인가 아니면 50억원의 자사주를 현재의 가격으로 매입할 것인가를 고려하고 있다. 다음 중 ABC기업이 현금배당을 실시하든 아니면 자사주를 매입하든 효과가 동일하게 나타나는 것들을 모두 모은 것은? 재무정책 발표에 따른 정보효과와 세금은 없다고 가정한다.

> a. 발행주식수
> b. 주가
> c. 주당순이익
> d. 주주에게 지급되는 총금액
> e. 주가이익비율(PER)

① d ② e ③ d, e ④ b, d

19 [CPA 1차 유사문제] 한국기업은 1년 후부터 매년 20,000원씩의 주당순이익을 예상하며 주당순이익 전부를 배당으로 지급하고 있다. 한국기업은 매년 순이익의 40%를 투자할 것으로 고려하고 있으며 이 때 자기자본순이익률이 13%가 될 것으로 예상한다. 한국기업이 순이익 전부를 배당으로 지급하는 대신에 40%를 투자한다면 주가가 얼마나 변화하겠는가? 한국기업 주식의 적정 수익률은 13%이다. ΔP는 가격변화이다.

① $-2{,}000$원 $< \Delta P <$ 0원 ② $\Delta P =$ 0원
③ 0원 $< \Delta P <$ 2,000원 ④ $\Delta P \geq$ 2,000원

20 [CPA 1차 유사문제] 현재($t = 0$) 주당 배당금 2,000원을 지급한 A기업의 배당 후 현재 주가는 30,000원이며, 향후 매년 말 배당금은 매년 5%의 성장률로 증가할 것으로 예상된다. 또한 매년 말 700원을 영구적으로 지급하는 채권은 현재 10,000원에 거래되고 있다. A기업 주식 4주와 채권 4주로 구성된 포트폴리오의 기대수익률은?

① 9.25% ② 10.75% ③ 11.25% ④ 12.75%

21 [CPA 1차 유사문제] 다음은 A, B, C 세 기업의 주식가치 평가를 위한 자료이다. 이들 자료를 이용하여 산출한 각 기업의 현재 주식가치 중 최고값과 최저값의 차이는 얼마인가? 단, 세 기업의 발행주식수는 100만주로 동일하고, 주가순자산비율과 주가수익비율은 동종 산업의 평균을 따른다.

> 기업A: 직전 회계년도의 영업이익은 35억원이고, 순투자금액(순운전자본 및 순고정자산 투자금액)은 3억원이다. 이러한 모든 현금흐름은 매년 말 시점으로 발생하고, 영구적으로 매년 5%씩 성장할 것으로 기대된다. 부채가치는 100억원이고, 가중평균자본비용은 12%로 향후에도 일정하다. 법인세율은 30%이다.
> 기업B: 현재($t = 0$) 자기자본의 장부가치는 145억원이고, 동종 산업의 평균 주가순자산비율(P_0/B_0)은 1.5이다.
> 기업C: 올해 말 기대되는 주당순이익은 1,500원이고, 동종 산업의 평균 주가수익비율(P_0/E_1)은 14이다.

① 750원 ② 1,035원 ③ 1,250원 ④ 1,375원

[주관식 문제]

01* [Gordon의 배당성장모형] 한서기업(주)의 주당 배당금은 연 5%씩 영구히 증가할 것으로 기대된다.

(1) 만약 금년 연말 배당이 주당 700원으로 기대되고 이 회사의 요구수익률이 15%면 현재 주가는 얼마인가? Gordon의 배당성장모형을 이용하라.

(2) 만약 주당 기대순이익이 2,000원이면 미래투자에 대한 ROE값은 얼마인가?

(3) 증권시장은 이 회사의 성장기회(growth opportunity)에 대해 어느 정도의 가치를 부여했는가?

02 [배당성장모형과 기대수익률] 동신기업(주)의 현재 주가는 20,000원이고 연말에 700원의 배당을 지급할 예정이다.

(1) 이 회사의 요구수익률이 15%일 경우 배당성장률은 몇 %인가?

(2) 만약 이 회사의 배당성장률이 10%로 수정된다면 주가는 어느 정도인가?

03 [배당성장모형] 배당성장모형은 회사의 가치평가와 주식의 장기수익률을 예측하는 데 이용된다. 주어진 가정은 다음과 같다.

오늘 현가(P_0) = 20,000원
배당성장률(g) = 10%
연말 예상배당금(D_1) = 700원

(1) 주식의 예상수익률은 얼마인가?

(2) 이 모형의 한계점은 무엇인가?

(3) 이 모형을 대체하는 방안 두 가지를 제시하라.

04 [배당성장모형] 서신기업(주)은 자기자본순이익률(ROE)이 15%이고 유보율이 평균 60%이다. 다음해 주당 순이익이 3,000원으로 예상되고, 이 회사 주식에 대한 시장의 요구수익률은 19%이다.

(1) 예상주가는 얼마인가?

(2) 이런 가정이 계속 유지된다면 2년 후 예상주가는 얼마인가?

(3) PER을 계산하라.

(4) 성장기회현가(PVGO)를 계산하라.

05 [배당성장모형과 적정주가] 남신기업(주)의 베타계수는 1.2이고, 연말 기대배당금은 700원, 그리고 배당의 일정성장률은 10%이다. 무위험자산(= 정기예금) 수익률이 12%, 종합주가지수 수익률이 18%일 때 이 회사 주식의 적정가격은 얼마인가?

06 [배당성장모형] 서산기업(주)의 금년 말 배당금은 700원으로 기대되고, 배당성장

률은 5%이다. 이 회사 주식에 대한 요구수익률은 15%이다.

(1) 서산기업(주) 주식의 적정주가는 현재 얼마인가?

(2) 내년도에 기대되는 예상주가는 얼마인가?

(3) 어떤 투자자가 지금 주식을 샀다가 내년도에 처분할 경우 자본이득률과 배당수익률은 각각 몇 %인가? 그리고 보유기간수익률은 얼마인가?

07★ [초고속성장과 주가] 남서기업(주)은 현재 배당금을 지급하지 않고 있으며, 앞으로 5년간 역시 배당을 중지하고 모든 이익을 재투자할 예정이다. 최근 주당순이익은 2,000원으로서 모두 재투자되었다. 다음 5년간 투자이익률 ROE가 20%로 예상되지만, 6년째부터는 15%로 떨어지면서 계속 이 수준을 유지할 것으로 기대된다. 또한 6년째부터는 주주의 불만을 감안, 40%의 배당성향으로 배당금을 지급할 예정이다. 현재 주식시장에서 요구하는 이 회사의 요구수익률은 15%이다.

(1) 남서기업(주) 주식의 내재가치는 얼마인가?

(2) 현재시가가 내재가치와 같다면 다음해의 주가는 얼마인가?

(3) 만약 1년째부터 배당성향을 20%로 낮춘다면 주가에 어떤 영향을 미치겠는가?

08 [초고속성장률과 주가] 동서기업(주)은 금년초 주당 3,000원의 배당을 지급했다. 이 회사는 다음 3년간 연 20%, 15%, 그리고 10%로 성장하고, 4년째부터 업계 평균성장률인 5%로 계속 성장이 유지될 것으로 전망했다. 시장에서 요구하는 이 회사에 대한 요구수익률은 18%이다.

(1) 이 회사 주식의 내재가치는 얼마인가?

(2) 만약 내재가치와 시가가 같다면 기대배당수익률은 얼마인가?

(3) 1년 후의 예상주가는 얼마인가?

09 [CPA 2차 유사문제] (주)삼천리는 100억원을 모두 자기자본으로 조달하여 건물임대업을 시작하였다. 이를 위해 이 기업은 70억원 상당의 건물을 구입하였으며, 건물임대로 인한 순수입은 매년 21억원으로 예상된다. (주)삼천리의 사장 토지애씨가 판단해본 결과 건물임대로 인한 수익률의 분산은 종합주가지수 수익률 분산의 4배이며, 두 수익률간의 상관계수는 0.5이다. 한편 이 기업은 나머지 30억원을 다음과 같이 투자하였다.

(1) 10억원은 5년 만기 국채에 투자하였다. 이 채권의 만기수익률은 10%이다.

(2) 20억원은 종합주가지수연동형 펀드에 투자하였다. 이 펀드의 수익률은 향후 20%로 계속 유지될 것으로 예상된다. 시장의 상황이 유지되며, 기업의 자산구조가 일정하다는 가정하에 이 기업의 경제적 부가가치(EVA), 시장부가가치(MVA), 기업가치를 구하라. 세금은 없다.

10 [CPA 2차 유사문제] (주)SM의 기획관리실 직원들은 2000년 새로운 해를 맞아 1년간의 예산과 예상영업이익에 대한 회의를 열었다. (주)SM의 재무상태표에는 현재 장부가액기준으로 자기자본의 장부가액은 50억원이고 무위험이자율로 차입한 부채 20억원이 있다. (주)SM은 매년 동일한 영업이익을 얻고 있으며 그 금액은 13.9억원이고, 이것은 영구히 발생하리라 기대된다. 자기자본에 대한 베타는 1.4이고, 무위험이자율은 10%, 시장포트폴리오의 기대수익률은 15%이다. 그리고 (주)SM은 현재 40만주의 보통주를 발행하고 있으며 법인세율은 20%이다. (주)SM은 새로운 투자기회를 포착하였다. 순이익의 60%를 매년 유보하여 ROE(순이익/자기자본)를 얻을 수 있을 것으로 기대된다.

(1) ROE와 EPS를 구하시오.

(2) (주)SM이 투자기회를 포착하지 못하였다고 할 경우의 1주당 주식가치를 구하시오.

11 [CPA 2차 유사문제] 새로운 회계연도 초인 현재(시점 0), 무부채기업인 ㈜트윈은 1만주의 주식을 발행하고 있고 직전 회계연도 말 세후순이익은 120만원이다. 시장의 무위험이자율은 6%이고 시장포트폴리오의 기대수익률은 12%이며, 이후 변동이 없을 것으로 예상된다. 법인세(세율 40%) 외 개인소득세는 없으며 거래비용도 없고, 시장은 완전하다. 단, 계산은 소수점 아래 넷째 자리에서 반올림하시오.

(1) (주)트윈과 동일한 영업위험을 가진 (주)쌍둥이 주식의 베타값이 1.95이고 부채대자기자본비율(B/S)이 0.5일 때, 자본자산가격결정모형(CAPM)을 이용하여 (주)트윈의 자기자본비용을 구하시오.

(2) (주)트윈은 향후 영속적으로 동일한 세후순이익이 기대되고 새로운 성장기회가 없어 직전 회계연도 순이익을 전액 현금배당으로 지급한 경우, (주)트윈의 현재 주가를 배당평가모형을 이용하여 구하시오.

(3) (2)의 상황을 전제로, (주)트윈이 내부자금 100만원을 1주당 833.333원의 조건으로 전액 자사주 매입에 사용할 것이라고 발표하였다. 만약 당신이 해당 주식을 10주 보유하고 있는 투자자라고 할 때, 제시된 조건으로 자사주 매입에 응할 것인지, 아니면 주식을 계속 보유할 것인지에 대한 의견을 두 경우간 최종 부의 차이를 통해 제시하시오.

(2)와 동일한 상황에서, 이번 회계연도 말에 100만원을 투자하면 매년 30만원의 영업이익이 영구히 발생하면서 기존의 투자와 동일한 영업위험을 갖지만 독립적인 신규투자기회가 (주)트윈에게 발견되었다고 하자. 즉, 새로운 투자기회로 인한 매기말 예상현금흐름은 아래와 같으며, 더 이상의 투자기회는 없다고 한다.

시 점	1	2	3	…
투자금액	100만원	–	–	–
영업이익(EBIT)	–	30만원	30만원	…

(4) 투자금액을 전액 내부자금으로 조달하는 경우, 신규투자기회의 순현가(NPVGO)를 구하고, 이를 감안한 ㈜트윈의 주가도 함께 구하시오.

(5) 투자금액의 절반은 영구부채를 통해 무위험이자율로 조달하고, 나머지는 내부자금으로 조달하는 경우, 신규투자기회를 감안한 (주)트윈의 주가를 구하시오.

12 [CPA 2차 유사문제] 기업 X의 회계연도 초($t=0$)의 발행주식수는 1,000주이며, 회계연도 말($t=1$)에 예상되는 순이익은 200만원이다. 기업 X는 회계연도 말($t=1$)에 총 80만원을 주주에게 배당금으로 지급하고 나머지는 재투자를 위해 내부에 유보할 계획이다. 기업 X는 매 회계연도마다 평균적으로 자기자본이익률(ROE)을 20%로 유지하고 있다.(단, 자기자본이익률 = 회계연도 당기순이익 ÷ 회계연도 초 자기자본) 기업 X의 배당정책과 자기자본이익률은 회계연도 말 이후 계속적으로 유지될 것이며, 기업 X의 주주의 연간 요구수익률은 16%이다.

(1) 배당할인모형(Dividend discount model)에 근거한 기업 X의 내재가치가 시장가치와 동일하다면, 기업 X의 회계연도 초의 PER(Price Earnings Ratio)은 얼마인가? (단, PER = 회계연도 초 주가 ÷ 회계연도 말 주당순이익)

(2) 일부 투자자들은 PER이 낮은 주식(저 PER주)을 선호하는 경향이 있다. 저 PER주에 투자하는 전략이 이론적으로 타당한 투자전략인지를 PER을 결정하는 요인에 근거해서 세줄 이내로 설명하시오.

(3) 기업 X의 재투자 정책에 따른 성장기회의 현재가치(NPVGO)를 계산하시오. 기업 X의 주가가 당기순이익을 전액 배당금으로 지급하는 정책에 따른 주가보다 높기 위해서는 어떤 조건이 충족되어야 하는가?

제 14 장

기술적 분석

01 기술적 분석의 의의, 유용성, 한계

1 기술적 분석의 의의

기술적 분석(technical analysis)이란 주가에서 반복되는 경향을 예측하고 일정한 추세를 파악하여 주가의 패턴을 찾으려는 분석기법이다. 이러한 분석에 전문적으로 종사하거나 그 효용성을 신봉하는 사람들을 기술적 분석론자(technical analysts)라 한다. 이는 주가의 내재가치에 영향을 미치는 경제·산업 그리고 기업요인을 분석하는 기본적 분석(fundamental analysis)이나 기본적 분석론자(fundamentalists)와 비교된다.

기술적 분석론자들은 기본적 분석론자들의 견해를 부정하는 것이 아니라 경제·산업 그리고 기업요인에 주가가 점진적으로 그리고 천천히(sluggish and slow) 반응한다는 점을 강조한다. 이런 점에서 그들의 주장은 주가가 모든 정보에 신속히 반응한다는 효율적 시장가설(EMH)에 정면으로 배치된다. 그들은 주식투자에서 이익을 얻기 위해서는 기본적 정보보다는 그 정보에 반응하는 주가의 점진적 추세(trend)나 패턴(pattern)을 이용해서 매매시점을 포착하는 것이 더 중요하다고 생각한다.

기술적 분석론자들은 가끔 도표주의자들(chartists)이라 불린다. 왜냐하면 그들은 주로 과거 주가 움직임을 도표(chart)에 그려서 어떤 특정한 패턴을 발견, 이를 매매지침(trading rule)으로 삼으려 하기 때문이다. 가장 대표적인 기술적 도표인 어깨-머리-어깨 천정형(head-shoulder-tops, 흔히 약자로 HST라 하며 우리말로는 三峯天井型(삼봉천정형)으로 번역됨)을 보자.

어깨-머리-어깨 천정형은 주가가 왼쪽 어깨를 거쳐 머리까지 올라갔다가 오른쪽 어깨까지 온 후 그 밑으로 내려가는 패턴을 보인다는 것이다. 이는 목(neck)을 위협하는 형상으로서 대단히 위험하고 앞으로 주가의 대폭락을 예고하므로 매도해야 한다. 과거 주가의 움직임이 이와 같은 모습을 반복한다면 이것은 대단한 발견이고, 이 패턴을 이용한다면 매매시점은 명백히 포착된다.

그러나 과연 이런 패턴이 존재하고 또한 반복될까? 이 점이 바로 기술적 분석

그림 14-1 어깨-머리-어깨형 패턴

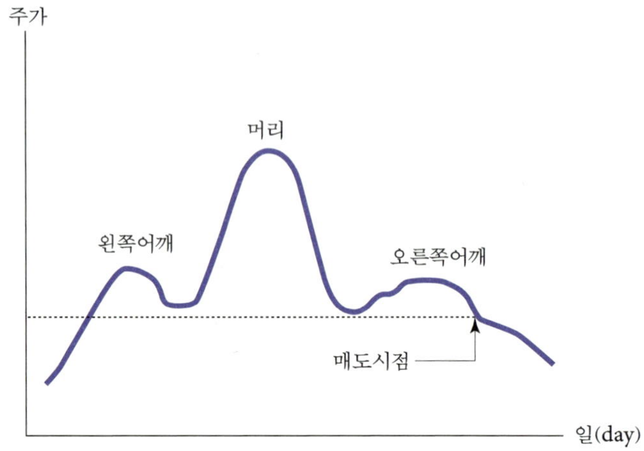

이 비판받는 가장 큰 요인이다. 선험적으로 이와 같은 추측은 대단히 비현실적이다. 왜냐하면 주가는 근본적으로 무작위적(random walk)이고, 따라서 그때그때 정보에 따라 움직이므로 어떤 예견된 패턴을 따라 간다는 것은 있을 수 없는 일이기 때문이다. 또한 실증분석으로도 이를 검증한 결과 주가움직임이 이런 패턴이나 추세를 보이지 않았다. 장기간에 걸쳐 이런 패턴이 희미하게나마 보인다 하더라도 지금 현재 주가가 그 패턴의 어느 부분에 해당되는지를 정확히 지적하는 것은 거의 불가능하다.

또한 이러한 패턴이 있다 하더라도 그 해석은 보는 사람마다 틀려서 어떤 일관된 원리를 찾아낼 수가 없다. "Chart is right, but chartists are wrong"이라는 말이 있듯이 같은 차트(도표) 하나를 두고 해석은 각양각색이어서 기술적 분석의 입지는 더욱 좁아지고 있다.

2 기술적 분석의 유용성과 한계

그러면 첫째, 기술적 분석은 쓸모가 없는 것일까? 둘째, 분석에 투입되는 시간과 노력에 비해 효용성은 얼마나 될까? 셋째, 우리나라에서 증권관련 서비스업체 중 상당수가 PC를 이용한 주가차트 분석을 주요상품으로 개발하고 있는데, 과연 그들의 기술적 분석 프로그램은 효과가 있는 것일까? 첫째 의문에 대한 대답은 시장효율성에서 찾아야 한다. 시장이 효율적이라면 어떤 기술적 분석도 쓸모가 없을 것이다. 그러나 시장이 효율적이지 않다면 기술적 분석은 유용성이 있을 것이다.

둘째 의문에 대해 기술적 분석은 투입되는 시간과 노력에 비해 효용성이 높다고 대답할 수 있다. 왜냐하면 기술적 분석은 순전히 과거자료에 의존하는데, 과거자료는 입수하기가 쉽고 또한 계량화하기도 어렵지 않다. 그러나 기본적 분석에 요구되는 정보는 입수하기가 쉽지 않고 또 그 정보를 계량화하기도 쉽지 않을 뿐 아니라 계량화하기에 어려운 경영자능력, 기술의 우열성, 그리고 투자자의 심리 등 질적(質的) 요인이 많다.

셋째, PC에 의한 수많은 기술적 자료, 예를 들면 도표(chart)나 뒤에서 설명하는 수치(예를 들면 이격도나 심리선)는 학계에서도 효용성이 검증되지 않고 있다. 미국의 경우 증권분석에서 기술적 분석은 별로 중요하게 취급되지 않고 있고, 투자론 교과서에서 기술적 분석은 겨우 일부분만 언급되고 있다. 그러나 우리나라에서는 기술적 분석이 증권시장 초기에는 상당히 인기를 끌었으나 요즈음 와서는 위축되고 있다. 기술적 분석에 의해서 투자이익을 얻는 사람이 있다 해도 그 수가 전체 투자자 중 극히 일부분이고 더구나 그것이 검증되지 않는다면 기술적 분석 프로그램 또한 그런 정도의 가치밖에는 없을 것이다.

02

기술적 분석자료

1 도 표

도표는 주가의 움직임을 어떻게 그리는가에 따라 선도표(line chart), 봉도표(bar chart), 그리고 점수도표(point & figure chart: P&F chart)로 나눈다. 가장 많이 사용하는 봉도표에는 미국식과 우리나라식이 있다. 미국식은 저가, 고가, 종가만을 표시하고, 우리나라식은 일본과 마찬가지로 여기에 시가까지 포함한다. 봉도표를 캔들차트(candlestick chart)라고도 한다. 봉도표에는 작성기간에 따라

그림 14-2 봉도표 작성방법

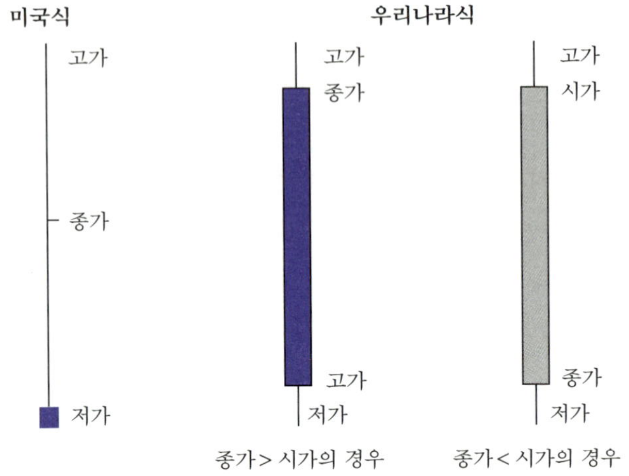

일봉도, 주봉도, 그리고 월봉도가 있다.

점수도표(P&F chart)는 주가가 사전에 정해진 가격폭 이상으로 상승할 때는 ×표로, 하락할 때는 ○표로 구분한다. 상승에서 하락으로 바뀔 때는 줄을 바꾸어 한 칸 아래에 ○표로 표시하고, 반대로 하락에서 상승으로 바뀔 때는 한 칸 위에 ×표로 표시한다. P&F 도표에서는 시간 및 거래량은 표시되지 않고 오직 가격상승과 하락만 표시된다.

2 다우이론

Wall Street Journal 신문을 창간한 찰스 다우(Charles Dow)의 이름을 딴 다우이론(Dow theory)은 가장 오래된 기술적 분석지표이다. 다우이론의 목적은 시장지표인 다우존스 산업지수(DJIA)의 움직임에서 주가의 장기추세를 파악하는 데 있다. 구체적으로 다우이론은 주가 움직임에 동시에 영향을 미치는 세 가지 요인을 다음과 같이 지적한다.

첫째, 1차 추세(primary trend)는 몇 개월 또는 몇 년을 지속하는 것으로서 장기적인 주가 움직임을 나타낸다.

둘째, 2차(secondary) 또는 중기추세(intermediate trend)는 몇 주나 몇 개월을 지속하는 추가변동으로서, 주가가 원래의 패턴에 진입하면 교정되어 없어진다.

그림 14-3 다우이론과 주가 움직임

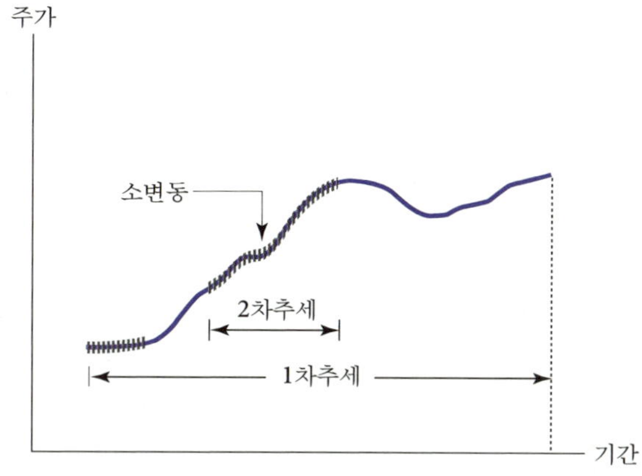

셋째, 소변동(minor trends) 또는 단기추세로서 매일의 움직임이며, 거의 중요성이 없다.

약 100여 년간의 역사를 가진 다우이론을 어떻게 평가할 수 있을까? 다우이론은 주가가 반복되는 패턴을 가진다는 가정에 근거하고 있다. [그림 14-3]에서 주가는 장기적으로 상승하는 추세지만, 이런 패턴이 다음 기간에도 반복된다는 보장은 없다. 더구나 시장이 효율적이라면 다음 기간의 주가는 전기와는 전혀 다른 모습을 보일 것이다. 주가의 움직임은 무작위적이므로 다우이론은 현대에서는 그 효용성을 상실했다고 봐야 할 것이다. 더구나 이미 앞에서도 지적했듯이 지금 현재의 주가수준이 과거 패턴의 연장선상 어느 위치인지 알 도리가 없다. 패턴이 있다는 것은 사건이 지나고 나서야 알 뿐 현재가 패턴의 일부인지 시작인지 끝인지 전혀 알 수가 없다.

3 엘리옷의 파도이론

엘리옷(Elliott)이 주장한 파도이론(wave theory)은 다우이론과 비슷한데, 주가는 일련의 파도와 같은 복잡한 패턴을 보인다는 내용이다. 먼 바다의 장기파도와 가까운 바다의 단기파도가 함께 어울러져 해변가에서 우리가 보는 파도가 생겨나듯이 현재 주가 역시 이러한 영향을 받은 파도와 같다는 것이다. 엘리옷 이론의 핵심 역시 다우이론과 마찬가지로 장기적 주가추세 파악에 있다.

그림 14-4 골든 크로스와 데드 크로스

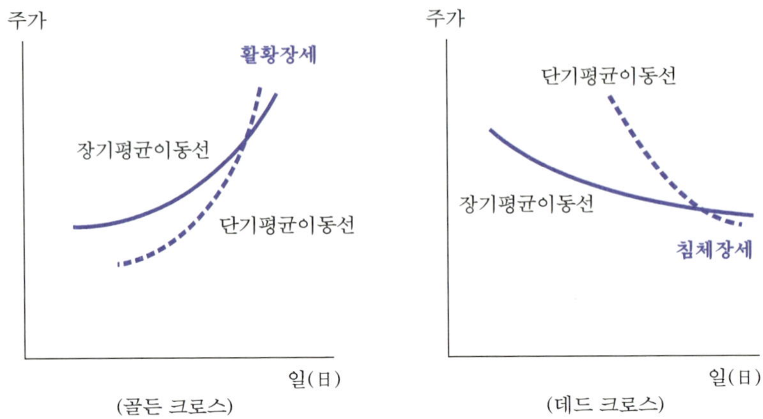

4 이동평균선

주가 이동평균(moving average)은 말뜻 그대로 기간이 지남에 따라 특정기간 동안 계산한 평균값을 말한다. 예를 들면, 5일 주가 이동평균은 오늘 현재 어제까지 종가로부터 5일간 소급하여 계산한 주가평균을 말한다. 이동평균선은 이러한 이동평균을 기간적으로 계속 연결한 선이다. 예를 들어, 5월 11일의 "5일 이동평균"은 5월 7~11일 5일간의 주가를 더해서 5로 나눈(평균낸) 것이다. 최근 며칠의 이동평균을 쭉 이어 놓은 선그래프가 5일 이동평균선이다. 물론 주식이 거래된 날만을 가지고 평균을 낸다.

이동평균선에는 평균계산기간에 따라 120일, 150일이나 200일의 장기이동평균선, 60일의 중기이동평균선, 그리고 5일이나 20일의 단기이동평균선이 있다. 중장기이동평균선은 대세판단에는 유리하나 시세전환을 신속히 파악하기 어려운 반면, 단기이동평균선은 대세판단에는 불리하나 시세전환을 신속히 파악하는 데는 유리하다. 5일은 1주일 정도의 단기적인 주가상황을 보는데, 5일 이동평균선을 "심리선"이라고도 한다. 현재주가가 5일 이동평균선보다 높으면 단기적으로 투자자들의 투자심리가 좋다는 것으로 해석하는 경우가 많다. 20일은 약 1개월인데, "세력선"이라고 불린다. 일부 자금 "세력"이 매수했을 때 올라 가는 경향이 많다고 해서 붙은 별칭이다.[1] 60일 이동평균선은 중기주가를 볼 때 사용하는 선이다. "수급선"(=수요공급선)이라는 별칭을 가지고 있는데 보통 수급이 좋아진다고 하면 주식시장전체로 자금이 들어온다는 말이다. 120일선은 장기주가를 볼 때 쓰는데 "경기선"이라는 별칭을 가지고 있다. 120일선에서 주가가 상승세를 탄다면 경기자체가 좋아진다고 보기 때문에 그런 이름을 갖게 되었다.

장기와 단기 이동평균선을 이용한 분석은 시장 전체의 대세파악과 이에 따른 매매시점(timing) 결정에 매우 유용하다. 이 중에서 특히 골든 크로스(golden cross)는 단기이동평균선이 장기이동평균선을 아래서 위로 급속히 뚫고 올라가는 상황으로서 활황장세의 전환신호이다. 반대로 데드 크로스(dead cross)는 단기이동평균선이 장기이동평균선을 위에서 아래로 급속히 뚫고 내려가는 상황으로서 침체장세의 전환신호이다.

5 이격도

이격도는 이동평균선을 보조하는 지표로서 당일 주가가 이동평균주가로부터 떨어져 있는 정도를 나타낸다. 이격도는 당일의 주가를 당일의 이동평균주가로 나눈 값에 100을 곱하여 계산한다. 당일의 주가가 이동평균주가로부터 멀리 떨어지면 이격도가 높아진다고 하는데, 이 경우 주가는 상승한다고 볼 수 있다.

$$\text{이격도} = \frac{\text{당일의 주가}}{\text{당일의 이동평균주가}} \times 100 \tag{14-1}$$

일반적으로 60일 중기이동평균선의 경우 이격도가 110% 이상이면 상승국면이고, 98% 이하이면 하강국면이다. 20일 단기이동평균선은 이격도가 106% 이상이면 상승국면, 92% 이하이면 하강국면이다.

6 투자심리선

투자심리선은 최근 10일 중 최근 종합주가지수(또는 주가)가 상승한 날 수가

---

1 20일선은 1개월 추세를 보여주는 재료선이라고도 한다. 주가를 변화시키는 재료(호재, 악재)가 한 달 정도는 지속된다는 의미이다.

차지하는 비율로서, 주식매도 또는 매입시점을 파악하는 데 이용된다.

$$\text{투자심리선} = \frac{\text{최근 상승한 날 수}}{10} \times 100 \qquad (14\text{-}2)$$

예를 들어 최근 10일 중 주가가 상승한 날 수가 7일 이상이면 투자심리선은 7/10 = 70%로서 과열장세를 반영하고, 이는 곧 매도시점임을 암시한다. 일반적으로 투자심리선이 30%(=상승일수가 3일) 이하면 침체장세로서 매수시점이라고 한다. 투자심리선은 간접적으로나마 투자자들의 주식시장에 대한 태도를 반영한다고 볼 수 있으나 왜 꼭 전체 10일간의 날수를 고려해야 하는지에 대한 이론적 배경이 없고, 또한 상승의 크기(정도)를 고려하지 않는 등의 문제점을 가지고 있다.[2]

7 등락선 또는 등락비율선

등락선(ADL) 또는 등락비율선(ADR)은 시장전체의 움직임을 상승종목수(등: Advance)와 하락종목수(락: Decline)와의 차이나 비율로서 파악하려는 기술적 분석자료이다. 등락선은 「상승종목수 – 하락종목수」를 매일 계산하여 그 누계를 선으로 연결한 그래프이다. 등락비율선 ADR은 「상승종목수/하락종목수」의 비율을 매일 계산하여 선으로 연결한 도표이다. 일반적으로 ADR이 75% 이하면 매입시점으로, 125% 이상이면 매도시점으로 본다.

8 주식거래대금과 거래량

주식거래대금은 주식유통시장에서 전체종목이나 개별종목주식이 거래될 때 오간 돈이다. 거래량은 주식유통시장에서 전체종목이나 개별종목주식이 거래된 주식수이다. 주로 개별종목의 거래가 활발한지를 알아볼 때는 거래량을 체크한다. 특정 종목거래량이 갑자기 많아질 때는 해당 종목에 특별한 호재나 악재가 있는 경우가 많다.

거래량의 변동은 주가와 밀접한 관계가 있고 장세의 전환을 알려주는 신호로 작용한다. 주가가 상승하는 강세시장에서는 거래량이 늘고 조정과정에서 감소

---

2 10대신에 12를 쓰는 경우도 있다.

그림 14-5 추세선의 종류

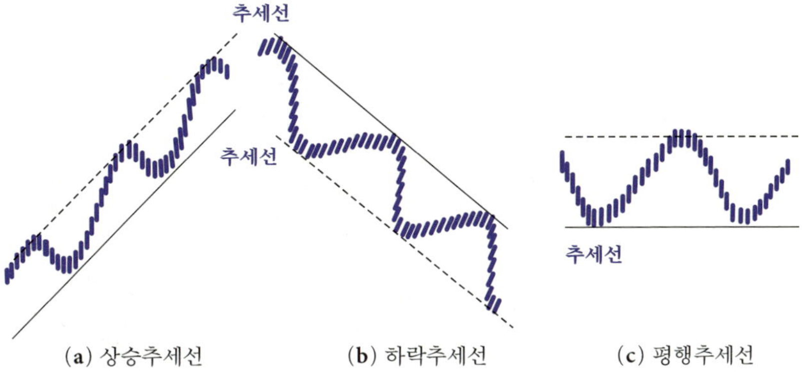

한다. 반대로 주가가 하락하는 약세시장에서는 주가가 하락하면서 거래량이 늘고 반동과정에서 감소하는 경향을 보인다.

9 거래량 비율

거래량 비율(volume ratio: VR)은 보통 1개월(거래일수 25일) 중 주가상승일의 거래량 합계를 주가하락일의 거래량 합계로 나눈 수치를 말한다.

$$\mathrm{VR} = \frac{\text{주가상승일의 거래량 합계}}{\text{주가하락일의 거래량 합계}} \times 100 \qquad (14\text{-}3)$$

일반적으로 VR이 450% 이상이면 장세가 최고활황임을, 그리고 70% 이하면 바닥권임을 나타낸다.

10 추세분석

봉형도와 점수도를 매일 또는 매주 계속 그려 나갈 경우 장기적으로 보면 하나의 주가추세를 발견할 수 있는데, 이는 시장의 심리상태를 반영한 것이다. 추세분석은 추세선을 그려서 분석하는데, 여기에는 상승추세선, 하락추세선, 그리고 평행추세선이 있다. 보통 상승추세선은 주가의 바닥점들을 연결시켜 만들고, 하락추세선은 주가의 높은 점을 이어서 만든다. [그림 14-5]에서 실선은 추

그림 14-6 여러 가지 주가 패턴

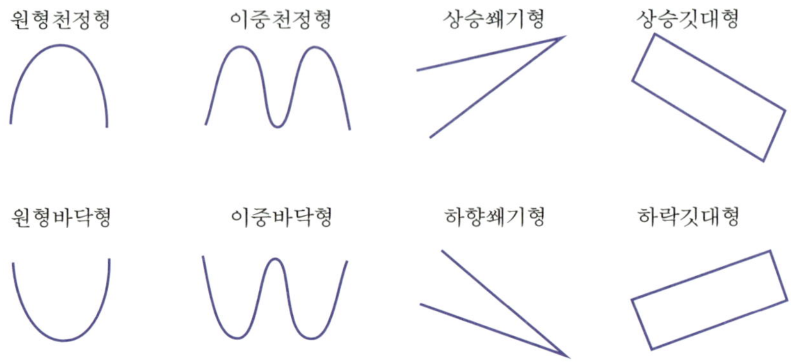

세선(trend line), 점선은 아웃라인(outline), 그리고 이 사이를 추세대(trend channel)라 한다.

11 패턴분석

장기간 동안 그린 봉형도나 점수도가 깃발이나 어깨-머리-어깨 등 특정한 패턴이나 곡선 등을 계속 반복할 때 패턴분석이 가능하다. 패턴(pattern, 原形)분석은 이와 같은 특정 패턴을 발견하여 매매시점을 포착하는 것을 목적으로 한다. 패턴분석 중 대표적인 형태가 HST(Head-Shoulder Top), 즉 왼쪽어깨-머리-오른쪽 어깨 모습이다. 그 외에 패턴은 기술적 분석자 수만큼 다양한데, 대표적인 것은 원형, 삼각형, 쐐기형, 깃대형 등이고 이들 각각이 위나 아래로 반복되는 데 따라 천정형(top)과 바닥형(bottom)으로 또 구분된다.

중요영어용어

거래량비율(VR)
등락선(ADL)
기술적 분석론자(technical analysts)
도표(chart)
등락비율(ADR)
봉도표(bar chart)
2차 추세(secondary trend)
선도표(line chart)
이동평균선(moving average)
점수도(P&F chart)
추세대(trend channel)
파도이론(wave theory)
골든 크로스(golden cross)
기술적 분석(technical analysis)
다우존스산업지수(DJIA)
도표주의자(chartist)
데드 크로스(dead cross)
1차 추세(primary trend)
삼봉천정형(HST)
소변동(minor trend)
원형(pattern)
추세(trend)
추세선(trend line)
캔들스틱차트(candle stick chart)

관련웹사이트

1. 타스톡: 증권전문 트레이더 클럽, 기술적 분석 투자전략, 종목분석 정보수록.
   ▷ http://www.tastock.com/

연습문제

[객관식 문제]

01 기술적 분석의 입장에서 시장 기본요인의 변동은 주가에 대하여 어떤 영향을 미치는가?

① 주가에 곧바로 반영된다.
② 주가의 변동성을 크게 한다.
③ 점차적인 주가변동을 가져오므로 주가의 추세를 형성한다.
④ 투자자들은 비이성적이므로 기본요인의 변동을 무시한다.

02 기술적 분석은 유용한 증권 분석의 방법이 아니라는 비판이 많다. 다음중 이러한 비판이 아닌것은?

① Chart is right, but chartists are wrong.
② 기술적 분석에서 중요시하는 도구들(tools)은 과거확인지표이지 예측지표는 아니다.
③ 증권가격은 본래부터 무작위적으로 변동하는 것이므로 기술적 분석에 의해

어떤 패턴을 찾고자하는 것은 무익하다.

④ 기술적 분석에서 중시하는 몇 가지 중요한 시장지표들은 오랜 기간동안 경험의 산물이다.

03 기술적 시장지표에 관해 틀린 것은?

① golden cross는 매입신호이다.

② 완만한 단기이동선을 장기이동선이 위에서 아래로 급격히 하향 돌파하는 시점이 dead cross이다.

③ DOW 이론은 경제에서 경기변동론의 영향을 받았다.

④ 투자심리선은 투자자들의 심리상태를 10일~12일 기준으로 측정한다.

04 많은 기술적분석론자들에 의하면 잘못 가격이 산정된(mispriced) 주식은 어떻게 진행되는가?

① 즉시 진실가치로 돌아온다.

② 며칠 이내에 진실가치로 돌아온다.

③ 결코 진실가치로 돌아오지 않는다.

④ 몇 년에 걸쳐 점진적으로 진실가치로 돌아온다.

05 기술적 분석에 대한 설명 중 틀린 것은?

① golden cross는 단기이동평균선이 장기 이동평균선을 아래에서 위로 뚫고 올라가는 시점이다.

② ADL 또는 ADR은 또는어떤 종목이나 지수의 최고가·최소가 차이 또는 비율이다.

③ 이격도는 당일주가/이동평균주가로서 클수록 상승추세이다.

④ 파도이론(엘리옷 wave theory)는 다우이론과 비슷하게 대중소변동 cycle을 주장한다.

06 다음 중 기술적 분석의 기법이나 지표가 아닌 것은?

① golden cross ② ADL(등락선)

③ CAR ④ 투자심리선

07 다음에서 기술적 분석 지표가 아닌 것은?

① VR ② RVR ③ HST ④ P&F chart

08 주가가 더 이상 올라가지 않는 주가 수준을 흔히 무엇이라 부르는가?

① 가격목표 ② 저항선 ③ 지지선 ④ 밀집영역

09 다음 중 기술적 분석에서 흔히 사용되는 분석수단이 아닌 것은?

① Pie chart ② candle stick chart
③ 이격도 ④ 이동평균선

[주관식 문제]

01 다음 용어들을 간략하게 설명하라.

(1) 삼봉천정형(HST) (2) P&F도표
(3) 다우이론(Dow theory) (4) 파도이론(wave theory)
(5) 골든 크로스와 데드 크로스 (6) 이격도
(7) 투자심리선 (8) 등락선(ADL)
(9) 거래량비율(VR ratio) (10) 패턴(pattern)분석

02 [기술적 분석] 기술적 분석이 기본적 분석보다 더 유용할 수 있다면 그 점들을 지적하라.

03 [filter rule] 특정 주식을 선정하여 1달간 다양한 필터(filter)에 의한 투자성과와 월초매입, 월말매도의 단순보유전략 투자성과를 비교하라.

04 [추세분석] 추세분석에서 지지선(support line)과 저항선(resistance level)의 의의를 설명하고 투자지침(trading rule)이 있다면 그 과정을 밝혀라.

05 [패턴분석] 우리나라 주식시장에서 가장 빈번하게 그리고 분명하게 반복되는 주가패턴(pattern)은 무엇인가?

제 15 장

채권가격과 수익률

01

채권의 특성과 종류

채권(bond)은 채무자와 채권자 사이의 원리금지급의 의무관계를 나타내는 유가증권이다. 유가증권을 발행하는 기업 또는 정부는 채무자이고 그 유가증권을 매입하는 투자자는 채권자(bondholders)이다. 기업이 채권을 발행하면 회사채이고, 정부가 발행하면 국채이다. 채권은 주식(stock)과 달리 확정소득증권(fixed-income securities)이고 만기(maturity)에 원금이 상환되므로 위험이 상대적으로 작고 가격결정(pricing) 과정이 명백하다.

채권은 크게 회사채(corporate bonds)와 국공채(government bonds)로 나눈다. [그림 15-1]은 우리나라에서 발행되는 채권의 종류이다. 회사채(또는 社債)는 회

그림 15-1 우리나라 채권의 종류

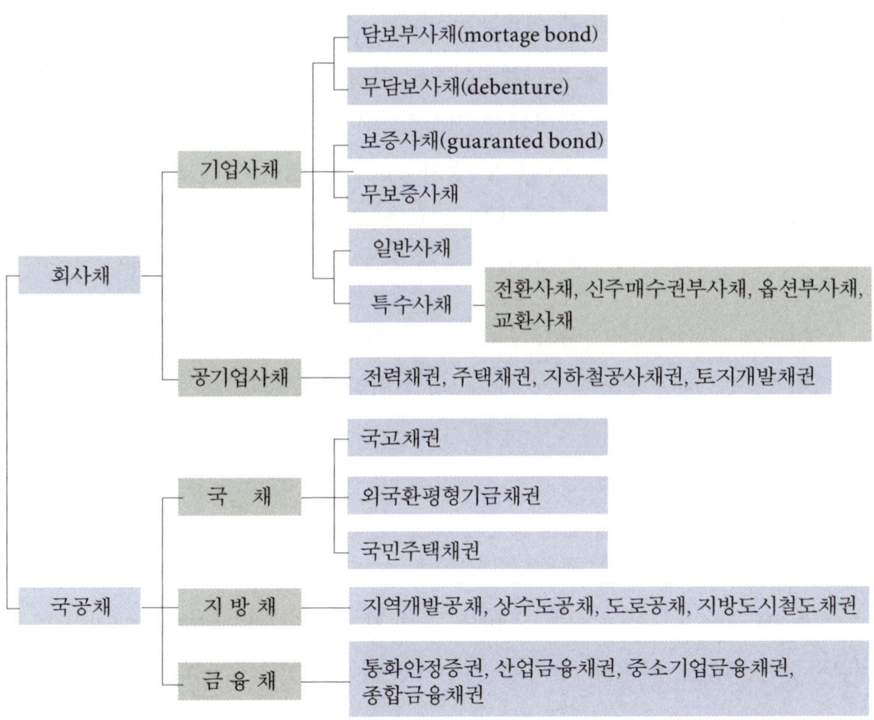

사가 주식과 함께 직접금융방식에 의하여 장기자본을 조달하는 수단이며, 보통주로 전환을 가능케 한다든지 워런트(warrant)를 추가하는 등 다양한 형태를 갖는다. 국공채는 정부나 지방자치단체 또는 공기업이 발행하는 장기 또는 단기자본 조달수단으로서 회사채에 비하여 위험(= 채무불이행위험이나 도산위험)이 거의 없고 세금혜택이 있다. 우리나라 국채에는 국고채권, 외국환평형기금채권 그리고 국민주택채권이 있다.

회사채는 주식회사나 공기업의 장기자본 조달수단으로, 자본시장에서는 주식과 쌍벽을 이루는 대표적인 투자대상이다. 회사채는 무담보·무보증으로 발행된다. 이러한 회사채를 영어로 debenture bond라고 한다. 무담보·무보증 회사채를 매입하는 투자자들에게 채권의 안정성과 원리금지급능력 정보를 제공하기 위해 AAA, AA 또는 BB와 같은 신용등급이 부여된다. AAA는 가장 신용등급이 높은 채권이고 BB등급 이하 채권을 정크본드(junk bond)라 한다.

회사채의 원리금우선순위가 높은 채권을 상위(senior) 채권이라 하고 낮은 채권을 하위(junior)채권이라 한다. 하위채권의 대표적인 예가 종속(subordinated) 채권이다.

회사채의 수익률은 일반적으로 무위험채권금리(= 예를 들면 미국의 T-bill 이자율이나 우리나라의 CD금리)에 위험프리미엄을 더한 것이다. 회사채는 대부분 이표채 방식이며 기본적으로 장기채권이기는 하지만 우리나라의 경우 3년 만기가 대분분이다. 미국의 경우 회사채는 진실한 의미의 장기자본으로서 20년 또는 30년의 만기를 가진다. 우리나라도 점차 신용사회로 접어들고 OECD 가입에 따라 금융선진국이 되면 회사채의 만기가 늘어날 것이다.

채권에는 이자지급 방식에 따라 다음과 같은 세 가지 형태가 있다.

① **이표채**(coupon bond) 이자를 매기간(반년=미국, 분기=한국) 지급, 여기서 이표는 이자지급을 약속하는 쿠폰(coupon)의 의미임. 주로 회사채가 이런 방식을 취함.

② **할인채**(zero coupon bond; discount bond) 무액면채권으로 액면금리가 없음. 최초로 채권을 매입할 때 할인함으로써 그 차액만큼을 이자로 취하는 형태임. 주로 국채가 이런 방식을 취함.

③ **복리채**(compounding bond) 액면금리를 가지고 있으나 이자를 매기간 지급하는 것이 아니고 이자가 다시 원금에 가산되어 복리로 늘어나 만기에 일시에

원리금을 찾음. 주로 공채나 공기업채가 이런 방식을 취함.

02

채권가격결정과 채권수익률

1 채권가격결정

액면 10,000원인 회사채는 액면금리가 채권발행 당시의 이자율과 같으므로 이 액면가격으로 판매된다. 일단 10,000원이라는 가격으로 유통시장에 나온 이 회사채는 3년 만기까지 어떻게 가격이 변하는가? 이것이 여기에서 배울 내용이다.

채권평가(bond valuation) 또는 채권가격결정(bond pricing)이란 매일매일 이자율이 변함에 따라 채권이 어떤 내재가치(진실가치)를 가지는지를 규명한다. 모든 증권평가가 다 그러하듯이 채권이 가져야 하는 내재가치가 반드시 그날그날의 시가와 일치하는 건 아니다. 어쨌든 내재가치를 알아야만 시가와 비교하여 채권이 저평가 또는 고평가되었는지를 파악하여 매매결정을 내릴 수 있다.

채권가격결정원리에 의하면 「오늘의 채권가격은 만기까지 받게 될 매기간 이자소득금액과 만기에 받게 될 액면원금을 오늘의 이자율로 할인한 현가합계이다」. 이를 일반식으로 표시하면 다음과 같다.

$$P_0=\sum_{t=1}^{n}\frac{CI_t}{(1+i)^t}+\frac{F}{(1+i)^n} \qquad (15\text{-}1)$$

여기서 P_0: 채권가격(내재가치), CI_t: 기간 t의 액면이자금액(Coupon Interest)
F: 액면금액(원금, Face), i: 현재 이자율, n: 이자지급기간수

채권의 액면이자금액, 액면원금과 가격을 시간표(time table)에 표시하면 다음과 같다.

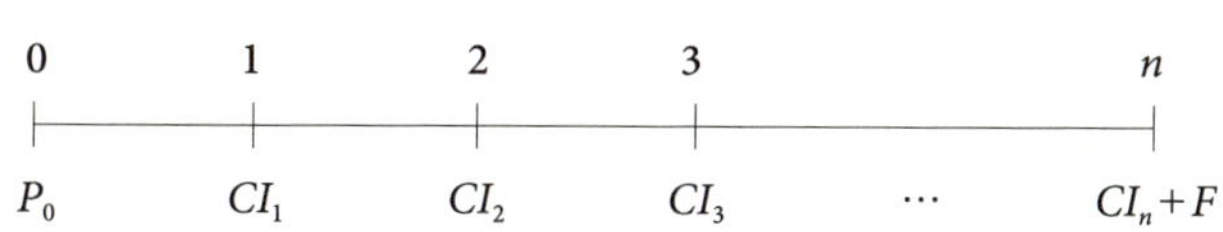

예제 15-1에서 채권가격결정원리를 확인해 보자.

예제 15-1 | 채권가격결정원리

현재 채권시장에서 유통중인 동신기업(주) 회사채는 만기가 2년이고 액면 10,000원, 그리고 액면금리가 6%이다. 이자는 연 4회 분기별로 지급한다. 현재의 이자율이 8%일 때 이 회사채의 시장가격(내재가치)은 얼마인가?

풀이 이 채권투자를 검토하는 투자자라면 이 회사채 가격을 얼마로 할 것인가? 이것이 이 문제의 요지이다. 일단 채권자 입장에서 이 회사채에 투자한다면 수입이 어느 정도인가부터 풀이가 시작된다.

먼저 이자수입은 매 분기별로 받으니까 1년에 4번 2년간 모두 8번을 받는다. 연이자율이 6%이므로 연이자가 600원(=10,000원× 6%)이고 분기별 이자수입은 150(=600÷4)원이다. 그리고 2년째 말에 가서 원금 10,000을 받게 된다. 그러므로 채권투자자의 수입총액은 다음과 같다.

이자수입	= 150원 × 8회 =	1,200
원 금		10,000
현금흐름계		11,200

단순히 말하면 시장가격으로 지금 투자하면 이로 인한 수입합계가 모두 11,200원이 되는 셈이다. 그러나 이자수입이나 원금은 모두 미래에 받을 금액이므로 이것들은 오늘의 이자율로 할인하여 현가로 계산해야 한다.[1] 따라서 이를 현가계산식으로 쓰면 다음과 같다. 분기별로 복리계산을 하므로 이자율 역시 분기별로 2%를 적용해야 한다(8%/4=2%).[2]

$$P_0 = \sum_{t=1}^{n} \frac{CI_t}{(1+i)^t} + \frac{F}{(1+i)^n}$$

$$\Rightarrow P_0 = \sum_{t=1}^{8} \frac{150}{(1+y)^t} + \frac{10,000}{(1+y)^8} = 9,634$$

$$P_0 = \frac{150}{(1+0.02)} + \frac{150}{(1+0.02)^3} + \frac{150}{(1+0.02)^3} \cdots$$

$$+ \frac{150}{(1+0.02)^8} + \frac{10,000}{(1+0.02)^8} = 9,634\text{원}$$

1 현가(present value)개념, 즉 돈의 시간적 가치(time value of money)를 설명하기 위해 이런 장황한 설명을 하게 되었다. 그러나 이 개념은 너무나 중요하고 기본적으로 알아야 한다. 이 개념이 분명치 않으면 앞으로의 설명을 이해하기 어려우므로 「재무관리」 교과서나 「회계원리」 과목에서 완전히 이해하도록 해야 한다.

2 Google 모바일 검색어 bond price calculator

그림 15-2 채권가격과 이자율의 역관계 그리고 볼록성

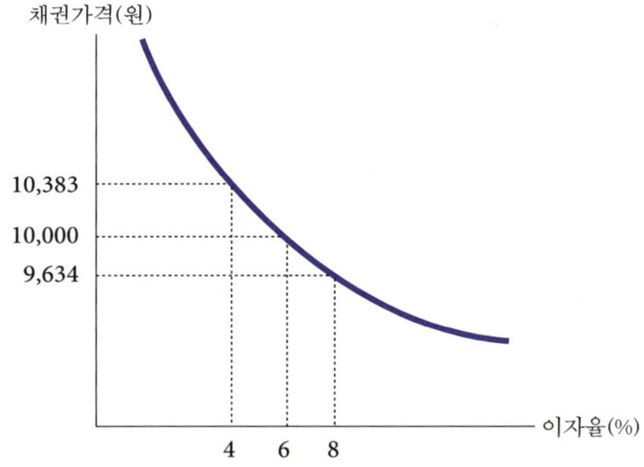

예제 15-1에서 본 바와 같이 채권가격은 이자율이 올라감에 따라 9,634원으로 내렸다. 이와 같은 채권가격-이자율의 역관계는 [그림 15-2]와 같이 우하향하는 곡선으로 표시된다.

[그림 15-2]에서 음의 기울기(negative slope)는 채권가격과 이자율이 역의 관계가 있음을 보여준다. 곡선이 아래로 볼록한 형태를 보이는 것을 채권가격의 볼록성(convexity)이라 하는데, 이는 이자율이 올라감에 따라 채권가격의 체감률이 점점 작아짐을 반영한 것이다. 이자율이 6%에서 8%로 올랐을 때 가격감소율은 이자율이 6%에서 4%로 내렸을 때 가격증가율보다 작은 것도 바로 이런 볼록성(convexity) 탓이다. 구체적으로 이자율이 2% 올랐을 때 가격감소율은 −3.66%인데 이자율이 2% 내렸을 때 가격증가율은 +3.83%이다.

볼록성의 정도가 심하고 아니고는 연간 이자지급횟수 즉 복리계산기간의 수에 달려있다. 연간 이자지급횟수가 많을수록 볼록성은 없어지고 극단적으로 연속복리(계속복리) 상태에서는 기울기는 거의 직선이 된다. 볼록성이 심한 채권은 그렇지 않은 채권보다 가격이 높게 형성되어 있다. 이는 그림에서도 확인된다.

볼록성이 있다고 해서 채권자에게 불리하거나 유리한 것은 아니다. 채권자·채무자의 입장에 따라 이자율변화가 다른 영향을 갖듯이 볼록성 역시 이자율변화에 따른 가격변동률을 설명하는 요소일 뿐이다.

일반적으로 채권가격의 변동률은 직선부분 + 볼록성에 의한 부분의 합이다. 여기서 직선부분은 다음 장에서 설명하는 듀레이션에 의한 부분이다.

예제 15-2 **채권가격의 볼록성 확인**

예제 15-1에서 이자율이 6%에서 4%로 내릴 경우 가격증가율과 6%에서 8% 올랐을 때 가격감소율을 계산하여 비교하라.

풀이

이자율(%)	4	6	8
가격(원)	10,383	10,000	9,634
가격변화율(%)	+3.83	0	−3.66

가격증가율 3.83%이 가격감소율 3.66보다 크다. 따라서 곡선이 볼록한 모습을 보인다. 만약 두 변화율이 같다면 직선이 될 것이다.

2 채권수익률

1) 만기수익률

유통시장에서 회사채가 거래될 때 회사채 가격은 여러 요인에 의해 변한다. 마치 주가가 전혀 예상할 수 없이 무작위(random walk)로 변하듯이 회사채 가격 또한 마찬가지다. 그러나 회사채는 만기가 정하여져 있고 매기간 이자수입이라는 확정 현금흐름이 있으므로 가격결정모델은 정형화되어 있다.

두 회사가 같은 날 같은 조건으로 회사채를 발행하더라도 그 회사채의 가격은 유통시장에서 같지 않다. 가장 큰 이유는 투자자가 평가하는 그 채권의 위험정도가 다르기 때문이다. 위험이 큰 회사의 채권가격은 낮을 것이요, 위험이 작은 회사의 채권가격은 높을 것이다. 일단 주어진 채권가격에서 그 채권을 매입하여 만기까지 보유할 때의 수익률이 만기수익률(yield to maturity: YTM)이다. 다시 말하면 어느 채권투자자가 회사채를 매입하여 만기까지 보유하고, 발행회사가 파산하지 않고 이자를 정확히 제때에 지급할 것을 가정할 때 얻게 되는 수익률이 만기수익률이다. 만기수익률은 현재의 예상수익률이지 반드시 실현된다는 보장수익률은 아니다. 만기까지 그 회사채가 채무불이행이나 지급불능이 되지 않는다는 가정 아래 계산된 수익률이다.

채권의 만기수익률을 구하는 공식은 다음과 같다.

$$P_0 = \sum_{t=1}^{n} \frac{CI_t}{(1+y)^t} + \frac{F}{(1+y)^n} \tag{15-2}$$

여기서 P_0: 현재 채권가격

CI_t: 기간별 이자금액
F: 액면금액
y: 만기수익률(이자율 i와 구분된다)

예제 15-3에서 만기수익률을 계산해 보자.

예제 15-3 | 만기수익률 계산

동신기업(주)의 회사채는 발행된 지 1년이 지난 후 현재 유통시장에서 1권면당 액면 10,000원짜리가 9,634원에 매매되고 있다. 액면금리 6%, 분기마다 이자지급, 그리고 만기가 2년 후에 도래할 때 이 회사채의 만기수익률을 구하라.

풀이 분기별 이자금액 = 150원, 이자받는 분기수 = 8회, 액면 = 10,000원, 현재 채권시가= 9,634원

$$P_0 = \sum_{t=1}^{n} \frac{CI_t}{(1+y)^t} + \frac{F}{(1+y)^n} \text{에 대입하면,}$$

$$9.634 = \sum_{t=1}^{8} \frac{150}{(1+y)^t} + \frac{10,000}{(1+y)^8}$$

재무용 계산기(예를 들면, HP12C) 나 Google 모바일 검색어 bond yield calculator 또는 yield to maturity calculator로 이것을 풀면 $y = 2\%$, 이는 분기별 수익률이므로 APR기준으로는 8%(= 2%× 4)이다.

참고 | 엑셀(EXCEL)에 의한 풀이

EXCEL의 재무기능을 이용하여 만기수익률을 구한다.

= RATE(Nper, Pmt, Pv, Fv)
= RATE(8,150, 9,634, 10,000)

이것을 엑셀을 사용하여 풀면 y는 2%(분기별수익률)이다.

Nper : 연금의 총 지불 기간 수 (여기서는 8)
Pmt : 각 기간의 지급액 (여기서는 150)
Pv : 현재가치 또는 시장가격 (여기서는 9,634)
Fv : 만기금액 또는 액면금액 (여기서는 10,000)

APR 기준의 채권 만기수익률을 채권동등수익률(bond equivalent yield)이라고도 한다. 예제 15-3에서 보는 바와 같이 채권의 만기수익률은 채권투자의 내

부수익률(IRR)과 같다. 즉 오늘 현재 채권가격과 앞으로 받게 될 모든 미래현금흐름 현가합을 갖게 해주는 내부수익률이 바로 채권의 만기수익률이다.

이쯤에서 이자율(interest rate)과 수익률(yield)을 비교해 봐야 할 것 같다. 채권가격결정모형에서 현금흐름을 할인하는 할인율로서 이자율도 쓰이고 수익률도 쓰이므로 혼란이 생긴다. 이자율(i)이란 당시의 금리로서 자금의 수요와 공급에 의해 결정되는 단 하나의 돈의 가격이다. 소위 자금시장에서 1물 1가의 법칙(the law of one price)에 의해 도출된 균형금리이다. 그러나 수익률(k 또는 y)이란 기업마다 위험정도에 따라 달라진다. 채권가격이 기업마다 다르듯 수익률 또한 기업마다 다르다. 같은 만기의 채권이라도 우량기업 채권은 가격이 높고 만기수익률이 낮지만 불량기업 채권의 만기수익률은 높다. 위험채권이므로 할인율을 높이기 때문이다.

① 만기수익률의 타당성 만기수익률은 주어진 가격에 채권을 구입하였을 때 투자자가 얻을 것으로 기대하는 사전적 수익률이다. 사전적 수익률은 채권에 투자하고 난 후의 상황 변화에 따라 실제로 실현되는 수익률과는 다를 수 있다. 즉, 만기수익률은 다음과 같은 가정들이 전제되어야 실현수익률과 같아진다.

첫째, 채권의 발행자가 약속한 원리금을 정확히 지급한다.

둘째, 투자자는 채권을 만기까지 보유한다.

셋째, 투자자는 투자기간 동안에 지급받는 이자를 만기수익률과 동일한 투자수익률로 채권의 만기까지 재투자한다.

이러한 가정들이 어긋나게 될 경우 실현수익률은 만기수익률과 달라진다.

② 만기수익률과 보유기간수익률 채권투자자는 필요에 따라 4개월 또는 7개월을 보유한 후 매도할 경우 이때 매입가격, 매도가격 그리고 기간 중의 이자 수입을 고려한 수익률이 보유기간 수익률이다(holding period return). 보유기간 수익률 계산식은 [{(매도가-매입가)+경과이자}/매입가]이다. 시장이자율의 예상치 않은 변동은 채권가격률의 예상외 변동을 가져온다. 그 결과 채권의 보유기간 수익률은 초기의 만기수익률보다 높거나 낮을 것이다. 채권수익률의 감소는 가격을 높이게 되고 이는 보유기간수익률이 초기의 만기수익률보다는 높을 것임을 의미한다. 물론 그 반대도 성립한다.

보유기간수익률 계산시 이자지급일 전에 채권이 매매될 경우 경과이자를 고려하여 계산하여야 한다. 경과이자(accrued interests 또는 발생이자)는 직전 이자지급일로부터 매매일까지 기간 동안 표면이율(coupon interest rate)에 의해 발생한 이자를 말한다.

예를 들어 연 600원의 이표이자를 지급하는 회사채가 매년 3월, 6월, 9월 그리고 12월 말에 각각 150원씩 4번 액면이자를 지급한다고 하자. 3월 31일에 150원의 이자를 지급하고 한 달이 경과한 4월 말에 그 채권을 매도할 경우, 한 달 동안 경과 후 발생한 경과이자는 3개월간 이자 지급 기간 중의 한 달을 고려하면 150 × (1/3) = 50원이다.

예제 15-4

2년 만기 액면금리 6%, 연 4회의 이표이자 지급, 초기 채권만기수익률이 8%인데 9,634원에 금년 1월에 매입, 그 해 4월에 9,800원으로 매도하면 보유기간수익률은 얼마인가?

풀이 $\text{보유기간수익률} = \frac{9{,}800 - 9{,}634 + 50}{9{,}634} = 0.0328 = 3.28\%$

2) 당기수익률

채권투자에서 수익률이란 일반적으로 만기수익률을 가리킨다. 그러나 만기수익률은 돈의 시간적 가치를 고려한 개념으로서, 계산하는 데 시간이 걸리고 복잡하다. 따라서 쉽게 채권의 수익률을 계산하는 보조수단으로서 연간 액면이자총액을 현재시가로 나눈 당기수익률(current yield) 개념을 사용한다.

$$\text{당기수익률} = \frac{\text{연간 액면이자총액}}{\text{채권시가}} = \frac{CI_i}{P_0} \qquad (15\text{-}3)$$

당기수익률을 단순수익률, 경상수익률, 그리고 직접수익률이라고도 한다. 이는 주식투자시 고려하는 배당수익률(배당/주식시가) 개념과 비슷하다.

예제 15-5 당기수익률 계산

동신기업(주)의 회사채는 액면 10,000원, 액면금리 6%, 연4회 이자지급, 그리고 만기가 앞으로 2년이다. 현재시가가 9,634원일 때 당기수익률을 구하라.

풀이 연간 액면이자 총액= 600원, 시가= 9,634원

$\text{당기수익률} = \frac{600}{9{,}634} = 6.23\%$

또는 다음과 같이 분기별 당기수익률을 구한 후 APR로 계산해도 된다.

분기별 이자금액=150, 채권시가=9,634

$$\text{분기별 당기수익률} = \frac{CI_i}{P_0} = \frac{150}{9,634} = 0.01557 = 1.557\%$$

$$\text{APR기준 당기수익률} = 1.557\% \times 4 = 6.228\% \approx 6.23\%$$

03

채권수익률의 기간구조

1 기간구조와 수익률곡선

일반적으로 장기채권은 단기채권보다 이자율이 높다. 왜냐하면 ① 만기가 길면 길수록 이자율 변화에 따른 위험이 크기 때문이고, ② 돈을 빌려주는 입장에서 볼 때 장기채권은 그만큼 오랫동안 유동성 포기를 강요하므로 보상해 주어야 하기 때문이다. 그렇다고 반드시 장기채권이 단기채권보다 이자율이 높은 것은 아니다. 미국의 경우 실제로 그 반대의 경우도 상당히 많기 때문이다. 결국 이자율이란 높을 때도 있고 낮을 때도 있으므로 장기채권과 단기채권의 이자율 차이는 투자자의 기대심리와 경기인식에 달려 있다.

이와 같이 장기채권과 단기채권의 이자율이 왜 다른지를 규명하는 것이 이자율의 기간구조(term structure)이다. 한편 같은 만기의 회사채라 하더라도 왜 수익률 차이를 보이는지를 규명하는 것이 이자율의 위험구조(risk structure)이다. 이를 요약하면 다음과 같다.

- 이자율의 구조
  - 기간구조(term structure) ······만기별 이자율차이를 규명
  - 위험구조(risk structure) ······위험별 이자율차이를 규명

이자율 기간구조는 이자율 예측에 중요한 수단이므로 적극적인 채권투자가에게는 필수적인 정보가 된다. 특히 미국과 같이 국채나 회사채 모두 30년 정도

그림 15-3 채권가격과 이자율의 역관계 그리고 볼록성

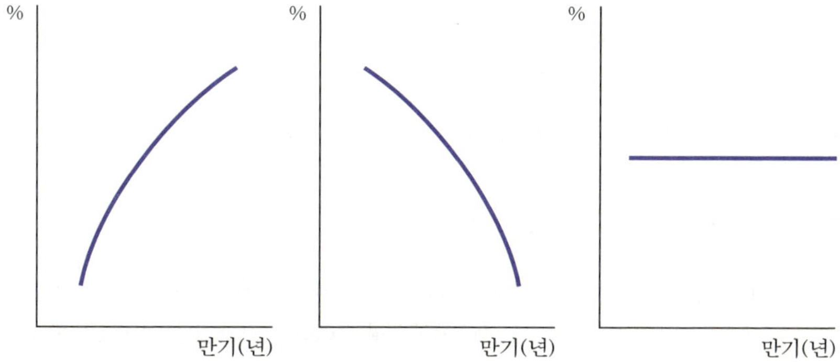

(a) 우상향 수익률곡선 (b) 우하향 수익률곡선 (c) 수평형 수익률곡선

의 만기를 가진 채권이 많은 경우 이자율 예측에 의한 투자는 기본이며, 또한 기간구조 예측을 위한 자료도 많고 기법도 다양하다.

그러나 우리나라의 경우 이자율 기간구조문제는 우선 회사채 만기가 3년물이 대부분이고 장기국채 역시 활성화되어 있지 않으므로, 유용성과 관심도 적고 또한 자료를 구하기도 쉽지 않다. 사실 우리나라에서 채권투자의 중요성과 투자기법 개발이 강조되고 있으면서도 이 분야에 대한 실질적인 발전이 없는 것은 이런 환경에 기인한다.

위에서 언급했듯이 기간구조는 만기와 이자율의 관계를 규명한다. 이러한 관계는 수익률곡선으로 나타낸다.[3] 즉 수익률곡선(yield curve)이란 만기에 따른 수익률(이자율)의 움직임을 그린 그래프이다. [그림 15-3]은 수익률곡선의 대표적인 세 가지 형태이다.

(a) 우상향 수익률곡선에서는 미래 단기이자율이 상승할 것으로 예상되어 장기이자율은 단기이자율보다 높다. 따라서 장기투자보다는 단기투자가 바람직하다. 그러나 돈을 차입하는 입장에서는 장기차입이 바람직하다. (b) 우하향 수익률곡선에서는 미래 단기이자율이 하락할 것으로 예상되어 단기이자율이 장기이자율보다 높다. 투자자 입장에서는 장기투자가 바람직하다. 반대로 차입자 입장에서는 단기차입이 유리하다. (c) 평행(flat) 수익률곡선에서는 장기이자율과 단기이자율이 거의 같다.

3 무액면금리채권(zero coupon bond)에서 이자율과 만기와의 관계를 나타낸 곡선을 특히 순수수익률곡선(pure yield to maturity)이라 한다.

위와 같은 수익률곡선은 어떻게 그릴까? 다시 말해서 만기에 따라서 수익률은 어떻게 구하여질까? 해답은 바로 앞에서 구한 만기수익률(yield to maturity)이다. 특히 무액면금리채권(zero coupon bond)의 만기수익률을 현물금리(spot rate)라 한다.

다음의 예로서 만기수익률을 구하고 수익률곡선을 그려보자.

예제 15-6 만기수익률과 수익률곡선

액면 1,000,000원인 국고채권의 만기별 가격이 다음과 같이 매매되고 있다. 이 가격정보를 이용하여 기간별 만기수익률을 구하고 수익률곡선을 그려라. 국고채권은 무액면금리이고 할인되어 매매된다.

만기	가격(원)
1	943,396
2	873,439
3	793,832

풀이

1년 만기 $943{,}396 = \dfrac{1{,}000{,}000}{1+y_1} \quad \therefore y_1 = 6\%$

2년 만기 $873{,}439 = \dfrac{1{,}000{,}000}{(1+y_1)^2} \quad \therefore y_2 = 7\%$

3년 만기 $793{,}832 = \dfrac{1{,}000{,}000}{(1+y_1)^3} \quad \therefore y_3 = 8\%$

만기(년)	가격(원)	만기수익률(%)
1	943,396	6
2	873,439	7
3	793,832	8

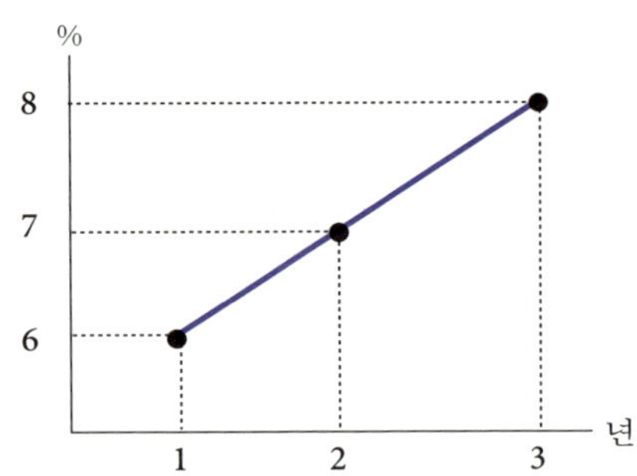

2 현물이자율, 선도이자율 그리고 만기수익률

현물이자율(spot interest rate)이란 말뜻 그대로 현재의 이자율이다. 다시 말하면 현물이자율은 현재시점에서부터 장래의 일정시점까지의 매 기간별 이자율이다. 예를 들면, 은행에서 3년간 1억원을 연 8% 빌릴 때 이때 현물이자율은 8%이다. 또는 2년 후에 만기가 도래하는 국채를 할인하여 현재 매입할 때 예상되는 만기수익률은 현물이자율이다.

할인채의 만기수익률은 채권을 현재 시장가격으로 매입하여 만기까지 보유할 때의 수익률을 나타낸다. 이 개념은 바로 현재시점에서 장래 일정시점까지의 이자율이므로 현물이자율개념과 같게 된다.

액면 10,000원인 무이표채의 만기별 가격이 1년 9,500원, 2년 9,000원 그리고 3년이 8,500원일 때 기간별 만기수익률은 각각 5.2632%, 5.4093%, 그리고 5.5667%이다. 물론 만기수익률은 현물이자율과 같다. 참고로 기간별 선도금리는 각각 5.5556%, 5.8822%이다.

그러나 회사채와 같은 이표채의 만기수익률은 현물이자율이 아니다. 이표채의 만기수익률 y는 앞에서 설명한 식 (15-2)에서 다음과 같이 정의된다.

$$P_0 = \sum_{t=1}^{n} \frac{CI_t}{(1+y)^t} + \frac{F}{(1+y)^n}$$

그런데 현물이자율은 위의 공식에서 y 대신 S_t로 대체된다. 여기서 S_t는 현재시점에서부터 t시점까지의 현물이자율이다.

$$P_0 = \sum_{t=1}^{n} \frac{CI_t}{(1+S_t)^t} + \frac{F}{(1+S_n)^n} \tag{15-4}$$

회사채에서 만기수익률 y는 매 기간의 할인율이 y로 일정하다. 그러나 현물

표 15-1 무이표채 할인가격과 만기수익률(액면 10,000원)

만기	할인가격(원)	만기수익률(%)	현물이자율(%)	선도금리(%)
1	9,500	5.2632	5.2632	
2	9,000	5.4093	5.4093	5.5556
3	8,500	5.5667	5.5667	5.8822

이자율 S_t는 할인율이 t기간마다 서로 다르다.

선도이자율(forward interest rate)이란 1년 후 또는 3년 후 등 미래시점에 시장에서 형성되는 단기금리(short rate)로서 위험을 고려하지 않고 단순히 장기투자와 단기투자를 같게 하기 위해 요구되는 수익률이다. 선도이자율은 미래의 어느 시점 t에서부터 그 후 m기간 동안의 이자율을 의미하는데 이 경우 선도이자율은 $f_{t,\,t+m}$으로 표시된다. 예를 들면, $f_{1,\,2}$는 1년 후에 1년 동안의 선도이자율을 나타내고, $f_{2,\,3}$는 2년 후 1년 동안의 선도이자율을 나타낸다. 예를 들어, 만약 지금부터 2년 후에 예상되는 1년 만기의 단기이자율이 8%라면 선도이자율 $f_{2,\,3}$은 8%가 된다.

선도이자율은 위험을 고려한 기대이자율과는 다르다. 그러나 현재시점에서 선도이자율을 알기 어려워 만기수익률이 주어질 경우 현물이자율로부터 미래의 선도이자율을 추정하는데, 이를 암시적 선도이자율(implied forward rate)이라 한다. 현물이자율, 선도이자율, 그리고 만기수익률과의 관계는 다음과 같다.

$$(1+S_1)(1+f_{1,\,2})=(1+S_2)^2 \tag{15-5}$$

여기서 S_1: 기간 1의 현물이자율(0시점부터 1시점까지)
S_2: 기간 2의 현물이자율(0시점부터 2시점까지)
$f_{1,2}$: 기간 2에 예상되는 선도이자율(1시점부터 2시점까지)
y_t: 기간 t의 만기수익률

다음의 예로서 현물이자율, 선도이자율 그리고 만기수익률의 관계를 알아보자. 1,000,000원의 투자자금을 가진 회사원이 2년의 목표투자기간을 염두에 두고 투자대상을 검토중이다. 가장 위험이 적은 정기예금투자를 고려하고 있는 그는 연 10.83%의 2년 만기 정기예금에 원금 1,000,000원을 투자할 예정이다. 이때 그가 2년 후 만기에 받게 될 금액은 $1{,}000{,}000(1+0.1083)^2=1{,}228{,}327$원이다.

만약 그가 연 8.74%의 1년 만기 정기예금에 가입하고 1년 후에 받게 될 목돈을 다시 1년간 다른 금융상품에 투자한다면, 이때 이 금융상품의 이자율이 몇 %가 되어야만 2년 만기 정기예금을 선택했을 때와 같은 액수의 투자성과를 올릴 수 있을까? 원금 1,000,000원을 연 8.74%의 1년 만기 정기예금에 예치할 때 1년 후 만기에 받게 될 금액은 $1{,}000{,}000(1+0.0874)=1{,}087{,}400$원이다. 이 1,087,400원을 다음 1년간 다른 금융상품에 투자할 때 수익률을 x%라 하면, $1{,}087{,}400(1+x)=1{,}228{,}327$이 되어야 하고 이때 x는 12.96%가 된다.

2년의 목표투자기간 동안 투자자금을 2년 만기 정기예금에 투자하는 만기보

그림 15-4 현물이자율, 선도이자율 그리고 만기수익률

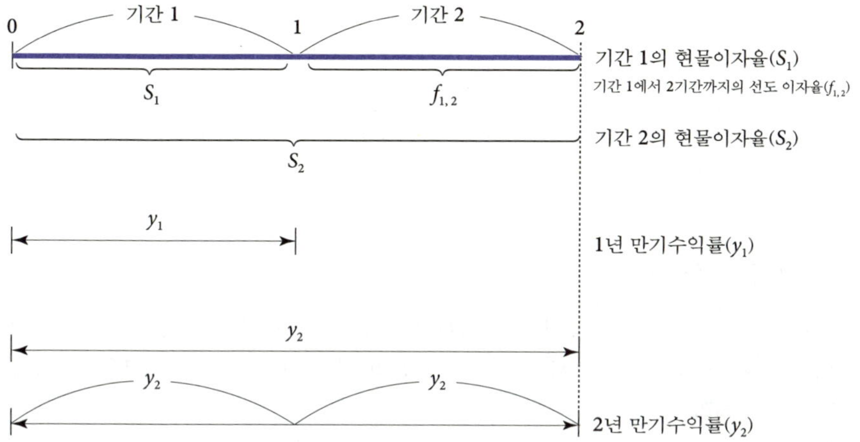

유전략(maturity strategy)은 결국 1년간 1년 만기 정기예금에 투자한 후 다음 1년을 다른 금융상품에 투자하는 회전전략(rollover strategy)과 같은 결과를 가져온 셈이다.[4] 여기서 2년 만기 정기예금이자율 연 10.83%는 기간 2의 현물이자율 S2이다. 1년 만기 정기예금이자율 연 8.74%는 기간 1의 현물이자율 S1이고 1년 후 다음 1년간 투자할 때의 금융상품 이자율 연 12.96%는 기간 2에 예상되는 선도이자율 $f_{1,2}$이다. 이를 공식으로 증명하면 다음과 같다.

$$(1+0.0874)(1+0.1296)=(1+0.1083)^2$$

또한 이를 일반식으로 표시하면 다음과 같다.

$$(1+S_1)(1+f_{1,2})=(1+S_2)^2$$

그러나 식 (15-5)는 무액면금리채권(zero coupon bond)일 경우에만 가능하다. 액면금리채권일 경우는 액면이자를 고려하여 선도이자율을 구한다.

2년 만기 채권의 만기수익률을 k라 할 때 액면금리채권(coupon bond)에서 선도이자율과 현물이자율은 다음과 같은 관계가 있다.

$$P_0=\frac{CF_1}{(1+y)}+\frac{CF_2}{(1+y)^2}+\frac{F}{(1+y)^2}\text{(만기수익률로 표시)}$$

4 만기보유전략을 buy and hold 전략이라고도 한다.

$$= \frac{CF_1}{(1+S_1)} + \frac{CF_2}{(1+S_2)^2} + \frac{F}{(1+S_2)^2} \text{(현물이자율로 표시)}$$

$$= \frac{CF_1}{(1+S_1)} + \frac{CF_2}{(1+S_1)(1+F_{1,2})} + \frac{F}{(1+S_1)(1+F_{1,2})} \text{(선도이자율로 표시)}$$

현물이자율, 선도이자율 그리고 만기수익률의 관계를 그림으로 표시하면 [그림 15-4]와 같다.

예제 15-7 선도이자율

국고채권의 만기와 만기수익률이 다음과 같을 때 기간 1, 2, 3의 현물이자율 S_1, S_2, S_3 그리고 기간 2와 3에 기대되는 선도이자율($f_{1,2}$, $f_{2,3}$)을 구하라. 액면 1,000,000원, 그리고 할인되어 매매됨을 가정하라.

만기(년)	가격(원)	만기수익률(%)
1	943,396	6
2	873,439	7
3	793,832	8

풀이 선도이자율은 다음과 같이 계산된다.

$$(1+S_1)(1+f_{1,2}) = (1+S_2)^2 \Rightarrow (1.06)(1+f_{1,2}) = (1.07)^2$$

$$\therefore f_{1,2} = \frac{(1+S_2)^2}{1+S_1} - 1 = \frac{1.07^2}{1.06} - 1 = 8.01\%$$

$$(1+S_2)^2(1+f_{2,3}) = (1+S_3)^3 \Rightarrow (1.07)^2(1+f_{1,2}) = (1.08)^3$$

$$\therefore f_{2,3} = \frac{(1+S_3)^3}{(1+S_2)^2} - 1 = \frac{(1.08)^3}{(1.07)^2} - 1 = 10.03\%$$

04

기간구조이론

이자율 기간구조이론(term structure of interest rate)은 수익률이 만기에 따라 결정되는 원리를 설명하는 것으로, 구체적으로 특정한 수익률곡선이 도출되는 원리를 설명한다. 여기에는 기대이론, 유동성 프리미엄가설, 그리고 시장분할설 등이 있다. 이는 이론(theory)이라기보다는 검증을 거쳐야 하는 가설(hypothesis)로 제시되어 있다.

1 기대이론

기대이론(expectation hypothesis)은 선도이자율이 미래 단기금리(short rate)에 대한 투자자들의 기댓값이라는 내용이다. 예를 들면, 지금부터 1년 후에 예상되는 만기 1년의 선도이자율 $f_{1,2}$(또는 f_2)는 그 때에 형성되리라 기대하는 투자자들의 단기이자율 예측치 $E(r_2)$이다. 즉 $f_{1,2}=E(r_2)$이다.

만약 기대이론이 맞다면 채권의 만기수익률을 이용해서 계산한 선도이자율은 미래의 단기금리를 예측할 수 있는 중요한 정보인 셈이다. 예를 들면, 2년 만기의 만기수익률 k_2에서 선도금리 f_2를 구하면 이것이 바로 미래 단기금리$E(r_2)$가 된다. 즉 다음과 같은 등식이 성립한다.

$$(1+y_2)^2=(1+r_1)(1+f_2) \qquad (15\text{-}6)$$
$$(1+y_2)^2=(1+r_1)\{1+E(r_2)\}$$

따라서 $f_2=E(r_2)$이다.

식 (15-6)에서 2년 만기의 만기수익률(k_2 또는 y_2)은 선도이자율의 기하평균이다.

그림 15-5 기대이론과 만기수익률

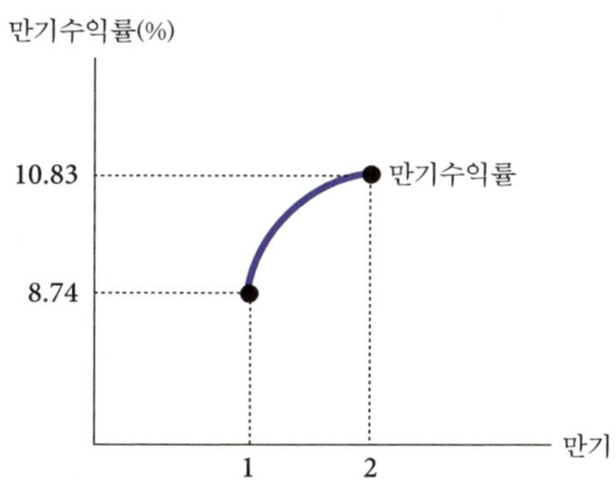

$$y_2 = k_2 = \sqrt{(1+r_1)(1+f_2)} - 1$$

이를 일반식으로 표시하면 다음과 같다.[5]

$$y_n = k_n = \sqrt[n]{(1+r_1)(1+f_2)(1+f_3)\cdots(1+f_n)} - 1 \qquad (15\text{-}7)$$

1,000,000원의 투자자금을 2년간 투자하려는 회사원의 예에서 기대이론의 내용을 설명해보자. 연 10.83%의 수익률을 보장하는 2년 만기의 정기예금 투자 선택이 수익률 연 8.74%의 1년 만기 정기예금에 투자한 후 그 금액을 다시 1년 만기 12.96%의 수익률을 가진 금융상품에 투자하는 롤오버(rollover)전략과 같다고 할 때, 선도이자율 12.96%는 회사원이 예측하는 1년 후 단기이자율과 반드시 일치해야 한다. 즉「선도이자율 = 단기이자율 예측치」이다.

만약 이렇게 되지 않을 때 금융시장은 불균형상태에 있으므로 투자자들은 보다 수익률이 높은 쪽으로 투자자금을 운용하게 된다. 이런 과정을 계속 거치면서 금융시장은 결국 균형상태에 도달하게 되고, 이 결과 선도이자율은 바로 기대현물이자율이 된다.

기대이론에 의하면 $f_{1,2} = E(r_2)$ =12.96%이다. 이 경우 수익률곡선상에서 만기수익률은 10.83%이다.

만기수익률 계산과정은 다음과 같다.

$$10.83\% = \sqrt{(1+0.874)(1+0.1296)} - 1$$

기대이론에서 만기와 만기수익률을 그림으로 나타내면 [그림 15-5]와 같다. 기대이론에 의하면 만약 투자자들이 미래 이자율이 오를 것이라고 예상하면 수익률곡선이 우상향(upward)한다. 반대로 만약 미래 이자율이 내릴 것으로 투자자들이 기대하면 수익률곡선은 우하향(inverted)한다.

예제 15-8 | 기대이론에 의한 이자율계산

2011년 현재 금리는 6%이다. 향후 2년간 매년 예상되는 단기이자율[$E(r_n)$]이 다음과 같을 때 1

5 만기수익률이 선도이자율의 산술평균이라면 그 계산식은 다음과 같다.

$$k_n = \frac{r_1 + f_2 + f_3 + \cdots + f_n}{n}$$

산술평균이 항상 기하평균보다 크지만, 그 차이는 무시하리만큼 작다.

년, 2년 그리고 3년 만기수익률을 구하고 수익률곡선을 그려라.

연 도	예상이자율$[E(r_n)=f_n]$
2011년(현재)	6%
2012년	8.01%
2013년	10.03%

풀이 $r_1=6\%, f_{1,2}=8.01, f_{2,3}=10.03$

$$y_1=k_1=6\%$$

$$y_2=k_2=\sqrt{(1+0.06)(1+0.0801)}-1 \quad \therefore k_2=7.00\%$$

$$y_3=k_3=\sqrt[3]{(1+0.06)(1+0.0801)(1+0.1003)}-1 \quad \therefore k_3=8.00\%$$

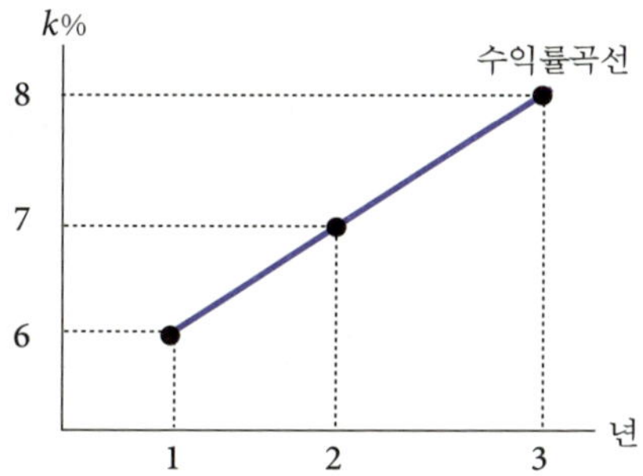

2 유동성 선호설

일반적으로 단기채권보다는 장기채권이 장기간 보유에 따른 위험이 커지므로 장기채권투자자들은 장기채권보유에 따른 위험보상을 요구한다. 대부분의 투자자들은 위험회피형이므로 단기채권을 선호하고 만약 장기채권을 보유한다면 더 높은 기대수익률을 원한다.

위험회피형 투자자는 위험부담에 대한 보상으로서 장기채권을 보유할 때 더 높은 수익률을 요구하게 된다. 이를 유동성 선호설(liquidity preference hypothesis)이라 한다.

유동성 프리미엄(liquidity premium)은 선도이자율과 미래기대 단기금리와의 차이이다. 선도이자율 f_n은 위험 고려없이 계산되지만 미래기대 단기금리 $E(r_n)$는 투자자의 투자위험에 대한 기대가 반영된 것이다. f_n이 $E(r_n)$보다 클수록 유동성 프리미엄이 크므로 장기채권보유에 따른 기대수익률은 더 커진다.

이를 요약하면 다음과 같다.

$$f_n = E(r_n) + \text{유동성 프리미엄}$$

여기서 f_n: 선도이자율
$E(r_n)$: 미래기대 단기금리
$f_n > E(r_n)$: 양의 유동성 프리미엄
$f_n < E(r_n)$: 음의 유동성 프리미엄

그림 15-6 유동성 선호설과 기대이론과의 관계

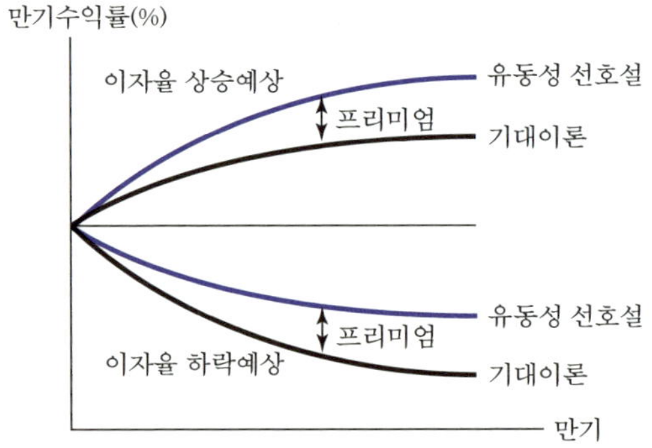

유동성 선호설과 기대이론과의 관계를 그림으로 나타내면 [그림 15-6]과 같다.

유동성 선호설에 의하면 수익률곡선은 우하향보다는 우상향(upward) 형태가 더 많다고 한다. 왜냐하면 이자율이 하락하는 경우라도 유동성 프리미엄이 이자율 하락폭보다 더 크면 수익률곡선은 우상향할 수 있기 때문이다.

예제 15-9 유동성 선호설에 의한 이자율계산

2011년 현재금리가 12%이다. 향후 2년간 매년 예상되는 단기이자율 $E(r_n)$는 12%로 동일하나 선도금리(f)가 각각 13, 15%일 때 만기수익률을 구하고 수익률곡선을 그려라.

연 도	예상이자율[$E(r_n)$]	선도금리(f_n)
2011년(현재)	12%	12%
2012	12	13
2013	12	15

풀이 2년 후 유동성 프리미엄$= f_n - E(r_n) = 13\% - 12\% = 1\%$
3년 후 유동성 프리미엄$= f_n - E(r_n) = 15\% - 12\% = 3\%$

만기수익률 계산은 선도금리(f_n)를 이용한다.

1년 만기수익률 $k_1 = 12\%$

2년 만기수익률 $k_2 = \sqrt{(1+0.12)(1+0.13)} - 1 \quad \therefore k_2 = 12.50$

3년 만기수익률 $k_3 = \sqrt[3]{(1+0.12)(1+0.13)(1+0.15)} - 1 \quad \therefore k_3 = 13.33$

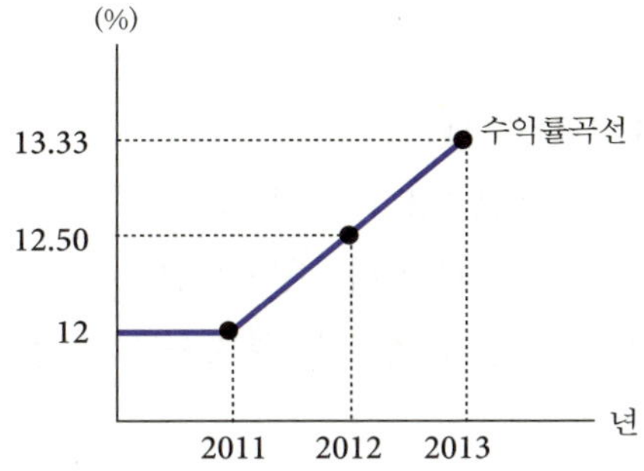

3 시장분할가설

시장분할가설(market segmentation hypothesis)은 단기채권과 장기채권의 수익률이 각각 분할된 시장에서 독립적인 수요와 공급에 의해 결정된다는 내용이다. 즉 이 가설은 단기채권 수익률과 장기채권 사이의 체계적인 관계(systematic relationship)를 부정하고, 장·단기 채권수익률이 단기, 중기 그리고 장기 채권시장 내의 분할된 수요·공급에 의해서 결정된다는 것이다. 따라서 단기채권의 수익률과 장기채권의 수익률은 [그림 15-7]과 같이 독립적으로 결정된다.

그림 15-7 시장분할가설

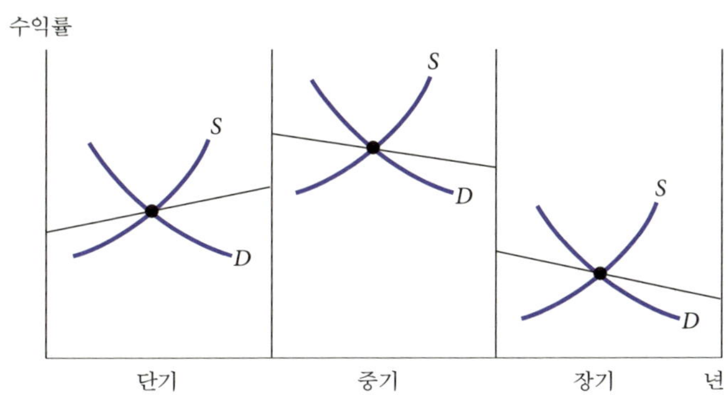

이 가설의 옹호자들에 의하면, 채권 투자자들이 투자자금의 성격상 각기 다른 투자만기를 선호하고, 채권 발행자들 또한 그들의 사업목적에 따라 각기 다른 투자만기를 선호할 수밖에 없기 때문에 채권시장은 단기, 중기 그리고 장기시장으로 분할될 수밖에 없다고 주장한다. 예컨대, 은행은 그들의 투자자금의 성격상 단기채권에 투자할 수밖에 없는데 반하여 보험회사나 연금기금 등은 장기채권에 투자하는 것을 선호한다.

주요한 자금 수요자인 기업도 장기·단기 채권 중 어느 것을 발행할 것이냐는 그들의 사업목적에 따라 결정되어진다. 단기 운전자본을 조달하기 위해서는 단기채권이 보다 효율적이고, 장기적인 시설투자를 위해서는 장기채권발행이 보다 유리할 것이다.

단기시장에서 자금공급자는 주로 은행이고 장기시장에서 자금공급자는 생명보험회사와 연금기금이다. 자금수요자는 정부와 제조기업인데 제조기업은 장기투자의 자금조달을 위해 장기자본을 필요로 하고 단기운전자본을 확보하기 위해 단기금융시장에 접근한다.

시장분할가설에 의하면 이자율기간구조는 예상이자율에 대한 기대나 유동성 프리미엄에 의해 결정되는 것이 아니라 금융기관간의 자금흐름 방향이나 제조기업의 투자의 성격 및 내용에 의해 결정된다. 또한 이자율 변화에 따른 위험을 면역화·최소화하려는 개인이나 기관투자가들이 자산의 유효만기(듀레이션)를 부채의 유효만기와 같게 하려는 시도는 다른 만기를 가진 증권이 가진 유리한 수익률에도 불구하고 시장의 분할을 더욱 촉진시킨다. 그러나 이 가설은 오늘날 별로 설득력이 없어 잘 쓰이지 않는다.[6]

4 기간구조이론의 요약

이자율기간구조이론은 채권의 만기수익률과 만기와의 관계를 설명하는 이론으로서 지금까지 기대이론, 유동성 선호이론 그리고 시장분할설을 설명하였다. 기대이론(또는 시장기대이론)에 의하면 이자율기간구조는 1년 만기의 미래단기이자율에 대한 시장참여자들의 기대에 의하여 결정된다. 이 이론은 확실성의 세

---

6 이 가설과 비슷한 것으로 선호관습이론(prefered habitat hypothesis)이 있다. 이 이론에 의하면 투자자들은 자신들이 선호하는 만기가 있는데, 만약 다른 만기의 채권이 충분한 위험 프리미엄을 보상한다면 그 채권에도 투자한다는 내용이다.

계 또는 위험중립적인 투자자들의 논리와 일치된다.

유동성 선호이론에 의하면 서로 다른 만기를 가진 채권에 따라 유동성 프리미엄이 발생한다. 투자자들이 위험회피형이므로 만기가 긴 채권일수록 유동성 프리미엄 또한 크므로 기대수익률이 더 높아진다.

시장분할가설은 금융시장이 만기에 따라 단기 또는 장기시장으로 분할된다고 가정한다. 각 분할된 시장에 참여하는 투자자들은 아무리 유리한 수익률 조건이라 하더라도 다른 분할된 시장에 참여하지 않으며, 이런 점에서 단기분할 시장과 장기분할 시장도 서로 무관하다. 여기서 수익률은 분할된 독립시장에서 자금의 수요와 공급에 의해 결정된다.

결론적으로 말하면 기간구조는 위에서 설명한 세 가지 요인에 의하여 복합적으로 결정된다. 그 중에서 시장참여자들의 기대가 가장 영향력있는 변수임에는 틀림없다.

05

채권수익률의 위험구조

1 약속수익률, 기대수익률 그리고 실현수익률

똑같이 액면 10,000원으로 발행되고 액면금리와 만기가 같은 회사채라도 유통시장(secondary market)에서 거래되는 가격은 다르다. 투자자 입장에서는 재무적으로 건전하지 못한 회사의 채권은 매입하지 않을 것이고, 만약 산다고 해도 가능한 값을 낮추려 할 것이다. 반대로 재무적으로 안정된 회사의 채권은 비싸도 제값을 다 주고 사려 할 것이다.

반드시 파산할 것 같지는 않지만 재무적으로 위태로운 회사의 채권을 낮은 값에 산다는 것은—우리가 이미 채권가격결정원리에서 보았듯이—투자수익률을 높게 요구하는 것과 같다. 따라서 높은 투자수익률은 투자자의 투자위험에 대한 위험프리미엄이 높다는 의미이다. 모든 투자의 기본수익률인 무위험채권수익률(risk free interest rate)과 위험채권수익률의 관계를 채권수익률의 위험구조(risk

그림 15-8 기업부실상태

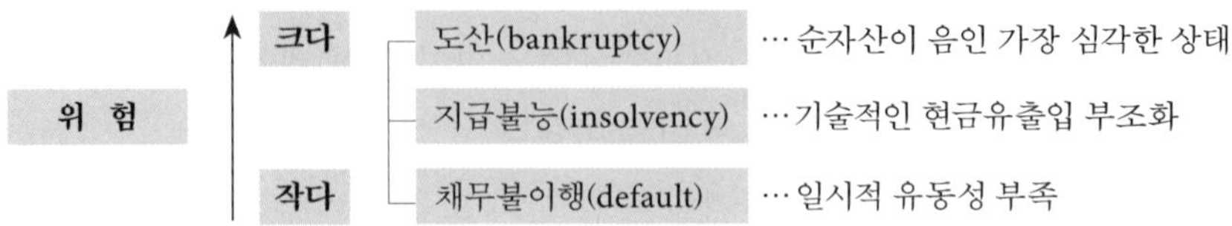

structure)라 한다. 여기서 위험채권수익률과 무위험채권수익률과의 차이가 채무불이행프리미엄(default premium)이다. 이를 식으로 표시하면 다음과 같다.

$$\text{회사채 만기수익률} = \text{무위험채권수익률}(r_f) + \text{채무 불이행 프리미엄}(\alpha)$$

예를 들어 동신기업(주)의 2년 만기 채권수익률이 8%이고, 그 당시 무위험자산수익률(=정기예금금리)이 5%이면 채무불이행프리미엄은 3%이다. 그런데 동신기업(주)의 만기수익률 8%는 이 회사가 만기 전에 채무를 불이행하지 않고 심지어 도산하지 않을 때에만 가능하다.

이와 같이 채권발행기업이 회사채의 원리금지급의무를 이행하거나 가정한 상태에서 계산된 만기수익률을 약속수익률(promised yield) 또는 약정수익률(stated yield)이라 한다. 여기에 비해 기대수익률(expected yield)은 회사채의 채무불이행 가능성을 고려하여 계산한 수익률이다.[7]

실현수익률(realized yield)이란 채권투자자가 궁극적으로 실현한 수익률이다. 예를 들면 회사채 발행기업이 만기 전에 결국 도산하여 일부 변제를 받았을 때의 수익률이다. 회사채는 국채(=무위험채권)보다 더 높은 만기수익률을 가질 것으로 예상되기 때문에 위험프리미엄이 양이지만 오히려 국채만 못한 실현수익률을 보일 수 있다.

회사가 재무적으로 건전치 못한 상태는 채무불이행에서부터 도산에 이르기까지 상당히 여러 단계를 거쳐 나타난다. 일반적으로 어떤 기업이 재무적으로 건전치 못한 상태를 기업부실(business failure)이라 한다. [그림 15-8]은 단계별 기업부실상태를 나타낸 것이다.

---

7 만기수익률, 기대수익률, 그리고 무위험채권수익률과의 관계를 수익률의 위험구조로 보는 견해가 있으나, 저자는 오직 만기수익률과 무위험채권수익률과의 관계만을 위험구조로 본다.

2 채권 등급평가

채권 등급평가(bond rating 또는 기업신용평가)란 채권발행기업의 원리금 지급능력과 신용상태를 문자로 등급화한 것이다. 이는 채권의 안전성을 평가한 것이지 수익성을 평가한 것이 아니다. 채권 등급은 평가기관마다 기호의 차이가 있지만 최상위등급 AAA, 최하위등급 D는 대개 공통이다.

채권 등급평가의 목적은 채권 투자자에게 채권발행기업에 대한 종합적 재무정보를 하나의 문자로 제공함으로써 채권 투자에 도움을 주는 데 있다. 채권 등급은 채권발행회사의 원리금 지급능력을 판단한 것이지 기업 전체의 경영능력이나 수익성을 판단한 것이 아니라는 점을 주의해야 한다.

대표적 채권 등급판정기관으로는 외국에서는 Moody's사, Standard& Poor's사, 그리고 Fitch사가 있고, 우리나라에서는 단자회사들이 1985년 최초로 설립한 한국신용평가주식회사(「NICE」이라고 칭함), 은행들이 설립한 한국신용정보주식회사(한신정), 그리고 산업은행 자회사인 한국기업평가주식회사(한기평)가 있다. 외국 신용평가회사들은 순수민간기업이고 오랜 역사를 가지고 있다. 우리나라 신용평가회사들도 완전한 형태의 민간기업이 되기 위해 노력하고 있다.

채권시장에서는 BBB 등급 이상의 채권을 투자등급채권(investment grade bonds)으로, BB 등급 이하의 채권을 고위험채권(junk bond) 혹은 고수익률채권

그림 15-9 채권등급과 안전성 및 수익성

S&P's	Moody's	투자등급	안전성	수익성
AAA	Aaa	투자등급채권	↑ 크다	↑ 작다
AA	Aa			
A	A			
BBB	Baa			
BB	Ba	정크본드 =하이일드채권 =고위험채권		
B	B			
CCC	Caa			
CC	Ca			
C	C			
D	D		작다	크다

표 15-2 회사채등급과 그 내용(한신평)

등 급	내 용
AAA	• 원리금 지급능력이 최상급.
AA	• 원리금 지급확실성이 높지만 AAA 채권보다는 그 정도가 다소 낮음.
A	• 원리금 지급확실성은 높지만 상위등급보다 경제적 조건 및 환경 악화에 따른 영향을 받기 쉬움.
BBB	• 원리금의 지급확실성은 인정되지만 상위등급에 비해서 경제적 조건 및 환경 악화에 따라 장래원리금 지급 확실성이 저하될 가능성을 내포하고 있음.
BB	• 원리금지급 확실성이 당장은 문제가 되지 않으나 장래안전에 대해서는 단언할 수 없는 투기적 요소를 내포하고 있음.
B	• 원리금 지급 확실성이 결핍되어 투기적이며 불황시에 이자지급이 확실하지 않음.
CCC	• 원리금 지급에 관하여 현재에도 불안요소가 있으며 채무불이행 위험이 매우 커 투기적임.
CC	• 상위등급에 비하여 더욱 불안요소가 큼.
C	• 채무불이행의 위험성이 높고 전혀 원리금 상환능력이 없음.
D	• 채무불이행 상태에 있으며 원리금의 일방 또는 양방이 연체·부도 상태에 있음.

(high yield bond)[8]으로 분류한다. 일부 기관투자가들은 정크본드에 투자하는 것이 금지되어 있다. 채권등급과 수익성, 그리고 안전성과의 관계는 [그림 15-9]와 같이 요약될 수 있다. [표 15-2]는 우리나라 한국신용평가(주)의 채권등급과 그 내용이다.

8 Junk의 원뜻은 쓰레기라는 뜻으로, WS증권브로커들이 고위험채권을 지칭할 때 Junk라고 한 데서 유래한다. 다른 말로는 Chinese paper라고도 한다.

중요영어용어

기대수익률(expected yield)
시장분할(market segmentation)가설
약속수익률(promised yield)
정크 본드(junk bond)
채무불이행프리미엄(default premium)
기업부실(business failure)
실현수익률(realized yield)
약정수익률(stated yield)
채권등급평가(bond rating)
투자등급채권(investment grade bond)

관련웹사이트

1. Vanguard
   ▷ http://investor.vanguard.com/cd-bond
2. 가격정보 제공.
   ▷ http://www.bloomberg.com/markets
3. KIS채권평가 : 채권평가 사이트, 채권 가격평가, 채권지수, 발행 및 유통시장, 투자분석 등 정보 제공.
   ▷ http://www.bond.co.kr
4. 한국거래소 소매 채권시장
   ▷ http://sbond.krx.co.kr

연습문제

[객관식 문제]

01 시장이자율이 1% 상승할 때 다음 채권들 중 어떤 채권이 가격 하락률이 가장 클 것으로 판단되는가?

① 이표이율이 10%인 3년 만기 채권
② 이표이율이 5%인 5년 만기 채권
③ 이표이율이 10%인 5년 만기 채권
④ 5년 만기 무이표 채권

02 연간 이표이율이 6%인 어떤 3년만기 채권의 만기 수익률이 현재 4%이다. 시장이자율이 현재 수준에서 계속 유지될 것으로 예상된다면 1년 후 이채권의 가격은 어떻게 달라지겠는가?

① 지금보다 높아진다.
② 지금보다 낮아진다.
③ 지금과 동일하다.
④ 지금보다 낮아지다가 점점 높아진다.

03 채권에 관한 설명 중 틀린 것은?

① 교환사채는 만기에 주식이나 현물이 지급된다.
② 우리나라 대부분의 회사채는 만기가 3~5년이다.
③ 전환채권(CB)과 같은 특수채권의 표면금리는 보통채권보다 같거나 높다.
④ 하위사채(subordinated bonds)는 주로 은행이 발행한다.

04 다음 중 국채에 포함되지 않는 것은?
① 국고채권 ② 국민주택채권(LH채권)
③ 통화안정증권 ④ 외국환평형기금채권

05 채권가격이 할인되어 판매되는 경우는 다음 중 어떤것인가?
① 표면(액면)금리가 경상수익률보다 크고, 경상수익률이 만기수익률보다 클 때
② 표면(액면)금리가 경상수익률보다 작고, 경상수익률이 만기수익률보다 작을 때
③ 표면(액면)금리가 경상수익률보다 작고, 경상수익률이 만기수익률보다 클 때
④ 표면(액면)금리가 만기수익률보다 클 때

06 채권등급평정에 관해 틀린 내용은?
① 등급이 높을수록 수익률도 높다.
② 채권등급은 주로 안정성이 그 등급을 좌우한다.
③ Baa(또는 BBB) 미만 등급을 junk bond라 한다.
④ 주식의 등급 평정도 있으나 거의 신뢰성이 없다.

07 단기간 내에 자금을 필요로 하는 모든 투자자들은 단기 채권에만 투자한다고 생각하는 이론은?
① 불편기대 가설 ② 유동성 프리미엄가설
③ 시장분할 가설 ④ 선호영역 기대가설

08 다음 중 불편 기대가설과 일치하는 것은?
① 대여자와 차입자들이 특정 만기의 채권에만 특화되어 있다.
② 대여자들은 보다 장기간동안 자금을 자유롭게 활용하지 못한데 대한 대가를 요구한다.
③ 현재의 장기채권의 만기수익률은 현재 및 미래에 예상되는 단기 이자율의 기하평균과 같다.
④ 투자자들은 자기가 선호하는 만기를 갖는 채권이 아니더라도 대가만 주어지면 그런 채권을 매입한다.

09 [CPA 1차 유사문제] 옵션적 특성이 없는 채권(일반사채)과 관련된 다음의 설명 중 가장 올바른 것은?

① 만기에 가까워질수록 할증채와 할인채 모두 할증폭과 할인폭이 작아지며, 가격변화율도 작아진다.

② 만기에 가까워질수록 액면채는 이자수익률이 커지며 자본이득률이 작아진다.

③ 시장분할가설은 만기에 따라 분할된 하위시장 자체 내에서 기대이자율과 유동성프리미엄에 의해 이자율이 결정된다는 가설이다.

④ 순수할인채나 이자부채권이 영구채에 비해 이자율변동위험이 더 크게 노출된다.

10 [CPA 1차 유사문제] 다음 여러 가지 채권의 볼록성(convexity)에 대한 설명 중 가장 옳지 않은 것은?

① 일반사채(straight bond)의 경우 볼록성이 심할수록 이자율 상승시 채권가격이 적게 하락하고, 이자율 하락시 채권가격이 많이 상승한다.

② 이자율이 상승하면 일반사채에 비하여 상환청구권부사채(puttable bond)의 볼록성이 약하다.

③ 이자율이 하락하면 수의상환사채(callable bond)의 볼록성은 음(−)의 값을 가진다.

④ 이자율이 상승하면 수의상환사채의 볼록성은 일반사채와 같게 된다.

11 [CPA 1차 유사문제] 액면금액 10,000원, 3년 만기, 표면이자율 연 16%(이자는 매분기 말 지급)로 발행된 회사채가 있다. 만기일까지의 잔존기간이 5개월 남은 현 시점에서 이 회사채의 만기수익률이 연 12%이면, 이 채권의 이론가격은? (가장 근사치를 고를 것)

① 9,890원 ② 10,110원 ③ 10,290원 ④ 10,390원

12 [CPA 1차 유사문제] 채권에 관한 다음 설명 중 가장 적절하지 않은 것은?

① 이표율이 낮은 채권의 가격변화율은 이표율이 높은 동일 조건의 채권보다 이자율변화에 더 민감하게 반응한다.

② 무이표채권의 듀레이션(duration)은 채권의 잔존만기와 동일하다.

③ 수익률곡선이 우상향일때 무이표채권의 만기수익률은 동일 조건인 이표채권의 만기수익률보다 작다.

④ 수의상환채권(callable bond)의 가격은 동일 조건인 일반채권의 가격보다 낮다.

13 [CPA 1차 유사문제] 채권에 대한 다음 설명 중 가장 옳지 않은 것은? 단, 다른 조건은 일정하다.

① 일반채권의 경우 볼록성(convexity)이 심한 채권의 가격이 볼록성이 약한 채권의 가격보다 항상 비싸다.

② 이자율이 상승하면 상환청구권부채권(puttable bond)의 투자자에게는 유리할 수 있고 발행자에게는 불리할 수 있다.

③ 우상향 수익률곡선의 기울기가 심하게(steeper) 변한다면, 단기채를 매입하고 장기채를 공매하는 투자전략이 그 반대전략보다 투자자에게 유리하다. (단, 기울기는 항상 양의 값을 가진다.)

④ 일반채권의 볼록성은 투자자에게 불리하다.

14 [CPA 1차 유사문제] 만기가 t년(단, $t=1, 2$)인 무위험 무이표채의 수익률(yield)을 뜻하는 현물이자율(spot rate) $R(t)$가 시장에서 $R(t)=0.07+k\times t$로 결정되었다고 가정하자. 예로서 $k=0.02$이면 $R(1)=0.09$, $R(2)=0.11$이다. 단, k값의 범위는 $-0.02\le k\le 0.02$이며 또한 $k\neq 0$이다. 다음 주장 중 맞는 것을 모두 골라라. 현재로부터 1년 후 시점과 2년 후 시점을 연결하는 선도이자율(implied forward rate) ${}_1f_2$는 1년을 단위기간으로 하는 이산복리법에 의하여 결정된다. 시장에는 만기 1년과 만기 2년의 무위험 무이표채만이 존재하며, 이 채권들을 각기 하나씩 포함하는 포트폴리오를 C라고 명명한다.

> a. 선도이자율 ${}_1f_2$가 $R(1)$과 $R(2)$ 사이의 값을 가질 수 있다.
> b. 선도이자율 ${}_1f_2$가 항상 $R(1)$과 $R(2)$의 최대값보다 크다.
> c. 포트폴리오 C의 만기수익률은 선도이자율 ${}_1f_2$보다 작을 수 있다.
> d. 포트폴리오 C의 만기수익률은 선도이자율 ${}_1f_2$보다 클 수 있다.

① a, c ② a, c, d ③ b, c, d ④ c, d

15 [CPA 1차 유사문제] 정부가 발행한 채권의 만기에 따른 현물이자율(spot rate)과 선도이자율(forward rate)이 다음과 같을 때 3차년도와 4차년도 2년간의 내재선도이자율(implied forward rate)을 연단위로 계산하면 얼마인가? (단, 가장 근사치를 구하라.)

만기(년)	현물이자율	선도이자율
1	5.0%	–
2	6.5%	?
3	?	10.0%
4	8.5%	?

① 10.5% ② 10.8% ③ 11.1% ④ 11.3%

16 [CPA 1차 유사문제] 정부에서 발행한 두 종류의 채권이 시장에서 거래되고 있다. 즉 만기가 1년이고 액면가가 50만원인 무이표채(A)와, 만기가 2년이고 액면가가 100만원이며 쿠폰이자율(coupon rate)이 10%인 채권(B)이 거래되고 있다. 만기 t년($t=1, 2$)인 무위험 현물이자율의 형태는 $R(t)=0.05+0.02\times(t-1)$이다.

즉 1년 현물이자율은 0.05(5%), 2년 현물이자율은 0.07(7%)이다. 이때 *A*, *B*가 각기 하나씩 포함된 채권 포트폴리오의 만기수익률(yield)에 가장 가까운 값을 구하라. 만기수익률 산출을 위한 각 계산 단계에서 항상 소수 넷째 자리까지 구한 후 이를 반올림하여 소수 셋째 자리로 확정하여 사용하여라.

① 0.055 ② 0.059 ③ 0.061 ④ 0.065

[주관식 문제]

01 [채권투자소득] 액면금리 8%, 3년 만기의 회사채가 액면 10,000원보다 할인되어 8,500원으로 팔리고 있다. 이 회사채는 1년에 4회 이자를 지급한다. 내년 이맘 때 이 회사채를 보유한 채권자가 얻게 되는 세전소득(taxable income)은 얼마인가?

02 [유효이자율과 채권가격] 액면금리가 12%이고 액면 10,000원인 회사채 만기가 2년이다. 1년에 4회 이자를 지급한다면 유효 만기이자율이 12.6%일 때 채권가격은 얼마인가?

03 [유효이자율 계산] 다음 회사채와 국채 중 어느 채권의 유효(effective)이자율이 높은가?

> 회사채: 액면으로 매매되고 있으며 액면금리 8%, 이자 연 4회 지급
> 국채: 9,800원으로 매매되고 있는 만기 3개월의 통안증권, 액면 10,000원

04* [회사채 가격과 투자수익률] 액면 10,000원, 액면금리 10%, 이자 연 4회 지급, 만기 2년의 회사채가 있다. 현재 이자율은 12%이다.

(1) 오늘 현재의 채권가격은 얼마인가? 3개월 후는 얼마인가?

(2) 분기별 투자수익률은 몇 %인가?

05 [세금과 회사채수익률] 액면 10,000원, 액면금리 12%, 이자 연 1회 지급, 만기 3년의 회사채가 있다.

(1) 현재 이자율이 12%이면 채권가격은 얼마인가?

(2) 내년 초에 만기수익률이 여전히 12%라면 예상가격은 얼마인가? 만약 이자소득에 대한 세금이 30%, 매매차액에 대한 세금이 10%이면 세전 투자수익률과 세후 투자수익률은 몇 %인가?

(3) 다음 해에 연초 이자율이 10%로 떨어질 것으로 예상되면 (2)의 답은 어떻게 되는가?

06 [채권가격과 만기] 액면금리가 12%인 3년 만기 회사채가 있다. 현재 만기수익률 10%가 내년에도 계속 유지된다면, 내년 가격은 지금 가격보다 높은가 아니면 낮은가?

07 [이자율과 채권가격] 앞으로 장기이자율이 현재 12% 상태에서 더 하락할 것으로 예상된다면 다음 두 채권 중에서 어느 채권이 더 나은 투자대상인가?

> ① 3년 만기, 10% 액면금리 회사채, 수의상환시 매입가격 110,000
> ② 3년 만기, 13% 액면금리 회사채, 수의상환시 매입가격 110,000

08 [만기구조이론] 왜 서로 다른 만기의 채권은 서로 다른 만기수익률을 갖는지 설명하라.

09★ [선도이자율] 만기가 서로 다른 국민주택의 가격이 다음과 같을 때 만기수익률과 암묵적 선도이자율(implied forward rate)을 계산하라. 액면은 10,000원이다.

만기(년)	가격(원)
1	9,433.96
2	9,070.29
3	8,889.96

10 [만기구조-기대이론] 위의 문제 9에서 만기구조이론 중 기대이론이 성립한다고 가정하면 액면 10,000, 3년 만기 할인채의 가격을 매년 예상하라. 또한 매년의 투자수익률이 곧 선도이자율임을 확인하라.

11★ [단기이자율과 만기수익률] 액면금액 10,000원, 액면금리 12%의 회사채가 1년마다 1번씩 이자를 지급한다고 하자. 향후 3년간 매년 예상되는 단기이자율은 각각 11%, 12%, 13%이다. 이때 이 채권의 1) 예상가격, 2) 만기수익률, 그리고 3) 실현복리수익률(realized compound yield)을 구하라.

12 [만기구조-수익률곡선] 3년 만기 국민주택채권의 만기구조는 다음과 같다. 이 국채의 액면금액은 10,000원이다.

만기(년)	만기수익률(YTM)
1	10
2	11
3	12

(1) 매년 선도이자율(forward rate)은?

(2) 만기구조이론에서 기대설이 성립하고 또한 내년의 이자율에 대한 기대가 정확하다고 가정하자. 내년에 가서 이 국채의 만기구조(즉 매년 만기수익률)는 어떠한가?

(3) 3년 만기의 이 채권을 지금 매입한다고 하자. 내년에 처분한다면 기대수익률은 얼마인가?

(4) 이와 같은 만기구조가 액면금리회사채에도 적용된다고 하자. 이 경우 액면가액 10,000원, 액면금리 12%, 만기 3년의 회사채 가격은 얼마인가? 만약 이

가격으로 그 회사채를 매입했다고 하자. 내년에 처분한다면 기대수익률은 얼마인가?

13 [무액면금리채권과 만기구조] 3년 만기 국민주택채권의 만기구조는 현재 다음과 같다.

만기(년)	**만기수익률**(%)
1	11
2	12
3	13

내년 이맘때쯤 이 국채의 만기구조는 다음과 같은 것으로 예상된다.

만기(년)	**만기수익률**(%)
1	12
2	13
3	14

(1) 현재 3년 만기 국민주택채권을 매입한다면 내년도에 이 채권의 수익률은 얼마인가?

(2) 만기구조이론에서 기대설이 성립하고 모든 예측이 정확하다고 가정하자. 이 경우 현재의 선도이자율로 예측한 내년도의 2년 만기 국채의 만기구조를 계산하라. 계산된 결과와 시장에서 예상한 만기수익률과는 어떤 차이가 있는가?

14 [선도이자율] 무액면금리채권의 3년간 선도이자율(forward rate)이 다음과 같이 예측되었다.

만기(년)	**선도이자율**(%)
1	6
2	5
3	4

이와 같은 무액면금리 채권의 선도이자율이 액면금리 회사채에도 적용된다고 가정하자. 투자자 김여사는 액면금리 5%, 액면 10,000, 그리고 이자를 1년에 한 번 지급하는 3년 만기 회사채 매입을 검토중이다.

(1) 회사채 가격은 얼마인가?

(2) 이 회사채의 만기수익률은?

(3) 기대설이 맞는다면 이 회사채의 실현복리수익률(realized compound yield)은 몇 %인가?

15 [기간구조] 유동성프리미엄가설(또는 유동성선호가설)이 성립한다고 가정하자. 1년 만기 현물이자율(spot rate)은 6%이다. 그리고 1년 후 기준 1년 만기 현물이자율은 8%로 예상된다(6%와 8%는 명목이자율임). 만기가 2년이고 액면이자율이 8%인 채권(연 1회 이자 지급, 원금 10,000원)을 1년 보유하는 경우 보유수익률

(holding return)이 6.8%로 예상된다(가격은 정수로 계산하고 수익률은 % 기준으로 소수점 둘째 자리까지만 표시한다).

(1) 채권의 1년 후 기대 가격과 현재 가격을 계산하라.

(2) 가격에 반영된 유동성프리미엄은 몇 퍼센트인가?

(3) 실질수익률(real yield)이 3%로 일정하다고 가정하자. 물가상승률이 2년 동안 어떻게 변할 것으로 기대되는가?

16★ [CPA 2차 유사문제] 2000년 1월 1일 현재 시장에는 다음과 같은 채권이 있다고 할 때, 다음 물음에 답하라.

> 채권A: 10억원이 액면금액인 1년 만기 순수할인채, 현재가격 9억원
> 채권B: 10억원이 액면금액인 2년 만기 순수할인채, 현재가격 8억원

(1) 1년에서 2년 사이의 암묵적 선도이자율을 구하라.

(2) 2001년에 은행에서 1000억원을 10% 의 이자율로 차입가능할 때 차익거래 전략을 구성하고 그 이익을 구하라(단, 1년 후 및 2년 후 시점에서는 순현금흐름이 '0'이 되도록 차익거래전략을 구성하라).

17 [CPA 2차 유사문제] 기간구조와 관련하여 순수기대가설(불편기대가설)만 성립된다고 가정하고 다음 물음에 답하시오.

(1) A, B 두 채권은 액면가가 각각 10,000원이고 이자는 매 6개월마다 후급되는 무위험 이표채이다. A 채권의 표면금리는 4%인데 어제 이자가 지급되었고 현재 잔존만기는 6개월이며 만기수익률(yield to maturity: YTM)은 4%이다. 한편, B 채권의 표면금리는 6%인데 어제 이자가 지급되었고 현재 잔존만기는 1년이며 만기수익률은 8%이다. 이를 이용하여 이론적으로 도출되는 6개월만기 현물이자율(spot rate)과 1년만기 현물이자율은 각각 얼마인가?(단, 계산과정 중 금액과 관련된 수치는 반올림하여 소수점 아래 두 자리까지 계산하고, 이자율과 관련된 수치(1 + 이자율 등)는 반올림하여 소수점 아래 여섯 자리까지 계산하시오. 또한 답은 %단위로 표시하되 반올림하여 소수점 아래 네 자리까지 나타낼 것)

(2) (1)의 답을 무시하고 6개월만기 현물이자율과 1년만기 현물이자율이 각각 6%와 10%라고 가정하자. C 채권은 액면가가 10,000원이고 표면금리가 8%인데 매 이자는 매 6개월마다 후급 되는 잔존만기 1년의 무위험 이표채이다. 6개월 후 이자가 지급된 다음날 만기가 6개월 남은 C 채권의 적정기대가격은 얼마인가?(단, 계산과정 중의 이자율과 관련된 수치(1 + 이자율 등)는 반올림하여 소수점 아래 여섯 자리까지 계산하고, 채권가격은 반올림하여 원단위까지 나타낼 것)

제 16 장

채권투자전략

01

이자율위험

이자율위험(interest rate risk)이란 이자율이 변함에 따라 발생하는 채권가격의 변화를 말하는데, 장기채권 투자자에게 특히 크다. 이러한 이자율위험에 대응하는 투자전략이 채권투자전략의 핵심이다.

매일매일 주가가 변하듯이 채권가격도 변한다. 주식과 채권가격이 오르고 내리는 원인은 수없이 많지만 공통적인 원인 중의 하나는 이자율임에 틀림없다.

채권가격과 이자율은 역(reverse)의 관계가 있으며, 주가 또한 이자율과 역의 관계에 있다. 그런데 주식과 달리 채권은 이자율변화에 따른 가격변화에 어떤 규칙성이 존재한다. 왜냐하면 채권은 주식과 달리 만기(maturity)가 있고 또 매기간 받는 확정소득(fixed income)이 있기 때문이다.

첫째, 만기가 긴 채권일수록 이자율 변화에 더 큰 영향을 받는다. 다시 말하면 장기채권은 단기채권보다 가격변화가 더 심하다.

예제 16-1 **만기와 이자율변화**

동신기업(주)의 회사채는 1년 만기와 3년 만기의 두 채권이 있다. 두 회사채의 현재시가는 10,000원이고, 이자율은 6%이다. 만약 이자율이 6%에서 8%로 올라간다면 이 중 어느 회사채가 더 큰 가격변화를 보이는가? 단, 액면 10,000원, 액면금리 6%, 이자는 연 4회 지급한다.

풀이 이자율이 올라가면 채권가격이 내려가는 것은 당연하다. 핵심은 만기에 따라 가격변화율이 다른지 분석하는 데 있다.

이자율	만기 1년	만기 3년
6%	10,000원	10,000원
8%	9,809.61원	9,471.23원
가격변화율	−1.90%	−5.29%

예제 16-1에서 알 수 있듯이 장기채권(만기 3년)은 단기채권(만기 1년)보다 채권가격이 더 많이 떨어졌다. 여기서 확인하지는 않지만 같은 수준으로 이자율

이 내려가도 결과는 마찬가지다.

둘째, 같은 만기의 채권이라도 액면이자율이 낮은 채권일수록 이자율변화에 더 민감하다. 다시 말하면 저액면금리 채권은 고액면금리 채권보다 가격변화가 더 심하다.

예제 16-2 액면금리와 이자율변화

동신기업(주)과 서신기업(주) 회사채 만기는 둘 다 3년으로 같다. 그러나 동신기업 회사채는 액면금리가 6%이고, 서신기업 회사채 액면금리는 8%이다. 두 회사채 시가가 똑같이 10,000원이고 이자율은 6%이다. 이자율이 8%로 올라간다면 이 중 어느 기업 회사채가 더 큰 가격변화를 보이는가? 단 두 채권 모두 액면 10,000원이고 이자는 연 4회 지급한다.

풀이 이자율이 올라가면 채권가격이 내려가는 것은 당연하다. 초점은 액면금리의 높고 낮음에 따라 가격변화율이 다른지를 분석하는 데 있다.

이자율	액면금리 6%	액면금리 8%
6%	10,000원	10,025원
8%	9,503원	10,000원
가격변화율	−4.97%	−0.25%

예제 16-2에서 보면 저액면금리채권(액면금리 6%)은 고액면금리채권(액면금리 8%)보다 가격변화가 더 심하다. 이자율이 같은 수준으로 떨어져도 결과는 마찬가지다. 극단적으로 국채(government bond)와 같은 무액면금리(zero coupon) 채권의 가격변화는 가장 심하다.

위에서 확인된 채권 가격변화의 규칙성을 다음과 같이 요약할 수 있다.

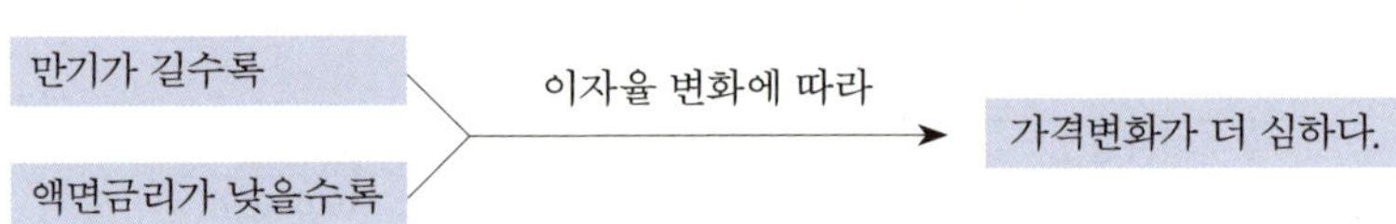

02

듀레이션

1 듀레이션의 정의

듀레이션(Duration)은 각 기간값을 이자금액과 원금의 현가로 가중평균한 기간합계로 정의된다(이것을 Macaulay 듀레이션이라 한다). 듀레이션은 가중평균만기다. 일반적으로 만기(maturity)가 단순한 기간임에 비해 듀레이션은 유효한 만기(effective maturity)이다. 이를 계산식으로 표시하면 다음과 같다.

$$D = \sum_{t=1}^{T} t \times \frac{\frac{CF_t}{(1+k)^t}}{\text{채권가격}} = \sum_{t=1}^{T} t \times \text{가중치} \qquad (16\text{-}1)$$

여기서 D: 듀레이션
t: 만기까지의 기간
$CF_t/(1+k)^t$: t기간의 현금흐름 현가
T: 만기까지 기간 수

예제 16-3 듀레이션 계산

동신기업(주)의 회사채는 현재 유통시장에서 만기수익률 8%로 매매되고 있다. 액면 10,000원, 액면금리 6%, 1년마다 이자지급(현실은 분기마다 이자지급이지만 계산의 편의상 연 1회 이자지급으로 가정), 그리고 3년 후에 상환된다. 먼저 동신기업 회사채의 가격을 구하고 그 다음 듀레이션을 계산하라.

풀이 1년마다 이자를 지급하므로 이자지급 횟수는 3회, 1회당 600원이다. 그리고 할인율은 연 8%이다.

(1) 기간	(2) 액면이자 및 원금	(3) 할인계수	(4) = (2) × (3) 현가	(5) 가중치	(6) (1) × (5)
1	600	0.9259	556	0.0586	0.0586
2	600	0.8573	514	0.0542	0.1084
3	10,600	0.7938	8,415	0.8872	2.6616
			9,485 채권가격	1.00 가중합	2.8286 듀레이션

채권가격 = 9,485원

듀레이션=2.8286년≒2.83년
만 기=3년

참고 만약 3개월(guarterly)마다 이자를 지급하면 채권가격은 9,471원이고 듀레이션은 2.76년이다.

Google 검색어 이용 bond duration calculator

2 왜 듀레이션이 중요한가?

듀레이션이 중요한 이유는 다음 세 가지로 요약할 수 있다.

첫째, 듀레이션은 이자율 변화에 따라 가격이 얼마나 변하는지를(interest rate sensitivity of bonds) 측정할 수 있게 해 준다.

채권 가격변화율은 이자율변화율에 듀레이션을 곱한 것이다. 이는 다음과 같은 과정에서 도출된다.

$$\frac{\Delta P}{P} = -D \times \frac{\Delta k}{1+k} \qquad (16\text{-}2)$$

여기서 k는 이자율이다.

식 (16-2)에서 보면 이자율이 변할 때 듀레이션이 큰 채권일수록 가격변화율이 높은 것을 알 수 있다. 이를 수정듀레이션(modified duration: MD 또는 D^*)으로 표시하면 다음과 같다. 수정듀레이션 D^*는 듀레이션 D를 $1+k$로 나눈 값이다.

$$\text{수정듀레이션 } D^* = \frac{D}{1+k} \qquad (16\text{-}3)$$

위의 예제 16-3에서 D^*는 $\frac{2{,}828}{1.08} = 2.6191$년이다.

채권가격변화 금액(ΔP) 채권가격(P) 듀레이션(D)와 이자율의 변화분 $\frac{\Delta k}{1+k}$를 곱한 값이다.

$$\Delta P = -P \cdot D \cdot \frac{\Delta k}{1+k} \qquad (16\text{-}4)$$

예제 16-4 | 듀레이션과 가격변화율

앞의 「예제 16-3 듀레이션 계산」에서 이자율이 연 8%에서 10%로 오르면 가격은 얼마나 낮아지는지 계산하라. 또한 여기서 구한 가격변화율($\Delta P/P$)이 식 (16-2)에 의해 확인됨을 보여라.

풀이 할인율이 10%일 때 채권가격은 다음과 같다.

$$\sum_{t=1}^{3}\frac{600}{(1+0.1)^t}+\frac{10,000}{(1+0.1)^3}=9,005$$

$$\therefore \text{ 가격변화율} = \frac{9,005-9,485}{9,485}=-0.05=-5\%$$

즉, 이자율이 연 8%에서 10%로 오르면 채권가격은 5% 낮아진다. 식 (16-2)에 의해 확인해 보자.

$$-D\times\frac{\Delta k}{1+k}=-2.8286\times\frac{0.02}{1+0.08}=-0.0523 \fallingdotseq -0.05=-5\%$$

이것은 소수점 자리수 오류(rounding error)를 감안하면 가격변화율 −5%와 거의 비슷하다.

둘째, 듀레이션은 소극적 채권투자전략에서 중요한 도구가 된다. 즉 이자율 변화에 관계없이 수익률을 확보하는 면역전략(immunization strategy)은 목표투자기간을 듀레이션과 같게 하면 된다.

셋째, 듀레이션은 채권포트폴리오에서 단순한 만기보다는 유효한 만기(effective maturity)로서 사용된다. 즉 듀레이션은 이자와 원금이 지급될 때까지의 가중평균기간 개념으로 사용된다.

3 듀레이션의 특성

듀레이션은 확정소득증권에서 매우 중요하다. 다음은 듀레이션의 특성(property)을 요약·정리한 것이다.

① 무액면금리채권(zero coupon bond)의 만기는 바로 듀레이션이다.
② 액면금리가 낮을수록 듀레이션은 길어진다.
③ 만기가 길수록 듀레이션 역시 길어진다.

④ 만기수익률이 낮을수록 듀레이션은 길어진다.

⑤ 이자율이 i%인 영구채권(perpetuity)의 듀레이션은 $(1+i)/i$이다. 예를 들어 이자율이 10%인 영구채권의 듀레이션은 $(1+0.10)/0.10=11$년이다.

⑥ 이자율이 i%이고 n년간의 연금채권(annuity) 듀레이션은 다음과 같다.

$$\frac{1+i}{i}-\frac{n}{(1+i)^n-1}$$

예를 들어, 이자율이 8%이고 10년간 일정이자를 지급하는 연금(annuity)의 듀레이션은 4.87년이다.

$$\frac{1+0.08}{0.08}-\frac{10}{1.08^{10}-1}=4.87$$

⑦ 이자율이 i%이고, 액면금리가 c%, 그리고 이자지급기간이 n인 액면금리 회사채의 듀레이션은 다음과 같다.

$$\frac{1+i}{i}-\frac{(1+i)+n(c-i)}{c\{(1+i)^n-1\}+i}$$

예를 들어, $i=10\%$, $c=8\%$, 이자지급기간 $=6$년(연 1회 이자지급)인 회사채의 듀레이션은 4.94년이다.

$$\frac{1+0.10}{0.10}-\frac{(1+0.10)+6(0.08-0.10)}{0.08\{(1+0.10)^6-1\}+0.10}=4.94\text{년}$$

⑧ 이자율 i%가 액면금리와 같이 c%이고, 이자지급기간이 n인 회사채의 듀레이션은 다음과 같다.

$$\frac{1+i}{i}\left\{1-\frac{1}{(1+i)^n}\right\}$$

예를 들어, 이자율이 8%, 액면금리가 8%, 이자지급기간이 6년인 회사채의 듀레이션은 5년이다.

$$\frac{1+0.08}{0.08}\left\{1-\frac{1}{(1+0.08)^6}\right\}=4.94\text{년} \fallingdotseq 5\text{년}$$

03

소극적 채권투자전략

소극적(passive) 채권투자전략은 채권가격은 주어진 것으로 가정하고 위험을 조정하면서 투자위험을 최소화하는 전략이다.[1] 소극적 채권투자전략은 이자율예측이 전제되지 않으므로 시간과 노력이 적게 든다. 여기에는 채권지수펀드(bond index fund)투자와 은행이나 보험회사가 많이 이용하는 면역기법(immunization technique)이 있다.

두 전략의 가장 큰 차이는 위험에 대한 태도이다. 채권지수펀드 전략은 채권시장지수(bond market index)의 위험수준에 상응하는 수익을 올리려는 전략이다. 여기에 비해 면역전략은 위험자체를 0으로 하여 이자율변화가 채권가격(즉 포트폴리오가치)에 영향을 미치지 못하게 하는 점에 있다.

1 채권지수펀드

주식이든 채권이든 소극적 투자전략의 기본은 시장지수(market index)와 똑같은 구성종목과 비중으로 포트폴리오를 구성하는 것이다. 문제는 이러한 시장지수를 찾는 일이다. 주식의 경우 KOSPI나 그 외에 여러 가지 주가지수가 있으므로 선택의 범위가 넓다.

그러나 채권시장지수는 구성종목이 다양하고 지수 관리상의 어려움 때문에 뚜렷한 대표지수가 없다. 현재 미국에서 대표적인 채권지수는 Salomon Big Index와 Merril-Lynch Domestic Master가 있다. 우리나라에는 한국거래소에서 발표하는 채권지수가 있다.

채권지수펀드의 구성과 운영상의 문제점은 다음과 같다.

첫째, 채권에는 약 3,000~4,000종목이 있는데 똑같은 채권종목을 매입하기가 힘들다. 더구나 주식과 달리 채권은 장외에서 상대매매로 거래되기 때문에 구하기 어렵고, 일부 채권종목은 아예 거래자체가 귀하다.

둘째, 채권지수펀드의 구성종목 교체 또한 매우 어렵다. 주가지수와 달리 채권

1 "passive"를 "수동적"으로 번역한 학자나 문헌도 있다.

지수에 포함된 채권은 만기가 되면 자연히 지수구성에서 빠지고 새로운 채권이 끊임없이 지수에 편입된다. 이와 같이 구성종목의 어쩔 수 없는 잦은 교체는 채권지수펀드의 업데이트(update)나 리밸런싱(rebalancing)을 아주 힘들게 한다.

셋째, 채권에서 발생되는 매기간 이자수입의 관리가 어렵다. 즉 이러한 이자수입은 반드시 재투자되어야 하는데 재투자가 모두 이루어지는 건 아니다. 이 점도 채권지수펀드의 효율적 관리를 어렵게 만든다.

2 면역화

영어로 "immune"은 의학상 용어로서 "면역이 생긴, 면역화된"이란 뜻을 갖는다. 채권투자에서 "immunization"은 이자율이 변하더라도 채권가치에 영향을 미치지 않게 한다는 뜻을 갖는다. 이를 이자율 변화위험에 대한 헷징(hedging)기법이라고 생각할 수 있다.

면역화(immunization)전략에는 은행에서 이자율 변화에 따른 자산수익률과 부채(예금)금리와의 갭(gap)을 최소화하려는 순자산 면역화(net worth immunization)와 연금기금과 같이 미래 지급할 연금의무지급액의 가치를 보호하려는 목표기간 면역화(target date immunization)가 있다. 순자산 면역화전략이나 목표기간 면역화전략 모두 공통적으로 이자율 변화가 재무적 가치에 미치는 영향을 없애거나 최소화하는 데 그 목적이 있다.

1) 순자산 면역화

은행은 자산의 만기와 부채의 만기가 큰 차이를 보이는 대표적 금융기관이다. 은행자산은 대부분 장기대출인데 비해 은행부채는 단기예금이다. 따라서 이자율인상은 단기예금보다는 장기대출에 더 큰 영향을 미쳐 심각한 순자산의 감소를 가져온다.

재무상태표

××은행

자산	부채·자본
장기대출	예금 순자산

이러한 자산과 부채의 변화 차이를 같게 하려는 자산부채종합관리(ALM: Asset Liability Management)의 하나가 순자산 면역화전략이다. 순자산 면역화(net worth immunization)전략은 이자율 변화에도 불구하고 순자산의 가치 변화가 거의 없게 하는 것이다. 이는 자산의 변화금액이 부채의 변화금액과 같게 하는 것인데, 구체적으로 부채의 듀레이션을 조정함으로써 이루어진다. 즉, 부채의 듀레이션을 조정함으로써 이자율변화가 자산과 부채의 가치에 같은 정도의 영향을 미치게 하는 데 있다.

예제 16-5 ALM(자산부채종합관리)과 순자산 면역화

Hana은행의 장부가치 기준 ××년도 재무상태표가 다음의 표와 같다.

Hana은행 재무상태표

××××년도 (단위 : 억원)

자 산		부채와 자본	
현금	50	요구불예금	340
단기대출	300	CD	100
장기대출	150	자기자본	60
합계	500	합계	500

단기대출조건: 연 이자율 8%, 기간 2년, 매년 말 원리금 균등분할상환

장기대출조건: 연 이자율 6%, 이자 연 1회 연말, 기간 3년, 만기에 원금 전액상환

CD발행조건: 연 이자율 4%, 1년 만기, 1년 후 원리금 전액상환

현재 이자율: 연 6%

[물음 1] Hana은행 보유자산의 듀레이션을 구하라.

[물음 2] Hana은행 보유부채의 듀레이션을 구하라.

[물음 3] 순자산가치가 이자율변동위험으로부터 면역화되기 위한 조건을 구하라.

[물음 4] ① 현재 이자율이 6%에서 1% 증가하여 7%가 된 경우 순자산가치의 변화를 구하라.
② [물음 3]에서와 같이 면역화 전략을 적용했을 경우 순자산가치의 변화를 구하라.

풀이 1 세 자산의 개별 듀레이션을 계산한 후 금액별 가중치를 고려하여 가중듀레이션을 구한다.

현금 듀레이션$(D) = 0$

단기대출 듀레이션: 1.49년. 현재 금리 6%를 고려하여 단기대출의 시장가치(= 시가)를 구한 후 개별년도의 가중치를 고려하여 듀레이션을 구한다.

만기는 2년이지만 듀레이션은 이보다 짧을 것이다.

기간(년)	매년 현금흐름	현가 계수	시가 금액	비중	듀레이션
1	168.23	$\frac{1}{1.06}$	155.77	.51	.51
2	168.23	$\frac{1}{1.06^2}$	149.72	.49	.98
			305.49	1.00	1.49

[참고] 매년 현금흐름(A)계산: 300억원의 2년간 균등분할상환 이자율→8%

연금의 현가개념응용 300 = A . PVIFA(8%, 2)

$$300 = \frac{A}{1.08} + \frac{A}{1.08^2},\ \text{여기서 } A = 168.23$$

장기대출 듀레이션: 2.83년. 현재금리 6%를 할인율로 하여 장기대출의 시장가치(=시가)를 구한 후 개별년도의 가중치를 고려하여 듀레이션을 구한다.

기간(년)	매년 현금흐름	현가 계수	시가 금액	비중	듀레이션
1	9	$\frac{1}{1.06}$	8.49	0.06	0.06
2	9	$\frac{1}{1.06^2}$	8.01	0.05	0.10
3	150	$\frac{1}{1.06^3}$	133.50	0.89	2.67
			150	1.00	2.83

$$\text{자산의 가중듀레이션} = \frac{305.49}{50 + 305.49 + 150} \times 1.49 + \frac{150}{50 + 305.49 + 150} \times 2.83$$
$$= 1.74\text{년}$$

풀이 2 부채 2종류의 개별 듀레이션을 구한 후 금액별 가중치를 고려하여 가중듀레이션을 구하라.

요구불예금 듀레이션 = 0

CD의 듀레이션 = 1년

기간(년)	매년 현금흐름	현가 계수	시가 금액	듀레이션
1	104	$\frac{1}{1.06}$	98.11	1

$$\text{부채의 가중듀레이션:}\ \frac{98.11}{340 + 98.11} \times 1 = .22\text{년}$$

풀이 3 자산의 가치변화가 부채의 가치변화와 같게 함으로써 순자산의 가치변화가 없게 한다. 자산 및 부채의 가치변화는 각각의 시가에 수정듀레이션을 곱한 값이다. 이미 대출된 계약조건은 변경하기 어려우므로 부채 즉 예금의 듀레이션을 조정한다.

$$\text{자산시가} \times \text{자산듀레이션} = \text{부채시가} \times \text{부채듀레이션}$$

$$505.49 \times 1.74 = 438.11 \times D_L^*$$
$$D_L^* = 2.01$$

조정된 부채의 듀레이션 D_L^*은 2.01년이다.

풀이 4 ① 자산가치의 변화$(\Delta A) = \frac{r}{1+r} . D_A . A = \frac{0.01}{1.06} \times 1.74 \times 505.49 = 8.30$

부채가치의 변화$(\Delta L) = \frac{r}{1+r} . D_L . L = \frac{0.01}{1.06} \times 0.22 \times 438.11 = 0.91$

순자산가치변화$(\Delta A - \Delta L) = 8.30 - 0.91 = 7.39$

② 부채가치의 변화$(\Delta L) = \frac{0.01}{1.06} \times 2.01 \times 438.11 = 8.30$

순자산가치변화$= 8.30 - 8.30 = 0$

2) 목표기간 면역화

목표기간 면역화(target date immunization)란 목표투자기간과 같은 듀레이션을 가진 채권에 투자함으로써 이자율 위험을 없애거나 최소화하는 전략을 말한다. 연금공단이나 보험회사는 현재의 자산보다는 미래에 지급해야 할 의무지급액이 더 중요하다. 연금공단은 미래에 회사원들이 퇴직할 때 퇴직금을 반드시 지급해야 한다. 보험회사는 보험불입기간이 만료되고 일정기간이 지난 후 확정금액을 의무적으로 지급해야 한다. 그 어떤 경우라도 이들 금융기관은 이자율 변화에 따라 미래지급액을 보호(protect 또는 immunize)해야 한다.

연금공단의 현재 현금(자산)이 1,000,000원인데, 이 연금공단이 5년 후에 1,469,328원을 지급해야 할 의무가 있다고 가정하자. 만약 이 현금을 이자율이 8%인 정기예금에 투자한다면,

$$1{,}000{,}000(1+0.08)^5 = 1{,}469{,}328$$

로서 5년 후 의무지급액 이행에 아무런 문제가 없을 것이다.

그러나 만약 만기 전에 이자율이 올라가면 만기시에 지급해야 될 금액의 가치는 1,469,328원보다 적을 것이다. 따라서 이자율이 8%보다 올라가든 내려가든 5년 후 의무지급액을 1,469,328원으로 보호 또는 면역시키기 위해서 듀레이션 개념이 도입된다.

이를 위해 만기(maturity)가 아니라 듀레이션(duration)이 5년인 회사채나

국채를 찾아야 한다. 여러 투자대상 중 액면금리 8%, 액면 1,000,000(= 액면 10,000 ×10단위), 연 1회 이자지급, 그리고 만기가 6년인 회사채를 선택했다고 하자. 현재 이자율이 8%일 때 이 회사채의 듀레이션은 5년이다. 회사채의 듀레이션 계산은 앞에서 배운 「듀레이션 특성」에서 8번째 특성을 이용하여 구한 결과이다.

$$\frac{1+0.08}{0.08}\left\{1-\frac{1}{(1+0.08)^6}\right\}=5\text{년}$$

예제 16-6 | 목표기간 면역화전략

현재 자산이 1,000,000원인 연금공단은 5년 후 1,469,328원을 지급해야 할 의무를 지고 있다. 현재 이자율은 연 8%이다. 목표기간 5년과 같은 듀레이션을 가진 회사채에 현재 자산 1,000,000원을 투자했을 때 이자율이 현재 8%에서 9%로 오른다고 해도 반대로 7%로 내린다 해도 의무지급액 1,469,328원에 변함이 없음을 보여라. 단, 회사채의 액면은 1,000,000원, 액면금리 8%, 만기 6년, 그리고 이자는 연 1회 지급한다.

풀이

이자수입시기	이자수입의 미래가치	
i) 이자율이 8%로 변함이 없을 때		
1년 후	$80{,}000(1.08)^4=$	108,839
2년 후	$80{,}000(1.08)^3=$	100,777
3년 후	$80{,}000(1.08)^2=$	93,312
4년 후	$80{,}000(1.08)^1=$	86,400
5년 후	$80{,}000(1.08)^0=$	80,000
5년 후(회사채매각)	$1{,}080{,}000/(1+1.08)=$	1,000,000
5년 후 미래가치		1,469,328
ii) 이자율이 9%로 오를 때		
1년 후	$80{,}000(1.09)^4=$	112,927
2년 후	$80{,}000(1.09)^3=$	103,602
3년 후	$80{,}000(1.09)^2=$	95,048
4년 후	$80{,}000(1.09)^1=$	87,200
5년 후	$80{,}000(1.09)^0=$	80,000
5년 후(회사채매각)	$1{,}080{,}000/(1+1.09)=$	990,826
5년 후 미래가치		1,469,602
iii) 이자율이 7%로 떨어질 때		
1년 후	$80{,}000(1.07)^4=$	104,864

2년 후	$80,000(1.07)^3 =$	98,003
3년 후	$80,000(1.07)^2 =$	91,592
4년 후	$80,000(1.07)^1 =$	85,600
5년 후	$80,000(1.07)^0 =$	80,000
5년 후(회사채매각)	$1,080,000/(1+1.07) =$	1,009,346
5년 후 미래가치		1,469,405

3) 면역전략의 한계점

순자산 면역화와 목표기간 면역화 전략에서 가장 중요한 것은 듀레이션이다. 그러나 듀레이션을 이용한 면역전략은 다음과 같은 한계점을 가진다.

첫째, 듀레이션은 수익률곡선이 수평(flat)임을 전제로 하고 계산한다. 이런 수평 수익률곡선 가정 때문에 듀레이션 계산시 매기간 현금흐름은 똑같은 이자율로 할인된다. 그러나 현실적으로 수평 수익률곡선은 매우 드물다.

둘째, 인플레이션이 있는 경우 면역전략은 별로 효율적인 투자전략이 못된다. 면역은 명목가치를 기준으로 전개되는 것이고, 따라서 실질부채가 아니라 명목부채(nominal liabilities)만을 대상으로 한다.

셋째, 면역전략은 회사채의 특성, 예를 들면 콜(call) 조항여부나 담보 유무, 그리고 채무불이행 가능성을 고려하지 않고 전개된다.[2]

04

적극적 채권투자전략*

적극적(active) 채권투자전략은 투자자가 정보우위(information superiority)의 입장에서 비정상이익(abnormal return) 획득을 목표로 하는 투자전략이다. 정보우위는 ① 남보다 이자율 예측이 뛰어나든가, ② 비교적 저평가된 채권을 빨리 정확히 찾아내는 데 있다. ①의 기법에는 투자계획기간분석(horizon analysis)과

2 이상의 가능성을 고려해 가중평균만기(duration)를 계산하는 모델이 있으나, 이 책에서는 설명하지 않는다.

* 학부과정은 이 부분을 생략할 수 있음.

수익률곡선타기(riding yield curve)가, ②에는 채권 스왑(bond swap)이 있다. 소극적 투자전략과 적극적 투자전략을 혼합한 조건부 면역전략(contingent immunization)도 여기 소개한다. 적극적 투자전략기법을 열거하면 다음과 같다.

① 투자계획기간분석
② 수익률곡선타기
③ 채권스왑
④ 조건부면역전략

각 기법을 순서대로 설명한다.

1 투자계획기간분석

영어로 "horizon"은 "수평선"의 뜻이지만, 투자론에서는 "투자계획기간"이란 의미를 지닌다. 구체적으로 채권을 매입해서 매도할 때까지의 기간이다. 채권투자에서 투자계획기간분석이란 이자율을 예측하여 투자계획기간보다 긴 채권을 싼 값에 매입한 다음 투자계획기간이 끝나는 때에 비싼 값으로 매도하여 매매차익(자본이득)과 수입이자를 얻는 전략이다. 여기서 투자계획기간 동안 실현된 복리수익률을 알기 위해서는 미래이자율 예측이 전제가 되어야 한다. 그래야만 이자수입의 재투자금액과 채권예상매도가격을 알 수 있기 때문이다.

미래이자율이 너무 높게 예측되면 채권예상매도가격이 낮아지지만 이자수입의 재투자수익률(reinvestment rate)이 높아지는 효과가 있을 것이다. 반대로 미래이자율이 너무 낮게 예측되면 채권예상매도가격은 높아지고 재투자수익률은 낮아질 것이다.

2 수익률곡선타기

수익률곡선타기는 주로 단기채권을 대상으로 우상향하는 수익률곡선에서 만기가 줄어듦에 따라 채권을 사고 파는 전략이다. 수익률곡선이 우상향하고 투자계획기간 동안 변하지 않을 것으로 예측되면, 시간의 경과에 따라 채권 만기가 줄어들고 투자자들이 더 만기가 짧은 채권으로 수익률곡선을 타게 됨에 따라 수익률도 뒤따라 낮아진다. 이렇게 낮아진 수익률은 채권매매차익을 제공한다.

그림 16-1 **수익률곡선타기**

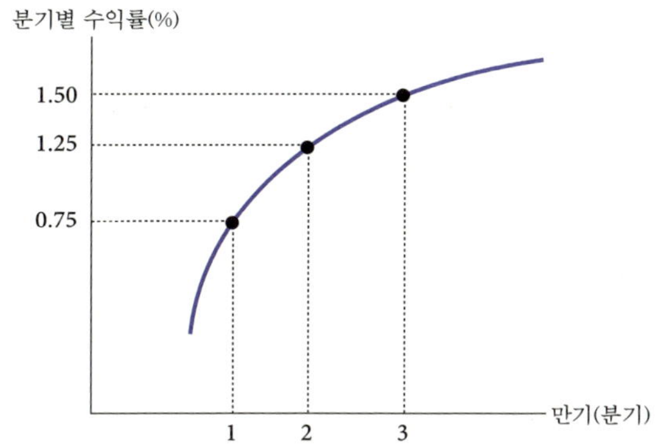

예를 들어 현재 수익률곡선이 우상향(upward)한다고 하자. 이자지급은 분기별로 하므로 수익률도 3개월 단위로 계산한다. 현재 분기 수익률은 1.5%라고 가정하자.

어느 투자자가 만기 3분기(즉 9개월) 액면 1,000,000원의 무액면금리채권(zero coupon bond)을 할인하여 $1,000,000/(1+0.015)^3=956,317$원에 매입했다고 하자. 1분기(3개월)가 지나면 예의 그 채권은 이제 만기가 2분기만 남게 된다.

만약 수익률곡선에 변함이 없다고 가정하면 그 채권의 수익률은 1.5%에서 1.25%로 떨어진다. 따라서 이때 채권가격은 $1,000,000/(1+0.0125)^2=975,461$원이 되며, 이 가격으로 매도하면 투자수익률은 $(975,461-956,317)/956,317=2\%$가 된다. 만약 수익률을 타지 않았다면 1분기 후 채권가격은 $1,000,000/(1+0.015)^2=970,662$원이 되어 투자수익률은 만기수익률인 1.5%에 그칠 것이다.

만약 수익률 예측이 잘못되어 우상향의 수익률곡선이 아니라 우하향의 수익률곡선이라면 그 투자자는 손해를 보게 될 것이다. 따라서 수익률곡선의 성공여부는 이자율 예측의 정확성에 달려 있다.

3 채권스왑

채권스왑(bond swap)이란 정확한 이자율 예측정보로서, 저평가된 채권종목으로 포트폴리오 구성종목을 교체하는 것이다. 채권스왑은 이자율 예측정보 우위를 가정하여 비정상수익률 획득을 목적으로 한다. 채권스왑에는 여러 가지 종류가 있는데, 여기서는 시장간 스프레드스왑과 이자율 예측스왑 등 2가지를 설명한다.

1) 시장간 스프레드스왑(intermarket spread swap)

채권영역 시장 사이에 수익률 스프레드가 잠시 균형을 잃었다고 생각될 때 일어나는 스왑이다. 예를 들어, 회사채와 국채시장 사이의 수익률 스프레드가 잠시 너무 넓어 곧 좁아지리라 예상되면 투자자들은 국채에서 회사채로 투자를 돌린다. 예상대로 두 시장 사이의 스프레드가 좁아지면 회사채 투자성과는 국채보다 나아진다.

2) 이자율 예측스왑(interest rate swap)

이자율 예측에 근거해 이자율이 떨어지리라 예상되면 만기가 긴 채권에 투자한다. 반대로 이자율이 오를 것으로 예측되면 만기가 짧은 채권에 투자한다.

4 조건부면역전략

조건부면역전략(contingent immunization strategy)은 투자계획기간 종료시 목표금액을 확보하기 위한 최소유지금액(trigger point: 「마지노선」으로 번역)을 염두에 두면서 소극적 면역전략과 적극적 투자전략을 혼합한 투자전략이다. 즉 시간이 경과함에 따라 만약 투자가치가 마지노선에 도달하면 소극적 면역전략을 구사하고, 그렇지 않으면 적극적 투자전략을 구사한다.

예제 16-7 조건부면역전략

10억원의 채권포트폴리오를 가진 남진증권(주)은 2년을 투자계획기간(horizon)으로 잡고 적어도 2년째 가서 최소한 11억원의 투자가치를 확보하면서 적극적 채권투자전략을 구사할 예정이다. 따라서 현재 이자율인 12%가 2년까지 계속된다고 가정하면 현재 유지해야 될 금액(마지노선)은 $11/(1.12)^2 = 8.77$억원 정도면 된다. 따라서 10억원의 원금 중 8.77억원을 공제한 1.23억원 정도는 지금 당장 적극적 투자전략 구사에 따른 희생으로 감수할 수 있을 것이다. 그러나 기간이 경과함에 따라 이자율이 어떻게 바뀔지 모르므로 마지노선을 항상 유지해야 한다. 마지노선은 이자율이 r%, 잔여기간이 T이면 $11/(1+r)^T$으로 계산된다. 이를 그림으로 그리면 아래 그림과 같다.

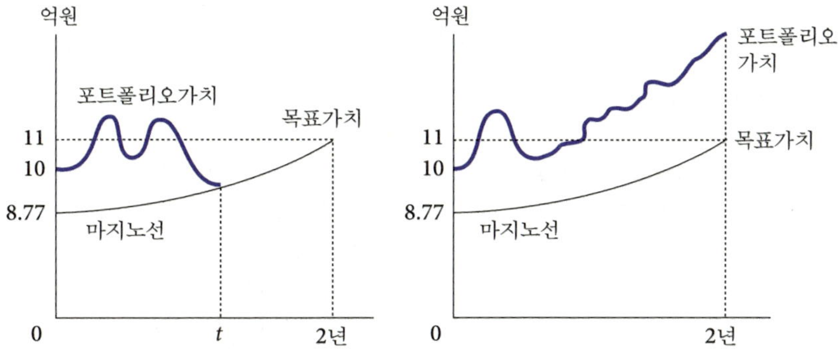

(a) 마지노선에 닿았을 경우
(소극적 면역전략 구사)

(b) 마지노선에 닿지 않았을 경우
(소극적 면역전략 구사 안 함)

중요영어용어

가중평균(weighted average)
듀레이션(duration)
면역전략(immunization strategy)
목표기간(target date) 면역화
수익률곡선타기(riding yield curve)
스왑(swap)
연금(annuity)
영구채권(perpetuity)
이자율(interest rate)스왑
자산부채종합관리(ALM)
조건부(contingent)면역전략
채권시장지수(bond market index)
투자계획기간분석(horizon analysis)
고정(확정)소득(fixed income)
만기(maturity)
면역화(immunization)
소극적(passive) 투자전략
순자산(net worth)면역화
시장간 스프레드(intermarket spread)스왑
연금기금(pension funds)
유효만기(effective maturity)
이자율위험(interest rate risk)
적극적(active) 투자전략
채권스왑(bond swap)
채권지수펀드(bond index funds)

관련웹사이트

1. 채권 스왑에 관한 정보와 스왑 연습용 도구 제공.
   ▷ http://www.investinbords.com
2. NH투자증권: 주식, 채권, 선물옵션, 수익증권거래서비스, 시황속보, 투자전략 제공.
   ▷ http://www.nhgv.co.kr
3. 머니투데이: 경제뉴스전문, 시황속보, 종목분석, 채권, 외환, 투자전략, 금융, 환율 등 소개.
   ▷ http://www.mt.co.kr/
4. 뉴스핌: 외환 및 채권, 주식 등 투자전략, 주간전망, 금리예측, 선물동향 수록.
   ▷ http://www.newspim.com
5. 대신경제연구소: 투자전략, 채권이슈, 기업산업분석, 국내외 경제정보 수록.
   ▷ http://www.deri.co.kr

연습문제

[객관식 문제]

01 듀레이션의 특징이 아닌 것은?

① 무액면금리채를 제외하곤 채권에서 듀레이션은 항상 만기보다 짧다.

② 이자율 위험을 헷지하기 위해 목표투자기간을 만기보다는 듀레이션에 맞춘다.

③ 듀레이션은 수익률 곡선이 수평임을 전제로 한다.

④ 듀레이션이 클수록 이자율 변화에 대한 가격변화가 작다.

02 듀레이션에 대해 틀린 내용은?

① zero coupon bond의 만기는 바로 듀레이션이다.

② 액면금리가 낮을수록 듀레이션은 길어진다.

③ 만기가 길수록 듀레이션은 길어진다.

④ 만기수익률이 높을수록 듀레이션은 길어진다.

03 면역전략의 기본목적이 아닌 것은?

① 채권 가격 변동성의 최소화 ② 가격위험과 재투자 수익률위험 상쇄

③ 이자율 위험의 회피 ④ 채무 불이행위험 제거

04 이표(쿠폰)채권이 경우 듀레이션에 영향을 미치지 않는 요인은?

① 이표이율 ② 액면가치 ③ 만기 ④ 만기수익률

05 현재 시장 이자율이 10%일 경우 가장 짧은 듀레이션을 갖는 채권은?

① 이표이자율이 8%인 3년 만기 이표채(연말마다 이자지급)

② 3년 만기 순수 할인채

③ 이표이자율이 10%인 3년 만기 이표채(연말마다 이자지급)

④ 이표이자율이 10%인 3년 만기 이표채(3개월마다 이자지급)

06 현재 시장이자율이 10%이다. 매기 다음과 같은 현금흐름을 가져다 주는 자산의 듀레이션은 얼마인가?

연도	1년	2년	3년
현금흐름	8,000	8,000	108,000

① 2.12년 ② 2.54년 ③ 2.78년 ④ 2.93년

07 채권 수익률 곡선의 볼록성 때문에 현재의 금리보다 동일한 금리로 상승할 때의 채권가격의 하락률은 동일한 금리로 하락할 때의 채권가격 상승률보다 ( ).

① 항상 낮다. ② 항상 높다.

③ 항상 같다. ④ 금융환경에 따라 높을 수도 낮을 수도 있다.

08 다음 중 적극적 채권투자 전략이 아닌 것은?

① horizon analysis ② 면역화전략

③ 채권스왑 ④ 수익률곡선 타기

09 [CPA 1차 유사문제] 자산의 시장가치가 1,000억원이고 듀레이션이 4년이며, 부채의 시장가치가 700억원이고 듀레이션이 5년인 가상은행이 있다고 하자. 이 은행은 어떤 금리위험에 노출되어 있으며, 이를 줄이기 위해 어떤 조치를 취할 수 있는가?(단, 아래 각 항의 조치는 나머지 변수들에는 영향을 미치지 않는다고 가정)

① 금리상승위험을 줄이기 위해 부채의 시장가치를 줄인다.
② 금리하락위험을 줄이기 위해 부채의 듀레이션을 늘린다.
③ 금리상승위험을 줄이기 위해 자산의 시장가치를 줄인다.
④ 금리하락위험을 줄이기 위해 자산의 듀레이션을 늘린다.

10 [CPA 1차 유사문제] 총자산이 100조원이고 자기자본비율이 8%인 금융기관이 있다고 하자. 자산과 부채의 듀레이션(duration)은 각각 6년과 4년이다. 이 금융기관의 경영자는 조만간 이자율이 현재 8%에서 9%로 상승한다고 예측하고 대응전략을 강구하고 있다. 만일 이 예측이 사실이라면 주주의 입장에서 얼마만큼의 손실 혹은 이익이 발생하는가?(채권으로 인한 볼록성(convexity)은 무시하고 가장 근사치를 고를 것)

① 2.148조원 손실　　② 2.008조원 이익
③ 1.525조원 손실　　④ 1.525조원 이익

11 [CPA 1차 유사문제] 채권투자에 관한 설명 중 가장 옳은 것은?

① 채권수익률 하락이 예상되면 장기채와 쿠폰금리(액면이자율)가 높은 채권에 대한 투자를 증가시킨다.
② 채권수익률 기간구조이론 중 불편기대가설이 성립하는 경우 정부 발행 5년 만기 할인채에 투자하는 장기투자전략과 정부 발행 1년 만기 할인채에 5년 동안 반복 투자하는 롤오버전략(roll over strategy)의 사후적인 투자성과는 같다.
③ 만기가 동일한 채권에서 채권수익률 상승으로 인한 가격 하락폭보다 같은 크기의 수익률 하락으로 인한 가격 상승폭이 더 크다.
④ 수익률곡선타기전략(riding yield curve)은 수익률곡선이 상향 이동하는 경우에만 효과적인 전략이다.

12 [CPA 1차 유사문제] 채권에 대한 다음 설명 중 옳은 것은?

① 이자율 기간구조상에서 만기가 긴 채권의 만기수익률은 만기가 짧은 채권의 만기수익률보다 항상 높다.
② 다른 조건이 동일하다면, 유동성위험이 큰 채권의 만기수익률은 유동성위험이 낮은 채권의 만기수익률보다 낮다.
③ 만기가 긴 채권의 듀레이션(duration)이 만기가 짧은 채권의 듀레이션보다 클 수도 있고 작을 수도 있다.

④ 다른 조건이 동일하다면, 수의상환조건이 있는 채권의 만기수익률은 수의상환조건이 없는 채권의 만기수익률보다 낮다.

13 [CPA 1차 유사문제] 이표이자를 1년마다 한 번씩 지급하는 채권이 있다. 이 채권의 만기수익률은 연 10%이며, 듀레이션을 구한 결과 4.5년이었다. 이 채권의 만기수익률이 0.1%p 상승한다면, 채권가격 변화율은 근사치로 얼마인가? 단, 채권가격의 비례적인 변화율과 만기수익률의 변화와의 관계식을 이용해야 한다.

① −0.2045% ② −0.2143% ③ −0.4091% ④ −0.4286%

14 [CPA 1차 유사문제] 채권가치평가와 채권포트폴리오 관리에 관련된 다음 설명 중 가장 적절하지 않은 것은?

① 시장이자율이 하락할 때 채권가격이 상승하는 정도는 시장이자율이 같은 크기만큼 상승할 때 채권가격이 하락하는 정도보다 더 크다.

② 다른 조건이 일정할 경우 시장이자율이 하락하면 채권의 듀레이션은 길어진다.

③ 다른 조건은 동일하고 만기만 다른 채권 A(1년), B(3년), C(5년)가 있다. 시장이자율이 상승할 때, 채권 A와 채권 B의 가격하락폭의 차이는 채권 B와 채권 C의 가격하락폭의 차이보다 작다.

④ 채권포트폴리오의 이자율위험을 면역화하기 위해서는 시간이 경과함에 따라 채권포트폴리오를 지속적으로 재조정해야 한다.

[주관식 문제]

01★ [듀레이션과 채권가격변화] 3년 만기 채권의 수익률은 3%이고, 듀레이션은 3.14년이다. 만약 시장수익률이 0.02% 올라가면 채권가격 변화율은?

02★ [듀레이션 계산] 액면금액이 10,000원이고 6%의 액면금리를 가진 회사채 만기는 2년이고, 만기수익률은 4%이다. (1) 1년에 한 번 이자를 지급할 경우와 (2) 1년에 2회 이자를 지급할 경우 이 회사채의 듀레이션은?

03★ [듀레이션과 목표기간 투자전략] 대서보험(주)는 고객 김여사에게 1년 후 1억원, 그리고 5년 후 4천만원을 지급해야 한다. 현재 수익률곡선은 12%에서 수평(flat)이다.

(1) 대서보험회사(주)가 무액면금리(zero coupon) 국채를 매입하여 고객에게 지급할 의무금액도 확보하면서 이자율변화에 가치를 감소시키지 않으려면(=즉 면역화하려면) 만기가 몇 년인 국채를 매입해야 하는가?

(2) 이때 국채의 시가와 액면가는 얼마인가?

04★ [채권투자수익률] 투자자 김사장은 채권투자를 고려하고 있다. 그의 투자목표기

간은 1년이다. 현재 검토중인 회사채는 1년 만기채, 2년 만기채, 그리고 3년 만기채로서, 액면금리는 모두 8%로서 같으나 현재 채권수익률은 각각 7%, 8%, 그리고 9%이다. 내년도의 이자율이 9%로 예상된다면 어떤 만기의 회사채를 매입하는 것이 가장 높은 투자수익률을 보장해 주는가? 회사채 액면가격은 10,000원이고 이자는 매년 1회 후급이다.

05 [듀레이션과 채권투자] 아파트 중도금과 잔금을 매년 말 2억원씩 2년간 갚아야 할 회사원 김과장은 거기에 대비하여 가장 안전하고 확실하게 투자할 대상을 찾고 있다. 현재 이자율은 6%이다.

(1) 채무의 현가와 듀레이션을 구하라.

(2) 무액면금리 국채를 매입한다면 어느 만기의 채권을 매입하는가?

(3) 2년 후 1억원을 갚기에 충분한 금액과 듀레이션을 가진 국채를 매입했다고 하자. 1년 후에 이자율이 7%로 올라가면 이 국채의 가치와 채무액과의 차이는 얼마인가? 반대로 이자율이 5%로 떨어지면 그의 포지션은 어떻게 바뀌는가?

06 [듀레이션과 면역전략] 장기채권 펀드 10억원을 관리하는 펀드 매니저 김부장은 5년간의 목표투자기간 동안 이자율 변화에 따르는 위험을 방어(hedge)하고자 한다. 이와 같은 목적으로 3년 만기의 무액면금리 국채와 현재 연리 5%의 영구연금 국채에 분산투자함으로써 면역화전략을 수행해 나갈 예정이다.

(1) 각 국채에 대한 투자비중은 얼마인가?

(2) 1년 후 이 비중은 어떻게 바뀌는가?

07 [듀레이션과 면역전략] 연금공단은 앞으로 5년 후 10년 동안 매년 10억원씩 연금을 지급해야 할 의무가 있다. 이자율변화에 따른 지급의무액 증감 위험에 대비, 연금공단은 면역화전략을 구상중이다.

(1) 현재 이자율이 10%일 때 이 지급의무액의 듀레이션은 몇 년인가?

(2) 만약 5년 만기와 20년 만기의 무액면금리 국채로 면역화전략을 실행한다면 각 국채의 투자비중과 투자금액은 얼마인가? 또한 만기시 미래금액은 각각 얼마인가?

08 [CPA 2차 유사 문제] SM은행의 2001년 말 재무상태표이다. 재무상태표 상의 숫자들은 장부가액이다. 시장에서 공통적으로 적용되는 이자율은 10%이다.

B/S

현 금	100,000	요구불예금	100,000
주택대출	200,000	예금증서	50,000
		자기자본	50,000

주택대출은 2년간에 걸쳐 균등상환되며 만기시점까지 12%로 재투자된다.(200,000

$\times 1.12^2 = x \times 1.12 + x$. 균등상환액 x는 118,340이다) 예금증서는 1년 후 원리금이 상환되는데 이자율은 11%이다.

(1) 주택대출의 듀레이션을 구하고 SM은행의 자산의 듀레이션을 구하라.

(2) SM은행의 부채 듀레이션을 구하라.

(3) 시장이자율이 10%에서 11%로 상승할 경우 SM은행의 자기자본가치는 얼마나 변화하겠는가?

(4) 이자율변동으로 인한 자기자본가치변화를 헷징하고자 한다. 부채의 듀레이션을 변경할 수 없는 상황에서 자기자본 가치 변화를 헤지하기 위해서는 자산의 듀레이션이 얼마가 되어야 하는가?

(5) SM은행은 현재 2년 만기 순할인채권을 공매하여 현금으로 보유하여 자기자본가치를 이자율변동으로부터 면역화시키는 방안을 고려중이다. 얼마의 순할인채권을 공매하여야 하는가?

09 [CPA 2차 유사문제] 대동은행의 자금조달과 자산운용의 결과 현재의 재무상태표가 다음과 같다. 담보부 대출은 만기 1년(듀레이션 1년)의 무위험 대출로서 1년 후 원리금 상환규모는 1,260이다. 채권 B의 만기시 원금상환총규모는 2,300원이며 이는 만기 3년, 연간 표면이자율 9%인 채권으로 액면가에 거래되고 있다. 연간 무위험이자율은 5%라고 가정하며, 부채의 듀레이션은 1.2년이고 수익률은 6%라고 한다. 토지는 연 20%의 수익률을 영구적으로 제공하며, 이자율이 변화하는 경우에 이는 모든 자산, 부채에 동일하게 적용된다고 가정한다. 또한 수익률 변화에 따른 가격변화의 비대칭성은 무시하며, 재무상태표 금액은 시장가치 기준이고 개별 자산의 금액은 공란으로 되어 있다. 단, 듀레이션은 맥콜리 듀레이션을 의미한다.(계산은 소수 넷째 자리까지만 표시하되 다섯째 자리에서 반올림할 것)

대동은행의 대차대조표

자 산		부채와 자기자본	
담보부 대출(만기 1년)		부 채	3,450
채권 B(만기 3년, 1좌당 액면가 10원)		자기자본	50
투자부동산(토지)			
합 계	3,500	합 계	3,500

(1) 은행의 담보부 대출은 옵션이 내포되어 있는 거래로 볼 수 있다. 차입자인 기업이 차입을 하면서 은행에 제공한 담보물의 현재시가는 1,300원, 거래과정에 내포되어 있는 풋옵션의 가격은 50원이라고 가정하자. 대출자인 은행의 담보부 대출이 차입자와의 거래에서 공정한 시장가치로 이루어졌다면, ① 담보부대출채권의 공정한 시장가치를 평가하고(수식을 쓸 것), ② 이러한 거래에 포함되어 있는 옵션적 성격의 권리내용이 차입자의 입장에서는 무엇인지를 구체적으로 기술(2줄 이내)하고 그 권리의 가치를 구하라.

(2) 이자율이 변화하는 경우, 채권 B의 가격에 미치는 영향과 이자의 재투자수익에 미치는 영향이 서로 균형을 이루게 되는 시점을 구하라.

(3) 금융위기 상황을 맞아 중앙은행이 2%p의 금리인상을 계획하고 있다고 하자. 만일 이 상황에서 구조조정을 하지 않고 현 상태의 구조를 그대로 유지한다면 재무구조가 취약한 이 은행의 자본잠식은 어느 정도 일어나겠는가?

(4) 이자율 상승이 지속된다고 판단한 은행의 자산운용자가 자산간의 구성비율이나 부채의 조정은 불가능하고, 단기적으로 조정이 가능하다고 보는 채권 B의 종목을 다른 종목으로 적극 교체하기로 결정하였다. 어떤 특성의 채권으로 교체(swap)해야 하는지를 답하고, 그 이유를 3줄 이내로 간단히 설명하라.

10 [CPA 2차 유사문제] 갑 채권은 액면가가 10,000원인 무위험 이표채이다. 이 채권의 표면금리는 8%인데 이자는 매 6개월마다 후급으로 지급된다. 어제 이자가 지급되었고 현재 잔존만기는 2년이며 만기수익률(YTM)은 8%이다. 수익률곡선이 수평하고 또한 수평이동 한다고 가정하고 다음 물음에 답하시오.

(1) 갑 채권의 맥컬레이듀레이션(Macaulay duration: D)은 몇 년인가? (단, 계산 과정 중 금액과 관련된 수치는 반올림하여 소수점 아래 두 자리까지 계산하고, 듀레이션은 반올림하여 소수점 아래 네 자리까지 표시하되 년 단위로 할 것)

(2) 갑 채권의 수정듀레이션(modified duration: D_m)은 얼마인가?(맥컬레이듀레이션을 이용하여 수정듀레이션을 구하되 그 식도 간단히 나타내시오. 또한 수정듀레이션은 반올림하여 소수점 아래 네 자리까지 표시하되 단위는 (1)과 동일하게 년 기준으로 할 것)

(3) 갑 채권의 만기수익률이 오늘 8%에서 7%로 1%p 하락한다면($\Delta y = -1\%$), 채권가격의 변동률은 수정듀레이션으로 계산한 가격변동률과 볼록성(convexity)에 기인한 오차조정부분의 합으로 나타낼 수 있다. 즉,

$$\text{채권가격변동률} = -D_m \,.\, \Delta y + \text{볼록성에 기인한 오차조정부분}$$

이때, 볼록성에 기인한 오차조정부분은 얼마인가?(볼록성 계산공식을 이용하시오. 단, 중간과정의 계산은 반올림하여 소수점 아래 6자리까지 구하고 답은 % 단위로 표시하되 반올림하여 소수점 아래 네 자리까지 나타낼 것)

11 [CPA 2차 유사문제] 5년 후 채무를 상환해야 하는 투자자가 정부가 발행한 3년 만기 순수할인채권과 역시 정부가 발행한 영구채권을 이용해 목표시기 면역화전략(immunization strategy)을 적용하기로 했다. 채무액의 현재가치는 100원이며 무위험이자율은 연 10%이다. 수익률곡선은 수평이라고 가정한다.[단, 영구채권의 듀레이션 = (1 + 만기수익률)/만기수익률, 모든 수치는 소수점 셋째 자리에서 반올림할 것]

(1) 이자율위험을 면역화하기 위해서 순수할인채권과 영구채권에 대한 투자금

액은 얼마이어야 하는지 계산하시오.

(2) 순수할인채권과 영구채권을 매입한 직후 무위험이자율이 1% 포인트 상승하여 연 11%가 된다면 이자율위험을 면역화하기 위해서 각 채권에 대한 투자금액은 얼마이어야 하는지 계산하시오.

(3) 이자율이 11%로 상승하였다고 가정한 (2)를 무시하기로 하자. 면역화전략을 시작한 이후 무위험이자율이 계속 10%를 유지한 채 1년이 지났다면, 이자율위험을 면역화하기 위해서 각 채권에 대한 투자금액은 얼마이어야 하는지 계산하시오.

(4) (1)~(3)의 결과들이 면역화전략에 어떤 시사점을 주는지 다섯 줄 이내로 기술하시오.

12 [CPA 2차 유사문제] A은행의 장부가치 재무상태표가 다음과 같이 제시됐다.

(단위 : 원)

자산		부채와 자본	
현금	50	요구불예금	400
대출채권	400	CD	130
장기채권	150	자기자본	70
합계	600	합계	600

대출채권의 연이자율은 10%이며 2년 동안 매년 말 원리금을 균등분할상환 받는 조건이다. 장기채권은 연 8%의 이자를 매년 말 지급받는 3년 만기채권이다. 부채 중 CD의 이자율은 연 7%이며, 1년 후에 원리금을 일시상환하는 조건이다. 현재 시장이자율은 연 8%이다.(모든 계산은 반올림해 소수점 넷째 자리까지 표시한다.)

(1) A은행이 보유하고 있는 자산의 듀레이션은 얼마인가?

(2) A은행이 보유하고 있는 부채의 듀레이션은 얼마인가?

(3) 시장이자율이 100 베이시스 포인트(1%p) 상승할 경우 A은행의 자기자본의 시장가치에 미치는 영향을 듀레이션 모형을 이용하여 계산하시오.

(4) 다음의 물음에 답하시오.

① A은행의 입장에서 순자산가치가 이자율위험으로부터 면역되기 위한 조건은 무엇인가?

② 이러한 조건을 충족하기 위해서는 부채의 듀레이션이 얼마가 되어야 하는가?(단, 자산의 듀레이션은 변경될 수 없다고 가정하시오.)

(5) A은행이 이자율위험으로부터 자기자본비율(=자기자본/자산)의 변화를 "0"으로 만들 수 있는 방법을 듀레이션을 이용하여 설명하시오.

제 17 장

투자성과측정과 포트폴리오관리의 재조명

01

전통적인 포트폴리오 투자성과평가방법

포트폴리오 관리의 마지막 단계인 포트폴리오 성과측정은 포트폴리오의 수익률을 여러 가지 위험요인을 고려하여 등급(ranking)을 매기는 데 있다. 이러한 성과측정의 목적은 다음 투자계획기간의 투자계획수립에 그 결과를 반영하고 포트폴리오 관리자(펀드매니저)의 업적을 평가하는 데 있다.

포트폴리오의 성과는 반드시 펀드매니저의 능력만으로 나타나는 것은 아니다. 물론 펀드매니저는 포트폴리오 관리의 첫 단계인 자본배분(capital allocation), 자산배분(asset allocation), 그리고 증권선택(security selection)에서 뛰어난 능력을 보일 수 있다. 그러나 이런 전통적인 관리 이외에 언제 투자시점(market timing)을 정하느냐는 것도 성과에 큰 영향을 미치고, 정말 누구도 예측할 수 없는 운(luck)이라는 것도 크게 작용한다. 극단적으로 오로지 운(luck)이 좋아서 높은 수익률을 올린 펀드매니저가 능력이 있다고 평가했다면 과연 그가 앞으로 계속해서 그런 투자성과를 올린다고 보장할 수 없는 것이다.

[그림 17-1]은 투자성과평가의 위상을 포트폴리오 관리 순환(management cycle)에서 나타낸 것이다.

포트폴리오의 성과를 오직 수익률 기준으로만 등급을 매긴다면 포트폴리오의 특성을 고려치 않게 되므로 의미없는 결과를 가져온다. 예를 들면, 성장형 뮤추얼펀드(growth mutual fund)는 위험을 감수하고서라도 성장주식에만 투자해 높은 수익률을 올릴 가능성이 어느 펀드보다 많지만 지수펀드(index fund)나 수익형 뮤추얼펀드(income mutual fund)는 그렇지 않을 것이다. 채권투자에서도 고수익률채권펀드(high yield bond fund)는 높은 위험과 높은 수익률이 특징인데 오로지 수익률만을 성과측정의 기준으로 삼는다는 것은 합리적이지 않다.

전통적인 성과평가방법에는 Sharpe 방법, Treynor 방법, 그리고 Jensen의 방법이 있다. 이러한 평가방법들은 CAPM이 개발된 1960년대 중반에 모두 등장하기 시작했다. 굳이 여기서 이 세 방법들을 "전통적(traditional)"이라고 이름을 붙이는 이유는 개발된 지 30여 년이 지난 오늘날 이 방법들은 CAPM이 가진 문제점에도 불구하고 여전히 사용되고 있기 때문이다.

그림 17-1 포트폴리오 관리와 투자성과평가

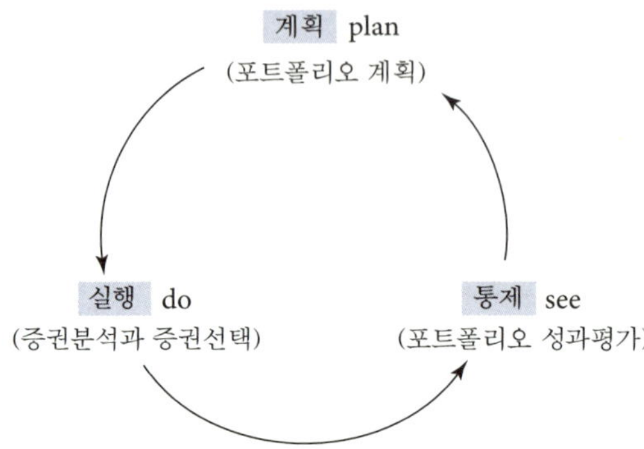

구체적으로 문제점의 예를 들면, 이 방법들이 기초하고 있는 베타(β)는 기간적 안정성(stationarity)이 없다. 장기적으로 볼 때 β는 평균회귀(mean regression) 현상 때문에 정확한 측도가 아니다. 또한 주식펀드(equity funds)의 경우 대부분이 S&P500과 같은 시장지수(market portfolio)를 밑도는 성과를 보이므로 소위 음의(negative) 성과를 평가한다는 것이 무슨 의미가 있겠느냐는 비판에서도 기인한다.

1 세 가지 성과평가방법

위험을 고려한 성과측정(risk-adjusted performance measures)에는 다음 세 가지가 있다.

1) Sharpe 측정치[1]: $\dfrac{(\overline{r}_p - \overline{r}_f)}{\sigma_p}$

Sharpe 측정치는 포트폴리오의 평균 초과수익률을 수익률의 표준편차로 나눈 것이다. 이를 위험보상률(RVAR: reward to variability)이라 한다. 이 비율은 사후적으로 총위험 1단위당 실현된 위험프리미엄의 크기를 측정하는 평가지표로서 이 비율이 크면 클수록 위험조정 후 투자성과가 좋다는 것을 의미한다.

이미 제7장에서 설명했지만 위험보상률(또는 RVAR)비율은 자본배분선(CAL)

1 Sharpe, W.F., "Mutual Fund Performance," *Journal of Business*(Jan. 1966).

그림 17-2 Sharpe의 RVAR비율

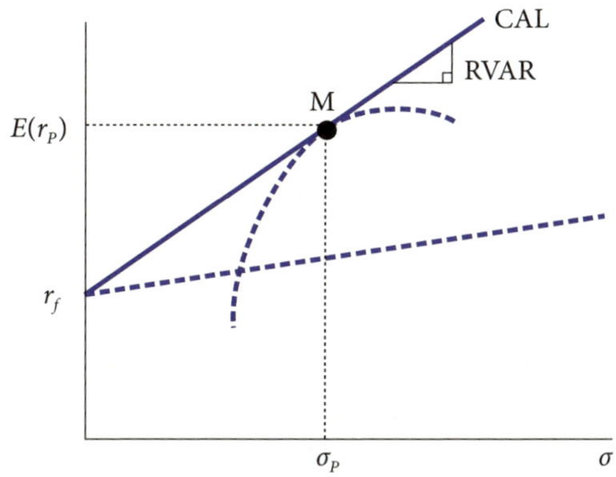

의 기울기인데 이 기울기가 최대인 점은 자본배분선이 효율적 경계선과 접하는 점이다. 이 점은 또한 위험에 대한 보상이 가장 높은 곳이다. 이를 그림으로 표시하면 [그림 17-2]와 같다.

Sharpe 측정치는 서로 다른 성격과 유형의 포트폴리오 전체에 대하여 투자성과의 서열(ranking)을 정하는 데 유용하다. Sharpe 성과·평가 지수는 평가대상 포트폴리오가 투자자나 펀드매니저의 전체 포트폴리오라면 이를 비교하는 데 적절하다.

2) Treynor 측정치[2]: $\frac{(\overline{r}_p - \overline{r}_f)}{\beta_p}$

Treynor 측정치는 포트폴리오의 평균 초과수익률을 체계적 위험(베타계수)으로 나눈 것이다. 이를 수익률-체계적 위험(RVOL: reward to-volatility)비율이라 한다. 이 비율은 체계적 위험 1단위당 실현된 위험프리미엄의 크기를 측정하는 평가지표이다. RVAR과 마찬가지로 이 비율이 크면 클수록 위험조정 후 투자성과가 좋다는 것을 의미한다. Treynor 성과평가지수는 평가대상인 펀드나 포트폴리오가 전체 포트폴리오의 일부일 경우에 적절하다.

2 Treynor, J.L., "How to Rate Management Investment Funds," *Harvard Business Review* 43(January-February 1966).

그림 17-3 Jensen의 알파(α)

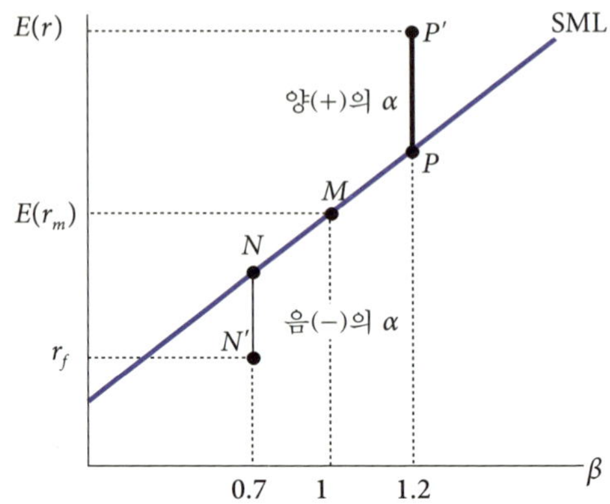

3) Jensen 측정치[3]: $\alpha = \bar{r}_p - \{\bar{r}_f + \beta_P(\bar{r}_m - \bar{r}_f)\}$

Jensen의 측정치는 α(비정상이익률)로서 실제수익률에서 균형수익률(CAPM 식으로 계산된 수익률)을 뺀 것이다. 다시 말하면, 젠센의 알파(α)값은 포트폴리오의 예상수익률과 균형수익률과의 차이이다. CAPM에서 알파가 0이면 예상수익률은 균형수익률과 일치하여 SML선 위에 있다. 알파가 양(+)이면 SML선보다 위에 있으며 투자성과가 좋다는 것을 의미한다. 알파가 음(−)이면 SML선보다 아래에 있으며 투자성과가 좋지 않음을 의미한다. 이를 그림으로 나타내면 [그림 17-3]과 같다. 일반적으로 모든 평가대상 포트폴리오는 전체 부(wealth)이든 일부 부이든지 α값이 0보다 커야 시장 그 자체보다 우월한 성과를 가진다.

4) 세 평가방법의 문제점 및 비교

이들 세 가지 방법은 각기 특징을 가지고 있다. 그러나 각자 다른 개념의 위험을 사용하므로 일관성있게 투자성과를 측정하지 못하는 데 문제가 있다.

Sharpe의 성과측정치는 전체 부의 성과평가에 유용한데 비하여 Treynor의 성과측정치는 전체포트폴리오의 일부 펀드의 성과평가에 유용하다. 일반적으로 모든 투자 성과의 기준(benchmark) 포트폴리오가 시장포트폴리오인 경우 Jensen의 성과측정치인 α(알파)는 0보다 커야 시장 그 자체보다 우월한 성과를

3 Jensen, M.C., "The Performance of Mutual Funds in the Period 1945~1964," *Journal of Finance*(May 1968) 그리고 "Risk, the Pricing of Capital Assets, and the Evaluation of Investment Portfolios," *Journal of Business*(Apr. 1969).

보인다고 말할 수 있다. Sharpe의 성과측정치는 모든 증권의 수익률이 일정한 평균과 표준편차를 갖는다고 가정한다. 그러나 적극적으로 관리되는 포트폴리오나 펀드의 수익률의 평균과 표준편차는 계속 변화하기 때문에 Sharpe 측정치에 의한 성과평가가 매우 어렵다.

어떠한 성과측정치를 사용하는가에 따라 성과평가 순위나 우열이 바뀔 수가 있다. 이는 포트폴리오나 펀드의 성격, 투자전략, 성과평가기간 그리고 자료의 안정성 등에 따라 달라진다. 일반적으로 어떤 포트폴리오가 양의 Jensen의 알파(α)를 가진다고 해서 우수한 Sharpe 측정치를 가진다는 보장은 없다. 이는 결국 총위험과 체계적위험의 개념이 서로 다른데서 기인한다.

먼저 포트폴리오나 펀드의 투자 성과를 평가하기 위해서는 다음과 같은 몇 가지 중요한 전제가 있어야 한다.

첫째, 포트폴리오 수익률의 평균과 표준편차가 일정한 경우에도 비교적 오랜 기간의 표본 기간의 자료가 필요하다.

둘째, 포트폴리오 수익률은 자산가치 상승분뿐만 아니라 여러 가지 가치 증분, 예를 들면 배당, 경과이자, 그리고 유무상분 등을 포함한 총수익률이어야 한다.

셋째, 펀드 운용성과는 펀드 매니저와 펀드 관리회사에 지급하는 수수료나 비용 공제전 기준이어야 한다. 왜냐하면 펀드에 따라 수수료나 비용은 천차만별로 다양하기 때문이다.

넷째, 포트폴리오의 종합적 성과는 펀드회사가 불리하거나 폐쇄한 펀드 자료를 의도적으로 뺀 경우를 종합적으로 고려하여 평가되어야 한다. 이는 생존 바이어스(survivorship bias)의 문제로서 실적이 나쁜 펀드가 평가기간 중 폐쇄될 경우 표본자료는 생존하는 펀드만을 포함하게 됨에 따라 생존한 펀드들의 우수한 성과만이 평가대상이 될 수 있기 때문이다.

예제 17-1　투자성과 평가방법

다음과 같이 A, B, C 세 펀드와 벤치마크(benchmark)포트폴리오인 시장포트폴리오 M의 투자성과를 Sharpe지수, Treynor 지수, 그리고 Jensen의 α로 측정하라. 투자기간 중 무위험자산 금리(r_f)는 10%이다.

투자성과	A 펀드	B 펀드	C 펀드	M
평균수익률($\bar{r}$)	20%	25%	12%	14%
베타(β)	1.1	2.2	0.6	1.0
표준편차(σ)	34%	58%	15%	22%

풀이

평가방법	A펀드	B펀드	C펀드	M
Sharpe 지수	$\frac{20-10}{34}=0.29$	$\frac{25-10}{58}=0.26$	$\frac{12-10}{15}=0.13$	$\frac{14-10}{22}=0.18$
Treynor 지수	$\frac{20-10}{1.1}=9.09$	$\frac{25-10}{2.2}=6.82$	$\frac{12-10}{0.6}=3.33$	$\frac{14-10}{1}=4$
Jensen의 α	$20-\{10+1.1\times(14-10)\}=5.60$	$25-\{10+2.2\times(14-10)\}=6.20$	$12-\{10+0.6\times(14-10)\}=-0.40$	0

[평가방법별 펀드성과순위]

순위	샤프 지수	트레이너 지수	젠센의 알파
1	A 펀드	A 펀드	B 펀드
2	B 펀드	B 펀드	A 펀드
3	M	M	M
4	C 펀드	C 펀드	C 펀드

수익률 기준으로만 보면 B펀드가 25%로서 가장 높다. 그러나 위험을 고려하여 펀드의 성과를 비교해 보면 A펀드가 B펀드보다 성과가 우수하다. 구체적으로 평가방법별 펀드의 성과 순위를 보면, 샤프(Sharpe) 지수의 성과순위는 A, B, M 그리고 C 펀드의 순위를 보인다. 트레이너(Treynor) 지수별 성과 순위는 A, B, M 그리고 C펀드의 순서로 샤프 지수와 같다.

마지막으로 젠센(Jensen)의 알파(α)에 의한 크기 순서로 펀드 성과를 비교해 보면 B펀드의 알파가 가장 크고, 그 다음으로는 A펀드, M 그리고 C펀드의 순서이다.

가장 큰 위험의 B펀드는 예상수익률보다 훨씬 높은 비정상수익률 알파값을 보인다. 이는 시장의 투자자들이 체계적 위험이 높은 펀드일수록 시장 그 자체를 뛰어넘는 성과를 기대한 결과이다. 반면 C펀드는 음의 알파값을 가졌는데 이는 낮은 체계적 위험 펀드는 상대적으로 시장의 기대에도 미치지 못하는 성과를 낳았음을 보여준다.

그림 17-4 CAPM의 구조적 결함과 Jensen 측정치 오류

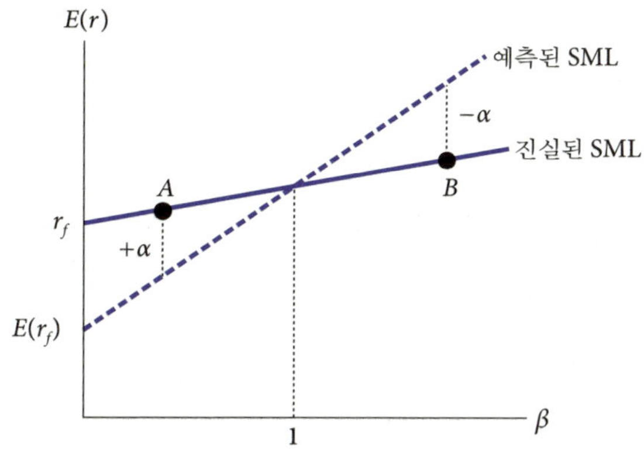

2 전통적 성과평가방법의 문제점*

1) CAPM과 CML의 구조적 결함(misspecification)에 의한 문제점

Treynor 지수와 Jensen의 알파(α), 이 두 성과평가 측정치는 모두 CAPM에 근거하고 있다. 따라서 CAPM의 전제가 되는 가정이 틀리게 되면, 이 측정치에 근거한 포트폴리오의 우열순위 또한 틀리게 된다.

예를 들어, CAPM의 가정 중 동일한 이자율로 차입하거나 대출할 수 있다는 가정은 현실적으로 불가능한데 이러한 비현실적 가정아래서 다음과 같은 두 개의 증권시장선(SML)이 도출된다. [그림 17-4]에서 실선은 진실된(true) SML을 나타내고, 점선은 예측된(estimated) SML을 나타낸다. 이 경우 *A* 포트폴리오는 진실된 SML선 위에 있으므로, 사실 Jensen의 α값이 0이지만 예측된 SML선보다 위에 있으므로 양의 α값을 가진다. 반대로 *B* 포트폴리오는 진실된 SML선 위에 있지만, 예측된 SML선보다 아래에 있으므로 음의 α값을 가진다. 따라서 CAPM의 구조적 결함(misspecification) 때문에 위험이 낮은 포트폴리오 *A*는 투자성과가 좋고 위험이 높은 포트폴리오 *B*는 투자성과가 나쁜 잘못된 성과평가를 낳게 된다. 이러한 성과평가 오류는 Treynor의 성과측정치 지수에도 나타난다.

한편 Sharpe의 지수 측정치 역시 CAPM의 구조적 결함 때문에 성과평가상의 오류를 가진다. Sharpe의 지수는 자본시장선이 직선임을 가정하는데, 만약

* 학부과정은 이 부분을 생략할 수 있음.

그림 17-5 CML의 구조적 결함과 Sharpe 측정치 오류

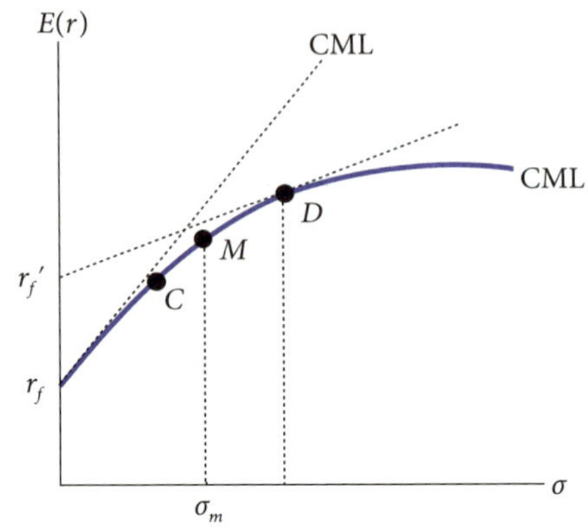

투자자들이 현실적으로 무위험자산 수익률보다 높은 금리로 차입하게 되면 [그림 17-5]에서 보는 바와 같이 자본시장선은 직선이 아니라 곡선이 된다. 따라서 시장포트폴리오 위험(σ_m)보다 작은 위험을 가진 포트폴리오 C는 CML의 기울기가 크므로 투자성과가 좋은 것처럼 보인다. 그 반대로 시장포트폴리오보다 더 큰 위험을 가진 포트폴리오 D는 CML의 기울기가 작아지므로 투자성과가 나쁜 것으로 나타난다. 이런 상황에서는 위험이 큰 포트폴리오일수록 투자성과가 저조한 오류를 낳는다.

2) 시장포트폴리오 비효율성에 의한 문제점

Jensen이나 Treynor의 성과측정치는 CAPM에 근거하고 있다. 만약 CAPM에서 시장포트폴리오(market portfolio)가 효율적이지 못하면 여기에 기초한 성과측정치는 오류를 가진다. 이미 Richard Roll이 CAPM 비판에서도 지적했듯이 CAPM의 검증은 시장포트폴리오의 효율성이 전제되어야 하고, 그 다음에야 기대이익률과 베타의 선형관계를 확인할 수 있다.

그런데 [그림 17-6]에서 보듯이 평균-분산 효율적(mean-variance efficient)인 진실한 시장포트폴리오 M 대신 비효율적인 M'를 시장포트폴리오 대용치로 사용할 때의 성과측정상의 문제점을 알아보자. 왼쪽 그림에서 포트폴리오 E와 F는 시장포트폴리오와 같은 수익률을 가지고 위험수준(표준편차)이 서로 다르다. 포트폴리오 E와 F는 시장포트폴리오와 동일한 수익률을 가지고 베타 또한 똑

그림 17-6 시장포트폴리오의 비효율성과 성과측정상의 오류

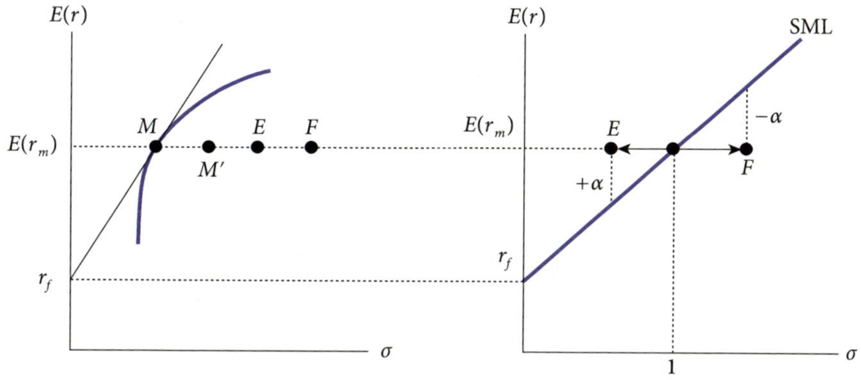

같이 1이므로 오른쪽 그림에서 SML선 위에 있게 된다. 따라서 포트폴리오 E와 F의 젠센 측정치 α는 0이다. 만약 진실한 포트폴리오 M 대신 평균-분산 비효율적인 M'를 시장포트폴리오로 사용할 경우 포트폴리오 E와 F의 기대수익률은 전과 변함이 없으나 베타는 서로 달라진다. 즉 포트폴리오 E의 베타는 훨씬 줄어들고 포트폴리오 F의 베타는 훨씬 늘어난다. 따라서 포트폴리오 E의 젠센 측정치 α는 양(+)이 되고 포트폴리오 F의 젠센 측정치 α는 음(−)이 된다.

결론적으로 성과평가시 어떤 시장포트폴리오를 사용하는가에 따라 성과평가 결과는 완전히 달라진다. 특히 Jensen과 Treynor의 성과측정치는 CAPM에 근거하고 있으므로 여기에 기초한 시장포트폴리오는 가능한 진실한 시장포트폴리오(true market portfolio)여야만 성과평가의 오류가 줄어든다. 사실 CAPM에서 진실한 시장포트폴리오의 발견이란 거의 불가능에 가까우므로 포트폴리오 성과 평가는 끊임없는 논란의 대상이 될 수밖에 없다.

3) 기타 문제점

Sharpe, Treynor 그리고 Jensen의 측정치에서 무위험자산 수익률(r_f)의 정확성은 성과평가결과에 큰 영향을 미친다. 특히 시계열비교에서 무위험자산 수익률 선택에 일관성이 없으면 오류가 있는 성과평가가 도출된다. 일반적으로 미국에서는 미국 재무성 단기국채(U.S.Treasury-bill)를 무위험자산 수익률로 사용하는 데 특별한 반대 의견이 없으나, 우리나라에서는 대표적으로 사용되는 무위험자산 수익률이 없는 실정이다. 우리나라에서 흔히 사용되고 있는 무위험자산 수익률은 6개월 만기 정기예금금리, 90일 만기 CD금리, 그리고 통화안정증권 수익률 등이다.

한편 대단히 정교한 투자성과 측정치로서 각종 펀드나 연금기금 포트폴리오의 투자성과를 평가했다 하더라도 여전히 그 성과를 투자운용 매니저의 몫과 단순한 운(luck) 또는 불운(bad luck)에 의한 구분은 불가능하다. 어느 경우에는 워낙 증권시장 자체가 극단적으로 불황 또는 호황이므로 사실 포트폴리오 매니저의 능력과 운용기술을 논하는 것 자체가 무의미할 때도 있다.

02

채권포트폴리오 성과평가

최근 채권투자에 대한 관심이 높아지고 이자율 변동에 따라 채권가격변동이 심화되면서 채권포트폴리오에 대한 성과평가가 중요한 과제로 등장하게 되었다. 채권포트폴리오 성과평가는 채권포트폴리오의 수익률을 계산하여 위험을 고려한 후 채권포트폴리오의 상대적 순위 및 채권지수와 그 성과를 상호비교하는 것이다. 고수익률 정크본드로 구성된 채권펀드는 매우 수익률이 높겠지만 그만큼 투자위험 또한 높으므로 투자성과 분석시 반드시 높은 평가를 받지는 못할 것이다. 이와 같이 포트폴리오 성과평가는 단순히 수익률뿐만 아니라 위험부담에 비해 위험조정수익률이 얼마인가에 초점을 맞추어야 한다.

채권포트폴리오 성과분석의 단계는 ① 채권지수의 선정, ② 채권수익률 측정, 그리고 ③ 채권위험측정의 세 단계로 진행된다.

1 채권지수 선정

채권지수펀드(bond index fund)는 보수적 채권투자전략의 입장에서 채권시장 전체의 실적을 측정할 수 있도록 구성된 채권의 시장포트폴리오이다. 채권지수펀드의 구성원리는 주가지수펀드와 마찬가지로 분산투자에 의한 위험감소인데, 구체적으로 시장위험(market risk)만을 허용하고 기업 특유의 위험(firm-specific risk)은 허용치 않도록 구성종목을 분산하는 데 있다.

채권지수펀드에 편입(編入)되는 투자대상 채권집단으로는 국공채보다는 발행규모가 큰 회사채가 중심이 된다. 왜냐하면 채권시장 전체에서 국공채의 비중이 높지 않고 또한 국공채는 회사채보다 시장성이 없으므로 시장성 있는 채권지수에 부적합하기 때문이다. 일단 회사채가 채권지수펀드에 편입될 경우 전체 회사채시장의 위험과 수익관계를 명확하게 나타내는 종목을 선택해야 하는데, 현실적으로 매우 어려운 과제이다. 일반적으로 BB 등급 이하의 채권은 채권지수펀드 편입대상에서 제외된다.

현재 미국에서 대표적인 채권지수펀드에는 Salomon Big Index와 Merill-Lynch Domestic Master가 있다. 우리나라에는 한국거래소에서 발표하는 채권지수가 있다.

2 채권수익률 측정

채권포트폴리오 수익률 측정은 시간가중(time-weighted)수익률로 계산해야 한다.[4] 시장가중수익률은 기초에 투자된 1원에 대해 획득한 수익률을 기말까지 유지한다고 가정했을 때의 수익률이다. 일반적으로 시간가중수익률은 각 기간의 현금흐름과 관계없이 오직 각 기간별 보유기간수익률을 구하여 계산한 기간 평균수익률이다.

3 채권위험측정

채권포트폴리오의 위험은 채권포트폴리오 수익률의 불확실성 또는 채권포트폴리오의 미래가격의 불확실성으로 정의된다. 수익률의 불확실성은 이자율 수준의 변화와 채권 부분간 수익률차이 때문이다. 채권은 쿠폰금리(액면이자율), 만기, 발행자 형태 그리고 신용도에 따라 서로 다른 특징을 가진다. 시장이자율이 변하면 서로 다른 형태의 채권간에 수익률격차(스프레드)도 역시 변하게 되고 이것이 채권수익률의 불확실성을 증폭시킨다.

4 시간가중수익률의 자세한 설명은 이 책 제2장 「증권시장지표와 투자수익률」 참조.

그림 17-7 장기회사채의 베타계수

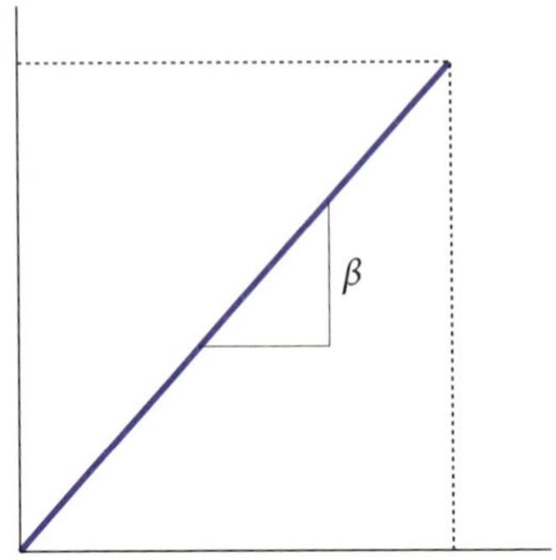

채권의 위험측정방법에는 첫째는 표준편차나 총변동폭을 사용하는 방법, 둘째는 베타 측정법, 그리고 세 번째는 듀레이션 혹은 이자율 수준 변화에 대한 민감도 크기를 사용하는 방법이 있다.

1) 표준편차

채권수익률의 표준편차는 채권수익률의 변동폭을 나타내는 위험측도이다. 채권포트폴리오에서 채권시장선은 주식에서와 마찬가지로 횡축에 표준편차를, 종축에 채권수익률을 표시하여 개별채권 또는 채권포트폴리오의 위험-수익관계를 나타내는 직선식이다.

2) 베　타

채권의 베타(β)값은 개별 포트폴리오의 과거수익률을 종속변수로 하고 시장 전체의 과거수익률을 독립변수로 하여 회귀분석할 때 도출되는 회귀식의 기울기이다. 기울기가 클수록 β값도 커지며 채권의 가격변동이 크다는 것을 의미한다. [그림 17-7]은 장기회사채의 베타계수를 나타낸 것이다.

3) 듀레이션

듀레이션(duration)은 앞에서도 설명했듯이 원금과 이자를 지급받는 데 요구되는 가중평균 만기이다. 일반적으로 만기(maturity)는 최종 지급시점의 액면금액과 시간만을 고려한데 비해, 듀레이션은 액면금액의 크기와 시간을 함께 고

그림 17-8 **채권시장선과 채권포트폴리오 성과**

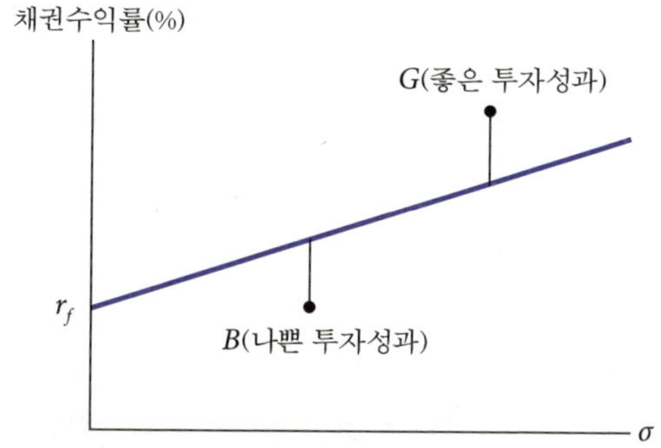

려한다. 동일한 만기구조를 가진 두 채권의 경우 액면금리가 낮을수록 듀레이션이 크다. 또한 채권의 만기가 길수록 듀레이션이 크다. 일반적으로 듀레이션이 클수록 이자율변화에 따른 채권포트폴리오 수익률 변동폭이 크다.

4 채권포트폴리오 성과측정

채권포트폴리오 성과측정은 위에서 설명한 세 가지 위험측정치를 이용한다. 그러나 두 번째 위험측정치인 베타계수를 이용한 성과측정은 채권의 진정한 시장포트폴리오(true market portfolio)수익률을 선정하기 어렵고, 또한 채권시장이 주식시장이나 기타 다른 금융시장으로부터 격리되어 있으므로, 별로 이용되지 않는다. [그림 17-8]에서는 표준편차와 듀레이션을 이용한 채권포트폴리오 성과측정을 살펴본다.

1) 표준편차와 채권시장선

채권시장에서 채권포트폴리오의 위험-수익률 관계를 나타내는 채권시장선(CML)은 순수한 포트폴리오 집합이다. 다시 말하면, 이 선은 개별위험에 대응하는 채권시장 포트폴리오의 수익률을 나타낸다. 따라서 비교하고자 하는 채권의 성과(즉, 위험과 수익률)가 이 선보다 위에 있으면 채권시장보다 더 높은 성과를 달성했다고 본다. 반대로 이 선보다 아래에 있으면 이 채권포트폴리오는 시장 그 자체보다 저조한 성과를 보인 것이다.

[그림 17-8]에서 *G*채권포트폴리오는 시장수익률보다 높은 투자성과를 보인

그림 17-9 듀레이션에 의한 채권시장선

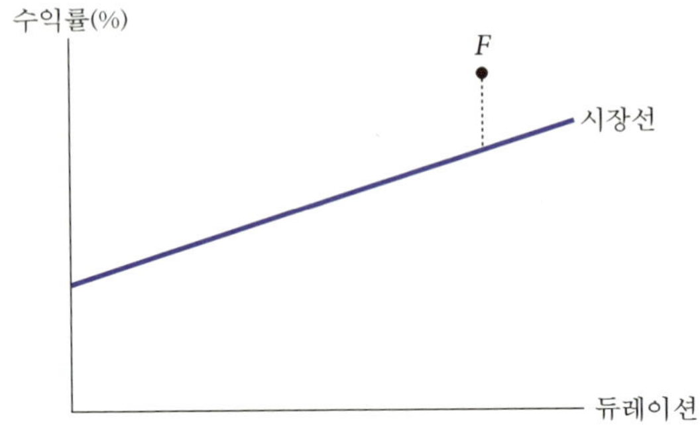

다. 그러나 *B*채권포트폴리오는 시장수익률보다 낮은 투자성과를 보인다.

2) 듀레이션과 채권시장선

듀레이션을 이용한 채권포트폴리오 성과는 위험측정치로서 표준편차 대신 듀레이션을 사용하여 투자성과를 평가한다. 여기서는 횡축에 표준편차 대신 듀레이션을 표시하여 채권시장선을 그린다. 앞에서와 마찬가지로 채권시장선은 각 듀레이션에 대응하는 시장수익률의 집합이다.[5] [그림 17-9]와 같이 점 *F*가 어느 채권포트폴리오의 실제수익률이라고 하자. 이때 시장선상의 균형기대수익률과 점 *F*와의 수직거리만큼 *F*채권포트폴리오의 성과는 양호하다.

03

포트폴리오 관리의 재조명

포트폴리오 관리 순환과정에서 마지막 단계인 성과평가는 앞으로의 계획을 위한 새로운 시작이기도 하다. 성과평가 결과는 펀드매니저나 자산운용회사에게 계획단계를 위한 귀중한 자료를 제공한다. 투자성과 결과가 우수했든 저조했

5 일반적으로 듀레이션과 채권수익률 사이는 선형관계인 것으로 알려져 있으나 실증적으로 증명한 연구논문은 없다.

그림 17-10 투자목표에서 고려하는 요소

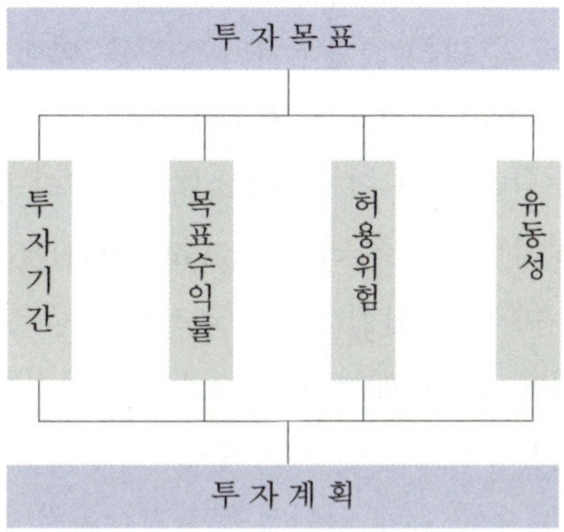

든 거기에는 원인이 있으며 그 원인은 통제가능했던 부분과 통제불가능했던 부분, 그리고 회피가능했던 부분과 회피불가능했던 부분이 섞여 있을 것이다.

그러나 관리라는 측면에서 볼 때 저조했던 투자성과 결과에는 분명히 관리상의 실수, 관리능력의 미숙, 그리고 관리소홀이 있었을 것이다. 이런 점에서 포트폴리오 관리과정상의 여러 부분을 다시 피드백(feed back)하는 것은 의미 있는 체크포인트(check point)이다.

1 투자목표설정

기본적으로 증권투자의 목표는 한마디로 싸게 사서 비싸게 파는(buy cheap, sell dear) 것이다. 개인의 경우 어느 증권 종목을 선택하여 매입가격보다 비싸게 그 증권을 매도함으로써 목표를 달성한다. 여기서 개인의 경우에는 사실 투자기간이나 목표수익률 또는 허용위험에 대하여 명확한 개념이 없이 시세 차익만 좇아서 투자를 하기가 쉽다. 개인의 경우라 하더라도 개인의 재산보유정도, 여유자금수준, 직업, 나이, 성별, 그리고 결혼여부에 따라 투자목표는 달라진다. 예를 들어 여유자금이 있는 개인투자자라면 어느 정도의 위험부담을 고려하여 장기적이며 적극적인 투자목표를 세울 수 있다. 그렇지 않은 투자자는 투자목표 자체가 단기적이고 소극적일 수밖에 없을 것이다.

그러나 기관투자가의 경우는 개인과는 달리 시세에 따라서 언제나 증권을 사고 팔 수는 없다. 기관투자가는 투자자금을 조성할 때부터 이미 자금의 만기

(maturity)가 있기 때문에 투자목표기간(investment horizon period)을 염두에 두어야 하고, 목표수익률과 허용위험을 고려하여 계획적으로 투자자금을 관리해야 한다. 개인의 경우와 달리 기관투자가는 돈을 많이 버는 것 다시 말하면 높은 수익률을 얻는 것만이 투자목표가 될 수 없다. 왜냐하면, 높은 수익률이 기대되는 증권일수록 위험 또한 크기 때문이다. 개인의 투자자금이 아니라 타인의 투자자금을 관리하는 자금관리인(fund manager) 입장에서는 투자수익률뿐만 아니라 거기에 수반되는 위험까지를 고려하여 증권을 선택해야 한다. 투자목표를 설정함에 있어서 고려해야 하는 요소는 투자기간, 목표수익률, 허용위험, 그리고 유동성 등이다.

① 투자기간 증권투자를 함에 있어서 투자기간이란 현재 투자를 시작해서 미래에 수익이 실현되는 시점까지의 기간이다. 대개 1년 미만의 투자기간을 단기투자, 1년 이상의 투자기간을 장기투자라고 한다. 하지만 단기투자는 반년이나 분기 또는 1달 심지어는 단 며칠간의 초단기 투자도 포함한다. 단기투자자에게 짧은 기간 동안 증권가격의 극심한 변동은 대단한 위험과 기회가 되지만 장기투자자에게는 큰 문제가 되지 않는다. 기업의 경영성과는 6개월간의 반기보고서나 1년간의 결산보고서에 나타나므로 적어도 6개월이나 1년이 지나야 해당 기업에 대한 증권투자성과가 나타난다고 보아야 한다. 하지만 대규모의 투자 프로젝트나 구조조정의 경우 해당 기업의 투자성과는 3~5년이 지나서야 나타나므로 너무 단기간의 증권가격변동에 민감할 필요가 없다.

단기투자와 장기투자 중 어느 것이 더 높은 수익률을 보이는지에 대한 논란은 흥미로운 실증분석 주제이다. 일반적으로 선진투자기법은 확실한 정보와 면밀한 기업분석으로 어느 투자대상을 선택하면 1~3년간 장기간 보유하는 전략을 취한다. 후진 투자기법일수록 투자대상기업에 대한 정확한 분석없이 시세차익만을 좇아서 단기투자 위주의 전술을 선호한다.

② 목표수익률 수익(return)은 투자에 대한 보상으로서 증권가격이 오름으로 해서 생기는 매매차익(capital gain)과 주식의 경우는 배당소득(dividend income), 채권의 경우는 이자소득(interest income)으로 구성된다. 수익률(rate of return)은 총투자금액에서 차지하는 수익의 비중이다. 대개 수익률은 1년 단위의 보유기간수익률(holding period return)을 기본으로 한다.

$$주식투자수익률 = \frac{매매차익 + 배당소득}{매입가격}$$

$$채권투자수익률 = \frac{매매차익 + 이자소득}{매입가격}$$

목표수익률(target rate of return)은 투자계획 수립시 설정하는 기대수익률이다. 목표수익률은 벤치마킹(bench marking)이 되는 지수수익률에 약간의 마크업(mark up)을 하거나 또는 무위험수익률에 목표위험 프리미엄 수익률을 가산하여 구하거나 아니면 확률론적으로 계산한 기대수익률로 구할 수 있다. 가끔 목표수익률은 투자신탁회사가 투자자로부터 투자자금을 모을 때 약속하는 약정수익률(promised rate of return)과 혼돈되기도 한다. 목표수익률은 투자자금관리의 기본이 되는 내부의 계획수익률이다. 이는 투자목표기간이 만료되었을 때 실제로 계산되는 실현수익률(realized rate of return)과 명확히 구분되어져야 한다.

③ 허용위험 단기투자의 대상인 주가지수선물(stock index futures)이나 심지어 경마(競馬)의 경우 기대되는 수익률이 높은 만큼 위험 또한 엄청나다. 기대수익률이 아무리 높다하더라도 거기에 따르는 위험이 받아들일 수 없을 만큼 높은 투자라면 그 투자의 가치는 없다. 그것은 투기(speculation)나 도박(gamble)에 불과하다. 투자자는 투자수익률 이전에 어느 정도의 위험을 허용할 것인지를 생각하고 투자 대상을 선정해야 한다. 허용위험을 줄일 수 있는 방법 중의 하나는 투자액의 일정부분을 무위험자산에 투자하거나 여러 위험자산에 투자자금을 분산하여 투자하는 것이다.

④ 유동성 유동성이란 증권을 매각하여 얼마나 빨리 현금화할 수 있는가를 나타낸다. 유동성이 높은 증권은 현금화가 빠르지만 유동성이 낮은 증권은 현금화하는데 시간이 많이 걸리고 매매하기가 쉽지 않다. 증권시장에서 매매되는 증권이라고 해서 모두 유동성이 같은 것은 아니다. 증권마다 유동성이 다르므로 적정 유동성을 고려하여 증권을 선택해야 한다.[6]

2 자본배분결정

계획된 투자기간, 목표수익률, 허용위험 그리고 유동성 고려와 함께 투자계획

6 현금(cash)에 준하는 유동성 증권은 MMF(Money Market Fund)이다. 이는 단기금융상품인 단기국채, CD, CP 그리고 RP 등에 투자하는 펀드 상품이다.

의 다음 단계는 투자자금을 무위험자산(MMF나 현금의 형태)과 위험자산에 어느 정도의 비중으로 배분하는가에 대한 결정이다. 자본배분결정(capital allocation decision)에 영향을 미치는 요소는 투자자의 나이, 위험에 대한 태도, 그리고 소득수준 등이다. 예를 들면, 나이가 젊은 30대의 회사원은 위험을 무릅쓰고라도 투자수익 극대화를 위해 예금보다는 위험자산에 대한 투자비중을 늘리지만, 은퇴한 60대의 퇴직자는 위험보다는 안정성을 고려하여 위험자산보다는 무위험자산에 대한 투자비중을 더 높일 것이다.[7]

3 자산배분결정

위험자산에 대한 투자비중이 결정되면 그 다음 단계는 주식, 채권, 선물 그리고 옵션 등 여러 위험자산에 대한 투자비중을 결정하는 것이다. 이와 같은 자산배분결정(asset allocation decision)의 핵심은 목표이익률과 허용위험 아래에서 주식, 채권 그리고 여러 데리브티브스(derivatives)[8]에 대한 투자비중 결정이다. 구체적으로 목표기대수익률에서 최소의 위험을 제공하는 포트폴리오 구성 또는 허용된 위험수준에서 최대의 기대이익률을 제공하는 포트폴리오를 구성하는 것이다.

기본적으로 자산배분의 기준은 두 자산간의 상관관계가 낮은 투자조합을 구성하는 것이다. 이렇게 포트폴리오를 구성함으로써 투자포트폴리오의 위험을 최소화할 수 있다. 또한 포트폴리오 위험이 같은 여러 위험자산의 조합 중에서는 이왕이면 투자수익률이 최대인 투자조합을 선택한다.[9] 궁극적으로 자산배분 결정의 목표는 포트폴리오 위험 1단위당 기대수익률을 최대화하는 것이다.[10]

7 홍미로운 자본배분의 규칙 중 하나는 「위험자산의 비중=100 − 투자자의 나이」이다. 예를 들어 35세 회사원의 위험자산투자비중은 100 − 35 = 65(%)이다.

8 데리브티브스(derivatives)는 옵션(option)이나 선물(futures)과 같은 파생증권인데, 여기서는 파생증권 또는 투기증권으로 번역하기보다는 원어를 그대로 사용하였다.

9 이러한 원리를 지배원리(dominance theorem)라 한다.

10 구체적으로 이는 위험 1단위당 초과이익인 위험보상비율 또는 샤프비율의 극대화이다.

$$\text{샤프(Sharpe) 비율} = \frac{\text{포트폴리오 기대이익률} - \text{무위험자산금리}}{\text{위험}}$$

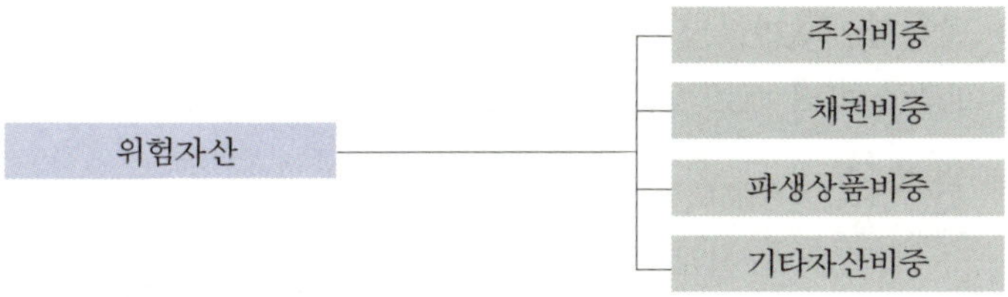

4 증권분석/증권선택

증권분석(securities analysis)은 개별증권의 특성이나 내재가치(intrinsic value)를 찾아내어 계산된 내재가치와 시가를 비교함으로써 투자대상자산이 과대 또는 과소평가되고 있는가를 평가하는 것이다. 전통적으로 증권분석에는 기본적 분석과 기술적 분석이 있다. 기본적 분석(fundamental analysis)은 증권의 내재가치와 기업의 현금흐름 및 이익에 영향을 미치는 경제·산업 등 거시환경과 기업의 경영지표에 증권분석의 초점을 맞춘다. 기술적 분석(technical analysis)은 과거의 주가와 거래량의 움직임을 분석하여 주가변동의 패턴(pattern)과 추세(trend)를 찾아내고 이를 바탕으로 하여 미래의 주가움직임을 예측하는 분석기법이다.

증권선택(securities selection)은 증권분석을 통해 얻어진 자료를 바탕으로 하여 포트폴리오 구성을 위하여 개별증권을 선택하는 과정이다. 합리적인 증권선

그림 17-11 무차별곡선과 적정포트폴리오

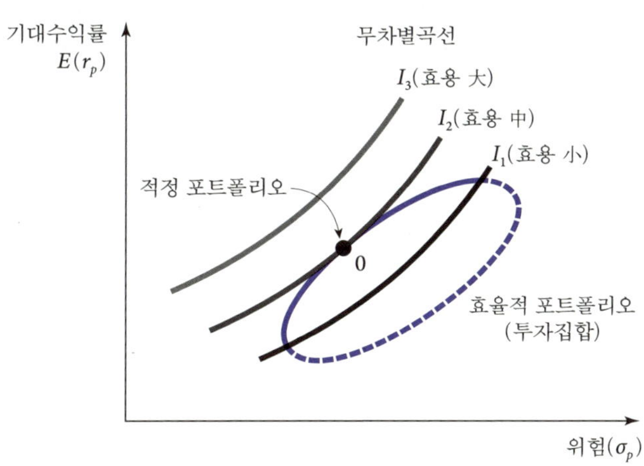

택은 목표수익률을 달성함에 있어서 그 위험을 최소로 하는 것이다. 그러므로 증권선택은 기대수익률과 위험 그리고 증권들간의 상관관계를 충분히 이해하고 난 다음 이루어져야 한다.

5 적정 포트폴리오 선택

적정 포트폴리오(optimal portfolio)는 각 위험수준에서 최대의 수익률을 보상하는 효율적 포트폴리오가 구성된 후 이러한 효율적 투자집합과 투자자의 효용이 함께 고려되어 결정되는 투자조합이다.[11] 여기서 투자자의 효용이란 구체적으로 위험과 수익률에 대한 투자자의 만족도이다. 일반적으로 위험회피형 투자자는 위험이 낮은 만큼 기대수익률이 낮은 포트폴리오를 선택할 것이다. 상대적으로 위험선호형 투자자는 위험이 높지만 기대수익률 또한 높은 포트폴리오를 선택할 것이다.

[그림 17-11]에서 투자자의 효용은 무차별곡선(indifference curve)으로 나타나는데 적정 포트폴리오는 이 무차별곡선 I_2와 효율적 포트폴리오 투자집합이 서로 접하는 점에서 결정된다. 점 0에서의 포트폴리오는 투자기회를 나타내는 효율적 집합상에 있는 많은 포트폴리오 중에서 가장 높은 효용을 가지는 포트폴리오이기 때문에 투자자에게는 가장 적정한 포트폴리오가 된다.

6 투자성과의 측정과 평가

투자성과(investment performance)의 측정과 평가(measurement & appraisal)는 과거 일정기간 동안의 실제수익률이 위험수준에 비해 적절하였는지를 평가하는 과정이다. 즉 이 과정에서는 실제수익률이 투자계획 당시 설정했던 목표수익률과 어느 정도의 차이가 있으며 차이가 있다면 그 원인이 무엇인가를 규명한다. 일반적으로 투자성과 평가는 실제수익률을 벤치마크(benchmark)수익률과 비교하여 포트폴리오의 성과가 벤치마크수익률에 비해 우수한지 아니면 못한지를 평가한다. 여러 투자 펀드들의 투자성과를 비교하여 우열을 평가할 경우 실현된 수익률과 위험크기를 함께 비교하여야 한다. 위험을 고려한 투자성

11 다른 교과서에서는 optimal portfolio의 'optimal'을 "최적"이라고 번역하였다. 그러나 여기서는 'optimal'을 "적정"으로 번역한다.

과평가 지수에는 샤프지수, 트레이너지수 그리고 젠센지수가 있다.

7 포트폴리오 수정

포트폴리오 수정(portfolio revision)은 투자성과의 평가 결과에 따라 목표수익률이나 벤치마크수익률에 비하여 성과가 저조한 종목을 교체하거나 투자비중을 바꾸는 것을 말한다. 포트폴리오 수정과정에서 투자자는 투자목표의 설정에서부터 증권분석/증권선택을 거쳐 적정 포트폴리오를 구성하는 과정까지를 다시 시작한다. 이런 점에서 포트폴리오 수정은 포트폴리오 관리의 마지막 단계이자 또한 시작 단계이기도 하다.

투자자는 시간이 경과함에 따라 투자목표를 바꿀 수 있고 이렇게 되면 현재 보유하고 있는 투자종목의 교체나 투자비중 수정이 불가피하게 된다. 투자자는 변경된 투자목표에 맞게 최적 포트폴리오를 구성하기 위해서 보유증권을 팔고 신규증권을 매입한다. 또한 증권가격이 변함에 따라 처음에는 수익률이 낮았던 증권이 수익률이 높게 되거나 반대로 처음에는 수익률이 높았던 증권이 수익률이 낮게 됨에 따라 투자목표에 맞게 종목을 교체할 필요가 있다.

중요영어용어

기준포트폴리오(bogey portfolio)
매매시기(market timing)
성과(performance)
의미 있는(significant)
침체(bearish)
듀레이션(duration)
위험보상률(reward-to-variability)
성과평가측정(performance evaluation)
위험조정성과(risk-adjusted performance)
호황(bullish)

관련웹사이트

1. Protrader: 주식 및 증권투자 학습자료, 수익기법, 보도자료, 사진, 동영상갤러리 수록.
   ▷ http://www.protrader.com

연습문제

[객관식 문제]

01 펀드의 투자성과를 평가하기 위한 전제로서 틀린 것은?
① 오랜기간의 펀드자료일수록 평가결과를 신뢰할 만하다.
② 펀드의 자산가치 상승분만을 고려해야 일관성이 있다.
③ 펀드 운용 성과는 수수료나 비용공제 전 기준이어야 한다.
④ 펀드회사 평가시 의도적으로 나쁜 성과평가를 뺀 생존바이어스(bias)를 고려해야 한다.

02 Sharpe, Treynor, Jensen의 성과평가방법을 설명한 것 중 틀린 내용은?
① Sharpe의 성과측정치는 전체 펀드의 성과평가에 유용하다.
② Treynor의 성과측정치는 일부 개별 펀드의 성과 평가에 유용하다.
③ Jensen의 α(알파)가 0 이상이면 시장 그 자체보다 우월한 성과를 보인다.
④ 여러 펀드에 대하여 위의 세 성과측정치는 동일한 순위나 우열을 보여준다.

03 펀드투자성과의 문제점 중 틀린 내용은?
① Treynor와 Jensen의 투자성과측정시 잘못된 증권시장선 도출 때문에 투자성과결과가 왜곡될 수 있다.
② Sharpe의 투자성과측정시 차입금리와 예금금리가 다르므로 위험이 큰 펀드일수록 투자성과가 나쁘게 나타날 수 있다.
③ 시장포트폴리오를 어떻게 정의하는가에 따라 투자성과가 달라질 수 있다.
④ 펀드회사의 성과를 평가할 경우 음(-)의 성과를 보이는 개별 펀드들은 제외

하고 양(+)의 성과를 보이는 펀드들만 평가해야 한다.

04 포트폴리오 성과평가와 관련, 잘못 설명한 것은?

① 포트폴리오의 수익률을 반드시 위험요인을 고려하여 우열을 매긴다.
② 성과평가에 근거하여 펀드매니저의 근무성적을 평가한다.
③ 투자성과평가시 펀드매니저의 능력과 운(luck)은 반드시 구분 평가해야 한다.
④ 투자성과평가결과는 다음 투자계획수립에 반영되어야 한다.

05 다음 중 전통적인 투자성과평가방법이 아닌 것은?

① Sharpe의 RVAR ② Treynor의 RVOL
③ Tobin의 q비율 ④ Jensen의 α

06 채권펀드의 위험측정치가 아닌 것은?

① 표준편차 ② 베타 ③ 액면금리 ④ 듀레이션

07 채권펀드의 투자성과 평가에서 틀린 내용은?

① 채권펀드의 수익률측정은 금액가중수익률이어야 한다.
② 채권지수 선정시 가능한 기업고유위험요인은 배제해야 한다.
③ 채권지수펀드 편입에서 회사채가 국공채보다 중심이 된다.
④ 채권지수펀드 편입에서 BB등급 이하 채권은 제외된다.

08 다음 2개의 포트폴리오에 대하여 샤프, 트레이너 그리고 젠센의 성과측도를 이용하여 평가하라.

	R_p	σ_p	β_p
A	8.2%	10.15%	0.95
B	15.41%	28.46%	1.8

당시의 무위험자산 수익률(R_f) 5%, KOSPI 수익률(R_m) 10%, 그리고 이 수익률의 분산(σ_m)은 16.25%이다.

	샤프	**트레이너**	**젠센**
A			
B			

09 [CPA 1차 유사문제] 시장가치 1억원 규모의 펀드 A를 운용하고 있는 펀드매니저는 펀드의 위험을 표준편차로 추정하려 한다. 과거 5년간 펀드 A와 KOSPI의 월간 수익률 평균은 각각 1.8%, 1.4%였다. KOSPI 수익률 표준편차는 1.6%, 펀드 A 수익률과 KOSPI 수익률의 상관계수는 0.835로 나타났다. 이어 펀드 A와

KOSPI 월간수익률을 이용한 회귀분석 결과는 다음과 같다. 이때 펀드 A의 표준편차는 얼마인가?

	계수	표준오차	t 통계량	P-값
상수	−0.178	0.635	−0.281	0.779
KOSPI	1.670	0.098	16.901	5.62E − 32

① 2.8% ② 3.2% ③ 3.6% ④ 3.9%

10 [CPA 1차 유사문제] 아래 표에서와 같이 세 가지 펀드만 판매되고 있는데 위험수준은 수익률의 표준편차를 나타낸다. 위험수준 25%를 추구하는 투자자에게 총 투자액 1억 원을 "안정주식형"에 3천만 원, "성장주식형"에 5천만 원, "국채 투자형"에 2천만 원씩 투자하는 최적포트폴리오를 추천하고 있다. 위험수준 15%를 추구하는 투자자가 총 투자액 8천만 원으로 최적포트폴리오를 구성한다면 "안정주식형"에 투자해야 하는 금액은 얼마인가?

펀드명칭	기대수익률	위험수준
안정주식형	10%	20%
성장주식형	20%	40%
국채투자형	5%	0%

① 1,152만원 ② 1,440만원 ③ 1,800만원 ④ 2,400만원

11 [CPA 1차 유사문제] 다음 표는 지난 36개월간 월별 시장초과수익률에 대한 (주)한국의 월별 주식초과수익률의 회귀분석 결과이다.

	계수	표준오차	t 통계량	P-값
Y절편	0.0047	0.0044	1.0790	0.2882
X_1	0.8362	0.1996	4.1892	0.0002

주) X_1 변수는 시장초과수익률을 나타낸다.

이 기간 중 (주)한국의 월별 주식수익률의 평균은 1.65%, 표준편차는 2.55%였고, 월별 시장수익률의 평균은 1.40%, 표준편차는 1.77%였다. 또한 무위험자산수익률은 연 1.20%였고 36개월간 변동이 없었다. 주어진 정보를 이용하여 샤프지수(Sharpe measure), 트레이너지수(Treynor measure), 젠슨의 알파(Jensen's alpha)를 올바르게 계산한 것은?

	샤프지수	트레이너지수(%)	젠슨의 알파(%)
①	0.18	1.96	1.20
②	0.61	1.96	0.47
③	0.61	1.85	0.47
④	0.65	1.85	0.47

[주관식 문제]

01 [Sharpe방법, Treynor방법, Jensen방법] 다음과 같이 두 주식 A, B에 대한 주가자료가 있다.

	주식 A	주식 B	KOSPI
r	15%	18%	12%
σ	10%	31%	20%
β	0.8	1.5	1.0

당시 무위험자산(=정기예금) 수익률은 10%이다. 다음 성과측정치를 계산하라.

(1) Sharpe 측정치

(2) Treynor 측정치

(2) Jensen 측정치

02★ [시장지수모델과 성과평가] A, B 두 주식의 초과수익률$(r-r_f)$을 시장초과수익률(r_m-r_f)에 회귀분석한 시장지수모델(market index model)의 결과는 다음과 같다.

회귀모델식: $r-r_f=\alpha+\beta(r_m-r_f)+e$

	A 주식	B 주식
$r-r_f$	10.56%	8.40%
β	1.2	0.8
R^2	0.576	0.436
σ_i	26.1%	24.9%

당시의 종합주가지수 수익률은 18%이고, 무위험자산(=정기예금) 수익률은 12%이다. 다음 물음에 답하라.

(1) 다음 평가측정치를 계산하라.

① Sharpe 측정치

② Treyner 측정치

③ Jensen 측정치

(2) 다음과 같은 투자환경에서 더 나은 투자대상은 A, B 중 어느 주식인가?

① 투자자가 단 하나만의 위험주식을 선택할 경우

② 시장지수와 닮은 인덱스 펀드에 포함시켜도 좋을 주식

③ 적극적(active) 투자 포트폴리오 구성에 포함시켜도 좋을 주식

03 [초과수익률 분해] 투자자 김여사의 주식, 채권, 그리고 정기예금으로 구성된 포트폴리오 월수익률은 다음과 같다.

구성종목	월수익률	구성비중
주식	2.0%	.70
채권	1.0	.20
정기예금	.5	.10
		1.00

이 포트폴리오의 성과를 비교하기 위한 기준포트폴리오(bogey portfolio)는 다음과 같다.

구성종목	월수익률	구성비중
주식(종합주가지수)	2.5%	.60
채권(채권지수)	1.2	.30
단기국채	.5	.10
		1.00

(1) 투자자의 실제평균수익률은 얼마인가? 이는 KOSPI의 수익률보다 높은가 아니면 낮은가?

(2) 실제수익률에서 기준수익률을 차감한 초과수익률의 원인을 자산배분(asset allocation)과 증권선택(security selection)으로 분해하라.

04 [이론SML과 실제SML] 무위험자산 수익률이 12%, KOSPI 수익률이 20%일 때 $\beta = 0.5$인 회사가 있다.

(1) 이 회사의 실제수익률이 16%라면 α는 얼마인가?

(2) 일반적으로 실증분석 결과 실제 SML선은 너무 수평(flat)화되어 있다고 한다. 이런 점을 고려해 볼 때 이 회사 주식수익률은 앞으로 어떻게 될 것인가?

05 [비정상수익률의 차이분석] 국채형 펀드는 개방형 연금기금(open-end mutual fund)으로서 통화안정증권과 장기국채로 구성되어 있다. 만기는 듀레이션 기준으로 7년이다. 지난 3년간 이 펀드는 비교적 좋은 성과를 보여 왔다. 펀드 매니저 金부장은 좋은 성과가 증권선택(security selection) 때문인지 아니면 매매시점(market timing) 때문이지 그 원인을 분석하고 있다. 여기에 대해 투자론 담당 李교수는 다음과 같은 방법으로 적어도 매매시점(market timing)의 성과만큼은 분리해서 측정할 수 있다고 조언했다. 李교수의 조언에 대해 논술하라.

[李교수의 조언]

> 매년초 펀드의 가격을 계산한다. 그 다음 이 펀드 구성종목을 전혀 매매하지 않고 연말까지 보유했을 때 가격을 구한 후 연초 가격대비 보유기간수익률을 구한다. 이 수익률과 실제수익률과의 차이가 매매시점에 의한 성과이다.

제 18 장

우리나라의 옵션거래와 옵션투자전략

01

옵션의 의의와 종류

1 옵션의 의의

옵션(option)이란 주식, 주가지수 또는 환율 등 기초자산을 미리 정한 가격으로 일정시점에 사거나 팔 수 있는 권리를 말하며 그 권리에 대한 가격을 프리미엄(premium)이라 한다. 옵션거래는 이러한 권리를 매매하는 거래이다.

옵션매수자는 시세와 행사가격을 비교해 유리한 경우 옵션을 행사할 권리를 가지며 그 대가로 프리미엄을 지불해야 한다. 옵션매도자(설정자 : writer)는 옵션매수자가 권리를 행사하면 반드시 응해야 하는 의무가 있고 그 대가로 프리미엄을 수취한다.

KOSPI200을 기초자산으로 하는 우리나라 주가지수 옵션의 200×년 6월 3일 종가기준으로 옵션관련 용어를 설명해 본다.

- 기초자산: KOSPI200(200×년 6월 3일 종가는 90.86), 거래단위는 KOSPI200 × 10만원이다.
- 콜옵션: KOSPI200을 권리행사가격으로 매수할 수 있는 권리
  풋옵션: KOSPI200을 권리행사가격으로 매도할 수 있는 권리
- 권리행사가격(exercise price 또는 strike price): 권리행사로 기초자산인 KOSPI200을 매도·매수할 수 있는 가격, 행사가격은 KOSPI200지수 2.5포인트 간격으로 어느 특정시점에 5종목의 옵션이 상장된다. 최근 거래시에 5개가 상장되고 KOSPI200의 변동에 따라 계속적으로 추가 설정된다. 예 92.5, 90.0, 87.5, 85.0, 82.5
- 옵션종가: 옵션가격 또는 옵션 프리미엄이라고도 함. 즉 매수자가 매도자에게 권리에 대한 대가로 지불하는 옵션가격 예 1.45, 2.50, …, 3.60, 2.37, …
- 옵션만기: 옵션의 권리행사까지의 기간. 권리행사의 만기일로서 만기까지 행사하지 않으면 권리는 자동적으로 소멸된다. KOSPI200주가지수 옵션의 만기는 4개이다. 기본적으로 3, 6, 9, 12월 중에서 근월물 2종목과 3개월 간격을 제외한 1개월 간격의 최근월물 2종목이 추가로 상장된다. 최종결제일은 결제월의 두 번째 목요일이다. 실제 예에서 오늘 거래일이 6월 3일이므로 옵션만기는 6월과 7월 두 개이고 각 월의 두 번째 목요일이 최종결제일이다. 최근월인 6월에 거래가 몰려있어서 거래량이 많다. 그러나 7월에는 거래량이 아주 적다.

표 18-1 우리나라의 주가지수옵션

(200×년 6월 3일 종가)

[200×년 6월 3일 KOSPI 200종가: 90.86]

	권리행사가격	6월			7월		
		종가	전일비	거래량	종가	전일비	거래량
콜	92.5	1.45	0.69	73,995	3.10	1.20	84
	90.0	2.50	0.95	49,856	6.20	2.85	83
	87.5	3.90	1.30	15,589	5.15	0.25	20
	85.0	5.90	2.00	6,345	7.50	2.10	4
	82.5	8.30	1.90	2,383	7.50	–	–
풋	92.5	3.60	−0.90	4,058	7.25	–	–
	90.0	2.37	−0.73	10,652	5.70	–	–
	87.5	1.60	−0.40	22,397	3.50	–	–
	85.0	0.72	−0.58	53,896	2.10	−0.90	15
	82.5	0.39	−0.32	59,144	1.30	−0.85	10

* 총거래량: 711,125 계약, 미결제약정수량: 580,747 계약

- 유러피언 옵션: 옵션만기에 가서 권리행사를 할 수 있는 옵션. KOSPI200 옵션이 여기에 해당한다.

옵션 프리미엄(option premium)은 내재가치와 시간가치의 합이다. 내재가치(intrinsic value)란 옵션을 행사하여 얻을 수 있는 가치를 말하며 옵션의 프리미엄에서 내재가치를 제외한 부분을 시간가치라 한다. 예를 들어, 우리나라 주가지수 옵션에서 기초자산의 가격이 90.86일 때 행사가격이 90인 콜옵션의 프리미엄이 2.50이라고 하면 내재가치는 0.86(= 90.86 − 90)이고 시간가치는 1.64(= 2.50 − 0.86)이다.

옵션 프리미엄 = 옵션가치 = 내재가치 + 시간가치 예 2.50 = 0.86 + 1.64
내재가치 = 기초자산가격 − 행사가격 예 0.86 = 90.86 − 90

옵션의 내재가치는 본질가치 또는 행사가치라고도 한다. 여기에 따라 옵션을 내가격(ITM), 외가격(OTM) 그리고 등가격(ATM)옵션으로 분류한다.

내재가치가 0보다 크면 내가격, 작으면 외가격, 그리고 0이면 등가격옵션이다. 위의 가격표에서 보면, 현재 KOSPI200 지수가격이 90.86이므로 콜옵션의 경우 권리행사가격이 92.5는 외가격, 90.0부터는 모두 내가격상태이다. 내재가치가

표 18-2 옵션 내재가치

	콜옵션의 경우	풋옵션의 경우
내가격(ITM)옵션 In The Money	기초자산가격 > 행사가격 (내재가치가 0보다 크다)	기초자산가격 < 행사가격 (내재가치가 0보다 크다)
등가격(ATM)옵션 At The Money	기초자산가격 = 행사가격 (내재가치가 0이다)	
외가격(OTM)옵션 Out-of The Money	기초자산가격 < 행사가격 (내재가치가 0보다 작다)	기초자산가격 > 행사가격 (내재가치가 0보다 작다)

* 과내가격(deep ITM): 내재가치가 아주 큰 옵션, 과외가격(deep OTM): 내재가치가 아주 작은 옵션

클수록 콜옵션가격도 높다. 즉 과내가격일수록 콜옵션가격도 높다.

풋옵션의 경우 권리행사가격이 92.5는 내가격, 90은 외가격, 나머지는 모두 외가격상태이다. 외가격상태가 심할수록 풋옵션가격은 낮아진다. 즉 과외가격일수록 풋옵션가격은 낮다.

옵션의 시간가치(time value)는 만기일까지 남아 있는 기간 동안 기초자산 가격의 변동가능성에 대한 기대치를 말하며 시간이 흐를수록 작아져 만기일에는 결국 "영(0)"이 된다. 옵션의 시간가치는 만기일까지 남은 기간이 길수록 그리고 기초자산의 가격변동성이 클수록 커진다. 왜냐하면 이러한 경우에 기초자산의 가격이 옵션 보유자에게 유리하게 변동할 가능성이 크기 때문이다.

2 옵션의 종류

옵션의 종류에는 콜옵션과 풋옵션이 있다. 콜옵션(call option)은 기초자산을 미리 정한 가격에 살 수 있는 권리를 말하며, 풋옵션(put option)은 기초자산을 미리 정한 가격에 팔 수 있는 권리를 말한다.

따라서 콜옵션을 매입하면 기초자산을 미리 정한 가격에 살 수 있는 권리를 프리미엄을 지불해 얻을 수 있다. 콜옵션을 매도(설정 또는 발행이라고 함)하면 옵션매수자로부터 프리미엄을 받고 만기일에 옵션매수자의 권리행사에 응해야 하는 의무가 생긴다.

반면, 풋옵션을 매입하면 프리미엄을 옵션매도자에게 주고 기초자산을 행사가격에 팔 수 있는 권리를 얻는다. 풋옵션을 매도(설정 또는 발행이라고 함)하면 옵션매수자로부터 프리미엄을 받고 만기일에 옵션매수자의 권리행사에 응해야

표 18-3 KOSPI200옵션 가격표

(단위 : 포인트)

200×년 6월 3일					
KOSPI 200종가	**행사가격**	**콜가격**		**풋가격**	
KOSPI 200		6월	7월	6월	7월
90.86	92.5	1.45	3.10	3.60	7.25
90.86	90.0	2.50	6.20	2.37	5.70

하는 의무가 생긴다.

1) 콜 옵 션

[표 18-3]과 같이 200×년 6월 3일 현재 KOSPI200주가지수에 대한 콜옵션 및 풋옵션 가격 자료의 일부를 보자.

여기서 KOSPI200의 전일종가는 90.86이다. 어느 옵션투자자가 1.45를 지불하고 행사가격이 92.5인 6월 만기의 콜옵션을 샀다고 하자. 실제로 옵션 1계약은 1포인트당 250,000원이므로 이 투자자의 투자금액은 1.45 × 250,000 = 362,500원이다. 옵션투자자는 362,500원을 지급하고, 옵션발행자는 362,500원을 받는다.[1]

이 콜옵션 투자자는 만기인 6월 10일 3:00pm(= 결제월 두 번째 목요일 3:00pm)까지 브로커에게 옵션을 행사할지를 통보해야 한다. 만약 만기에 KOSPI200이 95.00이 된다면 콜옵션 투자자는 콜옵션을 행사함으로써 1계약당 2.5(= 95.0 − 92.5)의 이익을 얻는다. 구체적으로 옵션 1계약 단위가 250,000원이므로 250,000 × (2.5 − 1.45) = 262,500원의 이익을 얻는다. 이때 손해를 보는 거래 상대방은 누구인가? 이는 콜옵션을 거는 사람으로서 콜옵션 발행자(call option writer: 설정자라고도 함)이다. 콜옵션 발행자는 만기에 가서 625,000 = 2.5 × 250,000원을 지급할 의무가 있다. 콜옵션발행자의 손해는 262,500원(= 362,500 − 625,000)이다.

물론 여기서 예를 들고 있는 6월 3일 콜옵션가격 1.45는 만기가 점점 가까워짐에 따라 가격 자체가 변한다. 구체적으로 이 콜가격이 만기가 가까워짐에 따라 어떻게 변할지에 대해 그 가격결정원리를 제공한 학자가 바로 Black과 Scho-

1 미니옵션은 1포인트당 50,000원이다. 소액·개인투자자를 위해 개설된 제도이다.

les라는 두 학자이다.

간단히 [표 18-1]에서 콜옵션가격의 현황을 보자. 콜옵션의 경우 같은 행사가격에서 만기가 길어질수록 콜옵션가격은 높아진다. 6월 만기 콜옵션가격이 1.45, 7월 만기의 그것이 3.10임을 확인할 수 있다.

같은 만기라면 행사가격이 높아질수록 콜옵션가격이 낮아진다. 즉 같은 6월 만기지만 92.5 행사가격에서 콜옵션가격은 1.45,90.0 행사가격에서 콜옵션가격은 2.50이다.

예제 18-1 | **콜옵션 투자의 손익**

6월 3일 현재 행사가격은 92.5, 6월 만기의 KOSPI200의 콜옵션가격이 1.450이다. 만약 만기시의 KOSPI200이 95로 된다면 콜옵션 투자자(investor)와 콜옵션 발행자(writer)의 손해와 이익을 각각 계산하라. 1포인트당 가격은 250,000원이다.

풀이 콜옵션 투자자: 행사가격이 만기시의 주식가격보다 크므로 행사한다. 즉 당시 KOSPI200은 95인데 KOSPI200을 살 수 있는 권리는 92.5이므로 권리를 행사한다. 따라서 투자자의 이익은 다음과 같다.

$$(95-92.5)\times 250{,}000-362{,}500=262{,}500\text{원}$$

콜옵션 발행자: 콜옵션 1계약금액 262,500원만큼 손해를 본다.

2) 풋 옵 션

앞의 [표 18-3]에서 6월 3일 현재 행사가격이 92.5이고, 만기가 6월 둘째 목요일 3 : 00pm인 KOSPI200주가지수 풋옵션가격은 3.60이다. 어느 투자자가 6월 3일에 이 옵션 1계약을 900,000원에(1계약 단위는 250,000원이므로 250,000 × 3.6) 매입했다고 하자. 만기 전까지 행사가 불가능한 유러피언 옵션(European Option)일 경우 만기인 6월 둘째 목요일에 가서야 이 투자자의 손익이 결정된다.

만약 6월 둘째 목요일 종가가 95일 경우 이 풋옵션 투자자는 팔 수 있는 권리를 행사하지 않는다. 왜냐하면 풋옵션은 기초자산인 KOSPI200을 행사가격인 92.5에 팔 수 있는 권리이기 때문에 당시의 시가가 95이므로 주가지수가 92.5로 팔리지 않는다.

예제 18-2 풋옵션 투자손익

6월 3일 현재 행사가격은 92.5, 6월 만기의 KOSPI200주가지수 풋옵션가격이 3.6이다. 만약 만기시의 KOSPI200 주가지수가 95로 된다면 풋옵션 투자자(investor)와 풋옵션 발행자(writer)의 손익을 각각 계산하라. 1포인트당 가격은 250,000원이다.

풀이 풋옵션 투자자: 투자금액은 1옵션 계약당 250,000원이므로 250,000원× 3.6 = 900,000원이다. 옵션 종료일의 주가지수가 95이므로 95에 팔리는 주가지수가 92.5에 팔릴 리가 없다. 따라서 이 투자자는 92.5에 팔 수 있는 권리를 행사할 수가 없으므로 자신이 투자한 금액 900,000원만큼 손해를 본다.

풋옵션 발행자: 풋옵션 구매자(즉 옵션투자자)들이 풋옵션을 행사하지 않으므로 풋옵션 발행 당시 받은 900,000원은 풋옵션 발행자의 이익이다.

3) American옵션과 European옵션

American옵션은 옵션 종료일인 만기 전에 행사가 가능한 옵션이고, European 옵션은 오직 만기에 가서야 행사가 가능한 옵션이다. 우리나라에 개설된 KOSPI200주가지수옵션, 개별주식옵션 그리고 미국달러(USD)옵션은 모두 유럽형 옵션이다. 국채선물옵션은 American 옵션이다.

02 우리나라의 옵션거래

우리나라의 옵션에는 KOSPI200주가지수옵션, 개별주식옵션, 미국달러옵션 그리고 국채선물옵션이 있다. [표 18-4]는 우리나라 옵션거래 상품의 명세이다.

1 KOSPI200주가지수옵션

우리나라의 KOSPI200주가지수옵션(KOSPI200 Option)은 주가지수 KOSPI 200에 대하여 콜옵션 또는 풋옵션이 거래되는 옵션이다. 이와 같은 형태의 지

표 18-4 우리나라 주요 옵션거래 상품 명세

구 분	KOSPI 200 주가지수옵션	개별주식옵션	미국달러옵션	국채선물옵션
기초자산	• KOSPI 200	• 상장 보통주(삼성전자, SK텔레콤, KT, 한국전력, 국민은행, 포스코, 현대자동차)	• 미국달러화	• 최종거래일이 가장 빠른 국채 선물 종목
거래단위	• 250,000원	• 100,000원	• US$10,000	• 국채 선물 1계약
가격표시	• 포인트	• 원	• 계약당 원	• 백분율(소수점 둘째자리)
결제월	• 월물 4개, 3월, 9월 각 1개, 6월물 2개, 12월물 3개	• 3년이내 9개 결제월	• 분기별 중 2개와 그 밖의 월 중 2개	• 당월포함 연속 3개월+3, 6, 9, 12월
최종거래일	• 각 결제월의 두번째 목요일	• 각 결제월의 두 번째 목요일	• 결제월의 세 번째 월요일	• 최종결제일 직전 영업일 • 미국식옵션
만기시 최종결제	• 현금결제	• 실물 인수도	• 현금결제	• 현금 결제

수옵션의 대표적 예는 일본 주가지수옵션(Nikkei225)이 있다. KOSPI200주가지수선물(KOSPI200 Futures)시장이 개설 1년 후 약간 지나 성공적으로 정착됨에 따라 1997년 7월 7일 KOSPI200을 대상지수로 하는 주가지수옵션시장이 개설되었다.

KOSPI200주가지수옵션은 KOSPI200을 기초자산으로 하는 유럽형 옵션으로서 1계약은 주가지수 1포인트에 250,000을 곱한 금액이다. 소액·개인투자자를 위한 미니 옵션의 경우는 50,000원이다. KOSPI200옵션에는 지수를 살 수 있는 권리인 콜옵션(Call option)과 팔 수 있는 권리인 풋옵션(Put option) 두 가지가 있다.

우리나라의 주가지수옵션은 주가지수선물과 동일한 KOSPI200지수를 대상으로 하므로 거래제도가 주가지수선물과 동일하거나 유사하다. 거래시간, 최종거래일, 최종결제일, 거래개시일, 거래시간 차금결제제도, 그리고 거래시스템중단 등은 두 시장 모두 같다. 선물·옵션 계좌를 개설하면 두 파생상품을 모두 거래할 수 있다. 증거금의 경우, 옵션개시위탁증거금은 5천만원이다. 선물거래의 경우 개시위탁증거금은 3천만원이다.

KOSPI200옵션 결제월은 월물 4개(2월, 4월, 5월, 9월), 3월, 9월 각 1개, 6월물 2개, 12월물 3개 등 총 11개의 결제월 종목이 상장되어 거래된다.

2 개별주식옵션

개별주식옵션은 2002년 1월부터 거래가 시작되었다. 그 당시 기초자산은 삼성전자, POSCO, KT, 한국전력공사, SK텔레콤, 현대자동차 그리고 국민은행의 7개 기업이었으나, 현재 30개 기업으로 확대되었다. 개별주식옵션에는 콜옵션과 풋옵션의 두 종류 모두 가능하며 옵션 유형은 최종거래일에만 행사가 가능한 유럽형이다.

결제월은 연속 3월(당월, 익월, 익익월)+3, 6, 9, 12월 주기 중 근월 1개로서 모두 4개이다. 최종거래일은 각 결제월의 두 번째 목요일(공휴일인 경우 순차적으로 앞당김)이다. 거래개시일은 최종거래일의 익일(공휴일인 경우 순연)이다.

우리나라에서는 주가지수옵션이 주식옵션보다 먼저 개설되어 더 활발하다. 우리나라에서 예를들어 삼성전자 주식옵션은 거의 거래되지 않지만, 미국에서는 우리나라와 반대로 주가지수옵션은 거의 거래가 없고 IBM주식옵션과 같은 개별주식옵션이 훨씬 유명하다. 우리나라에서는 예를들어 삼성전자주식옵션보다는 삼성전자 연계워런트(ELW)가 훨씬 유명하고 활발히 거래되었다. 옵션과 ELW는 매우 비슷하다. 그러나 현재 ELW는 너무 투기성이 높아서 규제가 심해 거의 거래가 없다.

3 미국달러옵션

미국달러(USD)옵션의 기본계약단위는 10,000달러이고 만기에만 행사가 가능한 유럽식이다. 거래종목은 당월포함 최근월 3개월과 3, 6, 9, 12월 중 1개 결제월이 상장되어 총 4개이다. 만기일은 결제월의 세 번째 월요일이고, 거래는 최종거래일 그 영업일전까지 가능하며 현금결제가 이루어진다.

4 국채선물옵션

국채선물계약을 기초자산으로 하는 옵션계약으로서 옵션만기 전에 언제든지 행사가 가능한 미국식옵션이다. 국채선물옵션의 거래동기는 국채선물계약의 거래단위가 국채액면가 1억원 이상으로 너무 크고 또한 이자율 변동에 따른 변동성이 너무 크기 때문에 국채선물거래를 의무(obligation)가 아니라 옵션(option)으로 참여를 유도하기 위해서이다. 실제적으로 국채선물 옵션 투자자는 이 자율변동에 따른 가격변화 변동성에 베팅(betting)하는 투기적투자자로서 높은 레버리지 효과를 기대한다. 국채선물옵션 콜매입자는 행사가격으로 국채선물계약의 매입포지션을 보유할 수 있는 권리를 가진다. 반대로 풋매입자는 행사가격으로 국채선물계약의 매도포지션을 보유할 수 있는 권리를 가진다.

03

만기시 옵션가치

1 콜옵션 가치

콜옵션이란 옵션 보유자(구체적으로 콜옵션 매입자)에게 특정한 기초자산을 행사가격에 살 수 있는 권리를 부여한 계약이다. 따라서 기초자산가격(S)이 행사가격(X)보다 크면 그 콜옵션의 가치는 그 차액이 된다. 반대로 기초자산가격(S)이 행사가격(X)보다 작으면 행사하지 않으므로 그 콜옵션 가치는 0이다.

[표 18-3]을 예로 하여 이것을 설명해 보자. 행사가격이 92.5인, 만기 6월인 KOSPI200 콜옵션에서 만기시의 KOSPI200이 92.5 이상이면 콜옵션은 그 차액만큼 가치가 있다. 이 관계를 정리해 보면 [표 18-6]과 같다.

KOSPI200지수(S)를 x축으로, 콜옵션 가치(V)를 y축으로 하여 xy좌표축에 위의 관계를 나타내면 [그림 18-1]과 같다. [그림 18-1]에서 실선이 만기시의 콜옵션 가치(V)를 나타낸다. 그러나 콜옵션 투자자(보유자)가 투자한 콜옵션가격은

표 18-6 KOSPI200, 행사가격 그리고 콜옵션 가치

KOSPI 200(S)	85	90	95	100
행사가격(X)	92.5	92.5	92.5	92.5
콜옵션 가치(V)	0	0	2.5	7.5
콜옵션 가격(C)	1.45	1.45	1.45	1.45

그림 18-1 **만기시 콜옵션 투자자의 손익**

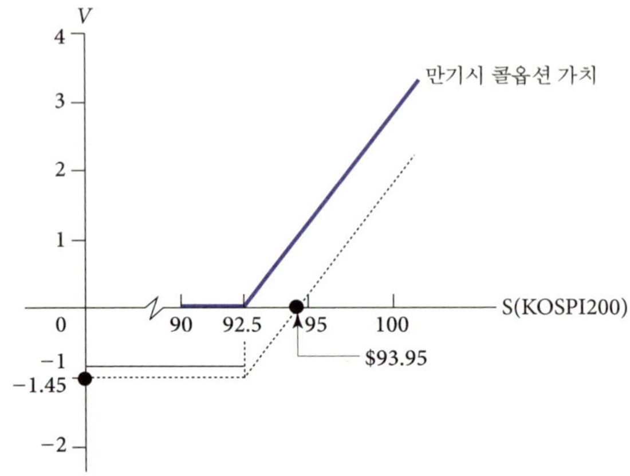

1.45이므로 그 투자자의 순이익은 콜옵션 가치(V)에서 투자금액을 뺀 것이다. 따라서 콜옵션 투자자가 이 콜옵션 투자에서 순이익을 얻기 위해서는 KOSPI 200은 적어도 93.95(=92.5+1.45)이여야 하고, 이 값은 손익분기점(BEP)이 된다.

콜옵션 투자의 이익과 손해는 다음과 같다.

$$\text{콜옵션 투자자} \begin{cases} \text{이익} = S - X, & \text{만약 } S > X\text{이면} \\ \text{손해} = 0, & \text{만약 } S < X\text{이면} \end{cases}$$

그림 18-2 **만기시 콜옵션 발행자의 손익**

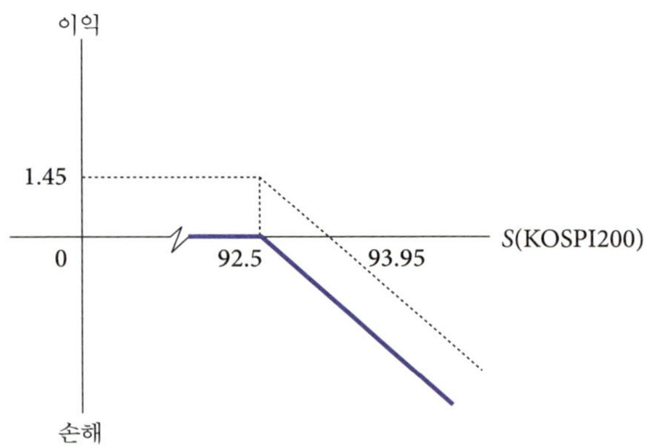

표 18-7 KOSPI200, 행사가격 그리고 풋옵션 가치

KOSPI 200(S)	80	85	90	95
행사가격(X)	92.5	92.5	92.5	92.5
풋옵션 가치(V)	12.5	7.5	2.5	0
풋옵션 가격(P)	3.60	3.60	3.60	3.60

한편 콜옵션 발행자(call option writer 설정자라고도 함)의 손익은 콜옵션 투자자와는 정반대이다. 즉 콜옵션 발행자는 만기시 지수가 행사가격인 92.5보다 높게 되면 콜옵션 투자자가 행사할 것이므로 그 차액만큼 손해를 입게 되고, 반대로 92.5보다 작으면 콜옵션 투자자가 행사하지 않으므로 콜옵션 투자자가 투자한 금액만큼 이익을 얻는다. 즉, 콜옵션 발행자의 손해와 이익은 다음과 같다.

$$\text{콜옵션 발행자} \begin{cases} \text{손해} = -(S-X), & \text{만약 } S>X\text{이면} \\ \text{이익} = \text{콜옵션가격}, & \text{만약 } S<X\text{이면} \end{cases}$$

이 관계를 그림으로 나타내면 [그림 18-2]와 같다. 콜옵션 발행자의 최대손실은 끝이 없다(-∞ 무한대이다).

결론적으로 콜옵션 투자자와 콜옵션 발행자의 이익과 손해는 정반대이다. 두 당사자의 손익 총합은 따라서 Zero sum이다.

그림 18-3 만기시 풋옵션 투자자의 손익

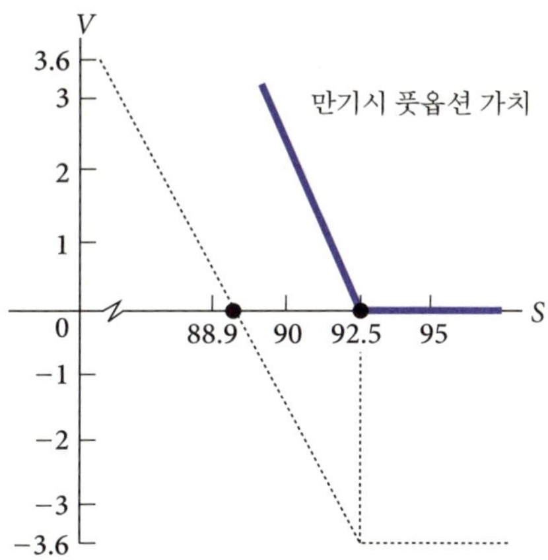

그림 18-4 만기시 풋옵션 발행자의 손익

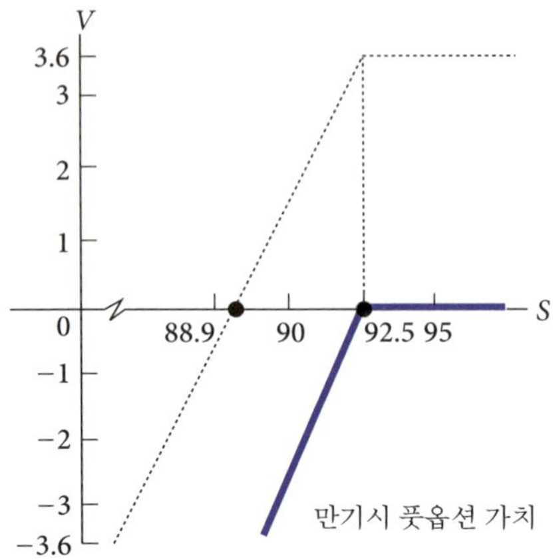

2 풋옵션 가치

풋옵션이란 풋옵션 보유자(구체적으로 풋옵션매입자)에게 기초자산을 행사가격에 팔 수 있는 권리를 부여한 계약이다. 따라서 주식옵션의 경우 주식가격(*S*)이 행사가격(*X*)보다 작으면 풋옵션의 가치는 그 차액이 된다. 반대로 주식가격(*S*)이 행사가격(*X*)보다 크면 그 풋옵션 가치는 0이다.

[표 18-3]을 예로 하여 이것을 설명해 보자. 행사가격이 92.5인, 만기 6월인 KOSPI200 풋옵션에서 만기시의 지수가 92.5 이하이면 이 풋옵션은 그 차액만큼 가치를 가진다. 이 관계를 정리해 보면 [표 18-7]과 같다.

KOSPI200지수(*S*)를 x축으로, 풋옵션 가치(*V*)를 *y*축으로 하여 *xy*좌표축에 위의 관계를 나타내면 [그림 18-3]과 같다. [그림 18-3]에서 실선은 만기시의 풋옵션 가치(*V*)이다. 풋옵션 투자자(보유자)가 투자한 금액은 3.60이므로 이 투자자의 실질순이익은 풋옵션 가치(*V*)에서 투자금액을 뺀 것이다. 이 풋옵션 투자자가 풋옵션 투자에서 순이익을 얻기 위해서는 KOSPI200지수가 적어도 88.9(=92.5 − 3.60) 이하여야 한다. 풋옵션 투자자가 투자한 비용을 고려한 손익분기점(BEP)은 88.9이다.

풋옵션 투자자의 이익과 손해는 다음과 같다.

$$\text{풋옵션 투자자} \begin{cases} \text{이익} = X - S, & \text{만약 } S < X\text{이면} \\ \text{손해} = 0, & \text{만약 } S > X\text{이면} \end{cases}$$

풋옵션 발행자(put option writer)의 손익은 콜옵션 투자자와는 정반대이다. 풋옵션 발행자는 만기시 주가가 행사가격 92.5보다 높을수록 옵션 프리미엄 3.60만큼 이익을 얻게 되고 반대로 92.5보다 낮을수록 그 차액만큼 손해를 본다. 극단적으로 풋옵션 발행자의 손실은 무한(-∞)이다.

풋옵션 발행의 손해와 이익은 다음과 같다.

$$\text{풋옵션 투자자} \begin{cases} \text{손해} = -(X - S), & \text{만약 } S < X\text{이면} \\ \text{이익} = \text{풋옵션가격}, & \text{만약 } S > X\text{이면} \end{cases}$$

결론적으로 풋옵션 투자자와 풋옵션 발행자의 이익과 손해는 정반대이다. 두 당사자의 손익 총합은 Zero sum이다.

04

옵션투자전략

옵션이 투자수단으로서 갖는 가장 중요한 특징은 기초자산 또는 다른 옵션과 결합하여 다양한 수익구조를 가진 투자기법을 만들어 낼 수 있다는 점이다. 금융시장에 참가하는 투자자들은 각자가 갖고 있는 주식시장에 대한 전망이나 위험선호도 등을 반영함으로써 항상 자신에게 최적인 수익구조를 선택할 수 있다.

투자자들은 주가전망에 따라 다음과 같은 옵션투자전략을 수립할 수 있다.

첫째, 기초자산을 보유하지 않고 단순히 옵션만을 매입하거나 발행(bid- ask)하는 naked 투자기법 투기(speculation)거래,

둘째, 기초자산을 보유하면서 옵션의 매입과 발행을 하는 protective put 매입 또는 covered call 발행투자기법 헷징(hedging)거래,

셋째, 동일한 옵션이지만 만기나 행사가격과 같은 조건이 서로 다른 옵션을

동시에 매입 또는 발행하여 투자자의 위험선호도와 시장전망에 맞는 수익구조를 만드는 옵션 스프레드(option spread),

넷째, 만기와 행사가격과 같은 조건은 서로 같지만 서로 다른 옵션을 동시에 매입·발행하는 옵션 콤비네이션(option combination),

완전시장의 가정 하에서 옵션의 다양한 투자전략을 설명할 때 실제로 옵션거래에서 옵션가격에 영향을 미칠 수 있는 몇 가지 중요한 거래비용(transaction cost)을 고려해야 한다. 첫째, 가장 명시적인 거래비용은 옵션거래에 따른 위탁수수료이다. KOSPI200 주가지수옵션의 경우 수수료는 거래대금의 약 0.3%~1.5% 정도를 고려하여야 한다.

두 번째 거래비용은 시장 충격비용(shock cost)이다. 옵션을 매입하기 위해서는 매도호가(bid quote price)에 사야 한다. 또 매도하기 위해서는 매입호가(ask quote price)에 팔아야 하므로 두 호가의 bid-ask spread 또한 옵션의 가격에 영향을 미칠 수 있는 중요한 거래비용이 된다.

1 보호적 풋매입과 커버드 콜발행

1) 보호적 풋매입

보호적 풋(protective put)매입은 주식(또는 주가지수에도 해당함)을 매입하고 매입한 주식을 기초자산으로 하는 풋(put option)을 동시에 매입하는 투자행위이다.[2] 그 결과 주식가격이 올라갈 때는 그 이익을 향유하고 주가가 떨어질 때는 투자가치를 행사가격에 고정시킴으로써 일종의 포트폴리오 보험(portfolio insurance)을 들어둔 투자를 일컫는다. 보호적 풋매입은 주식매입 + 풋매입 $(=S+P)$ 투자를 통하여 보유자산의 가치를 헷징하려는 목적으로 이용된다.

앞서 예를 든 KOSPI200옵션의 경우, 6월 만기, 행사가격 92.5에 풋옵션을 매입했다고 하자. 만기에 이 「보호적 풋매입」에 투자한 투자자가 맞이하는 경우는 만기시 주가지수(S_T)가 행사가격 92.5보다 높은 경우와 낮은 경우의 두 가지가 있다.

첫째, 주가지수가 행사가격 92.5보다 높은 94라 하자. 이때 주가지수와 풋옵션 투자가치는 각각 다음과 같다.

2 protective 단어는 protect(보호하다)에 근거하여 보호적으로 번역한다.

표 18-8 만기시 보호적 풋(protective put)매입의 가치

		$S_T \le X$	$90 \le 92.5$	$S_T > X$	$94 > 92.5$
주가지수가치	S	S_T	90	S_T	94
풋옵션 매수가치	$+P$	$X - S_T$	2.5	0	0
총가치	$S-P$	X	92.5	S_T	94

그림 18-5 만기시 보호적 풋(protective put)매입의 가치

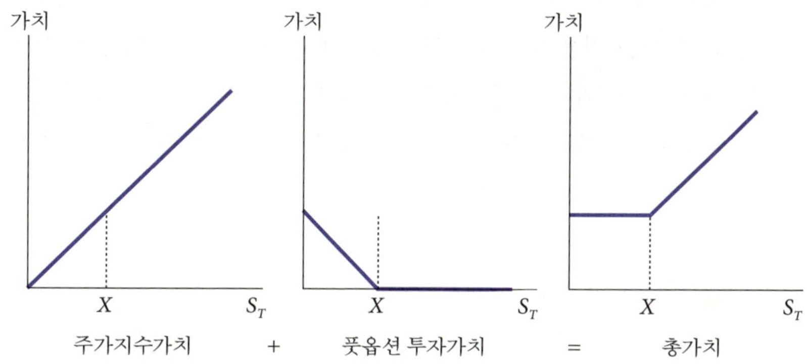

주가지수 투자가치 =	94	
풋옵션 투자가치 =	0	(왜냐하면 주가지수가 행사가격보다
총가치	94	높으므로 행사 안 함)

둘째, 주가지수가 행사가격 92.5보다 낮은 90이라 하자. 이때 주식투자와 풋옵션 투자가치는 각각 다음과 같다.

주가지수 투자가치 =	90	
풋옵션 투자가치 =	2.5	(왜냐하면 주가지수가 행사가격보다
총가치	92.5	낮으므로 행사함 : 92.5 − 90)

위의 관계를 일반식으로 나타내 보자. 만기시 주가지수를 S_T, 행사가격을 X라 할 때 주가지수와 풋옵션에 동시에 투자한 「보호적 풋매입」의 가치는 [표 18-8]과 같다.

위의 관계를 그림으로 나타내면 [그림 18-5]와 같다.

표 18-9 만기시 커버드 콜발행(covered call)의 가치

		$S_T \le X$	$90 \le 92.5$	$S_T > X$	$94 > 92.5$
주가지수가치	S	S_T	90	S_T	94
콜옵션 발행가치	$-C$	0	0	$-(X-S_T)$	−1.5
총투자가치	$S-C$	S_T	90	X	92.5

2) 커버드 콜발행

커버드 콜(covered call)발행(또는 매도)이란 주식(또는 주가지수에도 해당함)을 매입하고 매입한 주식을 기초자산으로 하는 콜(call option)을 동시에 발행(설정)하는 투자행위이다.[3] 그 결과 주식가격이 행사가격보다 올라갈 때는 그 차액만큼 손해를 보고, 주가가 행사가격보다 내려갈 때는 콜옵션 프리미엄만큼 이익을 얻는다. 커버드 콜발행은 주식매입-보유주식에 콜옵션발행(=S-C)으로서 콜옵션프리미엄 수입을 얻기 위한 목적이 일차적이고 그 위험을 보유주식으로써 방어한다.

「커버드 콜발행」은 미국에서 기관투자가들에게 특히 인기가 있다. 그들은 자신들이 보유한 주식에 대해 콜옵션을 발행함으로써 콜옵션 프리미엄만큼 수입(=이익)을 올린다. 물론 만약 주가가 행사가격보다 높으면 손해를 본다. 그러나 행사가격을 그들이 애초에 보유한 주식의 처분가격으로 계획했을 때는 손해를 보지 않고 오히려 이익을 얻는다.

KOSPI200옵션의 경우 6월 만기, 행사가격 92.5의 콜옵션으로 「커버드 콜발행」을 설명해 보자. 6월 만기, 행사가격 92.5의 콜 1계약을 발행(설정)했다고 하자. 6월 만기에 가서 주가가 행사가격보다 높은지 낮은지에 따라 이 투자자의 손익은 다음과 같다.

첫째, 주가지수가 행사가격 92.5보다 높은 94라 하자. 이때 주식투자와 콜옵션 발행가치는 각각 다음과 같다.

주가지수 투자가치 =	94	
콜옵션 투자가치 =	−1.5	(왜냐하면 콜옵션매수자인 콜보유자
총가치	92.5	가 콜을 매수할 것이므로)

3 covered 단어는 cover의 뜻이 "덮다, 씌우다, 감추다, 포함하다" 등 여러가지 번역되어 투자·금융에서 흔히 쓰이는 용어로 번역하기 어렵다. 여기서는 원어는 그대로 써서 "커버드"로 번역한다. 이 단어가 쓰이는 금융분야는 국제재무관리에서 covered interest arbitrage(= CIA)인데 이는 선도환(forward exchange rate) 계약이 포함된 아비트리지거래이다.

그림 18-6 만기시 커버드 콜발행(covered call)의 가치

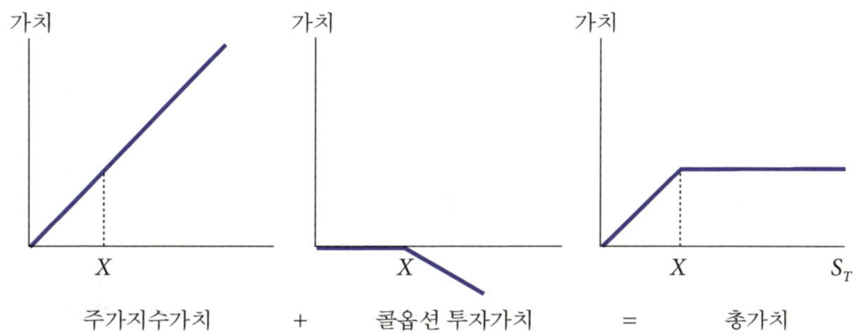

둘째, 주가지수가 행사가격 92.5보다 낮은 90이라 하자. 이때 주가지수투자와 콜옵션 발행가치는 각각 다음과 같다.

주가지수 투자가치 =	90	
콜옵션 투자가치 =	0	(왜냐하면 콜옵션매수자인 콜보유자
총가치	90	가 콜을 매수하지 않으므로)

위의 관계를 일반식으로 나타내 보자. 만기시 주가지수를 S_T, 행사가격을 X라 할 때 주가지수에 투자하고 동시에 여기에 대해 콜옵션을 발행한 「커버드 콜발행」(covered call)의 가치는 [표 18-9]와 같다.

위의 관계를 그림으로 나타내면 [그림 18-6]과 같다.

2 옵션 스프레드*

옵션 스프레드(option spread)란 같은 종류의 한 옵션을 매입(long)하는 동시에 다른 옵션을 매도(short)하는 투자기법이다. 그 목적은 투자위험을 최소수준으로 제한하는 동시에 소규모의 이익을 추구하기 위해서이다.

투자위험이 제한되는 이유는 두 옵션이 서로 반대되는 포지션이므로 주가의 변화에 따른 손실과 이익이 서로 상쇄(offset)되기 때문이다. 이와 같은 옵션 스프레드에는 다음과 같은 종류가 있다.

① money spread(vertical spread 또는 strike spread)

* 이 부분은 학부수업에서 생략할 수 있음.

ⓐ bull spread

ⓑ bear spread

ⓒ butterfly spread

② **calendar spread**(horizontal spread 또는 time spread)

③ **직교 스프레드**(diagonal spread)

각 옵션 스프레드에 대해 간략히 설명하면 다음과 같다.

① **money spread** 만기월(maturity month)은 동일하지만 행사가격만이 서로 다른 동일한 두 옵션을 동시에 매입하거나 매도하는 것이다. money spread는 vertical spread 또는 strike spread라고 불리기도 한다. 여기에는 강세 장(bullish market)에서 이익을 내는 bull spread와 약세 장(bearish market)에서 이익을 내는 bear spread, 그리고 이들 두 가지 spread를 합친 butterfly spread가 있다.

② **calendar spread 기법** 행사가격이 같고 만기 월만이 서로 다른 동일한 두 옵션을 동시에 매입하거나 매도하는 것이다. calendar spread는 horizontal spread 또는 time spread라고도 한다.

③ **직교 스프레드**(diagonal spread) money spread와 calendar spread에 동시포

표 18-10 만기시 스트래들(straddle) 매수의 가치

	$S_T < X$	$S_T \geq X$
콜옵션 투자가치	0	$S_T - X$
풋옵션 투자가치	$X - S_T$	0
총가치	$X - S_T$	$S_T - X$

그림 18-7 만기시 스트래들(straddle) 매수의 가치

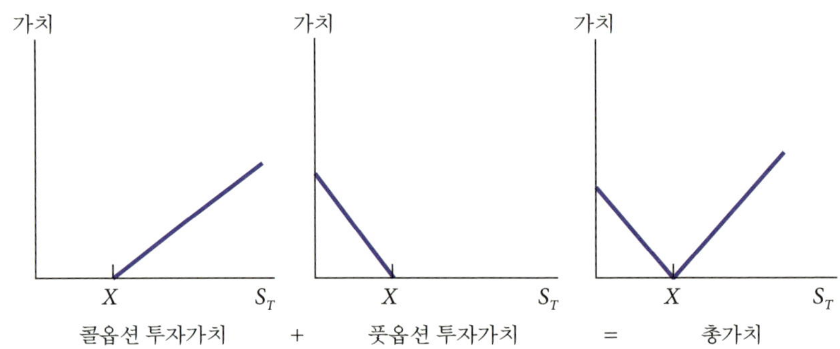

지션을 취하는 것이다.

3 옵션 콤비네이션*

1) 스트래들 매수와 스트래들 매도

스트래들(straddle) 매수는 동일한 주식에 대해 같은 행사가격으로 콜을 매수하고 동시에 풋을 매수한다. 만약 만기시의 주가(S_T)가 행사가격(X)보다 높으면 콜옵션 투자에서는 이익($=S_T-X$), 풋옵션 투자에서는 손해(0)가 발생하게 된다.

반대로 만약 만기시의 주가(S_T)가 행사가격(X)보다 낮으면 콜옵션 투자에서는 손해(0), 풋옵션 투자에서는 이익($X-S_T$)이 난다. 이 투자의 동기는 변동폭이 크기만 하면 어느 한쪽에서 손해가 나더라도 다른 한쪽에서 이익이 나서 결국 순이익이 발생할 것이라는 기대에서이다.

스트래들 매수는 주가가 행사가격보다 크게 차이가 날수록 투자자(option buyer)투자가치가 높다. 반대로 스트래들 발행자(option writer)는 그 차이가 클수록 손해를 본다. 이러한 관계를 그림으로 나타내면 [그림 18-7]과 같다.

스트래들 매도는 위와는 반대로 같은 옵션종목에서 같은 행사가격으로 콜을 매도하고 동시에 풋을 매도한다.

예제 18-3 스트래들매수

행사가격이 1,200원인 달러/원 콜옵션을 15, 풋옵션을 16에 매수하였다. 만기에 행사가격이 1,250원일 경우의 손익은? 반대로 1,150원의 손익은 얼마인가?

풀이 지급옵션가격= $(15+16)\times 10{,}000=310{,}000$원

만기기초 자산가격	내재가치		시간 가치	손 익	비 고
	콜옵션	풋옵션			
1,250원	50원	0원	0	190,000원	50 × 10,000 − 310,000
1,150원	0원	50원	0	190,000원	50 × 10,000 − 310,000

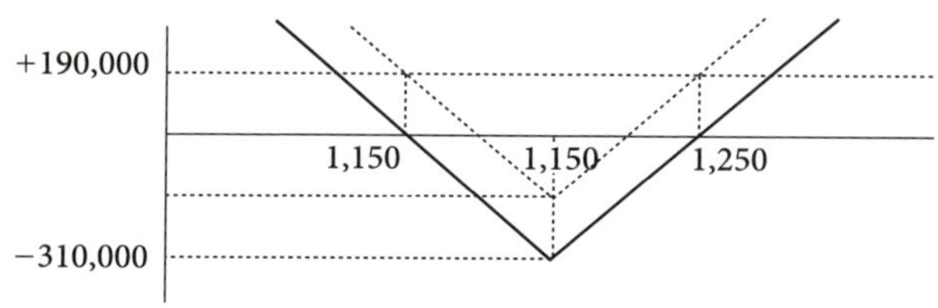

2) 스트랭글 매수

스트랭글(strangle) 매수는 동일만기의 높은 행사가격의 콜옵션과 낮은 행사가격의 풋옵션을 매수한다. 스트랭글 매수는 기초자산가격의 변동폭을 더 크게 예상하지만 그 방향을 알지 못하는 경우에 사용한다.

예제 18-4 스트랭글매수

행사가격 1,200원인 달러/원 콜옵션을 15, 행사가격 1,190원인 풋옵션을 7에 매입하였다. 만기에 기초자산가격이 1,250원일 경우 손익은? 반대로 1,150원일 경우의 손익은 얼마인가?

풀이 지급옵션가격= $(15+7)\times 10{,}000 = 220{,}000$원

만기기초 자산가격	내재가치		시간 가치	손 익	비 고
	콜옵션	풋옵션			
1,250원	50원	0원	0	280,000원	$50\times 10{,}000-220{,}000$
1,150원	0원	40원	0	180,000원	$40\times 10{,}000-220{,}000$

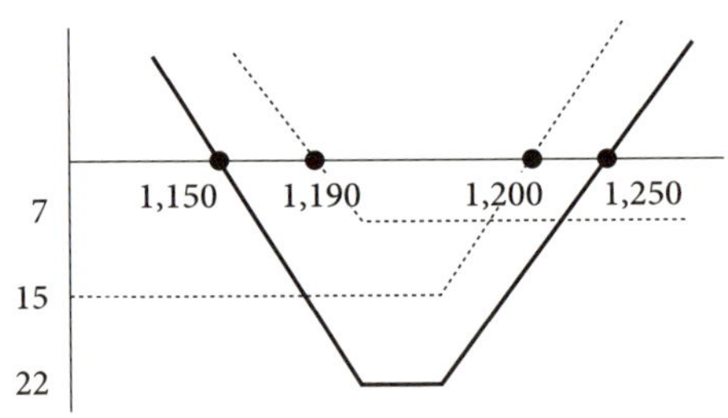

예제 18-5 스트랭글매수

200×년 10월 KOSPI200 옵션의 경우 12월 동일만기를 가진 풋옵션을 행사가격(X_1) 62.5에 각각 매수하고, 콜옵션을 행사가격(X_2) 77.5에 매수하였다. 만기시의 주가지수(S_T)가 행사가격보다 낮은 경우, 그 사이에 있는 경우 그리고 높은 경우의 손익을 계산하라.

풀이

		$S_T\le X_1$	$60\le 62.5$	$X_1<S_T<X_2$	$62.5<70<77.5$	$S_T>X_2$	$70<77.5$
콜매입	P	X_1-S	2.5	0	0	0	0
풋매입	$+C$	0	0	0	0	$S-X_2$	2.5
총가치	$P+C$	X_1-S	2.5	0	0	$S-X_2$	2.5

3) 기타 콤비네이션 옵션 투자전략

스트립(strip)은 두 개의 풋과 하나의 콜의 결합이다. 스트립은 기초자산의 가격이 큰 폭으로 변동하고 특히 상승보다 하락이 예상되는 경우에 매입한다. 스트랩(strap)은 두 개의 콜과 하나의 풋의 결합이다. 칼라(Collar)는 높은 행사가격의 콜옵션을 설정하고 낮은 행사가격의 풋옵션을 매입하는 구조를 가지고 있다.

05

풋-콜 패리티이론

1 풋-콜 패리티의 의의

풋-콜 패리티(put-call parity)란 어떤 주식을 매입하고 그 주식(또는 주가지수에도 해당함)에 대해 특정 만기에 특정한 행사가격으로 풋옵션을 매입하면 $(=S+P)$, 위와 동일한 만기에 동일한 행사가격으로 콜옵션을 매입하고 만기에 행사가격(X)을 받기로 하고 지금 무위험채권을 매입한 것$(=C+X)$과 투자성과가 같다는 내용이다. 즉, 이 두 투자전략은 다음과 같다.

$$S+P=C+X \qquad (18\text{-}1)$$

그림 18-8 $S+P=C+X$

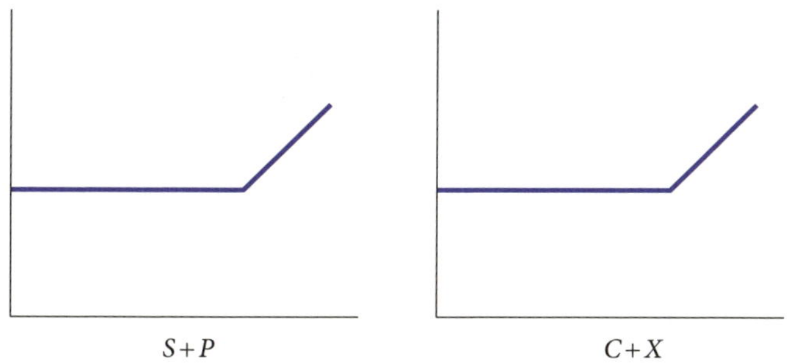

이미 앞에서 공부하였듯이 $S+P$ 포트폴리오는 주식을 보유하고 풋옵션을 매입함으로써 주가상승시에는 그 혜택을 받고, 주가하락시에는 손해를 일정부분 제한하는 포트폴리오 보험의 성격을 갖는다. $C+X$는 콜옵션을 매입하고 만기에 X를 받기로 하고 지금 자금을 차입하는 제로쿠폰 채권을 매입하는 포트폴리오이다. $C+X$ 역시 주가상승시에는 이익을 향유하고 하락시에는 손해를 제한한다. 따라서 두 포트폴리오는 같은 성과(payoff)를 갖는다.

보다 구체적으로 얘기하면 현재 무위험금리를 r_f라 할 때 만기에 X를 받기로 한 채권의 현재가격은 $X/(1+r_f)^T$이므로 화폐의 시간적 가치를 고려한 putcall parity는 다음과 같다.

$$S+P=C+\frac{X}{(1+r_f)^T} \tag{18-2}$$

[표 18-1]에 나타나 있는 우리나라의 주가지수옵션의 경우를 예로 들어 설명하자.

200×년 6월 3일 현재 KOSPI200주가지수옵션의 경우 6월 만기, 행사가격 92.5의 콜 및 풋옵션으로 풋–콜 패리티 이론을 설명해 보자. 만기인 6월 둘째 목요일에 가서 주가(S_T)가 행사가격(X)보다 높은지 낮은지에 따라 $S+P$와 $C+X$이 두 투자의 가치는 다음과 같다.

첫째, 만기시 주가지수(S_T)가 행사가격(92.5)보다 높은 94라 하자. 이때 $S+P$의 투자가치는 주식투자가치 94뿐이다(왜냐하면 풋을 행사하지 않기 때문이다).

$C+X$의 투자가치는 콜 가치 1.5(=94 − 92.5)와 만기시에 받는 채권원금 92.5의 합 94(=1.5 + 92.5)이다. 결국 두 투자기회는 $S+P=C+X=94=S_T$로 같다.

만기 가치	$S_T>X$	94 > 92.5
S_T	S_T	94
P	0	0
S_T+P	S_T	94
C	S_T-X	1.5
X	X	92.5
$C+X$	S_T	94

둘째, 만기시 주가지수(S_T)가 행사가격(92.5)보다 낮은 90이라 하자. 이때 $S+P$의 투자가치는 주식투자가치 90과 풋옵션 가치 2.5(= 92.5 − 90)의 합 92.5 (= 90 + 2.5)이다.

표 18-11 $S-C=X-P$의 예

	주가가 행사가격보다 낮은 경우($S \le X$)		주가가 행사가격보다 높은 경우($X < S$)	
	$S_T < X$	$90 < 92.5$	$S_T > X$	$94 < 92.5$
S(주식투자)	S_T	90	S_T	94
$-C$(콜설정)	0	0	$X-S_T$	$94-92.5$
$S-C$(총가치)	S_T	90	X	92.5
X(채권투자)	X	92.5	X	92.5
$-P$(풋설정)	$-(X-S_T)$	−2.5	0	0
$X-P$(총가치)	S_T	90	X	92.5

표 18-12 $S+P-C=X$의 예

	주가가 행사가격보다 낮은 경우($S \le X$)		주가가 행사가격보다 높은 경우($X < S$)	
	$S_T \le X$	$90 < 92.5$	$X < S_T$	$92.5 < 94$
S(주식투자)	S_T	90	S_T	94
$+P$(풋설정)	$X-S_T$	$92.5-90$	0	0
$-C$(콜설정)	0	0	$X-S_T$	$92.5-94$
$S+P-C$(총가치)	X	92.5	X	92.5
X	X	92.5	X	92.5

$C+X$의 투자가치는 만기시에 받는 투자원금 92.5뿐이다(콜은 행사하지 않으므로 가치가 없다). 결국 두 투자가치는 $S_T+P=C+X=92.5=X$로 같다.

만기 가치	$S_T < X$	$90 < 92.5$
S_T	S_T	90
P	$X-S_T$	2.5
S_T+P	X	92.5
C	0	0
X	X	92.5
$C+X$	X	92.5

2 풋-콜 패리티의 변형

기본적으로 풋-콜 패리티는 $S+P=C+X$이다. 위에서 예를 통하여 관계식을 확인하였다. 위의 기본식을 변형하여 주식과 연계한 여러 가지 옵션전략을 구사한다. 아래의 예에서 "−"의 의미는 옵션의 설정 또는 발행이다.

1) $S-C=X-P$

$S-C$: 주식을 매입하고 일정만기, 일정행사가격으로 콜을 설정한다.

$X-P$:만기에 행사가격(X)만큼의 원금을 받는 채권에 지금 투자하고 위의 주식에 대해 동일한 조건으로 풋을 설정한다.

위의 200×년 KOSPI200옵션과 6월 만기, 행사가격 92.5의 콜 및 풋옵션으로 각 투자전략의 성과를 계산하여 [표 18-12]에서 이를 확인해 보자.

2) $S+P-C=X$

$S+P-C$는 주식에 투자하고 동일만기, 동일행사가격에 풋을 매입하고 콜을 설정한 것이다. 오른쪽 X는 만기에 X원의 원금을 받기로 한 채권투자이다. 이러한 주식과 옵션의 동시투자는 무위험채권 수익률을 확보하려는 헷지전략의 하나이다. 위에서 예를 든 200×년 KOSPI200옵션의 만기 6월, 행사가격 92.5의 콜 및 풋옵션으로 각 투자전략의 성과를 계산하여 확인해 보자.

3 풋-콜 패리티의 응용

풋-콜 패리티는 균형상태에서 주가의 움직임에 관계없이 주식가격, 풋, 콜, 그리고 행사가격에 일정한 관계가 성립하는 논리이다. 실무적으로 풋-콜 패리티 관계식의 응용은 콜옵션의 내재가치를 계산한 후 주어진 S와 X를 이용, 풋옵션의 내재가치를 구하는 데 있다. 만약 이 관계가 성립하지 않으면 아비트리지기회(arbitrage opportunity)가 발생, 아비트리지이익을 가질 수 있다.

다시 한 번 [표 18-1]에 나와 있는 우리나라의 주가지수옵션의 경우를 예를 들어 설명해보자. 200×년 6월 3일 현재 KOSPI200주가지수옵션에서 6월물 행사가격 92.5의 경우 콜옵션과 풋옵션의 관련수치를 확인해보자

$$S_0=90.86,\ P=3.60 \qquad C=1.45,\ X=92.5$$

그 해 6월달 둘째 목요일은 6월 10일이고, 예를 든 그날 날짜는 6월 3일이므로 돈의 시간적 가치를 거의 무시하면 S_0+P와 $C+X$는 다음과 같이 각각 94.46

과 93.95이다.[4]

$$S_0 + P = 90.86 + 3.60 = 94.46, \quad C + X = 1.45 + 92.5 = 93.95$$

S, P조합 포트폴리오와 C, X조합 포트폴리오의 가치가 일치 안 할 경우, 저렴한 포트폴리오는 매입하고, 과대평가된 포트폴리오는 매도한다. 위의 예에서 S, P조합이 C, X조합보다 크다. 따라서 S, P를 매도하고 C, X를 매입한다. 구체적으로 주식공매, 풋옵션 매도(설정), 콜옵션 매수 그리고 할인된 금액으로 무이표채(zero-coupon)채권을 매입한다.

예제 18-6 풋-콜 패리티 불일치와 아비트리지 거래

현재 가격이 92인 무배당 KOSPI200지수(S)에 대해 콜옵션과 풋옵션이 거래되고 있다. 유럽형 콜옵션(C)의 가격은 2.5이고 유럽형 풋옵션(P)의 가격은 2.20이다. 이들 옵션의 행사가격은 90, 만기(T)는 1년, 무위험이자율(r)은 4%이다.

[물음 1] 먼저 풋-콜 패리티(put-call parity)가 성립하는지를 확인하라.

[물음 2] 공매가 가능하며 무위험이자율로 차입과 대출이 가능하다고 가정하고 차익거래를 위한 아비트리지거래를 제시하라. 이 경우 만기일에 얻게 되는 순이익은 얼마인가?

풀이 1 1) $S + P = C + \dfrac{X}{1+r}$

$92 + 2.2 \neq 2.5 + \dfrac{90}{1.04}$: 풋-콜 패리티 불일치

$94.20 \neq 89.04$, 차이 5.16

높은 가치의 $S+P$를 94.20에 매도하고, 낮은 가치의 $C+X$를 89.04에 매수하면 지금 당장 5.16의 차익을 얻고, 1년 후 이 가치는 $5.16 \times 1.04 = 5.37$이 된다. 아비트리지 전략은 현재 투입금액이 "0"이 되게 해야 한다. 이를 위해 현재 두 포트폴리오의 차이인 1.7만큼 더 차입하면 전체 차입규모는 $90 + 1.7 = 91.7$이 된다.

$$\text{추가차입규모} = (92 + 2.2) - (2.5 + 90) = 1.7$$

풀이 2 [아비트리지 전략]

아비트리지	현 재	1년 후

4 6월 3일부터 6월 10일까지 7일간의 기간이 있고, 당시의 무위험금리를 5%라 하며 1년을 365일로 할 때 $C + \{X/(1+r)^T\}$의 정확한 값은 다음과 같다.

$$C + \frac{X}{(1+r)^T} = 1.45 + 92.5 \times \frac{1}{(1.05)^{7/365}} = 93.86$$

포지션	구체적 형태		$S_T < 90$인 경우	$S_T > 90$인 경우
매도	주가지수 매도	92	$-S_T$	$-S_T$
매도	풋 옵 션 매도	2.20	$S_T - 90$	0
매수	콜 옵 션 매수	−2.5	0	$S_T - 90$
매수	할인채권 매수	−91.7	95.37	95.37
	합 계	0	5.37	5.37

(확인) 현재 불일치금액 5.16 —(1년 후 / 1.04)→ 만기시 순이익 5.37

중요영어용어

기초자산(underlying assets)
커버드 콜(covered call)매도(발행)
선물옵션(futures option)
스트립(strip)
스트랩(strap)
유럽형(European option)
이익있는 옵션(ITM)
통화옵션(foreign currency option)
주식보유옵션(covered option)
콜옵션(call option)
풋-콜 패리티(put-call parity)
미국형 옵션(American option)
보호적 풋(protective put)매입
손익분기옵션(ATM)
스트래들(straddle)
옵션(option)
이익없는 옵션(OTM)
이자율옵션(interest rate option)
주식미보유옵션(naked option)
지수옵션(index option)
풋옵션(put option)

관련웹사이트

1. 한국거래소: 스타지수 등 상장상품 소개, 투자 안내, 자료실, 선물옵션교육, 시세정보 등 제공.
   ▷ http://www.krx.co.kr
2. 한경경제TV: 증권투자정보 실시간 생방송, 증권, 경제, 금융 등 프로그램 안내, 주식 강좌제공.
   ▷ http://www.wownet.co.kr/stocktv/
3. 우리선물: 선물시세정보사이트, 옵션가격추이, 거래시작, 해외선물, 투자전략차트제공.
   ▷ http://www.futures.co.kr

연습문제

[객관식 문제]

01 다음은 옵션에 대한 설명이다 잘못된 것은?

① 투자자들은 옵션을 이용하여 자신이 보유하고 있는 포트폴리오의 가치를 일정한 가치 이하로 하락하지 않도록 투자전략을 구사할 수 있다.

② 옵션은 자산을 매입 또는 매도할 수 있는 권리이므로 옵션 보유자는 반드시 옵션을 행사하여야만 하는 것은 아니다.

③ 옵션 투자자들 역시 위험 회피적이므로 주식 가격의 분산이 큰 주식에 대한 콜옵션의 가격은 주식가격 변동이 작은 주식에 대한 콜옵션의 가격보다 낮게

평가된다.

④ 무위험 이자율이 높을수록 행사가격의 현재가치가 작아지므로 풋옵션의 가격도 보다 낮게 평가된다.

02 기초자산의 가격 변동성이 증가하게 되면 옵션 가격은 어떻게 결정되는가?

① 콜옵션 가격은 증가하지만 풋옵션 가격은 하락한다.

② 콜옵션 가격은 하락하지만 풋옵션 가격은 상승한다.

③ 콜옵션 가격, 풋옵션 가격 모두 하락한다.

④ 콜옵션 가격, 풋옵션 가격 모두 상승한다.

03 다른 조건이 동일하다면 미국형 콜옵션의 조기 행사가능성을 증가시키는 가장 중요한 요인은 무엇인가?

① 만기일에 지급할 것으로 예상되는 배당이 클수록

② 기초자산의 가격변동성이 클수록

③ 무위험 이자율이 보다 낮을수록

④ 기초자산의 배당이 보다 일찍 지급될수록

04 프로텍티브 풋매입에 해당하는 투자 전략은?

① 콜옵션을 매입하고 풋옵션을 매도　② 기초자산과 콜옵션을 매입

③ 기초자산과 풋옵션을 매입　④ 콜옵션과 풋옵션을 매입

05 우리나라에서 거래되고 있지 않는 옵션 상품은?

① 달러옵션　② KOSDAQ50 옵션

③ 국채선물옵션　④ 개별주식옵션

06 다음 중 옵션 투자 전략 중 틀린 개념은?(여기서 ＋는 보유·매수, －는 매도·발행 X는 행사가격, S는 주가, C는 콜가치, P는 풋가치이다)

① protective put $= S + P$　② covered call $= S - C$

③ straddle $= P - $C　④ strangle = 높은 X의 $C +$ 낮은 X의 P

07 풋-콜 패리티에 대한 다음 설명으로 옳지 않은 것은?

① 무위험 포트폴리오를 구성하는 풋옵션과 콜옵션 간의 등가 관계를 의미한다.

② 풋-콜 패리티가 성립하지 않으면 투자자는 추가적인 투자나 추가적인 위험부담 없이도 수익을 얻을 수 있다.

③ 주식과 풋옵션을 하나씩 매입하고 콜옵션을 하나 매도할 경우 주가 변동과 관계없이 투자성과는 동일하다.

④ 콜옵션의 가격을 알면 모든 풋옵션의 가격은 풋-콜 패리티를 통하여 계산할

수 있다.

08 우리나라의 옵셥에 관한 여러가지 내용 중 틀린 것은?

① 주가지수옵션이 개별주식옵션보다 더 활성화되어 있다.

② 삼성전자(주) 옵션보다는 삼성전자(주) ELW 거래수수료가 싸고 더 쉽게 거래된다.

③ 국채선물옵션은 미국형옵션이다.

④ 주가지수옵션가격에도 가격복제한이 있다.

09 [CPA 1차 유사문제] (주)한국의 외화자금 수급에 대한 예측에 의하면 1년 후인 2006년 3월에 5억엔 상당의 엔화 수입자금에 대한 결제와 500만불 상당의 달러화 수출자금에 대한 결제가 동시에 이루어진다. 다음과 같은 정보가 주어져 있을 때 (주)한국이 환위험을 헤지(hedge)하기 위하여 택할 수 있는 방법으로 가장 적절한 것은? (단, 수수료는 무시하라)

달러화 이자율	:	연 3%
엔화 이자율	:	연 1%
엔/달러 현물환율	:	¥101.98/$
1년 엔/달러 선물환율	:	¥100/$
1년 만기 행사가격 ¥100/$의 달러화 풋옵션	:	¥9.86
1년 만기 행사가격 ¥100/$의 달러화 콜옵션	:	¥9.84

① 엔/달러 선물시장에서 500만불 상당의 달러 선물환을 매입한다.

② 달러 자금 시장에서 1년 후 500만불을 상환하기로 하고 달러를 차입하여 엔/달러 현물 시장에서 엔화로 교환한 후 엔화 자금 시장에 1년간 예치한다.

③ 엔/달러 현물시장에서 500만불 상당의 달러 현물환을 매입한다.

④ 달러화 풋옵션을 매도한다.

10 [CPA 1차 유사문제] CPA 파생상품 투자주식회사의 옵션 운용부에서 근무하는 A부터 D까지 4명의 매니저(managers)가 다음과 같은 옵션 거래전략을 구성하였다. 옵션을 발행한 기초자산(underlying assets)의 주식가격이 향후 대폭 상승할 경우에 가장 불리한 투자결과를 낳을 것으로 예상되는 매니저는 누구인가? (옵션의 행사가격들은 현재의 주가에 근접하고 있으며 동일한 주식을 기초자산으로 하고 있다고 가정함)

A: 행사가격이 동일한 콜을 매입하고 동시에 풋을 발행 B: 행사가격이 다른 콜과 풋을 동시에 매입 C: 행사가격이 다른 두 개의 콜 중에서 높은 행사가격을 가진 콜을 매입하고 낮은 행사가격을 가진 콜을 발행 D: 주식을 매입하고 매입한 주식에 대한 풋 옵션을 동시에 매입

① A 매니저 ② B 매니저 ③ C 매니저 ④ D 매니저

11 [CPA 1차 유사문제] 미국에 물품을 수출하고 6개월 후에 대금 1백만 달러를 받기로 한 무역업자가 있다. 이 무역업자가 사용하기에 가장 적절한 환위험 헤지 방법은?

① 6개월 만기의 달러 콜옵션을 매수한다.
② 6개월 만기의 달러 풋옵션을 매도한다.
③ 동일한 행사가격의 만기 6개월짜리 달러 콜옵션과 달러 풋옵션을 동시에 매수한다.
④ 6개월 만기 달러 대출을 받아 달러를 외환시장에서 매각한다.

12 [CPA 1차 유사문제] 시장은 완전하며 차익거래의 기회가 없다고 가정할 경우, 주식을 기초자산으로 하는 유럽식옵션에 관한 다음 설명 중 가장 적절하지 않은 것은? 단, 문항에서 제시한 조건 이외에 다른 조건은 모두 동일하다.

① 행사가격이 클수록 콜옵션의 가격은 낮게 형성된다.
② 잔존만기가 길수록 풋옵션의 가격은 높게 형성된다.
③ 무위험이자율이 증가하면 콜옵션의 가격은 증가한다.
④ 예상배당이 클수록 풋옵션의 가격은 높게 형성된다.

13 [CPA 1차 유사문제] 다음 내용 중 가장 옳지 않은 것은?

① 무배당 주식에 대한 미국형 콜옵션의 경우 만기일 전에 권리를 행사하지 않는 것이 최적이다.
② 무위험이자율이 상승하면 콜옵션의 가격은 하락한다.
③ 콜옵션의 가격이 행사가격보다 높을 수 있다.
④ 다른 조건이 일정할 경우, 콜옵션의 기초자산인 주식의 변동성이 커지면 콜옵션의 가치는 커진다.

14 [CPA 1차 유사문제] 투자자 갑은 3개월 만기 콜옵션 1계약과 3개월 만기 풋옵션 1계약을 이용하여 주가지수옵션에 대한 스트랭글 매도(short strangle) 투자전략을 구사하려 한다. 현재 형성된 옵션시세는 다음과 같다. 만기 주가지수가 1,120포인트일 때, 투자자의 만기손익과 최대손익을 구하시오.

a. 3개월 만기 주가지수 콜옵션(행사가격 = 1,100포인트, 콜옵션 프리미엄 = 35원)
b. 3개월 만기 주가지수 풋옵션(행사가격 = 1,100포인트, 풋옵션 프리미엄 = 21원)
c. 3개월 만기 주가지수 콜옵션(행사가격 = 1,200포인트, 콜옵션 프리미엄 = 32원)
d. 3개월 만기 주가지수 풋옵션(행사가격 = 1,200포인트, 풋옵션 프리미엄 = 27원)

	만기손익	최대손익		만기손익	최대손익
①	53	53	②	56	56
③	59	59	④	−60	60

15 [CPA 1차 유사문제] 다음 표는 어느 특정일의 코스피200 주가지수 옵션시세표 중 일부이다. 다음의 설명 중 가장 적절하지 않은 것은?(단, 만기 전 배당, 거래비용, 세금은 없다고 가정한다. 1포인트는 10만원이다.)

(단위 : 포인트, 계약)

종목	종가	전일 대비	고가	저가	거래량	미결제 약정수량
코스피200	213.44	3.71	213.56	212.09	–	–
C 1003 217.5	1.99	0.78	2.17	1.43	597,323	73,427
C 1003 215.0	3.05	1.15	3.25	2.31	265,900	63,076
C 1003 212.5	4.55	1.70	4.55	3.40	57,825	44,939
C 1003 210.5	5.85	1.85	6.15	4.80	34,650	30,597
P 1003 215.0	4.55	−2.95	6.10	4.35	24,324	26,032
P 1003 212.5	3.30	−2.55	4.85	3.20	39,636	21,824
P 1003 210.5	2.40	−2.15	3.50	2.34	253,298	49,416
P 1003 207.5	1.73	−1.67	2.60	1.69	329,762	33,767

① 행사가격이 210.5인 풋옵션 10계약을 장 중 최저가에 매입한 후 최고가에 매도하였다면 116만원의 매매차익을 얻었을 것이다.
② 외가격(OTM)이 심한 종목일수록 거래량이 많았다.
③ 콜옵션의 경우 내가격(ITM)이 심한 종목일수록 청산되지 않고 남아있는 수량이 적었다.
④ 풋콜패러티(put-call parity)를 통한 계산결과, 행사가격이 212.5인 풋옵션은 과소평가되어 있다. 단, $(1 + 무위험수익률)^{잔존기간}$은 1.002이다.

16 [CPA 1차 유사문제] 기초자산의 가격변화에 따른 옵션의 투자전략에 대한 설명 중 옳은 항목만으로 구성된 것은?

a. 기초자산 가격의 변동에 따른 이익 및 손실의 범위를 한정하기 위해서는 칼라(collar)를 이용하면 된다.
b. 기초자산 가격이 큰 폭으로 변동할 것으로 예상되지만 방향을 알지 못하는 경우 스트랭글(strangle)을 매입하면 된다.
c. 기초자산 가격이 변화하지 않을 것으로 예상되는 경우 스트래들(straddle)을 매도하면 된다.
d. 기초자산 가격 변동에 따른 손익을 곡선의 형태로 실현하기 위해서는 수직스프레드(vertical spread)를 이용하면 된다.
e. 기초자산 가격이 큰 폭으로 변동하고 특히 하락보다는 상승이 예상되는 경우 스트립(strip)을 매입하면 된다.

① a, b, c ② a, c, d ③ a, d, e ④ b, d, e

[주관식 문제]

01 [풋-콜 패리티] Avon회사 주식의 시가는 지난달부터 지금까지 100달러 내외로 큰 변화없이 움직여 왔다. 그러나 이 회사의 성장잠재력과 업종의 특성을 고려해 볼 때 향후 3개월 내에 주가에 큰 변화가 있을 것으로 예상된다. 당장은 상승 가능성이 높지만 반대로 하락할 가능성 또한 만만치 않다.

(1) 현재 행사가격 $100, 만기 3개월인 콜옵션 가격이 $10이고 무위험이자율이 8%이면 풋옵션 가격은 얼마인가?

(2) 위와 같은 가격변화 전망을 고려할 때 바람직한 옵션투자전략은 무엇인가? 또한 이런 투자전략 아래에서 가격변화가 어느 정도일 때 이익을 볼 수 있는가?

02★ [풋-콜 패리티] Best Food회사 주식의 시가는 지난 여러 달 동안 $50 수준에서 맴돌았다. 앞으로도 이 회사주식은 서너달 동안 이 수준을 벗어나지 않을 것으로 예상되었다.

(1) 현재 행사가격 $50, 만기 3개월인 풋옵션 가격이 $5이고 무위험이자율이 8%이면 콜옵션 가격은 얼마인가?

(2) 콜, 풋, 그리고 무위험이자율로 차입 또는 예금할 수 있을 때 주식을 $50에 매입한 것과 똑같은 투자성과(payoff)를 내게 하려면 이 세 투자 대상을 어떻게 조합하면 되는가?

03★ [풋-콜 패리티] 옵션 만기 전에 배당금을 지급하는 유럽형(European) 옵션이 있다. 구체적으로 옵션 만기 전에 1주당 $\$D$의 배당금을 지급한다고 가정하자.

(1) 옵션 만기시 주식과 풋옵션을 함께 투자한 포지션의 결과는 어떠한가?

(2) 액면금액이 $\$(X+D)$이고 만기가 옵션 만기와 같은 무액면금리(zero coupon) 국채를 매입하고 콜옵션에 함께 투자한 포지션의 결과는 어떠한가?

(3) (1)과 (2)의 투자성과를 비교하고, 풋-콜 패리티 관계가 성립함을 보여라.

04 [버터플라이 스프레드] 버터플라이 스프레드(butterfly spread)는 행사가격 X_1으로 하나의 콜 매입, 행사가격 X_2로 두 개의 콜 매도, 그리고 행사가격 X_3로 하나의 콜옵션에 투자하는 매입전략이다. 여기서 $X_1 < X_2 < X_3$이고 세 가격은 모두 똑같은 금액만큼 차이가 있다. 모든 콜옵션은 만기 또한 동일하다. 이 투자전략의 투자성과(payoff)를 그래프로 나타내라.

05 [수직 스프레드] 수직 스프레드(vertical spread)는 행사가격 X_2로 콜 매입, 행사가격 X_1으로 풋옵션을 매입하는데, 단 $X_1 < X_2$다. 이 투자전략의 투자성과를 그림으로 나타내어라.

06 [방어적 스프레드] 방어적 스프레드(bearish spread)는 행사가격 X_2로 콜 매입, 행사가격 X_1으로 콜옵션을 매도하는데, 단 $X_1 < X_2$다. 이 투자전략의 투자성과를 그림으로 나타내어라.

07 [풋옵션] 같은 만기를 가진 동일한 주식에 대해 행사가격 $110로 풋 매입, 행사가격 $120로 풋옵션을 발행하였다.

(1) 이 투자전략의 투자성과를 그림으로 나타내어라.

(2) 이 투자전략의 이익을 그림으로 나타내어라.

(3) 기초주식(underlying stock)이 양의 베타값을 가진다면 이 투자 포트폴리오의 베타는 양인가 음인가?

08 [스트랭글] 동일한 6월 만기를 가진 GM 주식에 대하여 $150에 콜옵션 설정, $140에 풋옵션을 설정하였다.

(1) 이 포트폴리오의 투자성과를 그림으로 나타내어라.

(2) 만기시 GM 주식가격이 $145일 경우 손익을 계산하라. 또한 GM 주식가격이 $160일 경우는 어떠한가? call option 가격은 $\$\frac{3}{4}$, 그리고 put option 가격은 $\$6\frac{3}{4}$로 가정하라.

(3) 손익분기가 되기 위한 주가수준은 얼마인가?

(4) 이러한 옵션투자는 GM 주식의 가격변동성이 높다고 가정하는가 아니면 낮다고 가정하는가?

09 [주가지수와 풋옵션 매입] Mr. Ben은 주당 $500로 주가지수 펀드를 매입하였다. 있을지도 모를 투자가치의 손실을 방어하기 위해 그는 행사가격 $500에 3개월 만기의 풋옵션을 $30에 매입하였다. 그의 투자자문가인 Ms. Judy는 풋옵션 투자가 너무 과대하다고 지적하면서 행사가격 $480에 3개월 만기의 풋옵션을 $20에 매입하는 것이 오히려 더 적절한 위험방어전략이라고 조언하였다.

(1) 두 사람의 투자전략 성과를 그림으로 나타내라.

(2) 누구의 투자전략이 더 나은가?

(3) 누구의 투자전략이 더 위험한가?

제 19 장

옵션평가와 옵션관련증권

01

옵션평가의 의의

1 옵션가격에 영향을 미치는 요인

200×년 6월 3일 현재 KOSPI200옵션의 콜옵션가격을 다시 한 번 분석해 보자. 행사가격이 92.5, 만기 6월의 콜옵션가격이 1.45의 종가로 형성되어 있다. 과연 이 콜옵션가격이 적정한지 여부를 평가하는 것이 옵션평가이다.

옵션평가란 옵션가격에 영향을 미치는 요인들이 무엇이며 이러한 요인들이 옵션가격에 어떤 영향을 미치는지를 분석하는 것이다. 옵션평가에는 콜옵션 평가와 풋옵션 평가가 있으나 일반적으로 콜옵션 평가가 중심이 되고 있다.

6월 3일 현재 콜옵션가격이 1.45인데, 내일은 이 콜옵션가격이 과연 얼마나 변하여 어느 수준에서 결정될까? 이것이 바로 옵션평가의 핵심이다. 콜옵션가격에 영향을 미치는 요소는 다음과 같이 6개 변수이다. +는 콜옵션가격에 양의 영향, −는 음의 영향을 미친다.

$$C = f(\overset{+}{s}, \overset{-}{X}, \overset{+}{\sigma}, \overset{+}{T}, \overset{+}{r_f}, \overset{-}{d}) \tag{19-1}$$

각 요인에 대한 설명은 다음과 같다.

1) 기초자산가격

기초자산의 가격(S)이 높을수록 콜옵션가치는 크다. 반대로 가격이 낮을수

표 19-1 KOSPI200지수의 콜옵션가격

6월 3일 KOSPI200(S)	행사가격(X)	콜가격	
		6월	7월
90.86	92.5	1.45	3.10
90.86	90.0	2.50	6.20
90.86	87.5	3.90	5.15

표 19-2 콜옵션가격에 영향을 미치는 요인

아랫변수가 증가하면…	콜옵션가치(C)는…	풋옵션가치(P)는
기초자산가격(S)	증가한다(+)	감소한다(−)
행사가격(X)	감소한다(−)	증가한다(+)
변동성(σ)	증가한다(+)	증가한다(+)
만기(T)	증가한다(+)	증가한다(+)
무위험이자율(r_f)	증가한다(+)	감소한다(−)
배당성향(d)	감소한다(−)	증가한다(+)

록 콜옵션 가치는 작다. 왜냐하면 콜옵션의 성과는 「기초자산가격 − 행사가격」(=S_T-X)이기 때문이다. 기초자산의 가격은 콜옵션의 가격결정에 가장 큰 영향을 미친다.

2) 행사가격

콜옵션의 가치는 S_T-X이므로 행사가격(X)이 낮을수록 크고, 반대로 행사가격이 높을수록 콜옵션가격은 작다. 다시 말하면, 행사가격이 높을수록 기초자산의 가격이 행사가격보다 높아질 가능성이 작다는 것을 의미한다. 따라서 콜옵션가격은 행사가격의 감소함수가 된다. 행사가격은 옵션이 발행될 당시에 고정되기 때문에 만기일 내내 변함이 없다.

3) 기초자산가격의 변동성

기초자산가격의 변동성(σ)은 가격의 변화속도를 말하는데 주로 수익률의 단위 시간당 분산(variance)으로 측정한다. 기초자산의 움직임(=분산)이 클수록 콜옵션 가치는 크다. 반대로 움직임이 작을수록 콜옵션 가치는 작다. 왜냐하면 기초자산가격의 분포가 넓을수록 행사가격을 전후한 가격 움직임이 많다. 따라서 기초자산가격이 행사가격보다 낮을 경우 손해는 0으로 제한된다. 반대로 기초자산가격이 행사가격보다 높을 경우 이익의 상한선은 제한이 없다.

4) 만　기

콜옵션의 만기(T)가 길수록 콜옵션의 가치가 크다. 반대로 만기가 짧을수록 콜옵션의 가치가 작다. 왜냐하면 만기가 길수록 장차 주가가 변동할 가능성이 더 높기 때문이다. 또한 만기가 길수록 행사가격의 현재가치$[=X/(1+r_f)^T]$가 작기 때문이다. 그러나 배당을 지급하는 주식에 대한 콜옵션 또는 풋옵션의 경우 만기가 길수록 가치가 증가한다고 단언할 수 없다.

5) 무위험이자율

무위험이자율(r_f)이 오르면 콜옵션 가치는 크다. 반대로 무위험이자율이 내리면 콜옵션 가치는 작아진다. 왜냐하면 행사가격의 현가$[=X/(1+r_f)^T]$는 이자율과 반대이기 때문이다. 무위험이자율이 오르면 행사가격의 현가는 작아져서 콜옵션 가치는 높아진다.

6) 배당성향

배당성향(d=배당지급률)이 높으면 콜옵션 가치는 낮아진다. 반대로 배당성향이 낮으면 콜옵션 가치는 높아진다. 왜냐하면 일반적으로 높은 배당성향은 주가에 좋은 영향을 미치기보다는 나쁜 영향을 미쳐서 주가를 낮추는 경향이 있기 때문이다.

2 콜옵션가격의 범위

콜옵션가격(C)은 기본적으로 다음과 같은 범위에 있다.

① 콜옵션가격(C)은 적어도 0이거나 또는 양수이다$(C \geq 0)$.

② 콜옵션가격(C)은 기초자산가격(S)보다 클 수는 없다$(C \leq S)$.

③ 콜옵션가격(C)은 기초자산가격(S)에서 행사가격(X)을 뺀 금액 이상이거나$(C \geq S-X)$,

④ 만기 이전에는 기초자산가격(S)에서 행사가격의 현가$[=X/(1+r_f)]$를 뺀 금액 이상이다$[C \geq S-\{X/(1+r_f)\}]$.

이상의 제한 조건을 C를 Y축으로, S를 X축으로 하는 그래프에 표시한 후 합성하면 [그림 19-1]과 같다.

그림 19-1 콜옵션 가격범위

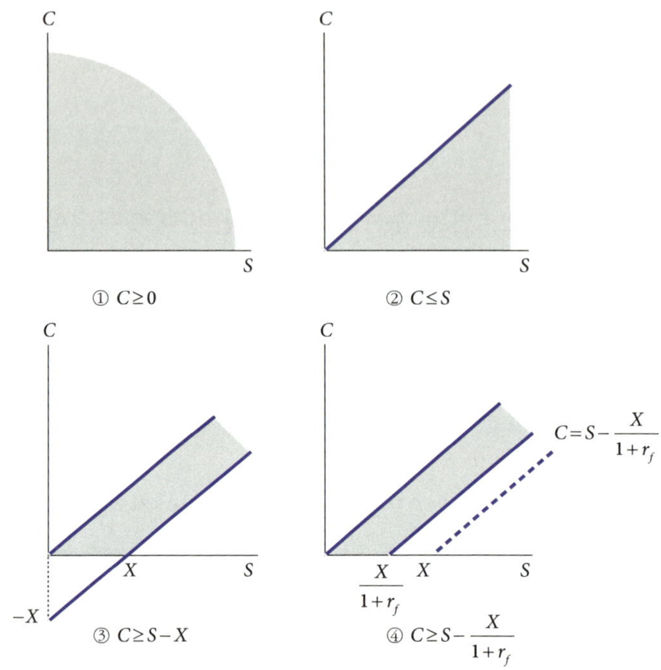

3 조기행사와 배당

American 콜옵션은 European 콜옵션과 달리 만기 이전에 언제라도 행사할 수 있다. 이 경우 American 콜옵션의 가치는 $S-\{X/(1+r_f)\}$인데, 이것은 당장 행사할 경우의 가치 $S-X$보다 더 크다. 즉 $C>S-\{X/(1+r_f)\}>S-X$이다. 따라서 American 콜옵션 투자자는 당장 행사하는 것보다는 시장에서 콜을 매도하는 것이 더 낫다.

배당을 지급하지 않는 주식에 대한 콜옵션은 행사하는 것보다는 만기까지 존속시키는 것이 더 가치 있으므로 이 경우 American 콜옵션과 European 콜옵션의 가격은 같다. 그러므로 European 콜옵션가격을 구하면 바로 American 콜옵션의 가격을 알 수 있다.

02

이항옵션 가격결정

1 1기간 이항옵션 가격결정원리와 예

일반적으로 옵션의 적정가격을 구하기 위해서는 상당한 수학적 지식이 요구된다. Cox-Ross-Rubinstein(약어 CRR)이 개발한 이항옵션 가격결정원리(BOPM: Binomial Option Pricing Model)는 기초자산인 주식의 가격이 행사가격보다 높은 경우와 낮은 경우의 두 가지 경우만을 가정한다. BOPM은 기초자산가격이 일정기간이 지난 후 높은지 낮은지 두 가지 경우만 있고, 어느 경우에서든지 투자자가 무위험자산수익률(r_f)을 갖도록 보유자산을 기초자산으로 하여 콜옵션을 발행할 경우를 가정하면 콜옵션 가치를 이론적으로 계산할 수 있음을 보여준다.

이러한 콜옵션 가치는 두 가지 방법으로 한다. 첫번째는 헷지비율을 이용하는 것이고 두번째는 복제포트볼리오를 구성하는 방법이다.

BOPM은 기간복리를 기본으로 하여 콜옵션 가치를 계산한다. 이것을 확대하여 그 기간을 년, 월, 일 순서로 무수히 짧게하면 궁극적으로 연속복리(Continuous compounding)에 근거한 콜옵션 가치를 구할 수 있다. 이러한 BOPM의 확장이 블랙숄즈(BS)의 콜옵션가격결정모형이다. BOPM에는 1기간(single period) BOPM과 2기간을 포함한 다기간(multiperiod) BOPM이 있다. 다음의 예를 통하여 콜옵션 가격결정원리를 보자.

예제 19-1 이항옵션 가격결정원리

현재 연초에 KOSPI200의 가격이 180인데, 만기 1년, 행사가격 200의 콜옵션이 설정되어 있다고 하자. 만약 만기인 연말에 KOSPI200의 움직임이 낙관적인 경우 250으로 되든지 아니면 비관적인 경우 150으로 되든지 이 두 가지 경우밖에 없다면 이 콜옵션의 적정가격은 얼마인가? 현재 무위험자산 금리는 6%이다.

풀이 만기의 KOSPI200 움직임이 250 아니면 150이므로, 그에 따른 콜옵션의 가치는 50 아니면 0이다.

$$\text{KOSPI200}(S)\ 180 \begin{cases} 250 \\ 150 \end{cases} \qquad \text{콜옵션}(C) \begin{cases} 50 \\ 0 \end{cases}$$

$X = 200$

(KOSPI200 가치) (콜옵션 가치)

먼저 주의할 점은 연속 복리와 기간복리의 구분이다.

미래가치의 경우: 연속복리 e^{rT}, 기간복리 $(1+r)^T$

현재가치의 경우: 연속복리 e^{-rT}, 기간복리 $\dfrac{1}{(1+r)^T}$

여기서는 기간복리개념을 이용하여 현재가치를 구하여 본다. 그러나 기간의 수가 무한히 클 경우 연속복리를 사용해야 한다.

KOSPI200지수가격 180, 행사가격 200, 1년 후에 만기도래, 현재금리 연 6%

두 가지 시나리오 ― up 상태 250(38.9% 증가)

down 상태 150(16.7% 감소)

현재 주가지수 180, 1년 후 만약

주가지수 250이면 콜가치 50(=250 − 200)

주가지수 150이면 콜가치 0

이 예제는 여러가지 방법으로 풀 수 있다. 여기서는 헷지비율을 이용한 방법과 복제포트폴리오를 이용하여 콜옵션의 이론적 가치를 계산한다.

1) 헷지비율을 이용한 이론적 콜옵션 가치 계산

헷지비율로 콜옵션의 이론가치를 구해보자. 1년 후 주가가 어떻게 변하더라도 재산가치가 같도록 보유주식에 콜을 발행(설정)한다고 하자. 보유주식에 헷지(델타δ)비율만큼 콜옵션을 발행한다고 하자. 「낙관적인 경우의 재산가치= 비관적 경우의 재산가치」가 되도록 식을 유도해 보자.

헷지비율(δ)은 만기시콜옵션가치변화액을 기초자산가격변화액으로 나눈 값이나, 즉, 헷지비율은 KOSPI200지수 변화액대비 만기시콜옵션가치 변화액이다.

$$\text{여기서 } \delta = (C^+ - C^-)/(S^+ - S^-) = \frac{\text{만기시 콜옵션 가치} - 0}{\text{만기시 높은 주가} - \text{만기시 낮은 주가}} \quad (19\text{-}2)$$

C^+: 만기시 콜옵션 가치,

C^-: 만기시 콜옵션 최저가치(0)

S^+: 만기시 주가의 상한,

S^-: 만기시 주가의 하한

일단 δ가 구하여지면 오늘 현재의 포트폴리오가치는 $S_0\delta - C$이고 1년 후 가치는 $(S_0\delta - C)(1+r)$이며 이 가치는 1년 후의 비관적인 가치 $S^-\delta$와 같다.

$$(S_0\delta - C)(1+r) = S^-\delta \tag{19-3}$$

위 관계식에서 C의 가치를 구할 수 있다.

위의 KOSPI200주가지수와 여기에 설정된 콜옵션(행사가격 $X=200$)을 예를 들어 델타(δ)를 구하여 보자(현재 주가지수 $S_0=180$, 만기 1년, 무위험이자율 6%).

$$C^+ = 50(=250-200), \qquad C^- = 0$$
$$S^+ = 250 \qquad\qquad S^- = 150$$
$$\delta = \frac{50-0}{250-150} = \frac{1}{2} = 0.5$$

여기서 델타는 헷지비율이다. 헷지비율 델타(δ)는 보유주식 1주에 대하여 2개의 콜옵션발행을 의미하므로 1주 보유+ 콜옵션 2개 설정 포트폴리오를 구성한다. 다른 말로 표현하면 보유주식 1주에 대하여 콜옵션 2계약을 설정한다.[1] 그런데 이렇게 구성한 헷지 포트폴리오는 만기시 주가지수가 250 또는 150 중 어떻게 되든 항상 150의 투자성과를 보인다(헷지 포트폴리오에 1년간 시간가치요인 1.06을 곱하면 1년 후 가치는 비관적 경우의 가치와 같다.).

(오늘 구성한 포트폴리오) (1+이자율)=1년 후(비관적경우 재산가치)

(오늘 주가지수 1주-콜2계약설정) (1.06)=1년 후(비관적경우 재산가치)

$$(180 \times 1 - 2C)(1.06) = 150 \times 1$$
$$\therefore\ C = 19.2453 \fallingdotseq 19.25$$

일단 콜옵션의 이론적 가치가 계산되면 풋-콜패리티 관계를 이용하여 풋옵

1 $\delta=\frac{1}{2}$, 보유주식1주에 대하여 콜옵션 2계약 설정, 또는 보유주식 0.5주에 대하여 콜옵션 1계약 설정

$(180 \times 1 - 2C)(1.06) = 150 \times 1$

$C = 19.25$

또는

$180 \times 0.5 - C = 150 \times 0.5$

$C = 19.25$

션의 이론적 가치를 계산할 수 있다.

$$S+p=C+\frac{x}{1+r}$$

$$180+p=19.25+\frac{200}{1.06}$$

여기서 $p=27.9293≒27.93$[2]

2) 복제 포트폴리오를 이용한 이론적 콜옵션 가치 계산

먼저 1년 후의 상태가 어떠하더라도 비관적인 KOSPI200지수 150을 확보하도록 오늘 현재 이자율 6%로 141.51(=150 ÷ 1.06)을 빌린다고 하자. 이 경우 1년 후 성과는 0 아니면 100이다.

$t=0$ 오늘 현재		$t=1$ 1년 후	
		150	250
차입 141.51			
	차입금 상환	150	150
	1년 후 성과	0	100
콜계약 2개 설정	1년 후 성과	0	100

그런데 콜옵션의 경우 1계약당 콜옵션의 성과는 0 아니면 50이다. 그러므로 오늘 현재의 보유자산에 2개의 콜옵션 계약을 발행(=설정)하면 1년 후 성과는 0 아니면 100이 된다. 이러한 [주식보유− 콜옵션발행] 포트폴리오의 현재가치는 141.51이다.

$$180-2C=141.51\ (=150/1.06)$$

---

2 복제포트폴리오를 이용하여 풋옵션 가치를 이론적으로 계산할 수 있다.

S_T ⟨ 250 / 150　　P ⟨ 0 / 50

$$\text{헷지비율}=\frac{0-50}{250-150}=-\frac{1}{2}$$

1개주식소유, 2개 풋옵션매입

$$(180+2P)(1.06)=250$$

$$\therefore P=27.93$$

이것을 다시 설명하면, 보유한 주식에 콜옵션 2 계약을 설정하여 헷지한 재산가치(포트폴리오)를 1년간 년6%의 금리로 보유한 미래가치는 최소한 150이 된다.

$$(180-2C)(1.06)=150$$
$$\therefore\ C=19.2453 \fallingdotseq 19.25$$

이러한 접근방법의 핵심은 다음과 같은 순서로 전개된다. ① 1년 후 비관적인 경우 주가지수가격만큼 기간을 고려하여 현재 이자율로 차입하고[미래주가지수 작은 값/ (1+현재금리)], ② 차입금 기준으로 1년 후 성과를 계산한 후, ③ 1년 후의 차입금 성과와 똑같은 계약수만큼 콜옵션을 설정한 다음, [오늘 현재 주가지수– 콜옵션 설정(1+현재금리)]= [차입금]의 등가관계를 만든 후 콜옵션의 이론적 가치를 구하는 데 있다.

다시 한 번 연습해 보자. 1년 후 비관적인 주가지수가격이 100이라고 하면 이론적 콜옵션 가격은 얼마나 될까? 이 경우 콜옵션 1계약당 가치는 여전히 0 또는 50이고 차입금을 최저 주가지수가격 100만큼 오늘 차입하면 94.34이며, 1년 후 성과는 0 아니면 150이다. 따라서 1년 후 성과를 복제하려면 콜옵션계약 3개(=3C)를 설정한다. 위의 3단계에 따라 콜옵션의 이론적 가치를 계산해 보자.

① 1년 후 차입금 상환 100을 목표로 하여 연 6%로 오늘 94.34를 차입한다(100/1.06).

② 차입금 기준으로 성과를 계산하면 0 또는 150이다.

③ 행사가격 200이고 1년 후 KOSPI200지수가 100 아니면 250일 경우 성과는 0 또는 50이다. 따라서 1년 후 차입금 성과와 똑같은 콜옵션 계약수는 3개이다(3C).

④ (오늘 현재주가지수– 3C)(1+현재금리) = 차입금

$$(180-3C)\ (1+0.06)=100$$
$$\therefore\ C=28.55$$

여기서 흥미로운 사실은 1년 후 주가지수의 범위가 150~250일 때 콜옵션의 이론적 가치는 19.25였으나 100~250일 때 28.55이다. 기초자산(S)인 KOSPI200의 범위가 커질수록 즉 위험(σ)이 커질수록 콜옵션의 가치는 커짐을 볼 수 있다. 이 예제를 조금 더 확대하여 이자율이 8%일 때의 경우, 그리고 기간이 6개월일 때의 경우에 콜옵션의 이론적 가치를 계산해 보자 (KOSPI200의 범위

가 150~250인 경우만 가정). 계산과정을 생략하고 해답만 제시하면 $r = 8\%$일 때 $C = 20.56$이고 $T = 0.5(= 6$개월)일 때 $C = 17.18$이다. 이로써 콜옵션 가치는 변동성(σ), 이자율, 그리고 기간의 변화에 따라 영향을 어느 정도 받는지 확인할 수 있을 것이다. 이자율이 높아질수록 콜옵션가치(C)는 커지고 만기까지 기간이 짧을수록 작아진다. 위의 내용을 정리하면 다음과 같다.

[요인변화와 콜옵션가치변화]

요인	기본값	범위변화	이자율변화	만기변화
이자율	6%	같음	8%	같음
범위	150~250	100~250	같음	같음
만기	1년	같음	같음	0.5년
콜옵션가치	19.25	28.55	20.56	17.18

3) 1년 지난 후 투자결과 확인

현금 180원을 무위험자산 금리 6%에 1년 동안 투자한 경우와 주식(여기서는 주가지수)에 180원만큼 투자하고 콜옵션 2개 옵션을 설정하여 보유자산을 헷지한 경우 투자결과를 확인해 보자.(행사가격 200원, 콜옵션 가격 19,25원)

i) 현금 180원을 무위험자산 금리 6%에 1년 간 투자한 경우 투자결과

$$180(1.06) = 190.8\text{원}$$

ii) 주식투자 + 콜옵션 2개 발행

상승: 250원으로 주가지수 상승한 경우

콜옵션매수자인 상대방이 콜옵션을 행사하므로 100원만큼(50원 × 2계약) 손해발생, 그러나 콜옵션프리미엄 2개만큼 이익발생, 금리 6% 반영

주식가치 + 콜옵션 프리미엄가치

$= (250 - 100) + 19.25 \times 2 \times 1.06 = 190.8$원

하락: 150원으로 주가지수가 하락한 경우

콜옵션매수자가 콜옵션 행사안하므로 주식가치에 콜옵션프리미엄 2개만큼 이익발생, 금리 6% 반영

주식가치 + 콜옵션프리미엄가치

$= 150 + 19.25 \times 2 \times 1.06 = 190.8$원

결론: 세 가지 경우 모두 같은 결과를 보여준다.

2 2기간 BOPM에 대한 예제*

앞에서 예로 든 KOSPI200주가지수옵션에 대한 1기간 이항옵션 가격결정원리를 2기간으로 확대하여 콜옵션 가치를 계산해 보자. 앞의 1기간에서와 모든 조건은 같고 다만 6개월 단위로 만기가 형성된다는 점에서만 다르다.

연초 주가지수의 가격은 180, 주가상승률(u)은 매 기간당 1.2, 주가하락률(d)

표 19-2 2기간 이항모형에서 주가와 콜 가격 변화 과정(X=200)

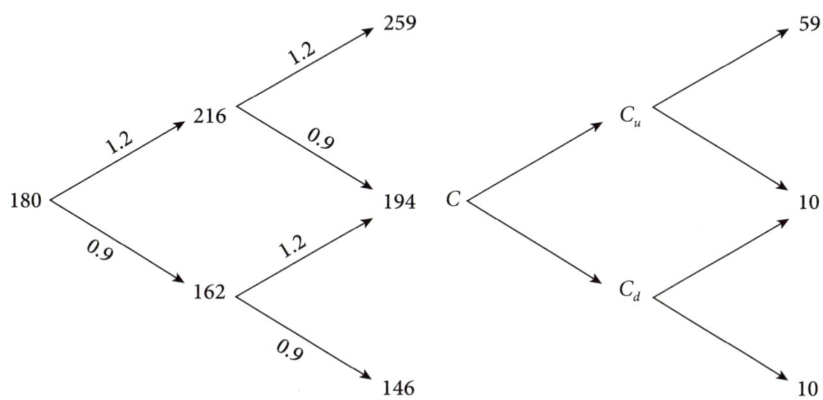

표 19-3 2기간 이항모형에서 콜옵션가치

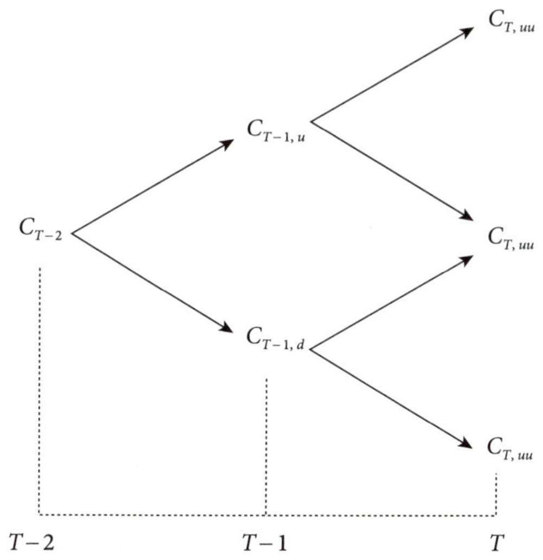

은 매 기간당 0.9%라고 가정한다. 콜 옵션의 행사가격 200, 무위험 이자율이 6%일 때 만기까지 6개월이 남아있는 콜옵션의 가치를 BOPM으로 계산해 보자.

주가의 변화과정과 콜의 가격변화 과정은 [그림 19-2], [그림 19-3]과 같다.

가격이 상승하였을 경우 $T-1$시점의 콜 옵션의 가치를 계산해 보자. 먼저 델타비율을 계산한다.

$$\text{델타}(\delta) = \frac{59-0}{259-194} = 0.91$$

그 다음 무위험헷지포트폴리오를 구성한다.

$$(0.91 \times 216 - C_{T-1,\,u})(1.03) = 0.91 \times 194$$
$$\therefore\ C_{T-1,\,u} = 25.16$$

가격이 하락하였을 경우 $T-1$시점의 콜 옵션의 가치는 0이다.

$$\therefore\ C_{T-1,\,d} = 0$$

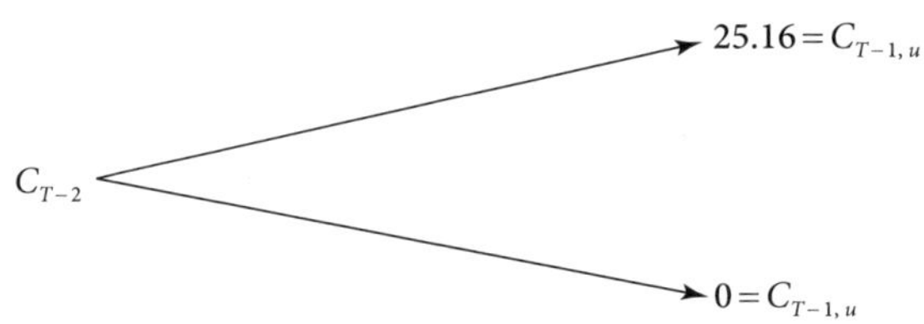

C_{T-2}기간에서의 옵션의 가치를 계산해 보자. 먼저 델타(δ)비율을 계산한다.

$$\delta = \frac{25.16-0}{216-162} = 0.47$$

그 다음 무위험헷지포트폴리오를 구성한다.

$$(0.47 \times 180 - C)(1.03) = 0.47 \times 162$$
$$\therefore\ C_{T-2} = 10.68$$

이는 최종 콜옵션가치이다. 지금까지의 계산과정을 정리해보면 [그림 19-4]와 같다.

표 19-4 2기간 이항과정에서의 주식과 옵션가격계산

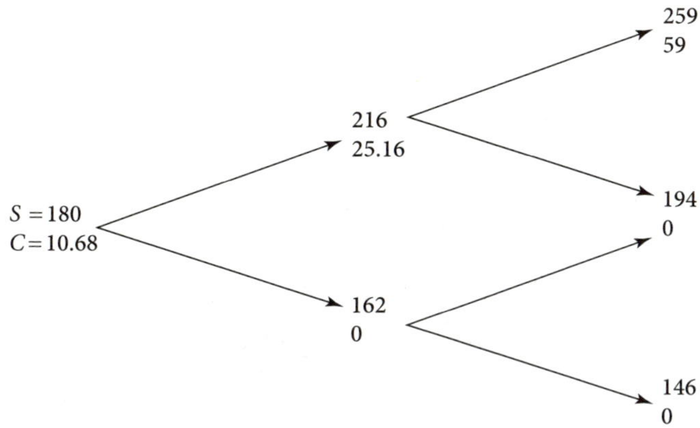

03

블랙-숄즈 옵션 가격결정모형

1 BS옵션 가격결정모형 원리와 예

1973년 미국의 재무학자 블랙(Black)과 숄즈(Scholes)(이하 BS라고 함)는 주식과 콜옵션을 결합하여 무위험헷지 포트폴리오를 구성함으로써 콜옵션의 이론적 가치를 도출하고자 하였다. 무위험헷지 포트폴리오는 주가 변화에 관계없이 항상 당시의 무위험자산이자율(r_f)만큼 일정한 수익을 얻을 수 있는 포트폴리오이다.

무위험헷지 포트폴리오에서 주식 1주 소유에 대하여 발행해야 하는 콜옵션의 수를 헷지비율(H)이라 한다. BS는 주가에 급격한 변화가 없고 이자율과 주식수익률의 분산이 일정하며 주식수익률이 정규분포를 한다는 가정아래 만기까지 배당이 없는 유럽형 콜옵션가격이 다음과 같은 모형으로 계산이 가능하다고 주장하였다.[3]

3 Fisher Black and Myron Scholes, "The Pricing of Options and Corporate Liablilities," *Journal*

표 19-5 표준정규곡선에서 $N(d)$의 크기

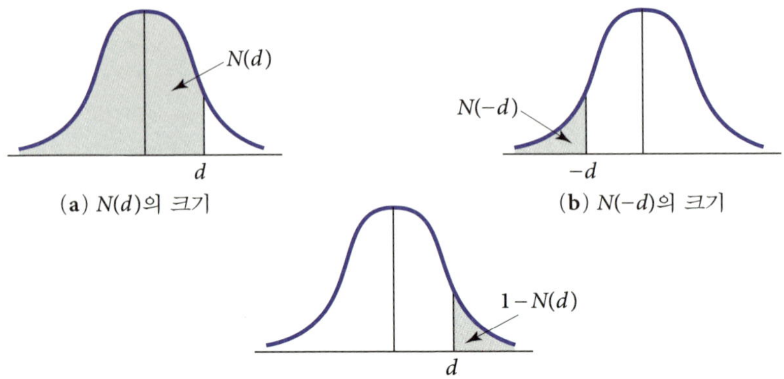

(a) $N(d)$의 크기 (b) $N(-d)$의 크기

(c) $1-N(d)$의 크기

$$C = S_0N(d_1) - Xe^{-rT}N(d_2) \tag{19-4}$$

여기서, $d_1 = \{\ln(S_0/X) + (r + 0.5\sigma^2)^T\}/\sigma\sqrt{T}$, $d_2 = d_1 - \sigma\sqrt{T}$

단, C: 이론옵션가격, S_0: 현재주가

$N(d)$: 표준정규분포표에서 d값보다 작을 확률

X: 행사가격

e: 자연로그(natural log)의 밑(base) = 2.7183

r: 무위험이자율(연속복리 연이자율)

T: 만기까지의 기간으로서 년으로 표시(예: 6개월 = 0.5년)

ln: 자연로그, σ: 기준주식 연간수익률의 표준편차

위 식을 설명하면 다음과 같다.

첫째, BS모형에서 콜옵션 가격에 영향을 미치는 요인은 현재주가(S), 행사가격(X), 주가의 변동성(σ), 만기(T) 그리고 무위험이자율(r_f)이다. 여기서, 주가의 변동성(σ)을 제외한 나머지 4개 요인은 증권시장에서 주어진 자료이다. 따라서 BS모형에서 가장 구하기 까다로운 자료는 주가의 변동성(σ)이다.

둘째, BS모형에서 $N(d_1)$은 헷지비율을 나타내고 $N(d_2)$는 콜옵션이 행사될 확률이다. 따라서 콜옵션가치(C)는 다음과 같다.

$$C = \text{현재주가} \times \text{헷지비율} - \text{행사가격현가} \times \text{콜옵션이 행사될 확률}$$

---

of Political Economy, May/June, 1973.

셋째, $N(d_1)$이 1로 접근하면 헷지비율이 1에 가깝다는 것이다. 그리고 $N(d_2)$가 1로 접근하면 이는 옵션이 행사될 가능성이 매우 높은 것이다. $N(d_1)$과 모두 1로 접근하면 콜옵션가치 $C = S_0 - Xe{-}r^T = S_0 -$ [X의 현가] 로서 콜옵션의 내재가치와 같다.

넷째, $N(d_1)$이 0으로 접근하면 헷지비율이 0에 가깝고, $N(d_2)$가 0에 접근하면 콜옵션이 행사될 확률이 0이라는 뜻이다. $N(d_1)$과 $N(d_2)$ 모두 0에 접근하면 옵션은 거의 행사될 확률이 없다. 이 경우 C는 0에 가깝다.

2 풋옵션가치의 계산

BS모형과 풋-콜 패리티를 이용하여 유럽형 풋옵션의 가치를 도출할 수 있다.

$$\text{풋-콜 패리티 } P = C + Xe^{-rT} - S_0 \tag{19-5}$$

풋옵션 가격 P는 다음과 같다.

$$P = Xe^{-rT}N(-d_2) - S_0N(-d_1) = Xe^{-rT}\{1 - N(d_2)\} - S_0\{1 - N(d_1)\} \tag{19-6}$$

예제 19-2 BS옵션 가격결정모형을 이용한 예제

다음과 같은 자료가 주어졌을 때 BS의 옵션 가격결정모델을 이용해 콜옵션가격을 계산하라.[4] 또한 풋옵션가격을 계산하라.

현재주가$(S_0) = 100$　　행사가격$(X) = 95$
이자율$(r) = 0.10(=$연 $10\%)$　　만기$(T) = 0.25(=3$개월$)$
표준편차$(\sigma) = 0.50(=$연 $50\%)$

풀이
$$d_1 = \frac{\ln\left(\frac{100}{95}\right) + \left(\frac{0.01 + 0.5^2}{2}\right)0.25}{0.5\sqrt{0.25}} = 0.43$$

$$d_2 = 0.43 - 0.5\sqrt{0.25} = 0.18$$

4 스마트폰의 앱(App)을 이용하여 아래 다섯개 변수를 입력하면 콜옵션가치를 계산할 수 있다. Google 검색어에서 BS call option calculator를 입력하면 다양한 앱을 발견하게 된다.

누적확률밀도 함수값 $N(d_1)$과 $N(d_2)$를 표준정규분포표에서 찾는다.

[누적확률밀도함수]

d	$N(d)$
0.18	0.5714
0.20	0.5793
0.22	0.5871
⋮	⋮
0.42	0.6628
0.44	0.6700

위의 표에서 보면,

$$N(0.43) = 0.6664(\text{보간법 이용}),\ N(0.18) = 0.5714$$

이다.

$$\begin{aligned} C &= S_0 N(d_1) - Xe^{-rT}N(d_2) \\ &= 100 \times 0.6664 - 95e^{-0.10 \times 0.25}0.5714 \\ &= \$13.6956 = 13.70 \end{aligned}$$

풋옵션가격 계산: 풋-콜패리디 이용, $S + P = \dfrac{x}{1 - r_5} + C$,

$$100 + P = \frac{95}{1.025} + 13.6953 \ \therefore\ P = 6.3782$$

Google 검색어 이용 BS call option price calculator

3 BS모형의 문제점

앞의 예에서 BS모형으로 구한 이론적 콜옵션가격은 실제와 늘 일치하지는 않는다. 따라서 BS모형을 이용하여 옵션평가를 할 때는 다음과 같은 점을 주의해야 한다.

첫째, BS모형은 다음과 같은 가정들에 근거하고 있는데, 이 가정들이 현실적이지 못하면 실제옵션가격과 이론옵션가격은 차이가 난다.

① 만기까지 배당이 없다.

② 이자율(r)과 분산(σ^2)은 일정하고 예측가능하다.

③ 주가의 급격한 변화는 없다(예를 들면, M&A에 의한 급격한 주가변화는 없다).
④ 주식의 수익률은 로그정규분포(lognormal distribution)의 모양을 갖는다.
⑤ 콜옵션은 유럽형이다(즉 옵션이 만기까지는 행사되지 않는다).

둘째, BS모형에 투입되는 5가지 변수 중 주가(S_0), 행사가격(X), 만기(T), 그리고 이자율(r)은 확실히 알 수 있고 또 정확하다. 그러나 주식수익률 표준편차(σ)는 정확히 관찰되지 못하고 계산되어져야 한다. 주식 수익률분산은 대개 과거 역사적 주가수익률에 근거하여 계산된다. 이 때문에 실제옵션가격과 BS모형에 의한 이론가격에 차이가 난다.

시장참여자들은 현재의 실제옵션가격을 BS모형에 의한 옵션가격으로 보고 표준편차를 계산한다. 이러한 표준편차를 "암시표준편차(implied volatility)"라 한다.

투자자들은 주식의 "실제표준편차(actual volitility)"가 "암시표준편차"보다 크면 그 옵션을 매입한다. 투자자들은 실제표준편차가 암시표준편차보다 크면 그 옵션이 과소평가되어 있다고 본다.

4 배당지급과 BS모형

원래 BS모형은 만기 전에 배당이 지급되지 않는다고 가정하여 개발되었다. 만약 만기 전에 배당이 지급되면 BS모형은 수정되어야 한다. Black[5]은 주가(S_0)에서 배당의 현재가치 $PV(D)$를 공제한 금액, 즉 $S_0 - PV(D)$를 주가(S_0) 대신 BS모형에 투입할 것을 제시하였다. 이는 배당이 지급되면 주가가 올라가기보다는 오히려 주가가 낮아진다는 논리에 기인한 것이다.

이와 같은 수정은 European 콜옵션에는 매우 적절하다. 그러나 배당지급 바로 전에(=물론 만기 전에) 콜옵션을 행사할 수 있는 American 콜옵션에는 적절하지 않다. 배당락일(ex-dividend date) 바로 전에 콜옵션 행사를 가정하는 콜옵션 가치는 만기까지 옵션을 행사하지 않고 보유할 때의 콜옵션 가치보다 클 것이다. 만기까지 콜옵션을 행사하지 않고 보유하면 만기가 길어짐에 따라 주가변동성이 커서 옵션가치를 높이는 반면, 배당지급 가능성은 만기시 주가를 낮추

5 Fischer Black, "Fact and Fantasy in the Use of options," *Financial Analysts* 31(July- August 1975).

그림 19-6 헷지비율

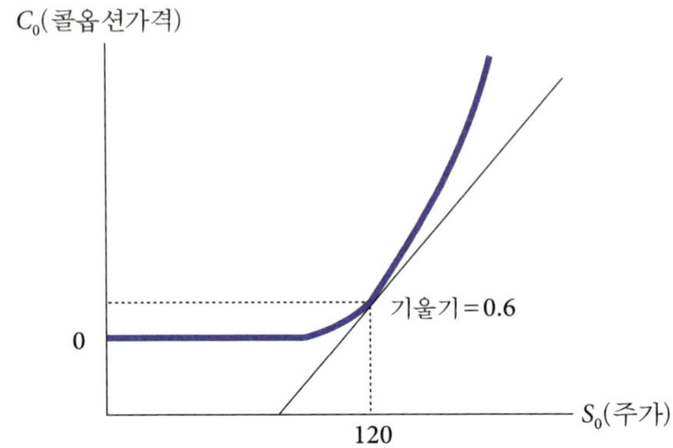

므로 옵션가치를 낮추는 효과를 갖는다.

5 BS모형의 응용: 델타헷징

옵션의 포지션은 주식투자보다 주가변화에 더 민감하다. 주가 1단위가격 변화에 대한 옵션가격변화를 헷지비율(hedge ratio)이라 한다. 헷지비율은 흔히 델타(delta)라고도 한다.

헷지비율을 그래프로 나타내 보자. [그림 19-6]에서와 같이 *X*축을 주가, *Y*축을 옵션가격으로 할 때 우상향하는 그래프의 기울기가 헷지비율이다.

구체적으로 주가(S_0) = $120일 때 이 직선의 기울기 0.6이 헷지비율이다. 이는 주가가 $1 증가함에 따라 콜옵션가격은 $0.6 증가한다는 의미를 갖는다.

어느 투자자가 이 회사의 주식 6주를 가지고 이것을 헷지하기 위하여 10개의 콜옵션을 만들었다(write the call)고 하자. 이 회사의 주가가 $1 오르면 투자자는 주식에서 $6(= 6주 × $1)의 이익을 얻는다. 하지만 콜옵션 10개의 설정으로 $6(= 10개 × $0.6)의 손해를 보게 되어 이익도 손해도 없는 상태가 된다. 이와 같이 주식보유에 따른 위험은 헷지비율만큼 콜옵션을 설정함으로써 헷지할 수 있다.

주가가 변하더라도 포트폴리오의 가치는 변하지 않도록 주식과 옵션으로 구성한 포트폴리오를 헷지 포트폴리오라고 한다. 옵션 델타를 이용한 헷징을 델타 헷징(delta hedging)이라고 한다. 헷지 포트폴리오의 델타는 0이다. 델타가 0

인 투자상태를 델타중립(delta neutral)이라고 한다.

주식을 운용하는 펀드매니저는 델타헷징기법을 주식형 포트폴리오에 적용함으로써 주가변동으로 인한 헷지를 할 수 있다. 펀드매니저는 보유주식에 대하여 주가지수콜옵션을 매도(설정)하여 포트폴리오 델타(δ)를 0으로 함으로써 헷지포트폴리오를 구성하면 주가변동으로 위험을 방어한다. 이는 커버드콜(covered call)옵션 설정 투자전략이다.

프로텍티브 풋옵션(protective put option) 매수전략은 보유주식에 대하여 주가지수 풋옵션을 매수하여 주가변동으로 인한 위험에서 벗어나 일정한 포트폴리오 가치를 유지한다. 이 경우 포트폴리오 가치는 행사가격 이하로는 떨어지지 않으므로 포트폴리오 보험(portfolio insurance)에 가입한 효과를 가진다.

실무적으로 커버드적 콜발행(설정)과 프로텍티브 풋옵션 전략매수에서 델타헷징을 하기 위한 옵션 계약수는 다음과 같다.

커버드적 콜(covered call)에서 발행할 콜옵션 계약수는 다음과 같다.

$$= -\frac{\text{포트폴리오 베타} \times \text{포트폴리오 가치}}{250{,}000 \times \text{KOSPI200지수} \times \text{콜옵션 델타}} \tag{19-7}$$

protective put에서 매수할 풋옵션 계약수는 다음과 같다

$$= -\frac{\text{포트폴리오 베타} \times \text{포트폴리오 가치}}{250{,}000 \times \text{KOSPI200지수} \times \text{풋옵션 델타}} \tag{19-8}$$

위의 식에서 계약수가 음(−)이면 매도, 양(+)이면 매수를 의미한다.

예제 19-3 주가지수옵션을 이용한 델타 헷징

200×년 3월 현재 주식형 펀드인 성장5호 포트폴리오의 가치는 20억원으로 평가되고 있으며 포트폴리오를 구성하고 있는 주식들의 가중평균베타는 1.1이다. 현재 3개월 만기 주가지수 콜옵션의 델타는 0.55, 주가지수 풋옵션의 델타는 −0.40, KOSPI200주가지수는 100이다. KOSPI200 주가지수옵션의 1계약당 금액은 100,000원이다. 주식가격변동에 영향을 받지 않고 포트폴리오의 가치를 20억원으로 유지하기 위하여 발행 또는 매수해야 할 옵션계약수를 구하라.

풀이 델타헷징을 위한 옵션 계약수를 공식으로 계산하면 다음과 같다.

$$\text{콜옵션 계약수} = -\frac{1.1 \times 20\text{억원}}{250{,}000 \times 100 \times 0.55} = -160(\text{계약})$$

콜옵션 160계약을 발행(매도) 한다.

$$\text{풋옵션 계약수} = -\frac{1.1 \times 20\text{억원}}{250{,}000 \times 100 \times (-.40)} = 220(\text{계약})$$

풋옵션 220계약을 매수한다.

BS모형에서 콜옵션 헷지비율은 $N(d_1)$이고, 풋옵션 헷지비율은 $N(d_1)-1$이다. $N(d_1)$은 표준정규분포 그래프에서 d까지의 넓이로서 반드시 양이고 또한 1보다는 작다.

콜옵션의 헷지비율이 항상 1보다 작다고 해서 옵션투자의 수익률 변동가능성이 주식투자의 수익률 변동가능성보다 작은 것은 아니다. 오히려 그 반대로 옵션투자의 수익률 변동가능성은 주식투자의 수익률 변동가능성보다 항상 크다.

[그림 19-6]에서 보면 헷지비율이 0.6일 경우 주가가 $120에서 $1오를 때 콜옵션가격은 $5에서 $0.6만큼 상승한다. 여기서 주식의 가격변동률은 $1/$120 = 0.83%이지만 콜옵션의 가격변동률은 $0.6/$5 = 12%로서 훨씬 높다. 「옵션가격 변동률/주식가격 변동률」을 옵션의 탄력성(option elasticity)이라 한다. 이 예에서 옵션의 탄력성은 12%/0.83% = 14.4가 된다. 이는 주가가 1% 변동할 때 옵션가격은 14.4% 변동한다는 의미를 지닌다.

04

옵션관련증권

옵션가격결정원리는 옵션과 비슷한 성격을 가지는 전환채권(CB)이나 신주인수권부사채(BW) 또는 주식의 가치평가를 위해서 중요하다. 많은 금융상품이 점점 옵션적 성격을 가짐에 따라 옵션가격결정원리의 이해는 재무분석가와 금융인들에게 필수적이다.

이러한 금융상품과 금융계약을 옵션(option)적으로 이해하기 위해서는 먼저 이 상품과 계약들이 콜옵션 성격인지 아니면 풋옵션적 성격인지를 규명해야 한다. 그 다음 규명된 옵션에서 설정자(writer)와 매수자(buyer)를 확정하여 구분해야 한다.

1 전환사채

전환사채(convertible bond: CB)는 채권투자자가 일정기간 경과 후 일정가격으로 채권발행회사의 보통주를 살 수 있는 권리를 부여한 채권이다. 전환사채는 투자자에게 일반채권의 권리를 부여하고 동시에 보통주를 행사가격으로 살 수 있는 콜옵션을 준 것이다. 여기서 투자자는 콜옵션 매수자이고 전환사채 발행회사는 콜옵션 설정자(writer)라고 할 수 있다.

액면 10,000원, 전환비율(conversion ratio) 10인 전환채권의 경우 채권자는 전환채권 1권면을 포기하고 10주의 보통주로 전환할 권리(선택권 option)를 가지고 있다. 다시 말하면, 1주의 보통주를 얻기 위해 1,000원의 채권가치를 포기할 수 있는데, 이때 이 1,000원을 전환가격(conversion price)이라 한다.

채권가격은 항상 변하므로 이 가격변화 때문에 전환옵션은 이익있는 상태(in the money)나 또는 이익없는 상태(out-of-the money)가 된다. 전환시의(옵션 행사 시의) 행사가격은 채권가격(X)이고, 전환가치(conversion value = 전환비율 × 보통주 시가)가 주식 콜옵션의 주가(S)와 같으므로,

"채권가격 < 전환가치"이면 이익있는 상태(전환이 유리)
"채권가격 > 전환가치"이면 이익없는 상태(전환이 불리)

가 된다.

예를 들면, 현재 전환채권의 시가가 9,400원이라 하자. 채권자가 전환(옵션 행사)을 할지 여부는 보통주 가격에 달려 있다. 만약 보통주 주가가 1주당 960원이면 전환가치는 960원 × 10(= 전환비율) = 9,600원이므로 채권자는 전환하는 것이 유리하다.

전환채권은 적어도 전환가치와 비슷한 가격으로 매매된다. 왜냐하면 위의 예에서와 같이 전환함에 따라 200원의 무위험이익이 발생할 것이 예상되면 모든 전환채권자들이 재빨리 전환하여 이 기회를 이용하려고 하기 때문이다. 따라서 전환채권은 곧 전환가치와 비슷하게 된다.

표 19-7 전환채권가치의 구성

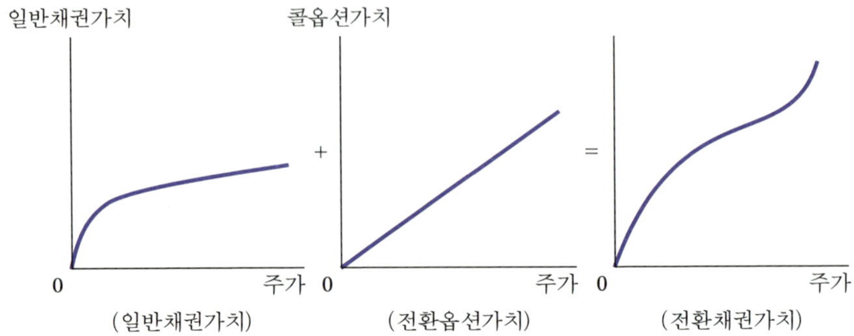

전환채권의 가치는 일반채권(straight bond) 무담보회사채(debenture bond) 가치와 콜옵션 가치의 합이다. 왜냐하면 전환채권이 전환되지 않는 한 일반채권의 가치를 가지고 만약 주가가 올라가면 전환가능성 때문에 콜옵션의 가치를 가지기 때문이다. 이것을 그래프로 표시하면 [그림 19-7]과 같다.

이 그림의 포인트는 전환채권의 가치를 주가와 관련시킨 데 있다. 일반채권가치는 사실 주가와 무관하다. 따라서 이것은 X축과 거의 평행을 이룬다. 그러나 주가가 0에 가까우면 기업 도산을 의미하므로 이 경우 일반채권가치 역시 0에 가깝다. 전환옵션가치는 주가가 올라갈수록 높아지므로 우상향의 직선이다. 전환채권가치는 이 두 가치의 합으로서 주가의 함수가 된다.

전환채권평가는 이와 같이 이론적으로 콜옵션의 가격결정원리로 설명할 수 있다. 그러나 실제로는 다음과 같은 평가상의 어려움을 갖는다.

첫째, 채권가격은 시간이 지남에 따라 변화한다. 즉 행사가격이 변화한다.

둘째, 주식은 채권 만기까지 몇 번의 배당을 지급하므로 옵션평가를 더욱 어렵게 만든다.

셋째, 대부분의 전환채권은 수의상환채권(callable)이다. 채권자는 물론 채권 발행회사도 옵션을 가진다. 발행회사가 채권을 재매입하기 위해 수의상환(call) 옵션을 행사하면 일반적으로 채권자들은 전환권을 행사할 수 있는 한 달간의 여유를 가진다. 발행회사는 자신이 수의상환옵션을 사용하면 채권자들이 전환권을 행사할 것을 알고 있다. 따라서 발행회사가 전환을 강요했다는 얘기를 듣는다. 이러한 조건들이 채권의 실제 만기를 확실하지 않게 만든다.

2 신주인수권부사채

신주인수권부사채(bond with warrant: BW)는 채권자에게 보통주 신주를 우선적으로 살 수 있는 권리를 부여한 채권이다. 이때 이러한 워런트(warrant)는 채권의 매입을 촉진시키는 "감미제(sweetener)" 역할을 한다. 신주인수권(warrant)은 채권발행회사가 설정한 콜옵션이다. 채권투자자가 이 워런트, 즉 콜옵션을 행사할지의 여부는 주가에 달려 있다. 예를 들면 B기업 주가가 현재 7,000원이라면 채권자에게서 연 6%로 자금을 빌려오면서 채권자에게 1년 후부터 6천원에 1만주를 새로 발행해서 받을 수 있는 권리를 주는 것이다. 1년 후에 만약 주가가 8천원에 이르면 주당 6,000원에 1만주를 산 뒤 8,000원에 주식시장에 내다 팔아 차액을 챙길 수 있다. 만약 6,000원에 주식을 사기로 했는데 5,000원으로 주가가 떨어진다면 그때는 권리행사를 포기하면 그만이다. 그래도 원리금을 받는데 문제가 없다.

워런트는 개별주식콜옵션과 유사한 속성을 가지고는 있으나 다음과 같은 차이를 가진다. ① 워런트의 행사는 발행주식수를 늘리지만 콜옵션의 행사는 발행주식수에 변화를 가져오지 않으며, ② 워런트의 행사는 워런트 발행회사에 현금을 낳게 하지만 콜옵션의 행사는 그렇지 않다.

워런트는 주식분할과 주식배당에 따라 조정된다. 즉 행사가격과 워런트수는 주식분할의 영향을 없애기 위해 조정된다. 워런트는 종종 채권 그 자체와 분리되어 매매되는데, 이를 분리형(detachable) 워런트라 한다. 반대로 비분리여 Bw는 채권과 분리되지 않는다.

3 부채사용기업 평가

주식회사에서 주주는 유한책임(limited liability)이므로 비록 회사가 부채때문에 도산한다 해도 출자한 금액만 손해를 볼 뿐이지 그 이외의 회사부채에 대해 책임을 지지 않는다. 부채사용기업 평가는 주주를 콜옵션 보유자로 또는 풋옵션 보유자로 보는 두 가지 견해가 있다.

먼저 주주를 콜옵션 보유자로 보는 입장은 행사가격을 부채액으로, 기초자산을 회사전체의 가치로 파악, 주주는 회사전체가치(S)가 부채총액(X)보다 크면 소유권을 계속 유지하지만, 만약 그 반대면 소유권을 포기한다는 것이다. 후자에서 소유권을 포기한다는 것은 주주가 바로 콜옵션에 투자한 금액, 즉 출자한 금액만큼 손해를 본다는 의미이다.

주주를 풋옵션 보유자로 보는 입장은 행사가격을 부채총액으로, 기초자산을 회사전체의 가치로 보는 것은 위와 같으나 만약 회사전체가치(S)가 부채총액(X)보다 작으면 풋옵션을 행사하여 소유권을 포기한다는 것이다. 소유권을 포기한다는 것은 주주가 바로 풋옵션에 투자한 금액, 즉 출자한 금액으로 부채총액의 가치만큼 이익을 본다는 의미이다.

위와 같은 분석의 의의는 채권가치평가에 옵션가격결정원리를 응용한다는 데 있다. 구체적으로 위험부채의 채무불이행 프리미엄은 옵션평가모형에 의해 계산할 수 있다.

4 예금보험

금융기관이 취급하는 5,000만원 미만의 예금에 대해 예금보험공사는 금융기관에게 원리금 지급을 보장한다. 금융기관이 부실해져서 원리금 지급을 못 할 경우 예금보험공사는 금융기관을 대신하여 원리금을 예금자에게 지급한다. 따라서 금융기관은 예금 보험료인 풋옵션 프리미엄을 지불하고 예금만기일까지 풋옵션을 매입한 풋옵션 투자자로 볼 수 있다. 여기서 금융기관의 자산은 기초자산(S)이고, 예금 지급 의무액은 행사가격(X), 그리고 예금만기일은 만기(T)이다. 금융기관은 풋옵션 투자자로서 금융기관의 자산이 예금 지급액보다 작을 때에 풋옵션을 행사한다.

5 지급보증

지급보증기관은 채무자가 금융기관이나 채권자에게 약정대로 채무를 상환하지 못할 경우 채무자를 대신하여 채무를 지급한다. 채무자는 지급 보증료를 지급보증기관에 지불함으로써 신용실추나 파산위험에서 벗어날 수 있다. 이와 같은 메커니즘은 풋옵션으로 설명될 수 있는데 지급 보증료는 옵션 프리미엄이고 채무자의 자산은 기초자산(S)이며, 채무자의 채무는 행사가격(X), 그리고 채무만기는 옵션의 만기(T)이다. 채무자는 풋옵션 보유자로서 자산이 채무지급액 이하로 떨어질 때 풋옵션을 행사한다. 물론 지급보증기관은 풋옵션의 발행자이다.

6 실물옵션

콜옵션 또는 풋옵션의 원리가 실물투자 의사결정과정(자본예산: capital budgeting)에 고려되는 현상 또는 과정을 실물옵션(real option)이라 한다. 실물옵션이 자본예산에 응용되는 예를 콜옵션적으로 설명할 수 있는 예는 최초투자와 후속투자가 있는 경우에서 찾아볼 수 있다.

예를 들면, 최초연구개발투자(I_0)에서 시제품이 성공일 수 있고 실패할 수도 있다. 시제품을 근거로 하여 후속투자가 성공적인 완제품으로 이어질 수 있는 투자안의 경우 최초연구개발투자의 NPV가 음(−)이라 하더라도 후속투자의 양(+)의 NPV를 고려하여 평가해야 할 것이다. 여기서 후속투자는 콜옵션의 성격을 갖는다.

이러한 예는 아파트재개발공사에서 볼 수 있다. 초기 철거비용이 너무 높아 NPV가 음이라 하더라도 후속되는 아파트건설 및 부대시설투자에서는 양의 NPV가 나오기 때문에 재개발 투자안을 선택하는 데에서도 볼 수 있다.

또한 현재시점에서 투자하면 NPV가 음인 투자안이므로 포기하는 것보다는 그 투자안을 당분간 연기하여 경제상황이 나아졌을 때, 투자안을 시작하는 것이 나을 때가 있다. 이때, 일정시점까지 투자안을 연기할 때의 가치를 옵션의 가치로 인식하여 투자안을 평가하는 것도 실물콜옵션의 한 예가 된다. 의사결정기준은 현재시점의 NPV와 연기할 때의 콜옵션가치를 비교한다. 만약 현재시점의 NPV가 연기옵션가치보다 크면 현재 투자안을 개시하고 아니면 연기한다.

실물옵션을 풋옵션적으로 이해할 수 있는 자본예산의 예는 포기옵션(option to abandon)에서 찾아볼 수 있다. 앞에서 예를 든 연구개발투자에서 최초투자(I_0)의 결과 음(−)의 NPV가 나온다. 그 후 어느 정도 사업이 본 궤도에 올라 그 사업이 매력적이 되어 M&A의 대상이 되거나 높은 가격으로 처분할 수 있다고 가정하자. 여기서 후속투자의 가치를 풋옵션으로 계산할 수 있다. 여기서 의사결정기준은 최초의 음(−)의 NPV에 풋옵션으로 구한 후속투자가치를 합한 총 NPV의 크기로 판단해야 한다. 총NPV를 전략적 NPV라고도 한다.

중요영어용어

델타(delta)	블랙-숄즈(Black-Scholes)
BS(블랙-숄즈)	블랙-숄즈 옵션가격결정(BS option pricing)모형
실물옵션(real option)	암시적 분산(implied volatility)
연기옵션(option to delay)	옵션탄력성(option elasticity)
유한책임(limited liability)	이항옵션 가격결정(binomial option pricing)
포기옵션(option to abandon)	헷지비율(hedge ratio)

관련웹사이트

1. 금융투자협회 : 선물협회 홈페이지, 옵션 국내외 뉴스, 시황, 교육자료, 선물자료 등 정보제공.
   ▷ http://www.kofa.or.kr
2. 시카고 옵션거래시장
   ▷ http://www.cboe.com/Home/Default.asp

연습문제

[객관식 문제]

01 유럽형 풋옵션의 가격결정 요인을 적절하게 설명하고 있는 것은?
① 풋옵션의 가격은 만기와 무관하다.
② 기초자산 가격의 변동성이 클수록 풋옵션의 가격은 높아진다.
③ 기초자산 가격이 높을수록 풋옵션 가격은 높아진다.
④ 행사가격이 높을수록 풋옵션의 가격은 낮아진다.

02 이항옵션 가격결정 모형에 대한 다음 설명으로 옳지 않은 것은?
① 옵션가격은 주가의 상승 또는 하락확률에 따라 변화한다.
② 시장 균형 상태하에서 무위험 포트폴리오의 수익률은 무위험 이자율과 동일하여야 한다.
③ 옵션가격은 투자자들의 위험에 대한 태도와 무관하다.
④ 옵션가격에 영향을 미치는 유일한 확률변수는 주가뿐이다.

03 블랙-숄즈의 옵션가격 결정모형에서 가정으로 옳지 않은 것은?
① 주식에 대한 배당은 1년에 한 번만 이루어진다.
② 주식시장과 옵션 시장은 완전시장이다.

③ 옵션은 만기일에만 행사 가능하다.

④ 주식 및 옵션의 공매가 가능하다.

04 이론적으로 콜옵션의 매도자가 입게 될 손실의 최대치는 얼마인가?

① 콜옵션 가격 ② 무한한 금액

③ 기초자산의 현재가격에서 행사가격을 뺀 값 ④ 기초자산의 현재가격

05 다음 중 풋-콜 등가식(PUT-CALL PARITY)의 변형 중 틀린 것은?

① $S+P=C+X$ ② $C=\frac{X}{(1+r_f)^T}$

③ $S-C=X-P$ ④ $S+C-P=\frac{X}{(1+r_f)^T}$

06 콜옵션에 의한 주식가치평가에서 틀린 내용은?

① 위험이 클수록 주식가치는 크다.

② 연예산업이나 벤처기업 평가에 적합하다.

③ 매출액 성장률이 클수록 주식가치는 크다.

④ 부채는 행사가격으로 본다.

07 일반적으로 옵션의 가치에 대해 틀린 내용은?

① 옵션 프리미엄은 내재가치와 시간가치의 합이다.

② 풋 옵션의 경우 기초자산가격 < 행사가격이면 OTM이다.

③ 내재가치(intrinsic value)는 옵션을 행사하여 얻을 수 있는 가치이다.

④ 옵션시간가치는 시간이 흐를수록 작아져 만기일에는 0이 된다.

08 call option 가격에 영향을 미치는 요소를 잘못 기술한 것은?

① 행사가격이 클수록 call option 가격은 작아진다.

② 만기가 길수록 call option의 가격은 커진다.

③ 기초주식 가격이 클수록 call option 가격은 커진다.

④ 기초주식 수익률 분산이 클수록 옵션 가격은 작아진다.

09 블랙-숄즈 콜옵션 가격결정 모형에서 콜옵션 가격에 영향을 미치는 요인을 잘못 설명한 것은?

① 주가 + ② 이자율 + ③ 만기 − ④ 배당성향 −

10 [CPA 1차 유사문제] 어느 투자자가 행사가격이 25,000원인 콜옵션을 개당 4,000원에 2개 매입하였고, 행사가격이 40,000원인 콜옵션을 2,500원에 1개 발행하였다. 옵션만기일에 기초주식가격이 50,000원이라고 할 때, 이러한 투자전략의

만기가치와 투자자의 만기손익을 각각 구하라.(단, 옵션의 기초주식과 만기는 동일하며 거래비용은 무시하라)

	투자전략의 만기가치	투자자의 만기손익
①	25,000원	23,500원
②	30,000원	27,000원
③	35,000원	30,000원
④	40,000원	34,500원

11 [CPA 1차 유사문제] 배당을 지급하지 않는 A기업의 주가는 현재 10,000원이다. 투자자는 1년 동안 10,000원을 예금하는 경우 만기에 11,000원을 확정적으로 받게 되며, 예금 금리와 동일한 금리로 자금을 차입할 수 있다. 여기서 콜옵션과 풋옵션은 A기업 주식에 대한 만기 1년의 유럽형(European) 옵션을 의미하며, 행사가격은 11,000원으로 동일하다. 콜옵션 가격이 3,000원이라면 다음 중 옳은 것은?

① 풋옵션 가격이 2,000원이라면, 콜옵션 하나를 매수하고 풋옵션 하나를 매도함으로써 1년 후 1,100원의 무위험차익을 얻을 수 있다.

② 콜옵션 2개를 매수하고 A기업 주식 1주를 공매도(short selling)함과 동시에 10,000원을 예금하는 경우, 만기에 주가가 2,500원으로 하락하거나 12,500원으로 상승하면 이익이 발생한다.

③ A기업의 주식에 대한 만기 1년 선도계약의 선도가격이 10,500원이고 풋옵션 가격이 2,500원이라면 무위험차익거래(arbitrage) 기회는 존재하지 않는다.

④ 무위험차익거래 기회가 존재하지 않는 경우, 풋옵션 1개를 매수함과 동시에 10,000원을 차입해 A기업 주식 한 주를 매수함으로써 A기업 주식에 대한 만기 1년의 미국형(American) 콜옵션을 매수하는 것과 같은 효과를 얻을 수 있다.

12 [CPA 유사문제] 실물옵션(real option)을 이용한 투자안평가 방법에 대한 다음의 설명 중 가장 적절하지 않은 것은?

① 연기옵션(option to wait)의 행사가격은 투자시점 초기의 비용이다.

② 연기옵션의 가치를 고려한 투자안의 순현재가치가 양의 값을 가지더라도, 지금 투자할 경우의 순현재가치보다 낮을 경우에는 투자를 연기하지 않는 것이 유리하다.

③ 확장옵션(expansion option)의 만기는 후속 투자안이 종료되는 시점이다.

④ 포기옵션(abandonment option)은 투자안 포기에 따른 처분가치를 행사가격으로 하는 풋옵션이다.

13 [CPA 1차 유사문제] 배당을 지급하지 않은 주식의 주가를 기초자산으로 하는

유럽형 옵션(European equity options)에 대한 다음 주장 중 이론적으로 설명이 가능한 주장을 모두 골라라. 단, 1) 옵션 가격이 블랙-숄즈 옵션 이론가를 충실히 따르고, 2) 아직 옵션의 만기시점이 도래하지 않았으며, 3) 콜옵션과 풋옵션의 만기, 기초자산, 행사가격이 동일하다고 가정한다. 또 "시간의 경과"는 옵션 잔존만기가 짧아짐을 의미한다.

a.시간이 경과함에 따라 콜옵션의 가격은 상승하고 풋옵션의 가격은 하락할 수 있다. b.시간이 경과함에 따라 콜옵션의 가격은 하락하고 풋옵션의 가격은 상승할 수 있다. c.시간이 경과함에 따라 콜옵션의 가격과 풋옵션의 가격이 모두 하락할 수 있다. d.시간이 경과함에 따라 콜옵션의 가격과 풋옵션의 가격이 모두 상승할 수 있다.

① c, d ② a, b, c ③ a, b, d ④ a, b, c, d

14 [CPA 1차 유사문제] A회사의 주식이 10,000원에 거래되고 있다. 이 주식에 대해 행사가격이 10,000원이며 6개월 후에 만기가 도래하는 콜옵션의 가치는 블랙-숄즈 모형을 이용해 구한 결과 2,000원이었다. 주가가 10% 올라서 11,000원이 된다면 콜옵션 가치의 변화에 대해 가장 잘 설명하는 것은 무엇인가?

① 콜옵션 가치는 1,000원보다 적게 증가하고 콜옵션 가치의 증가율은 10%보다 높다.

② 콜옵션 가치는 1,000원보다 많이 증가하고 콜옵션 가치의 증가율은 10%보다 높다.

③ 콜옵션 가치는 1,000원보다 적게 증가하고 콜옵션 가치의 증가율은 10%보다 낮다.

④ 콜옵션 가치는 1,000원보다 많이 증가하고 콜옵션 가치의 증가율은 10%보다 낮다.

15 [CPA 1차 유사문제] (주)한국의 주가가 현재 100만원인데, 1년 후 이 주식의 주가는 120만원 혹은 105만원 중 하나의 값을 갖는다고 가정한다. 이 주식의 주가를 기초자산으로 하고, 만기는 1년이며, 행사가격이 110만원인 콜옵션과 풋옵션이 있다. 기초자산과 옵션을 이용한 차익거래가 발생하지 못하는 옵션가격들을 이항모형을 이용하여 구한 후, 콜옵션과 풋옵션의 가격차이의 절대값을 계산하여라. 1년 무위험 이자율은 10%이고 옵션만기까지 배당은 없다.

① 0원 ② 500원 ③ 1,000원

④ 5,000원 ⑤ 10,000원

[주관식 문제]

01★ [이항옵션 가격결정모형] 행사가격 \$100, 만기 1년인 콜옵션의 매도를 검토하고 있다. 기초자산인 주식의 현재 시가는 \$100, 배당을 전혀 지급하고 있지 않고, 앞으로 이 주식의 시가가 \$120로 올라가고 반대로 \$80으로 내려갈 확률은 각각 반반이다. 무위험자산(=정기예금) 이자율은 10%이다.

(1) 콜옵션의 가격을 계산하기 위해 이항(binomial)옵션 가격결정모형의 절차를 서술하라.

(2) 이항옵션 가격결정모형과 Black-Scholes옵션 가격결정모형의 차이점은 무엇인가?

02★ [이항옵션 가격결정모형] 앞의 [문제 1]에서 주식의 시가가 \$130으로 올라가고 반대로 \$70으로 내려갈 확률이 각각 50%라면 콜옵션가격은 얼마인가?

03★ [이항옵션 가격결정모형] 앞의 [문제 1]에서 모든 조건이 콜옵션과 같을 때 풋옵션의 가격을 구하라.

04 [B-S옵션 가격결정모형] 행사가격이 \$50, 만기 1년, 주식가격의 연 표준편차가 20%, 그리고 무위험자산(=T-bill) 이자율이 8%일 때 주가가 각각 \$45, \$50 그리고 \$55이면 d_1과 $N(d_1)$은 각각 얼마인가?

05★ [B-S옵션 가격결정모형] 다음 변수를 이용하여 콜옵션가격을 구하라.

$$T=6\text{개월},\ \sigma=25\%(\text{년}),\ X=\$50,\ S=\$50,\ r_f=10\%$$

06 [B-S옵션 가격결정모형] [문제 5]에서 변수가 다음과 같이 바뀔 때 콜옵션가격(C)이 어떻게 바뀌는지 확인하라.

(1) $T=3$개월　(2) $\sigma=25\%$(년)　(3) $X=\$55$

(4) $S=\$55$　(5) $r_f=15\%$

07 [포트폴리오 인슈어런스(portfolio insurance)] 주식형 펀드의 매니저인 박부장은 10억의 자산을 운용하고 있다. 투자목표기간은 4년이고 적어도 4년 후 원금 10억의 확보는 최저 목표이다. 기간 중 배당은 없다고 가정한다. 기간 중 무위험자산(=정기예금) 이자율은 5%이고, 비슷한 주식형 포트폴리오의 연평균 수익률 표준편차는 25%라고 가정하고, 다음 물음에 답하라.

(1) 적어도 투자원금 10억 중 몇 %는 무위험자산(=정기예금)에 투자해야 목표를 달성할 수 있는가?

(2) 거래 첫날 주식펀드가 전일에 비해 3% 떨어지면 매니저 박부장이 취할 조치

는 무엇인가?

08 [이항옵션평가모형] 외환시장에서 1년 후 달러화의 환율이 각각 1,100원/$ 또는 950원/$으로 상승 또는 하락하는 두 가지 경우만 존재한다고 가정하자. 달러옵션과 달러선물의 잔존만기는 1년으로 동일하며, 달러선물은 현재 1,050원/$의 가격에 거래되고 있다. 이 기간 동안 국내 자본시장의 무위험이자율은 6%이다. 자본시장은 완전하고 차익거래의 기회는 존재하지 않는다고 가정하자. 달러 선물과 달러옵션계약의 1계약 규모는 50만 달러이다. 다음 질문에 답하라.

(1) 행사가격이 980원/$인 달러에 대한 풋옵션 1계약 매수포지션에 대하여 헤지해야 할 달러화의 규모를 밝히고 아울러 매수 또는 매도 여부를 제시하라.

(2) 위험중립자의 입장에서 환율이 1년 후 1,100원/$으로 상승할 확률을 구하시오(계산은 반올림하여 소수점 둘째 자리까지만 표시한다).

(3) 옵션의 만기시 환율을 S_T라고 정의하고 만기시 옵션의 수익이 $\min(S_T-920, 50)$으로 나타나는 옵션의 적정 프리미엄을 제시하라(계산은 반올림하여 천원 단위로 표시한다).

09 [CPA 2차 유사문제] 갑기업은 현재 엔화로 표시된 1년 만기 일본국채 3000만엔과 달러표시 1년 만기 미국국채 100만달러를 매입하였다. 현재 현물환율은 1엔당 10원, 1달러당 1200원이다. 현재 미국의 1년 이자율은 5%이고, 일본의 1년 이자율은 3%이다. 갑기업의 사장은 투자원금에 대해 환율변동으로 인한 손실을 헷지하기 위해 고심하고 있다. 사장은 선물거래만을 위주로 헤지전략을 구사해 왔으나, 통화선물이 없는 관계로 통화옵션을 이용하고자 한다. 그러나 사장은 현재 옵션시장에서 옵션프리미엄에 대한 지출을 매우 꺼려하고 있으며, 이를 피하고자 한다. 또한 현재 내가격(at-the money)상태인 통화옵션의 가격은 콜옵션이 80만원, 풋옵션이 60만원이다.

(1) 엔화에 대한 1년 후 현물환율이 1엔당 12원일 때 투자수익률 10%를 획득하기 위한 원/달러 환율을 구하라.

(2) 현재 사장은 엔화가치의 하락을 염려하고 있다. 이러한 환위험에 대비하여 Zero Cost Option전략(현재 옵션가격부담이 전혀 없는 헤지전략)을 취하려고 한다. 이러한 헤지 전략을 구성하고 이 전략의 문제점을 서술하라.

10 [CPA 2차 유사문제] 동일한 주식을 기초자산으로 하고 만기도 동일하지만, 행사가격이 다른 두 유럽형 풋옵션의 현재가격이 다음과 같다.

• 행사가격 40의 풋옵션 프리미엄	1.46
• 행사가격 50의 풋옵션 프리이엄	11.15

한편 만기가 위의 옵션들과 동일하며 액면이 100인 무위험 할인채권의 현재가격은 95이다. 해당 투자자는 무위험 이자율로 차입과 대출을 할 수 있다고 가정한다. 이 경우 어떠한 포지션을 취하면 차익거래를 만들어낼 수 있는지 기술하라. 포지션을 구성함에 있어서, 차익이 만기시점에서만 발생하도록 할 것이며, 행사가격 40의 풋옵션 1단위를 기준으로 표현하라. 답안에는 다음의 사항들이 포함되어야 한다.

- 어떠한 포지션을 구성해야 하는가?
- 이러한 포지션을 구성했을 때 오늘의 현금흐름이 0이 된다는 것을 계산하여 보일 것.
- 이러한 포지션을 구성했을 때, 만기에서의 현금흐름이 만기시점에서의 주가 ST에 따라 어떻게 달라지는가에 대한 구체적 표현

11 [CPA 2차 유사문제] 현재 가격이 31,000원인 무배당 주식(S)에 대해 콜옵션과 풋옵션이 거래되고 있다. 유럽형 콜옵션(c)의 가격은 3,000원이며 유럽형 풋옵션(p)의 가격은 2,200원이다. 이들 옵션의 행사가격(X)은 30,000원, 만기(T)는 1년, 무위험이자율(r)은 3%이다.(모든 수치는 소수점 셋째 자리에서 반올림하시오.)

(1) 콜옵션의 가격하한선 조건의 식을 쓰고 이 조건이 성립하는지 확인하시오.

(2) 풋-콜 패리티(put-call parity)가 성립하는지 확인하시오.

(3) 공매가 가능하며 무위험이자율로 차입과 대출이 가능하다고 가정하고 차익거래를 위한 전략을 기술하시오.

(4)차익거래전략을 통해 만기일에 얻게 되는 순이익을 계산하시오.

12 [CPA 2차 유사문제] 단일기간에 걸쳐 단일사업을 하는 ㈜한반도는 중도에 이자지급 없이 사업종료 시점에 50억원을 상환하기로 사업초기에 약정한 부채가 있다. 사업기간 중 무위험이자율은 10%이다.(금액은 억원 단위로 소수점 둘째 자리까지 표시한다.)

(1) 사업종료 시점에 회사 자산의 시장가치가 80%의 확률로 60억원이 되고, 20%의 확률로 40억원이 되는 사업A에 투자하기로 했다. 자산의 현재 시장가치는 50억원이다. 이항모형(binomial model)을 이용하여 다음에 답하시오.(힌트 : 주식의 시장가치는 부채상환액을 행사가격으로 하는 회사 자산에 대한 콜옵션의 가치와 같다.)

① 현재 주식의 시장가치는 얼마인가?

② 현재 부채의 시장가치는 얼마인가?

(2) (1)의 사업A에 투자하는 대신에 사업종료 시점에 회사 자산의 시장가치가 72억원이 되거나 혹은 8억원이 되는 사업 B에 투자하기로 결정했다. 이에 따라

자산의 현재 시장가치가 40억원으로 하락했다. 이항모형(binomial model)을 이용하여 다음에 답하시오.

① 현재 주식의 시장가치는 얼마인가?

② 현재 부채의 시장가치는 얼마인가?

(3) 풋-콜 패리티(put-call parity)에 의하면 (주)한반도의 주주는 회사 자산을 보유하고 채권자에게 무위험 부채를 발행함과 동시에 회사 자산을 대상으로 하는 풋옵션을 보유한 것과 같다. 이를 채권자 입장에서 보면 무위험 부채에 투자함과 동시에 회사 자산에 대한 풋옵션을 주주에게 발행한 것이 된다.

① 사업 A를 선택한 경우와 비교해 사업 B를 선택한 경우 주주가 보유한 풋옵션의 가치는 얼마나 상승(혹은 하락)하는가?(단, (1)을 답하지 못한 경우 부채의 시장가치를 43억원, (2)를 답하지 못한 경우 부채의 시장가치를 29억원으로 가정하여 답하시오.)

② 경영자는 주주의 이익을 위해 채권자에게는 불리한 수익의 변동성이 더 큰 사업을 선택하려는 유인이 있다. 채권자가 채권계약 당시 이러한 경영자의 유인을 인지하고 있다는 사실이 기업으로 하여금 부채사용을 장려하게 하는지 아니면 억제하게 하는지 자본구조이론의 관점에서 100자 이내로 간략히 답하시오.

제 20 장

우리나라의 선물거래

01

선물의 의의와 종류

1 선물의 의의

만약 투자론이나 금융시장론을 수강하지 않은 학생들은 「선물」이라는 용어를 듣게 되면 제일 먼저 주고받는 선물(膳物: present, gift)을 연상할지 모른다. 더군다나 「선물거래」니 「선물계약」이니 하는 얘기를 듣게 되면 '도대체 선물(膳物)도 거래하고 계약하는가'라고 점점 혼란스러워질 것이다. 물론 주가지수 선물거래가 1996년도부터 우리나라 증권거래소에서 시작되었으니 어느 정도 상식선에서 「선물」을 이해하는 사람도 많을 것이다. 어쨌든 첨단시대에 맞게 개발된 「선물」, 그 중에서도 「금융선물」은 그 이름에 걸맞게 복잡하면서도 다이내믹한 성격을 가지고 있다.

「선물」(先物)은 영어로 "futures(반드시 복수임)"이며, 크게 상품선물과 금융선물이 있다. 그렇다면 「先物」이란 무엇인가? 선물(先物)이란 ① 나중에 ② 물건을 ③ 인도하기로 또는 인수하기로 하고, ④ 두 당사자가 ⑤ 물건값을 ⑥ 주고받지도 않고 ⑦ 물건을 팔고 사는 것이다.

위에서 정의된 선물을 좀 더 자세히 살펴보자.

① 나중에 만기에 가서(대개 길어봐야 1년이고, 특정결제월인 3, 6, 9, 12월 두 번째 목요일에 가서 또는 정해진 날짜에 가서)

② 물건을 상품선물(밀, 돼지고기, 원유 등)이나 금융선물(주가지수, 이자율, 통화 등)

③ 인도하기로 또는 받기로 하고 실제로 물건을 인도하는 현물인수도(physical delivery) 또는 물건인수도 없이 현금으로 결제하는 현금결제(cash settlement)

④ 두 당사자 파는 사람과 사는 사람. 대개 파는 사람은 헷저(위험을 피하고자 하는 사람)이고, 사는 사람은 투기자(위험을 무릅쓰고 이익을 얻고자 하는 사람)이다.

⑤ 물건값을 선물가격(futures price)으로

⑥ 주고받지도 않고 물건값을 100% 주고받는 게 아니라 5~15% 정도(증거금)만 주고받고

표 20-1 선물거래와 현물거래의 차이

	선물(futures)	현물(spot)
① 물건인도	나중에	지금
② 물건종류	정형화된 품목	아무 물건
③ 인도여부	거의 인도 안함	반드시 인도
④ 두 당사자	위험회피목적	반드시 위험회피목적은 아님
⑤ 물건값 선물가격	선물가격	현물가격
⑥ 물품대금	5~15% 지급(증거금)	100% 지급(완불)
⑦ 매매여부	매매포지션만 취함	매매완료

⑦ 팔고 사는 것이다 물건값을 다 지불하지 않았으므로 이 표현보다는 파는 사람은 숏트 포지션(short position)을 취하고, 사는 사람은 롱 포지션(long position)을 취한다고 한다.

선물거래와 정반대되는 거래는 우리가 볼펜 한 자루, 커피 한 잔, 그리고 책 등의 물건을 사고파는 현물(spot)거래이다. 위에서 정의된 선물거래와 현물거래를 대비하면 [표 20-1]과 같다.

2 KOSPI200주가지수선물

우리나라 KOSPI200주가지수선물시장은 1996년 5월 3일부터 실제로 거래되고 있다. 200×년 6월 3일에 거래된 주가지수 선물가격표로서 주가지수선물거래를 설명해 보자.

① KOSPI200 현물(spot)종가는 90.86이고 6월물, 9월물, 12월물, 그리고 내년 3월물 선물(futures)종가는 각 89.50, 91.75, 91.90 그리고 93.00이다. 최종거래일은 3월, 6월, 9월, 12월의 두번째 목요일이다.[1]

만약 두 번째 목요일이 휴장일인 경우에는 순서적으로 앞당긴 거래일을 최종거래일로 한다. 다음날부터는 새로운 결제월 종목이 자동적으로 상장되어 거래된다. 지금 6월 3일이므로 이와 가까운 6월물은 근(近)월물이고 먼 9월물은 원(遠)월물이다.

1 참고로 최종거래일은 미국은 세번째 금요일, 일요일은 두번째 금요일이다.

② **기준가** 가격폭 제한의 기준가로서 전일 종가이다. 전일 종가가 없는 경우에는 최근일의 종가로 한다.

상·하한가 가격제한폭은 기준가의 8%(1단계), 15%(2단계), 20%(3단계)이다.[2] 가격단위는 최소가격변동폭이 0.05이므로 88.50, 88.55, 88.60 아래로는 88.45, 88.40 등의 가격으로 주문할 수 있다.

③ **시 가** 그날 처음 거래된(기세 포함) 선물가격이다.

④ **고 가** 그날 중 최고 선물가격이다.

⑤ **저 가** 그날 중 최저 선물가격이다.

⑥ **종 가** 그날 마지막으로 거래된(기세포함) 선물가격이다. 선물매매 종료시간은 주식시장 종료 15분 후(15:45)이다.

그 이유는 확정된 현물포지션에 대해 자신의 투자목표 내지 전략에 맞게 선물 포지션을 조정할 수 있는 기회를 부여하기 위해서이다. 최종거래일에는 주식시장보다 10분 일찍(15:20) 선물거래가 종료된다.

⑦ **변 동** 그날 종가와 전일 종가와의 선물가격 차이이다.

⑧ **거래량** 그날 거래된 계약수이다. 선물거래의 체결은 주식시장과 마찬가지로 개별경쟁매매 방식으로 가격, 시간, 수량의 우선원칙에 따라 이루어진다.

거래량과 관련하여 미결제약정거래량(open interest)은 선물이나 옵션거래에서 포지션을 설정한 후 반대매매로 청산되지 않은 거래량이다.

1) 선물계약체결

최초로 선물계약을 체결하려면 신규주문증거금 3,000만원을 내고 시작해야 한다. 어느 투자자가 200×년 6월 3일에 6월물을 종가 89.50으로 2계약을 매입했다고 하자. 이때 그는 롱 포지션(long position)을 취한 것이다.

이 경우에 이 투자자에게 요구되는 투자금액은 얼마인가? 계약금액은 선물가격(89.50)의 250,000배이다. 즉 계약금액 = 89.50 × 250,000원 × 2계약 = 44,750,000원이다.[3]

그러면 이 투자자가 이 돈을 모두 지불해야 하는가? 그렇지 않다. 그는 계약금액의 9%인 4,027,500원을 개시증거금으로 내야 한다.[4] 이를 요약하면 다음과

2 가격폭제한 범위는 상황에 따라 변동한다.

3 미니선물거래는 50,000원이다. 소액투자자들도 선물·옵션 거래를 쉽게 할 수 있도록 고안된 제도이다.(2015년 도입)

4 증거금율은 수시로 변동한다. 현재 개시증거금율 9%, 유지증거금률 6%

표 20-2 KOSPI200 주가지수선물 가격표

(단위 : 포인트, 계약)

200×년 6월 3일							
①	②	③	④	⑤	⑥	⑦	⑧
품목명	기준가	시가	고가	저가	종가	변동	거래량
KOSPI 200					90.86	+2.59	
0×년 6월물	88.00	88.50	92.50	88.50	89.50	+2.00	10,720
0×년 9월물	89.30	89.30	93.80	89.00	91.75	+2.45	774
0×년 12월물	88.05	93.30	93.30	91.90	91.90	+3.85	2
1×년 3월물	92.00	–	–	–	93.00	+1.00	–

같다.

선물가격(F_0) = 89.50, 1계약금액(액면) = 250,000원

실제 선물계약금액 = 89.50 × 250,000 × 2계약 = 44,750,000원

실제 투자금액 = 개시증거금 = 44,750,000 × 9% = 4,027,500원(만약 최초로 투자하는 사람이라면 이 금액을 포함 위탁증거금 30,000,000원을 내야 한다)

최초 매입선물가격에서 x% 가격 하락시 유지증거금의 추가입금이 필요하다. 이때 선물회사는 즉시 고객에게 증거금의 추가 적립을 요구하게 되는데, 이러한 요구를 마진 콜(margin call)이라 한다.[5]

마진 콜을 당하는 경우에 고객은 반드시 현금으로 즉시 개시증거금 수준까지 예치시켜야 한다. 만일 그렇게 하지 못할 경우 선물회사가 독단으로 고객의 포지션 중 일부 또는 전부를 강제로 청산할 수 있다.

최종결제가격은 최종거래일의 최종현물지수로 한다. 6월 두 번째 목요일의 최종결제가격, 즉 현물가격이 어떠한가에 따라 선물지수매입자의 손익이 달라진다. 만기시에는 선물가격(F_T)과 현물가격(S_T)이 같아진다.[6]

예를 들어 최종 결제일인 6월 두 번째 목요일에 KOSPI200 현물가격$(S_T = F_T)$이 91.30이면 그의 이익은 $F_T - F_0$로서 다음과 같다.

최종 투자이익 = (91.30 − 89.50) × 250,000원 × 2계약 = 900,000원

5 현재 6%이다. 즉 약정금액의 6% 이상을 유지해야 한다.

6 이를 수렴원리(convergence theorem)라 한다.

2) 베이시스

베이시스(basis)는 선물가격(F_0)과 현물가격(S_0)과의 차이이다. 예를 들면, 6월물 베이시스는 6월물− 현물= 89.50 − 90.86 = −1.36이고 9월물 베이시스는 9월물− 현물= 91.75 − 90.86 = 0.89이다. 베이시스를 계산하는 이유는 만기 전 베이시스 크기에 따라 현선반대매매를 통하여 헷지 효과를 극대화하기 위해서이다. 일반적으로 선물가격은 현물가격보다 큰 경우가 정상(normal)시장이고, 이 경우 베이시스는 0보다 크다.

3) 스프레드

스프레드(spread)는 만기가 다른 선물가격간의 차이이다. 예를 들면, 9월물과 6월물 스프레드는 9월물 − 6월물 = 91.75 − 89.50 = 2.25이고 12월물과 6월물 스프레드는 12월물 − 6월물 = 91.90 − 89.50 = 2.40이다. 스프레드를 계산하는 이유는 결제월이 다른 선물계약간의 가격차이의 변화에서 이익을 얻기 위한 스프레드거래를 시행하기 위해서이다.

4) 이론선물가격

이론선물가격은 현물-선물 패리티(parity)이론에 의해 계산된 선물가격이다. 이론선물가격의 구체적인 계산식은 아래와 같다.

$$\text{KOSPI200} \times \left\{1 + (\text{금리} - \text{배당수익률}) \times \frac{\text{잔존기간}}{365}\right\} \tag{20-1}$$

이론가격 계산시 금리는 3개월 만기 CD금리를 이용한다. 여기서 KOSPI200 주가지수는 현물(spot)이고 여기에 기초한 선물가격(future)은 이론선물가격이다. 이론선물가격의 실제 선물가격과 다를 경우 순간적으로 아비트리지(arbitrage)거래가 발생한다.

3 선물거래의 종류와 발전과정

선물계약에는 선물거래의 대상이 되는 물건이 실물자산인가 아니면 금융자산인가에 따라 상품선물과 금융선물로 나눈다. 상품선물(commodity futures)은 옥수수·밀·콩·커피와 같은 농산물과 구리·알루미늄·원유 등과 같은 금속

그림 20-1 선물거래 종류

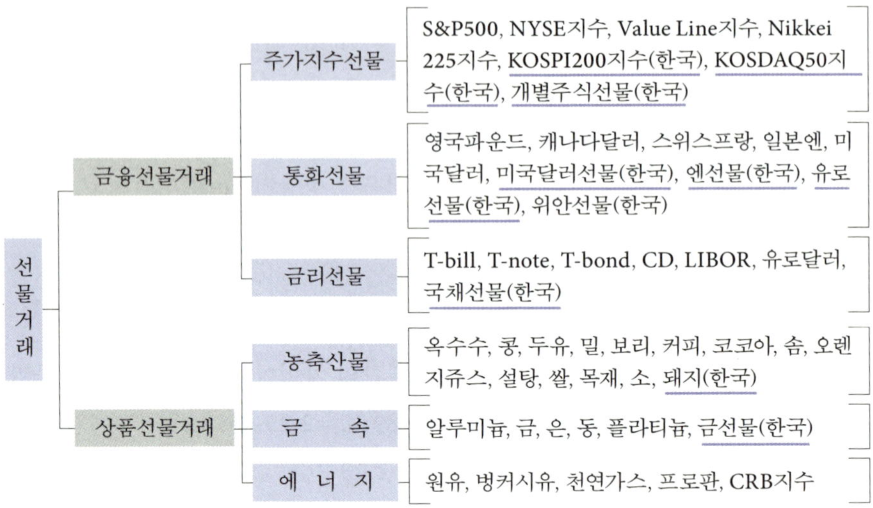

표 20-3 KOSPI200 주가지수선물 가격표

연도	주 요 내 용	비 고
1948	• 시카고 상품거래소(CBOT 설립): 곡물선물거래 개시	근대적 선물시장
1972	• 시카고 상업거래소(CME 설립): 국제통화시장(IMM)개설 및 통화선물거래 개시	최초의 금융선물
1973	• 시카고 옵션거래소(CBOE): 주식옵션개시	최초의 상장옵션
1975	• CBOT: 금리선물거래 개시	최초의 금리선물
1982	• 캔사스시티 상품거래소(KCBT): 주가지수선물거래 개시	최초의 주가지수선물
1982	• CBOT: 금리선물옵션 • 아메리카(AMEX): 금리옵션 • 필라델피아(PHLX): 통화옵션	최초의 선물옵션
1996	• 한국증권거래소: 주가지수선물 개시	한국 최초의 금융선물
1997	• 한국증권거래소: 주가지수옵션 개시	한국 최초의 금융옵션
1999	• 한국선물거래소: 미국달러통화선물, CD금리선물, 금선물, 미달러통화옵션, 장기국채선물	부산에 개장
2001	• 한국선물거래소: KOSDAQ50선물	부산에 개장
2002	• 한국선물거래소: 국채선물옵션 개시	부산에 개장
2005	• 한국거래소(KRX) 설립	현물선물통합거래소
2005	• 한국 ELW 거래 개시	주식워런트증권

및 에너지를 선물거래의 대상으로 하며, 오랜 역사를 가지고 있고 전형적인 선물거래이다.

금융선물(financial futures)은 시카고 상업거래소(CME)가 설립되어 국제통화시장(IMM)을 개설하면서 외국통화를 선물거래의 대상으로 하며, 1972년부터 시작되었다. 금융선물은 지금까지 30여 년의 역사밖에 갖지 않았으나 주식과 채권이 중심이 된 금융시장에 일대 혁신을 가져오고 있고, 급속히 거래규모가 확대되고 중요성이 증대되고 있다.

[그림 20-1]은 선물거래 물건에 따른 선물거래 종류이고, [표 20-3]은 선물거래의 발전과정을 요약한 것이다.

02

우리나라의 선물거래 개관

우리나라의 선물거래에는 KOSPI200을 매매대상으로 하는 KOSPI200주가지수선물거래와 미국달러선물, 국채선물, 금선물, KOSDAQ150선물, 엔선물, 유로선

표 20-4 우리나라 주요 선물거래 상품명세

구 분	KOSPI200 주가지수선물	국채 선물	미국달러선물	금선물	개별주식선물
기초자산	KOSPI200	표면금리 연 5% 6개월 이표지급 방식의 국고채권	미국 달러화	순도 99.99% 이상 1kg벽돌모양 직육면체	개별주식 (삼성전자 등 134개 종목)
거래단위	250,000원	액면가 1억원	US$10,000	100g	10계약
가격표시	포인트	액면가 100원 기준(백분율 방식)	1달러당 원	g당 원	원
호가가격 단위	0.05포인트	0.01%	0.1원	10원	원
결제월	3, 6, 9, 12월	3, 6, 9, 12월	당월포함연속 3개월 +3, 6, 9, 12월	2, 4, 6, 8, 10, 12월	+ 3, 6, 9, 12월
최종 거래일	결제월 두 번째 목요일	결제월 세 번째 화요일	결제월 세 번째 월요일	결제월 세 번째 수요일	결제월 두 번째 목요일
만기시 최종결제	현금 결제	현금 결제	실물 인수도	실물 인수도	현금결재

그림 20-2 선물시장의 구조

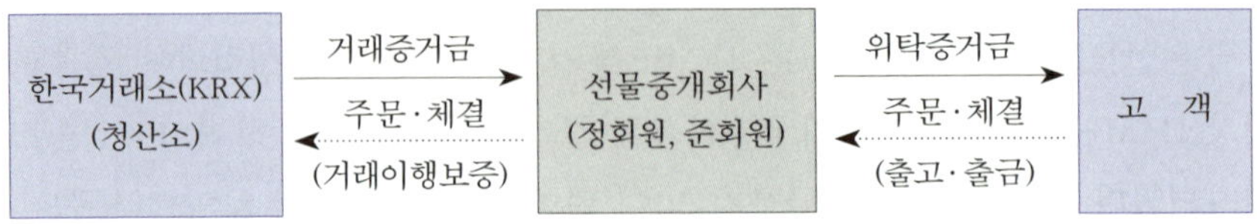

물, 위안선물, 개별주식선물 그리고 돈육선물이 있다. KOSPI200주가지수선물거래에서 KOSPI200은 증권시장 전체의 움직임을 나타내는 지표로서 계산상의 존재이다. 따라서 사고판다고 해도 현물로는 할 수 없고 현금에 의한 결제만 가능하다.

2005년 1월에 한국거래소(KRX: Korea Exchange)가 설립되었다. 2005년 1월부터 KRX에서 주가지수선물에 환율과 금리가 더해져서 금융의 3대축이 모두 선물상품으로 거래되고 있다. [표 20-4]는 우리나라 선물거래 상품명세이다.

1 선물시장의 구조

선물시장은 한국거래소(KRX), 선물회사 그리고 고객의 세 당사자로 구성되어 있다. 한국거래소는 선물거래계약의 이행보증과 거래자들의 주문에 따라 거래를 체결시키고, 매매약관 등을 제정하여 건전한 선물거래가 이루어지도록 유도하는 비영리법인이다. 또한 한국거래소는 각 거래자의 상대방이 되어 결제를 하는 결제기관 또는 청산소의 기능을 수행한다.

선물회사는 고객의 주문을 거래소에 중개하고 출고·출금 및 증거금관리를 맡고 있다. 정회원선물회사는 일정자본금 이상을 가져야 하고 선물계약의 청산을 담당할 수 있고 준회원선물회사는 자기거래 및 위탁거래의 중개만을 할 수 있다.

고객은 선물거래투자자로서 투기거래자, 헷지거래자 그리고 차익거래자로 구분된다. 구체적으로 고객은 투자수익목적을 위한 투기거래자(speculator), 위험회피 목적의 헷지거래자(hedger) 그리고 무위험차익수익을 목적으로 하는 차익거래자(arbitrager)로 구성되어 있다.

2 선물거래의 개시와 절차

선물거래를 하기 위해서는 먼저 선물회사를 선정하고 위탁계좌를 개설한다.

표 20-5 선물거래증거금

	신규주문증거금	개시증거금	유지증거금	추가증거금
개 념	고객이 선물계약의 주문을 행하기 위하여 회원사에 납부해야 할 증거금으로 거래소가 금액을 정하며 개시증거금과 비슷한 수준이다.	고객이 신규로 계약을 체결할 때 요구되는 증거금	선물계약 유지를 위한 최소한의 증거금으로 회원사가 거래소에 납부하는 거래증거금과 동일한 수준	일일정산 이후 고객의 예탁평가액이 유지증거금을 하회한 경우와 예탁현금이 결제금액보다 적은 경우 발생
금 액	• 주가지수선물 : 1천만원 • 달러선물 : 5백만원 • 금선물 : 1백만원	• 거래금액의 5~15% 수준	• 개시증거금의 70~90% 수준	• 개시증거금 수준까지 납부
납부 시한	주문전	체결전	계약유지시	발생일 다음 영업일 12시 이전
납부 수단	현금, 대용증권			현금

그 후 상품별로 정해져 있는 증거금을 거래전에 납부한 후 주문을 낸다.

주문은 전화, 서면, HTS, 창구 등 모든 경로를 통해 가능하며 선물거래회사는 주문체결여부를 즉시 고객에게 통보해야 한다. 주문이 체결되면 일일정산을 실시하고 주문체결일 익일 결제대금을 확인하며 추가증거금 발생여부도 확인한다.

선물계약은 만기시 품목별로 실무인수도와 현금결제가 이루어진다. KOSPI200주가지수선물, 국채선물, 개별주식선물 그리고 KOSDAQ 지수선물은 현금결제이다. 달러선물, 그리고 금선물은 실물인수도가 이루어진다.

아래 그림은 선물거래의 절차이다.

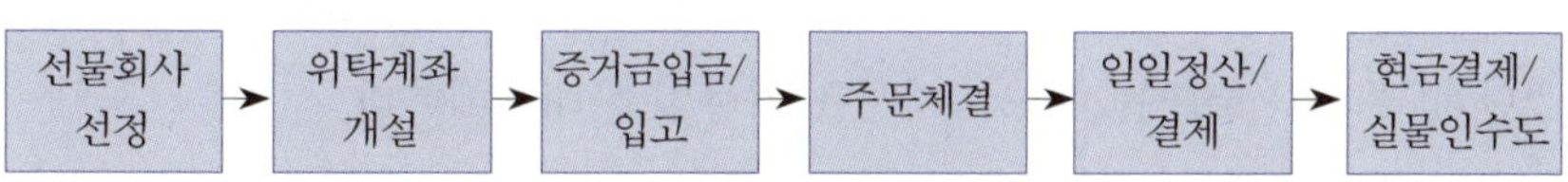

3 증거금제도

선물거래는 계약시점에 선물상품대금의 수수가 이루어지는 것이 아니라 특정일에 수수가 이루어지기 때문에 현재 선물가격이 고객의 계약 당시의 포지션과 반대로 급변하였을 경우 그 고객이 결제시점에 계약을 포기할 가능성이 많다. 이러한 계약포기의 위험을 방지하기 위한 제도적 보완장치가 증거금제도이다.

증거금에는 신규주문증거금, 개시증거금(기본증거금이라고도 함), 유지증거금 그리고 추가증거금이 있다.[7] [표 20-5]는 선물거래증거금과 옵션거래증거금을 나타낸 것이다.

개시증거금(initial margin = 기본증거금)은 선물계약체결시 요구되는 증거금으로서 KOSPI200 주가지수 선물의 경우 거래금액의 9%이다. 유지증거금(maintenance margin = 거래증거금)은 선물계약을 유지하기 위한 최소한의 증거금으로서 KOSPI200 주가지수 선물의 경우 6%이다. 추가증거금(additional margin)은 고객계좌잔액이 유지증거금수준에 미치지 못했을 때 요구되는 증거금으로서 다음날 영업일 12시까지 납부하여야 한다.

4 반대매매

기존의 포지션을 청산하고자 할 경우에는 전매도 또는 환매수를 하여 자신의 의무를 상쇄시켜야 한다. 이를 반대매매라 한다. 신규 매도/매수를 취할 경우는 증거금이 부과되어 불리해진다.

① **전매도**(long liquidation) 기존에 보유하고 있던 매수포지션(long position)을 정리하기 위한 매도. 예를 들면, 선물거래를 통해 매수포지션(long position)을 취한 투자자 金氏는 매도포지션(short position)을 취함으로써 자신의 의무를 상쇄시킨다. 이를 단계별로 설명하면 다음과 같다.

1단계: 투자자 金氏는 선물거래를 통해 매수포지션을 취한다.

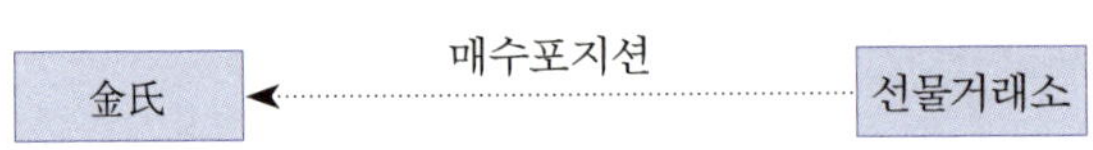

2단계: 투자자 金氏는 매도포지션을 취하여 반대매매한다.

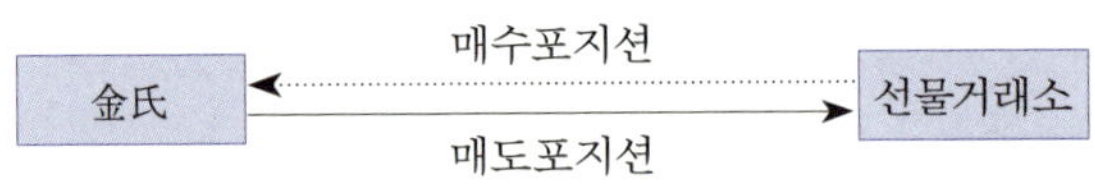

3단계: 투자자 金氏는 매수의무에서 벗어난다.

7 추가증거금을 가격이 전일의 정산가격과 비교하여 거래소에서 미리 정한 기준폭을 초과한 경우 또는 거래소가 필요하다고 인정한 경우에 발동한다. 추가증거금은 영어로 마진 콜(margin call)에 해당한다.

② **환매수**(short liquidation) 기존에 보유하고 있던 매도포지션(short position)을 정리하기 위한 매수

5 일일정산제도

일일정산제도(daily marking to market, 매일정산제도라고도 함)는 매매일정시점에 발생할 수 있는 계약불이행을 막기 위해서 선물거래에 참가하는 사람들이 매일매일 가격움직임에 따라 손익을 수수하는 것이다. 일일정산결과 이익발생시 이익금은 다음날 거래계좌에 입금되며, 손실금이 커져 증거금이 유지증거금 수준 이하로 내려가면 고객은 다음날 12시까지 추가증거금을 납부해야 한다. 만약 이를 이행하지 않을 경우 선물회사가 선물계약과 대용증권을 강제청산할 수 있다.

한국거래소는 당일에 거래된 미결제약정과 기존의 미결제약정을 회원(선물회사)별로 당일의 정산가격으로 재평가하여 손실이 난 선물회사로부터 정산자금을 수취하여 이익이 난 선물회사에게로 이체한다. 선물회사는 고객의 미결제약정을 계좌별로 당일의 정산가격으로 재평가하여 손익을 산출하고 계산상의 손실이 일정부분을 넘게 되면 증거금의 담보기능을 충실히 하기 위하여 당초의 증거금 수준으로 증거금 추가납부를 요구한다.

일일정산은 당일차금과 갱신차금의 합인 정산차금으로 산출된다. 당일차금이란 당일체결가격과 당일정산가격의 차이에 따른 손익이고, 갱신차금은 전일정산차격과 당일정산가격 차이에 따른 손익이다.

예제 20-1 일일정산

6월 3일 투자자 李여사는 주가가 며칠 사이에 상승할 것으로 보고 KOSPI200지수선물 6월물(만기 6월 5일) 2계약을 89.50에 매수하였다. 거래당일은 주가가 상승하여 90.00에 장이 마감되었다. 다음날(6월 4일)에는 KOSPI200주가지수선물은 89.60으로 소폭 밀리면서 마감되었고 최종결제일인 6월 5일에는 KOSPI200선물지수 6월물의 정산가격이 90.40이었다. 한편 이날 KOSPI200현물지수는 90.30으로 마감되었다. 개시증거금을 10,000,000원으로 가정하고 다음 물음에 답하라.

① 일일정산과정
② 최종결제일의 최종결제금과 차감결제금액

풀이 ① 일일정산과정

구 분	6월 3일	6월 4일	6월 5일
정산 가격	90.00	89.60	90.40
당일 차금	(90.00 − 89.50) × 25만원 × 2계약 = 250,000원		
갱신 차금		(89.60 − 90.00)× 25만원 × 2계약 = −200,000원	(90.40 − 89.60) × 25만원 × 2계약 = 400,000원
정산 차금	10,250,000원	10,050,000원	10,450,000원

② 최종결제차금과 차감결제금액

구 분	6월 5일
최종결제가격	90.30
최종결제차금	(90.30 − 90.40)× 25만원 × 2계약 = −50,000원
최종결제금액	10,400,000원

* (90.30 - 89.50) × 25만원 × 2계약 = 400,000원
** 10,400,000 - 10,000,000 = 400,000원

6 결 제

결제일은 선물거래에서 매매계약이 이행되는 마감일이다. 결제일이 속한 달을 결제월이라 하는데 예를 들면, 6월물이면 6월 중에 최종결제가 이루어지도록 약속된 선물상품을 말한다. 결제월의 최종거래일은 KOSPI200 주가지수선물, KOSPI200주가지수옵션, 개별지수선물 그리고 개별지수옵션의 경우 두 번째 목요일이다. 따라서 각 거래의 만기일이 겹치는 경우가 많다. 특히 예를 들어, 주가지수선물과 주가지수 옵션의 최종거래일이 겹치는 경우를 더블 위칭데이(double witching day) 세 개의 파생상품의 만기일이 겹치는 경우를 트리플 위칭데이(triple witching day) 그리고 네 개의 만기일이 겹치는 경우를 쿼더러플 위칭데이(quadruple witching day)라 한다. witch란 "마녀"란 뜻으로 마녀가 만나는 날에 지수가격이 급격히 변하는 것을 "마녀의 날(witching day)"로 표현한 것이다.

고객이 최종결제일 이전에 기존의 약정을 반대매매한 경우는 고객이 기존의 약정을 취할 때의 약정금액과 전매 또는 환매한 약정금액과의 차이에 해당하

는 금액을 수수함으로써 거래관계가 종결된다. 당해 상품의 최종거래일까지 반대매매가 이루어지지 않은 약정은 일정기간 내에 거래당사자 간에 현물인수도(physical delivery) 또는 현금결제(cash settlement)가 이루어짐으로써 거래가 종결된다.

현물인수도란 최종거래일까지 거래하지 않고 보유하고 있는 선물계약을 직접 인수하거나 인도하는 것을 말한다. 현금결제는 고객의 계약가격으로부터 최종일 정산가격까지 일일정산하여 얻은 가격차이만큼에 계약수를 곱하여 고객의 계좌에서 현금으로 결제하는 것이다.

03

기타 우리나라의 선물상품

1 국채선물

1) 국채선물의 개념과 거래제도

국채선물은 장기이자율 변동에 대해 헷지할 수 있는 수단을 제공한다. 거래대상 국채는 표면금리 연 5%에 6개월 이표지급방식인 3년 만기 국고채권이다. 이 국채는 실제 존재하는 개별국채가 아니라 여러 국고채로 바스켓(basket)을 구성해 만든 가상국채이다.

거래단위는 액면가 1억원이고, 결제월주기는 3, 6, 9, 12월이다. 가격표시방법은 액면가 기준표시(백분율방식)이다. 예를 들어, 국채선물가격이 101.50이라면 이는 액면가 1억원인 채권이 1.5% 상승한 1억 150만원에 거래되고 있음을 나타낸다.

최종거래일은 결제월 세 번째 화요일(당일이 휴일인 경우 순연함)이다. 최종결제방법은 현금결제이다.

2) 국채선물을 이용한 거래

국채선물은 미래 금리변동을 예측해 차익을 올리기 위한 투기(speculation)수단으로 활용할 수 있고 또는 금리변동위험을 회피하기 위한 헤지(hedge)거래를 할 수도 있다. 채권가격은 금리와 반대로 움직이므로, 앞으로 금리하락이 예상되면 국채선물을 매수한다. 금리상승이 예상되면 국채선물을 매도하면 된다.

가상의 투기거래를 예로 들어 보자. A은행은 9월 5일 금리상승을 예상하고 국채선물 100계약을 100에 매도했다. 예상이 맞아 떨어져 9월 9일 국채선물가격이 98로 떨어진 시점에서 선물계약을 청산했다면 A은행은 다음과 같이 2억원의 수익을 얻게 된다.

$$(100 - 98) \times 100 \times 1\text{만원} \times 100\text{계약} = 2\text{억원}$$

여기서 최소가격변동에다 100을 곱한 것은 최소변동단위(1tick)가 0.01%이기 때문이다. 이를 그림으로 나타내면 아래와 같다.

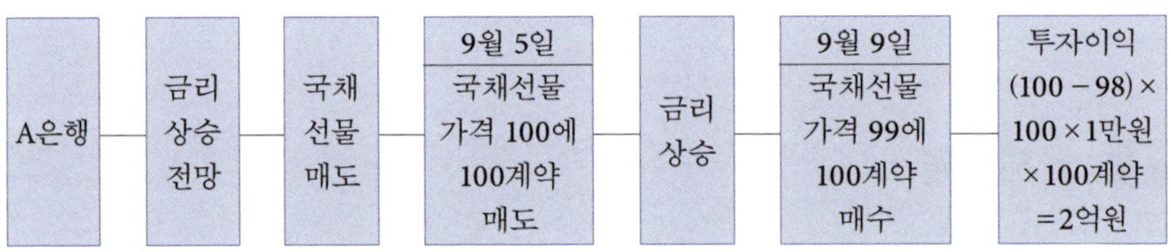

국채선물을 이용한 헤지거래를 예를 들어보자. 현재 CD금리에 연동한 변동금리로 대출을 받은 B기업은 3개월 후 원리금상환을 앞두고 금리상승을 염려하고 있다. 이 경우 B기업은 국채선물을 이용 매도포지션(short position)을 취한다. 3개월 후 만기가 도래하여 금리가 실제로 상승하였다면, 낮은 가격의 국채

표 20-7 선도거래와 선물거래의 비교

	선도거래	선물거래
1. 시장조직	은행중심의 전신·전화망	조직화된 거래소 공간이 있음
2. 거래조건	표준화 안됨-고객요구에 따라 다름	표준화됨
3. 정산	만기에 가서 정산	일일정산
4. 인도여부	99% 이상 실물인도	거의 인도 안함
5. 증거금	원칙적으로 없음. 필요에 따름	초기 및 유지증거금 있음
6. 가격폭제한	없음	1일 변동폭 있음
7. 투자자	실수요자 중심	누구나 참여 가능

선물을 매수함으로써 선물거래에서 이익을 발생시킨다. 이와 같은 선물이익은 대출금리상승으로 인한 현물손해액을 상쇄(counter balance)시킨다.

2 미국달러선물

미국달러선물은 미리 일정시점에서 수도(受渡)결제할 미국달러화를 현재시점에서 선물시장을 통하여 미리 매입하거나 매도하는 거래이다. 미국달러선물거래는 달러선물환거래(forward transaction, 선도거래라고도 함)와 근본적으로 다르다.

선도시장(forward market)은 선물시장(futures market)과 다음과 같이 여러 가지로 큰 차이가 있다. 첫째로 선도시장은 비공식적(informal) 시장이다. 선도시장에서는 주로 은행이 주도하여 고객과 개별적으로 약정된 선물환율로 외화를 사고 파는 계약을 맺는다.

둘째, 선도시장에서 거래단위와 조건은 표준화되어 있지 않다. 선도시장에서 개별계약은 독립적으로 이루어진다.

셋째, 선도시장에서 정산은 만기에 가서야 이루어진다. 선도시장에는 선물시장에서와 같은 일일정산(marking to market)이 없다.

넷째, 선도시장에서는 99% 이상의 실물이 인도된다. 그러나 선물시장에서 인도는 선물계약의 2% 미만이다.

그 이외에도 증거금의 유무, 가격폭제한 있고 없음, 그리고 투자자의 특징에 따라 선도시장과 선물시장의 차이가 있다.

미국달러(USD)선물의 기본계약단위는 1만달러이고 최소주문호가 단위는 달러당 0.1원이다. 거래단위가 작으므로 중소기업이나 개인도 쉽게 참여할 수 있도록 만들어졌다. 당월포함 최근월 3개월과 3, 6, 9, 12월 중 3개 결제월이 상장되어 총 6개의 종목이 거래된다. 최종거래일은 결제월의 세 번째 월요일이고, 최종거래일까지 미청산 포지션에 대해서는 최종결제일에 실물인수도가 이루어진다.

3 금선물

금선물은 미래 일정시점에 인수도(引受渡)할 금(구체적으로 금괴)을 현재시점에서 선물시장을 통해 미리 매입하거나 매도하는 거래이다. 금은 실물자산으로서의 실용성과 현금의 유동성을 동시에 지닌 투자수단이다. 금은 화폐의 대용치로서 인플레이션 헷지기능과 위험분산 기능을 가지고 있다.

금은 주로 자산보존의 수단이지만 한편으로 인플레이션 헷지의 수단도 되므로 실물자산도 되고 한편으로 금융재의 성격도 갖는다. 금선물을 이용할 투자자들로는 고려아연, 영풍광업 등 금생산업체와 장신구, 반도체 부품 등을 생산하는 제조업체, 금을 수출입하는 종합상사, 유통을 담당하는 도매업체 그리고 소규모 금은방 등이 꼽히고 있다.

금선물의 기본계약단위는 순도 99.99% 이상인 금괴 1kg 벽돌모양 직육면체이고 가격은 g당 원화로 표시한다. 하루 최소가격변동폭은 1g당 10원이고 결제월은 2, 4, 6, 8, 10, 12월이며, 최종거래일은 결제월 세번째 수요일이다. 최종결제는 실물인수도로 이루어지고, 인수도장소는 증권예탁원이다.

4 개별주식선물

삼성전자와 같은 개별주식을 대상으로 개설된 선물거래로서 2017년 현재 약 130개 이상 종목에서 개설되었다. 대부분의 거래방식이나 규정은 주가지수선물거래와 같다. 다만 최소거래 단위가 10계약이다. 개별주식 선물 매도는 대주와 매우 비슷하다.

중요영어용어

매매증거금(members margin 또는 clearing margin)
스프레드(spread)
시장내(intra-market) 스프레드
인도월(delivery month)
지정가주문(limit order)
선물지수(KOSPI200)
시장간(inter-market) 스프레드
시장가주문(market order)
위탁증거금(customer margin)
최종거래일(last trading day)

관련웹사이트

1. 금융투자협회
   ▷ http://www.kofia.or.kr
2. 시카고 선물거래시장
   ▷ http://www.cbot.com/
3. ICE Futures Europe
   ▷ http://www.theice.com/futures-euro

연습문제

[객관식 문제]

01 선물거래제도와 특징 중 잘못 설명한 것은?

① 일일정산제도는 매일 가격움직임에 따라 손익을 수수하는 제도이다.
② 선물매수자가 추가증거금을 납부하지 못하면 margin call을 당한다.
③ 최종거래일까지 미청산된 계약은 반드시 현금결제가 원칙이다.
④ 일일정산제도는 옵션거래와 달리 오직 선물거래에만 존재한다.

02 선물거래에 관한 설명 중 틀린 것은?

① open interest는 공적금융시장의 실세금리이다.
② 선물거래의 최종거래일에는 선물가격은 반드시 현물가격과 일치한다.
③ 증거금제도는 거래참여자의 계약포기위험을 방어하기 위한 제도이다.
④ 선물거래참여자는 반대매매로써 기존의 포지션을 청산한다.

03 우리나라의 KOSPI200주가지수 선물 거래 중 틀린 내용은?

① 주가지수선물 가격에서 가격제한폭은 없다.
② 최초 매입선물 가격에서 5% 가격하락시 유지증거금과 추가입금이 필요하다.
③ 최종거래일은 각 결제월의 두 번째 목요일이다.

④ 1년 중 결제월은 3, 6, 9, 12월이다.

04 선물시장과 선도시장의 차이점 중 틀린 것은?

	선물시장	선도시장
① 시장참가자	회원	제한없음
② 거래조건	표준화	제한없음
③ 실물인도	1% 미만	1% 미만
④ 양도여부	가능	불가능

05 선물 투자전략 중 틀린 내용은?

① 헷징은 보유현물 포트폴리오의 위험을 방어한다.

② 투기는 선물거래에서 단기차익을 얻기 위한 투자형태이다.

③ 지수차익거래는 투기와 같은 개념이다.

④ 베이시스 전략은 만기전에 베이시스 차이를 이용한 투자전략이다.

06 KOSPI200선물의 이론선물가격계산공식에서 $\boxed{}$에 들어갈 재무비율은?

$$\text{KOSPI200} \times \left\{1 + (\text{금리} - \boxed{}) \times \frac{\text{잔존기간}}{365}\right\}$$

① 배당성향　　② 배당률　　③ 배당수익률　　④ 배당증가율

07 채권보유자는 금리하락이 예상되면 국채선물을 (① 매수 ② 매도)한다. ①, ② 중 선택하라.

[주관식 문제]

01 [용어설명] 다음 용어를 간략하게 설명하라.

(1) 미청산계약(open interest)　　(2) 일일정산(marking to market)

(3) 개시증거금과 유지증거금　　(4) 결제월

(5) 베이시스(basis)　　(6) 스프레드(spread)

(7) 헷지 계약수　　(8) 헷지효과

(9) index arbitrage　　(10) portfolio insurance

02★ KOSPI200의 주가지수선물 가격표는 다음과 같이 간략하게 표시되어 있다고 하자.

20××년 6월 3일					
종목명	시가	고가	저가	종가	거래량

KOSPI200				90.86	
20××년 6월분	88.50	92.50	88.50	89.50	10,720
20××년 6월분	89.30	93.80	89.00	91.75	774

인도월	가격
3월	920
6월	928
9월	940
12월	960

(1) KOSPI200 현물지수는 얼마인가?

(2) 만약 6월물을 1단위 계약한다면 초기증거금율이 9%일때 초기증거금은 얼마인가?

(3) 만약 6월물이 92.50으로 오른다면 투자수익률은 얼마인가?

(4) 만약 6월물이 전일보다 1% 떨어지면 투자수익률은 어떻게 변하는가?

03 [CPA 1차 유사문제] 헤지펀드 웰빙투자의 신중해 팀장은 현재 9,000원대 중반에서 움직이는 (주)사하라정유의 주식을 10만주 보유하고 있는데, 최근 원유가의 움직임이 심상치 않자 동 주식의 변동성이 커질 것으로 예상하여 이를 헤징하기 위한 방안을 모색하고 있다. 이때 (주)스마트머니증권으로부터 다음과 같은 두 가지 종류의 장외파생상품의 거래를 제안받았는데 이들 두 상품의 적정 프리미엄을 평가해보고자 한다. 한편 거래소에 상장되어 있는 1년 만기 (주)사하라정유의 유럽형 주식옵션의 가격과 선물가격 및 연간 무위험이자율은 다음과 같다. 단, 시장은 완전하며 차익거래의 기회가 존재하지 않는다고 가정하시오.

콜가격(행사가격 10,000원)	=	652원
풋가격(행사가격 9,200원)	=	781원
1년 만기 주식선물가격	=	9,400원
무위험이자율	=	연 6%

[계약 I] 향후 1년 후의 시점에서 헤지펀드가 10만주 전량의 주식을 주당 9,500원에 증권회사에 매도한다.

[계약 II] 향후 1년 후의 시점에서 주가가 9,200원 이하로 하락하면 헤지펀드는 주당 9,200원에 10만주를 증권회사에 매도할 수 있고, 반면에 주가가 10,000원 이상으로 상승하면 헤지펀드는 주당 10,000원에 보유 주식의 두 배인 20만주를 증권회사에 매도해야 한다.

(1) [계약 I]의 경우 헤지펀드는 증권회사에 계약시점에서 얼마의 프리미엄을 주는 것(혹은 받는 것)이 적정한가?

(2) [계약 II]의 경우 헤지펀드는 증권회사에 계약시점에서 얼마의 프리미엄을 주는 것(혹은 받는 것)이 적정한가?

제 21 장

선물이론과 선물가격결정원리

01

선물가격결정원리

무릇 모든 증권투자원리가 다 그러하듯이 투자대상 증권이 현재 가져야 할 내재가치(intrinsic value: 진실가치 true value)를 미리 알면 오늘의 시가(market value)와 비교하여 살 것인지 팔 것인지를 결정할 수 있다. 이러한 증권들의 내재가치 파악을 위해 주식은 Gordon의 배당모형이, 옵션은 Black-Scholes의 가격결정모형이 개발되었다. 선물가격결정에서 특별히 어느 학자가 개발한 모형은 없고, 다만 이론적으로 선물가격에 영향을 미치는 요인을 중심으로 그 관계가 정립되어 있다.

여기서는 주가지수선물을 중심으로 선물가격 결정원리를 설명한다. 먼저 기간별 선물가격 및 현물가격의 기호를 분명히 정의해 보자.

	현재			만기
	$t=0$	$T=30$	$T=60$	T
선물가격	F_0	F_{30}	F_{60}	F_T
현물가격	S_0	S_{30}	S_{60}	S_T

1 현물-선물 패리티이론

현물-선물 패리티이론(spot-futures parity theorem: 현물-선물 등가이론)에 의하면 선물가격은 현물가격에 무위험이자율과 같은 보유비용(carrying cost)을 고려한 가격으로서 현물시장에서의 투자자재산 가치는 선물시장에서의 투자자재산 가치와 같다는 이론이다. 다음의 예를 보자.

김대리는 1년 후 맞이하는 아버지의 60세 회갑을 위해 금 37.5g(10돈)을 준비한다고 하자. 만약 지금 시세인 3.75g당 20만원 총계 200만원을 현금으로 산다면 금 값 200만원에 포기한 예금이자(금융비용) 2%, 보험료 0.1%, 그리고 보관료 0.2%을 포함해야 할 것이다. 따라서 지금 금 보유에 따른 총 비용은 금값+ 금융비용+ 보험료+ 보관료이다. 금액으로는 $200+200\times2\%+200\times0.1\%+200\times$

0.2% = 200 (1 + 2% + 0.1% + 0.2%) = 204.6만원이다. 금선물(gold futures)을 이용하여 1년 후의 금을 확보한다고 해도 최소 이 금액은 지불해야 한다. 이 예는 금선물 가격은 금현물 가격에 보유비용이 포함되었음을 보여준다.

금융선물의 경우를 보자. 삼성전자 1주를 지금 시세 200만원에 산다면 금융비용을 지불하지만 보험료나 보관료는 없다. 다만 1년 후에 받게 될 배당금은 혜택이므로 매입비용에서 빼줘야 할 것이다. 따라서 지금 매입할 경우 총비용은 삼성전자 1주가격 + 금융비용 − 배당금이다.

금액적으로 보면 200만원 + 200만원 × 2 % − 200만원 × 1% = 200(1 + 2% − 1%) = 202만원이다. 여기서 이자율은 2%, 배당수익률(= 배당금/주가)은 1%로 가정하였다. 위의 두 예를 보면 상품선물이든 금융선물이든 선물가격은 현물가격에 금융비용 등 보유비용을 포함한 것이다. 따라서 선물가격은 거의 언제나 현물가격보다 크다. 이런 상태나 시장을 정상시장(normal market) 또는 콘탱고(contango)라 한다. 그 반대의 경우는 역조시장(inverse market) 또는 백워데이션(backwardation)이라 한다.

현물-선물 패리티이론을 보유비용관계(cost-of-carry relationship)라고도 한다. 왜냐하면 선물가격은 선물시장에서 주식을 연기하여 살 때의 비용과 지금 당장 현물시장에서 주식을 사서 보유할 때의 비용과의 상대적 차이에 의해 결정되기 때문이다.

보유비용(carrying costs)은 현물을 보유함으로써 발생하는 비용이다. 여기에는 현물매입자금에 대한 이자비용과 보관비용(창고료, 보험료, 가치감소비용) 등이 있다. 만약 지금 당장 현물시장에서 S_0금액만큼 주식을 사면 은행에 예금을 못받는 만큼 정기예금금리(r_f)의 손해를 보지만, 한편 배당을 배당수익률 d만큼 받으므로 실질적인 비용은 금액으로는 $S_0(r_f - d)$가 된다.

선물시장에서 주식을 연기하여 F_0로 살 때는 현물시장에서 S_0로 사는 가격에 금융비용에 포함하고 배당받는 만큼의 혜택을 뺀 금액이 된다. 따라서 현물시장에서 주식을 사나 선물시장에서 주식을 사나 금융비용과 배당을 고려하면 같은 결과를 가진다. 다음과 같은 관계가 성립한다.

이 식을 정리하면 아래와 같다.

$$F_0 = S_0(1 + r_f) - D \tag{21-1}$$

여기서 F_0: 이론선물가격
S_0: 현재현물가격
r_f: 무위험이자율(=CD금리)
D: 1주당 배당금(연말에 한번 배당하는 것으로 가정)
d: 배당수익률(1주당 배당금/주가 $= D/S_0$)

만약, 배당수익률로 사용하여 정리하면 다음과 같다.

$$F_0 = S_0(1 + r_f - d) \tag{21-2}$$

예제 21-1 | 현물-선물 패리티이론

KOSPI200주가지수 이론선물가격(F_0)을 구하기 위해 다음과 같은 자료가 주어져있다. 현물-선물 패리티이론에 의해 F_0를 구하라.

현재 주가지수(S_0) = 200
91일물 CD금리[무위험이자율(r_f)] = 5%
전기1주당배당금=7

풀이 $F_0 = S_0(1 + r_f) - D = 200(1 + 0.05) - 7 = 203$

위의 식 (21-1)과 (21-2)에서 보면 이론적으로 이론선물가격(F_0)은 언제나 현물가격(S_0)보다 크다. 실제적으로 선물가격이 현물가격보다 큰 경우의 선물시장을 정상시장(normal market)이라 한다. 주가지수선물, 달러선물 그리고 금 선물시장은 정상시장으로 볼 수 있다.

반대로 실제선물가격이 현물가격보다 낮은 경우의 선물시장을 역조시장(inverted market)이라 한다. 국채선물시장은 대표적인 역조시장으로 볼 수 있다. 일반적으로 단기이자율보다는 장기이자율이 높으므로 채권선물가격은 현물가격보다 낮게 형성되고 원월물선물가격이 근월물선물가격보다 낮게 형성되기 때문이다. 정상시장과 역조시장을 그림으로 나타내면 [그림 21-1]과 같다.

만약 현물-선물 패리티이론이 성립하지 않으면 어떻게 될까? 이 경우 현물가격과 선물가격이 서로 일치하지 않음으로써 차익기회(arbitrage opportunity)가 발생하여 차익이익(arbitrage profit)이 발생하게 된다. 아래 예제 21-2에서 이것을 확인해 보자.

그림 21-1 정상시장과 역조시장

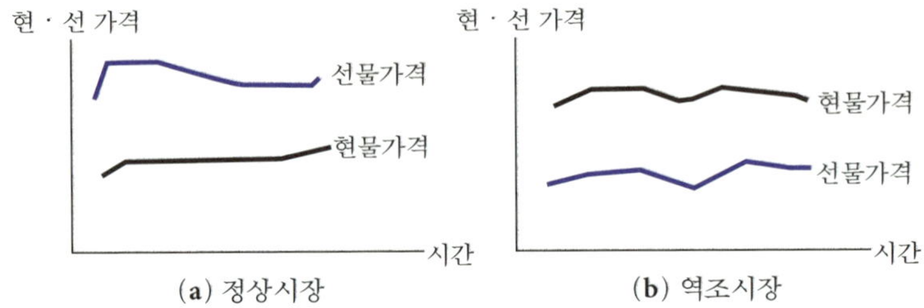

예제 21-2 현물-선물 패리티이론 위반과 아비트리지이익(arbitrage profit)

현물지수(S_0) = 200, 무위험이자율(r_f) = 5%, 지수배당금(D) = 7, 잔여만기가 1년일 때 현물-선물 패리티이론에 의한 이론선물가격은 203이었다. 만약 실제 선물가격이 209라면 아비트리지이익이 생기는 과정을 보여라.

풀이 이론선물가격은 203, 실제선물가격은 209이므로 고평가된 선물지수를 팔고(숏 포지션을 취하고), 5%의 이자율로 차입하여 주식을 200에 산다. 이 과정은 다음과 같다.

투자과정	현재($t = 0$)	만기($t = 1$)
① 200을 연리 5%로 1년간 빌리다.	+200	$-200(1 + 0.05) = -210$
② 이 돈으로 주식을 200에 매입한다.	−200	$S_T + 7$
③ 선물주가지수를 209로 팔다.	0	$209 - S_T$
	0	6

과정을 다시 설명하면 다음과 같다.

① 연금리 5%로 200원을 빌린다. 이 돈은 1년 후 200(1.05) = 210으로 갚는다.
② 빌린 돈 200원으로 주식을 매입한다. 이 주식은 1년 후 그때 가서 형성될 주가 S_T에 배당금 7을 더한 금액이 될 것이다.
③ 주가지수선물을 현재 209에 매도한다. 이 거래를 1년 후 만기에 가서 반대매매를 하면 $209 - S_T$이다.

①+②+③을 합하면 현재 잔액은 0이고 만기잔액은 6이다.

무투자이면서 만기에 가서는 6의 무투자이익(arbitrage profit)이 생긴다. 이 금액은 실제선물가격- 이론선물가격= 209 − 203 = 6과 같다. 이렇게 가격이 잘못 책정된(mispriced) 경우 시장참여자들은 저평가된 주식을 사고 고평가된 선물을 팔게 되어 결국 균형가격이 형성된다.

이와 같은 현물-선물 패리티이론은 모든 선물거래에 적용된다. 선물상품의 실제가격이 이론가격보다 높은 경우에는 선물상품의 가격이 상대적으로 높게 평가되어 있는 것이므로, 선물상품을 매도함과 동시에 현물상품을 매수하는 "매수차익거래(buy arbitrage)"를 수행한다. 반대로 선물상품의 실제가격이 이론가격보다 낮은 경우에는 선물상품의 가격이 상대적으로 낮게 평가되어 있는 것이므로 선물상품을 매입함과 동시에 현물상품을 매도하는 "매도차익거래(sell arbitrage)"를 수행하게 된다.

2 스프레드

일반적으로 현물-선물 패리티이론은 단일기간(one period)을 기초로 한 것이다. 그러나 서로 다른 만기를 가진 선물가격 사이에 일정한 관계가 성립하는데, 이를 스프레드(spread)라 한다.

인도일이 T_1인 선물가격을 $F(T_1)$, 인도일이 T_2인 선물가격을 $F(T_2)$라 할 때 식 (21-3)에 의해 다음과 같이 쓸 수 있다.

$$F(T_1) = S_0(1 + r_f - d)^{T_1}$$
$$F(T_2) = S_0(1 + r_f - d)^{T_2}$$

두 식을 간단히 하면

$$\frac{F(T_2)}{F(T_1)} = S_0(1 + r_f - d)^{T_2 - T_1} \qquad (21\text{-}3)$$

이 되고, 다음과 같은 스프레드 패리티 관계가 성립한다.

$$F(T_2) = F(T_1)(1 + r_f - d)^{T_2 - T_1} \qquad (21\text{-}4)$$

식 (21-4)는 현물-선물 패리티이론과 비슷한데, 중요한 차이는 현물가격(S_0) 대신에 전기의 선물가격 $F(T_1)$이 도입된 점이다. 여기서 T_1과 T_2는 년으로 표시된다.

02 선물투자목적

선물시장에 참여하는 목적은 크게 세 가지로서 첫째, 선물시장을 이용하여 위험을 회피하려는 헷징(hedging)이고, 두 번째는 선물가격 차이에서 이익을 얻고자 하는 투기(speculation)이다. 그리고 세 번째는 선물가격과 현물가격의 일시적 가격불균형을 이용하려는 차익거래(arbitrage) 때문이다. 1996년부터 우리나라에서 주가지수선물거래가 시작되었으므로 우리에게 친근한 주가지수선물을 중심으로 헷징과 투기 그리고 차익거래를 설명해보자.

1 헷 징

1) 헷징의 개념과 종류

매도 헷저(short hedger)는 현물가격의 가격폭락을 염려하여 선물을 매도한다. 농산물 생산자·재배업자, 원유·광산물채굴자, 수출업자 그리고 주식·채권 보유자는 매도 헷저의 예이다.

매입헤지거래(long hedging)는 현물가격의 상승위험에 노출될 경우 사용한다. 매입헷저(short hedger)는 농산물가공업자, 제조회사, 수입업자 그리고 주식·채권매입희망자이다.

헷지기간 동안 현물과 선물포지션간의 이익과 손실이 정확히 상쇄되어 가격변동 위험을 완전히 없애는 헷지를 완전헷지(perfect hedge)라 한다. 그러나 완전헷지의 기회는 거의 존재하지 않는다. 완전헷지의 기회가 매우 적은 현실상황에서 위험을 최소화하기 위한 헷지를 최소분산헷지라 한다. 최소분산헷지비율과 분산과의 관계는 [그림 21-2]와 같다.

최소분산헷지비율(h^*)은 과거의 현물가격변화분(ΔS)과 선물가격변화분(ΔF)을 이용하여 회귀분석하여 얻은 회귀직선의 기울기이다.

$$\text{회귀 직선 } \Delta S = \alpha + \beta \Delta F \qquad (21\text{-}5)$$

그림 21-2 회귀직선과 헷지비율

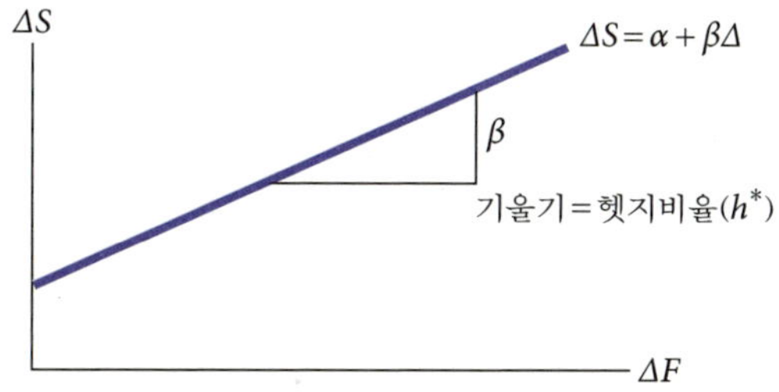

예를 들어, KOSPI200주가지수의 현물가격과 선물가격자료를 이용하여 구한 회귀직선이 다음과 같다고 하자.

$$\Delta S = 0.0024 + 0.767\Delta F$$

여기서 최소분산헷지비율(h^*)은 회귀직선의 기울기 $Y = 0.767$이다. 이 값은 최소분산을 위해 매입되거나 매도되는 선물계약의 규모가 헷지하려는 자산액의 76.7%가 되어야 함을 의미한다.

2) 헷지 비율

선물거래가 기관투자가들 사이에 인기가 있는 가장 큰 이유 중의 하나는 그들이 보유한 현물포트폴리오를 헷징할 수 있기 때문이다. 예를 들어 만기가 몇 개월밖에 남지 않은 주식형 펀드의 경우 만기시 주가하락이 예상되면 주가지수선물을 이용하여 매도 포지션(short position)을 취함으로써 손실을 방어할 수 있다.

주가지수선물을 이용한 헷징전략은 단순헷지와 베타조정헷지로 나눌 수 있는데, 이러한 전략 실행에 가장 중요한 개념은 헷지비율(hedge ratio)이다. 헷지비율(h)이란 보유하고 있는 주식포트폴리오 금액에 대해 헷지할 선물계약금액이다.

$$\text{헷지비율}(h) = \frac{\text{헷지할 선물계약금액}}{\text{보유포트폴리오금액}} \tag{21-6}$$

헷지할 선물계약금액 = 선물계약수 × 선물지수 × 거래단위금액

표 21-1 매도헷저와 매입헷저

매도(short)헷저	선물거래 매도이유	매입(long)헷저	선물거래 매입이유
농산물생산자·재배자	농식재료 가격 하락을 염려함	농산물가공업자	농식재료 가격 폭등을 염려함
원유·광물채굴자	원유가격 폭락을 염려함	제조회사	원유가격 폭등을 염려함
수출업자	환율 하락을 염려함	수입업자	환율 인상을 염려함
주식·채권보유자	가격 하락을 염려함	주식·채권 매입희망자	가격 상승을 염려함

그러므로

$$\text{헷지비율}(h) = \frac{\text{선물계약수} \times \text{선물지수} \times \text{거래단위금액}}{\text{보유포트폴리오금액}} \tag{21-7}$$

그런데 헷지비율은 대개 보유포트폴리오의 베타계수(β)를 이용한다. 위 식에서 헷지비율(h) 대신 β를 넣으면 헷지할 선물계약수는 다음과 같이 계산된다.

$$\text{헷지할 선물계약수} = \frac{\beta \times \text{보유포트폴리오}}{\text{선물지수} \times \text{거래단위금액}} \tag{21-8}$$

3) 단순헷지

만기가 임박한 주식형펀드는 만기까지 예상외의 가격변동위험에 노출된다. 이러한 위험을 최소한도로 방어하고 거의 무위험자산수익률을 확보하기 위해 KOSPI200주가지수선물을 매도한다. 매도할 주가선물계약수를 계산하기위해 주식형 포트폴리오를 구성하고 있는 종목들의 시가총액기준 가중평균베타(β)를 이용한다.

예제 21-4 단순헷지

현재 만기가 3개월밖에 남지 않는 주식형 펀드의 가치는 시가 15억으로 평가되고 있다. 이 주식형 펀드의 베타(β)평균은 1.0이다. 앞으로 만기까지 주가가 내릴 것으로 예상되므로 KOSPI200 선물지수를 이용하여 가격변화에 따른 위험을 헷지하려면 선물지수 몇 계약을 매도하면 되는가? 현재 3개월 만기 KOSPI200 주가지수선물가격은 150이고 거래단위금액은 250,000이다.

풀이 공식을 이용하여 헷지할 선물계약수를 계산한다.

$$\text{헷지할 선물계약수} = \frac{15\text{억원}}{150 \times 250{,}000\text{원}} = 40(\text{계약})$$

KOSPI200 선물지수 40계약을 매도해야 한다.

예제 21-4 주가지수선물을 이용한 베타헷지

global성장펀드의 구성종목별, 투자규모와 베타(β)크기는 다음과 같다.

구성종목	투자규모	β
농진	30억	0.9
화우	20억	1.2
e-tec	10억	1.5

만기를 3개월 남겨두고 급격한 주가 하락에 따른 포트폴리오 가치 변동을 헷지하기 위하여 3개월 만기의 KOSPI200주가지수를 이용한 헷지전략을 전개하라. KOSPI200주가지수의 크기는 현재 150.00포인트이고 거래단위금액은 250,000이다.

풀이 펀드자체를 직접 매도하기가 불가능한 상태에서 단기적인 주가변동을 방어하기 위하여 주가지수선물을 매도한다. 먼저 펀드의 가중평균베타를 구하면 1.1이다. 주가지수선물 매도계약수를 공식에 의해 계산한다.

$$\beta = 0.9 \times \frac{30}{30+20+10} \times 1.2 \times \frac{20}{30+20+10} \times 1.5 \times \frac{10}{30+20+10} = 1.1$$

$$\text{헷지할 계약수} = \frac{\beta \times \text{포트폴리오시가총액}}{250{,}000 \times \text{KOSPI200주가지수}} = \frac{1.1 \times 60\text{억원}}{250{,}000 \times 150} = 176\text{계약}$$

KOSPI200주가지수선물 176계약을 매도한다.

4) 베타조정헷지

이는 주가지수선물거래를 이용, 보유포트폴리오의 평균베타를 조정함으로써 체계적 위험조정에 따라 증권시장의 움직임에 대응하는 전략이다. 예를 들면, 앞으로 호황기가 예상되면 주가지수선물거래를 이용, 베타를 높여 주가상승시 이익의 확대효과를 노린다. 반대로 침체기가 예상되면 베타를 낮추어 주가하락시의 손실의 정도를 최소화한다.

베타조정헷지는 보유포트폴리오의 구성종목을 교체하지 않고 주가지수선물을 이용하여 베타를 조정한 것과 같은 효과를 얻는 데 그 목적이 있다. 베타조정도 결국 헷지비율을 어떻게 하느냐에 달려 있다. 구체적으로 베타조정시 헷지 정도는 「목표 포트폴리오 베타 예측치- 실제 포트폴리오 베타」만큼의 헷지비율을 이용한다.

$$\text{조정 베타 } \beta_a = \text{목표 베타} - \text{실제 베타} \tag{21-9}$$

5) 다이내믹 헷징

다이내믹 헷징(dynamic hedging)은 주식 포트폴리오와 주가지수선물 매도포지션을 결합하여 헷지 포트폴리오를 구성한 후 시장상황에 따라 헷지비율을 동태적으로 조정해 나가는 헷지전략이다. 이는 보유 포트폴리오의 가치를 일정수준 이상으로 유지하면서 시세상승시에는 시세상승에 따른 이익을 적극적으로 향유하고자 하는 포트폴리오 보험(portfolio insurance)전략의 하나이다.

주가지수선물을 이용한 포트폴리오 보험전략은 현물시장에서 주식과 채권의 투자비중을 조절하는 방법보다 거래비용을 감소시키고 거래를 신속하게 한다. 구체적으로 주가하락시에는 선물을 매도함으로써 보유주식 포트폴리오의 시장위험 노출을 감소시킨다. 반대로 주가상승시에는 매도한 선물을 환매하거나 선물을 신규매수함으로써 보유포트폴리오의 시장위험 노출을 증대시킨다.

6) 베이시스 전략

베이시스(basis)란 선물가격(F_t)에서 현물가격(S_t)을 뺀 것이다.[1]

$$\text{basis} = F_t - S_t \tag{21-10}$$

따라서 베이시스는 보유비용(carrying cost)와 같은 개념이다.

수렴원리(convergence property)는 만기에 선물가격(F_T)은 항상 현물가격(S_T)과 같아지는 현상이다. 그러나 만기전에는 선물가격과 현물가격은 언제나 다르다.

1 어떤 책에서는 현물가격에서 선물가격을 뺀 것을 말한다. 그러나 이 책에서는 $F_T - S_T$로 베이시스를 정의한다.

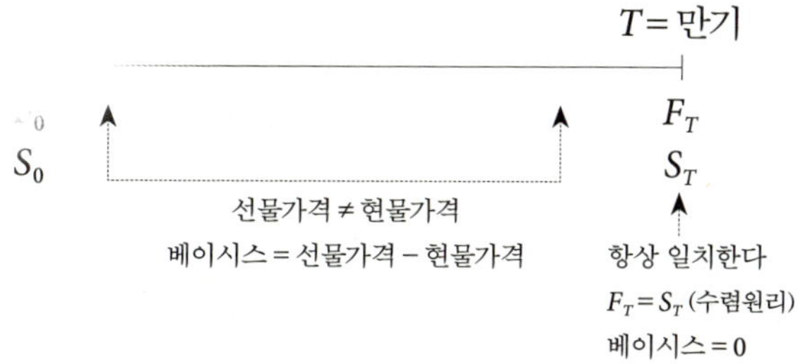

만기가 되기 전에 보유주식과 선물계약이 미리 청산되면, 선물가격과 현물가격이 같지 않기 때문에 베이시스위험(basis risk)을 안게 된다. 이때 보유주식과 지수선물에서의 손익은 정확히 상쇄되지 않는다.

예를 들어 현재 KOSPI200 주가지수가 90.86이고, 9월 만기의 선물가격(F_0)이 91.75이다. 1일 후 KOSPI200 주가지수가 91.33으로 오르고 선물가격이 92.05로 올랐다고 하자. 이때 베이시스의 변화는 0.89에서 0.72로 0.17만큼 감소하였다. 헷저가 t_0시점에서 선물계약에 매도 포지션을 취한다고 하자. 자산의 판매가격이 S_1이고 선물 포지션으로부터 얻는 이익이 $F_0 - F_1$이다.

따라서 헷저가 현물매입·선물매도로부터 얻는 유효가격(effective price)은 다음과 같다.

$$S_1 + (F_0 - F_1) = F_0 - (F_1 - S_1) = F_0 - (b_1) \tag{21-11}$$

위의 식에서 F_0는 미리 알 수 있으나 $F_1 - S_1$, 즉 베이시스(b_1)는 불확실하다. 이를 베이시스위험이라 한다.

2 투 기

1) 투기거래의 개념과 특징

투기거래(speculation)는 현물을 가지고 있지 않은 상태에서 선물가격변동을 이용하여 매매차익을 얻기 위해 선물시장에서 포지션을 취하는 거래를 말하며, 이러한 거래자를 투기자(speculator)라 한다. 투기거래는 다른 시장참여자보다 우월한 예측으로 매매차익을 얻을 수 있다는 기대로 의도적으로 가격변동위험을 감수하는 거래이다. 그러나 선물가격이 예측과 반대로 움직이는 경우 손실

표 21-2 베이시스의 변화

	t_0	t_1	가격변화
F_t	91.75	92.05	0.30
S_t	90.86	91.33	0.47
베이시스(b)	0.89	0.72	−0.17

그림 21-3 정상시장에서의 베이시스 변화

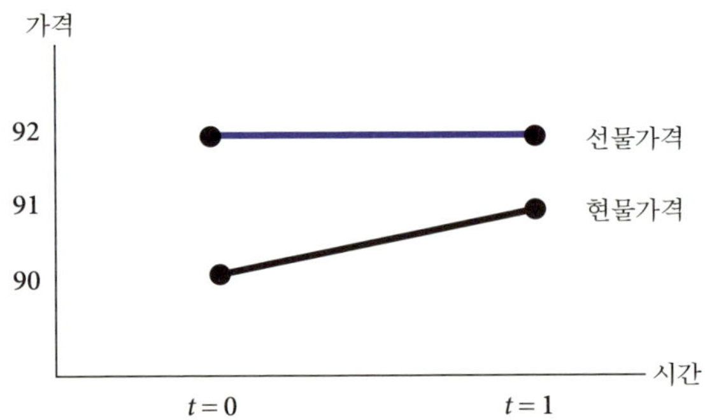

이 발생한다.[2]

200×년 6월 3일자 경제신문에 게재된 KOSPI주가지수선물 가격표를 다시 보자.

KOSPI 200주가지수선물				
	시가	고가	저가	종가
June 3	88.50	92.50	88.50	89.50

6월 3일 어느 투자자가 만기가 6월인 KOSPI200주가지수를 선물가격 종가인 89.50에 매입했다고 하자. 이렇게 롱 포지션을 취한 투자자는 미래선물가격이 89.50보다 높기만 하면 그 차액만큼 이익을 보게 된다. 반대로 미래선물가격이 89.50보다 작아지면 그 차액만큼 손해를 본다. 물론 거래 상대방인 숏 포지션 보유자는 그 반대의 결과를 가진다.

2 투기거래는 주로 개인투자자들에 의해 이루어지고 있다. 선물·옵션거래에서 개인투자자 비중은 우리나라가 약 20~30%이고 미국은 10%, 일본 역시 10% 정도이다.

예제 21-5 투 기

어느 투자자가 KOSPI200 주가지수선물을 89.50로 매입했다고 하자. 1일 후 이 선물가격이 89.55 또는 89.45로 될 때 투자손익을 각각 구하라.

풀이

선물가격(F_t)	89.55인 경우	89.45인 경우
롱 포지션 성과($F_t - F_0$)	0.05	−0.05
실제손익(×250,000원)	+12,500	−12,500

직접 주식을 사고파는 것보다 9%의 증거금만 납부하고 주가지수선물 투기거래를 할 때의 특징은 아래와 같다.

첫째, 선물거래의 손실·이익 확대효과(leverage)는 현물거래보다 훨씬 크다. 9%의 증거금으로 선물 1계약이 가능하므로 주식투자 1주에 비해 11배(1÷9%)의 계약이 가능하다. 따라서 주식 1%의 변동율에 비해 선물투기는 11%의 변동율을 갖는다.

둘째, 투기거래는 선물시장에서 반대매매를 통해 언제든지 포지션을 정리할 수 있다.

셋째, 선물거래시 개시증거금으로 국공채를 대납할 경우 이자가 지급되므로 거래비용을 절감할 수 있다.

위에서는 주가지수선물을 예로 하여 헷징과 투기를 설명하였다. 그러나 이 논리는 이자율선물이나 상품선물 등 어느 선물거래에도 같다.

2) 투기거래의 기능과 종류

투기자는 헷저(hedger)의 거래파트너로서 헷저가 전가한 위험을 떠맡음으로써 시장에 유동성을 제공하는 기능을 갖는다. 투기자가 자신의 이익을 위해 투기거래를 함에 따라 헷저의 헷지기능이 궁극적으로 시장에서 이루어진다.

투기거래자는 포지션을 보유하는 기간에 따라 스캘퍼, 데이트레이더 그리고 포지션거래자로 세분된다. 스캘퍼(scalper)는 몇초~몇분 단위의 짧은 기간 동안 소규모의 거래를 반복하는데, 이들 때문에 선물시장의 유동성이 증대되는 순기능이 있다. 스캘퍼는 대부분 선물거래소의 회원이므로 거래비용이 매우 낮다.

데이트레이더(day trader)는 적어도 하루동안의 가격 변동으로 투기이익을 얻으려는 거래자이다. 그들은 자신이 취한 포지션을 당일을 넘기지 않고 청산한다.

포지션거래자(position trader)는 수일, 수주 또는 수개월간 포지션을 유지하는 투기거래자이다. 이들은 스프레드(spread)거래자이기도 하다.

3 차익거래

차익거래(arbitrage)는 주가지수선물시장에서 주가지수선물의 실제가격과 이론가격 사이의 일시적인 불일치가 발생할 때 상대적으로 높게 평가된 쪽을 매도함과 동시에 상대적으로 낮게 평가된 쪽을 매수함으로써 그 불일치의 감소분만큼 무위험수익을 얻고자 하는 거래이다. 구체적으로 주가지수선물의 실제가격이 이론가격보다 높은 경우 이론가격보다 높은 가격의 선물은 매도하고 동시에 낮은 가격의 현물은 매수하는 "매수차익거래(buy arbitrage)"를 수행한다. 반대로 주가지수선물의 실제가격이 이론가격보다 낮은 경우에는 주가지수선물을 매입함과 동시에 현물주식을 매도하는 "매도차익거래(sell arbitrage)"를 수행한다.

주가지수차익거래(index arbitrage)는 현물-선물 패리티 이론(spot-futures parity theory)이 성립하지 않음으로써 일시적으로 지수차익(무투자이익, arbitrage profit)이 발생하게 되는 경우이다. 이는 시장가격의 일시적인 불균형은 언젠가는 균형상태로 되돌아온다는 시장원리에 의하여 위험부담없이 아비트리지 이익을 얻을 수 있는 고도의 금융기법이다. 현실적으로 지수차익거래를 하려면 이론가격을 정확히 계산해야 하고 거래비용의 고려, 인덱스펀드의 합리적 구성, 그리고 프로그램매매제도의 신속성 등 몇 가지 전제조건이 충족되어야 한다.

주식시장에서 KOSPI200을 직접 매매할 수는 없다. 따라서 KOSPI200을 복제한 인덱스펀드(index fund)를 매매하게 된다. 인덱스펀드는 KOSPI200과 연관성이 큰 30~50개 종목으로 구성된 KOSPI200복제 포트폴리오이다. 주가지수차익거래가 성공하기 위해서는 인덱스펀드의 매매가 신속·정확하게 실행되어야 한다. 이러한 목적으로 프로그램 매매가 등장하게 되었다.

프로그램매매(program trading)란 차익거래를 위해 인덱스펀드에 구성된 종목과 수량 그리고 비중을 미리 정해놓고 일괄하여 컴퓨터프로그램에 의해 주문을 내는 매매시스템이다. 프로그램매매는 대부분 기관투자자나 외국인 투자자들에 의해 이루어진다.

프로그램매매에는 위에서 말한 차익거래 외에도 비차익거래를 위해서도 이루어진다. 비차익거래는 차익거래와는 달리 일방적으로 여러 주식(보통 15개 이상의 종목)을 한꺼번에 매수(또는 매도)하는 것을 말한다. 선물주문을 주식과 동시에 하지 않는 점에서 차익거래와 차이가 난다.

4 스프레드 거래

스프레드(spread)란 두 가지의 상이한 선물계약간의 가격차이를 말한다. 스프레드 거래는 이런 상이한 두 선물계약을 동시에 매입 또는 매도하는 거래로서, 두 선물 가운데 상대적으로 저가인 것을 매입하고 고가인 것을 매도하는 형태를 취한다. 스프레드거래는 매입과 매도 2개의 주문이 아니라 매입·매도 주문이 동시에 체결되는 하나의 거래이다.

스프레드 포지션은 단일선물계약보다 덜 위험하다. 왜냐하면 스프레드 거래에서 스프레드의 한 쪽 포지션에서 생기는 손실이 나머지 포지션에서 생기는 이익에 의해 상쇄됨으로써 절대적 손익위험이 적다. 또한 스프레드 거래는 단일선물계약보다 증거금이 작다.

스프레드 거래는 적은 자본으로 위험이 작은 선물거래를 원할 때 이용된다. 또한 헷지하려는 선물의 결제월을 연장하거나 또는 여러 결제월의 포지션을 청산할 목적으로도 이용된다.

03

콘탱고와 백워데이션

1 콘탱고

콘탱고(contango)란 선물가격(F_0)이 현물가격(S_t)보다 높거나, 선물의 원월물가격이 근월물가격보다 높은 상태를 말한다. 대부분의 선물시장은 콘탱고상태가 정상적이라 볼 수 있다. 왜냐하면 선물가격은 현재의 현물가격에 선물만기일까지의 보유비용 등이 고려되어야 하므로 현물가격보다 높게 형성되는 것이 당연하기 때문이다. 이렇게 콘탱고 상태를 당연한 현상으로 볼 수 있는 선물시장을 정상시장(normal market)이라 한다. 한국거래소에 상장되어 있는 선물상품 중 주가지수선물, 달러선물 그리고 금선물은 정상시장으로 볼 수 있다.

국채선물은 그 반대로 역조시장(inverted market)으로 볼 수 있다. 이는 국채 선물시장의 경우 일반적으로 단기이자율보다 장기이자율이 높으므로 미래의 현물가격인 채권선물 가격이 현재의 현물가격보다 낮게 형성되는 것이 자연스러운 현상으로 볼 수 있기 때문이다.

주가지수선물시장은 콘탱코 상태가 유지되는 것이 정상이다. 그럼에도 불구하고 그 반대로 되어있다면 선물시장이 초과공급상태에 있어 선물가격이 저평가되어 있거나 현물시장이 초과수요상태에 있어 현물가격이 고평가되어 있다고 볼 수 있다.

2 백워데이션

백워데이션(normal backwardation)은 선물가격이 현물가격보다 낮게 형성되는 시장상황을 말한다. 주식시장에서 백워데이션(normal backwardation)상태가 오래 계속되면 그만큼 장래주식시장에 대한 전망이 좋지 않다는 것을 의미한다.

백워데이션 상태의 시장상황을 역조시장(inverted market) 또는 역전(逆轉)시장이라 한다. 선물가격이 현물가격보다 낮은 백워데이션 상태가 계속되면 현물인 KOSPI200을 매도하고 선물인 주가지수선물을 매입하는 매도차익거래가 발생한다.

중요영어용어

금리선물(interest rate futures)
개시증거금(initial margin)
마진 콜(margin call)
미청산계약(open interest)
베이시스(basis)
상품선물(commodity futures)
선물(futures)
선물거래(futures trading)
선물지수(futures index)
수렴원리(convergence property)
유지증거금(maintenance margin)
일일정산(marking to market)
주가지수선물(stock index futures)
통화선물(currency futures)
현물-선물 패리티(spot-futures parity)
금융선물(financial futures)
롱 포지션(long position)
무투자이익(arbitrage profit)
보유비용(cost-of-carry)관계
백워데이션(normal backwardation)
선도거래(forward transaction)
선물가격(futures price)
선물계약(futures contract)
숏 포지션(short position)
스프레드(spread)
이자율지수(interest rate parity)이론
정상회귀(normal backwardation)
콘탱고(contango)
투기자(speculator)

관련웹사이트

1. 한국거래소
   ▷ http://www.krx.co.kr/
2. 금융투자협회
   ▷ http://www.kofia.or.kr
3. 한국파생상품학회 : 한국파생상품학회 소개, 학술대회, 정책심포지엄, 선물 및 옵션, 이론·제도연구, 논문접수안내.
   ▷ http://www.kafo.or.kr
4. 시카고 선물거래시장
   ▷ http://www.cbot.com/

연습문제

[객관식 문제]

01 선물계약에서 선물 가격은 어떻게 결정되는가?

① 인도일에 다수의 매입자와 매도자가 시장 경쟁을 통하여 결정한다.

② 계약이 맺어질 때 다수의 매입자와 매도자가 시장 경쟁을 통하여 결정한다.

③ 선물 거래소가 주관하여 상대매매로 결정된다.

④ 중개자에 의하여 경매매(auction)를 통하여 결정된다.

02 선물을 이용한 헷지거래 중 잘못된 것은?

① 3개월 후 환매를 앞둔 인덱스 펀드를 관리하는 펀드매니저가 주가 하락을 염려하며 주가지수 선물을 매도함.

② 3개월 후에 자금을 차입하려는 기업이 금리 상승을 염려하여 금리선물을 매입함.

③ 3개월 후에 미국 달러로 수출대금을 받게 되는 수출업자가 환율 하락을 염려하여 달러통화선물을 매도함.

④ 3개월 후에 원유를 매입하는 정유업자가 원유가격 상승을 염려하여 원유선물을 매입함.

03 베이시스에 관해 틀린 내용은?

① 금융선물의 경우 베이시스는 $F_t - S_t$이다.

② 베이시스가 작아지는 추세이면 선물 매수, 현물매도(long futures: short spot)가 유리하다.

③ 베이시스 위험이란 미래의 현물가격과 선물가격과의 차이 계산이 불확실하기 때문에 발생한다.

④ 만기 베이시스는 반드시 0이어야 한다.

04 선물 거래에서 만기가 다른 선물 가격간의 차이를 (　)라 한다.

① 패리티(parity)　② spread　③ basis　④ 델타

05 미국에서 쇠고기를 수입한 한국수입업자가 3개월 후 지급할 달러수입대금에 따르는 환율상승위험을 헷지하는 방안은 무엇인가?

① 달러현물을 지금 매입한다.

② 달러를 차입하여 예금한다.

③ 달러선물의 short position을 취한다.

④ 달러선물의 long position을 취한다.

06 현물 개별주식거래보다 개별주식선물거래가 좋은 점을 지적한 것 중 틀린 내용은?

① 선물거래의 레버리지효과는 현물거래보다 더 크다.
② 선물거래가 현물거래보다 위험한 것만큼 실현수익률이 더 크다.
③ 선물거래는 현물거래보다 거래속도가 더 빠르다.
④ 선물거래의 거래비용은 현물거래보다 더 싸다.

07 국채를 보유한 매입포지션(long position) 투자자는 이자율 상승을 염려하여 이자율선물을 ① 매도한다. ② 매입한다. ①과 ② 중 하나를 선택하라.

08 [CPA 1차 유사문제] 펀드매니저 K는 1,000억원 규모의 주식포트폴리오에 대해 1년간 관리하는 임무를 부여받았다. 현재 이 주식포트폴리오의 베타는 1.5이다. K는 향후 약세장을 예상하고 주가지수선물을 이용하여 이 주식포트폴리오의 베타를 1.0으로 줄이려고 한다. 1년 만기를 갖는 주가지수선물의 현재 지수가 80.0포인트(1포인트당 50만원)라고 할 때, 어떻게 해야 하는가?

① 1,250계약 매입　　② 1,250계약 매도
③ 2,500계약 매입　　④ 2,500계약 매도

09 [CPA 1차 유사문제] 펀드매니저 A는 10억원 규모로 KOSPI200 지수와 상관계수가 1인 주식 인덱스 펀드(index fund)를 6개월간 구성하여 운영하려고 한다. 그러나 인덱스 펀드의 관리에 어려움을 경험한 펀드매니저 B는 인덱스 펀드 대신 만기까지 6개월 남은 KOSPI200 지수선물 20계약과, 연 수익률 6%이고 6개월 만기인 채권을 10억원 매입하였다. 두 펀드 매니저의 펀드 운용결과가 향후 시장의 등락에 관계없이 동일하려면 B는 얼마의 가격에 선물을 매입하여야 하는가?(수수료 및 증거금을 포함한 거래비용은 없으며 채권은 무위험으로 가정함)

KOSPI200 지수 = 100pt.,	무위험금리 = 연 6%
지수종목주식 기대배당수익률 = 연 4%,	선물승수 = 50만원/pt.

① 99pt.　　② 101pt.　　③ 103pt.　　④ 105pt.

10 [CPA 1차 유사문제] 현재 KOSPI200 지수는 75.00포인트이고, 만기 3개월물 KOSPI200 선물지수는 76.00포인트에 거래되고 있다. KOSPI200 지수를 구성하는 주식들의 평균배당수익률은 연 4%이고, 무위험이자율은 8%이다. 이런 시장 상황에서 지수차익거래가 가능한가? 가능하다면 차익거래의 결과 어떠한 변화가 예상되는가? (차익거래와 관련된 모든 거래비용은 무시하기로 한다.)

① 차익거래에 의해 KOSPI200 지수와 3개월물 KOSPI200 선물가격이 상승한다.

② 차익거래에 의해 KOSPI200 지수가 상승하고, 3개월물 KOSPI200 선물가격이 하락한다.
③ 차익거래에 의해 KOSPI200 지수와 3개월물 KOSPI 200 선물가격이 하락한다.
④ 차익거래에 의해 KOSPI200 지수가 하락하고, 3개월물 KOSPI200 선물가격이 상승한다.

11 [CPA 1차 유사문제] (주)베타의 현재 주가는 10,000원이다. 이 주식을 기초자산으로 하며 만기가 6개월인 선물이 선물시장에서 11,000원에 거래되고 있다. 이 기업은 앞으로 6개월간 배당을 지급하지 않으며 현물 및 선물의 거래에 따른 거래비용은 없다고 가정한다. 무위험이자율인 연 10%로 대출과 차입이 가능할 때 차익거래에 관한 다음의 설명 중 옳은 것은?
① [주식 매입 + 차입 + 선물 매도] 전략을 이용해 차익거래이익을 얻을 수 있다.
② [주식 매입 + 대출 + 선물 매도] 전략을 이용해 차익거래이익을 얻을 수 있다.
③ [주식 공매 + 대출 + 선물 매입] 전략을 이용해 차익거래이익을 얻을 수 있다.
④ [주식 공매 + 차입 + 선물 매입] 전략을 이용해 차익거래이익을 얻을 수 있다.

12 [CPA 1차 유사문제] 배당을 지급하지 않은 주식의 주가를 기초자산으로 하는 선물(futures)에 대한 다음 주장 중 이론적으로 설명이 가능한 주장의 개수를 골라라. 단, 1) 선물가격은 현물과 선물을 이용한 차익거래가 불가능한 이론가격(no arbitrage price)을 충실히 따르고, 2) 아직 선물의 만기시점이 도래하지 않았으며, 3) "시간의 경과"는 선물 잔존만기가 짧아짐을 의미한다.

a. 시간이 경과함에 따라 기초자산의 가격이 상승하고 선물가격도 상승할 수 있다. b. 시간이 경과함에 따라 기초자산의 가격이 상승하고 선물가격은 하락할 수 있다. c. 시간이 경과함에 따라 기초자산의 가격이 하락하고 선물가격은 상승할 수 있다. d. 시간이 경과함에 따라 기초자산의 가격이 하락하고 선물가격도 하락할 수 있다. e. 시간이 경과함에 따라 기초자산의 가격이 불변이고 선물가격은 상승할 수 있다.

① 2개 ② 3개 ③ 4개 ④ 5개

[주관식 문제]

01 [현물가격과 선물가격]
(1) 무배당주식에 대한 주식의 선물에서 만기가 1년이고 현물가격이 $200, 그리고 무위험자산(= 정기예금) 수익률이 10%이면 선물가격은 얼마인가?
(2)만약 만기가 3년이면 선물가격은 얼마인가?
(3)정기예금금리가 12%이고 만기가 3년이면 선물가격은 얼마인가?

02 [주가지수선물] 다음과 같이 미국 Wall Street Journal 1992년 3월 30일자

S&P500 주가지수(stock index) 거래내역이 일부 나와 있다.

		INDEX			
	S&P 500 Open	INDEX(CME) High	500 Low	times Settle	index
June	408.20	408.30	403.45	404.05	⋮
Sept	⋮	⋮	⋮	⋮	
Dec	⋮	⋮	⋮	⋮	
		close	403.50		

(1) S&P500 현물지수는 얼마인가?

(2) 만약 6월(June) 선물을 1단위 계약한다면 초기증거금률이 10%일 때 초기증거금은 얼마인가?

(3) 만약 6월 선물가격이 407.30으로 오른다면 투자수익률은 얼마인가?

(4) 만약 6월 선물가격이 1% 떨어지면 투자수익률은 몇 %인가?

03★ [현물지수와 선물지수와의 관계] S&P500 현물지수값이 현재 400이다. 1년 만기 무위험이자율이 8%이고, S&P500에 대한 기대배당수익률이 5%이면 1년 만기 선물가격은 얼마인가?

04 [선물가격과 아비트리지(arbitrage)] 현재는 1월이고, T-bill 1년 만기 이자율은 8%이다. 금년 6월물 커피선물가격이 $346.30이고 12월물 커피선물가격이 $360이다. 이 두 선물가격을 이용하면, 무투자-유이익 기회(arbitrage opportunity)가 있는가?

05 [선물거래와 증거금] 시카고 선물거래소(CME)에서 Textron 회사에 대해 선물거래를 시작했다. 1계약당 단위거래량은 Textron주식 1,000주이다. Textron사는 배당을 지급하지 않으며, 현재 정기예금금리는 8%이다.

(1) 만약 Textron사의 주가가 $80이면 예상선물가격은 얼마인가?

(2) 만약 Textron사의 주가가 지금보다 2% 오른다면 예상선물가격은 얼마이고, 초기증거금 계정은 얼마나 변하는가? 또 이 경우 초기증거금이 $10,000라면 투자자의 투자수익률은 얼마인가?

06 [금리선물] 증권회사 Merril Lynch는 Act회사의 회사채 500만 달러를 인수할 예정이다. 그러나 채권발행 이전에 이자율이 오르면 Act회사가 필요로 하는 조달금액이 확보되지 못할 수 있다. 이 경우 GNMA선물시장을 이용하여 채권발행 위험을 줄이는(=헷징하는) 메카니즘을 설명하라.

07 [금리선물이용] 포트폴리오 매니저로서 다음 각 경우 어떻게 금리선물을 이용할 수 있는지를 설명하라.

(1) 거액의 채권형 펀드를 운영하고 있음.

(2) 미국 장기국채 보유로서 큰 이익을 이미 얻었으나 3주 후에 있는 결산기말까지 이 펀드를 보유하고자 함.

(3) 3개월 후에 받게 될 거액의 세금 환급금(tax refund)을 고수익률 장기국채에 투자하고자 함.

08★ [선물가격과 arbitrage] S&P500 인덱스 펀드의 현재 가치는 350이고, 연 4% 배당수익률을 보장받는다. 1년 만기의 S&P500 선물가격은 370이다. 이론선물가격과 실제선물가격과의 가격차이에 의한 아비트리지기회(arbitrage opportunity)를 설명하라. 당시의 무위험자산(=T-bill) 수익률은 7%이다.

09 [선물계약과 선물옵션] 선물계약(futures contract)과 선물옵션(options on futures contract)의 차이를 논하라.

10★ [베타조정헷지] 현재 KOSPI200 주가지수는 105포인트이다. 만기가 3개월인 주가지수선물은 100포인트에 거래되고 있으며 주가지수선물의 가격은 주가지수 1포인트당 50만원이다. 주가지수의 변동성은 연간 20%이고 3개월 만기 액면이 100인 무위험할인채권의 현재가격은 95이다. 시장은 완전하며 차익거래의 기회는 없다고 가정하고 다음 물음에 답하시오.

(주)여의도투신운용이 보유한 주식의 현황은 다음과 같다.

주식	시장가	베타계수
독도정유	20억	1.5
우리전자	10억	2.4

이 회사의 자산운용부에 근무하는 김차장은 회사가 보유한 주식의 위험도가 크다고 생각하여 KOSPI200 선물을 이용하여 향후 3개월 동안 주식포트폴리오의 베타를 1.2 수준으로 줄이고자 한다. 김차장은 주가지수선물을 이용하여 어떠한 방식으로 주식포트폴리오의 베타계수를 1.2로 조정할 수 있는지 (1) 선물계약수와 (2) 매수/매도 여부를 제시하라.

제 22 장

스왑·금리캡·해외증권투자

01 스 왑

스왑(swap)이란 현재시점에서 미리 약정한 대로 미래에 현금흐름을 교환하는 두 당사자간의 사적인 계약(private contract)이다. 스왑은 1980년대 초반 시작한 이후로 급속한 성장세를 보이고 있다. 스왑거래는 스왑기간, 수수료 그리고 스왑의 규제 등 스왑거래조건이 표준화되어 있지 않으므로 주로 장외시장(OTC)에서 당사자끼리 거래된다.

스왑거래의 목적은 국가간 규제의 회피, 금리위험이나 환위험 등 금융위험의 관리 그리고 금융거래상 이익의 실현에 있다. 스왑거래는 스왑비용이나 수수료에 비해 그 효과가 매우 큰 금융거래이다. 따라서 스왑거래의 중요성은 더욱 커지고 있다.

스왑에는 크게 원유와 농산물 등이 거래되는 상품스왑과 채권과 외국통화가 거래되는 금융스왑이 있다. 금융스왑에는 금리스왑과 통화스왑이 대표적이다. 이 장에서는 금융스왑 중 금리스왑과 통화스왑을 설명한다.

1 금리스왑

금리스왑은 가장 기본적인 스왑거래로서 서로 다른 차입조건으로 차입한 두 회사가 미래의 현금흐름을 교환함으로써 상호 당사자간의 이익을 극대화하려는 금융거래이다. 여기서는 두 당사자 회사 사이에 스왑딜러라는 중개금융기관이 개입하는 스왑을 소개한다.

1) LIBOR와 비교우위

금리스왑(IRS: interest rate swap)은 변동금리로 차입한 차입회사가 고정금리로 차입조건을 바꾸고 반대로 고정금리로 차입한 차입자는 변동금리로 차입조건을 바꾸는 금융거래이다. 금리스왑은 이자율 위험을 헷지하거나 두 회사의 신용등급 차이로 인하여 발생하는 차입금리 차이를 줄이려는 목적으로 사용된다. 금리스왑에서는 차입 원금은 교환되지 않고 이자만 교환된다.

표 22-1 A와 B 기업의 고정금리와 변동 금리 차입조건

기 업	고정금리	변동금리
A기업	5.40%	6개월 LIBOR 6 + 0.30%
B기업	5.80%	6개월 LIBOR 6 + 0.50%
차 이	0.40%(= 40베이시스)	0.20%(= 20베이시스)

금리스왑 중 변동금리로 많이 사용되는 런던은행간 대출금리(LIBOR: LONDON Inter Bank Offered Rate)는 유로 통화시장에서 은행이 다른 은행의 예금에 대해 지급하는 이자율이다. 예를 들면, 3개월 LIBOR3는 3개월 예금에 대해 지급하는 이자율이고 6개월 LIBOR6는 6개월 예금에 대해 지급하는 이자율이다.

국제금융시장에서 LIBOR는 변동금리 대출의 기준으로 사용되는데 "LIBOR + 스프레드"를 적용하게 된다. 예를 들면, 이자율이 연간 6개월 LIBOR6 + 0.5%로 약정된 대출은 대출기간을 6개월 단위로 구분하고, 이자율을 매 기간 초에 6개월 LIBOR보다 연간 0.5% 높게 결정하며 이자는 기말에 지급한다.

그렇다면 기업들은 왜 고정금리를 변동금리로 또는 변동금리를 고정금리로 변형하려는 것일까? 그 이유는 첫째, 금융환경 변화에 따라 이자율 위험을 헷지하기 위해서이다. 둘째는 비교우위(comparative advantages)에 입각해 있다. [표 22-1]은 A와 B 두 기업의 차입조건을 보여 주고 있다. 이 표를 보면 고정금리기준이든 변동금리기준이든 모든 금리조건에서 B기업이 더 높은 차입금리를 적용받는 것으로 보아 B기업의 신용등급이 A기업의 신용등급보다 낮음을 유추할 수 있다.

이들 두 기업의 차입이자율 차이를 비교해 보면 고정금리의 차이가 변동금리의 차이(변동금리 스프레드라고 함)보다 더 크다. 고정금리차이가 0.40%이고 변동금리차이가 0.20%이다. 신용도가 높은 기업은 고정금리 스프레드에서 비교우위가 있고, 신용도가 낮은 기업은 변동금리스프레드에서 비교우위가 있다. 금리스왑 전략 면에서 신용도가 높은 A기업이 고정금리로 차입하고, 신용도가 낮은 B기업은 변동금리로 차입하는 것이 더 비교우위를 갖는다고 판단할 수 있다.[1] 따라서 두 기업은 다음과 같이 차입전략을 짜야 한다.

1 일반적으로 신용도가 높은 기업은 변동금리기준으로 차입한다. 여기에 소개된 예는 상대적 우위가 고정금리 쪽에 있으므로 신용도가 높은 A기업이 고정금리 기준을 선택했을 뿐이다. 상대적으

차입전략 ┌A기업은 연간 5.40%의 고정금리로 차입한다.
└B기업은 연간 LIBOR6 + 0.50%의 변동금리로 차입한다.

일단 차입이 외부금융기관으로부터 이루어진 후 금융상황이 바뀌었다고 가정하자. 즉 A기업은 금리가 자꾸 낮아지는 환경을 맞이했다. 따라서 고정금리가 불리하다고 생각하여 변동금리로 이자를 갚고자 한다. 반대로 B기업은 변동금리가 자꾸 높아지는 환경에 놓이게 되었다. 따라서 금리부담이 자꾸 높아지므로 고정금리로 이자 갚기를 희망하게 되었다고 하자. A기업은 고정금리를 변동금리로 대체하고, B기업은 변동금리를 고정금리로 대체하기 위해 A기업과 B기업은 스왑중개은행과 각각 스왑계약을 맺게 된다.

2) 금리스왑거래

스왑중개은행은 A기업, B기업 그리고 자신을 위해 win-win할 수 있도록 다양한 스왑디자인(swap design)을 만들 수 있다. 예를 들어, 세 당사자가 얻을 수 있는 총이익이 0.2%이고, 각각 A기업: B기업: 스왑은행=0.08%: 0.08%: 0.04%가

그림 22-1 스왑중개은행이 개입될 때의 이자율 스왑계약

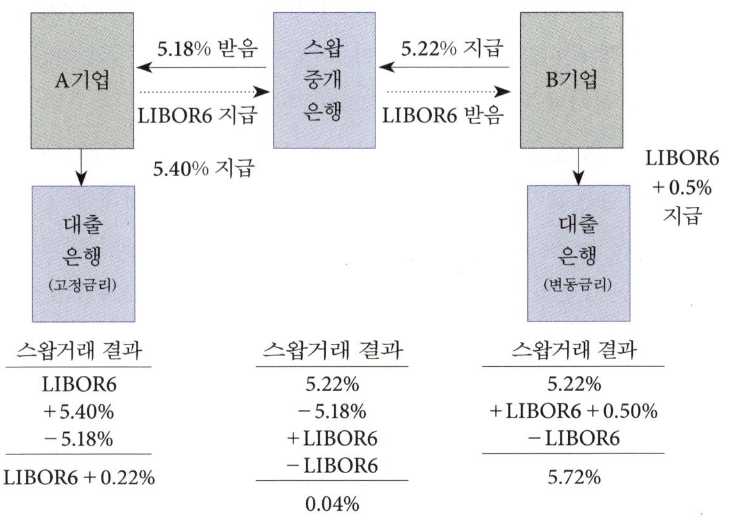

로 우위가 있는 경우는 상황에 따라 달라진다.

되도록 스왑디자인을 해보자.[2]

만일 여기서 A기업과 B기업이 스왑중개은행을 통해 거래를 한다면, A와 B두 기업이 갖는 현금흐름을 계산해야 한다. A와 B 두 기업이 스왑중개은행을 통해 스왑계약을 체결했을 때 A기업이 갖는 이자현금흐름은 다음과 같다.

① 외부 대출은행에게 연 5.4% 지급한다.

② 스왑중개은행에게 LIBOR6를 지급한다.

③ 스왑중개은행으로부터 연간 5.18%의 이자를 받는다.(0.02%는 금융기관에 대한 수수료임)

이 세 가지 현금흐름을 모두 감안하면 A기업은 LIBOR6 + 0.22%(= LOBOR6 + (5.40% − 5.18%))의 이자를 지급하게 된다. 이것은 A기업이 변동금리시장에서 직접 지급할 때 보다 0.08% 낮은 이자율이다.(LIBOR6 + 0.30%와 LIBOR6 + 0.22% 비교)

B기업이 갖는 이자현금흐름은 다음과 같다.

① 외부 대출은행에게 LIBOR6 + 0.50% 지급한다.

② 스왑중개은행으로부터 LIBOR6를 받는다.

③ 스왑중개은행에게 연 5.22%를 지급한다.(0.02%는 금융기관에 대한 수수료임)

이들 세 가지 현금흐름을 모두 감안하면, B기업은 연 5.72%(= 0.50%+ 5.22%)의 이자를 지급하게 된다. 이것은 B기업이 고정금리시장에서 직접 지급할 때보다 연 0.08% 낮은 이자율이다(5.8%와 5.72% 비교).

스왑중개은행을 통한 금리스왑거래에서 A기업은 LIBOR + 0.22%로 차입한 결과가 되고, B기업은 5.72%로 차입한 결과가 된다. 이 스왑거래를 통해 각 기업은 0.08%의 이익을 실현하고 스왑중개은행은 0.04% 이익을 실현하게 된다. 결론적으로 스왑계약으로 인한 총 잠재적 이익은 0.08%+ 0.08%+ 0.04%= 0.2%이다.

3) 중개금융기관의 역할

기업들은 스왑중개은행을 통해 스왑거래를 하면서 약 3~4베이시스 포인트(0.03~0.04%)의 수수료를 지불하고, 스왑중개은행은 두 기업과 두개의 독립적인

2 스왑중개은행은 예를들어 0.09%:0.09%:0.02% 등 다양하게 스왑디자인을 할 수 있다.

상쇄스왑계약을 체결한다. 앞의 예에서 A기업과 B기업 모두 채무이행이 제대로 이루어질 경우 중개금융기관은 2억 달러의 원금에 대해 연간 0.04%(=4베이시스)의 이익을 실현한다. 앞의 예에서 A기업은 LIBOR6+0.22%의 변동금리부로 차입을 하는 것과 같고, B기업은 5.72%의 고정금리부로 차입하는 것과 같다. 결국 중개금융기관은 스왑계약에 따라 2억 달러의 원금에 대해 4 베이시스 포인트의 이익을 실현한다.

스왑중개은행은 A기업 및 B기업과 각각 독립적으로 계약을 한다. 스왑중개은행이 실현하는 4베이시스 포인트는 만일 두 기업 중 한 기업의 채무불이행시 다른 한 기업과의 계약이행에 대한 채무불이행위험의 프리미엄으로 볼 수 있다.

2 통화스왑

통화스왑(currency swap)은 A국 통화기준 차입원금 및 이자지급액과 B국 차입원금 및 이자지급액을 서로 교환하는 금융거래이다. 통화스왑을 통해서 기업은 특정국의 통화차입을 타국의 통화차입으로 변형시킬 수 있다. 통화스왑은 금리스왑과 달리 이자뿐만 아니라 서로 다른 통화로 원금까지 교환한다. 통화스왑은 환위험의 헷징, 외환규제의 회피 그리고 외화자금관리의 목적으로 널리 사용되고 있다.

통화스왑은 두 당사자가 현재 특정 통화로 자금을 차입하여 사용하고 일정기간이 지난 후 특정 통화에 대해 최초 계약당시의 현물환율로 자금을 상환한다. 통화스왑은 계약당시의 현물환율로 스왑환율을 정한다.

그림 22-2 통화스왑

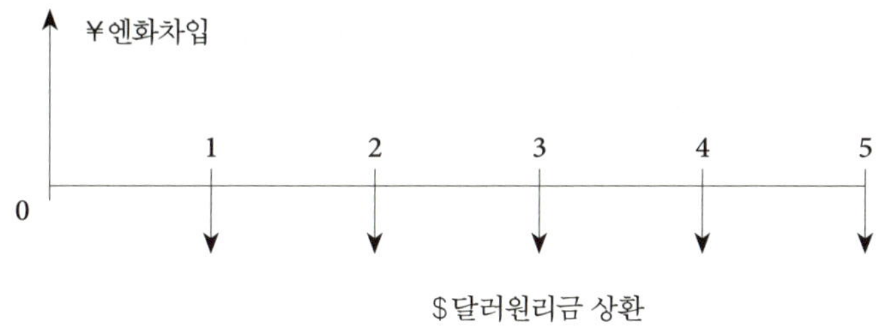

02

금리캡, 금리플로어 그리고 금리칼라

1 금리캡 계약

금리캡(interest rate cap) 계약이란 기준금리가 특정 값을 초과할 때 캡계약상품 설정자가 캡계약상품 매입자에게 그 차이에 비례하는 금액을 지급하는 계약을 말한다. 이때 특정 값을 캡 금리(cap rate)라고 하는데, 기준 금리가 이 금리를 초과하면 금리캡을 매입한 투자자는 금리캡 설정자(writer)로부터 그 차이에 비례하는 금액을 지급받게 된다. 구체적으로 금리캡 매입자는 대출을 받은 기업이고 금리캡 설정자는 은행이며, 캡금리는 행사가격(×)이라 할 수 있다. 다시 말하면, 금리캡이란 시중금리가 캡금리 이상으로 상승하면 콜옵션을 행사할 수 있도록 하여 일종의 금리상한선을 설정하는 상품을 만드는 것을 말한다.

이자율과 채권가격은 언제나 밀접한 관련이 있으므로, 금리캡을 일종의 채권옵션으로 이해할 수 있다. 이자율을 기초자산으로 간주하면 금리캡은 콜옵션이다. 왜냐하면 금리캡을 매입한 투자자는 이자율이 상승할 때 보상을 받기 때문이다.

금리캡을 이자율에 대한 콜옵션으로 이해하는 경우 금리캡을 만기가 3개월, 6개월, …, 1년 9개월, 2년인 이자율 콜옵션의 포트폴리오로 간주할 수 있다. 그러므로 금리캡은 특정한 이자율을 기초자산으로 하여 만기가 상이한 여러 개의 독자적인 옵션, 즉 캐프릿(caplet)으로 이루어진 포트폴리오로 간주된다.

금리캡은 그 자체로서 하나의 금융상품이 될 수도 있고 따라서 매매가 가능하다. 금리캡은 유럽형 콜옵션으로 이해할 경우 Black-Scholes 모형에 의해 금리캡 계약의 이론적 가치를 평가할 수 있다.

2 금리플로어 계약

금리플로어(interest rate floor) 계약이란 기준금리가 특정 값보다 낮을 때 floor 계약상품설정자가 매입자에게 그 차이에 비례하는 금액을 지급하는 계약을 말한다. 이때 특정 값을 금리플로어라고 하는데, 기준 금리가 이 수치에 미달하면 금리플로어를 매입한 투자자는 금리플로어 설정자로부터 그 차이에 비례하는 금액을 지급받게 된다. 구체적으로 금리플로어 매입자는 예금자이고 금리플로어 설정자는 은행이며 플로어금리는 행사가격(×)이다.

다시 설명하면, 금리플로어란 계약상의 최저금리(floor rate) 이하로 기준금리가 하락하면 플로어 설정자가 플로어 매입자에게 차액만큼을 지급하기로 하는 계약이다. 각 결제일에 플로어 매도자가 매입자에게 지불하는 금액은 행사금리(최고금리)와 기준금리의 차이에 일정한 명목원금을 곱한 액수가 된다. 만약 기준금리가 행사금리보다 높으면 아무런 지급도 발생하지 않는다.

금리플로어도 이자율과 관련된 옵션이다. 금리플로어를 매입한 투자자는 이자율이 플로어 이하로 하락할 때 보상을 받으므로, 이자율을 기초자산으로 간주하면 금리플로어는 이자율 풋옵션이다. 플로어계약은 특정 이자율을 기초자산으로 하고 만기가 다른 여러 개의 풋옵션으로 이루어진 포트폴리오로도 이해된다. 이때 이 포트폴리오를 구성하는 각각의 옵션을 플로어릿(floorlet)이라 부른다.

3 금리칼라 계약

금리칼라(collar) 계약은 금리캡의 매입포지션과 금리플로어의 매도포지션으로 구성된 포트폴리오를 의미한다. 예를 들어, 금리캡(9%)을 매입하고 금리플로어(5%)를 매도하는 것이다.

캡의 행사금리를 플로어의 행사금리보다 높게 책정함으로써, 캡금리 이상으로 또는 플로어금리 이하로 금리가 변동하여 손실이 발생할 가능성을 사전에 제거할 수 있다. 칼라 매수에 수반되는 비용은 캡의 매수비용보다 적다. 그 이유는 플로어의 매도가격이 캡 매수가격의 일부 또는 전부를 상쇄하기 때문이다.

03

해외증권투자

1 해외증권투자와 국제분산투자

한국의 투자자들은 일본, 미국, 그리고 중국의 주식을 국내 증권회사의 네트워크를 통해 직접 매입하거나 global ETF, DR(예탁증서; Depository Receipt) 또는 해외펀드의 형태로 투자한다. 근래에는 외국 증권회사들이 개발한 해외 index fund나 ETF를 통해 해외증권투자가 매우 활발하게 되었다.

일반적으로 선진국의 증권투자는 이머징(emerging)국가보다 덜 위험하고 수익률 또한 낮은 것으로 나타났다.[3] 투자기간과 측정환율이 자국통화인가 또는 달러인가에 따라 다르지만 이머징 국가들에 투자하는 증권투자 수익률은 자국에 투자하는 것보다 더 기회와 위기가 공존하는 것으로 보인다. 선진국 증권시장간의 주식수익률 상관계수는 매우 높은 것으로 나타났다.[4] 이와 같은 이유 중의 하나는 선진국 증시 간에는 국제화의 영향으로 각국의 증권시장이 통합(integration)된 시장의 성격을 지니기 때문이다. 그러나 이머징 시장은 각국의 증시가 별개의 세분화(segmentation)된 성격을 갖고 있기 때문에 증권시장간의 상관계수가 낮은 것으로 보인다.

따라서 증권시장의 국제화가 반드시 국제분산투자에 의한 위험감소효과를 가질 것이라는 주장은 설득력이 약하다. 국제분산투자에 의한 포트폴리오위험 감소 주장은 증시의 국제화가 시작된 1970년대에 약 15년간의 자료로써 국제분산투자효과를 연구한 솔리닉(Solinik)의 연구에 기인한다. [그림 22-3]에서 보듯이 그는 국제분산투자가 포트폴리오위험을 감소시킨다고 지적했다.[5]

그러나 그의 연구 후 40년이 지난 오늘날 세계 각국의 증시는 거대한 하나의

3 선진국에 포함되는 나라는 G7국가와 북유럽 국가들이다. 이머징(emerging)국가는 BRICs(Brazil, Russia, India, China)를 포함해서 Mexico, 아르헨티나, 인도네시아, 터키, 그리고 일부 동남아 국가를 들 수 있다.

4 이 분야에 관하여 전통적인 연구는 드물다. 연구기간, 사용주식 인덱스에 따라 약간씩 다른 결과가 나오기는 하지만 대개 같은 결론에 도달한다.

5 B. Solinik "Why Not Diversify Internationally Rather than Domestically", *Financial Analysis Journal*, July/August, 1974, pp.48~54.

그림 22-3 국제분산투자에 의한 위험감소

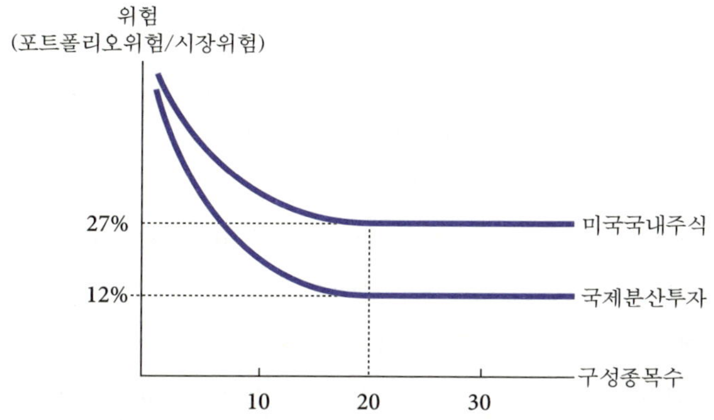

네트워크로 연결되어 통합된 시장으로 향하고 있는 듯하다. 다만 각국에 존재하는 제도, 외환규제 여부, 개방 정도 등 구조적 요인에 의해 완전 통합은 불가능하다. 그렇다고 하여 옛날과 같은 완전 세분화된 시장 또한 생각할 수 없다.

2 글로벌시장 포트폴리오

글로벌시장 포트폴리오는 이론적으로 세계 각국의 증시에서 계산되는 개별지수의 시가총액의 총합이다. 시장 포트폴리오 M 개념자체가 이론적으로 기대되는 모든 자산의 시장가치 총합이듯이 글로벌시장 포트폴리오 M_g 또한 그러한 개념의 연장선상에 있다.

현실적으로 글로벌시장 포트폴리오 M_g의 대용치(proxy)는 미국의 모간스텐리회사가 집계하는 MSCI(=Morgen Stanley Capital International)나 유럽에서 널리 쓰이는 FTSE 지수(Financial Times Stock Exchange) 또는 EAFE(European, Australian, Far East)지수이다. MSCI는 선진국지수와 이머징마켓(emerging market)지수로 나누어 계산된다.[6] EAFE는 미국 지수와 회사가 전혀 포함되지 않았다.

글로벌시장 포트폴리오 계산시 각국의 증권시장지수(index)를 기준으로 하고 있으나 각국의 GDP규모를 고려해야 한다는 주장도 있다. 왜냐하면 개별 증

6 2011년 6월 현재 MSCI 선진국 지수에는 24개국, 이머징 시장 지수에는 21개국이 있다. 우리나라는 아직 이머징 시장 지수에 포함되어 있다.

권시장지수 규모와 GDP규모가 거의 일치하지 않는 나라가 몇몇 있기 때문이다. 가장 대표적인 나라가 홍콩과 독일이다. 홍콩은 글로벌시장 포트폴리오 계산시 시장지수 규모로는 연 평균 4~5%의 비중을 차지하지만 GDP규모로는 0.9~1.2% 비중밖에 안 된다. 반대로 독일은 시장지수규모로는 7~9%의 비중이지만 GDP규모로는 14~16%의 비중을 차지하고 있다.[7]

글로벌시장 포트폴리오 계산시 여전히 논란이 되고 있는 점은 각국의 증시나 경제가 통합되어 있느냐(integrated) 아니면 분할되어(segmented) 있느냐 이다. 물론 글로벌시장 포트폴리오는 세계 각국의 증시가 경제적으로 통합되어 있다고 가정하여 계산된다. 평상시에는 세계 각국의 증시나 경제가 분할되어 있는 것처럼 작동한다. 그러나 1987년 10월 미국의 Black Monday 증시폭락, 2001년 뉴욕 월드 트레이드 쌍둥이빌딩 폭파사건, 그리고 2008년 11월 리만브라더스 금융회사 파산이 전 세계 증권시장의 침체를 가져오는 것에서 보듯이 일정부분 세계증시가 통합되어 있음을 부인할 수 없다.

글로벌시장 포트폴리오 등락 자체가 중요한게 아니라 글로벌시장 포트폴리오와 무위험금리차이인 글로벌시장 위험프리미엄($=r_{Mj}-r_f$)의 지속적 안전성이 관심의 대상이 된다. 지난 10년간 글로벌시장 위험프리미엄은 평균 연 7.2% 정도로 형성되어 왔고 이는 미국 국내증시 시장 위험프리미엄 5% 수준보다 높다. 각국 증시의 체계적 위험 즉, 베타를 알 수 있다면, 세계경제의 변화에 따른 수익률 변화 예측 또는 기존 투자결과의 성과를 평가할 수 있을 것이다.[8]

3 해외증권투자 위험

1) 환율위험

중국국채투자가 연 10%의 이자를 낳는다고 하자, 한국국적의 투자자가 고금리 수입을 얻기 위해 현재 200원/위안인 상태에서 100만원을 투자했다고 하자. 따라서 한국인 투자자는 1년 후에 5천위안의 투자원금에 10%의 이자가 포함된 5,500위안을 받게 될 것이다. 1년 후 중국위안화가 10% 평가절하되어 1위안당 180원이 되었을 경우, 한국인 투자자가 받게 되는 원화금액은 5.500 × 180 = 990,000원이 되어 오히려 10,000원 손해를 보게 되었다. 원화기준 수익률

7 자료 EAFE지수의 1997~2005년 사이의 자료에서 재계산. 출처: Datastream.

8 재인용 Bodie Kane, Marcus, “Investment, 8th, ed”, McGrawHill, p. 887.

은 −1%(=−0.01)이다.

반대로 1년 후에 중국 위안화가 20% 평가절상되면 위안화를 1위안당 240원이 되어 한국인 투자자가 받게 되는 원화금액을 5,500 × 240 = 1,320,000원이다. 이는 원화기준 32%의 수익률이다. 이러한 관계를 일반화된 식으로 표시하면 다음과 같다.

$$1+r(\text{한국인 기준})=(1+\text{중국기준 수익률})\times\frac{\text{1년 후 환율}}{\text{현재환율}} \qquad (22\text{-}1)$$

위의 예에서 보면 다음과 같다.[9]

현재 환율은 200원/위안이고 1년 후 환율은 180원/위안일 경우 투자수익률 계산.

$$1+\text{투자수익률}(\text{한국인 기준})=(1+0.1)\times\frac{180}{200}=0.99$$
$$\text{투자수익률}=0.99-1=-0.01=-1\%$$

현재 환율은 200원/위안이고 1년 후 환율은 240원/위안일 경우 투자수익률 계산.

$$1+\text{투자수익률}(\text{한국인 기준})=(1+0.1)\times\frac{240}{200}=1.32$$
$$\text{투자수익률}=1.32-1=0.32=32\%$$

해외증권 투자에서 환율변동으로 인한 위험은 100% 헷지할 수 없다. 그 이유는 국가간 통화 사이의 움직임 상관관계는 매우 낮기 때문이다. 일반적으로 자국통화에 비해 강세를 보이고 있는 통화권 국가에 증권 투자를 하면 환율변동으로 인한 실현 수익률이 크다.

2) 정치적 위험

해외증권투자에서 환율위험 다음으로 부딪치는 위험은 개별국가에서 당면하는 정치적 위험이다. 이러한 정치적 위험은 여러 요인으로부터 오는데 가장

---

9 r(한국인 기준) = (1 + 중국기준 수익률)(1 + 위안화 변동률) − 1
수식 예: 위안화 10% 하락의 경우 r = (1.10) (1 − 0.10) − 1 = 0.01 = − 1 %
위안화 20% 상승의 경우 r = (1.10) (1 + 0.20) − 1 = 0.32 = 32%

분명한 요인은 투명성(transparency)이다. 구체적으로 해외증권투자에 따른 정치적 위험은 국제적으로 이 분야에 오랫동안의 경험과 전문적 knowhow를 축적한 전문기관의 평가에 의존한다. 예를 들어, 미국 PRS(Political Risk Service) 그룹은 이 분야에 정통한 컨설팅기관인데 매년 100점으로 가장 안전한 나라부터 0점에 가까운 가장 위험한 나라의 점수를 발표한다. 만약 한국인 투자자가 일본의 SONY주식에 투자하는 경우와 중국의 바오산철강(寶山)에 투자할 경우, 중국 증권투자환경이 일본에 비해 투명하지 못함은 분명하다. 2004년 현재 일본의 점수는 84.5, 중국은 76.8이었다.[10] 이 서비스로 이용하는 해외증권투자들은 이 점수를 바탕으로 최악과 최상의 시나리오를 가정, 미래 정치적 위험을 계량화하여 위험정도를 예측한다.

10 International Counting Risk Guide, October 2004, The PRG Group, Inc, Syracus, NY, USA. www.prsgruop.com

중요영어용어

금리스왑(interest rate swap)
명목원금(notional principal)
칼라(collar) 계약
통화스왑(currency swap)
리보(LIBOR)
스왑(swap)계약
캡(cap) 금리 계약
플루어(floor)금리 계약

관련웹사이트

1. 파생시장에 관한 기본적인 정보 제공 및 교육.
   ▷ http://www.nyif.com/eopic/derivatives-options
2. 선물, 스왑 그리고 다른 파생금융상품에 관한 정보 제공 및 교육.
   ▷ http://www.cmegroup.com/education.html

연습문제

[객관식 문제]

01 이자율스왑(IRS)에서 틀린 내용은?

① 스왑중개은행은 다양한 스왑디자인으로 두 거래 당사자의 요구에 응한다.
② 변동금리 차입회사는 고정금리로, 고정금리 차입회사는 변동금리로 바꾼다.
③ IRS과정에서 이자는 교환되지만 원금은 교환되지 않는다.
④ IRS스왑을 통하여 양 당사자는 서로 상대방의 신용상태를 확인하여 거래계속 여부를 판단한다.

02 통화스왑에 대한 설명 중 틀린 내용은?

① 외국통화의 차입원금 및 고정금리 이자지급액을 서로 교환하는 금융거래이다.
② 장기선물환계약은 특정통화로 일정기간이 지난 후 선물환율로 매입(매도)하는 계약이다.
③ 직접통화스왑은 특정통화로 일정기간이 지난 후 최초계약당시의 현물환율로 스왑한다.
④ 통화스왑에서 대출금융기관은 양 당사자로부터 항상 스왑이익을 얻게 된다.

03 [CPA 1차 유사문제] 스왑에 대한 다음 설명 중 가장 잘못된 것은?

① 스왑은 두 거래 당사자간 미래 현금흐름을 교환하는 계약으로 일련의 선도거래 또는 선물계약을 한 번에 체결하는 것과 유사한 효과를 갖는다.

② 금리스왑은 미래 일정기간 동안 거래당사자간 명목원금에 대한 변동금리 이자와 고정금리 이자 금액만 교환하는 거래로서 원금 교환은 이루어지지 않는다.
③ 통화스왑은 미래 일정기간 동안 거래당사자간 서로 다른 통화표시 채무 원금에 대한 이자 금액만을 교환하는 거래로서 원금 교환은 이루어지지 않는다.
④ 스왑은 두 거래 당사자 간 필요에 따라 다양하게 설계될 수 있는 장점이 있어 금리 또는 환위험관리를 위해 적절하게 사용될 수 있다.

04 금리캡에 대한 설명 중 틀린 것은?
① 금리캡에서 시중금리가 캡금리 이상으로 상승하면 금리캡 투자자는 이익을 볼 수 있다.
② 캐프릿(caplet)이란 특정한 이자율을 기초자산으로 하여 만기된 상이한 여러 개의 금리캡 옵션이다.
③ 금리캡은 그 자체로서 하나의 금융상품이 될 수 없고, 대출계약에 부가적으로 추가된다.
④ 대출계약의 만기가 캡계약 만기보다 길 경우, 만기까지 정기적으로 기준금리와 캡금리를 비교하여 정산이 이루어진다.

05 금리플로어에 관하여 틀린 내용은?
① 금리플로어에서 기준금리가 플로어금리보다 낮으면 금리플로어 매입자는 이익을 볼 수 있다.
② 금리플로어를 매입한 투자자는 이자율이 플로어 이하로 하락하면 보상을 받는다.
③ 금리플로어는 단일한 채권가격을 기초자산으로 하여 만기가 상이한 여러 개의 콜옵션으로 이루어진 포트폴리오로 이해된다.
④ 금리플로어는 그 자체로서 하나의 금융상품이 될 수 없다.

06 금리칼라(collar)에 관하여 틀린 내용은?
① 금리칼라 = 금리캡의 매입포지션 + 금리플로어의 매도포지션
② 금리칼라의 매수표시는 캡금리 − 플로어금리(= 5% − 9%)로 한다.
③ 금리칼라의 매도표시는 −캡금리 + 플로어금리(= −9% + 5%)로 한다.
④ 무비용칼라(zero cost collar)는 칼라거래의 손익이 0이 되는 금리이다.

07 [CPA 1차 유사문제] 기업 A, B는 국제금융시장에서 각각 다음과 같은 조건으로 자금을 차입할 수 있다. 은행이 기업 A와 B 사이에서 스왑을 중개하고자 한다. 은행이 기업 A에게 변동금리를 지급하고 고정금리를 수취하는 스왑계약을 체결하며, 기업 B와는 그 반대의 스왑계약을 체결한다. 본 스왑으로 인한 은행의 총마진은 0.2%이며, 스왑이득은 두 기업에게 동일하다. 만약 은행이 기업 A에게 LI-

BOR+1%를 지급한다면 기업 A는 은행에게 얼마의 고정금리를 지급해야 하는가?

	유로본드 시장	유로달러 시장
기업 A	8%	LIBOR+1%
기업 B	9%	LIBOR+3%

① 7.8% ② 7.6% ③ 7.4% ④ 7.2%

08 [CPA 1차 유사문제] 한국의 90일 만기 국채의 만기수익률은 연 5%이며 180일 만기 국채의 만기수익률은 연 6%이다. 미국의 90일 만기 국채의 만기수익률은 연 5%이며 180일 만기 국채의 만기수익률은 연 5.5%이다. 이자율평가설(interest rate parity theory)이 성립한다고 가정하면 다음 중 가장 옳은 것은?

① 한국 국채의 수익률곡선은 우하향 모양을 띠게 된다.
② 90일 선물환율과 180일 선물환율이 동일하다.
③ 현물환율과 90일 선물환율이 동일하다.
④ 현물환율과 180일 선물환율이 동일하다.

09 [CPA 1차 유사문제] (주)한국은 3개월 후에 미국기업에 대한 수입대금 1백만달러를 지급해야 한다. 다음 중 환위험을 헤지하기 위해 이 기업이 취할 수 있는 환위험관리전략으로 가장 적절한 것은?

① 스왑딜러를 통해 원화 수입이 주된 소득원인 미국 현지의 A기업과 달러를 지급하고 원화를 수취하는 원-달러 통화스왑계약을 체결한다.
② 3개월 만기의 달러 콜옵션을 매입한다.
③ 국내 유로은행에서 달러를 차입하여 이를 외환시장에 매도한다.
④ 3개월 만기의 달러화 선물환 매도계약을 체결한다.

10 [CPA 1차 유사문제] 오랜 거래관계를 유지해온 한국의 기업 K와 중국의 기업 C는 각각 상대국에서 신규사업을 위해 중국 금융시장에서 위안화로 한국 금융시장에서 원화로 1년 만기 동일규모의 자금을 차입하고자 한다. 원화/위안화 환율은 고정환율로서 변동되지 않는다고 가정한다. 기업 K와 기업 C가 각국 금융시장에서 차입할 때의 시장이자율은 다음 표에서 요약된 바와 같다.

	한국 금융시장에서 원화 차입	중국 금융시장에서 위안화 차입
기업 C	6.60%	4.20%
기업 K	5.60%	3.83%

통화스왑 계약에서 거래비용은 존재하지 않으며 금융기관의 중개를 통하지 않고 기업 K와 기업 C의 양자계약(bilateral contract)의 형태를 갖는다고 가정한다. 기업 K와 기업 C가 1년 만기 통화스왑을 고려할 때 다음 중 옳지 않은 항목

만으로 구성된 것은?

a. 기업 K는 기업 C에 비하여 원화 및 위안화 차입에서 모두 낮은 이자율을 지급하므로 통화스왑을 맺을 경제적 유인을 갖지 않는다.
b. 기업 K는 원화 차입, 기업 C는 위안화 차입 후에 통화스왑을 통해 부채비용을 절감할 수 있다.
c. 기업 K와 기업 C가 통화스왑을 통해 절감할 수 있는 부채비용의 최대폭은 63 베이시스 포인트(basis point)이며 통화스왑 당사자들은 이를 균등하게 분할해야 한다.
d. 통화스왑의 경우 이자율스왑과는 상이하게 차입원금이 교환되며 계약상 약정된 환율에 의하여 상환되는 것이 일반적이다.
e. 본 통화스왑에서 신용위험은 존재하지 않으며, 이자율 및 환율의 변동에 따라서 스왑이자율의 조정 및 계약의 갱신 여부 등이 결정될 수 있다.

① a, d, e ② b, c, d ③ a, c, e ④ c, d, e

[주관식 문제]

01★ [금리스왑] A와 B 두 기업의 차입조건은 다음과 같다.

	고정금리	변동금리
A기업	6.6%	3개월 LIBOR+20basis
B기업	7.0%	3개월 LIBOR+30basis

(1) 두 기업이 금리스왑을 할 경우 금리스왑을 디자인하고 금리스왑으로부터 얻을 수 있는 이익을 설명하라.

(2) 위의 경우 만약 A, B 두 기업 사이에 스왑중개은행이 개입할 경우 스왑을 디자인하고 각 당사자의 금리이익을 설명하라.

02★ [통화스왑] A, B 두 기업의 엔과 달러별 차입조건은 다음과 같다. 두 기업 사이에 스왑중개기관이 개입하여 통화스왑을 주선할 경우 두 기업이 통화스왑으로서 얻을 수 있는 이익을 설명하라.

	달러화	엔화
A기업	4%	5%
B기업	4.8%	6.5%

03 [스왑과 옵션] A사는 B사와 백만 달러의 명목원금(notional principal)에 대해 7%의 고정 금리를 받는 대신 LIBOR 금리를 지급하는 4년 만기 스왑거래를 체결하였다. 1년 후 B사가 파산함으로써 스왑계약은 채무불이행상태가 되었다. 당시 LIBOR는 6%였다.

(1) A사의 채무불이행에 따른 손해는 얼마인가?

(2) 채무불이행에 따른 A사의 손해의 시장가치는 얼마인가?

04 [캡과 플로어] 현재 6.5%에 대해 LIBOR를 교환하는 3년짜리 스왑이 가능하다. 캡금리(cap rate) – 제한금리가 6.5%인 3년짜리 cap이 명목원금 1엔당 0.3엔에 거래된다. 제한금리 6.5%인 3년짜리 floor의 가격은 얼마인가?

05 [CPA 2차 유사문제] (주)에어테크는 (주)스카이항공으로부터 다음과 같은 제안을 받았다.

"비행기용 특수부품의 성능이 보통이면 연간 70개를 개당 20억원에 매입하고, 성능이 우수하면 연간 100개를 개당 30억원에 매입하겠다."

(주)에어테크가 특수부품을 개발하는 데 1년이 소요되며 500억원을 즉시 지출해야 한다(단, 개발비용 500억원에 대해서는 세금을 고려하지 않는다). 개발된 부품의 성능이 보통일 확률은 70%이고 우수할 확률은 30%이다. 부품개발 완료 즉시 부품생산을 위해 1,500억원을 투자해야 하며 잔존가치 없이 정액법으로 3년간 감가상각된다. 부품의 성능에 관계없이 변동비용은 개당 10억원, 감가상각비를 제외한 고정비용은 연간 200억원이 들 것으로 예상된다. 이를 정리하면 다음과 같다(t는 시점을 나타냄).

부품 성능	확률	투자금액 ($t=1$)	3년간($t=2, 3, 4$)				
			판매수량	판매단가	개당 변동비용	총고정비용	감가상각비
보통	70%	1,500억원	70개	20억원	10억원	200억원	500억원
우수	30%	1,500억원	100개	30억원	10억원	200억원	500억원

자기자본만으로 구성된 (주)에어테크의 적절한 할인율은 10%이고, 법인세율은 34%이다. 3년의 연금현가요소는 다음과 같다(모든 금액은 억원 단위로 소수점 둘째 자리까지만 표시한다).

할인율	6%	7%	8%	9%	10%
연금현가요소	2.6730	2.6243	2.5771	2.5313	2.4869

(1) 부품의 성능이 보통일 경우와 우수할 경우의 연간 영업현금흐름(OCF)은 각각 얼마인가?

(2) 부품의 성능이 보통일 경우와 우수할 경우의 개발완료 시점($t=1$)에서의 순현가(NPV)는 각각 얼마인가?

(3) (주)에어테크가 (주)스카이항공이 제안한 내용대로 부품개발 전에 계약을 체결한다면 현재 시점($t=0$)에서 이 계약의 순현가(NPV)는 얼마인가?

(4) 당장 계약을 체결하는 대신 부품개발 완료 시점($t=1$)에서 (주)스카이항공이 제시한 내용대로 계약을 체결할 수 있는 권한이 (주)에어테크에게 주어진다면 현재 시점($t=0$)에서의 프로젝트 순현가(NPV)는 얼마인가?

(5) 당장 계약을 체결하지 않고 부품개발 완료 시점에서 계약의 체결여부를 결정할 수 있는 프로젝트의 순현가(NPV)는 부품을 개발·생산·판매하기로 하는 계약을 체결하는 프로젝트의 순현가(NPV)보다 얼마나 차이가 나는가? 이 차이를 무엇의 가치라고 하는가?

(6) 부품개발이 완료된 시점($t=1$)에서 (주)에어테크가 자기자본만으로 부품을 생산하면 순현가는 1,877.21억원이다. 만일 1,500억원의 투자액 중 1,000억원을 채권발행으로 조달한다면 부품완료 시점($t=1$)에서의 조정순현가(APV)는 얼마인가? 채권의 연이율은 6%이고 원금은 3년 후에 전액 지급된다.

06 [CPA 2차 유사문제] (주)소수는 2001년 1월 1일 100억원을 5년 만기, 고정금리 13.5%라는 조건으로 KM은행으로부터 차입하였다. 2003년 1월 1일 현재 (주)소수의 재무담당자는 CH은행으로부터 변동금리로 이 채무를 스왑해 주겠다는 제의를 받았다. 1년 만기 현물이자율은 10%, 2년 만기 현물이자율은 12%, 3년 만기 현물이자율은 13%이다. 단, 이자는 매년 말에 1회 지급하고, 이자율 기간구조의 순수기대이론이 성립하며 시장참가자들은 위험중립적이라고 가정한다.

(1) (주)소수의 입장에서 스왑거래에 따른 매년의 순현금흐름을 계산하라.(백만원 단위 이하 절사)

(2) 스왑거래의 대가로 CH은행은 2억원의 수수료를 요구하고 있다. 이 제의를 받아들일 것인가를 평가하라.

07 [CPA 2차 유사문제] 금리평가이론, 피셔이론, 구매력평가이론, 금리기간구조에 관한 순수기대이론, 불편선물환이론이 모두 성립하는 국제 금융시장을 가정한다. 현재 한국의 원화채권수익률이 1년, 2년, 3년 만기별로 각각 연 10%, 12%, 16%이고, 미국의 달러화 채권수익률은 1년, 2년, 3년 만기별로 각각 연 6%, 5%, 4%라고 알려져 있다. 현재 외환시장에서 거래되는 원/달러 현물환율(S_0)은 US 1$ = 1,000이다.

(1) 한국과 미국 채권의 수익률곡선(Yield Curve)을 같은 좌표평면 위에 도시하고, 곡선의 모양이 금리 및 환율에 대해 갖는 의미를 세줄 이내로 간략히 설명하라.

(2) 각국 채권의 수익률 기간 구조에 반영되어 있는 내년과 내후년에 예상되는 1년 만기 내재선도금리(Implied Forward Interest Rate)를 계산하고 순수기대이론에 입각하여 한국과 미국의 미래 단기금리의 방향을 예측하라.(백분율 기준으로 소수점 이하 절사)

(3) 금리평가이론과 불편선물환이론을 적용하여 내년(시점 1)의 예상현물환율 (S_1^e)과 내후년(시점 2)의 예상현물환율(S_2^e)을 구하라.(소수점 이하 절사)

(4) 한국에 본사를 둔 (주)KIM은 이러한 예상 환율을 기초로 미국에 지점을 설치하여 2년간 운영하는 투자안의 경제적 타당성을 검토하고자 한다. 이 투자안 시행을 위해서는 미화 4,000만 달러의 초기 투자가 소요되고 향후 2년간에 걸쳐 매년 2,200만 달러의 현금유입이 예상된다. 이 투자안을 평가하기 위한 할인율은 15%이다. 또한 현금흐름은 발생된 시점의 환율을 사용하여 원하로 환산하되 이에 따른 추가비용은 없다고 가정한다. 투자안의 순현재가치를 산출하고, 그 결과에 근거하여 투자안의 채택여부를 결정하라.(백만 원 단위 미만 절사)

08 [CPA 2차 유사문제] 한국의 (주)산일은 2008년 6월 1일 현재 미국의 (주)포토맥으로부터 목재를 수입하고, 1년 후에 3,000만 달러의 수입대금을 지급하기로 하였다. 2008년 6월 1일 현재 현물환율(spot exchange rate), 선물환율(forward exchange rate), 한국과 미국의 단기금융시장에서의 이자율은 다음과 같다. 예대금리차는 없는 것으로 가정한다. 단기금융시장에서의 차입 및 투자에 세금, 거래비용, 신용위험은 없다고 가정한다.

- 현물환율: ₩1,000/US$
- 1년물 선물환율: ₩1,100/US$
- 한국 단기금융시장의 연이자율: 6%
- 미국 단기금융시장의 연이자율: 4%

(주)산일은 미래 환율변동에 따른 위험을 헤지하기 위하여 1년 만기 달러선물환을 이용하거나 한국과 미국의 단기금융시장을 이용하는 두 가지 헤징방법을 고려하고 있다.(모든 계산은 반올림하여 소수점 넷째 자리까지 표시한다.)

(1) 두 가지 헤징방법 각각에 대해 1년 후인 2009년 6월 1일의 원화표시 수입대금 지급액을 계산하고 두 가지 헤징방법 중 최적 헤징방법을 선택하시오.

(2) 한국과 미국의 금융시장이 균형 하에 있다고 가정한다. 위의 두 가지 헤징방법이 무차별한 1년 만기 균형 선물환율을 계산하시오.

연습문제 해답

제1장 투자와 증권시장

[객관식 문제]

01 ② **02** ② **03** ③ **04** ② **05** ③ **06** ③ **07** ② **08** ③ **09** ② **10** ③
11 ③

제2장 증권시장지표와 투자수익률

[객관식 문제]

01 ③ **02** ② **03** ④ **04** ③ **05** ③ **06** ② **07** ② **08** ③ **09** ②
10 ① 12.68 $\Leftrightarrow (1.01)^{12}-1=0.1268=12.68\%$
② $(1.02)^2-1=0.0404=4.04\%$
③ $(1.01)^4-1=0.0406=4.06\%$

[주관식 문제]

01 (1) $\bar{r}_A=10\%,\ \sigma_A=6.66\%(0.06663)$
$\bar{r}_B=10\%,\ \sigma_B=13.33\%(0.133267)$
(2) $\bar{r}_A=(1.2\times1.1\times1.14\times1.05\times1.01)^{1/5}-1=9.80\%$
$\bar{r}_B=(1.3\times1.1\times1.18\times1\times0.92)^{1/5}-1=9.19\%$
표준편차가 작을수록 기하평균수익률은 크다.

02 (1)

기간	보유기간수익률
1994~1995	$(21{,}000-20{,}000+600)/20{,}000=0.08=+8\%$
1995~1996	$(19{,}000-21{,}000+600)/21{,}0000=-0.067=-6.7\%$
1996~1997	$(20{,}000-19{,}000+600)/19{,}000=0.084=+8.4\%$

$$산술평균수익률=\frac{0.08-0.067+0.084}{3}=0.0323=3.23\%$$

$$기하평균수익률=(1.08\times0.933\times1.084)^{1/3}=2.99\%$$

(2)

시점	현금흐름	설명
0	−60,000	주식매입
1	−40,200	$-42{,}000+600\times3$
2	22,000	$19{,}000+600\times5$

3	82,400	80,000 + 600 × 4

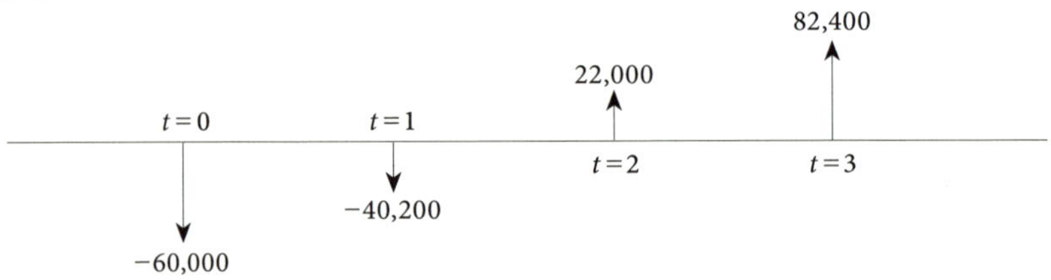

$$60{,}000 + \frac{40{,}200}{1+r} = \frac{22{,}000}{(1+r)^2} + \frac{82{,}400}{(1+r)^3} \Leftrightarrow r = 1.73\%$$

제3장 주식·채권·펀드

[객관식 문제]

01 ③ **02** ③ **03** ④ **04** ③ **05** ② **06** ④ **07** ④ **08** ④ **09** ③ **10** ④
11 ② **12** ④

제4장 발행시장

[객관식 문제]

01 ② **02** ④ **03** ③ **04** ③ **05** ③ **06** ③ **07** ③

제5장 유통시장

[객관식 문제]

01 ④ **02** ② **03** ② **04** ④ **05** ③ **06** ④ **07** ③ **08** ① **09** ④

제6장 위험과 포트폴리오 이론

[객관식 문제]

01 ④ **02** ② **03** ③ **04** ② **05** ③ **06** ③ **07** ④ **08** ③ **09** ③ **10** ③

11 ③ **12** ④ **13** ①

14

	예상 수익률	확률	$E(r)$	σ^2
A	−3%	.5	3	36 = 0.0036
	9%	.5		
B	0%	.5	3	9 = 0.0009
	6%	.5		

15 ① 포트폴리오 II $E(r_p)=9\%$, $\sigma_p=9\%$, 위험이 클수록 더 높은 기대수익률을 원한다.

16 ①

17 ④ 자산 A의 현재 가격이 100원이므로 시장이자율이 10%임을 알 수 있다. 따라서, 위험중립형 투자자를 가정할 경우, 각 자산에 대한 균형가격은 아래와 같다.

자산 A: 100

자산 B: $\dfrac{120}{1.1}\times 0.5+\dfrac{100}{1.1}\times 0.5=100$

자산 C: $\dfrac{160}{1.1}\times 0.5+\dfrac{80}{1.1}\times 0.5=109.09$

따라서, 위험회피형 투자자만 있는 세계에서는 이 가격보다 낮은 가격이, 위험선호형 투자자만 있는 세계에서는 이 가격보다 높은 가격이 균형가격으로 성립될 수 있다.

18 ③ a. 상관계수가 −1일 경우 무위험포트폴리오를 만들기 위한 구성비율은 $w_1=\sigma_2/(\sigma_1+\sigma_2)$, $w_2=\sigma_1/(\sigma_1+\sigma_2)$이다.

b. $\sigma_P=|0.5\times 0-0.5\times\sigma_2|=0.5\sigma_2$

c. 상관계수가 커질수록 포트폴리오의 위험은 점점 증가하게 되고, 상관계수가 0일 경우의 포트폴리오의 위험은 $\sigma_P=\sqrt{w_1^2\sigma_1^2+w_2^2\sigma_2^2}$이다. 또한, 상관계수가 양수더라도, 분산투자를 하게 되면 σ_1과 σ_2보다는 작게 된다.

19 ③ 상관계수가 0이므로 포트폴리오의 분산이 0이 될 수 없다.

[주관식 문제]

08 투자선택을 수익률 기준으로만 하면 당연히 위험포트폴리오인 주식을 선택할 것이다. 그러나 위험을 싫어하는 투자자는 정기예금에 투자할 것이다. 이것은 결국 효용의 크기에 따라 선택이 달라지는 것을 보여준다.

$A=3$인 경우
- 정기예금효용 $U=0.12-0.5\times 3\times 0=0.12$ ← 선택
- 주식효용 $U=0.3-0.5\times 3\times 0.37^2=0.09$

$A=-3$인 경우
- 정기예금효용 $U=0.12-0.5\times(-3)\times 0=0.12$
- 주식효용 $U=0.3-0.5\times(-3)\times 0.37^2=0.51$ ← 선택

09 (1) 포트폴리오 수익률(각 회사에 50%씩 투자)

확 률	0.5	0.3	0.2
기대수익률	0.175	0.025	−0.025

포트폴리오 기대수익률

$E(r_p) = 0.5 \times 0.175 + 0.3 \times 0.025 + 0.2 \times (-0.025) = 0.09$

포트폴리오 위험

$\sigma_p = [0.5(0.175 - 0.09)^2 + 0.3(0.025 - 0.09)^2 + 0.2(-0.025 - 0.09)^2]^{\frac{1}{2}} = 0.0867$

(2) 양모회사 기대수익률

$E(r_i) = 0.5 \times 0.25 + 0.3 \times 0.1 + 0.2 \times (-0.25) = 0.105$

양모회사 위험

$\sigma_i = [0.5(0.25 - 0.105)^2 + 0.3(0.10 - 0.105)^2 + 0.2(-0.25 - 0.105)^2]^{\frac{1}{2}} = 0.189$

합성회사 기대수익률

$E(r_j) = 0.5 \times 0.10 + 0.3 \times (-0.05) + 0.2 \times 0.20 = 0.075$

합성회사 위험

$\sigma_j = 0.5(0.10 - 0.075)^2 + 0.3(-0.05 - 0.075)^2 + 0.2(-0.20 - 0.075)^2]^{\frac{1}{2}} = 0.1419$

$\mathrm{Cov}[(r_i, r_j) = P_r[r_i - E(r_i)][r_i - E(r_i)]$ 이므로

공분산 $= 0.5(0.25 - 0.105)(0.10 - .075) + 0.3(0.10 - 0.105)(-0.05$

$- 0.075) + 0.2(-0.25 - 0.105)(0.20 - 0.075) = -0.006875$

(3) $\sigma_p = [W_i{}^2 \sigma_i{}^2 + W_j{}^2 \sigma_j{}^2 + 2W_i W_j \mathrm{Cov}(r_i, r_j)]^{\frac{1}{2}}$

$= [0.5^2 \times 0.189^2 + 0.5^2 \times 0.0901^2 + 2 \times 0.5 \times 0.5 \times (-0.006875)]$^ {1over2]$^{\frac{1}{2}}$

$= 0.0867$

제7장 무위험자산과 자본시장선

[객관식 문제]

01 ④ **02** ② **03** ③ **04** ② **05** ③ **06** ② **07** ③ **08** ③

09 ③ 포트폴리오의 기대수익률이 15%와 21% 사이에서 결정되도록 포트폴리오를 구성할 것이다.

① $E(R_p) = 0.5 \times 6\% + 0.5 \times 18\% = 12\%$

② $E(R_p) = 0.67 \times 6\% + 0.33 \times 18\% = 9.96\%$

③ $E(R_p) = (-0.08) \times 6\% + 1.08 \times 18\% = 18.96\%$

④ $E(R_p) = (-0.5) \times 6\% + 1.5 \times 18\% = 24\%$

[주관식 문제]

14 기대수익률 $= 0.70 \times 0.17 + 0.30 \times 0.12 = 0.1550 = 15.50\%$

표준편차 $= 0.70 \times 0.17 + 0.30 \times 0.12 = 0.1550 = 15.50\%$

15 박여사 포트폴리오 구성종목 및 구성비중

구성종목	구성비중
정기예금	30%
주식형 펀드	70%
A주식 B주식 C주식	21%(=0.30×70%) 21%(=0.30×70%) 28%(=0.40×70%)
계	100%

16 위험보상계수(Sharpe의 α) $= \dfrac{\text{기대수익률} - \text{무위험금리}}{\text{표준편차}} = \dfrac{0.17 - 0.12}{0.27} = 0.185$

17 $E(r_p) = \text{무위험금리} + \dfrac{\text{기대수익률} - \text{무위험금리}}{\text{표준편차}} \times \sigma_p$

$E(r_p) = 0.12 + 0.185\sigma_p$

18 (1) 위험포트폴리오 투자비중 $= W$이면 기대수익률 16%는 다음과 같이 계산된다.

$0.16 = W \times 0.17 + (1 - W) \times 0.12$

여기서 $W = 0.80 = 80\%$

(2)

구성종목	구성비중
포트폴리오 80% 주식A 24%(=0.30×80%) 주식B 24%(=0.30×80%) 주식C 32%(=0.40×80%)	21%(=0.30×70%) 21%(=0.30×70%) 28%(=0.40×70%)
정기예금	20%
계	100%

(3) $\sigma_p = 0.80 \times 27\% = 21.6\%$

19 (1) 포트폴리오 표준편차 $= W \times 0.27 = 0.16$

그러므로 $W = \dfrac{0.16}{0.27} = 0.5926 = 0.59$

따라서 주식형 펀드에 0.59, 그리고 정기예금에 0.41 만큼 투자해야 한다.

(2) 포트폴리오 기대수익률 $= 0.59 \times 0.17 + 0.41 \times 0.12 = 0.1495$

$= 14.95\%$

제8장 자본자산가격결정모형

[객관식 문제]

01 ③ **02** ② **03** ② **04** 9 **05** ③ **06** ③ **07** ④ **08** ② **09** ③

10 ②

균형 수익률 $E(r)$	
8%	저평가
18%	고평가

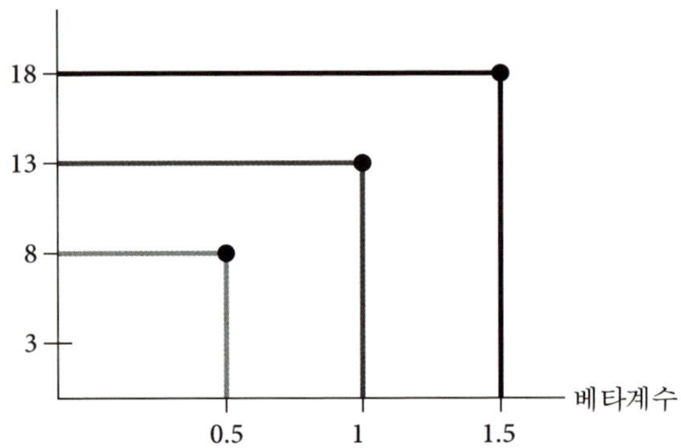

11 ④ $\beta_i = \dfrac{\sigma_{im}}{\sigma_m^2}$

$\Rightarrow$ 상관계수가 음(−)의 값을 가질 수 있기 때문에 β_i도 음(−)의 값을 가질 수 있다. β_i의 값이 음(−)의 값을 가지면 무위험자산의 수익률보다 낮다.

12 ④ $\sigma_p^2 = \beta_p^2 \sigma_m^2 + \sigma_\varepsilon^2$ ······ (1)

$\beta = \dfrac{\sigma_{pm}}{\sigma_m^2}$ ······ (2)

$\rho_{pm} = \dfrac{\sigma_{pm}}{\sigma_p \sigma_m}$ ······ (3)

식 (3)에서 $\rho_{pm} = 0.8 = \dfrac{\sigma_{pm}}{\sigma_p \sigma_m}$ 이므로 $\rho_{pm} = 0.8\sigma_p\sigma_m$ ······ (4)

식 (4)를 (3)에 대입하면 $\beta = (0.8)^2 \dfrac{\sigma_p}{\sigma_m}$ ······ (5)

식 (5)를 (1)에 대입하면 $\sigma_p^2 = 0.64\sigma_p^2 + \sigma_\varepsilon^2 \ \therefore\ \sigma_\varepsilon^2 = 0.36\sigma_p^2$

13 ④ $E(r) = R_f + \beta\{E(R_m) - R_f\}$ $\quad 20 = 4 + \beta(12 - 4) \quad \therefore\ \beta = 2$

$\beta = \dfrac{\sigma_{im}}{\sigma_m^2}$, $\rho = \dfrac{\sigma_{im}}{\sigma_m \sigma_i}$ 이므로 β와 ρ 사이에는 다음의 관계가 성립한다.

$\beta = \rho \times \frac{\sigma_i}{\sigma_m}$, $2 = \rho \times \frac{0.30}{0.16}$

$\therefore \rho = 1.0667$ ρ는 $-1 \le \rho \le 1$ 사이에 있으므로 성립 안 함.

14 ①

① β와 ρ 사이의 관계는 $\beta = \rho \times (\sigma_i/\sigma_m)$ 또는 $\rho = \beta \times (\sigma_m/\sigma_i)$이다. 따라서 $\rho_A = 0.32$, $\rho_B = 0.64$, $\rho_C = 0.64$이다.

② 자산 A와 B의 체계적위험 1단위당 위험프리미엄은 $E(R_m) - R_f$로 동일하다.

③ 동일 표준편차에 베타가 더 큰 자산 A의 비체계적 위험(분산가능위험)이 더 작다.

$$\mathrm{Var}(e_A) = 0.1^2 - 0.8^2 \times 0.04^2 = 0.0090$$
$$\mathrm{Var}(e_C) = 0.1^2 - 0.4^2 \times 0.04^2 = 0.0097$$

④ 25만원을 차입하여 75만원을 자산 A에 투자한 포트폴리오의 베타는 다음과 같다.

$$\beta_p = 1.5 \times 0.8 - 0.5 \times 0 = 1.2$$

따라서 포트폴리오 베타가 시장포트폴리오의 베타인 1보다 크므로 기대수익률은 시장포트폴리오의 기대수익률보다 높다.

15 ④ 두 주식의 베타가 동일하면 w가 어떤 값이 되더라도 베타 값이 변하지 않는다.

16 ④ $\beta = \frac{\Delta r_i}{\Delta r_m}$ 이므로 $\beta = \frac{0.3-0.1}{0.2-0.1} = 2$ 또는 $\beta = \frac{-0.1-0.3}{0-0.2} = \frac{-0.4}{-0.2} = 2$

17 ③ a 틀림: SML: $E(r_i) = r_f + \beta\{E(r_m) - r_f\}$ SML은 시장 프리미엄의 상대적 민감도에 의해 $E(r_i)$가 결정된다고 함.

d 틀림: CML은 효율적 포트폴리오의 궤적의 집합이다.

18 ④ 체계적 위험이 2배 증가한다고 하여 할인율이 2배 증가하는 건 아니다. $r_m - r_f$의 크기에 따라 변화크기가 다르다.

19 ① **20** ②

[주관식 문제]

02 펀드 매니저의 성과평가에는 뒷장에서 배우겠지만 Sharpe, Treynor, 그리고 Jensen의 방법이 있다. 체계적 위험과 관련된 성과측정방법에는 Treynor와 Jensen의 방법이 있는데, 여기서는 이 장에서 배운 α값으로 성과를 측정한다.α는 Jensen에 의해 고안된 것으로서 $[\,r - E(r)\,]$, 즉 실제수익률과 균형수익률과의 차이이다.

김부장 펀드의 $\alpha = 0.22 - [\,0.12 + 1.2(0.20\text{-}0.12)] = 0.004 = 0.4\%$

박부장 펀드의 $\alpha = 0.16 - [\,0.12 + 0.8(0.20\text{-}0.12)] = -0.024 = -2.4\%$

김부장의 α가 양이고 또한 박부장의 α보다 크므로 김부장의 성과가 더 우수하다.

04 ① 조정베타 $= \frac{2}{3}(1.18) + \frac{1}{3}(1) = 1.12$

② $\beta_{t+1} = 0.5 + 0.8\beta_t = 0.5 + 0.8 \times 1.18 = 1.44$

05 낮은 β값을 가진 주식들의 실제수익률은 균형수익률보다 높고, 높은 β값을 가진 주식들의 실제수익률은 균형수익률보다 낮다. 이는 낮은 β값은 높아지는 경향이 있고, 높은 β값은 낮아지는 경향을 보이는, 소위 평균회귀현상(mean reversion)이다. 아래 그림은 이와 같은 현상을 나타낸 그림이다.

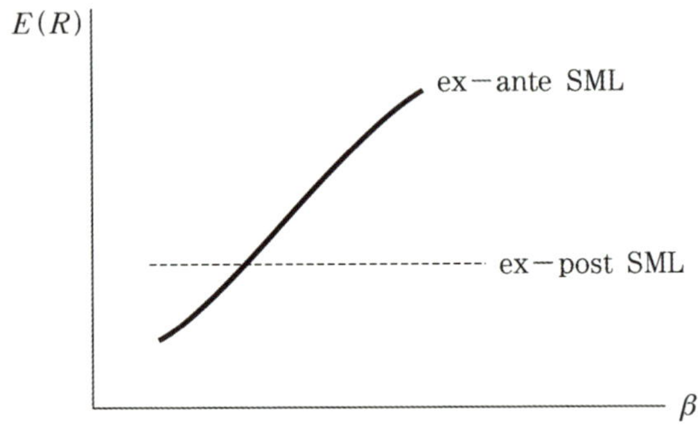

06 (1) 자본자산가격결정모형(CAPM)을 이용하면 이 투자안의 수용가능 요구수익률은 다음과 같다.

$$E(r) = r_f + \beta\{E(r_m) - r_f\} = 12 + 1.3(20 - 12) = 22.4\%$$

(2) 위에서 계산한 요구수익률 22.4%는 투자결정에서 장애율(hurdle rate)이 된다. 내부수익률 21%가 이 장애율을 넘지 못하므로 이 투자안은 기각된다.

제9장 CAPM의 확장과 검증

[객관식 문제]

01 ④ **02** ② **03** ④ **04** ③ **05** ④

[주관식 문제]

02 $E(r) = E(r_z) + \beta\{r_m - E(r_z)\} = 0.10 + 0.8(0.20 - 0.10) = 0.18 = 18\%$

제10장 차익거래가격결정이론

[객관식 문제]

01 ① **02** ② **03** ② **04** ② **05** ② **06** ① **07** ③ **08** ③ **09** ② **10** ③
11 ④ **12** ②
13 ④

① cross rate를 구해보면, 100엔은 0.95×1,200=1,140원이므로 균형상태이다.

② $S_1=\frac{100}{92}-1=8.7\%,\ S_2=\sqrt{\frac{100}{87}}-1=7.21\%,\ P=\frac{800}{1,087}+\frac{10,800}{(1,072)^2}=10,132$

③ $F_1=S_0(1+r_f)-D=10,000\times1.05-400=10,000$. 그런데 6개월 후 배당이 400원이므로 1년 후 배당이 더 많다. 따라서 $F<10,100$이다. 그러므로 이론 가격은 10,100보다 더 작다.

④ 만약 액면 10,000원의 무이표채권를 가정하면 1년 만기 채권가격은 10,000/1.06=9,434원이고 2년만기 채권가격은 $10,000/1.07^2=8,734$이다. $f_{12}=8\%$인데 $f_{12}=7.5\%$는 유리한 조건이다. 이 경우 $P_2=10,000/(1.06)(1.075)=8,776$이다. $8,776\neq8,734$이므로 2년만기 무이표채권은 mispricing되어 있다.

[주관식 문제]

01 수정된 기대수익률은 과거에 기대된 수익률에다 각 요인의 변화율에 민감도(=베타)를 곱한 것의 합이다.

수정된 기대수익률 $=0.15+(0.08-0.075)\times0.3+(0.03-0.04)\times0.8$
$=0.1435=14.35\%$

02 기대수익률-베타관계는 기대수익률을 두 요인 프리미엄의 함수로 나타내는 것이다. 두 요인 프리미엄 $E(r_1)-r_f,\ E(r_2)-r_f$를 각각 $\lambda_1,\ \lambda_2$라 하면 다음과 같은 연립방정식이 성립한다.

$$0.30=0.12+1.2\lambda_1+1.8\lambda_2$$
$$0.15=0.12+2.2\lambda_1+(-0.8)\lambda_2$$

여기서 $\lambda_1=0.0402,\ \lambda_2=0.0732$이므로 기대수익률-베타 관계식은 다음과 같다.

$$E(r_p)=0.12+0.0402\beta_{p1}+0.0732\beta_{p2}$$

05 $E(r)-r_f+\beta_1[F_1-r_f]$이므로 다음과 같은 연립방정식이 생긴다.

$$0.20=r_f+1.2\,[F_1-r_f]$$
$$0.15=r_f+0.8\,[F_1-r_f]$$

여기서 $F_1=17.5\,\%$, $r_f=5\,\%$

제11장 시장효율성

[객관식 문제]

01 ④ **02** ① **03** ④ **04** ② **05** ③ **06** ④ **07** ④ **08** ③ **09** ① **10** ④
(공시 정보관련 효율적 시장 가설은 준강형이다) **11** ④ **12** ① **13** ② **14** ④

15 ④ 약형 효율시장가설(weak form efficient market hypothesis)이란 현재의 주가가 과거의 주가와 거래량 등에 관련된 모든 과거의 정보(past information)를 반영하고 있다는 가설이다. 이 가설에 따르면, 약형 효율시장이란 과거 그 주식의 가격, 가격변화의 양상, 거래량 등에 관한 모든 정보가 이미 현재의 가격에 반영된 시장을 의미한다. 따라서, 약형 효율시장가설(weak form EMH)에 의하면 투자자가 과거의 주가 및 거래량 등에 관한 정보를 이용하여 미래의 주가를 예측하는 것은 불가능하다는 것이다. 그러나 지문에서 제시한 '날씨'는 과거의 정보가 아닌 미래의 정보이다. 따라서 날씨와 주가지수의 상관관계는 약형 효율시장가설에 대한 반대 근거가 될 수 없다.

[주관식 문제]

04 증권시장은 새로운 호재에 상승할 뿐이다. 삼성전자(주) 영업이익 증가는 어느정도 예측되었고 그 정보는 이미 주가에 반영되었다. earning surprise와 같은 기대 이상의 호재만이 주가에 영향을 미친다.

08 시장효율성은 투자자들이 그 위험수준에 상응해서 비정상적으로 수익을 얻을 경우 문제가 된다. 만약 증시의 내부자(insider)들이 배당증가란 내부정보를 미리 알고 높은 비정상수익률을 얻었다면 이는 강형 EMH의 위반이다. 만약 일반투자자들 역시 높은 비정상수익률을 얻었다면 이는 준강형 EMH의 위반이다.

10 모든 투자자들이 소극적 전략을 따른다면 주가는 새로운 정보를 반영하지 못한다. 이 경우 가격이 잘못 책정된(mispriced) 증권들을 찾아내는 적극적 투자자들이 있다면 이익 획득의 기회가 주어질 것이다. 그들이 이런 증권들을 적극적으로 사고 팔게 되면 주가는 다시 적정수준으로 돌아갈 것이다.

제12장 경제분석 및 산업분석

[객관식 문제]

01 ① **02** ③ **03** ③ **04** ② **05** ② **06** ④ **07** ② **08** ③ **09** ①

제13장 주식평가와 기업가치평가

[객관식 문제]

01 ③ **02** ② **03** ④ **04** ③ **05** ② **06** ④ **07** ④ [풀이] ROE = PBR/PER, PBR + ROE × PER + 20% × 12 = 2.40 **08** ② **09** ④ **10** ④

11 ③ $E(r) = 5 + 1.2(15 - 5) = 17$

$g = \text{ROE} \times (1 - d) = 10\% \times (1 - 0.3) = 7\%$

$$P_0 = \frac{D_0(1+g)}{E(r) - g} = \frac{2{,}000(1+0.07)}{0.17 - 0.07} = 21{,}400$$

$P_2 = 21{,}400 \times (1.07)^2 = 24{,}500$

12 ③ **13** ③ **14** ② **15** ③

16 ③ $R_f = 0.05,\ E(R_m) = 0.09,\ t = 0.4,\ K_e^U = 0.07,\ \dfrac{B}{S} = 1$

$K_e^U = 0.07 = 0.05 + (0.09 - 0.05) \times \beta_u \quad \therefore \beta_u = 0.5$

$$\beta_L = \beta_u \left\{ 1 + (1-t)\frac{B}{S} \right\} = 0.5(1 + 0.6 \times 1) = 0.8$$

$\therefore K_e^L = 0.05 + (0.09 - 0.05) \times 0.8 = 0.082(8.2\%)$

17 ③ 고든의 성장 모형에 따르면 $P_0 = D_1/(R-g)$이다. 문제에 주어진 조건을 위의 공식에 대입하여[$50{,}000 = D_1/(0.14 - 0.08)$] 정리하면 기말 배당액이 3,000원임을 알 수 있다. 이 금액이 방금 지급된 것인지 아니면 8%의 성장률을 반영하여 실제로 2,778원 정도 지급된 것인지 여기서는 확실치 않다. 분명한 것은 다음 기말의 배당액 즉 D_2는 D_1($3000 \times 1.08 = 3{,}240$)이 되며, 1년 후의 주가는 $P_1 = D_2/(R-g) = 3{,}240/0.06 = 54{,}000$이 된다.

18 ③ 먼저 ABC기업의 주가를 알아야 한다. 발행주식수가 천만주이고 자기자본 시가액이 2,000억원이므로 현재 주가는 20,000원임을 알 수 있다. 50억원의 자사주를 20,000원 매입하면 매입 주식수는 250,000주이다. 발행주식수를 소각하지 않는 이상 발행주식수는 천만주로 변함이 없을 것이다. 이 문제 이 점을 분명히 하지 않고 있다. 해답으로 유추컨대 자사주 매입 후 소각한 것으로 이해한다.

	현금 배당	자사주 매입
발행주식수	불변	감소
주가	(2,000억 − 50억) ÷ 1,000만주 = 19,500원	(2,000억 − 50억) ÷ 75만주 = 20,000원
주당순이익	100억 ÷ 1,000만주 = 1,000원	100억 ÷ 975만주 = 1,025.6원
주주총지급액	500원 × 1,000만주 = 50억	20,000원 × 25만주 = 50억
PER	19,500/1,000 = 19.5	20,000/1,025.6 = 19.5

19 ② 순이익 전부를 배당하였을 경우의 주가 $P_0 = \dfrac{20{,}000}{0.13} = 153{,}846$

40%를 투자하였을 경우의 주가 $P_0 = \dfrac{20,000 \times 0.6}{0.13 - 0.13 \times 0.4} = 153,846$

20 ② $30,000 = \dfrac{2,000 \times 1.05}{E(R_S) - 5\%} \Rightarrow E(R_s) = 12\%$

$E(R_d) = \dfrac{700}{10,000} = 7\%$

$E(R_p) = 12\% \times \dfrac{120,000}{160,000} + 7\% \times \dfrac{40,000}{160,000} = 10.75\%$

21 ③ A기업의 가치 = FCF의 현가 − 부채가치, FCF = 35 × (1 − 0.7) = 21.5

A기업의 가치 $= \dfrac{21.5 \times 1.05}{0.12 - 0.07} - 100 = 222.5$억원, 1주당 주가 22,250원.

B기업: 1.5 = 주가/1,450 ∴ 주가 = 21,750원

C기업: 1,500 × 14 = 21,000원

최고값 − 최소값 = 22,250 − 21,000 = 1,250원이다.

[주관식 문제]

01 (1) $P_0 = \dfrac{D_1}{k - g}$ 에서 $D_2 = 700$, $k = 15\%$, $g = 5\%$이므로

$P_0 = \dfrac{700}{0.15 - 0.05}$ 에서 = 7,000원

(2) g = ROE × 유보율에서

유보율 = 1 − 배당성향 = $1 - \dfrac{700}{2,000} = 0.65$

0.05 = ROE × 0.65

따라서 ROE = 0.077 = 7.7%

(3) 만약 k를 자산환율(capitalization rate)로 보면 가격 $= \dfrac{\text{EPS}}{k}$ 이므로

가격 $= \dfrac{2,000}{0.15} = 13,333$원

ROE는 자본비용보다 작다. 이는 투자를 할수록 투자수익률이 자본비용을 보상하지 못함을 뜻한다. 따라서 성장기회에 대한 가치는 −6,333(=7,000−13,333)원이다.

07 (1)

	t=0	1	2	3	4	5	6	…
E_t	2,000	2,400	2,880	3,456	4,147	4,977	5,425	
D_t	0	0	0	0	0	0	2,170	
유보율(b)	1	1	1	1	1	1	0.6	
성장률(g)	0.2	0.2	0.2	0.2	0.2	0.2	0.09	

$$P_5 = \frac{D_6}{k-g} = \frac{2,170}{0.15-0.09} = 36,167\text{원}$$

$$P_0 = \frac{P_5}{(1+k)^5} \text{에서} = \frac{36,167}{(1+0.15)^5} = 17,981\text{원}$$

(2) $P_1 = P_0(1+g) = 17,981(1+0.20) = 21,577$원

(3) ROE $= k = 15\%$이므로 배당의 대소는 주가에 영향을 미치지 않는다.

제14장 기술적 분석

[객관식 문제]

01 ③ **02** ④ **03** ② **04** ④ **05** ② **06** ③ **07** ② **08** ② **09** ①

제15장 채권가격과 수익률

[객관식 문제]

01 ④ **02** ② **03** ③ **04** ③ **05** ② **06** ① **07** ③ **08** ③ **09** ② **10** ④

11 ③

12 ③ 무이표채권에서는 만기수익률이 현물이자율을 의미하고, 이표채권의 경우에도 각 기간별 현물이자율이 일정하다면 현물이자율과 만기수익률은 동일하다. 그러나, 일반적으로 이표채권에 있어서는 각 기간별로 현물이자율이 차이가 나기 때문에 만기수익률과 현물이자율이 같지 않다. 또한, 수익률 곡선이 우상향이므로(유동성 프리미엄 이론), 프리미엄의 정도에 따라 선도이자율이 변화하므로 무이표채권의 만기수익률이 반드시 작은 것은 아니다.

13 ④ 일반채권의 볼록성은 투자자에게 유리하다.

14 ④ 선도이자율의 평균이 현물이자율이다.

15 ①

만기(년)	현물이자율	선도이자율
1	5%	5%
2	6.5%	8.02%
3	7.65%	10.0%
4	8.5%	11.09%

여기서 3년째와 4년째 선도이자율의 기하평균을 구한다.

$$\sqrt{(1.1)(1.1109)}-1=10.5\%$$

16 ④ 먼저 각 채권의 가격을 구한다.

$$\text{A채권 } P_0=\frac{50}{1.05}=47.6190$$

$$\text{B채권 } P_0=\frac{10}{1.05}+\frac{110}{1.07^2}=105.6021$$

$$\text{A+B가격}=153.2211=\frac{50}{1+y}+\frac{110}{(1+y)^2}\quad \therefore\ y=0.065$$

[주관식 문제]

04 (1) $n=8$, 분기별 이자 $=250$, 분기별 이자율 $=3\%$

$$P=\sum_{t=1}^{8}\frac{250}{(1.03)^t}+\frac{10,000}{(1.03)^8}$$

$\therefore\ P=9,649.02$

3개월 후 $n=7$,

$$P=\sum_{t=1}^{7}\frac{250}{(1.03)^t}+\frac{10,000}{(1.03)^t}$$

$\therefore\ P=9,688.49$

(2) $$\text{투자수익률}=\frac{(9,688.49-9,649.02)+250}{9,649.02}$$

$=0.03$

$=3\%$

09

만기	만기수익률(%)	선도이자율(%)
1	6	
2	7	$\frac{1.07^2}{1.06}-1=8.009\%$
3	8	$\frac{1.08^3}{1.07^2}-1=10.028\%$

11 (1) $$\text{가격}(P_0)=\frac{1,200}{1.11}+\frac{1,200}{(1.11)(1.12)}+\frac{11,200}{(1.11)(1.12)(1.13)}=10,018.9$$

(2) 만기수익률(r): $$10,018.9=\frac{1,200}{1+r}+\frac{1,200}{(1+r)^2}+\frac{11,200}{(1+r)^3}\Rightarrow r=11.921\%$$

(3) 이자를 복리계산할 경우의 3년 후 현가(FV)

$$\text{FV}=1,200(1.12)(1.13)+1,200(1.13)+11,200=14,074.7\text{원}$$

$$P_0(1+r)^3=\text{FV}\Rightarrow 10,018.9(1+r)^3=14,074.7\Rightarrow r=0.12=12\%$$

제16장 채권투자전략

[객관식 문제]

01 ② **02** ④ **03** ① **04** ④ **05** ③ **06** ④ **07** ② **08** ④ **09** ③ **10** ①
11 ③ **12** ③

13 ③ $\frac{\Delta B}{B}=-\frac{\Delta r}{1+r}D$의 공식을 알고 있다면 쉽게 풀 수 있는 문제. 여기서 B는 채권가격, r은 이자율, D는 듀레이션을 의미한다. Δ는 변화량을 뜻한다. 문제에서 요구하는 채권가격 변화율은 $\frac{\Delta B}{B}$을 의미한다. 따라서 $D=-4.5 \cong -0.004091$

14 ③ 만기가 커질수록 채권가격 변동액은 체감적으로 증가하므로, 채권 A와 채권 B의 가격하락폭의 차이는 채권 B와 채권 C의 가격하락폭의 차이보다 크다.

[주관식 문제]

01 $-\text{duration}\times\frac{\Delta r}{1+r}$이므로(여기서 r = 만기수익률)

$$-3.14\times\frac{0.0002}{1+0.03}=-0.0209=-2.09\%$$

즉 가격은 2.09% 떨어진다.

02 (1)

연	현금흐름	할인금액(할인율 = 4%)	비중	가중기간
1	600	576.92	0.060	0.060
2	10,600	9,800.30	0.940	1.880
		10,377.22	1.000	1.940

듀레이션 = 1.893년

(2)

연	현금흐름	할인금액(할인율 = 1%)	비중	가중기간
0.25	150	148.51	0.014	0.004
0.50	150	147.04	0.014	0.007
0.75	150	145.59	0.014	0.011
1	150	145.59	0.014	0.011
1.25	150	145.59	0.014	0.011
1.50	150	145.59	0.014	0.011
1.75	150	139.91	0.013	0.024
2.00	10,150	9,373.35	0.903	1.806
		10,382.58	1.000	1.902

듀레이션 = 1.807년

03 (1) 면역전략을 위해서는 듀레이션을 목표기간에 맞춰야 한다. 먼저 듀레이션을 구해 본다.

기간(년)	현금흐름	PV(i = 12%)	비중(w)	가중기간

1	1억	0.893억	0.797	0.797
5	0.4억	0.227억	0.203	1.015
계		1.120억	1.000	1.812

듀레이션=1.812년=무액면금리 국채 만기

(2) 의무지급액의 현가가 곧 국채의 시가이므로 1.12억이다.

액면금액은 만기 1.81년, 수익률 12%일 때 만기시에 받는 미래가치이다.

$1.12 \times (1+.12)^{1.81} = 1.375$억

04

	1년	2년	3년
매입가격	100,935원	100,000원	97,469원
내년가격	100,000	99,083	98,241
매매차익	−935	−917	772
액면이자	8,000	8,000	8,000
총 수 입	7,065	7,083	8,772
투자수익률	7.00%	7.08%	9.00%

3년 만기 회사채를 매입한다.

제17장 투자성과측정과 포트폴리오관리의 재조명

[객관식 문제]

01 ② **02** ④ **03** ④ **04** ③ **05** ③ **06** ③ **07** ①

08

	샤프	트레이너	젠센
A	0.3153	3.3684	−1.55
B	0.3658	5.7833	1.41

09 ② **10** ②

11 ③ Sharp지수 $=(1.65-0.1)/2.55=0.61$ Treynor지수 $=(1.65-0.1)/0.8362=1.85$

Jensen의 알파 $=1.65-\{0.1+0.8362(1.4-0.1)\}=0.47$

[주관식 문제]

01 (1)

	주식A	주식B
① Sharpe 측정치	0.50	0.258
② Treynor 측정치	6.25	5.33
③ Jensen 측정치	3.4%	5.0%

제18장 우리나라의 옵션거래와 옵션투자전략

[객관식 문제]

01 ③ **02** ④ **03** ④ **04** ③ **05** ② **06** ③ **07** ④ **08** ④ **09** ④ **10** ③

11 ④

12 ② 유럽식옵션의 경우 잔존만기가 길수록 만기일에 옵션을 행사할 시점에서의 행사가격에 대한 현재가치를 감소시키게 되므로 콜옵션의 가격에는 긍정적인 영향을 미치게 되며, 풋옵션의 가격에는 부정적인 영향을 미치게 된다.$[\{X/(1+R_f)\}^T - S]$

13 ②

③ 무위험이자율이 상승하면 콜옵션의 가격은 일반적으로 상승하는 경향을 가진다. 이자율이 증가함에 따라 그 주식에 대해 투자자들이 요구하는 기대수익률이 증가하는 경향이 있다. 또한 옵션 행사가격의 현재가치가 하락하기 때문에, 행사가격으로 기초자산을 매입할 수 있는 권리인 콜옵션의 가치는 높아지는 효과가 있다.

14 ① 매수 스트랭글 = 높은 행사가격 콜 매수 + 낮은 행사가격 풋 매수

매도 스트랭글 = 높은 행사가격 콜 매도 + 낮은 행사가격 풋 매도

여기서 $X=1,200$ 콜 매도(32) + $X=1,100$풋 매도(21)

$X_1=1,120$이므로 행사안함, 안기수익 = 32 + 21 = 53, 매도자 최대손익 = 32 + 21 = 53

15 ④

① (3.5 − 2.34) × 100,000원 × 10계약 = 116만원

④ $S+P=X+C$이므로 $P=X-S+C$, 시간요인고려 $P=\dfrac{X}{(1+r_f)^T}$ −S+C=

212.5 / 1.002 − 213.44 + 4.55 = 3.19(이론가격) 실제가격 3.3, 과대평가 있다.

16 ① d: 수직스프레드는 낮은 행사가격의 콜을 매입하고 높은 행사가격의 콜을 발행하는 것인데, payoff 모습이 곡선이 아니라 직선의 연결이다.

e: strip은 두 개의 풋과 하나의 콜 옵션의 결합으로서 상승보다 하락이 예상되는 경우에 매입한다.

[주관식 문제]

02 (1) 풋-콜 패리티 공식 이용

$$C-P=S-=\frac{X}{(1+r_f)^T}$$

$$C-5=50-\frac{50}{(1+0.08)^{0.25}}$$

여기서 $C=\$5.95$

(2) 콜 매입, 풋 매도(설정), \$49.05를 연리 8%로 3개월간 정기예금(아니면 CD 매입). 이 경우 현금흐름은 다음과 같다.

포지션	최초금액	만기(3개월 후)	
		$S_T < 50$	$50 < S_T$
콜 매입	−5.95	0	$S_T - 50$
풋 매도	+5	$-(50 - S_T)$	0
정기예금	−49.05	50	50
	−50	S_T	S_T

03 (1) 만기시 [주식 + 풋옵션] 투자성과

	$S_T \leq X$	$X < S_T$
주식 매입	$S_T + D$	$S_T + D$
풋옵션 매입	$X - S_T$	0
계	$X + D$	$S_T + D$

(2) 만기시 [국채 + 콜옵션] 투자성과

	$S_T \leq X$	$X < S_T$
국채 매입	$X + D$	$X + D$
콜옵션 매입	0	$S_T - X$
계	$X + D$	$S_T + D$

(3) 주가가 어떻게 바뀌더라도 투자성과는 같으므로 다음과 같은 관계가 성립한다.

$$S + P = C + \frac{X + D}{1 + r_f}$$

제19장 옵션평가와 옵션관련증권

[객관식 문제]

01 ② **02** ① **03** ① **04** ② **05** ④ **06** ③ **07** ② **08** ④ **09** ③

10 ④

	$X < S$	$25,000 < 50,000$	만기가치
CALL 가치	$S - X$	$50,000 - 25,000$	50,000
PUT 가치	$-(S - X)$	$-(50,000 - 25,000)$	−10,000
			40,000

손익 = −8,000 + 2,500 = −5,500

순 손익 40,000 − (−5,500) = 34,500

11 ④

12 ③ 확장옵션의 만기는 후속 투자안에 투자하는 시점이다.

13 ④ 콜옵션과 풋옵션은 같은 방향으로 변할 수도 있고 반대방향으로 변할 수도 있다.

14 ① 기본적으로 $C=S-X=S-\{X/(1+r_f)\}$이므로 S가 올라간 것 만큼 C는 증가하지 못한다. 그러나 옵션의 매력은 레버리지효과에 있으므로 주가 변화율보다 높다. 따라서 콜 옵션의 가치는 주가 변동액인 1,000원보다 적게 증가하며 콜 옵션가치의 증가율을 10%보다 높다.

15 ① 이 문제는 두 가지 방법으로 풀 수 있다. 먼저 이항모형으로 콜 옵션 가격을 구한 후 풋-콜 패리티 이론으로 풋 옵션의 가격을 구한다. 그러나 이 방법은 시간을 많이 요구한다. 이항모형으로 콜 옵션 가격을 구하면 $C=3.03$이고 풋-콜 패리티 이론에서 풋 옵션 가격 역시 $P=3.03$이다.

$$\left(\frac{2}{3}\times 100-C\right)(1.1)=\frac{2}{3}\times 105 \quad \therefore\ C=3.03$$

다른 방법은 처음부터 풋-콜 패리티 관계식을 이용한다. 이 방법이 훨씬 간편하다.

$$S+P=C+\frac{X}{1+r_f}:100+P=C+\frac{110}{1.1} \quad \therefore\ P-C=0$$

현재주가와 행사가격의 현가가 일치하므로 콜 옵션의 가격과 풋 옵션의 가격이 동일하다.

[주관식 문제]

01 1단계: 헷지비율을 계산한다. 헷지비율 $=(20-0)/(120-80)=0.5.=1/2$ 따라서 주식 1주 매입에 콜옵션 2단위를 설정(write)하며 무위험포트폴리오를 구성한다. 포트폴리오의 비용은 $S-2C=100-2C$이다. 이자율을 고려한 비용은 $(100-2C)(1.1)$이다.

2단계: 무위험포트폴리오의 성과가 \$80임을 보인다. 여기서 콜 옵션의 가격을 계산한다.

$$(100-2C)(1.1)=80 \ \therefore\ C=\$13.64$$

(2) 첫째, 근본적으로 이항옵션 가격결정모델은 이항(discrete)분포를 가정하지만 B-S모델은 연속시간을 가정한다. 이항옵션 가격결정모델에서 기간수가 무수히 많아지면 여기서 계산된 콜 가격은 B-S모델에서 계산된 콜 가격에 접근한다.

둘째, 이항옵션 가격결정모델은 B-S모델과 같은 엄격한 가정을 요구하지 않는다. B-S모델은 이자율이 일정하고 주식투자수익률 분산 또한 일정하다고 가정한다.

셋째, 이항옵션 가격모델은 B-S모델만큼 실용성이 높지 않다.

02 헷지비율 $=\dfrac{30-0}{130-70}=0.5=\dfrac{1}{2}$

주식 1주 매입에 콜옵션 2단위를 설정하여 무위험포트폴리오를 구성한다. 이 포트폴리오의 투자성과는 $S-2C=100-2C$ 이다. 그런데 이 포트폴리오의 투자성과는 $S-$

$2C=100-2C$이다. 그런데 이 포트폴리오의 투자성과는 \$70이므로 $(100-2C)(1.1)=70$에서 $C=\$18.18$이다. 결국 기초자산인 주식의 가격변화가 클수록 콜옵션 가격 역시 크다.

03 헷지비율 $=\dfrac{0-20}{120-80}=-0.5$

주식 1주 매입에 풋옵션 2단위를 매입하여 무위험포트폴리오를 구성한다. 이 포트폴리오의 투자성과는 \$120이므로 $100+2p=120/1.1$ 또는 $(100+2p)(1.1)=120$ $\therefore P=4.55$

또는 풋-콜패리더 공식을 이용한다. $S+P=\dfrac{x}{1+r_s}+C$, $100+P=\dfrac{100}{1.1}+13.64$

$\therefore P=4.55$ 답 $C=4.7911\approx4.79$

05 Google 검색어 BS call option calculator 이용

제20장 우리나라의 선물거래

[객관식 문제]

01 ③ **02** ① **03** ① **04** ③ **05** ③ **06** ③ **07** ①

[주관식 문제]

02 (1) 90.86

(2) 89.50×1단위$\times250{,}000\times9\%=2{,}013{,}750$원

(3) 투자이익 $(92.50-89.50)\times250{,}000=750{,}000$원

투자수익률 $750{,}000\div2{,}013{,}750=0.3724=37.24\%$

(4) 9% 감소한다.

제21장 선물이론과 선물가격결정원리

[객관식 문제]

01 ② **02** ② **03** ② **04** ② **05** ④ **06** ② **07** ① **08** ② [풀이] (1,000억원×0.5)÷(80×50만원) = 1,250계약매도 **09** ② **10** ②

11 ① 이론선물가격$=S_0(1+r_f\times0.5)$

$=10,000(1+0.10\times0.5)$

$=10,500$

실제선물가격=11,000

싼 현물매입, 비싼 실제선물을 매도

과정 : 주식매입(+ S)+ 차입

선물매도($-f$)

12 ④ 무위험이자율이 변하면 모든 경우가 가능하기는 하다. 만일 무위험이자율이 고정이라면 3개가 답이 될 수 있다.

[주관식 문제]

03 $F=S_0(1+r_f-d)=400(1+0.08-0.05)=412$

08 이론선물가격 $=F_0=S_0(1+r_f-d)=350(1+0.07-0.04)=360.50$

실제선물가격 370은 너무 과대평가되었으므로 S&P500 선물지수를 매도하고 현물인덱스 펀드를 매입한다.

	현금흐름	
	현재($t=0$)	1년 후($t=T$)
현물지수 매입	−350	$S_t+(0.04\times 350)$
선물지수 매도	0	$370-S_t$
차입	+350	$-350(1+0.07)$
계	0	9.50

10 주식포트폴리오의 베타계수는 다음과 같다.

$$\text{베타계수}=1.5\times\frac{2}{3}+2.4\times\frac{1}{3}=1+0.8=1.8$$

따라서 매도해야 할 계약수는 $(1.8-1.2)\times 30$억/0.5억$=36$계약이다.

제22장 스왑·금리캡·해외증권투자

[객관식 문제]

01 ④ **02** ④ [풀이] 어느 한 당사자로부터 손해를 봐도 따른 당사자로부터 더 큰 이익을 얻는다. **03** ③ **04** ③ **05** ④ **06** ④

07 ②

	기업 A	기업 B
자사차입금에 대한 이자	LIBOR+1%	9%
중개은행이 지급하는 이자	7.6%	LIBOR+2.6%

(−) 중개은행이 받는 이자	(LIBOR+1%)	(9%)
실제 부담 이자	7.6%	LIBOR+2.6%
스왑 이전 이자	8%	LIBOR+3%
차입 비용 절감	0.4%	0.4%

08 ③

① 우상향곡선이다.

② 동일하지 않다.

③ $\frac{F-S}{S}=0 \quad \therefore F=S$

④ $\frac{F-S}{S}$ = 이자율차이 = 6 − 5.5 = 0.5% 이다. $\therefore F \neq S.$

09 ② 수입기업은 콜옵션을 매입해서 환헤지를 한다.

10 ③ a의 경우 비교우위론에 의거, 통화 스왑이 유리하다.

c의 경우 반드시 균등 분할할 필요가 없으며 형상에 따라 스왑 디자인이 달라진다.

e의 경우 은행이 중개금융기관이 아닐 경우 신용위험이 심각하게 고려된다.

[주관식 문제]

01 (1) 고정금리 스프레드 = 0.4%

변동금리 스프레드 = 0.1%, 총차이 = 0.3%

스왑설계: 각 기업이 0.15%씩 혜택을 얻음.

A 기업은 고정금리로 빌려 변동금리로 스왑, B기업은 변동금리로 빌려 고정금리로 스왑.

A기업은 3개월 5basis로 빌리는 효과를 가짐, B기업은 6.85%로 빌리는 효과를 가짐.

(2) 총차이 0.3%를 A, B기업 그리고 은행이 0.1%씩 혜택을 얻음.

A기업은 3개월+10basis로 빌리는 효과를 가짐.

B기업은 6.9%로 빌리는 효과를 가짐.

은행은 0.1%의 이익을 얻음

02 A기업: 달러화 필요, B기업: 엔화 필요

A기업: 엔화로 차입, B기업: 달러화로 차입

달러 금리 차이 = 0.8%, 엔화금리차이 = 1.5%, 총차이 = 1.5% − 0.8% = 0.7%

스왑설계: A기업 0.2%, B기업 0.2%, 금융기관 0.3%이익

A기업: 3.8%로 달러를 차입한 효과를 가짐.

B기업: 6.3%로 엔화를 차입한 효과를 가짐.

금융기관: 0.3%의 스왑수수료 혜택

| 찾아보기 |

ㄱ

ㅇ

ㅈ

ㅊ

ㅍ

ㅎ

영 문

A

B

C

D

E

F

G

H

I

J

K

L

M

N

O

P

R

S

저자약력

서울대학교 경영대학 졸업
서울대학교 대학원 경영학석사
미국 University of Massachusetts 경영학박사(1985)
공인회계사 시험출제위원 역임
(현재) 경희대학교 경영대학 교수

[주요저서]
통계학개론 4판(신영사)
재무관리(홍문사)
금융공학(경문사, 공저)

[주요논문]
증권거래소 제도의 국제적 추세 및 발전방향(공저, 한국증권학회, 2000.2)
한국 선도환 시장의 효율성 검증(재무연구, 2000, 한국재무학회)
Efficiency test of Korean forward exchange market (*Int'l Quarterly Journal of Finance*, vol 1, no.1, Jan., 2001)
신용위험과 거시경제변수에 관한 연구(재무연구, 2003, 한국재무학회)
The valuation of swaption(9차 APDSI 발표논문, 2004)
벤처캐피탈의 자금투자가 벤처기업의 경영성과에 미치는 영향(산업경제연구, 2010)
벤처캐피탈의 자금투자 유형별 효과 분석(벤처경영연구, 2011)
A Study on the influences of R&D investment on IT for Machine & Material Industry and Electronics Industry (*Mathematical and Computer Modeling*, 2012)

제8판 투자론

1996년 8월 30일 제1판 발행
1999년 8월 30일 제3판 발행
2005년 8월 30일 제5판 발행
2012년 8월 10일 제7판 발행
2018년 8월 20일 제8판 발행

저 자 김 건 우
발행인 임 권 규
발행처 弘 文 社

05855 서울시 송파구 송파대로 167 테라타워 B동 802호
登 錄: 1993. 6. 24. 第 1-1543 號
전 화: 02-712-5311(代)
F A X: 02-716-5311
e-mail: hongmoonsa@hanmail.net
홈페이지: http://www.hongmoonsa.co.kr

저자와의 협의하에 인지생략

값 35,000원

ISBN 978-89-7770-413-8 93320